화두 놓고 염불하세

印光大師嘉言錄
인광대사가언록

인광 대사 지음
보적 김지수 옮김

불광출판사

화두 놓고 염불하세

印光 大師 眞影

印光大師 親筆揮毫

印光 大師 五色舍利

也誦此後更進以蓮池憨山

紫柏蕅益諸集培之信根庶

解行證得有下手處　啟超具

縛凡夫何足以測　大師述

所受益用策精進云尔

庚申四月八日　梁啟超敬題

（民國九年）

# 印光法師文鈔

梁啓超敬署

古德弘法皆覰破時節因緣

應機調伏眾生　印光大師

文字三昧真今日摩盲之眼

## 인광 대사 오색 사리에 대한 송시(頌詩)*

大師末後放光明 대사께서 마지막 입적하며 광명을 방출하사
靈骨珠花色色新 신령스런 뼈 구슬처럼 꽃처럼 오색찬란하네.
淨土眞修有實證 정토법문 진짜 수행 실제 증명 남기시니
從敎火化不爲塵 가르침 따라 다비해도 티끌로 돌아가지 않네.


## 양계초(梁啓超) 선생의 송축문(頌祝文)**

고승대덕께서 정법을 널리 펼치심에는
모두 시절 인연을 꿰뚫어 보시고
근기에 맞춰 중생들을 조복시키시네.
인광 대사님의 문자 삼매 법문은
진실로 오늘날 뭇 눈 뜬 봉사들의 혜안이시네.
이 법문을 독송한 뒤 더 나아가
연지·함산·자백·우익 대사님의 문집으로
(정토법문에) 신심의 뿌리를 든든히 배양하면
해오·수행·증득에 착실히 들어갈 수 있으리.
번뇌 망상에 얽매여 있는 범부중생인 계초
어찌 감히 대사님의 경지를 헤아릴 수 있으리?
몸소 받은 이익을 적어 정진을 경책할 따름이라네.


경신년(민국9년: 1920) 4월 초파일
양계초 삼가 공경을 다해 적음
(원래 인광대사문초변언(印光大師文鈔弁言)으로 헌정한 글임: 옮긴이)


* 이 책 7쪽에 있는 인광 대사 오색 사리 하단의 송시
** 이 책 8~9쪽에 있는 양계초 선생의 송축문

# 일러두기

**1.** 『인광대사가언록』은 대사께서 주로 불자들에게 서신으로 개별 설법한 글이 많고, 그 밖에 서문이나 잡지에 발표한 글을 함께 모아, 그 가운데 중요한 핵심 내용만 발췌하여 분류 편집한 것입니다. 따라서 전체의 형식 체계와 문맥 전개가 전문 집필한 저술만큼 아주 통일되지는 못한 게 사실이고, 더러 겹치는 내용도 적지 않습니다.

그러나 당시 대사께서 사실상 편집을 감수(監修)하셨고, 편집 체계도 큰 흐름은 일관하고 있으며, 겹치는 내용은 반복할 만한 필요와 가치가 충분한 중요 법문이므로, 독자 여러분께서는 싫증내거나 따분하게 여기지 마시고 정독(精讀)해 주십시오.

길이란 반복해서 다님으로써 비로소 생겨나고 크게 뚫리는 것입니다. 마찬가지로 도(道)와 진리도 반복(反復)이 중요한 본질 속성입니다. 이는 불법(佛法)뿐만 아니라, 노자(老子)나 주역(周易) 등 모든 성인의 경전에서 한결같이 강조하고 중시하는 내용입니다. 공자도 "배우고 때때로 (반복하여) 익히는[學而時習之]" 수행 공부를 『논어(論語)』의 맨 첫머리에 말씀하셨습니다.

**2.** 본 번역은 『가언록』을 되도록 충실히 옮기고자 하였으나, 2년여에 걸친 연재와 번역 기간의 장기화에 따라, 새로운 정리 과정에서 부득이 아주 약간의 순서 변동과 생략 부분(전체의 1%가량)이 생겼습니다. 표제어도 일부분 요즘 우리 감각에 맞게 바꾸어 달았습니다. 그러나 대사의 법문 내용은 감히 손대거나 바꾸지 않았음을 밝힙니다.

부록의 맨 마지막 글 '양기의 등잔은 천추를 밝히고…'와 대사의 약전(略傳) 한 편, 그리고 맨 앞의 양계초 선생의 송축문은 『가언록』이 아닌 「인광대사문초삼편(印光大師文鈔三編)」의 내용으로, 대사의 행적을 소개하기 위해 특별히 옮겨 실었습니다.

**3.** 번역 문투는 편지 설법이 주종을 이루는 사실을 참작하여, 대사께서 불자들에게 친근하고 간절하게 당부하는 반높임의 '하소' 체로 통일하였습니다. 우리에게 다소 낯설고 어색할지라도, 대사의 법문 내용이나 도덕 인격에 그런 대로 어울릴 것 같은 생각에서입니다.

**4.** 유(儒)·불(佛)·선(仙)이 근본 뿌리는 하나라는 역대 고승 대덕들과 대사의 사상에 적극 공감·동조하는 의미에서, 내용상 유교나 도가[老子]의 가르침과 일맥상통하는 부분은, 아는 범위 안에서 참고로 약간의 보충 해설이나 주해를 덧붙여 보았습니다.

**5.** 각주(脚註)는 독자들의 참고 편의를 위해, 중요한 교리나 용어에 관하여 약간의 해설을 소개하는 정도에 그쳤습니다. 그 내용은 주로 1934년 상해불학서국(上海佛學書局)에서 편집 출판하고, 1986년 절강고적출판사(浙江古籍出版社)에서 영인 출판한 『실용불학사전(實用佛學辭典)』을 참고하였습니다. 그 밖에 『사해(辭海: 上海辭書出版社, 1979년 縮印本)』와 『실용대자전(實用大字典: 中華書局, 1982년)』도 적지 않게 참고가 되었습니다. 재판 교정 시에는 대만(臺灣) 불광산출판사(佛光山出版社)에서 발행한 불광대사전(佛光大辭典)의 전자본(電子本)을 활용해 보충 손질하였습니다.

정토 법문은 이치는 지극히 높고 심오하지만, 그 일은 몹시 간단하고 쉽다오. 그래서 타고난 자질이 총명하고 지견이 탁월한 사람들은, 정토 법문을 그저 어리석은 범부 중생의 일로 깔보고 수행하려 들지 않소. 정토 법문이 시방삼세 모든 부처님께서, 위로 불도를 성취하고 아래로 중생을 교화하는, 맨 처음이자 맨 끝인 궁극 법문인 줄을 그들이 어떻게 알겠소?

어리석은 범부 중생도 닦을 수 있다고 정토 법문을 아주 깔보는데, 그렇다면 『화엄경』은 어찌 보지도 않는단 말이오? 보현보살과 같이 이미 증득한 경지가 부처님이나 다를 바 없는 보살들도, 오히려 십대원왕(十大願王)으로 서방 극락세계 왕생을 회향하여 부처님 과위를 원만히 성취하려고 발원하지 않소? 정토 법문을 깔보고 닦으려 하지 않는 자들은『화엄경』의 이 내용을 또 어떻게 간주할지 궁금하오. 역시 깔볼 것이오? 아니면 존중할 것이오?

이는 다름이 아니라, 보통 법문과 특별 법문의 차이, 자력(自力) 수행과 불력(佛力: 他力) 수행의 규모 및 난이도를 자세히 모르기 때문에 빚어진 결과라오. 그 차이를 상세히 알고 나서도 화장해중(華藏海衆)의 행렬에 끼어 함께 극락왕생의 길에 나서지 않을 수 있겠소?

나는 일찍이 머리를 묶고 글공부를 시작하면서부터, 한유ㆍ우(ㄱ)양수

(歐陽修: 歐는 원음이 '우'이고, 우리도 1954년 世昌書館 발행 『國漢文新玉篇』에서는 분명히 '우'로 표기했는데, 언제부턴가 통속 관행은 '구'로 잘못 읽음.) · 정자 · 주자가 강렬히 주장한 벽불론(闢佛論: 척불론)의 해독을 심하게 받았소. 다행히 내게는 한유 · 우양수 · 정자 · 주자 같은 재주가 없었소. 만약 조금이라도 그들을 따라갈 만한 재주가 있었던들, 틀림없이 자신과 남들을 함께 망치고, 살아생전에 아비지옥에 빠져 들었을 것이오. 십사오 세 때부터 질병으로 몇 년간 심하게 고생했는데, 그때부터 고금의 뭇 경전들을 두루 펼쳐 보면서, 비로소 한유 · 우양수 · 정자 · 주자가 이러한 벽불론을 주장한 것이 순전히 특정 문중(파벌)의 지견에 불과하고, 성현의 심오한 중용의 도에 입실(入室)한 경지가 절대로 아님을 알아차렸소.

약관(弱冠: 스무 살)의 이듬해 출가하여 스님이 된 뒤, 오로지 정토 법문 수행에 전념했소. 그리고 이 한평생 다하도록 스스로 생사를 끝마치는 사나이[自了漢]가 될 뿐, 문중을 세워 제자와 신도를 널리 불러 모으는 짓은 하지 않기로 서원했소. 후세의 법자손(法子孫)들이 불법을 파괴하면, (스승의 연대 책임으로) 나까지 아비지옥에 끌려들어가 함께 고통을 받을 것이 뻔하기 때문이오.

광서(光緒) 19년(1893) 보타산(普陀山: 관세음보살 도량으로 유명함) 법우사(法雨寺) 화문(化聞) 화상이 북경에 들어와 대장경을 청하면서, 나에게 조사해 인쇄하라고 분부했소. 일이 끝난 뒤 그의 요청으로 함께 보타산에 왔는데, 내가 일하기 좋아하지 않는 줄 알고는, 작고 한가한 방에 머물며 내 뜻대로 수행하라고 배려해 주어, 지금까지 벌써 35년을 지냈소. 산에 오래 있다 보니 더러 붓으로 글 쓰는 일을 부탁받긴 했지만, 인광(印光)이란 이름자는 절대로 쓴 적이 없소. 설사 반드시 자기 서명을 해야 할 경우가 있더라도, 단지 아무렇게나 두 글자를 썼을 따름이오. 그래서 20년 동안은 나를 방문하는 객이나 서신 왕래 같은 번거로움이 전혀 없었소.

중화민국 기원이 시작되면서, 고학년(高鶴年) 거사가 내 글 몇 편을 가지고 가서 〈불학총보(佛學叢報)〉에 실었는데, 그때도 인광이란 이름은 감히 쓰지 않았소. 내가 늘상 '항상 부끄러운 중[常慚愧僧]'이라고 스스로 불렀기 때문에, 그냥 '常'이라고만 썼소. 서울여(徐蔚如) 거사와 주맹유(周孟由) 거사가 내게 대단한 식견이 있는 줄로 착각하여 3~4년 간 연락했지만, 전혀 아는 사람이 없었소.

그 뒤 주맹유가 산에 찾아와 인사하며 내게 귀의하겠다고 원하며, 보잘것없는 원고 몇 편을 가져다가 서울여 거사에게 보내, 북경에서 인쇄하여 『인광법사문초(印光法師文鈔)』로 출판했다오. 그래서 군자들의 우아한 눈을 널리 자극하게 되어 부끄러움만 더욱 늘어났는데, 그때가 민국 7년 (1918)이었소.

이듬해 또 약간의 글을 모아 속편을 만들고, 초판과 함께 인쇄했소. 민국 9년 상해상무인서관(上海商務印書館)에서 두 책으로 조판한 뒤, 이듬해 봄 책이 나왔소. 내가 또 양주(揚州)에서 민국 9년 조판한 글을 4책으로 인쇄했소. 민국 11년 다시 상무인서관에서 4책으로 찍었는데, 당시 여러 거사들이 2만 부나 인수해 갔으며, 상무인서관에서 판매한 책은 여기에 포함하지 않았소. 민국 14년 다시 중화서국에서 증보판을 역시 4책으로 찍었는데, 전보다 백 쪽 남짓 늘어났소.

올 여름 발행하는데 노동운동 등으로 가격이 몹시 비싸져, 단지 2천 부밖에 못 찍었소. 원래 4부의 지판(紙版: 원판 지형)을 만들어, 2부는 서국에서 보존하고 2부는 내게 주기로 했소. 그래서 내가 항주(杭州) 절강인쇄공사(浙江印刷公司)에 우선 1만 부를 인쇄하라고 부탁하고, 이후 추가 인쇄는 모두 인연에 맡기기로 하였소.

원정(圓淨) 거사 이영상(李榮祥)이 근래 몇 년간 불학에 전념하여, 『기신론』·『능엄경』·『원각경』 등에 소해(疏解: 주석 해설)를 달았소. 그래서 내가 이렇게 말했소.

"젊은 사람이 우선 실용적인 염불 공부에 착수하여, 업장이 말끔히 녹아 사라지고 지혜가 밝아지며 복덕이 높아질 때를 기다린 다음 발휘해야, 부처님의 뜻을 저절로 밝게 이해하고 우주에 널리 전파할 수 있소."

당시에 그는 아직 내 말을 옳게 믿지 않았소. 나중에 마음을 지나치게 써서 몸과 정신이 날로 쇠약해지자, 비로소 내 말이 틀리지 않음을 알게 되었다오. 그리고는 나의 『문초(文鈔)』를 상세히 열람한 뒤, 환희심을 이기지 못하여 마침내 중요한 내용만 간추려 부문별로 분류하여 1책을 편집하였소. 우선 신문용지로 1천 책을 인쇄하여 시급히 바로 귀의했는데, 8월에 책이 나와 얼마 안 되어 모두 증정하였소.

편지로 책을 요구하고 찾아오는 사람들이 너무 많아, 마침내 조하경 감옥서(漕河涇監獄署)에서 다시 조판하도록 했소. 진적주(陳荻注) 거사가 조판을 맡고 4부 지판 비용과 2천 부 인쇄 비용을 부담하겠다고 나섰소. 그렇게 인수한 책이 2만 부 가까이 되었소.

간추린 내용의 출처는 몇 권 몇 쪽까지 일일이 기재하여, 『문초』의 원문과 서로 대조할 수 있게 하였소. 여러 글 가운데 중요 내용만 간추려 한데 모은 것이라, 내용이 좀 비슷해도 삭제하지 않았으므로, 독자에게 반복해서 권장하는 이점이 있겠소. 그 자리에서 의심을 끊고 믿음을 일으키길 바라오.

또 『문초』는 좀 번잡하고 많아서, 초심자가 쉽게 이해하고 근기에 맞는 내용을 가려 주기가 어려운 점이 있소. 그래서 먼저 입문처를 찾아 주고, 거기서부터 착실히 수행에 정진해 나가도록 도와주면, 처음부터 손댈

곳도 몰라 망연자실하고 물러서는 폐단이 훨씬 줄어들 것이오. 이러한 연유를 간단히 적어 독자들이 함께 참고하길 바라오.

소원이 있으니, 보고 듣는 사람들이 내용상 너무 평범하고 일상적이라고 내팽개치며, 고상하고 심오하며 미묘한 것만 찾으려 하지 말라는 점이오. 요순의 도는 효도와 우애일 뿐이며, 여래의 도는 계율과 선정과 지혜일 따름이오. 평범하고 일상적인 일을 착실히 행하여 지극해지면, 고상하고 심오하며 미묘한 이치를 따로 구할 필요가 없소. 그렇지 않으면 고상하고 심오하며 미묘한 이치가 구두선(口頭禪)에 불과하고, 생사(生死)가 닥칠 때 조금도 쓸모없게 되오.

보는 사람마다 주의하고 명심하길 바라오.

민국 16년(1927) 정묘년 섣달 초파일
고신(古莘) 상참괴승(常慚愧僧) 인광(印光)

# 염불 수행으로
# 극락정토에 왕생합시다!

이 글은 『인광대사가언록(印光大師嘉言錄)』 번역 단행본의 권두 법문을 권청(勸請)하러 성륜사(聖輪寺)를 방문했을 때, 청화 큰스님께서 때마침 봉행하던 천도재의 회향 법문으로 설하신 것인데, 필시 제 염원을 미리 아신 듯 그 내용이 안성맞춤이라, 이튿날 큰스님을 친견한 자리에서 그 뜻을 여쭙고 허락을 받아, 『가언록』의 한글 번역판의 서문으로 대신 싣습니다. 법문의 제목은 독자의 편의를 위해 부득이 옮긴이가 임의로 붙인 것입니다.          -보적(寶積) 합장

　　　　　　우리가 믿고 있는 불교는 바로 우주의 종교입니다. 따라서 단지 우리 인간의 행복만을 위하는 그런 종교는 아닙니다. 물론 기독교나 이슬람교나 힌두교나 다 마찬가지입니다만, 불교는 특히 어느 종파의 진리도 부처님 가르침 속에 포함하지 않는 것이 없습니다.

　　가령 우리 개인의 행복을 위한다고 하더라도, 부처님 법은 '그 행복이 어떠한 것이고 행복의 반대가 되는 불행의 시초는 무엇인가?' 라는 본질적인 문제를 풀어 주지 않으면, 부처님 가르침은 의의가 없고 개인의 복락도 얻을 수가 없습니다.

　　우리는 보통 몸이 아픈 데가 없으면 무병하다고 생각합니다. 그러나

사실은 몸이 아프지 않다고 해서 병자가 아닌 것은 절대로 아닙니다. 중생의 번뇌 망상을 벗어나지 못하면, 모두가 다 번뇌 병자입니다. 우리는 지금 번뇌의 병을 앓고 있습니다. 우선 나와 너를 구분하는 '자기'라는 이기적인 관념 자체가 무명병입니다. 무지의 병입니다. 무명 때문에 탐욕심과 분노하는 진동이 많이 생기고 어리석은 마음이 더욱 더 치성해져 우리를 괴롭힙니다.

우리는 무슨 법회에서나 삼보에 귀의하는데, '부처님이 어떠한 존재인가?'라는 관념에 대해 깊이 생각하지 않고, 그냥 부르는 대로 따라서 합니다. 그러나 '삼보'라는 뜻만 확실히 알아도, 우리는 범부심인 무명을 상당히 벗어나게 됩니다. 같은 불법도 초기에는 '부처님' 하면 모양으로 나토신[化身] 석가모니 부처님만을 부처님으로 숭상합니다. 그러나 부처님의 참 뜻은 이른바 대승불교의 법신(法身) 부처님입니다. 법신 부처님이라는 사상을 모르면, 우리 부처님 가르침이 우주적 종교가 될 수 없습니다. 왜 그런고 하면, 화신 부처님은 모양으로 나토신 석가모니 부처님에 국한하기 때문에, 우주 전체를 포섭하지 못합니다.

그러나 법신 부처님은 화신 부처님뿐만 아니라, 다른 성자나 동물이나 식물이나, 우주의 모든 존재들이 다 법신 부처님의 개념 속에 포함됩니다. 단지 모양이나 이름이 있는 것뿐만 아니라, 이른바 명부득(名不得) 상부득(相不得)이라, 모습도 없고 이름도 없는 그런 존재까지도 법신 부처님의 개념 가운데 다 포섭됩니다.

이렇게 되어야 불교가 진솔히 세계적인 우주의 종교가 되지요. 우리는 지금 국가적인 안녕을 위해서도, 국제간의 단결을 도모하지 않으면 참다운 한 국가의 안녕도 얻을 수가 없습니다. 다른 기업이나 경제도 마찬가지입니다. 세계 모두가 다 국제적이고 우주적인 쪽으로 지향하고 있습니다. 따라서 인류 문화가 발전할수록, 모든 현상은 갈수록 부처님 가르침에 가까워집니다.

그런데 부처님은 그냥 우주의 본질, 우주의 생명 위에서 가만히 계시는 그런 분이 아니라, 그 우주의 생명자리인 법신 부처님은 본래 다 원력이 있습니다. 우리도 나름대로 자기 수양에 따라 여러 가지 서원이 있지 않습니까? 마찬가지로 모든 생명의 본질인 법신 부처님도 원력이 있습니다. 목적의식이 있다는 말입니다. 따라서 우주의 목적이 무엇인가를 확실히 알아야 우리 신앙도 더 깊어지고, 또 그런 것을 알아야 아까 말한 근본적인 번뇌의 병을 치유할 수 있습니다.

그 법신 부처님, 우주의 참다운 생명인 그 부처님 자리는, 이름이야 어떻게 불러도 좋습니다. '하나님'이라고 불러도 전혀 상관이 없습니다. 다만 그 개념이 무엇이든, 그 가운데 우주의 유정(有情)과 무정(無情), 유상(有相)과 무상(無相) 모두가 포함되면 좋습니다. 그런 것이 바로 부처님이고 하나님의 참뜻입니다.

지금은 무서운 시대이고 세계의 위기 상황인데, 이런 때 다른 것을 배격하는 마음은 굉장히 치졸한 마음입니다. 이런 마음으로는 이웃 간의 화평을 도모할 수가 없습니다. 우리는 나와 더불어 남도 온전히 이해해야 합니다. 이해하기 위해서는 내 뿌리나 그대 뿌리나, 동양사람 뿌리나 서양사람 뿌리나, 모두 다 하나의 생명에서 보아야 한단 말입니다.

조금 어려운 철학적인 용어로 이른바 '유출설(流出說 : emanation)'이라는 말이 있습니다. 이 말은 고대 모든 철학에서 말씀한 것이고, 힌두교나 다른 세계적인 종교도 대체로 그와 유사한 말씀을 했습니다. 흐를 류(流) 자 날 출(出) 자 유출인데, 그 뜻은 우주의 모든 존재와 생명이 우주의 본질로부터 흘러나온다는 말입니다. 마치 바위 틈새에서 물이 솟아 흘러나오듯이, 우주의 본래 생명은 가만히 있는 것이 아니라, 그 가운데서부터 모든 종교가 이루어진다 이 말입니다. 어느 위대한 철인도 유출설을 부인하는 분은 별로 없습니다.

가령 불교의 우주관은 맨 처음도 끝도 없이 항시 영겁으로 순환합니다. 모두가 다 파괴되고 텅텅 비어서 물질이라는 것은 아무 것도 없는 세계, 즉 공겁(空劫)이 된다고 하더라도, 정말 아무 것도 없는 것이 아니라, 물질이라는 형상만 없는 것이지 생명은 그 가운데 충만해 있습니다.

따라서 그 가운데 생명의 작용으로 해서 다시 우주가 차근차근 형성되어 나옵니다. 이게 아까 말한 유출(流出)입니다. 샘물 솟듯이 태양계가 나오고 금성, 토성, 지구가 나옵니다. 어떠한 존재나 근본 진리에서 나왔기 때문에, 그 종말에는 다시 모두 진리로 돌아갑니다.

종교는 우주의 근본 진리와 항시 연관이 되어 있기 때문에, 지금은 자기 종교를 지키기 위해서라도 하나의 기본 철학이 확립되어야 합니다. 그 모든 정보, 종교, 학문 체계가 얽히고 설켜 작동하고 있습니다. 이럴 때는 정말로 진리를 소중히 정확하게 파악해야 합니다. 자기 마음의 번뇌를 녹여서 마음의 병자가 안 되기 위해서라도, 꼭 진리의 본질을 알아야 합니다.

그래야 효과적이고 근본적으로 번뇌를 없애지, 그렇지 않고 고식적으로 우선 눈앞에 보이는 것, 예컨대 우리 집이 재수가 나쁘니까, 내 몸이 아프니까 좀 고쳐 봐야겠다는 식으로 좁은 마음을 써서는, 자기가 봐둔 것도 근본적인 해결이 안 됩니다. 하물며 우리 인간 번뇌의 본질적인 무명이 제거되겠습니까? 모든 갈등이 무명 무지에서 오는데, 무지에 대한 상식이 없으면 다른 것이 해결이 안 됩니다. 그냥 미봉책에 불과합니다. 그러면 우리 마음은 항시 불안합니다.

우리 본래의 생명이 바로 이 법신 부처님한테서 왔습니다. 법신 부처님은 이름도 모양도 없는 우주의 생명 자체입니다. 우리 마음도 그와 똑같이 모양이 없지 않습니까? 그러나 분명히 우리가 생각함으로 해서 내 마음도 존재합니다.

따라서 우리 마음 성품이나 우주의 본래의 생명자리인 법신 부처님이나 똑같습니다. 그러기에 자성청정심(自性淸淨心)이 바로 참다운 부처입니다. 부처님 신앙 가운데 가장 중요한 것은, 우리 마음을 지금 새삼스럽게 닦아서 부처가 되는 것이 아니라, 본래로 부처라는 소식입니다.

단편적으로만 불교를 공부해서는, 우리 목전에 있는 문제도 본질적인 해결은 절대로 못합니다. 가정이나 사회 문제나 항시 모든 문제를 진리의 차원에서, 우주의 본 바탕에서 비추어 봐야 합니다. 그래야 시원스럽게 해결이 됩니다.

홍로일점설(紅爐一點雪)이라. 눈 한 줌을 뜨거운 화로에다 넣으면 금방 녹아버리듯, 어느 모습이나 고민이나 진리에서 보면 순식간에 해결됩니다. 진리에서 보면 죽고 살고, 잘 되고 못 되고 문제가 안 됩니다. 왜냐하면, 진리에서 보면 우리 생명은 본래로 죽음이 없습니다.

불생불멸이라, 우리 생명 자체는 본래 나지도 죽지도 않고, 영생(永生)으로 존재합니다. 내 생명이 몇십 년 살다가 죽겠지. 내 몸이 지금 안 좋으니까, 몇 년 안 가서 죽겠지. 이러면 항시 불안스럽겠지요? 그러나 그런 것은 거품 같고 그림자 같은 것입니다. 죽음이 본래로 없다고 생각하면, 얼마나 용기가 나겠습니까?

앞서 말씀드린 우주의 목적의식은, 근본 '본(本)' 자 원할 '원(願)' 자 본원이라, 또는 근본 서원 그럽니다. 원래 우주는 생명 자체입니다. 우리는 자칫 산이나 냇물이나 산 위에 있는 절이나 이런 것은 생명이 아니라고 생각합니다. 그러나 이는 우리 인간 정도의 업장을 가진 중생들이 가진 견해이지, 진리의 견해가 못 됩니다.

진리는 우리 인간적인 견해, 탐욕심과 분노하는 마음과 어리석은 마음, 이런 독스러운 마음이 가셔버린 성자의 경지에서만 참다운 진리가 보입니다. 이것을 견성오도(見性悟道)라고 부르지 않습니까? '견성'은 볼 견(見) 자 성품 성(性) 자로 우주의 본래 성품을 본다는 뜻이고, '오도'는 깨달을 오(悟) 자 길 도(道) 자인데, 도(道)는 바로 진리를 말하므로 진리를 깨닫는다는 말입니다.

그래야 불교 말로 참된 사람, 진인(眞人)입니다. 중국 당나라 때 유명한 임제 선사가 무위진인(無爲眞人)이라고 했는데, 무위진인은 모양이나 이름에 걸리지 않아야 합니다. 우리가 보배에 걸리고 무슨 감투에 걸리고 재산에 걸리면 참다운 진인이 못 됩니다.

불교의 목적은 무위진인이 되는 것입니다. 기껏해야 금생에 재산 많이 모으고 감투가 올라가는 것으로 인간의 목적을 생각하면, 정말로 안타까운 속물입니다. 소중한 자기 생명을 갖고서 속물에 바쳐서 일생을 마치면 되겠습니까? 불자님들, 목전에 가족들 문제라든가 여러 가지 문제가 얽히고 설켜서 먹고 살기도 어렵고, 정말로 고난에 처해 있는 분들이 한두 분이 아니겠습니다. 그렇더라도 그런 문제까지도 근본적인 해결은 꼭 진리와 더불어서 해결해야 합니다. 그래야 해결이 빨라지고, 또 어느 고민에도 우리 마음이 불안하지 않습니다.

아까 말한 유출설은 철학자로 플라톤이 맨 처음에 제창했습니다. 물론 더 앞선 분들이 다 알고는 있었지만, 한 체계를 세운 것은 플라톤입니다. 우주는 모두가 하나의 진리에서 왔기 때문에, 종국에는 모두가 그 역으로 하나의 진리로 돌아간다는 말입니다. 우리는 지금 하나의 진리로 돌아가는 나그네 길입니다. 하나의 진리로 돌아간다는 '테오리아(theoria)'라는 말은, 플라톤의 제자인 아리스토텔레스가 또 한 체계를 세웠습니다.

우주는 인간이 좋다고 생각하고 궂다고 생각하고, 남을 좋아도 하고 미워도 하고 욕심도 내고 하지만, 그런 것도 인간이 잘 몰라서 그렇지, 알고 보면 그런 모든 시행착오를 거쳐서 드디어 모두가 다 하나의 진리로 돌아가는 과정입니다. 우리 불자님들은 그런 도리를 분명히 아시기 바랍니다. 제가 제 말 하는 것은 아닙니다. 위대한 성현들과 철인들이 다 한결같이 하신 말씀을 저는 전달하는 것에 불과합니다.

우주는 하나의 생명에서 왔다가, 나중에는 하나의 생명으로 귀로(歸路)합니다. 즉 고향으로 돌아갑니다. 내 아내나 내 남편이나 내 자식이나 모두가 다 실은 빠르고 더디고 차이만 있을 뿐이지, 모두가 다 근본 고향자리, 진리로 돌아갑니다. 진리에서 왔으니 다른 데로 갈 수가 없습니다.

오늘 이렇게 우리 귀중한 불자님들이 많이 모이셨습니다. 이런 자리를 그냥 그렁저렁 미봉책으로 이야기해서는 안 된다고 생각이 들었기 때문에, 좀 납득하기가 어려우셔도 아까 말씀드린 바와 같이 본질적인 진리에다 비추어서 모든 문제를 풀어가도록 하십시다.

그러면 우리가 어떻게 공부를 해야 빨리 근본으로 돌아갈 것인가? 그런 문제를 말씀드리겠습니다. 우리가 본래로 부처이지만, 우리 마음은 지금 여러 가지 못된 생각도 하고, 또 금생에 태어나서 진리에 맞는 생각만 하는 것은 아니지 않습니까? 진리가 뭣인지 모르고 생활해 왔습니다. 그렇더라도 우리 마음의 본성은 진리 그대로인 부처님과 똑같습니다.

우리 마음은 시간성이나 공간성을 가지고 있는 물질이 아니기 때문에, 다른 것으로 해서 더럽혀지지 않고 오염되지 않습니다. 우리가 나쁜 생각을 하더라도, 나쁜 생각이 형체 없이 그림자같이 좀 머물다가 나중에 없어져 버리는 것이지, 우리의 그 청정한 마음을 오염시킬 수가 없습니다. 극악무도한 사람도 마음 본성은 청정무구한 불심과 똑같습니다. 그렇기 때문에, 우리 마음은 본래로 부처라고 분명히 말할 수 있습니다.

우리가 본래로 분명히 부처라고 말하지만, 나쁜 버릇이 너무나 많이 붙어 있습니다. 불교로 말하면 무시(無始) 이래로 몇만 생, 몇천 생 동안에 우리가 인간도 되었다가, 조금 잘 살고 열 가지 선업을 닦아서 천상도 갔다가, 잘못 살아서 지옥도 갔다가, 이렇게 무수 생 동안 행해 온 버릇이 붙어 있습니다. 그런 버릇 때문에, 우리가 본래로 부처라는 소식을 들어도 잘 모릅니다.

부처님 당시로부터 삼백 년 후에 '음광부(飮光部)'라는 근본불교 종파가 있습니다. 불교 종파가 한 20가지나 되는데, 20종파 가운데 하나입니다. 어째서 음광부라고 했냐면, 음광부를 개설한 위대한 성자가 하도 빛나기 때문에, 그 성자가 나타나면 다른 빛은 다 들이마신 것처럼 감추어져 버린다는 말입니다.

음광부를 개설한 분은 '선세(善世)'라는 분인데, 인도 말로 하면 '가섭유가' 그렇게 말하는 것이고, 한문투로 풀이하면 성자라는 분인데, 그분은 십 세도 채 못 된 일곱 살 때 성자가 되었습니다. 여러분 믿기지가 않으시지요? 아직도 재롱부릴 나이인 일곱 살 때 성자가 되었다니!

우리 인간은 충분히 그렇게 될 수가 있습니다. '다라표'라는 비구는 14세 때 승려가 되어, 2년 만인 16세에 팔만장경을 통달하고 아라한과를 성취했습니다. 이것도 믿기 어려운 문제 아닙니까?

그러나 우리 마음이 순수하면 교학적으로 아무 것도 안 배우더라도, 우리 마음이 본래로 법신불이기 때문에, 그 자리는 만민이 다 갖추고 있습니다. 그 자리를 분명히 믿어야 합니다. 그러니까 믿음이라는 것이 소중한 것입니다. 믿으면 우리 공부는 순풍에 돛단배가 됩니다.

　신위도원공덕모(信爲道源功德母)라, 믿음이라는 것은 도의 근원이요, 공덕의 어머니입니다. 바른 믿음이 있어야, 우리 공부도 빠르고 성불도 할 수가 있습니다. 그 믿음은 뭘 믿는 것인가? 밖에 있는 부처님만을 믿는 것이 아니라, 바로 우리 마음이 부처인 것을 믿어야 참다운 바른 믿음[正信]이 됩니다. '모든 공덕을 갖추고 있는 것이 본래로 내 마음이다.'라고 믿을 때는, 우리가 설사 무슨 좌절을 당해서 비관에 처해 있고, 나 같은 하찮은 목숨 차라리 끊어버려야겠다고 생각이 들 때라도, 자기 목숨을 끊을 수가 없습니다. 무슨 수로 끊습니까? 가장 소중한 능력이 무한히 자기 마음에 원래 갖추어져 있는데 말입니다.

　따라서 그 마음은 무한한 가능성인지라, 우리 믿음과 생각에 따라서는 아까 선세 동자와 같이 일곱 살 먹어서도 성자가 될 수 있습니다. 어느 때도 우리는 실망할 필요가 없습니다. 설사 우리가 교통사고를 당해서 선지피를 흘리면서 목숨이 으스러진다고 하더라도, 실망할 필요가 없습니다. 이 몸에 의지한 우리 마음은 그 때 잠시 고통 받는 것뿐이지, 몸뚱이가 으스러지자마자 바로 더 나은 삶을 받을 수 있기 때문입니다. 우리가 금생에 바로 살았으면, 교통사고를 당해서 몸뚱이가 으스러진다고 하더라도, 그 순간 몸뚱이가 생명 활동을 그치자마자 더 좋은 쪽으로 천상도 갈 수가 있습니다. 우리 생명은 그러기에 소중하고 존엄스러운 것입니다.

　우리가 공부하는 방법도 부처님 법문에 의지하면, 어려운 문과 쉬운 문이 있습니다. 난행문(難行門)과 이행문(易行門), '제2의 석가'라는 용수보살이 그런 문의 체계를 세웠습니다. 어려운 문은 우리가 경을 배우고 선방에 들어가서 참선을 하고, 모든 힘을 다해서 받들어 가지고 한 단계씩 올라갑니다.

그러나 쉬운 문은, '경을 외우지 마라' 또는 '참선을 하지 마라'는 것이 아니라, 그런 것도 소중하나 그러한 어려운 작업을 안 하더라도 가는 문입니다. 팔만대장경을 누가 다 볼 수가 있습니까? 또 좌선해서 삼매에 들어가기가 쉽지 않습니다. 저는 오십 년 이상 참선을 했지만, 아직도 공부를 끝내지 못했습니다.

그러나 쉬운 문[易行門]은 별로 어렵지가 않으니, '자기 마음이나 모든 우주의 존재가 오직 하나의 생명이요, 하나의 부처다.' 그렇게 믿고서 부처님 이름을 외우는 것입니다. 불교에서 가장 공부하기 쉬운 염불입니다. 이것이 쉬운 문인데, 제2의 석가 용수보살이 그 체계를 세웠습니다. 여러분들은 지금 다 염불을 제대로 하시고 계시겠지요? 그것이 제일 쉽습니다.

내가 부처고 또는 우주 본래의 자리, 우주의 생명이 바로 부처이거늘, 부처의 이름을 외우는 것같이 더 쉽고 절실한 것이 어디에 있겠습니까? 우리 불자님들 마음에다 우주의 훤히 열린 그런 불을 밝히시길 바랍니다. 우리 마음은 바로 부처이기 때문에, 한도 끝도 없이 우주를 다 비추고 있습니다. 자기가 미처 느끼지 못할 뿐입니다. 김씨라는 마음도 우주를 비추고 있고, 박씨라는 마음도 마찬가지이고, 어느 분의 마음도 모두가 다 끝도 갓[邊]도 없이 조금도 거리낌이나 장애를 받지 않고[無障無礙] 우주를 비춥니다.

따라서 아까 말씀드린 성자, 무위진인이 보면 우주는 이 사람 저 사람, 이것 저것의 광명으로 충만해 있습니다. 그러기에 무량광불(無量光佛)이라, 우주 자체가 바로 무량의 빛으로 충만해 있습니다. 다만 원통하게도 우리 중생들이 무명에 가려서, 우주가 다 하나의 부처이고 하나의 광명이라는 진리를 모르는데, 그것을 무명이라고 합니다. 대승경전도 구절마다 모두가 하나의 법문이라 이른바 '일원론(一元論)'입니다.

지금 사람들은 대상을 보면, 내가 있으면 네가 있고, 이것이 있으면 저것이 있고, 상대로만 보지요. 이런 이원론이나 삼원론이 아니라, 우주는 본래로 일원론이라, 하나의 진리라는 말입니다. 그것은 하나의 진리에 그치는 것이 아니라, 바로 생명 자체이기 때문에 부처입니다.

그런 부처님을 우리가 뭐라 이름을 불러야 되겠는데, 가장 절실한 이름이 이른바 관세음보살이나 아미타불, 지장보살, 약사여래 모두가 다 그런 부처님입니다. 그런 부처님을 이름 하나만 지었으면 공부하기가 참 쉬울 것인데, 그렇게 못 되었습니다. 그래서 요령대로 우리 공부에 손해가 없도록 해야 합니다.

다 맞고 소중하니까, 이것 저것 다 불러야 공부가 더 많지 않겠는가? 이런 것이 굉장히 복잡해 보이고 혼란스럽습니다. 기독교는 그런 의미에서는 참 좋습니다. 하늘에 계신 주님, 하나님 한 분만 믿고 생각하니까, 참 하나로 간단하고 좋습니다.

그러나 불교는 우주 모두를 포함하다 보니까, 어느새 자기도 모르는 가운데 복잡하게 되었습니다. 그러나 총 대명사는 바로 아미타불입니다. 지금 이렇게 복잡한 세상에서 지장보살이나 관세음보살이 다 그 자리가 그 자리입니다만, 그래도 기왕이면 총 대명사를 부르는 쪽으로 우리 마음을 모으는 것이 필요하다고 생각합니다. 우리 마음을 하나로 모아야 할 것인데, 너무 이름을 많이 불러 놓으면 관념도 헷갈립니다.

그래서 합리적으로 생각하시도록 제가 말씀을 드립니다. 벌써 보살 지위라는 것은 하나의 생명 자리이고, 보살 지위가 아니더라도 본래로 하나의 생명 자리입니다. 그 보살들 이름은 모두 뿔뿔이 몸뚱이가 따로 있어서 그런 것이 아니라, 다만 그렇게 하나의 덕명(德名), 공덕의 이름으로 부르는 것입니다.

사람도 조금 똑똑하고 자리가 높으면 호가 여러 가지 있고, 사회적 지위에 따라 무슨 회장, 무슨 회장 그런 이름이 많이 붙지 않습니까? 그런 것과 똑같이 부처님 자리도 만덕을 갖춘 자리라, 그냥 몇 가지 개념으로는 그 덕을 다 표현을 못해요.

그래서 자비로운 쪽으로는 관세음보살, 지혜로운 쪽으로는 문수보살, 원행 쪽으로는 보현보살, 그렇게 붙는 것이기 때문에, 모든 별명은 하나의 공덕명입니다. 그러나 총 대명사, 본질은 바로 아미타불이라, 그래서 경전에서도 나무 본사 아미타불이라고 읽습니다.

아까 법회 시작 전에 스님네들도 '나무 아미타불'을 그렇게 부르셔서, 제 마음도 굉장히 흐뭇하게 생각했습니다. '스님네도 정말 참 저렇게 모두가 하나로 생각해서 공덕 이름을 총 대명사로 부르시는구나.'라고 저도 참 동조를 했습니다. 우리 불자님들께 앞으로 관세음보살이나 지장보살을 부르지 말라고 제가 말씀 드릴 수는 없습니다. 다만 모두 똑같은 자리인데, 지장보살을 좀 더 좋아하는 분들이 그렇게 부르면서 거기에 집착해 버리면 다른 것은 저만큼 밑으로 볼 수 있습니다. 그런 고하상(高下相), 높고 낮은 그런 차별상을 두지 않기 위해서는, 아까 말씀드린 대로 우선 모두가 다 같다고 생각하고서 총 대명사쪽으로 우리 마음을 모아야 한다고 생각합니다.

그러기에 신라 때 원효 스님도 마을에 다닐 때, 표주박을 때리면서 '나무 아미타불 나무 아미타불' 그렇게 많이 불렀습니다. 고려 초기에 대각국사 의천 대사도 그렇게 했고, 또 보조국사도 염불 주문을 보면 그렇게 했고, 나옹 대사, 태고 대사 다 그렇지요. 그런 분들은 될수록 복잡한 것을 다 합해서, 하나의 진리로 마음을 향하게 했습니다.

그래서 우리 불자님들도 아미타불로 하시고, 거기다가 '나무(南無)'는 아미타불에 '귀의한다', 우리 모든 생명이라든가 역량 모두를 아미타불로 '귀의한다'는 뜻입니다. 내가 본래 아미타불인 것이고 아미타불이 되어야 하는 것이니까, 그 쪽에다 자기의 온 정력과 정성을 다 바쳐야 되겠지요.

그 다음에 중요한 문제는 아미타불에 대한 관념입니다. 어떻게 무엇을 생각하면서 아미타불을 부를 것인가? 그냥 이름만 부르면, 우리 마음이라는 것이 여태까지 익히고 배우고 습관성을 붙여 놔서, 자꾸만 잡스러운 생각이 많이 납니다. 그렇기에 우리 마음의 소재를 어디다가 둘 것인가? 그것이 중요한데, 아미타불은 사람 같은 모양이 아니지 않습니까?

그러나 소박한 단계에서는 부처님 상호를 관찰해도 무방합니다. 왜냐하면 부처님 모양 상호는 만덕을 갖춘 32상 80수형호라, 부처님 얼굴은 조금도 흠절이 없습니다. 지혜로 보나 덕으로 보나 또는 능력으로 보나, 만능의 상징으로 부처님의 상호가 나왔습니다.

불경에 보면, 부처님께서 3아승기겁이라는 무수한 세월 동안 몇천 번도 넘게 자기 몸을 일반 중생한테 희생하고 순교했습니다. 한 겁도 무량 세월인데, 백 겁 동안 32상 80수형호라는 그런 근본 상호를 이루기 위해 모든 복을 지었습니다. 그렇게 해서 부처님의 원만한 상호가 나왔기 때문에, 우리가 부처님 상호를 보면서 '나도 그렇게 닮아야 하겠구나' 하고 염불을 하는 것도 좋습니다.

그러나 그런 것은 아직 상을 덜 떠난 염불인 것이고, 부처님의 참다운 법신은 우주 어디에나 언제나 무엇이나 충만해 있는 하나의 생명의 광명입니다. 그것이 이른바 무량광명 아닙니까? 아미타불 별명 가운데 '무량광불'도 있습니다.

또 아미타불은 바로 낳지 않고 죽지 않는 우주의 생명 자체, 영생의 생명이기 때문에, 무량수불(無量壽佛)이라고도 합니다. 그런 부처님의 이름은 한도 끝도 없는 부처님의 공덕을 다 표현했습니다. 그렇게 우리가 부처님을 생각하면서 부르는 이름 가운데 모든 것이 다 포함되어 있기는 하지만, 이름과 더불어서 부처님 공덕을 다 일일이 열거할 수는 없습니다.

아까 말씀드린 바와 같이, 우선 한도 끝도 없이 잘 생긴 얼굴을 관상하면서 나도 닮아야 되겠구나, 나도 만덕을 다 갖추기 위해서는 모든 중생을 위해서 시시때때로 자기라는 관념을 줄이고 정말로 공평무사한 행동을 해야 할 것입니다.

그래서 언제 어디에나 한도 끝도 없이 빛나는 아미타불을 외우시면 좋습니다. 이것을 불교 용어로 말하면, 우주의 참다운 모습을 담아서 하는 염불이기 때문에, 실다운 실(實) 자 모습 상(相) 자, 실상 염불입니다. 또는 법신 염불(法身念佛)이나 진여 염불(眞如念佛)이라고 하는데, 실상 염불과 다 같은 뜻입니다. 그렇게 하면 철학적으로 염불을 하는 것이 됩니다. 우주의 도리 그대로 하는 것이기 때문입니다.

그러나 부처님 상호를 관찰하는 것은, 아직 상을 두어서 철학적인 염불은 못 되고 하나의 방편 염불입니다. 그렇게 우리 마음이 모아져서 하나로 통일되면, 그때는 깊은 염불삼매라, 오직 부처님만 생각하고 다른 것은 거기에 낄 수가 없게 됩니다. 우리가 소박하니 다른 것은 생각하지 않고, 부처님 이름만 외다가 우리 마음이 오직 하나로 통일되는 게 염불삼매입니다. 그러나 우리 마음으로 부처님의 원만덕상을 상상하면서 염불삼매에 들어도 좋습니다.

여러 가지 교학도 많이 배우시고 '조금 철학적으로 정말로 우주의 실상에 맞게끔 염불해야 되겠구나.' 그런 분들은 실상 염불, 법신 염불, 진여 염불을 하면서, '우주의 끝도 갓[邊]도 없이 만덕을 갖춘 진리가 어디에나 충만해 있구나, 다만 우리 중생이 어두워서 미처 보지 못하는 것이구나.' 생각하면서 하면, 이것이 이른바 가장 고도의 철학적인 염불이 됩니다.

흔히 우리가 생각할 때는, 얼마나 공부를 해야 그렇게 될 것인가, 그런 의심을 품으시겠지요. 사실은 그것이 조금도 어렵지 않습니다. 왜냐하면 염불은 할수록 마음이 가벼워집니다. 우리가 생각할 때 다른 작업은 너무 지나치게 하면 몸도 무거워지고 마음도 피로해지지요. 그러나 염불이라는 것은 꼭 소리를 내야만 되는 것이 아니니까, 소리를 내도 좋고 안 내도 좋고, 또는 가만히 앉아서 가부좌를 해도 좋고 걸으면서 해도 좋고, 또는 반쯤 앉아서 하든 반쯤 서서 하든 어떻게 하나 좋습니다. 조금도 제한이 없습니다. 또는 누워서 해도 무방합니다. 염불은 조금도 피로함이 없습니다. 우리 건강 상황에 따라서 편리한 대로 하면 됩니다.

다만 중요한 것은 염념상속(念念相續)이라, 생각생각 거기에 다른 잡념이 끼지 않도록 해야 한다는 것입니다. 그래야 마음이 통일되어서 삼매에 들어갑니다. 꼭 염불삼매에 들어가야 공덕이 나옵니다. 염불삼매에 안 들어가면 참다운 공덕은 미처 못 나옵니다. 한 번 하면 한 번 한 만큼 공덕은 분명히 있습니다. 그러나 정말로 삼매에 들어가야 무위진인이라, 참다웁게 견성 오도한 그러한 성자가 됩니다.

그것이 항시 목적이 되어야 합니다. 왜냐하면 우리는 성자가 안 되고 버틸 수 없기 때문입니다. 금생에 안 되어도 본래가 부처인지라, 우리는 꼭 성자가 되고 맙니다. 꼭 부처가 됩니다. 부처가 이 사바 현상세계에 나토었다가 다시 부처로 돌아가는 것이 우리 인생의 갈 길이고, 모든 존재가 다 그렇습니다.

이것이 아까 말한 테오리아, 모든 존재가 중심을 향해서 나아가고 있다는 말입니다. 나무나 흙, 하나의 원자 모두가 다 가장 중심적인 그 에너지, 우주 기(氣)에서 다 나오고 있습니다. 우주의 기가 천차만별로 형성되었다가, 다시 우주의 기 하나로 돌아갑니다. 하나에서 와서 모두가 되었다가, 모두가 다 하나로 되는 것이, 영겁으로 되풀이하는 우주의 원리입니다.

염불은 한 번 하면 한 만큼 몸도 좋아지고 마음도 맑아지고, 동시에 자기 집안도 맑아지고 우리 주변을 정화시킵니다. 생각해 보십시오. 본래 부처이기 때문에, 부처님의 이름을 외는 것같이 우주를 정화시키는 것이 없습니다. 어떤 물리적인 힘보다도 그 '나무 아미타불 관세음보살' 한 번 외면, 그것이 바로 자기 마음도 몸도 자기 주변도 가정도 우주도 정화시킨다는 말입니다. 그러나 그런저런 세간적인 공덕을 위해서 하는 염불은 하나의 기초에 불과하고, 가장 중요한 것은 삼매에 든다는 것입니다.

삼매에 들어야 우리 범부심을 녹이고서 성자가 됩니다. 삼매에 들기 전에도 염불을 오래 하면 그냥 보통 재미가 아닙니다. 나중에는 자기가 안 하려고 해도 저절로 속으로 하고 있게 됩니다. 처음에는 소리를 내서 하지만, 오랫동안 하다 보면 나중에는 가만히 있으면서 자기도 모르는 사이에 속으로 하고 있습니다. 그리고 속에서 하는 소리가 그냥 보통 소리가 아니라, 그렇게 신기할 수가 없습니다. 불자님들 그런 공덕이나 행복을 꼭 맛보시길 바랍니다.

돈 주고서 하는 것도 아니며, 그렇게 애쓰고 하는 것도 아닙니다. 참 간단합니다. 우리가 안 하려고 해도 우러나오는 염불이 얼마나 행복스러운지 모릅니다. 머리도 맑아지고 가슴도 시원하고 말입니다. 마음이 맑아지면 동시에 피도 맑아집니다. 그렇기 때문에, 건강으로 보나 무엇으로 보나 최적의 법입니다.

그리고 드디어는 그 부처님의 광명, 빛나는 부처님이 앞에 훤히 보이게 됩니다. 미신도 아니고 맹신도 아닙니다. 부처님은 우주의 진리이고 그 자리는 만물의 자리이기 때문에, 우리 중생이 부처님 같은 그런 광명이 빛나는 모습을 보고자 하는 마음이 있을 때에는, 우리 마음이 청정해짐에 따라서 꼭 앞에 나옵니다. 그것 보고 불교 말로는 부처 불(佛) 자 설립(立) 자, 부처가 앞에 서 보이는 불립삼매(佛立三昧)라고 합니다. 그러면 모든 의심이 다 풀리고 마음에 막힘이 없게 됩니다.

책 가운데 『십주비바사론(十住毘婆沙論)』이라는 책이 있어요. 거기에 나오는 법문인데, 우리 중생은 본래로 마음이 부처이기 때문에, 그 마음 확실히 붙들고, 그 마음 놓치지 않고서 그 마음으로 마음을 닦는 공부, 형식으로가 아니라 마음으로 마음을 닦는 그런 공부는 일자무식도 무방합니다. 일곱 살 먹은 사람도 전생에 많이 닦았기에, 금생에 조금 순수한 환경 만나서 그냥 금방 도인이 되어버렸습니다. 언제 어느 때나 우리가 도인이 못 되라는 법은 절대로 없습니다.

'형무소에 있으나 어디에 있으나, 어느 때나 마음에 사무치게 정말 내 마음이 석가모니 마음 또는 모든 성자 마음과 하나의 마음이라, 내 마음은 본래로 오염시킬 수가 없다. 따라서 내 마음 자체는 어느 공덕이나 능력이나 다 포함되어 있다.' 이렇게 100%로 딱 믿고서 부처님을 생각하고 부처님 이름을 외운다고 생각할 때, 모두가 성불할 수 있습니다.

이렇게 복잡한 세상에서는 기왕이면 그런 식의 쉬운 문으로 공부를 해야 하겠지요. 그렇다고 어려운 공부를 말라는 것은 아닙니다. 사실은 우리가 제대로 알아먹지 못해서 그렇지, 어느 경전이나 모두가 다 쉬운 쪽으로 말씀했습니다. 그대 마음이 바로 부처인 것을 믿고서 그대로 공부하면 된다고 말씀했습니다.

그래서 달마 스님도 '불립문자(不立文字)라, 문자를 세우지 않고서, 이심전심(以心傳心)이라, 마음에서 마음으로 깨달아라.' 하고 말씀을 하셨습니다. 참선도 원래 의미는 그래요. 아미타불이 저 밖에 계신다고 하면 방편 염불이지만, 그러나 자기 마음이 바로 자성불이라 생각하고서 화두를 들고 염불을 하고 주문을 할 때는 모두가 참선입니다.

우리 불자님들 기왕이면 참선하고 싶겠지요. 지금 사람들은 염불이라는 것을 잘 몰라서, 염불은 그냥 누구나 하는 것이고 참선은 더 고도의 수행이라고 생각하기 쉽습니다. 그러나 그렇지가 않습니다. 우리 마음 자세에 달려 있습니다. 우리가 화두를 든다고 하더라도, 자기 마음이 부처인 줄을 모르면 그때는 참선이 못 됩니다.

그러나 염불을 하건 주문을 외우건 간에, '우리 마음이 바로 만능을 갖춘 부처님이다.' 생각하고 염불이나 주문을 외운다면, 그것이 바로 염불선이 되고 또는 염불 주문이 됩니다. 가령 우리가 하나님으로 보더라도, 하나님이라는 개념 내용이 우리 부처님의 법신불과 똑같다면, '오, 주여!' 한다고 하더라도 그대로 참선이 됩니다.

우리는 어려운 문화시대에 살고 있습니다. 앞으로 도래하는 문화는 세계적인 진리가 다 융통해야 합니다. 그렇지 않고서는 공연히 종교 때문에 서로 싸우고 전쟁하게 됩니다. 그러면 이것은 종교도 아니고 아무것도 아닙니다.

따라서 우리가 어느 도둑놈이나 누구나 다 부처님 자손이라고 생각해야 합니다. 이렇게 해야 참다웁게 불교의 진리를 믿는 것이고, 동시에 가장 쉬운 공부고 행복해지기 쉽습니다. 염불 한 번 하고 나면 귀신이나 신장이나 다 좋아합니다. 우리 눈에는 안 보이지만 그런 존재가 굉장히 많은데, 그런 나쁜 귀신들도 좋아하고 두려워합니다.

더구나 '중생념불불환억(衆生念佛佛還憶)'이라, 원래 우리가 부처거니, 우리가 부처를 부르면 부처도 역시 우리를 굽어본단 말입니다. 따라서 부처님의 가피가 분명히 있습니다. 거기다가 '염념상속(念念相續)'이라, 생각 생각에 끊임없이 염불을 한다고 생각할 때는 염불삼매에 들고, 염불삼매 까지는 미처 못 간다고 하더라도, 우리 마음은 부처님이라 염불을 안 해도 저절로 염불이 나오게 됩니다.

그렇게 느끼시길 바랍니다. 그렇게 느끼시면 정말로 매일매일 신묘한 멜로디를 들으면서 공부할 수가 있습니다. 그렇게 꼭 금생에 염불삼매에 들어서 우리 본래의 고향 땅에, 본래 들어가야 할 그 자리에 금생에 꼭 가셔야 하겠습니다.

오늘 초대를 받으시는 영가들도 지금까지 제가 드린 말씀을 명심하셔서, 그 어두운 저승, 저승길은 굉장히 어두운 세계인데, 저승길에 헤매지 마시고 극락세계, 극락세계는 번뇌를 다 없애버린 청정한 존재가 들어가는 세계, 즉 성자가 들어가는 극락세계에 들어가시길 바랍니다.

극락세계는 꼭 금생에 성자가 되어야만 가는 것도 아닙니다. 금생에 갖은 나쁜 일을 많이 했더라도, 영가들은 지금 몸이 없으니, 마음으로 부처님을 100% 믿고 100% 믿는 그 마음으로 우리 인간과 우주의 참다운 생명 자체인 나무 아미타불을 간절히 외운다면, 그 공덕으로 해서 성자가 미처 못 된 영가도 본래 마음은 오염이 안 되었기 때문에 순식간에 극락세계에 왕생할 수가 있습니다.

나무 석가모니불

나무 본사 아미타불!


곡성(谷城) 설령산(雪靈山) 성륜사(聖輪寺) 청화(淸華) 합장

화두 놓고 염불하세

# 1     

## 정토(염불) 위에
## 법문 없소

위대하도다! 정토(염불) 법문의 가르침이여! 이 마음으로 부처를 삼고[是心作佛] 이 마음이 곧 부처라며[是心是佛], 사람 마음을 곧장 가리키는[直指人心] 자도, 오히려 정토의 기특함에는 손색이 있을 것이오. 그리고 즉념으로 부처를 생각하고[卽念念佛] 즉념으로 부처를 이룬다며[卽念成佛], 오랜 세월 동안 수행 증득하는[歷劫修證] 자는, 더욱이 정토의 고상한 기풍을 드날려야 할 것이오.

상중하 모든 근기의 중생에게 두루 가피를 주고 율종·교종·선종을 통틀어 포섭함이, 마치 때맞춘 단비가 만물을 윤택하게 적셔 주고, 바다가 모든 강물을 받아들이는 것과 같소. 편협하고 원만한[偏圓]<sup>1)</sup> 교리나 돈교

---

1) 편협과 원만[偏圓]: 교리의 우열을 판별하는 명칭으로, 편(偏)이란 공(空) 내지 중도[中]에 치우쳐 편협하게 설하는 교리이며, 원(圓)이란 일체 모든 것을 원만히 갖춘 교리를 말한다. 보통 소승을 편, 대승을 원이라고 구분하지만, 더 나아가면 대승 가운데도 편협과 원만이 갈라진다. 그 경우, 화엄종이나 천태종에서 말하는 원교(圓敎)만이 원만에 해당하고, 나머지 통별(通別)이나 종돈(終頓) 같은 교리는 편협에 속한다.

와 점교[頓漸]²⁾를 포함한 일체의 법문이, 바로 이 법계(法界: 정토 법문)로부터 흘러나오지 아니한 게 없소. 또 대승과 소승 및 권의와 실체[權實]³⁾를 비롯한 일체의 수행이, 모두 이 법계로 귀결하지 아니함이 없소.

---

2) 돈교(頓敎)와 점교(漸敎)의 구분은 두 가지가 있다.

첫째는 부처의 설법 일대기를 획분하는 표준으로, 화엄종의 청량(淸凉) 대사가 『화엄경』을 돈교, 『법화경』을 점돈교(漸頓敎)라 부른 것이 이에 해당한다. 점오(漸悟) 보살은 먼저 소승을 익힌 뒤 마음을 크게 돌려 대승을 배우는데, 부처가 이러한 근기의 중생에게 설법한 경전은 모두 점교에 속한다. 녹야원 이하의 대소승 경전이 그것인데, 이 가운데 소승은 점교소승, 대승은 점교대승이라고 부른다. 돈오(頓悟)에 곧장 들어가는 보살은 곧바로 부처가 되기 위해 발심 수행하는데, 이러한 근기의 중생에게 설법한 대승경전이 돈교로 『화엄경』이 여기에 속한다. 『법화경』이나 『열반경』은 이러한 기준에 따르면 점교에 포함된다. 천태종에서 화의(化儀)상 법화 이전의 경전을 돈교와 점교로 나누는 것은 같은 맥락이다.

둘째는 천태종 특유의 화법(化法) 상 구분으로, 지자(智者) 대사가 지관(止觀)을 판별하는 다섯 쌍의 범주 가운데 하나인데, 법문의 본체를 논한 것이다. 원교(圓敎)는 단박에 족하고 단박에 지극한[頓足頓極] 성불의 법문이기 때문에 돈교라 부르고, 장교(藏敎), 통교(通敎), 별교(別敎)의 세 가지는 점차로 성불에 진입하는 법문이므로 점교라고 부른다. 따라서 천태종의 입장에서 보면, 『법화경』만이 순수히 원만한 법문으로 유일하게 돈교라고 부를 수 있다. 『화엄경』은 화의(化儀) 상으로는 비록 돈교이지만, 화법(化法) 상으로는 원교와 별교를 아울러 말하기 때문에, 돈교로서 점교를 겸한다고 말할 수 있다. 반면 화엄종의 관점에서는, 『화엄경』이 교화한 중생의 근기도 돈(頓)이고, 설한 법문도 또한 돈(頓)이기 때문에, 돈교 중의 돈교(頓頓)가 된다. 『법화경』은 설한 법문이 돈(頓)이지만, 교화한 근기가 점(漸)이기 때문에, 점교 중의 돈교(漸頓)라고 할 수 있다.

3) 권실(權實): 일시적인 상황에 적합하여 잠시 사용했다가 그만두는 방편 법문을 권(權)이라 하고, 궁극 본체인 항상 불변의 법을 실(實)이라고 부른다. 천태종의 지관(止觀)에서는 권모(權謀)와 실록(實錄)이라고도 명명하는데, 조금 낯익은 표현으로는 권변(權變)·권의(權宜)와 실체(實體) 정도가 괜찮을 듯하다. 권실의 구분은 모든 법문과 종파에 두루 통용하지만, 특히 천태종에서 열 쌍과 세 종류의 권실을 상세히 체계화하여, 법문의 사리(事理)와 여래의 지혜 및 여래가 설한 교법(敎法) 등에 대해 권실을 따지는 이론이 가장 중요하다. 권법(權法)의 차별에 통달함이 여래의 권지(權智)이고, 그 실상(實相)의 일리(一理)에 통달함이 여래의 실지(實智)이다. 『금강경』에서 "일체 성현은 모두 무위법으로써 차별을 나토다[一切賢聖, 皆以無爲法而有差別]."는 구절이 바로 이러한 의미 맥락이다. ('나토다'는 본디 '화현(化現)'의 뜻을 지닌 고어(古語)인데, 우리 불교계에선 흔히 '나투다'로 잘못 쓰고 있다.)

여래가 처음에 권지(權智)로써 삼승(三乘)의 교화를 펼친 것이 권교(權敎)이고, 나중에 일승(一乘)의 이치를 보인 것이 실교(實敎)이다. 천태종의 4교로 보면, 장교(藏敎), 통교(通敎), 별교(別敎)가 권교에 해당하고, 원교(圓敎)는 실교에 속한다. 또 화엄종의 5교로 보면, 돈교(頓敎) 이하가 모두 권교에 해당한다. 한편, 권(權)은 일찍이 중국 고대 유가에서, 평상의 원칙과 정도(正道)를 변화 융통하여, 특별하고 긴급한 위기 상황에 대처하는 임기응변의 방편을 가리키는 개념으로 쓰였다. 예컨대, 맹자(孟子)에 따르면, 남녀 간에는 수건조차 손으로 직접 주고받지 않는[男女有別] 것이 원칙상의 예법[禮]이다. 하지만 형수가 물에 빠져 죽게 생긴 위기 상황에서는, 시동생이 손으로 직접 건져 살리는 것이 권(權)으로서, 인정(人情)과 천리(天理)에 모두 합당한 방편법이라고 강조한다. 권(權)의 상대어로는 보통 경(經)이 쓰인다. 또 중국 철학상 본체[體]와 작용[用]이라는 범주도 실권(實權)에 상응한다.

미혹과 업장을 다 끊지 않은 채로 부처의 후보 자리에 오를 수 있으니, 금생에 단박 보리(菩提: 깨달음)를 원만히 이루게 되오. 구계(九界: 十界 중 부처의 경계를 제외한 보살·벽지불·성문 및 육도 중생계를 가리킴) 중생들은 이 법문을 떠나서는 위로 부처의 도를 원만히 이룰 수 없고, 시방 모든 부처님도 이 법문을 놓고서는 아래로 뭇 중생들을 두루 이롭게 할 수 없소.

이러한 까닭에, 화엄해회(華嚴海會)의 대중들이 모두 십대원왕(十大願王)을 따르고, 『법화경』에서는 한결같이 모두 모든 법문의 참모습[諸法實相]을 증득했다고 일컫는다오. 정토 염불이 가장 뛰어난 방편 수행임은, 마명(馬鳴) 보살이 『기신론(起信論)』에서 보여 주었소. 또 정토 염불이 가장 쉽고 빨리 도달하는 길임은, 용수(龍樹) 보살이 『바사(婆沙: 說)』에서 밝히고 있소. 석가모니불의 후신(後身)이라는 지자(智者) 대사가 십의론(十疑論)을 설하면서 오로지 서방극락에 초점을 맞추었고, 아미타불의 화신(化身)이라는 영명(永明) 대사는 사료간(四料簡)을 지어 종신토록 염불을 행하며 가르쳤소.

삼승(三乘)[4]과 오성(五性)[5]을 막론하고, 모두 진실하고 항상스런 법[眞

---

**4)** 삼승(三乘): 네 가지가 있으나, 보통은 대승불교의 성문·벽지불·보살승을 가리킨다.
　성문승(聲聞乘)은 소승이라고 부르며, 빠르는 3생(生), 늦게는 60겁(劫) 동안 공법(空法)을 닦아, 마침내 현세에 여래의 육성 가르침을 듣고 사제(四諦: 苦集滅道)의 진리를 깨달음으로써, 아라한의 과위(果位)를 증득하는 자이다. 벽지불승(辟支佛乘)은 중승(中乘)으로 연각승(緣覺乘)이라고도 부르며, 빠르는 4생(生), 늦게는 백 겁(劫) 동안 공법(空法)을 닦다가, 마지막 생에 이르러 여래의 친신(親身) 설법을 듣지 않고도, 꽃 피고 잎 지는 바깥 사물의 인연을 보고 홀로 12연기법(緣起法)을 깨달아, 벽지불의 과위를 증득하는 자이다. 보살승(菩薩乘)은 대승이라고 부르며, 3무수겁(無數劫) 동안 6바라밀을 수행하고, 다시 백 겁 동안 부처의 32상(相) 복덕 인연을 심어, 무상보리(無上菩提)를 증득하는 자이다. 흔히 이 삼승을 양·사슴·소가 끄는 수레에 비유하기도 하고, 토끼·말·코끼리에 빗대어 표현하기도 한다.

**5)** 오성(五性): 법상종(法相宗)에서 일체 중생의 근기를 다섯 가지로 나눈 성품.
　1. 정성성문(定性聲聞)은 아라한과를 얻을 수 있는 무루(無漏: 번뇌 없음) 종자를 지닌 자임.
　2. 정성연각(定性緣覺)은 벽지불과를 얻을 수 있는 무루 종자를 지닌 자임.
　3. 정성보살(定性菩薩)은 불과(佛果)를 얻을 수 있는 무루 종자를 지닌 자임.
　4. 부정성(不定性)은 일정하지 않은 성품이라는 뜻으로, 두세 가지의 무루 종자를 지닌 자임.
　5. 무성(無性)은 이상 삼승의 무루 종자를 전혀 가지지 못하고, 단지 인간과 천상의 유루(有漏: 번뇌 있음) 종자만 지닌 자임. 법상종은 이러한 오성의 이론으로 화엄종이나 천태종과 서로 어깨를 나란히 했기 때문에, 오성종(五性宗)이라고도 한다. 현장(玄奘) 법사와 자은(慈恩) 법사가 특히 여기에 진력했다.
　또 『원각경(圓覺經)』에서, 모든 중생들이 구체적인 사장(事障: 보고 생각하는 두 가지 미혹, 見思惑)과 추상적

常]을 증득하도록 모으고, 최상의 성인부터 최하의 범부까지 함께 피안(彼岸)에 오르도록 인도한다오. 그래서 구계 중생이 모두 귀의하고, 시방 제불이 함께 찬탄하시며, 천경(千經)과 만론(萬論)이 나란히 밝히고 있소. 그러니 정말로 부처님의 한평생 교화[一代時教] 가운데, 가장 지극하고 더할 나위 없이 위대한 일승(一乘)의 가르침이라고 일컬을 만하오. 착한 공덕의 뿌리를 심지 않으면 영겁토록 만나기 어려운 법문이거니와, 일단 보고 들은 사람이라면 마땅히 부지런히 닦고 익혀야 할 것이오.

가르침과 이치와 수행과 과위[教理行果][6]는 불법의 으뜸 강령이며, 부처를 그리워하고 부처를 생각함[憶佛念佛]은 실로 불도를 얻는 지름길이라오. 예전에는 인연 따라 어느 한 법문을 수행해도 이 네 가지가 모두 갖추어졌지만, 지금 세상에서는 만약 정토(염불) 법문을 놓을 것 같으면 과위의 증득[果證]은 전혀 없게 된다오. 진실로 성인이 떠난 시간이 이미 오래 되었고, 사람들의 근기가 보잘 것 없이 하찮아서, 부처님의 가피력에 의지하지 않으면 해탈하기가 절대로 어렵소.

옛 사람들이 말씀하시기를, "사람 몸 얻기 어렵고[人身難得], 문명의 한

---

인 이장(理障: 근본상의 塵沙無明)을 얼마나 빠르고 철저히 끊을 수 있는지에 따라, 다섯 단계로 나눈 성품으로 오성(五性)이 있다.
1. 가끔 선행이나 베풀면서 터럭 끝만큼의 미혹도 끊지 못하는 평범한 범부성(凡夫性), 2. 보고 생각하는[見思] 미혹의 사장은 끊지만 근본상의 진사무명인 이장은 끊지 못하는 성문과 벽지불의 이승성(二乘性), 3. 이사(理事) 두 가지 업장을 점차 모두 끊어 크고 원만한 깨달음[大圓覺]을 증득하는 보살성(菩薩性), 4. 부정성(不定性)으로 돈점이성(頓漸二性) 또는 돈초여래성(頓超如來性)이라고도 함, 5. 삿된 학설을 따르며 부처의 정도(正道)를 모르는 외도성(外道性). 원각경은 "일체 중생이 탐욕으로 무명(無明)을 떨치기 때문에, 서로 다른 다섯 성품의 단계를 드러낸다."고 밝힌다.

6) 교리행과(教理行果): 성도(聖道)의 문 안에서 스스로 힘써 수행하며 과위(果位)를 얻는 단계. 교(教)는 아함(阿含)의 번역으로, 부처가 설한 가르침이다. 마음에 있는 것을 법(法)이라 하고, 법을 말로 표현하면 교(教)라 부르는데, 흔히 교법(教法)이라고 통칭한다. 리(理)는 가르침(法) 안에 담긴 도리(道理), 이치를 뜻하고, 행(行)은 그 이치에 따라 수행함이며, 과(果)는 수행의 원인으로부터 얻는 성인의 지위를 가리킨다. 이 가운데 리(理)를 교(教)에 함축하여 생략하고, 과(果)를 증득 행위로 대체하면, 교행증(教行證)이라고 표현하기도 한다. 그리고 일본의 진종(眞宗)에서는 다시 여기에 믿음(信)을 덧붙여, 교행신증(教行信證)으로 일컫는다. 교(教)는 『무량수경(無量壽經)』, 행(行)은 나무아미타불(南無阿彌陀佛) 염불 수행, 신(信)은 나무아미타불에 대한 믿음, 증(證)은 극락왕생을 각각 뜻한다고 한다.

가운데 태어나기 어려우며[中土難生], 부처님 법 듣기 어렵고[佛法難聞], 생사
윤회 끝마치기 어렵다[生死難了].'고 하셨소. 우리들은 다행히 사람 몸 얻어
문명의 한 가운데 태어났고, 부처님 법까지 듣고 있소. 다만 불행히도 죄
악이 많고 업장이 무거워, 스스로 미혹을 끊고 삼계를 벗어나 생사윤회
를 벗어날 힘이 없으니, 몹시 부끄러울 따름이오.

그런데 또다시 천만다행으로, 우리 여래께서 철두철미한 대자대비심
에서 임기응변의 대방편 권법(權法)을 설하셨소. 천하의 모든 중생들에게
업장을 짊어진 채 극락왕생할 수 있도록, 정토 법문(淨土法門)을 열어 놓으
신 것이오. 이를 보고 듣는 것은, 정말로 행운 중의 막대한 행운이오. 무
량겁 이래로 착한 뿌리를 깊이 심어온 자가 아니라면, 어떻게 이처럼 불
가사의한 법문을 들으며, 나아가 단박에 진실한 믿음을 내어 극락왕생을
발원할 수 있겠소?

내가 듣건대, 정토는 부처님의 본래 회포를 궁극으로 다 털어놓으신
법문으로, 일체의 선종·교종·율종 등의 법문을 훨씬 초월할 뿐만 아니
라, 이들을 모두 총망라한다고 하오. 간략히 말하자면 한 마디 한 구절이
나 한 게송 한 경전으로 남김없이 포괄하지만, 자세하게 널리 말하자면
비록 삼장(三藏)[7] 12부(部)[8]의 심오한 교법이나 오종(五宗)[9] 역대 조사들의

---

7) 삼장(三藏): 경(經)·율(律)·논(論)의 세 가지로, 문자 의미를 통해 불법을 싸서 저장(包藏)한다는 뜻에
서 붙인 명칭. 경은 선정(定), 율은 계율(戒), 논은 지혜(慧)를 각각 설하기 때문에, 이 삼장과 삼학에 통
달한 수행자도 삼장이라고 한다. 특히 진제(眞諦)·현장(玄奘) 같은 경전 번역 법사를 일컫는 칭호로도
쓰인다. 경은 수다라(修多羅)인데, 성인의 말씀이 모든 법을 일관회통하는 게, 마치 실로 꽃을 꿰어 화
환을 이루는 것과 같다고 하여, 처음에는 선(線) 또는 연(綖)이라 옮겼다. 그러다가 항상 불변의 가르
침이라는 뜻에서, 중국 고유의 고전과 같은 경으로 바꾸었다. 율은 비나야(毗奈耶)인데, 몸·입·생각
의 삼업(三業) 죄악을 소멸시킨다는 뜻에서, 멸(滅)로 번역하기도 하였다. 논은 아비달마(阿毗達磨)인데,
진리를 대하여 관찰하는 뛰어난 지혜라는 뜻에서, 대법(對法)이라고도 번역하였다. 모든 법의 성상(性
相)을 논하여 뛰어난 지혜를 낸다는 의미에서 논이라고 한다. 보통 삼장은 소승에 특유한 구분 명칭
이고, 대승은 한결같이 수다라(經)장이라고 한다. 대승 가운데도 실질 내용상, 『화엄경』 등은 경, 『범
망경(梵網經)』 등은 율, 아비달마경(阿毗達磨經) 등은 논으로 각각 분류한다.

8) 12부(部): 『대지도론(大智度論)』에서 모든 경을 12종류로 분류한 기준이다.
  1. 수다라(修多羅: 梵 sūtra): 계경(契經), 2. 기야(祇夜: 梵 geya): 중송(重頌), 응송(應頌), 계경 본문에서 설한 내

미묘한 논설로도 다 해석할 수 없다오.

설령 천하의 모든 중생이 함께 정각(正覺)을 이루어, 광장설(廣長舌)을 드러내고 신통력과 지혜력으로 한 티끌 한 찰나마다 쉼없이 치열하게 말한다고 할지라도, 어떻게 다할 수 있으리오? 진실로 정토 법문이 본디 불가사의하기 때문이라오.

한번 경전을 보시오. 『화엄경』은 삼장 가운데 임금이라고 일컬어지는데, 맨끝 편에서 십대원왕으로 귀착하지 않소? 또 『법화경』은 심오하고 미묘하여 모든 경전의 으뜸이라고 꼽히는데, 듣는 즉시 극락왕생하여 등각(等覺) 보살과 가지런한 지위에 오른다고 설하지 않소? 그러니 천경(千經) 만론(萬論)이 도처에서 정토로 귀의하도록 가리키는 것도, 모두 유래가 있지 않소?

그래서 문수보살이 극락왕생을 발원하고 보현보살이 권장 격려하며, 여래께서 『대집경(大集經)』에서 "말법 시대에는 이 법문이 아니면 중생을 제도할 수 없다."고 수기(授記)하셨소. 또 용수(龍樹) 보살도 『십주비바사론(十住毘婆沙論: 說)』에서 "행하기 쉬운 길이니 빨리 생사윤회를 벗어나라."고 간명하게 보이셨소. 역대 고금의 성현마다 한결같이 정토로 귀향하는 것

---

용을 다시 정리해 읊은 게송, 3. 가타(伽陀: 梵 gāthā): 풍송(諷誦), 고기(孤起), 계경 본문 없이 직접 게송으로 읊은 교설, 4. 니다나(尼陀那: 梵 nidāna): 인연(因緣), 붓다의 설법 인연을 적은 서품, 5. 이제목다가(伊帝目多伽: 梵 itivṛttaka): 본사(本事), 본생담 이외의 붓다 및 제자들의 전생사, 6. 사다가(闍多伽: 梵 jātaka): 본생(本生), 붓다가 전생에 대자비를 행한 보살행, 7 아비달마(阿毘達磨: 梵 adbhutādharma): 희법(希法), 붓다와 제자들의 희유한 법, 8. 아바다나(阿波陀那: 梵 avadāna): 비유(譬喩), 9. 우바제사(優婆提舍: 梵 upadeśa): 논의(論議), 10. 우다나(優陀那: 梵 udāna): 자설(自說), 『불설아미타경』처럼 누구도 물을 수 없어 붓다가 스스로 설한 법, 11. 비불략(毘佛略: 梵 vaipulya): 방광(方廣), 광대하고 심오한 교의를 설함, 12. 화가라(和伽羅: 梵 vyākaraṇa): 수기(授記), 기별(記別), 본디 교의 해설을 뜻하는데, 나중에 제자들의 미래 수행과위에 대한 증언을 가리킴. 이 가운데 처음 3부는 경문(經文) 상의 체재이고, 나머지 9부는 모두 경문이 싣고 있는 개별 사항(내용)에 따라 붙인 명칭이다.

9) 오종(五宗): 대승불교에서는 천태(天台)·화엄(華嚴)·법상(法相)·삼론(三論)·율(律)종을 가리킨다. 선종(禪宗)에서는 오조(五祖) 홍인(弘忍) 문하가 북종(北宗) 신수(神秀)와 남종(南宗) 혜능(慧能)으로 양분한 뒤, 육조 혜능에서 다시 분파한 위앙(潙仰)·임제(臨濟)·조동(曹洞)·운문(雲門)·법안(法眼)종을 가리키는데, 흔히 선종 오가(五家)로 불린다. 여기에 황룡(黃龍)과 양기(楊岐)를 합쳐 7종으로 부르기도 한다.

이, 어찌 터무니없겠소? 진실로 부처님의 한평생 설법이 모두 염불 법문의 주석(註釋)이나 다름없소.

이뿐만 아니오. 무릇 눈·귀·코·혀·몸·생각의 육근(六根)이 산하대지나 명암(明暗) 색공(色空) 등 일체의 경계(境界)에 대해, 보고 듣고 맛보고 느껴 아는, 빛·소리·향기·맛 등인들, 어느 하나 정토를 드러내어 알리는 문자가 아니겠소? 추위와 더위가 서로 번갈아 닥치고, 늙음과 질병이 육신을 핍박하며, 홍수·가뭄·질병·전쟁이나 악마·사견(邪見) 등이 잇달아 생겨나는 현실은, 또 어느 하나 사람들에게 한시 바삐 극락왕생하길 간절히 발원시키는 채찍[警策]이 아니겠소? 그러니 넓게 말하자면 끝이 있겠소?

한 글자로 총괄할 수 있다 함은, 이른바 '정(淨: 맑음·청정)'이오. 맑음이 지극하면 빛이 통하나니, 미묘한 깨달음[妙覺]에 이르지 않고서는, 이 한 글자를 어찌 쉽사리 감당할 수 있으리오? 육즉불송(六卽佛頌)¹⁰⁾을 연구해

---

10) 육즉불(六卽佛): 보통 대승보살의 수행지위[行位]는, 『화엄경』 등에서 설하는 십신(十信)·십주(十住)·십행(十行)·십회향(十廻向)·십지(十地)·등각(等覺)·묘각(妙覺)의 52위(位)로 구분한다. 천태종에서는 이를 별교(別敎)보살의 단계로 보고, 별도로 원교(圓敎)보살에 해당하는 육즉불의 수행 지위를 설정하였다.

1. 이즉불(理卽佛): 일체 중생이 모두 불성을 지니고 있으며, 부처가 세상에 있든 없든 불성은 항상 존재하며, 어떠한 빛이나 냄새 하나도 중도(中道) 아닌 게 없다. 이치상 불성은 그렇지만, 이를 듣지 못하고 알지 못하는 범부 중생은, 단지 이치상 성품상으로만 부처와 같다.

2. 명자즉불(名字卽佛): 선지식과 경론 등을 통해 그러한 이치를 보고 들어, 명자(문자지식·개념) 상 모든 게 불법이고, 일체 중생이 성불할 수 있음을 아는 자.

3. 관행즉불(觀行卽佛): 문자 지식상의 이치를 이해할 뿐만 아니라, 그 가르침에 따라 수행하여 마음의 관조가 밝아지고, 이치와 지혜가 서로 호응하며, 말하는 것과 수행이 서로 일치하는 자. 『법화경』에서 말하는 수회독송(隨喜讀誦) 등 오품(五品)관행을 수행하기 때문에, 오품제자위(位)라고도 부르며, 외품(外品)에 속한다.

4. 상사즉불(相似卽佛): 비로소 별교의 십신(十信) 지위에 들어서, 진짜 무루(眞無漏)에 비슷한 관행을 하는 자. 『법화경』에서 말하는 육근청정(六根淸淨)의 공덕을 얻기 때문에, 육근청정위(位)라고도 부르며, 내품(內品)에 속한다. 이즉불과 명자즉불 단계는 바깥 범부(凡夫)라 하고, 관행즉불과 상사즉불 지위는 안쪽 범부(內凡)라 하기도 한다.

5. 분진즉불(分眞卽佛): 상사즉불 단계의 관행 힘에 의해 진실한 지혜(眞智)를 발하여, 비로소 약간의 무명(無明)을 끊고 보물창고(寶藏)를 열어 진여(眞如)불성을 드러내는 자. 이를 발심주(發心住)라 한다. 이때부터 9주(住)에서 등각(等覺)에 이르기까지, 41지위를 거치며 41품(品)의 무명을 깨뜨리고, 법성을 차례로 나누어 드러낸다. 이 단계는 성인(聖因: 성인이 되는 준비 인연)이라고 한다.

6. 구경즉불(究竟卽佛): 제 42의 원품(元品) 무명까지 깨뜨리고, 궁극의 원만한 깨달음의 지혜(覺智)를

보면 잘 알 수 있을 것이오.

한 구절이란 '믿음[信]·발원[願]·수행[行]'이오. 믿음이 아니면 발원을 이끌어 낼 수 없고, 발원이 아니면 염불 수행을 인도할 수 없기 때문이오. 또 나무 아미타불 명호를 지송(持誦)하는 미묘한 염불 수행이 아니면, 발원을 원만히 성취하여 믿음을 증득할 수 없기 때문이오. 정토에 관한 모든 경론(經論)은 한결같이 이 묘지(妙智)를 밝혀 적은 교법일 따름이오.

한 게송이란 찬불게(讚佛偈)[11]를 가리키오. 정보(正報: 또는 正果, 기본 과보, 주요 과보)만 거론하여 의과(依果: 또는 依報, 의지 과보, 부수 과보)를 망라하고[12] 교화 주체[化主: 아미타불]를 언급하여 교화 대중[徒衆: 보살·성문 제자]까지 포괄하고 있소. 그래서 비록 여덟 구절밖에 안 되는 짧막한 게송이지만, 실지로는 정토삼부경(淨土三部經)의 대강 요점을 모두 함축하고 있다오.

한 책이란 바로 『정토십요(淨土十要)』[13]를 가리키오. 이 책은 글자마다

---

드러내는 자. 묘각(妙覺)에 해당하고, 성과(聖果)라 부른다.
청화(淸華) 큰스님의 법어집인 『마음의 고향』 제17집(1995년 미국 삼보사 동안거 설법 정리. 금륜회 발행)에 '육즉불(六卽佛)'의 법문이 실려 있으니, 참고 바람.

**11)** 찬불게(讚佛偈)
阿彌陀佛身金色 아미타부처님의 황금빛 찬란한 몸,
相好光明無等倫 상호와 광명 비길 데 없이 눈부시네.
白毫宛轉五須彌 백호는 다섯 바퀴나 수미산을 휘어 감싸고,
紺目澄淸四大海 검푸른 눈은 사대 바다를 맑게 비추네.
光中化佛無數億 광명 속에 부처님 화신 수없이 나토시고,
化菩薩衆亦無邊 보살 대중의 화신 또한 끝없이 많네.
四十八願度衆生 48대 서원을 세워 중생을 제도하여,
九品咸令登彼岸 아홉 품계 따라 모두 피안에 오르게 하시네.

**12)** 정보(正報)와 의과(依果): 중생이 과거의 업장으로부터 받는 마음과 몸[心身]의 생명 자체를, 기본 또는 주요 과보라는 뜻에서 정보(正報) 또는 정과(正果)라 부른다. 그리고 그 몸과 마음이 의지해 거주 생활하는 세간의 일체 사물, 예컨대 세계국토·가옥·의복·음식 등의 환경을 의보 또는 의과라고 부른다.

**13)** 『정토십요(淨土十要)』: 명말(明末) 청초(淸初)의 영봉(靈峯) 우익 대사(본명은 智旭, 스스로 八不道人이라 일컬음)가 정토 염불 수행에 가장 긴요한 논저 9종을 선정하고, 자신이 지은 『아미타경요해(要解)』를 합쳐 펴낸 방대한 저술. 대사의 문인 성시(成時) 법사가 요약본을 유통시켰는데, 민국(民國)초 인광(印光) 대사가 원본을 찾아 왕생론(往生論)과 왕생론주(往生論註) 및 연화세계시(蓮華世界詩) 등을 부록으로 첨부하여 새로이 펴냈다.

모두 말법시대의 나루터와 다리이고, 구절마다 연종(蓮宗: 정토종)의 보배와 거울이라오. 눈물을 흘리며 통곡하고 심장을 갈라 피를 뿌리는 듯한 심정으로, 중생의 성품에 걸맞게 서술하고, 말세의 근기에 따라 가리키고 있소. 물에 빠져 죽으려는 사람을 건져내고, 불에 타 죽으려는 인간을 구해낸다는 표현으로도, 그 비통하고 간절함은 비유할 수 없을 지경이오. 이것을 놓아버리면, 올바른 믿음[正信]이 생겨날 길이 없고, 삿된 견해[邪見]가 사라질 수 없을 것이오.

우리들이 시작도 없는 태초 이래로 지어 온 악업은 한량없고 끝없소. 『화엄경』에서 말한 대로, "가령 악업이 몸통과 모습으로 나타난다면, 시방 허공계로도 다 수용하지 못할 것"임을 모름지기 알아야 하오. 그러니 어찌 한가로이 유유자적하는 수행으로 그 악업을 다 소멸시킬 수 있겠소? 그래서 사바세계의 석가모니불과 서방정토의 아미타여래 두 교주(敎主)께서, 중생들이 스스로 미혹과 악업을 끊을 힘이 없음을 비통하게 여기시고, 오로지 부처님의 자비 가피력에 의지하여, 업장을 짊어진 채 극락왕생하는 정토 법문을 하나 특별히 열어 두신 거라오. 그 대자대비에 비하면, 천지(天地)나 부모라도 갠지스 강[恒河] 모래알의 총 개수 가운데 하나로 비유할 수조차 없을 것이오. 단지 부끄러운 마음과 참회하는 마음만을 기꺼이 낸다면, 저절로 부처님의 자비 가피를 받아 업장이 소멸하고, 몸과 마음이 편안해질 것이오.

선도(善導) 화상14)께서 일찍이 이렇게 말씀하셨소.

---

『아미타경요해』 외에, 송나라 때 자운(慈雲) 화상의 왕생정토참원의(往生淨土懺願儀), 청나라 때 성시(成時) 법사가 편집한 관무량수불경초심삼매문(觀無量壽佛經初心三昧門), 수(隋)나라 때 천태(天台) 지자(智者) 대사가 지은 정토십의론(淨土十疑論), 당나라 때 비석(飛錫) 화상이 지은 염불삼매보왕론(念佛三昧寶王論), 원(元)나라 때 천여(天如) 유칙(維則) 화상이 쓴 정토혹문(淨土或問), 명나라 때 초석(楚石) 화상이 지은 서재정토시(西齋淨土詩), 명나라 때 묘협(妙) 화상이 쓴 보왕삼매념불직지(寶王三昧念佛直指), 명나라 때 화남(和南) 화상이 지은 정토생무생론(淨土生無生論), 유일하게 재가거사 작품으로 명나라 때 석두 도인(石頭道人)이라고 자칭한 원굉도(遠宏道)의 서방합론(西方合論) 등이 『정토십요』에 들어 있다.

14) 선도(善導) 화상: 당나라 때 광명사(光明寺) 화상으로, 하서(河西)의 도작(道綽) 법사에게서 정토 법문의

"이해(理解) 차원의 배움 같으면, 범부의 지위에서부터 부처의 경지에 이르기까지, 일체의 법을 어느 하나 배워야 하지 않을 것이 없다. 그러나 만약 수행(修行)을 배우려고 한다면, 마땅히 진리에 부합하면서도 자신의 근기에 적합한 하나의 법문을 선택하여, 정신을 집중하고 전심전력해야, 바야흐로 실질 이익을 빨리 얻을 수 있다. 그렇지 않으면, 몇 겁이 지나도록 여전히 생사윤회를 벗어나기 어렵다."

여기서 '진리에 부합하면서도 자신의 근기에 적합한 법문'이란, 믿음과 발원을 가지고 부처님 명호를 지송하면서 극락왕생을 구하는 정토 법문에 지나지 않소. 『아미타경』, 『무량수경』, 『관무량수불경』을 정토삼부경(淨土三部經)이라고 하는데, 정토의 연기(緣起)와 사리(事理)를 전문으로 설하고 있소. 그 밖의 주요 대승경전에서는, 모두 정토를 도처에서 수시로 함께 언급하고 있소.

예컨대, 『화엄경』은 여래께서 처음 정각(正覺)을 이루신 뒤 41분 법신대사(法身大士: 大士는 보살의 별칭)를 위해, 일승묘법(一乘妙法)을 있는 그대로 설하신 방대한 법문이오. 그 마지막에 선재(善財) 동자가 50여 대 선지식을 두루 참방(參訪)하여 부처의 깨달음 경지에 가지런히 이른 뒤, 보현보살이 그에게 십대원왕(十大願王)을 설해 주면서, 선재 동자와 화장해회(華藏海會) 동참 대중 모두로 하여금 한결같이 서방 극락세계에 왕생하여 부처의 과위(果位)를 원만히 성취하도록, 두루 권하는 내용으로 끝마치고 있소.

그리고 『관경(觀經)』의 하품하생(下品下生: 연화 9품 중 최하위에 속하는 중생)에

---

관경(觀經) 설법을 듣고 염불 법문 하나에 마음을 둔 뒤, 지성을 다하고 정신을 다 바쳤으며, 향불로 머리 지지기를 세수하듯 하였다. 장안에 올라가 출가 및 재가 수행자들에게 오로지 극락왕생을 발원하도록 적극 격려했다. 30여 년 동안 침실이 따로 없었고, 목욕할 때가 아니면 옷도 벗지 않았으며, 눈을 들어 여자를 쳐다보는 법이 없었고, 부귀공명이나 이해득실에는 조그만 염두도 일으키지 않았다. 『아미타경』을 10만여 권이나 사경(寫經)했고, 정토의 경관을 몸소 그린 담벽만도 3백여 곳이나 되었으며, 부처님 명호를 염송할 때는 입에서 광명이 발하기도 하였다. 고종(高宗) 영륭(永隆) 2년(681) 절 앞의 버드나무에 올라가 투신하여 입적했다. 사후 고종 황제가 광명사(光明寺)라는 편액을 하사했다. 저서에는 관경소(觀經疏), 왕생예찬(往生禮讚), 법사찬(法事讚), 관념법문(觀念法門), 반주찬(般舟讚) 등이 있다.

보면, 오역십악(五逆十惡)15)을 범하고 온갖 죄를 지은 악인으로, 설령 임종에 지옥의 모습이 눈앞에 나타나더라도, 선지식이 염불을 가르쳐 주는 인연을 만나 그 가르침대로 부처님 명호를 염송하면, 열 번을 다 마치기 전에 곧 아미타불 화신이 나타나 친히 손을 내밀고 극락왕생을 인도해 주신다고 적혀 있소.

또 『대집경(大集經)』은, "말법 시대에는 억만 사람이 수행을 하더라도, 그 중 하나도 도를 얻기가 어려우며, 오직 염불에 의지하여야만 생사윤회를 벗어날 수 있다."고 설하고 있소.

이러한 경전의 가르침을 종합해 보면, 염불 법문이 최상의 성인으로부터 최하의 범부에 이르기까지 다 함께 수행하는 크나큰 도이며, 어리석은 자나 지혜로운 이 모두 누구에게나 두루 통하는 법문임을 알 것이오. 손대기가 쉬우면서 성공률이 매우 높고, 힘은 적게 들이면서 효험은 아주 빠르게 보게 되니, 이는 오로지 부처님의 자비 가피력에 의지하기 때문이오. 그래서 그 이익이 수승(殊勝)하며, 다른 모든 가르침을 훨씬 초월한다오. 옛 사람들이 "다른 법문으로 도를 배우는 것은 개미가 높은 산에 기어오르는 것 같지만, 염불 법문으로 극락왕생하는 것은 순풍에 돛 단배가 물살 따라 나가는 듯하다."고 말씀하신 비유가, 가장 적절한 표현이라고 하겠소.

크게 깨달은 세존께서, 모든 중생들이 자기의 본래 심성을 잃고 육도

---

15) 오역(五逆): 도리(道理)에 지극히 거슬리는(逆) 다섯 가지 중죄로, 사후에 무간(아비) 지옥에 떨어져 막대한 고통을 받는다는 뜻에서, 오무간업(五無間業)이라고도 한다. 관경에 따라 대략 네 종류가 있으나, 보통 삼승(三乘)에 통용하는 소승의 오역을 일컫는다. 부친 살해, 모친 살해, 아라한 살해, 부처님 몸에 유혈 상해, 승가 화합 파괴가 그것이다. 이 다섯 죄악에 각각 상응하는 동류(同類) 오악으로, 모친이나 무학(無學) 비구니의 간음, 선정에 든 보살의 살해, 유학(有學)의 성현 살해, 부처님 부도탑의 파괴, 승가 화합의 인연 방해 등을 거론하기도 한다.

십악(十惡): 살생, 도둑질(주지 않는 물건을 가지는 것), 사음, 망어(거짓말), 양설(兩舌: 이간질하는 말), 악구(惡口: 험담, 욕설), 기어(綺語: 음담패설), 탐욕, 진에(瞋: 성냄), 사견(邪見: 인과응보를 부정하는 것)의 십불선(十不善)을 가리킨다. 수(隋)·당(唐) 이래 중국 율령에도 모반(謀反), 모대역(謀大逆), 모반(謀叛), 악역(惡逆), 부도(不道), 대불경(大不敬), 불효, 불목(不睦), 불의(不義), 내란(內亂: 근친 간음)의 십악 죄목이 별도로 있었다.

윤회하면서, 무수 겁을 지나도록 헤어나지 못함을 불쌍히 여기셨다오. 그래서 무연자비심(無緣慈悲心)과 동체대비심(同體大悲心)을 일으켜, 인간 세상에 몸을 나토시고 정각(正覺)을 이루신 뒤, 중생의 근기에 맞추어 여러 가지 법문을 두루 설하셨소. 그러나 그 대강을 간추리자면, 크게 5종(五宗)으로 요약할 수 있소.

다섯 종파란, 바로 율종(律宗) · 교종(敎宗) · 선종(禪宗) · 밀종(密宗) · 정토종(淨土宗)을 가리키오. 율(律)이란 부처님 몸[佛身: 행동]이고, 교(敎)란 부처님 말씀[佛言]이며, 선(禪)이란 부처님 마음[佛心]이오. 부처님이 부처님인 까닭도 바로 이 세 가지 법문에 있으며, 부처님이 중생을 제도하는 방편도 바로 이 세 가지 법문일 따름이오. 중생들이 정말로 부처님의 계율과 교법과 선정에 따라 수행한다면, 중생의 삼업(三業)이 곧장 그대로 모든 부처님의 청정한 삼업으로 승화한다오. 삼업이 승화하면, 번뇌가 바로 보리(菩提)이며, 생사(生死)가 곧 열반이 되오.

그런데 부처님은 또, 중생들이 숙세 업장이 너무 두터워, 행여라도 쉽게 소멸 · 승화하지 못할까, 몹시 걱정하셨소. 그래서 다라니(陀羅尼),[16] 삼밀(三密),[17] 가지(加持)[18] 의 힘으로 자꾸 반복 훈습(薰習)하여, 불성(佛性)을

---

16) 다라니(陀羅尼): 다라나(陀羅那) · 다린니(陀隣尼)라고도 하며, 지(持) · 총지(總持) · 능지(能持) 등으로 번역한다. 좋은 법은 흩어지지 않게 잘 지니고, 나쁜 법은 일어나지 못하게 잘 지니는 힘[작용]을 뜻하는데, 크게 네 가지가 있다.
첫째, 부처님의 교법을 듣고 잊지 않게 지니는 법(法)다라니, 또는 문(聞)다라니
둘째, 불법의 의미와 이치를 잊지 않고 모두 지니는 의(義)다라니
셋째, 선정 중에 피어나는 비밀스런 말[祕密語]로 신령스런 효험을 지니는 주(呪)를 잃지 않게 잘 지니는 주(呪)다라니
넷째, 법의 실상(實相)에 안주하는 인(忍)을 잘 지니는 인(忍)다라니가 그것이다. 이 네 가지는 지니는 대상인 법이다. 지니는 주체의 관점에서 보면, 법과 의는 염력[念]과 지혜[慧]가 본체이고, 주다라니는 선정(定)이 본체이며, 인다라니는 분별 없는 지혜[無分別智]가 본체이다.
여기서는 특별히 밀종[眞言敎]의 주다라니를 가리키는 것으로 보이는데, 사람(주체)의 관점에서는 불보살의 선정력(禪定力)이 부처님의 공덕을 지니고, 법(객체)의 관점에서는 신령스런 주문(진언)이 무한히 심오한 의미와 무량공덕을 동시에 지닌다는 의미를 함축한다. 경전 가운데 나오는 주다라니는 다라니 · 명(明) · 주(呪) · 밀어(密語) · 진언(眞言)의 다섯 명칭이 있는데, 뒤의 넷은 모두 의역인 셈이다

도야(陶冶)하도록 배려하셨소. 이는 마치 나나니벌[螺蠃]이 뽕나무 벌레[螟蛉]에게 '나를 닮아라, 나를 닮아라' 하고 축원 기도하면, 이레만에 나나니 벌로 변화하는 것과 비슷한 이치오.19) 그래도 부처님은 또, 중생들이 더러 근기가 너무도 형편없어 해탈을 얻지 못하고, 다시 한번 생명을 윤회하면 미혹과 타락을 면하기 어려울 것까지 염려하셨소. 그래서 특별히 믿음과 발원으로 염불하여 극락왕생할 수 있는 방편 법문을 열어 놓으신 것이오. 부처님께서는 성현이나 범부나 할 것 없이, 나란히 현생에 서방정토에 왕생하길 바라셨소. 성현은 왕생하는 대로 금방 무상보리(無上菩提)를 증득할 것이고, 범부라도 일단 왕생하면 생사윤회의 굴레를 영원히 벗어나게 된다오. 부처님의 자비 가피력에 의지하기 때문에, 그 공덕과 이익이 이처럼 불가사의하게 큰 게오.

---

17) 삼밀(三密): 신밀(身密)·어밀(語密)·의밀(意密)을 가리키는데, 여래께서 스스로 증득한 삼밀과 중생이 수행하는 삼밀로 나누어진다. 여래의 삼밀이란, 몸·말·뜻의 삼업이 본래 평등하여, 몸이 말과 같고 말이 뜻과 같아 법계에 두루 충만하므로, 법불평등(法佛平等)의 삼밀이라고 부른다. 그래서 모든 형색(形色)이 신밀이고, 모든 음성이 어밀이며, 모든 이치가 의밀이 된다. 이러한 의미는 법불(法佛)이 증득한 경지로, 범부 중에 해당 사항이 없기 때문에, '밀(密)'이라고 한다. 또 우리도 일체 평등으로 본래 갖추고는 있지만, 미혹과 업장으로 오염되어 깊숙이 숨어 있기 때문에 '밀(密)'이라고 일컫는다. 밀교의 수행은, 우리가 이미 법불의 삼밀을 갖추고 있으나 미혹과 오염으로 증득할 수 없기 때문에, 부처님의 대자비심으로 중생과 부처가 본래 평등한 삼밀을 행하도록 가르친다. 몸의 자세(印契)는 신밀이고, 입으로 염송하는 진언은 어밀이며, 생각으로 그 종자나 본존(本尊)을 관상(觀想)함이 의밀이다. 이 삼밀을 수행하면, 여래 삼밀의 가지(加持)를 받아 중생의 삼업이 여래의 삼밀과 구별 없이 혼연일체가 되는데, 이를 삼밀상응(三密相應)이라고 하고, 이에 의해 모든 공덕을 성취한다.

18) 가지(加持): 부처님의 힘을 연약한 중생에게 덧보태 주어, 중생을 붙들어[任持] 준다는 뜻이다. 또 부처님이 보태 주는 삼밀의 힘이 중생의 삼업을 붙들어 줌도 뜻한다. 기도(祈禱)도 부처님의 힘이 믿는 자에게 덧보태어져, 믿는 자가 그 힘을 받는 것을 뜻하기 때문에, 기도는 곧장 가지라고 부른다. 가피(加被)와 의미가 대략 상통하나, 부처님과 중생의 상호 교감 관계를 다소 강조하는 느낌이다.

19) 『시경(詩經)』 소아(小雅) 소완(小宛) 시의 "뽕나무 벌레의 자식을 나나니벌이 업어 가네, 내 그대 자식을 가르치리니, 나를 잘 닮아 가거라[螟蛉有子, 螺蠃負之, 敎誨爾子, 式穀似之]."는 구절에서 인용한 비유다. 나나니벌이 뽕나무 벌레를 잡아다가 그 몸속에 자기 알을 낳고 땅속에 묻어두면, 알에서 부화한 나나니벌 새끼가 그 벌레를 숙주로 먹고 자라 벌의 성충이 되는 것이다. 이러한 모습을 옛 사람들이 그만 오해하여, 뽕나무 벌레가 나나니벌의 양자(養子)로 둔갑한다고 본 것이다. 그래서 중국에서는 예로부터 '螟蛉子'을 양자의 대명사로 써 왔다. 필자도 2008년경 무등산 길가에서 나나니벌이 저보다 몸집이 훨씬 큰 애벌레를 사냥해 끌고 가 흙 속의 구멍(집)으로 들어가는 모습을 관찰하며 감탄한 적이 있다.

그러나 계율은 교종·선종·밀종·정토종의 밑바탕이 되오. 따라서 금지하는 계율을 엄격히 지키지 않으면, 교종·선종·밀종·정토종의 진짜 이익을 얻을 수 없다는 사실을, 꼭 명심해야 하오. 만 길 고층 누각을 지으면서, 그 터를 견고히 다지지 않는다면, 다 세우기도 전에 무너지고 말 것이오.

반면 정토는 율종과 교종·선종·밀종의 총 귀착지임을 알아야 하오. 마치 모든 강물이 다 바다로 흘러 모이는 것과 같은 이치오. 정토 법문은 시방삼세의 모든 부처님께서, 위로 불도(佛道)를 이루고, 아래로 중생을 교화하신 핵심 방편으로, 시작인 동시에 끝인 법문이라오.[20]

그래서 『화엄경』의 「입법계품(入法界品)」에서, 선재(善財) 동자가 보현보살의 가피와 계도(啓導)를 받아 등각(等覺)의 경지를 이미 증득한 다음, 보현보살이 선재 동자에게 십대원왕(十大願王)으로 서방 극락세계에 왕생하여 부처의 과위[佛果]를 원만히 성취하도록 일깨우고, 나아가 모든 화장해회(華藏海會) 중생에게도 똑같이 권한 것이오.

그리고 『관무량수불경』에 보면, 하품하(下品下)의 중생은 이른바 오역십악(五逆十惡)을 저질러 장차 아비(무간)지옥에 떨어질 죄인인데도, 선지식의 가르침을 받고 임종시 나무아미타불을 열 번이나 단지 몇 번만 염송하고 목숨이 다하더라도, 부처님의 영접을 받아 극락왕생할 수 있다고 적혀 있소.

이를 보면, 위로는 등각(等覺) 보살도 정토 바깥으로 벗어날 수 없으며, 아래로는 극악무도한 죄인조차도 정토 안에 들어갈 수 있소. 그 공덕과 이익은 부처님 한평생 모든 가르침의 위에 초월해 있소. 부처님의 한평생 모든 가르침이 한결같이 자기 힘[自力]에 의해 생사고해를 벗어나는 법문인 데 반해, 정토 법문만은 미혹을 끊지 못한 자라도 부처님의 자비 가

---

20) 이는 신약성경 계시록(啓示錄) 끝부분에서, 하느님께서 스스로 "나는 알파요 오메가이며, 시작이요 끝이다."(21:6)라고 말씀하신 내용과 같은 뜻이다.

피력에 의지하여 업장을 짊어진 채 극락왕생하며, 이미 미혹을 끊은 이는 최상의 경지를 금방 증득할 수 있는 아주 특별한 법문이라오. 그래서 일반 보통 법문과 함께 나란히 비교할 수가 없다오.

원래 석가모니불과 아미타불은 모두 오랜 옛날에 중생을 건지려는 큰 서원을 세우셨소. 다만 한 분은 혼탁한 사바 고해에서 더러움과 고통으로 완고한 죄악 중생을 조복(調伏)시켜 내보내시고, 한 분은 청정한 서방에서 평안히 거처하면서 정토 극락으로 왕생하길 발원하는 선량한 중생을 받아들여[攝受] 수행시키시는 것이오.

그대들은 단지 평범한 남정네와 어리석은 아낙네들도 염불할 수 있다는 사실만 알고, 그만 정토를 무시하고 마는데, 어찌하여 경전의 부처님 설법은 보지 않소? 『화엄경』「입법계품」에서, 보현보살이 선재 동자와 화장해회 대중 모두에게, 한결같이 십대원왕으로 서방 극락세계에 왕생하도록 권하지 않소? 화장해회 대중에는 범부나 성문·벽지불이 하나도 없고, 41분 법신대사(法身大士)는 모두 무명(無明)을 깨뜨리고 법성을 증득하여, 본래의 원력으로 부처가 없는 세계에 부처로 몸을 나툴 수 있는 분들이오. ('나토다'는 본디 '화현(化現)'의 뜻을 지닌 고어(古語)인데, 우리 불교계에선 흔히 '나투다'로 잘못 쓰고 있다.) 또 화장해(華藏海) 세계에는 정토가 무수히 많은데도, 반드시 서방 극락세계에 왕생하도록 회향하는 것을 보시오. 과연 극락왕생이야말로 고해를 벗어나는 현묘한 법문이며, 부처가 되는 지름길임을 알 수 있소. 그래서 예로부터 지금까지 선종·교종·율종의 모든 총림(叢林)에서, 아침저녁으로 예불하며 부처님 명호를 지송하여 서방 왕생을 발원해 오고 있는 것이오.

일체의 중생이 본래 여래의 지혜 덕상(智慧德相)을 지니고 있소. 다만 진짜를 놓치고 허깨비를 좇아 깨달음을 등진 채 홍진에 빠진 결과, 온통 번뇌 악업으로 바뀌어 버린 것이오. 그래서 오랜 세월토록 생사윤회를 되풀이한다오. 여래께서 이를 불쌍히 여겨, 온갖 법문을 설하신 것이오.

중생들이 허깨비로부터 진짜로 되돌아와, 홍진을 훌훌 털고 깨달음에 이름으로써, 그 번뇌 악업이 다시 통째로 지혜 덕상을 회복하여, 미래세가 다하도록 고요한 광명[寂光]에 안주하기만 바라셨소. 마치 물이 응결하면 얼음이 되고, 얼음이 녹으면 다시 물이 되듯이 말이오. 본체는 다르지 않지만, 작용은 실로 하늘과 땅 차이라오.

그런데 중생들은 근기의 상하가 다르고, 미혹의 정도도 가지각색이라, 각각 근기와 인연에 맞추어 실익을 얻도록 해야 하오. 그래서 부처님께서 설하신 법문이 갠지스 강의 모래알처럼 수없이 많소. 그 가운데 지극히 원만하고 지극히 단박 성취하며[頓], 가장 미묘하고 가장 심오하면서도, 손대기는 쉽고 성공률은 높으며, 힘은 적게 들이고 효과는 빨리 얻으며, 아울러 상중하 모든 근기의 중생에 두루 적합하고 모든 법문을 총망라하여, 최상의 성인이나 최하의 범부가 함께 수행하고 나란히 공덕을 성취하는 법문은, 정토만큼 수승한 게 없다오.

어찌 이렇게 말하겠소? 일체의 법문은 비록 돈오나 점수, 권변(權變)이나 실체(實體)의 차이가 나지만, 모두 수행의 공덕이 깊어져 미혹을 끊고 진리를 증득해야만, 생사고해를 벗어나 성인의 경지에 들 수가 있소. 이는 오로지 자신의 힘에 의지하고 달리 의탁하는 바가 없기 때문에, 가령 미혹이 조금만 남아 있어도 여전히 윤회하게 되오. 그리고 이 모두 이치가 몹시 심오하여, 쉽게 학습 수행할 수 없소. 때문에 숙세의 영민한 근기와 특수한 인연이 없는 자는, 단 한 번의 금생으로 증득하기 몹시 어렵소.

오직 정토 법문만이 빈부귀천이나 남녀노소·지우승속(智愚僧俗)·사농공상을 가릴 것 없이, 모든 사람이 익혀 수행할 수 있소. 아미타불께서 대자비의 원력으로 사바고해의 중생을 모두 맞이해 주시기 때문에, 다른 모든 법문과 비교해도, 공덕을 성취하고 과보를 얻기가 가장 쉽다오.

중생의 일념 심성은 부처와 둘이 아니오. 비록 미혹 속에 빠져 깨닫지 못하고, 망상을 일으켜 악업을 짓더라도, 본디 갖추고 있는 불성은 조금도 줄어들거나 변하지 않소. 비유하자면, 마니보주(摩尼寶珠)[21]가 측간 밑에 떨어져 똥 속에 묻힌 것과 하나도 다르지 않소. 어리석은 자는 보배구슬인 줄 모르고, 똥과 같이 취급하고 말 것이오.

그러나 지혜로운 이는 그것이 값을 매길 수 없을 정도로 귀중한 보배[無價之寶]인 줄 알고서, 똥이 더럽다고 싫어하는 마음 없이 그것을 측간 속에서 건져 올려, 갖은 방법으로 깨끗이 씻고 닦아 높은 깃대 위에 걸어 놓을 것이오. 그러면 곧 커다란 광명을 발하면서, 사람이 원하는 대로 각종 보물을 쏟아내게 되오. 그때사 어리석은 자는 그걸 보고서야, 비로소 보배임을 알아차리게 될 것이오.

크게 깨달으신 세존께서 중생들을 보시는 것도 이와 똑같소. 설사 제아무리 혼침하고 미혹하여, 오역십악의 죄를 다 짓고 영원히 삼악도에 떨어진 중생이라도, 부처님은 한 순간 한 생각도 그를 내 버리시는 마음이 없소. 반드시 시기와 인연이 무르익길 기다려, 그윽한 가피력과 현저한 설법을 베푸시어, 중생들이 허망한 미혹의 악업을 끊고 항상 진실한 불성을 깨달아, 무상보리를 원만히 증득하도록 이끄시고야 만다오. 극악무도한 죄인에게도 오히려 이러하시거늘, 하물며 악업이 작은 자나 계율과 선행을 함께 닦은 자와 선정의 수행력이 깊은 이는 말할 것이 있겠소?

무릇 삼계(三界) 안에서는, 비록 몸과 마음을 잘 추슬러 견고히 다잡고 모든 번뇌와 미혹을 조복시킨 사람이라도, 감정의 종자[情種]가 아직 남아

---

21) 마니보주(摩尼寶珠): 마니(摩尼)는 말니(末尼)라고도 표기하며, 보통 주보(珠寶) · 이구(離垢: 티끌을 떠남. 청정) · 여의(如意: 뜻대로 됨) 등으로 번역한다. 따라서 마니보주란 흔히 말하는 '여의주'로 이해하면 된다. 참고로『본업영락경(本業瓔珞經)』에서 삼현십성(三賢十聖: 十地의 성자를 10성이라 하고, 그 이전 단계의 30位를 3현이라 부른다)의 과보를 철륜왕(鐵輪王) 등의 명칭으로 비유하는데, 천태종에서 이 경의 내용에 바탕을 둔 6륜을 세웠다. 즉 철륜(鐵輪)은 십신(十信), 동륜(銅輪)은 십주(十住), 은륜(銀輪)은 십행(十行), 금륜(金輪)은 십회향(十廻向), 유리륜(琉璃輪)은 십지(十地), 마니륜(摩尼輪)은 등각(等覺)의 경지에 각각 상응한다. 참고로, 단군의 제천(祭天) 의식을 봉행하는 민족의 성지 참성단(塹星壇: 의미상 參聖壇이나 參星壇?)이 있는 강화도 마니산이 바로 이 뜻이다. 헌데 기독교 광신자들이 이 '마니산'을 '마리산'으로 바꾸려고 억지 횡포를 부렸는데, 어느 신심 돈독한 불자님의 적극적인 호법(護法) 항거로 가까스로 저지했다고 한다.

있기 마련이오. 때문에 그도 복덕의 과보가 일단 다하면, 하계(下界)로 내려오게 되오. 그러면 각종 경계와 인연을 만나, 다시 미혹을 일으키고 악업을 짓게 되며, 그로 말미암아 고통을 불러오고 육도 윤회가 그칠 날이 없게 되오.

그래서 『법화경』에서 "삼계가 편안치 못함이 마치 불타는 집과 같으니, 뭇 고통 충만함이 몹시도 두려워할 만하다."고 말씀하셨소. 업장이 다하고 감정이 텅 비어, 미혹을 끊고 진리를 증득한 자가 아니라면, 이 삼계를 벗어날 가망이 없소.

그런데 오직 정토 법문만큼은, 단지 진실한 믿음과 간절한 발원만 갖추고 나무 아미타불의 명호를 지송하면, 부처님의 자비 가피력에 의지해 서방 정토에 왕생할 수 있소. 일단 왕생하면 부처님의 경계에 들어가, 부처님과 똑같이 받아 쓰게[受用] 된다오. 범부의 감정과 성인의 견해 둘 모두 생겨나지 않으니, 천만 번 확실하고 견고하며, 만에 하나도 누락하지 않는 특별 법문이라오. 지금 말법시대에 즈음하여, 이 법문을 놓고서는 별다른 방도가 없음을 알아야 하오.

불광(佛光)이란, 십법계(十法界)[22]의 평범한 중생과 성인 부처가 마음 자체에 본래 지니고 있는 지혜의 본체[智體]라오. 이 본체는 영명(靈明)스럽고 통철(洞徹)하며, 맑고 고요히 항상 존재하오. 나지도 않고 죽지도 않으며, 시작도 없고 끝도 없소. 세로로 과거·현재·미래의 삼세를 관통하여 시간을 구분지으며, 가로로 시방 세계에 두루 퍼져 공간을 감싸 버린다오. 텅 비었다[空]고 말하기에는 만 가지 공덕을 너무 원만히 나토며, 있다[有]고 말하기에는 한 티끌조차 전혀 세우지 않는다오. 일체의 법(法)에 스며 있으면서, 일체의 모습[相]을 떠난 것이오. 범부라고 줄어드는 법도 없고,

---

22) 십법계(十法界): 보통 현교(顯敎)에서는 지옥·아귀·축생·아수라·인간·천상의 육도 중생[凡]과 성문·벽지불·보살·부처의 4성인을 통칭한다. 밀교(密敎)에서는 아수라가 빠지고, 대신 부처가 권불(權佛: 화신불)과 실불(實佛: 법신불)로 나눠진다.

성인이라고 더 늘어나지도 않소. 비록 오안(五眼)[23]으로도 볼 수 없고, 사변(四辯)[24]으로도 표현할 수 없지만, 법(法)마다 모두 그 힘을 이어받고, 도처에서 누구나 그를 만날 수 있소.

다만 중생들이 아직 깨닫지 못했기 때문에, 불광(佛光)을 받아 쓸 수 없는 것이오. 뿐만 아니라, 도리어 그 불가사의한 힘을 받아 미혹을 일으키고 악업을 지으며, 업장으로 말미암은 고통을 당하면서 끊임없이 생사윤회를 되풀이하는 거라오. 항상 존재하는 진실한 마음[眞心]을 가지고, 나고 죽는 허깨비 같은 과보[幻報]를 받는 셈이라오.

비유컨대, 사람이 술에 몹시 취하면 천지가 빙빙 도는 것처럼 느껴지지만, 실제로 천지는 돌지 않는 것과 같소. 또 길손이 길을 잃으면 사방이 뒤바뀐 듯 생각하지만, 역시 사방은 바뀌지 않은 것과 같소. 이는 완전히 허망한 업장 때문에 나타나는 현상일 따름이지, 진실한 법[實法]은 얻을 만한 게 하나도 없소. 그래서 석가 세존께서 부처의 도를 성취하여 불광(佛光)을 완전히 증득하셨을 때, 이렇게 탄식하신 것이오.

"참으로 기이하고 또 기이하도다. 일체의 중생이 모두 여래의 지혜 덕상을 갖추고 있건만, 단지 망상과 집착 때문에 증득할 수 없구나."

만약 망상과 집착만 떠난다면, 일체의 지혜[一切智], 자연의 지혜[自然智], 막힘없는 지혜[無礙智]가 저절로 앞에 나타날 것이오. 또 『능엄경』에는 이런 말씀이 있소.

"미묘한 성품, 원만한 광명, 모든 이름(개념)과 모습(형상)을 떠나 있으

---

**23)** 오안(五眼): 육안(肉眼)·천안(天眼)·혜안(慧眼)·법안(法眼)·불안(佛眼). 경전에 따라서는 더러 혜안과 법안의 순서가 뒤바뀐 경우도 있음.

**24)** 사변(四辯): (보살이) 법의 의미를 막힘없이 잘 설하는 네 가지 재주로, 보통 말[口業]의 관점에서 사무애변(四無礙辯)이라고 하나, 두뇌[意業]의 관점에서 사무애지(智) 또는 사무애해(解)라고도 한다. 첫째, 문구로 해석하는 교법(教法)에 막힘없는 법(法)무애, 둘째, 교법이 해석한 의미와 이치를 막힘없이 아는 의(義)무애, 셋째, 각 지방의 언사에 통달하여 자유자재로운 사(辭 또는 詞)무애, 넷째, 앞의 세 가지 무애로 중생들에게 막힘없이 설법하기를 즐겨하는 낙설(樂說: '요설'로 읽을 수 있음)무애 또는 변설(辯說)무애가 그것이다. 또 바른 이치[正理]에 들어맞는 막힘없는 말을 변무애(辯無礙)라고 한다.

니, 세계니 중생이니 본래 존재하는 게 아니다. 단지 허망으로 말미암아 생겨남이 있고, 생겨남으로 말미암아 사라짐이 있다. 생겨나고 사라지는 것을 허망이라 부르고, 이러한 허망이 사라지는 것을 진실이라고 한다."

이는 여래의 더할 나위 없는 보리[無上菩提]와 대열반이라는 두 전의(轉依)25)를 일컫는 호칭이오. 한편 반산(盤山) 스님은 이렇게 읊었소.

"마음의 달 홀로 둥그러니 떠, 그 빛 만물을 다 집어 삼키네.

빛이 경계를 비추는 것도 아니고, 경계 또한 존재하지도 않네.

마음과 경계 모두 존재하지 않는데, 다시 무슨 물건이 있으랴?"

그리고 위산(潙山) 선사는 이렇게 말했소.

"신령스런 빛 홀로 빛나면서, 육근(六根)과 육진(六塵)을 모두 벗어났네.

그 자체 항상스런 진리[眞常]를 드러내며, 말과 글에 구애받지 아니하네.

마음과 성품은 물듦이 없이 본디 스스로 원만히 이루어져 있으니,

단지 잡념 망상만 떠나면 그대로 여여부동(如如不動)한 부처인 것을!"

이렇게 보면, 부처님이나 조사들의 갖가지 설법과 가르침은, 한결같이 중생들이 본디 지니고 있는 심성을 미혹에서 깨달음으로 되돌이켜, 원래 근본 자리를 찾으라고 가리킴을 알 수 있소. 그런데 중생들은 근기의 우열이 상당히 다르고, 미혹의 정도도 각양각색이오. 그래서 갖가지 가르침으로 일깨워 주고 다양한 법문으로 고쳐 주지 않으면, 미혹의 구름이 텅 빈 본성을 뒤덮고 있을 터이니, 어떻게 하나하나 자기 마음의 달을 분명히 보게 만들 수 있겠소?

그래서 여래께서 맨 처음 불도를 이루신 뒤, 『대화엄경』을 연설하사

---

**25)** 전의(轉依): 보리와 열반의 두 과보를 가리킨다. 전(轉)은 사물의 인연에 따라 생기는 변화를 뜻한다. 제 8식(아뢰야식)에는 번뇌와 알음알이[所知]라는 두 장애의 종자와 함께, 무루지(無漏智: 보리)와 열반이라는 실성(實性)이 동시에 갖추어져 있다. 여기에서 두 장애의 종자를 놓아버리고[轉捨] 보리와 열반을 얻는[轉得] 수행이, 제 8식에 의지해 일어나는 전환 변화라는 의미에서, 전의(轉依)라고 부른다. 또 이렇게 얻은 보리와 열반의 미묘한 과보를 가리키기도 한다. 즉, 미혹의 의지처[迷依]를 깨달음의 의지처[悟依]로 전환(轉)시킨다는 의미이다. 법성종에서는 법상종의 제 8식 대신에 진여(眞如)라는 개념을 쓰기도 한다.

곧장 사바세계 바깥의 큰 법을 말씀하셨소. 먼저 숙세의 근기가 뛰어나고 인연이 무르익은 법신대사들에 한하여, 항상스런 진리를 증득하여 깨달음의 언덕에 오르도록 이끄신 것이오. 그 다음 근기가 둔한 중생들을 순순히 잘 유도하시면서, 그들에게 걸맞는 오계(五戒) 십선(十善)을 연설하여, 인간과 천상의 두 부류에게 불도에 들어가는 훌륭한 인연을 맺도록 하셨소. 또 사제(四諦)·십이인연(十二因緣)·육도만행(六度萬行)으로, 성문·벽지불·보살의 세 부류에게 불도를 빨리 증득하는 인연을 베풀기도 하셨소.

이렇게 아함경(阿含經)으로부터 시작하여 반야경(般若經)에 이르기까지, 중생의 근기에 따라 맞추어 설법하지 않음이 없소. 이는 모두 점차 수행을 증진하여, 본래 심성의 집에 되돌아가도록 길을 열어 주신 것이오. 그러나 이때는 부처님의 본래 회포가 완전히 드러나지 않고, 은밀히 감추어져 있었소.

법화회상(法華會上)에 이르러, 권법을 열어 실법을 드러내고[開權顯實], 흔적을 열어 본체를 드러내셨소[開迹顯本]. 여기에서 비로소 인간과 천상, 권법과 소승을 모두 일승(一乘)으로 포용하여, 세 근기의 중생에게 두루 수기(授記)를 내리시고, 출세간(出世間)의 본래 회포를 크게 펼치셨소. 그래서 맨 처음의 『화엄경』과 수미쌍관(首尾雙關)을 이루면서 처음과 끝이 서로 부합하게 되었으니, 하나의 대사인연(大事因緣) 전체를 남김없이 모두 전하고 당부하신 셈이오.

그런데 또 말세 중생은 근기가 너무도 형편없어, 미혹을 끊고 진리를 증득하는 사람이 거의 없소. 그래서 여래께서 다시 정토 법문 하나를 특별히 열어 놓으셨소. 상중하 모든 근기의 중생들이 성현이나 범부를 가릴 것 없이, 현생에 곧장 이 사바 고해를 벗어나 저 극락세계에 왕생한 다음, 거기서 점차 무량 광명과 무량 수명의 부처를 증득할 수 있도록 배려하신 것이오. 이러한 대자대비심은 실로 더할 나위 없이 지극하고 심오한 것이라오.

불법은 바다처럼 몹시 넓고 깊으니, 어떤 범부중생이 그 근원을 철저히 궁구하여 한 입에 싹 흡수할 수 있겠소? 그렇지만 올바른 신심을 낸다면, 각자 자기의 분수와 역량에 맞는 이익을 얻을 수 있소. 마치 코끼리나 모기가 바닷물을 들이킬 때, 각자 자기 배를 채우고 나면 그만이듯 말이오. 여래께서 세상에 나와 중생의 근기에 따라 설법하여, 각자 이익을 얻도록 하신 것도 이와 마찬가지오.

그런데 말세의 중생은 업장이 몹시 두터운데다가, 선근(善根)은 매우 얕고 마음은 좁으며, 지혜는 보잘 것 없고 수명은 짧기 그지없소. 게다가 선지식은 몹시 드물고, 악마와 외도는 종횡무진하고 있소. 다른 법문을 수행하여, 현생에 미혹을 끊고 진리를 증득하며 생사윤회를 벗어나기란, 실로 몹시 어렵고도 드문 일이오.

오직 정토 법문 하나만큼은 오로지 부처님의 가피력에 의지하기 때문에, 그 수행의 성공이 미혹을 끊고 진리를 증득했느냐를 따지지 않고, 다만 믿음과 발원에만 달려 있소. 믿음과 발원만 갖추면, 비록 아비지옥에 떨어질 극악무도한 죄인이라도, 열 번만 지극하고 간절히 염불하면, 부처님 자비 가피를 받아 극락왕생할 수 있다오. 여래의 대자대비가 한 물건도 남김없이 두루 제도하는 줄은 정말 널리 알려져 있지만, 그 가운데 이 정토 법문이 특히 가장 주도면밀하고 진지함은, 감탄스럽기만 하오.

염불 법문의 유래는 진실로 오래 되었소. 우리들의 일념 심성(一念心性)이 허공처럼 항상 불변하기 때문이오. 비록 항상 불변하지만, 또한 일념일념이 인연에 따르지요. 그래서 부처 세계의 인연에 따르지 않으면, 아홉 중생계의 인연에 따르게 되고, 성문·벽지불·보살의 삼승 인연에 따르지 않으면 곧 육도 중생의 인연에 따르게 되며, 인간과 천상의 인연에 따르지 않으면 지옥·아귀·축생의 삼악도 인연에 따르게 되오.

따르는 인연의 청정과 오염이 다르기 때문에, 그로 말미암은 과보도 판이할 수밖에 없소. 비록 본체는 전혀 변하는 게 없지만, 그 작용과 형상은 천양지차가 나는 것이오. 비유하자면, 허공에 해가 비치면 밝고, 구름이 끼면 어두운 것과 같소. 허공의 본체는 비록 구름이나 해로 말미암아 늘거나 줄어드는 법이 없지만, 밝게 드러나고 어둡게 가려지는 모습은 함께 나란히 말할 수 없지요. 바로 이러한 의미에서, 여래께서 중생들에게 부처를 생각[念佛]하는 인연을 짓도록 두루 권하셨소.

"만약 중생의 마음이 부처를 기억하고[憶佛] 부처를 생각하면[念佛], 현재와 미래에 반드시 부처를 보게 되고, 부처와 멀리 떨어지지 않을 것이다."

"모든 부처와 여래는 법계의 몸[法界身]으로, 모든 중생의 마음 생각[心想] 가운데 들어가 있다. 그러므로 너희가 마음으로 부처를 생각할 때, 이 마음이 곧 32상(相) 80수형호(隨形好)이다. 이 마음으로 부처를 지으면, 이 마음이 곧 부처이다. 모든 부처의 정변지(正徧知)[26] 바다도 마음 생각으로부터 생겨난다."

무릇 부처 세계의 인연에 따르면, 이 마음으로 부처를 짓고, 이 마음이 곧 부처가 되는 것이오. 반면 중생계의 인연에 따르면, 이 마음으로 중생을 짓고, 이 마음이 곧 중생이 되는 것이오. 이러한 이치를 알면서도 부처를 생각[念佛]하지 않을 자는 없을 것이오.

염불 법문은 여래의 만덕을 갖춘 위대한 명호[萬德洪名]를 인연으로 삼소. 아미타불(阿彌陀佛)이라는 명호는, 바로 여래께서 과보의 자리[果地]에서 증득한 위없는 깨달음의 길[無上覺道]이오. 아미타불이라는 과보 자리의 깨달음으로, 염불 수행이라는 원인 자리[因地]의 마음을 삼았소. 그 때문에 원인은 과보의 바다를 포괄하며, 과보는 원인의 근원을 관철할 수 있는 것이오.

마치 향기가 밴 사람은 몸에서 향 내음이 나는 것과 같은 이치요. 또 나나니벌이 뽕나무 벌레를 업어다가 '나를 닮아라'고 으레 축원하면, 마

---

26) 정변지(正徧知): 삼먁삼불타(三藐三佛陀)의 번역으로, 정변각(正徧覺)·정변지(正徧智)라고도 함. 의미상 삼먁삼보리(三藐三菩提)의 번역인 정등각(正等覺)과 비슷함.

침내 나나니벌로 변화한다는 옛 시구와도 비슷하오. 염불 법문이 현생에 부처를 짓고, 평범한 중생을 성인으로 탈바꿈시키는 기능과 힘은, 부처님이 한평생 설하신 모든 가르침의 법문을 훨씬 초월하는 것이오.

다른 모든 법문은, 모두 자기 힘에 의지하여 미혹을 끊고 진리를 증득해야, 비로소 생사윤회를 벗어날 수 있소. 하지만 염불 법문만은 자기의 힘[自力]과 부처님의 가피력[佛力] 두 가지를 모두 갖추었소. 그래서 이미 미혹을 끊고 업장을 소멸시킨 수행인은 법신(法身)을 금방 증득할 수 있고, 미혹과 업장을 아직 청산하지 못한 중생도 그대로 짊어진 채 극락왕생할 수 있다오.

이 법문은 지극히 평범하고 일상적이어서, 어리석은 아낙이나 머슴조차 그 이익을 직접 얻을 수 있소. 하지만 다른 한편 지극히 그윽하고 미묘하여, 등각(等覺) 보살이라도 그 범위 밖으로 벗어날 수 없다오. 그래서 어느 누구라도 수행하지 못하거나, 수행할 수 없는 사람은 전혀 없소. 손대기는 쉬우면서 성공률은 높고, 힘은 적게 들이면서 효험은 재빨리 얻게 되니, 실로 여래의 한평생 가르침 가운데 가장 특별한 법문이라오. 따라서 보통의 다른 교리나 수행 법문과 함께 비교하거나 평론할 수 없다오. 말법시대 중생이 복은 적고 지혜는 얕으며, 업장은 두텁고 죄악은 무거운데, 이 정토 법문을 수행하지 아니하고, 자기의 힘에 의지하여 미혹을 끊고 진리를 증득한 뒤 생사윤회를 벗어나려고 생각한다면, 정말 천만번 어렵고 어려운 일이오.

불교가 중국에 전래한 뒤, 여산(廬山)에 백련사(白蓮社: 연화정토 결사)가 창설되어 한 사람이 제창하자 백여 명이 화답했소.27) 그 뒤를 이어 많은 이

---

27) 동진(東晉) 때 혜원(慧遠) 대사가 도안(道安) 스승에게 대승 불교의 오묘한 뜻을 배운 뒤, 사회 혼란으로 형주(荊州)를 거쳐 여산에 이르렀다. 그의 사형제인 서림사(西林寺)의 혜영(慧永)이 자사(刺史) 환이(桓伊)에게 동림사(東林寺)를 창건하도록 권해, 혜원이 거주하게 되었다. 그래서 당대의 이름 높은 재가 거사 123인과 함께 백련사(白蓮社)를 결성하여, 무량수불상 앞에서 정토 법문을 함께 수행하였다. 법성론(法性論)을 지어 열반상주(涅槃常住)의 설을 제창하였으며, 30년 동안 여산 밖으로 나가지 않다가, 안제(安帝: 서기 416년) 때 83세로 입적했다.

66

가 정토 법문을 수행해 왔는데, 큰 공덕이 현저한 분으로 우선 북위(北魏)의 담란(曇鸞)[28] 대사가 있소. 담란은 헤아릴 수 없이 신비한 분이오. 무슨 사정으로 남조(南朝)의 양(梁) 무제(武帝)를 만난 뒤 북쪽으로 돌아가자, 양 무제가 수시로 북쪽을 향해 머리를 조아려 절하며, "담란 법사는 육신 보살이시다."라고 말했다는 거요.

진(陳) 나라와 수(隋) 나라 때에는 지자(智者) 대사[29]가 있었소. 또 당

---

28) 담란(曇鸞): 란은 더러 鸞으로 씀. 안문(雁門) 출신으로, 처음에 사제(四諦)의 불성을 연구하여, 『대집경(大集經)』의 주해(註解) 작업을 하다가 중간에 질병에 걸렸다. 그래서 장생의 도[長生之道]로 불교의 이치를 연구하기 위해, 신선법[仙法]을 배우려고 하였다. 대통(大通: 양 무제의 세 번째 연호. 527~8년) 연간에 양(梁)나라에 가서, 도은거(陶隱居)를 만나 선경(仙經) 열 권을 얻은 뒤, 명산에 들어가 그 법대로 수행하려고 길을 가다가, 낙하(洛河)에 이르러 천축(天竺) 삼장인 보리류지(菩提留支)를 만나 물었다. "불경 가운데도 이 선경보다 더 훌륭한 장생불사의 법이 있습니까?" 그러자 류지가 침을 땅에 뱉으며 대답했다. "이 무슨 말씀이오? 이 지방 어느 곳에 장생법이 있단 말이오? 설사 장생을 얻는다고 할지라도, 끝내 삼계에 윤회할 따름이오." 그리고는 『관무량수경』을 담란에게 건네주면서, "이것이야말로 대신선의 방법[大仙方]이오."라고 일러 주었다. 이에 담란이 머리 숙여 받은 뒤, 선경은 곧 불사르고, 일심(一心)으로 정토 법문을 수행하였다.
북위(北魏)의 임금이 그를 중히 여겨 '신란(神鸞)'이라는 호를 하사하고, 병주(幷州)의 큰 절에 거처하도록 분부했다. 만년에 북산(北山) 석벽(石壁) 현중사(玄中寺)로 옮겼다가, 동위(東魏) 흥화(興和) 4년(542) 평주(平州)의 요산사(遙山寺)에서 67세의 나이로 입적했다. 저서에 왕생론주(往生論註)와 찬아미타불게(贊阿彌陀佛偈)가 있고, 스스로 현감 대사(玄鑒大士)라 불렸다. 정토진종(淨土眞宗)의 제 3조(祖)이다.

29) 지자(智者): 천태종 지의(智顗) 대사의 덕호(德號). 7세 때 절에 갔다가, 스님이 입으로 전수해 주는 「관세음보살보문품」을 한 번에 독송하였으며, 18세에 출가하여 20세에 구족계를 받았다. 처음에는 혜광(慧曠) 스님으로부터 계율을 배우면서 방등경(方等經) 등을 익혔다. 진(陳) 문제(文帝) 천가(天嘉) 원년(560) 광주(光州) 대소산(大蘇山)에 머물던 사(思) 선사를 찾아가 절하자, 사 선사는 "옛날 영산(靈山)에서 『법화경』을 함께 들었더니, 숙세의 인연 따라 오늘 다시 찾아왔구려."라고 반기면서, 보현도량법(普賢道場法)을 보여 주고 『법화경』 4안락행(四安樂行)을 설해 주었다. 이에 대사는 밤낮으로 정진하여, 14일째 "이것이 참 정진이며, 진법공양여래(眞法供養如來)라고 부른다."는 구절을 독송하는 순간, 몸과 마음이 활연히 열리며 선정에 들어 법화세계를 관조하였다. 그러자 사 선사가 이렇게 감탄하였다.
"그대가 아니면 증득할 수 없고, 내가 아니면 알아줄 수 없으니, 그대가 들어간 선정은 법화삼매(法華三昧)의 전방편(前方便)이고, 그로부터 생기는 공덕은 초선다라니(初旋陀羅尼)일세. 설령 문자에 통달한 천만 대중의 스승이라도, 그대의 변재(辯才)를 다할 수 없으리니, 그대는 설법하는 사람 가운데 최고 제일이 되리라."
광대(光大: 陳廢帝 연호) 원년(567) 법희(法喜) 등 27인과 함께 처음으로 진나라 수도 금릉(金陵)에 이르렀다(30세). 태건(太建: 宣帝 연호) 원년(569) 심군리(沈君理)의 청으로 와관사(瓦官寺)에 머물며 법화경을 설하고, 전후 8년 동안 『대지도론(大智度論)』과 선문(禪門)을 강설하였다. 태건 7년(575) 처음 천태산(天台山)에 들어가 안거하였는데, 2년 뒤 황제가 조세로 절을 창건하도록 분부하고, 이듬해 수선사

(唐) 나라 때는 도작(道綽) 대사[30]가 담란 대사의 교화를 뒤이어 정토 법문을 전념으로 닦았는데, 한평생 정토삼부경을 강의한 횟수만도 2백 번이나 된다오. 도작의 문하에 선도(善導) 화상이 나왔으며, 승원(承遠)·법조(法照)·소강(小康)·대행(大行) 스님에 이르러서는, 연화정토의 기풍이 안팎으로 널리 퍼지게 되었소.

이로 말미암아 모든 종파의 선지식들이 정토의 도로써 은밀히 닦아 두드러지게 교화를 펴면서, 자신과 중생을 두루 이롭게 하기 시작했소.

선종 같은 경우에는, 돈오의 지극한 향상일로(向上一路)만을 오직 제시[單提]하기 때문에, 한 법도 세우지 않아 부처조차 설 자리가 없소. 하물며 염불로 정토에 왕생하길 바라겠소? 이는 하나를 없애면 일체가 모두 없어지는 진제(眞諦)로서, 이른바 한 티끌도 받지 않고 성품의 본체[性體]를 드러내는 실제 진리의 자리[實際理地]라오.

그러나 수행을 확실히 논하자면, 한 법도 폐지할 수 없소. 하루 일하지 않으면 한 끼 밥도 먹지 말라고 하는데, 하물며 염불로 정토에 왕생하는 것을 폐지하겠소? 이는 한 법을 세우면 모든 법이 다 서는 속제(俗諦)로서, 이른바 불교 문중에서는 한 법도 버리지 않고 성품의 모습[性具]을 드러낸다는 것이오.

만약 반드시 속제를 내버리고 진제를 말하겠다고 나서면, 이는 이미 진제가 아니오. 육신도 존재하지 않는데, 마음이 어디에 깃들어 있겠소? 속제에 부닥쳐서 진제를 밝히는 것이야말로, 진실한 진제일 것이오. 눈을 통해서는 보고 귀를 통해서는 듣는 것처럼, 사대와 오온을 통해서 심성

---

(修禪寺)라는 호칭을 내렸다. 황제의 요청으로 『석론(釋論)』과 『인왕경』과 『반야경』 등을 강론하였다.

**30)** 도작(道綽): 당나라 때 병주(幷州) 현중사(玄中寺) 스님. 문수(汶水) 출신이며 서하(西河)라 일컬었다. 14세에 출가하여 『열반경』을 강설하였는데, 석벽(石壁) 현중사에 갔다가 담란 대사의 비문(碑文)을 읽고 크게 감명받아, 그때부터 『열반경』 강설을 그만두고 오로지 염불 수행에 전념했다. 『관무량수경』을 2백여 번 강설하여 승속을 두루 교화하였으며, 『안락집(安樂集)』 두 권을 지었다. 당 태종(太宗) 정관(貞觀) 11년(645) 입적했으며, 연종(蓮宗: 정토종)의 제 4조(祖)로 불린다.

이 드러나는 것이오.

이상이 예부터 여러 조사들이 정토 법문을 은밀히 닦아온 대강의 요지라오. 다만 기록으로 널리 드러내어 전하지는 않았기 때문에, 일반 대중이 조사들의 본래 의도를 깊이 헤아려 알 수 없었던 게오.

그러나 백장(白丈) 선사는 병든 스님을 위한 기도와 입적한 스님을 화장하는 법을 모두 정토에 귀의하도록 규정하였으며, "수행은 염불이 든든하다."고 말했소. 진헐(眞歇) 청료(淸了) 선사는 "정토 법문은 최상의 근기를 직접 받아들이며, 중하 근기의 부류도 함께 끌어들인다."고 말했소. 또 "조동종(曹洞宗) 문하에서는 모두 은밀한 수행에 힘쓰는데, 정토 법문으로 부처를 보기가 선종에서는 더욱 간단하고 쉽기 때문이다." "부처나 조사나, 교종이나 선종이나 할 것 없이, 모두 정토 법문을 수행하여 한 근원으로 함께 돌아간다."고도 말했소.

그리고 영명(永明) 대사는 고불(古佛)의 화신으로, 원력을 타고 세상에 나오신 분이오. 이 분이 바야흐로 뚜렷한 말로 가르침을 설하고, 글을 써서 널리 전하게 되었소. 그러고도 수행자들이 길을 뚜렷이 구별하지 못해 이해득실이 혼란스러워질까 두려워하여, 사료간(四料簡: 禪과 淨土의 有無를 네 범주로 나눈 간단한 법문)이라는 게송 한 편을 지어 간단명료하고 지극하게 설법하셨소. 이는 팔만대장경의 으뜸 요강이자, 갈림길을 바로 인도하는 스승이라 할 것이오. 수행자들에게 80자밖에 안 되는 짧은 게송으로, 생사윤회를 벗어나 열반을 증득하는 요긴한 길을 단박에 깨닫도록 이끄시니, 중생을 제도하려는 그의 노파심은 천고에 다시없을 것이오.

그 뒤로는 여러 종사(宗師)들이 모두 분명한 말로 이 정토 법문을 두드러지게 찬탄하는 가르침을 펼쳤소. 예컨대 천의(天衣) 의회(義懷: 989~1060, 송대 운문종 선사), 원조(圓照) 종본[宗本: 1020~1099, 의회 선사의 법사(法嗣), 신종과 철종의 조서를 받음], 대통(大通) 선본(善本: 종본 선사의 법사), 장로(長蘆) 종이[宗頤: 운문종 응부(應夫) 선사 제자, 참선과 정토의 겸수(禪淨兼修)를 주장, 저서 『선원청규(禪苑

清規)』안에 아미타불십념법(阿彌陀佛十念法)을 규정함], 중봉(中峯) 명본[明本: 1263 ~1323, 원대(元代) 임제종 고봉 원묘 선사의 법사, 광록(廣錄) 30권이 대장경에 수록됨], 천여 (天如) 유칙[惟則: ?~1354, 원대 임제종 명본 선사의 법사, 정토혹문(淨土或問)을 지어 염불 선양], 초석(楚石) 범기[梵琦: 1296~1370, 원나라 말기 선사, 어록 20권과 서재정토시(西齋淨土 詩) 3권이 유명함], 공곡(空谷) 경륭(景隆: 명나라 임제종 선사) 등 여러 위대한 조사들께서, 비록 선종의 법맥을 이어 전하면서도, 정토 염불을 특히 두드러지게 찬탄하셨소.

연지(蓮池) 대사는 소암(笑巖) 선사를 참방하여 크게 깨달은 뒤, 바야흐로 선종을 접어두고 정토 염불을 위주로 삼았소. 정토 법문의 수행이 완성되면, 선종은 저절로 함께 얻어지기 때문이라오. 비유하자면, 큰 바닷물에 목욕한 자는 반드시 모든 강물을 다 쓴 셈이오. 또 몸소 함원전(含元 殿: 당나라 때 長安 大明宮의 正殿) 안에 들어선 사람은 다시 장안을 물을 필요가 없는 거와 다름없는 이치라오.

그 뒤 우익(□益) · 절류(截流) · 성암(省庵) · 몽동(夢東) 등 여러 위대한 조사들도 모두 다 그러하였소. 법도 시대에 따라 적응해야 하고, 교화도 근기에 맞추어 베풀어져야 함은 당연하오. 만약 그렇지 않으면, 중생들을 제도할 수 없기 때문이오.

그러나 애석하게도, 그 이후로는 불법이 점차 쇠미해지고, 나라 상황도 어수선한 일이 많이 생겨, 법륜(法輪: 진리의 수레바퀴)이 거의 멈춰 버렸소. 비록 선지식들이 있긴 하였지만, 각자 자기 수행에만 몰두하느라 힘과 시간이 여유가 없어, 정토 법문을 거들떠보지도 않게 되었소. 더러 이를 언급하는 이가 있다 할지라도, 듣는 사람들이 귀가 더러워질까 의심할 정도였소. 다행히 큰 마음을 품은 한두 스님이나 거사들이 법문 책을 간행하여 유포시킴으로써, 이들 조사들의 가르침이 끊이지 않고 명맥을 이어 왔소. 그래서 후대의 수행자와 철인(哲人)들이 계속 보고 들을 수 있으니, 실로 막대한 행운과 복덕이 아닐 수 없소.

불교가 중국에 전래한 뒤, 혜원(慧遠) 대사가 처음으로 정토 법문을 으뜸 가르침으로 삼았소. 본디 동문 형제인 혜영(慧永) 스님과 함께 나부산(羅浮山: 광동(廣東) 소재)으로 가려 했으나, 스승인 도안(道安) 법사가 붙잡아 혜영 스님만 먼저 혼자 가게 되었소. 심양(陽: 江西 소재 옛 지명)에 이르렀을 때, 자사(刺史) 도범(陶範)이 혜영 스님의 도덕 기풍(道風)을 흠모한 나머지, 서림사(西林寺)를 지어 드렸다오. 이때가 동진(東晉) 효무제(孝武帝) 태원(太元) 2년(377년) 정축년(丁丑年)이었소.

태원 9년(384년) 갑신(甲申年)에 이르러, 혜원 대사가 비로소 여산(廬山)에 왔소. 처음에는 서림사에 함께 거주했는데, 수행 도반들이 점차 많아져 서림사가 비좁아졌소. 이에 자사 환이(桓伊)가 산의 동쪽에 새로운 절을 지어 주었는데, 동림사(東林寺)라 불렀소. 태원 15년(380년) 경인년(庚寅年) 7월 28일, 혜원 대사는 마침내 스님과 거사 123인과 함께 백련사(白蓮社)를 결성하여, 염불로 서방 극락정토에 왕생하기를 발원했소. 혜영 법사도 그 결사에 참여했는데, 서림사에 거주하면서 산 봉우리에 별도로 초가 한 채를 짓고, 때때로 홀로 가서 선정에 잠기곤 하였다오. 그 방에 다가가면 문득 기이한 향기가 그윽이 풍겨, 향곡(香谷)이라 이름 부를 정도였다니, 그 인물됨을 가히 짐작할 수 있지 않겠소? (혜영 대사는 방에 호랑이와 함께 기거하였으며, 사람이 찾아오면 잠시 호랑이를 밖으로 내보냈다고 전한다.)

혜원 대사가 처음 결사를 시작할 때부터 참가했던 123인은 모두 불법 문중의 용과 코끼리 같은 존재로, 유가에서 말하는 태산(泰山)과 북두(北斗)나 다름없소. 이들은 혜원 대사의 도덕 기풍이 널리 퍼지면서 스스로 몰려든 대중들이라오. 혜원 대사가 입적할 때까지 30여 년 동안, 백련사에 들어와 정토 수행을 닦고 아미타불의 영접을 받아 극락왕생한 사람은, 셀 수도 없이 많다오.

그 뒤로 담란(曇鸞), 지자(智者), 도작(道綽), 선도(善導), 청량(淸凉), 영명(永明) 대사들도 모두 이 정토 법문으로 스스로 수행하고 대중을 교화하였소. 담란 대사가 지은 『왕생론주(往生論註)』는 고금에 둘도 없이 미묘한 저술이오. 지자 대사는 『십의론(十疑論)』을 지어 이해득실을 지극히 잘 설명했으며, 『관경소(觀經疏)』를 지어 관법(觀法)의 요체를 깊고 분명히 해설했소. 도작 대사는 정토삼부경을 2백 번 남짓 강론했으며, 선도 화상은 정토삼부경에 주석을 달아 대중들에게 전념 수행할 것을 적극 권장했소. 청량 대사는 「보현행원품」에 주석을 달아 궁극적인 성불의 도를 잘 밝혔고, 영명 대사는 사료간(四料簡)을 지어 생사윤회를 해탈하는 법문을 곧장 가리켜 주었소.

예부터 모든 종파의 고승대덕들은 정토에 마음을 귀의하지 않은 분이 없었소. 오직 선종의 여러 조사들은 정토를 은밀히 수행하기에 힘쓰고, 밖으로 드러내어 펼치는 이가 별로 없는 편이오. 그러나 영명 선사가 사료간으로 정토와 참선 수행의 병행을 주창한 뒤로는, 선사들도 모두 분명한 말과 글자로 가르침을 펴며, 정토 수행을 절실하게 권하게 되었소. 그래서 사심(死心) 오신(悟新) 선사(1044~1115)는 정토 수행을 권하는 글〔勸修淨土文〕에서 이렇게 말하였소.

"아미타불은 염송하기 매우 쉽고, 정토는 왕생하기 매우 쉽다."

"참선하는 사람이야말로 바로 염불하기 가장 좋으니, 근기가 더러 약하고 둔하여 금생에 확철대오할 수 없을까 의심스러운 이는, 아미타불의 원력을 빌어 정토 왕생하라."

"그대가 만약 염불하여 정토에 왕생하지 못한다면, 이 노승은 (거짓말 한 죄악으로) 마땅히 혀를 뽑는〔拔舌〕 지옥에 떨어질 것이다."

진헐(眞歇) 청료(淸了) 선사는 「정토설(淨土說)」에서 이렇게 말하고 있소.

"조동종(曹洞宗) 문하에서는 모두 정토를 은밀히 닦고 있는데, 그 까닭은 무엇인가? 정말로 염불 법문이 가장 빠른 지름길 수행이며, 대장경의 가르침에 바로 따라 최상 근기를 맞이할 뿐만 아니라, 중하 근기의 대중도 끌어들이기 때문이다."

"선종의 대사들이 텅 비지도 않고 있지도 않은〔不空不有〕 법을 이미 깨닫고도, 정토 법문에 뜻을 굳게 두고 부지런히 수행하는 것은 무슨 까닭 인가? 바로 정토 법문으로 부처를 친견하는 것이, 참선보다 훨씬 간단하 고 쉽기 때문이 아니겠는가?"

"부처나 조사나, 교종이나 선종이나 할 것 없이, 모두 정토 법문을 수 행하여 한 근원으로 함께 되돌아간다. 이 문에 들어가는 자는 무량 법문 을 모두 증득하기 때문이다."

장로(長蘆) 종이(宗頤) 선사는 연화승회(蓮華勝會)를 결성하여, 승가나 세 속 거사 모두 염불로 극락왕생하도록 두루 권하였소. 그런데 보현(普賢)과 보혜(普慧) 두 보살이 꿈에 나타나 이 연화승회에 가입하기를 청하는 감응 을 얻어, 두 보살을 회주(會主)로 삼았다오. 이것만 보아도 정토 법문이 이 치에도 들어맞고 중생의 근기에도 부합하기 때문에, 모든 성현들도 그윽 한 가운데 칭송 찬탄하심을 알 수 있소.

또 송(宋)나라 태종(太宗: 976~997 재위)ㆍ진종(眞宗: 997~1021 재위) 때에는, 성상(省常) 법사가 절강의 소경사(昭慶寺)에 주지로 있으면서, 여산의 혜원 대사 도행을 흠모하여 정행사(淨行社: 정토수행결사)를 결성하였소. 그런데 왕 문정공(王文正公) 단(旦)이 맨 먼저 귀의하여 적극 선창 인도하니, 재상과 고 관대작이나 학사대부(學士大夫)들이 제자로 자칭하여, 결사에 가입한 자가 120여 명이나 되었소. 스님들은 수천 명이었고, 서민은 이루 헤아릴 수 없을 정도였소.

그 뒤 노공(潞公) 문언박(文彦博)은 인종(仁宗: 1022~1063 재위)ㆍ영종(英宗: 1063~1067)ㆍ신종(神宗: 1067~1085)ㆍ철종(哲宗: 1085~1100 재위)의 네 황제에 걸쳐, 50여 년 동안 벼슬을 하며 관직이 태사(太師)에까지 이르러, 노국공(潞國公) 에 봉해진 분이오. 그분은 평생 불법을 독실하게 믿었는데, 만년에 구도 심이 더욱 치열해져 오직 아미타불에 전념하면서, 아침부터 저녁까지 걷 거나 앉거나 간에 조금도 염불을 게을리 하지 않았다오. 그런데 그 분이 정엄(淨嚴) 법사와 함께 서울에서 십만 명 정토 왕생회를 결성하여, 수많은 사대부들이 그 감화를 받았소. 그는 92세까지 장수하다가 염불하면서 서거했는데, 그를 칭송한 이런 시도 있다오.

| | |
|---|---|
| 그대의 담과 기개는 알고 보니 하늘처럼 크구려. | 知君膽氣大如天 |
| 서방 정토 왕생할 십만 인연 맺기를 발원하다니! | 願結西方十萬緣 |
| 자기 몸 홀로 살아날 계산을 하지 않고서, | 不爲自身求活計 |
| 대중 모두 고해 건너는 배에 함께 올라타자고! | 大家齊上渡頭船 |

원(元)·명(明) 시대에는 중봉(中峯)·천여(天如)·초석(楚石·묘협(妙叶) 대사 등이 더러는 시가(詩歌)를 읊거나, 더러는 논변(論辯)을 지어, 이처럼 이치에도 맞고 근기에도 맞아, 최상부터 최하까지 두루 관통하는 법문을 적극 펼쳐 보였소. 특히 연지(蓮池)·유계(幽溪)·우익(口益) 대사 등이 더욱 진지하고 간절하게 정성을 다하였소.

청(淸) 나라 때에는 범천(梵天) 사제(思齊) 대사와 홍라(紅螺) 철오(徹悟) 대사가 다시 이 도를 힘써 펼쳤소. 범천 대사의 보리심 발하기를 권장하는 글[勸發菩提心文]과 홍라 대사의 대중에게 설하는 법어[示衆法語]는, 모두 옛 성현을 뒤잇고 후학을 이끌며, 천지신명을 깜짝 놀라게 할 만한 가르침이오.[31] 후학들이 정말 이들 가르침에 따라 수행할 수만 있다면, 그 누가 이 사바세계를 기꺼이 하직하고 극락세계에 높이 올라, 아미타불의 제자가 되고 연화해회(蓮華海會)의 도반이 되지 못하겠소?

중생과 기연(機緣)이 다하여 여래께서 열반에 드신 다음에도, 대자비로 중생을 이롭게 하심은 끝내 다할 줄 모르셨소. 그래서 여러 위대한 제자들이 부처님의 사리를 나누어 전하고, 경전을 결집(結集)하여 사방에 두루 유통시킴으로써, 진리의 가르침이 중생을 윤택하게 적시도록 바랐다

---

31) 『철오선사어록(徹悟禪師語錄)』과 '보리심 발하기를 권장하는 글[勸發菩提心文]'은 모두 필자가 편역해 불광출판부에서 펴낸 『의심 끊고 염불하세』에 실려 있으니 참고하기 바람.

오. 동한(東漢: 후한) 때 위대한 가르침[大敎]이 비로소 중국에 전래하였으나, 아직 그 기풍이 크게 떨치지 못하고 북방에서만 퍼질 따름이었소.

그러다가 삼국시대 오(吳)나라 적오(赤烏: 大帝 孫權의 네 번째 연호) 4년(241), 강승회(康僧會) 존자가 특별히 교화를 펼치려고, 여래의 사리를 받들어, 건업(建業: 지금의 南京)에 왔소. 이에 손권(孫權)이 지극한 신앙심을 내어, 절을 짓고 탑을 쌓아 불법을 전하도록 했다오. 그래서 남방에 불교가 처음 전래하였는데, 진(晉)나라 때에는 고려·일본·미얀마·월남·티베트·몽고 등 주변 여러 나라에도 두루 퍼졌소.

그 후로 중천에 떠오르는 태양처럼 교세가 점차 흥성하였는데, 당나라 때 이르러서는 여러 종파가 모두 갖추어져 전성기라고 할 만하오. 천태(天台)·현수(賢首)·자은(慈恩)은 교법(敎法)을 펼치고, 임제(臨濟)·조동(曹洞)·위앙(潙仰)·운문(雲門)·법안(法眼)은 참선의 맥을 이었소. 또 남산(南山)은 율장(律藏)을 장엄 청정하게 전하고, 연종(蓮宗: 정토종)은 정토 수행에 전념하였소. 이는 마치 행정 각부가 직책을 분담하는 것과 같고, 또 육근이 서로 자기 기능을 발휘하는 것과도 비슷하오.

교법은 부처님 말씀이고, 참선은 부처님 마음이며, 계율은 부처님 행실이오. 실제로는 마음과 말씀과 행실의 세 가지를 결코 서로 떼어 구분하기가 어렵소. 다만 각자 전문으로 치중하는 내용에 따라, 교종 · 선종 · 율종의 명칭을 붙인 것에 불과하오.

그 가운데 오직 정토 법문만은, 그 출발이 범부 중생들의 불도 입문을 안내하는 방편으로 시작하였으나, 실질상으로는 모든 종파 수행의 궁극 귀결점이 되는, 아주 독특한 가르침이라오. 그래서 아비지옥에 떨어질 극악 죄인도 맨 끝자리나마 참여할 수 있고, 부처와 다름없는 깨달음을 증득한 보살들조차도 극락왕생하기를 발원한다오.

여래께서 세상에 계실 때는, 천만 근기의 중생들을 다 함께 교화시켜, 모든 갈래의 가르침이 하나로 융합하여 있었소. 그러나 부처께서 열반하신 뒤, 법을 전하는 제자들이 각각 자기가 가장 뛰어난 한 가지 법을 선택하여, 중생들이 근기에 따라 한 법문으로 깊이 들어가[一門深入], 모든 법이 궁극으로는 서로 하나로 통함을 깨닫도록 인도하신 것이오.

비유하자면, 제망(帝網: 제석천궁의 因陀羅網)의 천 개 구슬이 각자 서로 뒤얽히지 않으면서도, 한 구슬이 천 구슬에 두루 비쳐지고 천 구슬이 모두 한 구슬에 모여들어, 서로 연결되나 뒤섞이지는 않고, 각자 독립하여 있으나 서로 떨어지지는 않는 것과 같소. 현상적인 자취에 얽매이는 자는, 일체의 법이 법마다 따로 떨어져 있다고 말한다오. 그렇지만 본질적인 이치를 잘 깨닫는 자에게는, 일체의 법이 법마다 서로 원융 회통하게 되오. 마치 성의 4대문이 열려 있고, 사람들이 자기에게 가까운 문을 출입하는 것과 같소. 문은 비록 다르지만, 성안을 드나드는 것은 다를 리가 없소.

만약 이러한 이치를 깨닫는다면, 어찌 오직 모든 부처님과 조사들이 설하신 몹시 심오한 가르침만, 근본 진리에 도달하고 마음을 밝혀 성품을 보는 법이라고 집착할 수 있겠소? 세간의 오음(五陰)·육입(六入)·십이처(十二處)·십팔계(十八界)·칠대(七大) 등, 모든 것이 하나하나 근본 진리에 도달하고 마음을 밝혀 성품을 보게 하는 법이 될 것이오. 나아가 이러한 모든 것이, 각각 그 자체 진리이고 근본이며, 마음이고 성품이라오.

그래서 『능엄경(楞嚴經)』에서는 5음·6입·12처·18계·7대가 모두 여래장(如來藏)이며, 미묘한 진여성품(妙眞如性)이라고 말씀하시는 게오. 이렇게 본다면, 어느 한 법도 불법 아닌 게 없고, 어느 한 사람도 부처 아닌 이 없게 되오.

그런데 어찌하여 우리 중생들은 구슬을 옷 안에 가지고서도, 이를 알아차리지 못한단 말이오. 보배를 품 안에 품고서 걸식하는 중생의 곤궁은, 너무도 어처구니없고 억울하기 짝이 없소. 여래의 마음을 지니고서 중생의 죄업을 지으며, 해탈의 법을 가지고서 윤회의 고통을 받고 있으니, 어찌 슬프지 않으리오?

그래서 불법을 전하는 보살들과 조사들이 천신만고의 어려움을 꺼리지 않고, 온갖 방편을 다 써서 중생들을 일깨우고 가르치는 것이오. 그들이 10법계(法界)의 인과응보 원리를 이해하고, 자기 마음과 성품을 철저히 깨달아, 궁극에는 원만한 증득에 이를 수 있도록 이끌기 위함이오.

당나라 때부터 송(宋)·원(元)·명(明)을 거쳐 청(淸) 나라에 이르기까지 천 년이 충분히 되는 세월 동안, 조사들의 가르침이 끊이지 않고 이어져 내려 왔소. 비록 당나라 전성시대에 미치지는 못하지만, 그에 버금할 만한 백중지세라고 볼 수 있소. 불행히 청나라 함풍(咸豊: 文宗 연호. 1851~1861)·동치(同治: 穆宗 연호. 1862~1874) 이래, 전란이 계속 이어지고 흉년 기근까지 겹친 데다, 고승대덕은 날로 드물어 가고 평범한 사람만 갈수록 많아졌소. 국가에서 불교를 발전시킬 만한 여유도 없었거니와, 승려들도 스스로 진작(振作)할 만한 능력이 없었소. 그래서 세간의 훌륭한 인재들이 불교를 제대로 연구해 보지 못한 까닭에, 한유(韓愈)나 우양수(歐陽修: 歐는 원음이 '우'이고, 우리도 1954년 世昌書館 발행 '國漢文新玉篇'에서는 분명히 '우'로 표기했는데, 언제부턴가 '구'로 잘못 읽음.) 같은 편협한 유학자들의 옛날 척불론(斥佛論)을 잘못 답습하여, 불교의 명맥은 더욱더 꺾여 땅바닥에 떨어지고 말았소.

청나라 말엽에야 학문 세계가 크게 열리면서, 타고난 자질과 재능이 뛰어난 인물들이 불경을 뒤적여 펼쳐 보고 나서야, 비로소 도의 근본이 불교에 있는 줄 알게 되었소. 그래서 마침내 모두들 차분한 마음으로 불교를 연구하기 시작한 것이라오.

## 2

# 극락왕생은
# 믿음과 발원 지닌
# 염불 수행으로

## 1) 진실한 믿음과 간절한 발원

이른바 믿음이란, 사바세계가 정말로 정말로 고통스런 바다이고, 극락세계는 진실로 진실로 즐거운 뜨락임을 모름지기 믿어야 함을 가리키오. 사바세계의 고통은 한없고 끝없지만, 한 마디로 종합하면 팔고(八苦)를 벗어나지 않소. 이른바 나고[生], 늙고[老], 병들고[病], 죽고[死], 사랑하면서 헤어지고[愛別離], 미워하는 자를 만나고[怨憎會], 구해도 얻지 못하고[求不得], 오음의 번뇌 망상이 치열하게 무성한[五陰熾盛] 것이오.

이러한 여덟 가지 고통은, 세계에서 최고 부귀한 자로부터 가장 비천한 거지까지, 모두가 지니는 것이오. 앞의 일곱 고통은 지나간 세월 동안 지은 죄업으로 불러들이는 과보이므로, 잘 생각해 보면 스스로 알 수 있을 것이오. 말하기로 하면 종이와 먹물의 낭비가 너무 많을 것이므로, 상세한 언급은 피하겠소.

마지막 여덟째 오음치성의 고통은, 현재 마음을 품고 생각을 일으키며 육신으로 움직이고 말하는 모든 행위들이, 미래에 고통을 얻는 원인이 됨을 뜻하오. 원인과 결과가 서로 뒤엉켜 끊임없이 이어지기 때문에, 까마득한 과거부터 아득한 미래까지 벗어날 길이 없는 거라오.

오음(五陰: 五蘊)이란 색(色)·수(受)·상(想)·행(行)·식(識)이오. 색은 죄업의 과보로 받은 몸을 뜻하고, 수상행식은 바깥 사물 경계에 부닥쳐 일으키는 허망하고 허깨비 같은 마음을 가리키오. 이러한 허망하고 허깨비 같은 몸과 마음의 법들이, 빛[色]·소리[聲]·냄새[香]·맛[味]·맞닿음[觸]·생각[法]의 육경(六境: 또는 六塵)에 대해서 미혹을 일으키고 업장을 지음으로써, 번뇌 망상이 불길처럼 치성하게 일어나 그칠 줄 모르기 때문에, 오음치성의 고통이라고 한다오.

또 음(陰)에는 뒤덮는다[蓋覆]는 뜻이 있는데, 발음과 뜻이 음(蔭)과 같소. 이 다섯 가지는 진실한 성품[眞性]을 뒤덮어, 제대로 드러나지 못하게 막기 때문이오. 마치 짙은 구름이 해를 가리면, 해가 제 아무리 눈부신 빛을 조금도 줄지 않게 계속 비추고 있다 할지라도 구름장에 걸려, 지상의 사람과 만물은 그 빛을 볼 수 없는 거와 같소.

범부 중생이 미혹의 업장을 끊지 못하고 이 오음의 장애에 뒤덮여, 본래 성품의 하늘에 항상 떠 있는 지혜의 햇빛[性天慧日]을 드날릴 수 없는 이치도, 또한 이와 같다오. 이 여덟째 고통이야말로, 일체 모든 고통의 근본이라오. 도를 닦는 사람은 선정(禪定)의 힘이 깊고 강하여, 여섯 가지 티끌경계[六塵境]에 대해 조금도 집착이 없고, 미움이나 사랑 같은 분별 감정을 일으키지 않게 되오. 여기에서 공력을 배가하고 용맹 정진하여 무생법인(無生法忍)을 증득하면, 미혹의 업장을 깨끗이 제거하고 생사윤회의 근본을 단박에 끊어 버릴 수가 있소.

그렇지만 이러한 수행 공부는 정말로 결코 쉽지 않으며, 특히 지금 같은 말법 시대에는 이루기가 더더욱 어렵다오. 그래서 모름지기 정토 법문의 수행에 전념하여, 부처님의 자비 가피력으로 서방극락에 왕생하길 구해야 하오. 일단 왕생하게 되면, 연화 봉오리 안에 저절로 생겨나기[蓮華化生] 때문에,[32] 나는 고통[生苦]이 전혀 없소. 순전히 어린 남아[童男] 모습을 지니고, 수명이 허공같이 끝없으며 몸에 어떠한 재난이나 변화가 없기 때문에, 늙고 병들어 죽는다는 이름조차 들어볼 수도 없다오. 하물며 그런 고통의 현실이 존재하겠소?

거룩한 대중[聖衆]을 뒤따라 몸소 아미타불을 모시면서, 새나 물이나 나뭇가지조차 모두 진리의 소리[法音]를 연주하기 때문에, 각자 자기 근기와 성품에 따라 법문을 듣고 증득하게 되오. 친근한 사람의 감정도 느껴볼 수 없거늘, 하물며 미움과 원망이 있기나 하겠소?

옷을 생각하면 옷이 생기고, 음식을 생각하면 음식이 나오며, 누각이나 집이 모두 칠보[七寶]로 이루어져 있다오. 이 모두가 사람의 힘을 조금도 들이지 않고, 모두 저절로 변해 생겨나는[化作] 것들이오. 그러니 사바세계의 일곱 가지 고통도 금세 일곱 극락으로 바뀌게 되오.

몸은 막대한 신통과 위력을 갖추기 때문에, 그 자리를 한 치도 떠나지 않은 채, 일념(一念) 가운데 시방제불의 세계에서 두루 온갖 불사(佛事)를 하며, 위로 불도를 구하고 아래로 중생을 교화할 수 있소. 마음은 위대한 지혜와 말재주[辯才]를 지니기 때문에, 한 법으로도 모든 법의 진실한 모습[實相]을 두루 알아, 근기에 따라 조금도 어그러짐 없고 막힘없이 설법하게 되오. 비록 세간의 언어로 말할지라도, 모두 진실한 법과 미묘한 이치에 딱 들어맞게 되오.

이처럼 오음치성의 고통은 전혀 없고, 몸과 마음 모두 고요한 열반의 즐거움을 누린다오. 그래서 『아미타경』에서 "어떠한 고통도 전혀 없고 단

---

32) 극락정토 '왕생(往生)'을 무심코 한글로 '태어나다'라고 옮기는 분이 많은데, 이는 자칫 '태에서 생겨나는' '태생'을 연상할 수 있으므로, 적절한 표현이 아니라고 느껴진다. 한글 '태어나다'는 '태에서 나오다'는 뜻일 것이다. 따라서 필자는 극락'왕생'은 그냥 한자어로 쓰든지 아니면 '저절로 생겨나다'로 옮긴다.

지 온갖 즐거움만 받기 때문에 '극락'이라고 부른다."고 말씀하셨소. 사바세계의 고통은 이루 다 말할 수가 없고, 극락의 즐거움 역시 결코 어디에 비유할 수가 없소. 이러한 부처님의 말씀을 깊이 믿고, 전혀 의심이나 미혹을 일으키지 않아야, 비로소 진실한 믿음[眞信]이라고 일컬을 수 있소.

혹시라도 범부 중생이나 다른 외도(外道)들과 같은 알음알이 편견[知見]을 가지고, "극락정토의 온갖 불가사의한 미묘 장엄의 경관은, 모두 마음의 법[心法]을 비유하는 우화(寓話)에 속하며, 진실한 경지가 정말로 있는 것은 아니다."라고 망령된 추측과 단정을 내려서는 절대로 안 되오. 이러한 삿된 편견과 오류는 극락왕생의 진실한 이익을 놓치도록 만들기 때문에, 그 해악이 몹시 크다오. 이 점을 분명히 잘 알지 않으면 안 되오.

이렇게 사바세계가 고통의 바다이고, 극락세계가 즐거움의 뜨락임을 알았다면, 이제 마땅히 사바의 고통을 떠나 극락의 즐거움을 얻으려는, 간절하고 절실한 서원을 발해야 하오. 그 발원의 간절함은, 마치 똥구덩이에 빠진 자가 어서 빨리 빠져 나오려 몸부림치고, 또 감옥에 갇힌 죄수가 한시 바삐 풀려나 고향 집에 돌아가길 생각하는 것처럼 해야 하오. 자기 혼자 힘으로 스스로 빠져 나올 수 없다면, 반드시 막대한 권세나 능력 있는 분께 자기가 풀려나도록 힘 좀 써달라고 부탁해야 할 것이오.

사바세계에서는 모든 중생이, 순탄한 때나 역경(逆境)을 가릴 것 없이, 늘 탐욕·성냄·어리석음을 일으켜, 살생·도둑질·간음의 죄악을 저지른다오. 그래서 사바세계는 본래 지닌 미묘한 깨달음의 밝은 마음[妙覺明心]을 더럽히는, 바닥없는 똥구덩이와 다름없소. 일단 죄악을 지으면, 반드시 그 악업의 과보를 받아, 장구한 세월 동안 끊임없이 육도 윤회할 것이 틀림없소. 그러니 이는 사면(赦免)이 없는 철옹성의 감옥과 같소.

아미타불께서는 과거 세상에 48대 서원을 세워 중생을 제도하기로 작정하셨는데, 그 가운데 한 서원은 이러한 것이오.

"만약 중생이 나의 명호를 듣고 나의 국토에 생겨나길 원하여, (나의 명호를) 단지 열 번만 염송할지라도(그가 소원대로 나의 국토에 생겨나야 하며), 만약 그가 생겨나지 못한다면 (나는) 최상의 바른 깨달음을 얻지 않겠다."

아미타불께서 이처럼 중생들을 제도하시기로 서원을 세우셨지만, 만약 중생들이 아미타불의 영접을 바라지도 않는다면 부처님 또한 어찌할 수가 없소. 온 뜻과 마음을 다해 아미타불의 명호를 염송하며, 사바 고해를 벗어나기를 발원하기만 하면, 자비로운 영접을 받아 왕생하지 못하는 이가 하나도 없을 것이오.

아미타불께서는 위대한 권세와 능력을 지니셨소. 그래서 사바세계의 밑바닥 없는 똥구덩이와 사면(赦免) 없는 철옹성 감옥에 갇힌 사람들이 곧장 그 안에서 벗어나, 극락세계의 본래 고향 집에 평안히 되돌아가, 부처님의 경계를 즐겁게 맛보고 쓸 수 있도록 건지실 수 있다오.

아미타불께서 우리를 위해 서원을 세우고 수행을 해서 부처가 되셨소. 그런데 우리는 아미타불의 수행 서원에 어긋나게 살아왔기 때문에, 오랜 세월 동안 육도 윤회에 빠져, 영원히 중생 노릇을 하고 있소. 본래 아미타불은 우리 마음속의 부처이고, 우리는 또한 아미타불 마음속의 중생이라오. 마음이 이미 하나인데도, 범부와 성인이 하늘과 땅처럼 크게 차이나는 것이오. 이는 바로 우리가 지금까지 줄곧 부처를 등지고, 미혹 속에 빠져 있기 때문이오.

이렇게 믿는 마음을 진실한 믿음이라고 할 수 있소. 이러한 믿음 위에 결정코 극락에 왕생하겠다는 서원을 세우고, 염불 수행을 틀림없이 행해야 하오. 마음 밖에 부처가 없고, 부처 밖에 마음이 없다고들 쉽게 말하지만 간절함이 없이 과연 그럴 수 있겠소? 또 믿음과 발원이 없는데도 정말 그럴 수 있겠소?

염불 수행의 가장 요긴한 목표는, 바로 생사윤회를 끝마치는 데에 있소. 생사윤회를 끝마치기 위해 염불한다면, 생사의 고통에 대해서 저절로 싫어하는 마음이 생겨나고, 서방 정토의 즐거움에 대해서는 기뻐하는 마음이 절로 일어야 할 것이오.

이처럼 믿음과 발원의 두 가지가 원만히 갖추어지면, 이제 지성스럽고 간절하게, 마치 자식이 어머니 그리워하듯 염불해야 하오. 그러면 부처님의 힘과 법의 힘이, 자기 마음이 내는 믿음 및 서원의 공덕력과 함께 삼위일체로 어우러져, 효험을 크게 드러낼 것이오. 청정한 법계에 깊숙이 들어가, 금생에 단박 윤회를 뛰어넘고 여래 경지에 동참하여, 마치 어머니와 어린 자식이 서로 만난 듯, 천상의 극락을 영원히 누리게 되리다.

무릇 정 있는(有情) 우리 중생들은 정토 법문을 듣고 나면, 사바세계가 지극히 고통스럽고 서방세계가 지극히 즐거운 줄 믿어야 하오. 또 오랜 전생부터 지어온 업장이 몹시 두텁고 무거워, 부처님의 힘에 의지하지 않고서는 단박에 거기서 벗어나기 어려운 줄 믿어야 하오. 그리고 극락 왕생을 구하기만 하면 금생에 확실히 왕생할 수 있고, 염불하기만 하면 부처님의 자비로운 영접을 받을 수 있음도 믿어야 하오.

그래서 한 마음 굳건히 먹고, 마치 죄수가 지긋지긋한 감옥을 벗어나려 하는 듯한 마음으로, 사바세계 벗어나기를 간절히 발원해야 하오. 서방세계에 왕생함은 나그네가 그리던 고향에 돌아가는 것과 같을진대, 어찌 구차하게 머뭇거리는 생각이 일 수 있겠소? 이러한 각오로 각자 자기의 형편과 능력에 따라, 아미타불 성호를 지성으로 염송해야 하오. 말하거나 침묵하거나, 움직이거나 고요하거나, 앉거나 서거나, 눕거나 다니거나, 손님을 맞이하거나 옷 입고 밥 먹거나, 어느 때를 막론하고, 부처님의 마음에서 떠나지 않고, 마음이 부처님에게서 떠나지 않도록 힘써야 하오.

『아미타경』은 이렇게 말씀하고 있소.

"여기서 서쪽으로 십만억 부처님 땅을 지나면 '극락'이라고 부르는 세계가 있으며, 거기에는 '아미타'라는 이름의 부처님이 지금 설법하고 계신다."

"그 땅은 무슨 까닭에 '극락'이라고 부르는가? 그 나라 중생들은 어떠한 고통도 전혀 없이, 온갖 즐거움만 누리기 때문에 '극락'이라고 부른다."

어떠한 고통도 전혀 없이 온갖 즐거움만 누리는 까닭은, 바로 아미타불의 복덕(福德)과 지혜(智慧), 신통력과 도력(道力)이 장엄하게 갖추어져 있기 때문이오. 여기에 비하면, 우리가 사는 세계는 3고(苦)·8고, 아니 무수한 온갖 고통이 두루 갖추어져 있고, 즐거움이란 조금도 없기 때문에, '사바'고해라고 부르오. 범어로 사바(娑婆)는 '참아낸다[堪忍: 인내를 감당하다, 감당하고 인내하다]'는 뜻이오. 이곳 중생들은 이러한 모든 고통을 당하면서도, 용케도 잘 참아 견디기 때문이오.

물론 여기에도 즐거움이 전혀 없는 것은 아니오. 그러나 모든 즐거움은 거의 다 고통이오. 중생들이 어리석고 헷갈려서, 즐거움으로 착각하는 것일 뿐이오. 예컨대, 술 마시고 여색에 빠지거나 수렵·오락(스포츠)에 열광하는 것들이, 어찌 즐거운 일이라고 하겠소? 어리석은 중생들이 일시적인 감각성의 쾌락에 탐착하여, 차마 놓지 못하고 피곤한 줄도 모르니, 정말로 불쌍하고 안타까울 뿐이오.

설사 진짜 즐거움에 속한다고 할지라도, 이 또한 오래 지속하기가 어렵소. 예컨대, (유가의 거장 孟子가 君子의 세 가지 즐거움 가운데 첫째로 꼽은) 부모님 모두 생존하시고 형제자매 무사한 (天倫의) 즐거움이, 어떻게 항상 이어질 수 있겠소? 즐거운 순간이 한번 지나고 나면, 뒤이어 슬픈 마음이 강하게 일어날 것이니, 즐거움이 전혀 없다는 말도 지나친 주장은 아니리다.

이 세상의 고통은 이루 다 말할 수 없지만, 3고와 8고로 빠짐없이 망라할 수 있소. 3고[33]란, 첫째 보통 고통은 고고(苦苦)이고, 둘째 즐거움은 괴고(壞苦)이며, 셋째 고통스럽지도 않고 즐겁지도 않은 것을 행고(行苦)라고 분류함을 가리키오. 고고(苦苦)란 오음(五陰)으로 이루어진 우리 몸과 마

---

33) 보통 고고(苦苦)는 괴로운 일이 이루어져 생기는 고뇌이고, 괴고(壞苦)는 즐거운 일이 사라져서 생기는 고뇌이며, 행고(行苦)는 일체의 법이 변화무상하게 흘러가기 때문에 생기는 고뇌라고 정의한다. 욕계(欲界)에는 이 3고가 모두 있고, 색계(色界)에는 고고가 없으며, 무색계(無色界)에는 행고만 있다고 한다.

음이 본디 핍박당하는 성질을 지니기에 고통이라고 하는데, 게다가 늘 생로병사 따위의 고통을 받기 때문에, '고고'라고 일컫는 것이오. 괴고(壞苦)란 즐거움이 무너지는 고통을 뜻하오. 세상에 어떤 일이 오래 계속할 수 있겠소? 하늘(자연)의 도가 이러할진대, 하물며 인간 세상의 일이야 오죽하겠소? 즐거운 상황이 언뜻 나타나는가 싶더니, 금세 괴로운 처지가 들이닥치지 않소? 즐거운 상황이 무너져 사라질 때, 그 고통은 더욱 말로 표현할 수 없이 큰 것이오. 이를 '괴고'라고 한다오. 행고(行苦)란, 비록 괴롭지도 않고 즐겁지도 않아 적절한 듯 보이지만, 그 본성이 항상 머무르지 못하고 끊임없이 흘러 변하기 때문에, 행고(운행하는 고통)라 부르는 것이오. 이 세 고통을 거론하면, 여기에 들어가지 않는 고통이 없게 되오. 8고는 앞에서 이미 자세히 언급한 것과 같소.

만약 이 세상의 이런 고통들을 알아차린다면, 사바고해를 싫어하며 떠나려는 마음이 저절로 솟구쳐 일 것이오. 그리고 서방세계의 즐거움을 안다면, 기꺼이 극락왕생하려는 염두가 강렬히 생길 것이오. 이러한 마음가짐을 바탕으로, 어떠한 죄악도 짓지 않고 뭇 선행을 받들어 행하여[諸惡莫作, 衆善奉行] 그 기초를 튼튼히 다지면서, 다시 부처님 명호를 지성으로 간절히 염송하여 서방 왕생을 발원하면, 이 사바세계를 벗어나 극락세계에 가서 아미타불의 제자가 될 것이오.

이 사바세계가 똥통보다 더 더럽고 사악한 줄 통찰하며, 서방 정토가 우리들의 본래 고향 집임을 믿어야 하오. 그래서 금생이나 내생에 인간 세상이나 천상 세계에서 복락을 누리길 바라지 말고, 오직 이승의 과보가 다하여 목숨이 다하는 때 부처님의 자비로운 영접을 받아 극락왕생하기만을 발원하는 것이오. 아침이나 저녁이나 오직 이 염불에만 마음을 두어 염송이 지극하고 공덕이 순수해지면, 우리 정성의 감동과 부처님의 응답이 한 길로 서로 통하게 되오. 그러면 목숨이 다할 때 반드시 소원을 성취할 것이오. 정토에 왕생하면 단박에 무생법인을 깨닫게 되오. 그때

이 사바세계의 부귀영화를 되돌아본다면, 단지 불길이나 허공의 아지랑이 같을 뿐만 아니라, 감옥과 독약의 바다나 다름없을 것이외다.


## 2) 의심 끊고 믿음 내세

　　　　정토 법문에 믿음이 얻어질 수 있다면, 그보다 더 좋은 일이 어디 있겠소? 만약 자기의 지혜로 다 이해하지 못하는 게 있다면, 마땅히 모든 부처님과 조사들의 성실한 말씀을 우러러 믿고, 한 생각이라도 의심을 가져서는 결코 안 될 것이오. 의심하면 부처님과 서로 등지게 되어, 임종 때 서로 감응이 통하기 어려울 게 확실하기 때문이오.

　옛 사람들이 "정토 법문은 오직 부처님과 부처님만이 그 궁극의 실체를 아시고, 등지 보살(登地菩薩)³⁴⁾조차 조금도 제대로 알 수 없다."고 말씀하셨소. 대저 등지 보살조차 제대로 알 수 없는 정토 법문을, 하물며 우리 같은 범부 중생이 어떻게 제멋대로 추측하고 비웃을 수 있겠소?

　정말 생사를 벗어나려는 마음이 간절하고, 정토에 대한 믿음이 철저하여, 한 순간도 의혹의 마음이 일지 않아야 하오. 그렇다면 비록 사바 고해를 벗어나지 못한다 할지라도 사바 고해에 오래 머물 길손은 더 이상 아니라오. 또 설령 바로 극락왕생하지는 못할지라도 머지않아 극락에 초대 받을 귀빈이 될 것이오. 어진 이를 보면 자기도 그와 같이 되길 생각하고[見賢思齊], 인에 부닥쳐서는 스승에게도 양보하지 않아야[當仁不讓於師] 마땅하거늘, 어찌하여 구태의연한 세간의 선입견에 매달려, 자칫 한번 잘못으로 영원히 돌이킬 수 없는 실수를 저지른단 말이오? 혈기와 성품을

---

34) 등지(登地) 보살: 1대(大) 아승기겁의 수행을 거친 후, 비로소 십지(十地)에 오른 보살. 십지 중 초지(初地)는 1분(分)의 번뇌를 끊고 1분의 깨달음을 얻어 기뻐하는 환희지(歡喜地)인데, 마지막 제 십지에 이를 때까지 2대(大) 아승기겁의 수행이 필요하다. 보통 법신 보살 또는 법신 대사(法身大士)라고 부르기도 한다.

지닌 사나이라면, 살아생전에 걸어 다니는 시체나 고깃덩어리 노릇하다가, 죽은 뒤에는 초목과 함께 썩어 문드러지고 마는 꼴이, 결코 되고 싶지는 않을 것이오. 정말 심사숙고하고, 힘써 노력하길 바라오.

다른 법문들의 경우, 작은 법[小法]은 큰 근기의 사람이 닦을 필요가 없고, 큰 법[大法]은 작은 근기의 중생들이 닦을 수 없는 게 보통이오. 오직 이 정토 법문 하나만큼은, 상중하 세 근기의 중생들을 모두 거두어 들여, 그 혜택이 골고루 미친다오. 위로는 관음 · 대세지 · 문수 · 보현보살들도 이 밖으로 벗어날 수 없으며, 아래로는 오역(五逆)과 십악(十惡) 죄인 같은 아비지옥의 종자들도 그 가운데 참여할 수 있소. 가령 여래께서 이 법문을 열어 놓지 않았다면, 말세의 중생들은 금생에 생사윤회를 해탈하려는 소원을 이룰 가망이 전혀 없을 것이오.

그런데 이 법문은 이처럼 크고 넓으면서도, 그 수행 방법 또한 지극히 간단하고 쉽다오. 이러한 까닭에 예로부터 정토에 착한 뿌리[善根]를 깊이 심어온 인연 있는 사람이 아니면, 의심 없이 확실히 믿기가 정말 어렵다오. 단지 우리 범부들만 믿지 못하는 것이 아니라, 성문과 벽지불의 이승(二乘) 성현들도 의심하는 분이 많다오. 또 이승의 성현들만 못 믿는 것이 아니라, 권위(權位) 보살조차 더러 의심하는 경우도 있다오. 오직 대승의 심위(深位) 보살[35]들만 비로소 철저하게 이해하고, 의심 없이 확실하게 믿는다오.

따라서 이 정토 법문에 대해 깊은 신심을 낼 수만 있다면, 비록 아주 평범한 중생이라도, 그 종자와 성품은 이미 성문·벽지불의 이승을 훨씬 뛰어넘는 것이 되오. 비유하자면, 황태자는 땅바닥에 넘어지더라도, 뭇 고관대작의 신하들을 여전히 압도할 만큼 존귀한 것과 같겠소. 비록 그 재능과 복덕이 아직 무르익지는 못했지만, 황제의 위력에 의지하기 때문

---

35) 심위(深位) 보살: 십지(十地)의 초지(初地) 이상을 심위(深位)라고 부르고, 그 이하(이전)를 권위(權位) 보살로 구분한다. 따라서 심위 보살은 등지(登地) 보살과 상통하는 명칭인 셈이다.

에, 그러한 결과가 나타나는 거라오.

정토 법문을 수행하는 사람은 바로 이와 같소. 믿음과 발원으로 아미타불의 명호를 염송하는 수행은, 범부의 마음을 가지고 부처님의 깨달음 바다[佛覺海]에 뛰어드는 것이오. 그래서 부처님의 지혜에 은밀히 통하고, 미묘한 도에 그윽이 합치할 수 있소.

정토 수행법을 설하려고 하면, 다른 모든 법문은 자기 힘으로만 생사를 해탈하기 때문에 매우 어렵고, 정토 법문은 부처님의 힘에 의지해 왕생하기 때문에 아주 쉽다는, 본질상의 차이점을 반드시 설명해 주어야 하오. 만약 그렇지 않으면, 법을 의심하거나, 아니면 자신을 의심하게 되오. 터럭 끝만큼이라도 의심을 품으면, 그로 인한 장애가 워낙 커서, 수행할 수도 없음은 물론이오. 또 설사 수행하더라도, 궁극에 실질상의 이익을 전혀 얻을 수 없게 되오. 그래서 염불 수행에 깊숙이 들어가 절정에 이르기를 바란다면, '믿음'이라는 첫째 요건을 긴급히 요구하지 않을 수 없는 것이오.

정토 법문은 석가모니불과 아미타불께서 세우시고, 문수보살과 보현보살이 중생들을 귀의하도록 지도하셨소. 또 마명(馬鳴) 보살과 용수(龍樹) 보살이 크게 떨치고, 광려(匡廬) · 천태(天台) · 청량(淸涼) · 영명(永明) · 연지(蓮池) · 우익(口益) 등의 대사들이 힘써 수행하고 전파하셨소. 이는 지혜로운 성현이나 어리석은 범부 할 것 없이, 모든 중생에게 두루 권장하기 위함이오. 그래서 이들 보살과 대사들이 천 수백 년 전부터, 일찍이 우리를 위해서 대장경의 교법을 두루 연구하신 다음, 특별히 이 정토 법문을 뽑아내신 것이오.

미혹과 업장을 끊지 못함에도 부처의 후보 자리에 함께 참여할 수 있고, 금생 한 번의 수행으로 사바 울타리를 틀림없이 벗어날 수 있소. 정말 단박에 이루면서도 지극히 원만하고, 지극히 간단하며 쉬운 길이오. 선종 · 교종 · 율종을 두루 하나로 포괄하면서 그들을 훨씬 초월하고, 얕으면서 깊고, 권의(權宜) 방편이면서 실상(實相) 자체라오. 이렇듯 아주 특수한 천연(天然)의 미묘법문이기 때문에, 정토 법문을 전하신 것이오.

우리들이 이러한 부처님과 조사들을 우러러 믿고(信仰) 옛 고승 대덕을 스승으로 삼는 것이, 어찌 지금 세상에 조금 깨쳤다는 선지식들을 가까이 하는 것보다 못하겠소?『화엄경』은 삼장(三藏)의 임금 격인데, 맨 마지막 한 편은 십대원왕(十大願王)을 중요하게 강조하는 것으로 끝나오. 화장해회(華藏海會)의 대중들이 모두 법신을 증득하신 분들인데도, 한결같이 서방 정토에 왕생하여 부처의 과위를 원만히 성취하길 바라지 않소? 그런데 우리가 도대체 어떤 (얼마나 대단한) 사람이라고, 감히 그 분들을 우러러 따르지 않는단 말이오? 그대의 미친 마음을 놓아버리고, 이 정토의 길을 힘써 닦아 가길 바라오. 그 공덕과 이익은 스스로 느끼고 깨닫게 되리라. 어찌 꼭 세상의 모든 지식을 두루 참방한 다음에야, 비로소 정법과 대도를 알려고 한단 말이오?

정말 엄격히 진실하게 논한다면, 대승 법문은 법마다 모두 원만하고 미묘하오. 다만 근기가 뛰어나거나 보잘 것 없고, 시절 인연이 무르익거나 덜된 차이가 있소. 그래서 그 이익을 얻기가 쉬운 것과 어려운 것이 있게 되오.

선도(善尊) 화상은 아미타불의 화신이오. 그가 정토 법문을 전념으로 닦으라고 가르치신 것은, 수행인들이 마음과 뜻이 확고부동하지 못하여 다른 법문을 전하는 스승들에게 흔들려 휩쓸릴까 염려했기 때문이오.

초과(初果: 수다원)·이과(二果: 사다함)·삼과(三果: 아나함)·사과(四果: 아라한)의 성인이나, 십주(十住)·십행(十行)·십회향(十廻向)·십지(十地)·등각(等覺)의 보살이나, 심지어 시방 세계의 모든 부처님께서 차례대로, 허공이 다하도록 법계에 두루 몸을 나토어 광명을 떨치시며, 아주 훌륭하고 미묘한 법문을 설하여 정토 수행을 놓아버리라고 권하시더라도, 이를 받아들이고 싶지 않다고 말씀하셨소. 맨 처음에 오직 정토 법문만 전념으로 수행하려 발원했으므로, 그 소원을 감히 어길 수 없었던 것이오.

선도 화상은, 후세 사람들이 이 산을 보면 이 산이 높은 것 같다가, 저 산을 보면 저 산이 더 높은 것같이 여겨('남의 떡이 커 보인다'는 우리 속담과 같은 뜻), 도대체 줏대 없이 흔들릴 줄 일찌감치 알아차렸기 때문에, 이런 말씀을 남겼다오. 수행인들이 여기 저기 다른 법문을 기웃거리고 돌아다니면서, 아까운 세월만 헛되이 보낼까 염려하셨소. 그런 요행심을 철저히 죽여 없애 주기 위함이었소.

그런데 선도 화상을 스승으로 삼은 사람도 그 말씀을 따르지 않을 줄 누가 알았겠소? 그러니 그 가르침에 따른 사람은 거의 찾아보기 어렵구료. 그리하여 이치에도 가장 부합하고 근기에도 딱 들어맞는 최상의 법문을, 눈앞에 보고도 그냥 지나치기 일쑤요. 결국 참선도 없고 정토도 없는 아득한 업식(業識)으로, 의지할 근본 바탕도 없이 윤회 고해를 헤매고 있으니, 이 어찌 숙세의 악업 때문이 아니겠소? 정말 슬프기 짝이 없소.

정토 법문을 수행하는 사람은, 결코 의심하지 않는 이치를 지녀야 하오. 하필 다른 사람들의 효험을 물어보려고 한단 말이오? 설령 온 세상 사람들이 죄다 효험이 없다고 증언하여도, 한 생각의 의심이라도 내어서는 안 되오. 부처님과 역대 조사들의 성실한 말씀이 믿고 의지할 만하기 때문이오. 만약 다른 사람의 효험을 묻는다면, 이는 부처님 말씀에 대한 믿음이 지극하지 못한 때문이오. 엿보고 기웃거리는 요행심으로는, 어떤 일도 제대로 할 수 없소. 영웅과 대장부라면, 결코 부처님 말씀을 내버리며 사람들 말을 믿고 따르지는 않을 것이오. 자기 마음 한 가운데에 주인이 없이, 오로지 사람들의 말을 효험 삼아 앞 길을 나아가는 스승으로 삼는다면, 어찌 슬프지 않겠소?

중생들의 습관 기질은 각자 편협한 데가 있기 마련이오. 어리석은 자는 용렬(庸劣)함에 치우치고, 지혜로운 이는 고상(高尙)함에 치우치오. 만약 어리석은 자가 다른 마음을 섞어 쓰지 아니하고 오로지 정토 수행에만 전념한다면, 금생에 결정코 극락왕생할 것이오. 이것은 (공자가) 이른바 "(그 지혜로움은 남들이 미칠 수 있지만), 그 어리석음은 미칠(따를) 수 없다[其愚不可 及也]."는 뜻이라오.

그리고 지혜로운 이가 자기 지혜를 믿고 뽐내는 일 없이, 그래도 부처님 자비 가피력에 의지해 정토에 왕생하는 법문 수행에 종사한다면, 이것이야말로 정말 대지혜요. 그러나 혹시라도 자기 견해를 믿고 정토를 무시한다면, 미래 겁이 다하도록 육도 윤회 고해에 빠져 허우적거리면서, 금생에 비웃던 어리석은 범부를 뒤늦게나마 따라가려 해도 결코 안 될 것이오.

법성종(法性宗)이네 법상종(法相宗)이네 선종이네 교종이네 하는 법문 수행에 심오하게 통달한 사람들은, 나도 진실로 경애하고 흠모하오. 그러나 그들을 감히 따라 갈 생각은 없소. 왜냐하면 줄이 짧은 두레박으로는 깊은 샘물을 길어 올릴 수 없고, 작은 보자기로는 큰 물건을 쌀 수 없기 때문이오.

물론 모든 사람이 죄다, 내가 하는 대로 본받아 따라오라는 말은 아니오. 그러나 나와 같이 비천하고 열등한 사람이, 깊이 통달한 대가의 행위를 배워, 곧장 자기 마음을 미묘하게 깨닫고 가르침의 바다를 이리저리 뒤적이고 싶지는 않소. 만약 그렇게 한다면, 내 생각에는 아마도 통달한 대가는 되지 못하고, 도리어 그저 진실한 염불로 극락왕생하는 어리석은 범부나 아낙들의 동정과 연민이나 받지 않을까 두렵소. 이 어찌 이른바 잔재주 부리다가 크게 볼품 없어지고, 허공을 뛰어 오르다가 깊은 연못에 추락하는 꼴이 아니겠소? 요컨대 한 마디로 말하자면, 자신의 근기를 스스로 살펴 헤아리자는 것이오.

사람이 세상살이[處世] 해 나감에는, 모름지기 하나하나 자신의 본분에 합당하게 처신해야 하며, 분에 넘치는 허튼 생각이나 계획은 함부로 내서는 안 되오. (공자가) 이른바 "군자는 자기 지위(신분)를 벗어나지 않으려고 생각한다[君子思不出其位]."는 말이오. 또 "군자는 평소 자기 지위에 맞춰 행동한다[君子素其位而行]."는 말도 있지 않소?

　　보통 사람들은 설사 정토 법문에 대한 신심을 강하게 낸다 할지라도, 여전히 고상한 것을 좋아하고 특별한 것에 힘쓰려는 염두는 놓아버리지 못하오. 더구나 평범한 지아비나 아낙들처럼 어리숙하기는 몹시 싫어하오. 그러나 생사윤회를 끝마치는 일은, 평범하고 어리숙한 지아비나 아낙들이 훨씬 쉽다는 사실을 반드시 알아야 하오. 그들은 마음에 다른 생각이 없어 전념할 수 있기 때문이오.

　　만약 선종과 교법에 통달한 사람이 온 몸을 놓아버리고, 평범한 지아비나 아낙들처럼 어리숙한 염불 공부에 전념할 수 있다면, 역시 아주 쉽게 되오. 그렇지 못하다면, 선종과 교법에 통달한 고상한 사람이, 도리어 업장을 짊어진 채 극락왕생하는 평범한 아낙들만 못하게 되오. 정토 법문은 극락왕생이 주요 핵심이오. 인연에 따라 자기 분수껏 힘닿는 대로 그 뜻을 오롯이 일념에 집중시킨다면, 부처님이 사람을 속이는 일은 결코 없을 것이오. 그렇지 않고 특별히 높이 올라가려다가 도리어 추락하고 말면, 이는 스스로 잘못 망친 것이므로, 결코 부처님께 허물을 탓할 수는 없소.

　　나대산(羅臺山)이 극락왕생하지 못하고 복락을 누리는 곳으로 떨어지고 만 것은, 문자(文字)의 기질과 업습이 너무 무겁기 때문이오. 문자의 업습이 너무 무거우면, 비록 염불한다고 말할지라도, 실제로는 문자 속의 공부에 맴돌 뿐이오. 염불 공부는 단지 문 앞 체면만 겨우 지탱하는 경우가 대부분이오. 이는 나대산 한 사람뿐만 아니라, 문인(文人)들에게 공통으로 나타나는 일반 병폐라오. 세간의 지혜와 변론·총명을, 부처님께서 팔난(八難)[36] 가운데 하나로 손꼽으신 까닭도, 바로 이 때문이오.

---

36) 팔난(八難): 부처님을 뵙거나 불법을 듣기 어려운 여덟 장애로, 팔무가(八無暇)라고도 한다. 지옥·아귀·축생의 삼악도와 4. 북울단월(北鬱單越: 사바세계 4천하 중 가장 좋고 편하고 뛰어난 곳), 5. 장수천(長壽天), 6. 봉사·귀머거리·벙어리, 7. 세간의 지혜와 변론·총명, 8. 부처님께서 태어나기 전과 열반한 뒤를 가리킴.

정토 법문에 믿음을 아예 내지 못하거나, 믿음을 내더라도 진실하고 간절하지 못한 것은, 업장이 너무도 깊고 두텁기 때문이오. 이런 사람은 생사고해를 해탈하고 성현의 경지에 들어갈 자격이 없어서, 영원토록 이 사바세계에서 벗어날 기약 없이, 늘 육도 윤회를 반복할 수밖에 없소. 설령 인간이나 천상에 생겨나더라도, 그 시간은 마치 나그네가 여관에 잠시 묵는 것처럼 아주 짧다오. 그러다가 한번 삼악도에 떨어지면, 그 기간은 마치 고향 집에 안주하는 것처럼 몹시 길게 지속하오. 이런 사실까지 생각이 미칠 때면, 매양 마음이 섬뜩 놀라고 머리카락이 쭈뼛이 서는 듯하오. 그러기에 쓴 입맛을 아끼지 않고, 듣기 싫어할 이야기를 같은 수행인들에게 간절히 알려 주는 거라오.

보통 사람들의 불교에 대한 온갖 시비 논쟁을 가만히 살펴 보면, 한마디로 범부중생의 지식 견해로 부처님의 지혜를 추측하는 망상일 따름이라고 하겠소. 우리가 태어나서 죽을 때까지, 안으로는 몸과 마음에서부터, 밖으로는 사물 경계에 이르기까지, 도대체 그 어느 것 하나라도 왜 그러한지 이유를 알 수 있겠소? 경험 지식이 쌓이면서부터 앞 사람들이 행하는 바를 보고, 자기 또한 따라 행하여 몸이 제대로 이루어지고 모든 일이 순조롭게 풀려가며, 몸과 마음이 편안하게 즐거움을 누리는 것 아니겠소? 그렇게 태어나서 죽을 때까지 자유자재로이 활동하면서 그 이익을 받아 쓰는 것일 게요. 그런데 여래의 가르침에 대해서는, 부처가 부처인 까닭과 정토가 존재하고 설해지는 이유조차 알지 못하면서도, 부처님과 조사들의 성실한 말씀을 믿으려고도 하지 않는구료.

예컨대, 우리가 하루 종일 밥 먹어 굶주림을 채우고 옷 입어 추위를 막는 일상 생활의 근본 이유[所以然]를 알겠소? 모르겠소? 만약 안다고 말하는 사람이 있거들랑, 아는 자가 과연 누구인지 정확히 끄집어 말해 보시오. 딱히 이렇다고 말할 수 없으면서도, 여전히 앞 사람들이 해온 대로 옷 입고 밥 먹는 것 아니오? 그런데 왜 생사해탈을 인도하는 최고 제일의 미묘 법문에 대해서는, 반드시 그 이유를 먼저 안 다음에 믿음을 내겠다고 고집부리오? 부처님이나 조사들의 간절하고 성실한 말씀만 듣고는 결코 믿음을 가질 수 없단 말이오?

또 사람들이 병에 걸려 약을 먹어야 하는 경우, 먼저 스스로『본초강목』이나『진맥비결』같은 의약 서적을 두루 뒤적여, 약의 성질과 병의 원인을 직접 확인한 다음에, 비로소 처방전을 쓰고 약을 지어 먹겠소? 아니면 곧장 훌륭한 의사를 초청하여 맥을 짚게 하고, 그가 내린 처방에 따라 지어 주는 약을 달여 먹겠소? 만약 곧장 의사 처방대로 약을 먹는다면, 질병 치료와 (생사 해탈을 위한) 불교 수행이 서로 어긋나게 될 것이오.

설령 자신이『본초강목』이나『진맥비결』같은 의약 서적을 두루 펼쳐 보고, 약의 성질과 병의 원인을 알아낸다고 할지라도, 이 또한 부처님 가르침을 배우려는 수행과는 서로 다르게 되오. 왜냐하면『본초강목』이나『진맥비결』같은 의약 서적 자체도, 앞사람들이 경험 지식을 쌓아 편찬한 말씀이므로, 우리들이 직접 보고 겪은 내용이 아니거늘, 어떻게 곧이곧대로 믿을 수 있단 말이오? 만약『본초강목』이나『진맥비결』같은 의약 서적을 믿지 않을 수 없다고 주장한다면, 부처님과 조사나 선지식들의 말씀은 어찌하여 모두 믿지 못하고, 반드시 몸소 보고 확인한 다음에 믿겠다고 우긴단 말이오?

만약 이러한 지식 견해대로 엄격히 진실을 따지자면, 마땅히 어떤 약이 어떤 경락(經絡)을 통하여 어떤 질병을 치유하는지를 먼저 보고 확인한 다음에, 비로소 처방을 내리고 약을 복용하여야 할 것이오. 그리고『본초강목』이나『진맥비결』같은 의약 서적에 적힌 내용대로 처방을 내려 약을 복용해서는 결코 안 될 것이오. 왜냐하면 자신이 몸소 보고 경험하지 못했기 때문이오. 지금 사람들은 굶주림을 채우고 추위를 막으며 병을 치료하는 근본 원리를 직접 보지 못하면서도, 누구나 밥 먹고 옷 입으며 약을 복용하고 있소. 그런데 부처가 되고 정토에 왕생하는 근본 원리만큼은, 자신이 몸소 보지 못했다는 이유 하나만으로 설령 부처님이나 조사들의 성실한 가르침이라도 죄다 믿지 않으려고 고집불통을 부리고 있으니, 이는 도대체 무슨 까닭이겠소?

이는 다른 게 아니오. 전자는 목숨과 직접 관련하기 때문에, 비록 모르더라도 감히 그대로 따라 행하지 않을 수 없소. 반면, 후자는 생명과 직접 관련이 없어 보이므로, 스스로 고명(高明)하다고 뻐기면서 반드시 그 법문을 철저히 보고 안 다음에, 비로소 수행하겠다는 차이뿐이오. 예로부터 지금까지 얼마나 수많은 천재와 영웅호걸들이 이러한 지식 견해 때문에, 평생토록 부처님 정법의 실익을 얻지 못한 줄 아시오?

그들이 어리석은 지아비와 아낙이라고 비웃던 사람들도, 처음에는 역시 아무 것도 모른 채, 단지 앞사람들이 하던 대로 따라 염불 수행을 믿고 받아들여 행하다 보니, 점차 부처님의 지혜와 은밀히 통하고 오묘한 도에 부지불식간에 합치하게 되어, 마침내 업장을 짊어진 채 극락왕생하였다오. 그 가운데 더러 미혹과 번뇌를 다 끊고 왕생한 사람은, 모두 부처님의 과위를 곧 증득하게 될 것이오.

반면, 스스로 대단한 인물이라고 뻐기는 자들은, 의심 때문에 비방까지 서슴치 않아 영겁토록 삼악도에 떨어지는 것이오. 그래서 그들이 어리숙하다고 비웃었던 평범한 지아비와 아낙들이 염불 수행으로 극락왕생하여, 도리어 그들을 동정하고 연민하여 구원해 주고 싶어도, 어쩔 수 없는 지경이 된다오. 왜냐하면 전생에 믿지 않고 비방한 죄악의 업장이 그들을 뒤덮고 있기 때문이오. 그런데도 세간의 총명한 재주꾼들은, 마치 막야(莫邪)와 같은 훌륭한 보검(寶劍)을 가지고 진흙 덩어리나 자르는 데 쓰듯, 자신들의 고귀한 지혜를 잘 활용하지 못하는구려. 보검으로 진흙을 잘라 보았자, 진흙으로 이루어지는 것은 하나도 없으면서, 괜히 칼날만 망가질 것이 불 보듯 뻔하니, 어찌 슬프지 않으리오?

부처님 법은 마음의 법으로, 세간의 어떠한 법으로도 비유할 수가 없소. 부득이 비유를 쓰는 것은, 사람들에게 그 의리[義: 이치, 뜻]를 알아차리도록 전함이오. 그런데 어떻게 구체적 비유 사실에 집착하여, 틀에 박힌 듯이 추상적인 본체를 논할 수 있단 말이오? 부채를 들어 달을 가리키면 반드시 부채 위의 광명을 쳐다보고, 나뭇가지 흔들림으로 바람을 비유하면 나뭇가지 위의 공기 흐름을 알아차리는 것도, 지혜라고 부를 수 있겠소?

꿈속의 경계[夢境]는 가짜이고 인과(因果)는 진짜인데, 꿈속의 경계로 인과를 비유하여 본체와 서로 부합시키는 것도 상관없소. 왜냐하면 허망한 마음[妄心]이 원인이고, 꿈속의 경계가 결과로 나타나기 때문이오. 만약 허망한 마음이 없다면, 꿈속의 경계도 결코 없을 것이오. 이는 만고불변의 확실한 이론이오. 선악이나 수행하는 마음 같은 사실은 원인이고, 선악과 수행의 과보를 얻는 것이 결과인 줄을 그대는 믿겠소? 못 믿겠소?

허망한 마음이 꿈의 원인이 되어, 그 결과로 꿈속의 경계를 얻(보)게 되오. 마찬가지로 염불을 하는 마음이 부처의 원인이 되어, 가까이는 서방극락에 왕생하고, 멀리는 결국 부처의 도를 원만히 성취하는 과보를 얻을 것이라고 말한다면, 과연 그대의 의심을 더욱 키우겠소? 아니면 그대의 믿음을 일으키겠소?

부처가 궁극의 존재인지 여부는 우선 접어두고, 사람들이 반드시 먼저 부처의 존재 여부 자체를 따지려고 하는 점부터 봅시다. 과연 우리들 자신이 궁극에 있는 것인지 없는 것인지 자문해 봅시다. 만약 없다고 한다면, 바로 그 판단은 과연 누가 말하고 기술하는 것이오? 또 만약 있다고 한다면, 그렇게 말하고 기술하는 자(주체)를 한번 정확히 끄집어 내 보시오. 말(언어)이란 목구멍과 혀가 의식 및 마음과 서로 긴밀히 연결되어 소리로 나타나는 것이오. 글(문자)도 단지 손과 붓의 움직임을 통해 형상으로 나타나는 것이오. 말과 글 이 두 가지는 모두 색(色)·수(受)·상(想)·행(行)·식(識)의 오온(五蘊)일 뿐, 어느 것도 우리들 자신은 결코 아니오. 이 다섯 가지 법을 떠나 뭔가 끄집어 낼 수 있다면, 부처가 과연 존재하는지 여부를 따지는 것은 정말 대지혜의 질문이 될 것이오. 그렇지 않고 자신의 존재 여부조차 딱히 끄집어 낼 수 없으면서, 먼저 부처가 존재하는지 여부를 따지겠다면, 이는 헛되고 쓸데없는 미치광이 질문일 뿐, 결코 자신에게 절실하거나 진리를 궁구하는 질문은 아닐 것이오.

부처가 궁극에 존재하는 사실은, 우리들 범부 중생의 감정이 아직 깨끗이 씻기지 않았기 때문에, 전혀 볼 수 없는 것뿐이오. 우리들 자신도 또한 확실히 존재하고 있소. 다만 우리들의 오온이 아직 텅 비지 못해서, 색·수·상·행·식을 떠나서 그 뭔가를 정확히 끄집어 낼 수 없을 따름이오.『금강경』에서는 보리심을 낸 보살들에게, 일체 중생을 모두 제도하여 남김 없는 열반을 증득시키되, 어떤 한 중생도 결코 제도하여 열반을 얻게 했다고 여기지 말라고 가르치고 있소. 또 빛[色]이나 소리[聲]·냄새 [香]·맛[味]·만짐[觸]·생각[法]에 머물러(집착하여) 보시를 행하지는 말라고 일깨우고 있소.

보시는 육도만행(六度萬行)의 으뜸이오. 보시를 들어 말씀하셨으니, 지계·인욕·정진·선정·지혜와 만 가지 행실 모두가, 빛이나 소리·냄새·맛·만짐·생각에 머물러서는 안 될 것이 당연하오.『금강경』의 문장이 간략하게 보시만 거론하고, 그 나머지는 모두 보시 안에 포함시킨 것이오. 요컨대, 마땅히 머무르는(집착하는) 바 없이 그 마음을 내고[應無所住而生其心], 나나 사람이나 중생이나 수자(壽者)라는 모습(형상)이 전혀 없이 일체의 착한 법[善法]을 닦으라는 가르침이라오.

이렇게 말한다면, 도(道)라는 것은 도대체 모습(형상)이 있겠소? 없겠소? 이처럼 광대무변한 광명의 모습이 우주 허공[太虛]을 꽉 채우고 있는데도 없다고 말한다면, 이거야말로 타고난 장님과 무엇이 다르겠소?

『금강경』에서 한 중생도 제도 못한다거나, 형상에 머무르지 않는다거나, 나나 중생의 모습이 없다거나, 머무르는 바 없다고 말씀하신 전제는, 사람들에게 범부의 감정이나 성인의 견해 같은 형상 집착에서 자유롭게 벗어나라는 뜻이오. 그리고 모든 중생을 제도하여 남김없는 열반을 증득시키고, 보시를 행하고, 마음을 내고, 착한 법을 닦으라고 말씀하신 본론은, 사람들에게 자기 성품에 알맞게 자신과 남을 모두 이롭게 하는 법을 익히고 닦아, 자기와 남이 함께 보리를 원만히 성취하길 기약하자고 권하신 것이오.

바로 여기에 착안하지 못하고, 모습(형상) 없음[無相]이 궁극의 경지인 줄로 집착하는 과대망상은, 마치 술지게미[酒糟]를 맛보고 최고라고 여기는 술꾼과 똑같은 지식 견해에 불과하오. 이런 자를 어떻게 지혜로운 사람이라고 하겠소?

믿음이 얼마나 일으키기 어렵고, 의심은 어찌도 이리 제거하기 어려운고?! 그대들 자신이 결정코 믿음을 일으키려 하지 않고, 또 결코 의심을 제거하려 들지 않는다면, 비록 부처님이 눈앞에 나타나 친히 설법해 주신다고 할지라도, 어떻게 할 수 없다오. 하물며 나 같은 범부 중생이 자질구레한 말로 납득시킬 수 있겠소?

부처의 허실(虛實)을 알고자 하면서, 어찌하여 「정토문(淨土文)」과 「서귀직지(西歸直指: 서방정토로 돌아가는 길을 곧장 가리킴)」에서 논하고 있는 이치와 거기에 실린 사례를, 의심 없이 믿고 받아들이지 못한단 말이오? 이러한 논설과 사례들이 모두 날조한 헛소문이기 때문에, 거들떠볼 가치도 없다고 내팽개칠 참이오?

이러한 견해를 지닌다면, 그 영혼은 틀림없이 다른 오도(五道)에도 떨어지지 못하고, 오직 아비(阿鼻: 無間) 지옥에 갇힐 것이오. 거기서 미래세가 다하도록, 자기 마음 따라 나타나는 펄펄 끓는 용광로나 검수도산(劍樹刀山) 같은 지옥의 경지에서, 온갖 즐거움을 자유자재로 즐기게 될 것이오. 그 즐거움은 어디에도 비유할 수 없소.

부처가 정말 존재하는지 허실을 반드시 알고자 하면서, 「정토문」이나 「서귀직지」에서 말하는 내용은 모두 진실이 아니고, 오직 자기가 몸소 보고 경험해야만 진실이라고 고집한단 말이오? 여기 구체적인 사례 하나를 들어 물어볼 테니, 어물쩡하게 넘기거나 피하려 들지 말고, 솔직한 마음으로 한번 대답해 보시오.

북통주왕(北通州王)인 철산(鐵珊)이란 사람은, 청나라 말엽에 광서성(廣西省)의 번대(藩臺: 布政使의 별칭, 성(省)의 두세 번째 실권자)를 지냈다오. 그 당시 광서 지역에는 토착 무장 도적들이 몹시 많았는데, 그가 군대치안을 담당할 때 그들을 섬멸하려고 계획 세워 살해한 자가 아주 많았다오. 그런데 4년 전 중병에 걸려, 눈만 붙였다 하면 몹시 크고도 시커먼 집안에서 자신이 수없이 많은 귀신들에게 사방에서 핍박 당하는 모습이 너무도 뚜렷이 보여, 깜짝 놀라 깨어나곤 했다오. 한참 있다 다시 눈을 감으면 다시 똑같은 장면이 나타나, 또 섬뜩 놀라 깨어나기를 되풀이하였소. 그렇게 사흘 밤낮 동안 꼬박 두 눈을 뜬 채로 지새워, 그저 숨결만 겨우 이어지는 정도였다오.

그래서 그 아내가 보다 못해, "당신이 이러하니 어쩌면 좋겠소? 당신 '나무 아미타불'을 한번 염송해 보시오. 염불하면 틀림없이 좋아질 것이오."라고 권했다오. 철산은 아내의 그 말을 듣고 나서, 죽어라고 염불했소. 그런데 얼마 안 되어 이내 잠들어, 한바탕 실컷 자고 나도록 어떠한 모습이나 경계가 나타나지 않았다는 거요. 병도 점차 다 나아서, 그때부터 계속 재계(齋戒)하며 염불하고 있다오. 이는 철산이 재작년 진석주(陳錫周)와 함께 산에 올라와 나에게 직접 털어 놓은 이야기요.

가령 그대라면, 이러한 상황에서 먼저 부처의 존재 유무를 확인해 안 다음 염불하겠소? 아니면 한번 듣는 대로 곧장 염불하겠소? 만약 이때 부처의 허실을 따져 볼 겨를 없이 즉시 염불한다면, 지금은 어찌하여 옛사람들이 우리에게 기록으로 전해준, 부처(염불·정토)의 허실에 관한 언론과 사례들을, 모두 허황된 거짓말로 치부한단 말이오? 오직 급박한 구원이 필요한 정신없는 상황에서만, 눈물을 흘리며 구하고 싶소? 부귀공명도 한낱 헌신짝처럼 버릴 수 있거늘, 어찌하여 편협한 집착은 헌신짝으로 여겨 아주 말끔히 내버릴 수 없단 말이오? 그대는 혹시라도 이러한 지식 견해가 도에 들어가는 문인 줄만 알고, 아비지옥에 떨어지는 고속도로인 줄은 모르오?

꿈으로 부처를 비유하는 경우에는, 허망한 마음이 원인이고 꿈속의 경계가 결과라오. 마찬가지로 염불이 원인이 되고, 극락왕생하여 아미타불을 친견함이 결과로 얻어진다오. 어떻게 『금강경』의 여섯 가지 비유(일체의 유위법은 모두 꿈 · 허깨비 · 물거품 · 그림자 · 이슬 · 번갯불 같다고 설법한 비유게송을 가리킴)로 증명할 수 있겠소?

무릇 세간의 말과 글자는 비록 한 단어나 한 가지 일이라도, 높고 낮음[尊卑]이나 아름답고 추함[美醜] 등 상반하는 두 뜻으로 동시에 해석할 수 있소. 예컨대 아들 자(子) 한 글자만 보아도, 부자(夫子: 공자에 대한 존칭에서 스승님을 뜻함)라 부를 때도 '자왈(子曰)'처럼 홀로 쓰이기를 좋아하고, 보통 사람들을 가리킬 때도 '자(子: 그대)'라고 홀로 쓰이기를 좋아하며, 자녀를 부를 때도 '자(子)'라고 홀로 쓰이기를 좋아하오. 그래서 반드시 문맥에 따라 정의해야 하며, 부자(夫子)라고 부르는 곳에서 결코 자녀라고 새길 수는 없소.

불국토가 꿈속의 경지라는 견해는, 모름지기 우리들이 부처가 되기를 기다려서, 그 뒤에나 말해야 할 줄 아오. 지금 이 순간 곧장 지껄이는 것은, 오직 손해만 가져 올 뿐, 결코 이익이 되지 않소.

사실과 이치, 성품과 형상, 텅 빔과 있음, 원인과 결과 등의 상대 개념은, 서로 뒤섞여 잘 구분할 수 없는 법이오. 그러니 다만 평범하고 어리숙한 지아비나 아낙들처럼 착실하게 염불하는 수행이나 배워, 오직 간절하게 정성과 공경을 다할 일이오. 그렇게 오랫동안 꾸준히 염불하다 보면, 죄업이 소멸하고 지혜가 밝아지며, 업장이 다 사라지면서 복덕이 저절로 높아질 것이오.

이러한 의심이 철저히 떨어져 나가게 되면, 부처의 존재 여부나 자신의 유무, 불법에 들어가는 문과 피안에 이르는 확실한 근거 따위도, 사람들에게 물을 필요가 없이 저절로 밝아지오. 그러나 만약 마음과 뜻을 다해 염불에 전념하지 않으면, 다른 사람의 입에서 나오는 말에 귀 기울여 알아보려고 할 것이오. 이런 사람은 『금강경』을 보여 주어도 참모습[實相]을 알지 못하고, 「정토문」이나 「서귀직지」를 보고도 믿음을 내지 못할 것이오. 업장이 마음을 뒤덮어 깨닫지 못하기 때문이오.

이는 마치 장님이 해를 쳐다보는 것과 같소. 해는 분명히 하늘에 떠 있고, 정말 눈으로 쳐다보고는 있소. 하지만 햇빛의 모습을 보지 못하는 것은, 아예 쳐다보지 않을 때와 다름이 전혀 없소. 가령 장님이 광명(시력)을 회복한다면, 단번에 햇빛의 모습을 볼 수 있을 것이오.

염불 법문이야말로, 바로 광명(지혜, 마음 또는 영혼의 시력)을 회복하는 최고 최상의 첩경이라오. 참모습[實相]의 형상을 보려거든, 마땅히 이 법문 수행에 정성을 다해야 하오. 그러면 틀림없이 통쾌하게 소원을 이루고 회포를 푸는 때가 있을 것이오. 참나[眞我]를 몸소 보는[親見] 일은, 확철대오하지 않으면 안 되오. 더구나 참나를 증득하려면, 미혹을 끊고 진리를 증명하지 않으면 안 되오. 그리고 원만히 증득하려면, 세 미혹을 완전히 끊고 두 죽음을 영원히 없애지 않으면 안 되오.

우리들이 영겁토록 윤회하고, 또 지금 이치에 어긋나게 시비나 따지는 것도, 모두 참나의 힘을 받아 행하는 것이오. 깨달음을 등지고 티끌에 부합하기 때문에, 그 힘을 진실하게 받아 쓰지 못하고 있는 것뿐이오. 비유하자면, 호주머니 속의 보배구슬을 애시당초 잃어버린 적이 없는데, 있는 줄을 깜박 잊고 공연히 생고생 사서 하는 것과 같소.

세간의 모든 것은 한결같이 중생들의 생겼다 사라지는 마음[生滅心]으로부터 비롯하오. 육신 같으면 개인의 개별 업력[別業]으로 타고 나고, 세계 같으면 모든 구성원의 공동 업력[同業]으로부터 이루어지오. 이들은 모두 생겨났다 사라짐이 있기 때문에 영원하지 못하오. 육신은 생로병사가 있고, 세계는 성주괴공(成住壞空)이 있소. "만물이 극도에 달하면 반드시 돌이킨다(物極必反)."는 말이나, "즐거움이 극도에 달하면 슬픔이 생긴다(樂極生悲)."는 말이 바로 그러한 뜻이오. 원인 자체가 벌써 생겨났다 사라지는 것이기 때문에, 그 결과도 또한 생겨났다 사라지지 않을 수 없소.

극락세계는 아미타불께서 자기 마음이 본디 지니고 있는 불성을 철저히 증득하여, 마음에 따라 나토어 낸 불가사의한 장엄 세계라오. 그래서 그 즐거움이 다할 때가 없소. 비유하자면, 허공이 끝없이 넓고 크게 펼쳐져 삼라만상을 포용하고 있는데, 세계가 제 아무리 수없이 이루어졌다가 무너지기를 계속 되풀이하더라도, 허공은 끝내 조금도 늘거나 줄어들지 않는 것과 같소.

사람들이 흔히 세간의 쾌락을 가지고, 극락세계의 즐거움을 우습게 알고 비난하지만, 과연 극락의 즐거움을 맛볼 수나 있는 처지요? 우리가 비록 허공의 전체 모습을 다 볼 수도 없지만, 우리 눈에 보이는 천지 간의 허공만이라도, 바뀌거나 변하는 모습을 누가 본 적이 있겠소?

일체 중생이 모두 불성을 본래 갖추고 있기 때문에, 석가모니불께서 우리들에게 염불하여 서방 극락세계에 왕생하라고 가르치신 것이오. 아미타불의 대자대비 서원력에 의지하여, 생기지도 않고 사라지지도 않는 즐거움을 누리도록 말이오. 거기서는 몸이 연꽃 봉오리 안에 자연스레 생겨나(蓮華化生) 생로병사의 고통을 모르고, 세계는 아미타불 성품에 걸맞는 공덕으로 이루어져 성주괴공의 변화가 없다오. 성인조차도 그 경지를 다 알지 못하거늘, 하물며 범부 중생이 생겼다 사라지는 세간의 법으로 이를 의심하고 비방한단 말이오?

정토 법문은 여래께서 철저한 대자비심으로 모든 중생을 두루 제도하시는 법문이오. 미혹을 끊을 힘이 없는 범부 중생들에게, 믿음과 발원으로 아미타불 명호를 염송하여 금생에 생사를 해탈하고, 관세음보살 및 대세지보살과 함께 불도 수행의 반려자가 되도록 가르치신 것이오. 위로 부처의 자리에 바로 이웃한 등각(等覺) 보살조차, 극락왕생하여야 비로소 정각(正覺)을 이룬다오. 그래서 맨 위부터 맨 아래까지 총망라하고, 가장 빨리 수행을 성취하는 지극히 원만한 법문이오. 여래께서 평생 설한 모든 법문을 초월하는 특별 법문이오.

그래서 석가모니불이 『아미타경』을 설할 때에, 동서남북 상하 육방의 모든 부처님께서 동시에 넓고 긴 혀[廣長舌]를 드러내어 한 목소리로 찬탄하며, "불가사의한 공덕을 지어 일체 모든 부처님이 보호 염려[護念]하는 경전"이라고 일컫고, 우리 석가세존께서 몹시 어렵고 드문 일을 하고 계신다고 칭송하셨소.

그리고 석가세존께서도 스스로, "내가 오탁악세(五濁惡世)에서 이토록 어려운 일을 수행하여 보리를 증득하고, 일체 세간 중생을 위하여 이렇게 믿기 어려운 법을 설하는 것은 몹시도 어렵다."고 설법 인연을 서술하셨소. 듣는 자들이 믿고 받아들여 수행하도록, 자신이 세상에 나오신 궁극 회포를 남김없이 펼치신 것이오.

그런데 이 법문은 몹시 심오하여 헤아리기 어렵소. 비록 모든 부처님과 우리 석가세존께서 서로 번갈아 가며 믿음을 권하셨어도, 세상에 의심하는 사람은 오히려 더욱 많기만 하오. 세간의 범부 중생만 믿지 못하는 것이 아니라, 참선과 교법에 깊이 통달했다는 선지식들도 더러 의심하는 이가 많고, 이미 진리[眞諦]를 증득하여 업장이 다 소멸하고 감정이 텅 비었다는 성문이나 벽지불 중에도 더러 의심하는 분이 있다오. 또 이들 작은 성인[小聖] 뿐만 아니라, 권위(權位: 하급) 보살조차도 의심하는 경우가 있소. 법신대사(法身大士: 등각 보살)에 이르면, 비록 진실하게 믿기는 하지만, 궁극 근원까지 철저히 알지는 못한다오.

왜냐하면, 이 법문은 아미타불이 과보로 얻은 깨달음을, 그대로 중생들이 수행하는 원인 자리의 마음으로 삼아, 전체가 부처님 경계이기 때문이오. 그래서 오직 부처님과 부처님만이 궁극의 경지를 다 알 수 있다오. 부처 아래의 성현들이 잘 모르고 의심하는 것도 당연하다오. 우리 범부 중생들이야 부처님 말씀을 믿고 가르침대로 받들어 행하기만 하면, 저절로 진실한 이익을 얻게 되오. 이토록 불가사의한 법문을 보고 들을 수 있는 것 자체만도, 오랜 겁 동안 착한 뿌리[善根]를 깊이 심어온 복덕의 결과이거늘, 하물며 믿고 받들어 수행하는 이야 오죽하겠소?

『화엄경』은 여래께서 처음 정각을 이룬 다음, 이 세계 밖의 41분 법신 대사를 위하여 한 생애에 부처가 되는 방법을 설하여, 삼장(三藏) 가운데 왕이라고 일컬어지오. 그『화엄경』에서도 성불의 궁극 귀결은, 실제로 십 대원왕(願王)으로 서방 극락세계에 왕생하라고 매듭짓고 있소. 거기서 선재(善財) 동자가 증득한 내용은 이미 보현보살과 같고, 모든 부처님과도 사실상 다르지 않은 이른바 등각(等覺) 보살이오. 부처와 단지 한 칸 차이 밖에 나지 않는 등각 보살도 극락왕생을 회향하고, 화장세계해(華藏世界海) 의 모든 보살들도 한결같이 이 가르침을 받들어 닦는 것이오.

지금 참선과 교법에 제아무리 통달했다는 선지식이라 할지라도, 그들이 타고난 근기와 성품 및 증득한 도가 어떻게 이들 보살을 능가할 수 있겠소? 천만 경론(經論)이 도처에서 이 법을 강조하는데, 믿고 의지할 수 없소? 그리고 예로부터 수많은 성현들이 한결같이 서방 극락을 향해 나갔는데, 그들이 모두 어리석은 바보란 말이오? 한 마디로 말하면, 업장이 몹시 무겁고 두터워 해탈할 수 없는 자들인지라, 매일같이 쓰면서도 알아차릴 줄 모르는 것이오.

어떤 이들은 이렇게 의심할지 모르오. '아미타불이 극락세계에 안거 하고 있고, 시방 세계가 끝없고 수없이 많으며, 한 세계마다 염불하는 중생들 또한 끝없고 수없이 많을 텐데, 아미타불이 어떻게 한 몸으로 동시에 시방 허공의 끝없고 수없는 세계에서 염불하는 일체 중생들을, 두루 빠짐없이 맞아들일 수 있단 말인가?'

이는 우리가 평범한 중생의 지식 견해로 부처의 경지를 추측하려는

데서 비롯한 어리석은 질문인데, 한 가지 비유로 그 미혹을 풀어 보겠소. 달 하나가 하늘에 떠서 천만 강물에 제 모습을 각각 드리울 제, 달이 무슨 특별한 마음을 쓰겠소? 하늘에 단지 하나의 달뿐인데, 큰 바다와 강물 및 작은 시냇물은 물론, 작게는 한 바가지 한 방울의 물에도, 온전한 달의 모습이 한결같이 비춰지오. 게다가 한 강물의 달이라도, 한 사람이 쳐다보면 하나의 달만 그에게 보이지만, 백천만억 사람이 백천만억 곳에서 그 한 강물의 달을 보면, 각자에게 하나의 달씩 똑같이 보이지 않소? 또 백천만억 사람이 각각 동서남북 각 방향으로 움직이면 달 또한 각자가 움직이는 방향으로 똑같이 움직이고, 그들이 멈추면 달도 따라 멈추어 선다오. 그러나 오직 물이 맑고 고요할 때만 달이 나타나고, 물이 흐리거나 움직이면 달은 이내 숨어버리오. 달은 정말 스스로 취사선택하는 바가 전혀 없소. 달이 나타나지 않는 것은, 물이 혼탁하거나 물결치며 흐르기 때문에, 달의 모습을 받아 비추지 못하는 것이오.

중생의 마음은 바로 물과 같고, 아미타불은 달과 같소. 중생이 믿음과 발원을 함께 갖추어 지성으로 염불하면, 부처가 그에 감동하여 응답을 보인다오. 마치 물이 맑고 고요하면, 달의 모습이 저절로 비추어지듯이. 반면 마음이 청정하지 못하거나 정성스럽지 못하고 탐진치와 어울리면, 부처와는 서로 멀어질 수밖에 없소. 마치 물이 혼탁하거나 움직이면, 달이 빠짐없이 비추어 주더라도, 그 모습을 드리울 수 없는 거와 같소.

달은 세간의 빛깔 있고 형상 있는 물건[色法]인데도, 오히려 이처럼 미묘하고 신비스러움을 간직하고 있소. 하물며 번뇌와 미혹을 깨끗이 제거하고 복덕과 지혜를 원만히 갖추어, 마음은 허공을 다 감싸고 도량은 시방 법계를 두루 포용하는 아미타불이야 오죽하겠소? 그래서 『화엄경』은 이렇게 말씀하고 있소.

"부처님 몸 법계에 충만하여, 일체의 중생 앞에 두루 나토시네. 인연 따라 나아가 두루 감응하면서도, 항상 이 보리좌(菩提座)에 머무시네."

그러므로 모든 법계에 두루 감동하고 호응하더라도, 실제로 부처님은 마음을 움직이거나 생각을 일으킨 적이 없으며, 오고 가는 모습도 없다오. 단지 인연이 무르익은 중생들에게 부처님이 와서, 그들을 맞이해 극락왕생하도록 이끄시는 것을 보여 주는 것뿐이오. 위와 같은 의심을 일으키는 자가 정말 한둘이 아니기 때문에, 특별히 비유로 대강의 요지만 간추려, 바른 믿음을 낼 수 있도록 권장 격려하는 거라오.

사실 정토 법문은 최고 최상의 근기를 받아들이는 가르침인 줄 알아야 하오. 그래서 이미 등각(等覺)을 증득한 선재 동자에게, 보현보살이 십대원왕으로 극락왕생하길 회향하라고 가르쳤소. 정토왕생을 회향하는 법문이야말로, 부처의 과위를 원만히 성취하는 마지막 단계인 것이오.

그런데 세간의 미치광이들이 더러 교법의 이치를 제대로 살펴보지도 않은 채, 평범하고 어리숙한 아낙들도 모두 이 법문을 수행할 수 있다는 이유 하나만으로, 소승이라고 여겨 무시하기 일쑤라오. 이 법문이 『화엄경』에서 한 생애에 성불하는 시종일관의 제일 법문인 줄을 모르고 있소.

또 지식 견해가 편협하고 보잘 것 없는 바보 중생들은, 자기의 수행 공부가 몹시 얕고 업력이 매우 두터운데, 어떻게 금생에 단박 왕생할 수 있겠느냐고, 자조(自嘲) 섞인 체념을 곧잘 내뱉는다오. 중생의 심성(心性)이 본디 부처와 둘이 아니기 때문에, 오역 십악(五逆十惡)의 죄를 지어 무간지옥에 떨어질 중생이라도, 선지식을 만나 염불 법문을 배우면, 열 번이나 불과 몇 번의 간절한 염불로도 임종과 함께 극락왕생할 수 있는 줄은 모르는 게오. 『관무량수경』에서 설하신 말씀을 어찌 믿을 수 없단 말이오? 극악무도한 죄인도 왕생할 수 있거늘, 하물며 우리처럼, 비록 죄업이 많고 수행공부가 적기는 하지만, 오역 십악보다는 훨씬 나은 보통 중생들이, 어떻게 자포자기로 이처럼 막대한 이익과 소중한 기회를 놓칠 수 있겠소?

여래께서 스스로 이 정토 법문을 일체 세간 중생들이 믿기 어렵다고 말씀하신 까닭도, 바로 착수하기는 쉬운데 성공률은 매우 높고, 별로 힘들이지 않고서도 효과가 매우 빠른 때문이라오. 크고 넓으면서 간단하며 쉽고, 지극히 원만하면서 가장 가깝고 빠른 지름길이라, 다른 어떤 법문도 크게 능가하는 법문이오. 그래서 숙세에 착한 뿌리를 깊이 심지 않은 중생은, 정말 믿고 받아들여 수행하기가 매우 어렵다오.

내가 늘상 "부처 아래의 구계(九界) 중생은 이 법문을 떠나서는 결코 위로 불도를 원만히 성취할 수 없으며, 시방 세계 모든 부처님도 이 법문을 놓고서는 아래로 중생들을 두루 이롭게 할 수 없다."고 말하는데, 이는 모두 진실 그대로 전하는 것뿐이오.

정토 법문은 상중하 세 근기를 두루 포용하는데도, 어리석은 사람들이 매양 보잘 것 없는 소승이라고 얕잡아 보고 배척하고 있소. 이는 결국 대승경전을 제대로 펼쳐 보지 않고, 지혜의 눈이 뜨인 선지식도 친견하지 못한 때문이오. 본말이 뒤바뀐 집착의 마음으로, 여래의 시원(始原)적이고 궁극적인 무상도(無上道)를 추측하려는 것은, 마치 봉사가 해를 보고 귀머거리가 천둥소리를 듣는 것과 똑같소. 그들이 보지도 듣지도 못하면서, 해가 어떠니 천둥소리가 어떠니 평론하는 것은, 부질없는 지껄임이 틀림없소.

믿음과 발원으로 염불하는 정토 법문은, 여래께서 중생들을 두루 제도하려고 철저한 대자대비심으로 설하신 것임을 모름지기 알아야 하오. 오직 관세음 · 대세지 · 문수 · 보현 등의 보살만이 궁극으로 이 법문을 감당할 수 있다오. 그런데 사람들이, 어리숙하고 평범한 아낙들도 모두 염불할 수 있다는 이유만으로, 보잘 것 없는 소승으로 얕잡아 보는 것이오. 마치 작고 희미한 별들도 해나 달과 함께 허공에 떠 있다는 구실로, 하늘을 작게 여기는 것과 같소. 또 작은 벌레들이 사람이나 큰 짐승들과 함께 뭍 위를 기어다닌다는 평계로, 대지를 조그맣게 생각하는 것과 무엇이 다르겠소?

이 법문에 정말로 믿음을 내고 귀의할 수 있는 바탕은, 바로 과거 오랜 겁부터 깊숙이 심어온 착한 뿌리라오. 독실한 믿음과 간절한 발원으로 부처님 명호를 지송하여, 육근(六根)을 모두 추슬러 깨끗한 생각이 계속 이어지면, 평범한 중생의 마음이 곧 여래장(如來藏)이 된다오. 마치 향을 늘 가까이 하는 사람에게서는 향 내음이 그윽이 풍겨나듯이 말이오. 지금 부처님과 우리 사이에 마음과 기운이 서로 계속 이어진다면, 임종에 감응의 길이 뚫리면서 부처님의 영접을 받지 않을 수 있겠소?

## 3) 믿음과 발원을 함께 충분히 갖추세

설령 오계(五戒)와 십선(十善)을 공경스럽게 닦아, 인간이나 천상의 몸을 받는다고 합시다. 그렇지만 인간의 복락(福樂)은 타락의 근본 원인이 된다오. 또 천상은 비록 인간 세상에 비해서는 번뇌와 미혹이 맹렬한 편이 아니지만, 그래도 천상의 복이 한 번 다하는 날엔 틀림없이 아래 세상에 태어나게 되어 있소. 숙세에 쌓은 복이 아직 다하지 않았기 때문에 복을 누리지만, 그 복을 누리기 때문에 죄업을 짓게 된다오. 일단 죄업을 지으면, 삼악도에 떨어지는 것은 곧 순식간에 달려 있소. 하물며 천상의 목숨이 다하면서 숙세에 지어 놓은 악업이 이미 무르익은 자는, 그 업력으로 곧장 삼악도에 떨어질 테니, 새삼 말할 게 있겠소?

그래서 수행인이 올바른 생각[正念] 없이 청정한 업을 수행하여, 인간이나 천상의 복록을 보답으로 받는 것은, 옛날의 고승대덕들이 제 3세의 원한[第三世怨]이라고 몹시 경계했다오. 『법화경』에도 "삼계가 불타는 집과 같이 평안치 못하고, 뭇 고통이 충만하여 몹시 무섭고 두렵다."고 말씀하셨소. 좋고 나쁨을 아는 자라면, 마땅히 시급히 여기를 벗어나 평안을 얻으려고 힘쓰는 것이, 최상의 계책이오.

염불 법문은 부처님의 자비력에 기대어, 삼계를 벗어나고 정토에 왕생하는 것이오. 지금 그렇게 발원하지 않으면, 어떻게 믿음이 있겠소? 진실한 믿음이 있는 자는, 반드시 간절한 발원을 하기 마련이오. 믿음과 발원이 전혀 없이 단지 아미타불 명호만 염송하면, 이는 여전히 자력(自力) 수행에 속하오. 믿음과 발원이 없기 때문에, 아미타불의 큰 서원과 감응의 길이 서로 트일 수 없다오.

만약 보고 생각하는 미혹[見思惑] 두 가지가 모두 사라지면, 더러 왕생할 수도 있을 것이오. 하지만 전혀 끊지 못하거나, 끊더라도 말끔히 다하지 못하면, 업장의 뿌리가 아직 남아 윤회를 벗어날 수 없소. 오조(五祖) 사계(師戒) 선사[37]와 초당(草堂) 선청(善淸, 1057~1142, 임제종 황룡파) 선사 등의 실화가, 그 확실한 증거라오. 믿음과 발원이 없는 염불은, 선종의 화두 참구와 다를 바가 없소. 그렇게 해서 왕생할 수 있다면, 이는 원인과 결과가 서로 들어맞지 않는 셈이 된다오.

그래서 우익(口益: 智旭) 대사는 이렇게 말씀하셨소.

"왕생할 수 있는지 여부는 전적으로 믿음과 발원의 유무에 달려 있으며, 품위(品位)의 우열 고하(優劣高下)는 전적으로 명호 염송의 깊이에 달려 있다."

이는 천 불(千佛)이 세상에 나오셔도, 결코 바꿀 수 없는 철칙(鐵則)이오. 이 말에 믿음이 간다면, 그대는 서방 왕생할 희망이 있게 되오. 평생에 믿음과 발원이 전혀 없는 사람은, 임종에 결코 부처님의 자비력에 기댈 수 없소. 임종에 선과 악이 갑자기 동시에 나란히 나타나는 경우, '아미타불' 네 글자가 나타나지도 않는 사람이 왕생할 수 없음은 물론이고, 설령 나타나는 사람이라도 역시 왕생할 수 없다오. 왜냐하면 본인이 왕생하기를 원하지 않기 때문이오. 부처님께 구하지 않는 까닭에, 부처님의 영접 인

---

37) 송나라 때 운문(雲門) 문언(文偃)의 제자인 쌍천(雙泉) 사관(師寬)의 법을 이어받음, 오조산에 주석하다가, 만년에 대우산에서 주장자를 짚고 담소하다가 입적함. 오조산은 호북성 황매현의 산으로, 오조 홍인이 주석해 붙여진 이름.

도를 받을 수 없는 것이오.

『화엄경』에는 "가령 중생의 악업이 실체와 형상이 있다면, 시방 허공계도 이를 다 수용할 수 없을 것이다."라는 말씀이 있소. 또 옛 고승 대덕은 "(중생의 임종 갈림길이) 마치 사람이 빚을 졌을 때, 힘이 센 (채권) 자가 먼저 끌어가 버리듯이, 마음의 실마리가 수없이 갈라져서, 가장 무거운 쪽으로 쏠려 떨어진다."고 말씀하셨소.

지금 선과 악이 모두 함께 나타나는데, 믿음과 발원이 없기 때문에, 악업에 어쩔 수 없이 끌려가게 되오. 자기 힘에만 의지하면, 악업이 터럭 끝만큼만 남아 있어도 생사고해를 벗어날 수 없음을 분명히 알아야 하오. 하물며 악업이 많은 자야 말할 게 있겠소?

또 믿음과 발원이 없이 염불하여 일심불란(一心不亂)에 이르는 사람은, 끝없이 수많은 가운데 더러 한둘쯤 왕생할 수 있다오. 혹시라도 이러한 경우를 모범으로 본받아, 천하의 후세 일체 중생들이 정토에 왕생하지 못하도록, 착한 뿌리를 송두리째 끊어버리는 일은, 결코 있어서는 안 되오. 왜냐하면 자기의 힘에만 의지해, 업장이 다하고 감정이 텅 빈 일념(一念)의 경지에 들어 무생법인을 증득할 수 있는 자는, 온 세상을 통틀어 한둘이나 있을까 말까 하기 때문이오.

가령 사람들이 각자 이런 방법에 따라 수행하여, 믿음과 발원을 옆으로 제쳐두고 따르지 않는다면, 무수한 중생들이 영원히 고통바다 속에서 벗어날 기약없이 윤회할 것이오. 이 모두가 그런 한 마디 말이 잘못 인도한 결과인데도, 그 말을 한 사람은 오히려 득의양양하여 몹시 고상한 척 자만에 차 있을 것이오. 자기 말이 부처님 지혜의 명맥[佛慧命]을 끊고, 중생들을 그르치는 미치광이 독설이 되는 줄은 모르고 말이오. 어찌 슬프지 않겠소?

세간에서 선업(善業)이라고 하는 것을 가지고는, 윤회를 벗어날 수 없다오. 믿음과 발원을 원만히 갖추고 극락에 왕생하는 정업(淨業)에 대비하면, 그 선업도 결국 악업이 될 뿐이오. 정토 법문은 별도로 특별한 안목으로 보아야 하며, 통상의 교법이나 의리와 나란히 견주어서는 안 되오. 만약 여래께서 이 법문을 여시지 않았다면, 말세 중생 가운데 생사를 해탈하는 자는 찾아볼 수도 없을 것이오.

그러므로 임종에 반드시 서방극락에 왕생하겠다는 결연한 마음을, 평소 굳게 지녀야 하오. 또 보통 평범한 사람의 몸은 내세에 다시 받고 싶지 않다는 따위의 발원을 하지 마시오. 설령 인간이나 천상의 왕 또는 스님도 원하지 마시오. 출가해서 하나를 들으면 천 개를 깨닫고, 대총지(大總持)를 얻어 불법 교화를 널리 펼치고 중생들을 두루 이롭게 하는 고승 대덕의 몸이라도, 내세에 받을 염두일랑 손톱만치도 해서는 안 되오. 이러한 과보도 마치 독풀이나 죄의 숲처럼 보고, 혹시라도 받고 싶다는 마음을 한 순간도 결코 내지 않아야 하오.

이와 같이 확고부동하게 결정해야만, 자기의 믿음과 발원과 수행(염불)이 비로소 부처님의 서원에 감응을 얻고, 부처님께 거두어질 수 있다오. 감응의 길이 서로 트이고 부처님의 영접 인도를 받으면, 곧장 구품연화(九品蓮華)에 올라 윤회 고해를 영원히 벗어나게 되오.

서방 극락세계는 보통 범부 중생들이 갈 수 없는 곳이라고 말하지 마시오. 설사 소승 성인(성문·벽지불)이라도 갈 수 없다오. 그 곳은 대승의 불가사의한 경지이기 때문이오. 소승 성인도 마음을 돌이켜 대승으로 향하면 갈 수 있소. 범부 중생은 믿음과 발원으로 부처님을 감동시키지 않는한, 설령 그 밖의 모든 뛰어난 수행을 닦으면서 부처님 명호를 지송하는 염불 수행까지 병행하더라도, 극락에 왕생할 수 없다오. 그래서 염불 법문에서는 믿음과 발원과 수행(염불)의 세 가지 법이 가장 요긴한 종지(宗旨)라오. 세 법이 솥발[鼎足]처럼 원만히 갖추어지면, 틀림없이 왕생하게 되오. 만약 진실한 믿음과 간절한 발원이 없으면, 설령 진실한 수행(염불)이 있을지라도, 왕생할 수 없는 것이오. 하물며 유유자적하니 한가하게 입으로 염불 시늉이나 하는 사람이 왕생하겠소?

민음과 발원과 수행의 세 가지는,『정토십요(淨土十要)』에서 모두 자세히 설하고 있소. 그 가운데 제 1요인『아미타경요해(阿彌陀經要解)』에 특히 가장 정밀하고 상세히 해설하고 있으니, 참고하기 바라오.

서방정토에 왕생하고 싶으면, 가장 먼저 진실한 믿음과 간절한 발원을 반드시 갖추어야 하오. 만약 진실한 믿음과 간절한 발원이 없으면, 설령 염불 수행을 할지라도, 부처님과 감응이 서로 통할 수 없소. 그래서 단지 인간과 천상의 복록만 얻고, 미래에 생사를 해탈할 수 있는 원인 종자만 심는 데 그치오. 정말 믿음과 발원만 함께 갖추면, 만 사람 가운데 하나도 빠뜨림 없이 모두 왕생하게 되오. 영명(永明) 선사가 사료간(四料簡)에서 "만 사람이 닦으면 만 사람이 모두 간다."고 말씀하신 것도, 바로 믿음과 발원을 함께 갖춘 수행을 가리키는 것이오.

무릇 불보살님께 예배(禮拜)하거나 대승경전을 독송하거나, 또는 세간의 사람들에게 유익한 일을 하는 일체의 선행 공덕은, 모두 서방 왕생에 회향 기도하여야 하오. 단지 염불 공덕만 서방 왕생에 회향하고, 그 밖의 선행 공덕은 따로 세간의 복록을 받으려고 회향해서는 결코 안 되오. 그렇게 되면 마음이 일념(一念)으로 오롯이 집중하지 못하여, 왕생하기 어렵기 때문이오. 진짜로 염불할 줄 아는 사람은, 무병장수나 집안 화목, 자손 영달, 만사 소원성취와 같은 세간의 복록을 바라지 않아도, 저절로 세간의 복록을 받게 된다오. 만약 세간의 복록을 받으려고만 생각하여 극락 왕생에 회향하지 않는다면, 그로부터 얻는 세간의 복록은 오히려 형편없이 낮은 것에 지나지 않고, 마음이 일념으로 오롯이 집중하지 않기 때문에 왕생도 확정하기 어렵다오.

염불하는 사람이 단지 진실하고 간절히 염불하기만 하면, 저절로 부처님의 자비 가피력을 입어, 총칼이나 전쟁 · 홍수 · 화재 등의 온갖 재난으로부터 벗어나게 되오. 숙세의 업장이 너무 무거워 지옥의 과보를 받아야 할 운명인 경우에는, 현생에 가벼운 벌로 과보가 바뀌어, 더러 이러한 재앙을 당할 수도 있소. 그러나 평소 진실한 믿음과 간절한 발원만 갖추고 있으면, 금생에 틀림없이 부처님의 영접 인도를 받을 것이오. 또 살아생전에 염불삼매(念佛三昧)를 증득하면 이미 성인의 경지에 들어가므로, 자기 몸조차 그림자와 같아져, 총칼이나 홍수·화재 같은 것이 모두 전혀 장애가 되지 못하오. 설령 재난을 당한다고 할지라도, 실제로 고통이 전혀 없게 되오. 망망대해 같은 이 세상에, 이런 사람이 지금까지 몇이나 있었겠소?

사바 고해를 벗어나기는 마치 죄수가 감옥을 벗어나기 바라는 것처럼 간절히 원하고, 극락에 왕생하기는 곤궁에 빠진 아들이 고향의 부모에게 되돌아가기를 생각하는 듯이 절실히 원해야 하오. 정토에 왕생하기 이전에는, 설령 인간이나 천상의 왕위(王位)를 준다고 할지라도, 이를 타락의 씨앗이나 뿌리는 인연으로 여겨, 눈꼽만큼도 바라거나 좋아하는 생각을 품지 않아야 하오. 또 여자의 몸을 버리고 남자로 태어나, 순진한 어린애 때 출가하여 하나를 들으면 천 가지를 깨닫고, 대총지(大總持)를 얻어 중생을 널리 제도하는 것조차도, 구불구불 돌아가는 수행길로 여기고, 한 생각도 바라거나 구하는 마음을 내지 말아야 하오.

오직 임종 때 부처님의 영접 인도를 받아 서방정토에 왕생하기만 바라야 하오. 일단 정토에 왕생하기만 하면, 생사를 해탈하게 되오. 즉, 범부를 초월하고 성인의 대열에 끼어, 불퇴전의 지위에 머물면서 무생법인을 증득하게 되오. 그때 인간과 천상의 왕 따위나, 스님이 되어 정토 법문을 모르고 다른 법문으로 오랜 겁토록 힘들게 수행하면서, 해탈할 길조차 없는 이들을 되돌아본다면, 과연 어떠하겠소? 마치 반딧불이 빛나는 태양 아래서 날고, 개미가 태산 기슭을 기어가는 것처럼 느껴질 것이오. 그 비통함과 애도의 마음을 어찌 다 이길 수 있겠소?

그러므로 정토 법문을 수행하는 사람은, 결단코 인간과 천상의 복록이나, 내생에 출가하여 스님이 되겠다는 과보 따위를 바라서는 안 되오. 만약 터럭 끝만큼이라도 내생을 바라는 마음이 있으면, 이는 진실한 믿음과 간절한 발원이 아니오. 따라서 아미타불의 서원과 거리가 생기게 되고, 감응의 길이 트이지 않아 부처님의 영접을 받을 수가 없소.

이처럼 불가사의하게 수승(殊勝)하고 미묘한 수행으로, 결국 인간과 천상의 번뇌 많은 복록 인연이나 짓는단 말이오? 그 복록을 누릴 때 반드시 악업을 짓게 되고, 일단 악업을 지으면 죄악의 과보를 피할 수 없는데도 말이오? 마치 제호(醍醐: 우유에서 뽑아낸 최고의 맛과 영양, 품질을 갖춘 식품) 가운데 독을 넣으면, 사람을 살해할 수 있는 것과 같은 이치요. 마음을 잘 쓰지 않는 자의 허물은, 이처럼 엄청난 결과를 가져올 수 있소. 그러니 이러한 염두일랑 철저하게 싹둑 잘라 버려야 하오. 그래야 정토 법문 수행의 온전한 이익을 온 몸으로 고스란히 받아 쓸 수 있소.

인간의 수명이 설령 백 년이라고 해도, 눈 깜박할 사이에 금방 지나가 버리오. 그러니 아직 숨결이 붙어 있을 때, 벗어날 길을 한시 바삐 찾아야 하오. 그렇지 않으면 임종에 후회해도 이미 때는 늦을 것이오.

경전에 이런 말씀이 자주 나오는 게 기억나오.


| | |
|---|---|
| 사람 몸 얻기 어렵고 | 人身難得 |
| 문화의 중심 국가에 태어나기 어려우며 | 中國難生 |
| 부처님의 법 만나기 어렵고 | 佛法難遇 |
| 그 법에 믿음 내기 더욱 어렵다. | 信心難生 |


우리는 다행히 이 네 가지를 모두 갖추었으니, 더욱이 항상 노력해야 하오. 마치 마니(摩尼: 여의주)를 얻기 위해 보물산에 오르는 것과 같소. 진실로 범부의 처지에서 미혹과 업장을 끊지 않으면, 생사를 벗어날 수 없고, 타락을 면하기 어렵소. 그래서 여래께서 중생들에게, 진실한 믿음과

간절한 발원을 내어 부처님 명호를 염송함으로써, 정토에 왕생하길 바라라고 지극히 권장하셨다오.

　마땅히 삼보를 공양하고 한평생 계율을 지키며 선행을 실천하는 일체의 공덕을 가지고, 오직 임종에 정토에 왕생하기만 바라야 하오. 행여라도 금생의 건강 장수나 내생의 인간과 천상 복록을 구하는 마음은, 조금도 품어서는 안 되오. 그러면 아미타불의 서원과 서로 딱 들어맞아, 감응의 길이 열리고 틀림없이 소원을 이루리다.

　비유컨대, 사람이 바닷물에 빠졌는데 배가 와서 구해 주려고 할 때, 만약 물에 빠진 사람이 배에 올라타려고 하면, 건너편 뭍까지 오를 수 있소. 인간과 천상의 복록을 바라고 왕생을 구하지 않는 사람은, 마치 물속에 빠져 배에 올라타기만 하지 않는 자와 같아서, 익사(윤회)를 피하기 어렵소.

　부처님께서 우리 중생들에게, 평범을 벗어나 성인의 경지에 들어가라고 가르치고 이끄시는데, 우리는 도리어 번뇌 많은 사바세계의 복록이나 얻으려고 발버둥치는 것이오. 그 복록이 한번 끝나면 삼악도에 영원히 떨어질 것이 뻔한데도 말이오. 마치 여의주로 새총을 쏘아 참새나 잡으려는 어리석음과 같소. 얻는 것은 적고 잃는 것은 많을 테니, 어찌 안타깝지 않으리오? 마땅히 경각심을 드높여 자세히 살펴야 하겠소.

　만약 금생에 몸소 진실한 이익을 얻고자 한다면, 마땅히 정토 법문에 의지하여야 하오. 믿음과 발원으로 염불하여 서방 정토에 왕생하길 바라면, 확실히 생사를 해탈할 수 있기 때문이오. 만약 염불 법문에 의지하지 않는다면, 불교의 진짜 전수[眞傳]를 얻지 못한 자가 생사를 벗어날 수 없음은 말할 것도 없고, 설사 진짜 전수를 얻은 자라 할지라도 생사를 벗어날 수 없다오.

　왜냐하면 진짜 전수를 얻어 확철대오할지라도, 그것이 진실한 증득은 아니기 때문이오. 증득까지 이르면 생사를 벗어날 수 있지만, 확철대오만으로는 생사를 벗어날 수 없소. 다른 법문을 수행하는 경우에는, 모두 미혹을 끊고 진리의 몸을 증득해야만, 비로소 생사를 벗어날 수 있소. 그러나 정토 법문만큼은, 단지 진실한 믿음과 간절한 발원만 갖추고, 아미타불 명호를 염송하면 가능하오. 게다가 어떠한 죄악도 짓지 않고 뭇 선행을 받들어 행하면, 기본 수행[正行]과 보조 수행[助行]이 합쳐져서 극락왕생이 확정될 뿐만 아니라, 그 품위(品位) 또한 매우 높고 훌륭하게 결정된다오.

또한 단지 정신이 순수하고 마음이 독실한 사람만 왕생이 확정되는 것이 아니오. 오역 십악과 같은 중죄인의 부류도, 임종에 진실한 부끄러움과 두려움을 크게 내어, 깊이 참회하고 뜻과 마음을 다해 염불하면, 몇 마디 염불 소리만으로도 임종과 함께 틀림없이 왕생할 수 있다오. 부처님의 자비는 광대무변하여, 오로지 중생의 제도만 일삼기 때문이오. 한 순간 염두만 부처님의 광명으로 돌이키면 곧바로 그 가피력을 받게 되니, 이것이 곧 부처님의 자비력에 의지해 업장을 짊어진 채 왕생한다는 것이오.

말세의 중생이 정토에 의지하지 않고 다른 법문을 닦는다면, 단지 인간과 천상의 복록만 과보로 얻고, 미래에 생사 해탈할 수 있는 인연 종자를 심는 데 그친다오. 미혹을 끊을 힘이 없기 때문에, 생사의 뿌리가 여전히 남아 있는데, 어찌 생사(윤회)의 새싹이 다시 돋아나지 않겠소?

염불 법문의 중점은, 바로 믿음과 발원에 있소. 믿음과 발원이 진실하고 간절하면, 비록 마음속이 완전히 청정해지지 못하더라도, 극락에 왕생할 수 있다오. 왜냐하면, 뜻과 마음으로 정성을 다해 염불하면, 아미타불을 감동시켜 곧바로 호응을 불러올 수 있기 때문이오.

마치 강과 바다의 물에 움직이는 모습(물결)이 완전히 없을 수는 없지만, 단지 거센 바람과 큰 파도만 일지 않는다면, 하늘 위의 밝은 달이 뚜렷이 제 모습을 수면 위에 드러낼 수 있는 것과 비슷한 이치라오. 염불로 부처님과 감응의 길이 열리는 것은, 마치 어머니와 자식이 서로 그리워하고 생각하는 것과 같소. 오로지 자기 힘만 믿고 부처님의 자비력에 의지하지 않는 자들은, 대부분 이러한 염불의 이치를 모르기 때문이오.

보통의 교법을 배우고 닦는 관점에서는, 일반 범부 중생이 생사윤회를 벗어나는 게 정말로 쉽지 않은 일이오. 그러나 믿음과 발원으로 염불하여 정토에 왕생하려는 특별 법문에서는, 금생에 곧장 모두 생사를 끝마칠 수 있소. 정말로 진실한 믿음과 간절한 발원만 갖춘다면, 만 명 가운데 한 사람도 결코 누락하는 일이 없다오.

　　말세의 중생들에게는 오직 이 법문만이 믿고 의지할 만하오. 불법의 시운(時運)이 말기에 가까울수록, 이 법문이 더욱더 중생의 근기와 시절 인연에 부합하오. 그 때문에 선지식들이 더욱더 간절하게 이 법문을 제창하고 권장하는 것이오. 그 결과, 진실한 수행으로 마침내 극락에 왕생하는 영험 증거는 수시로 나타나고 있소.

　　정토 법문은 믿음과 발원과 염불 수행[信願行]의 세 가지를 으뜸 요건으로 삼소. 믿음과 발원이 있으면, 염불 수행의 기간이나 깊이 정도에 관계없이, 모두 왕생할 수 있소. 하지만 믿음과 발원이 없으면, 수행이 설사 주체[能]와 객체[所] 둘을 모두 잊고, 육근(六根)과 육진(六塵)을 모두 벗어나는 경지에 이를지라도, 왕생하기 어렵다오.

　　정말로 주체와 객체 둘을 모두 잊고, 육근과 육진을 모두 홀홀 벗어나 진실한 이치를 몸소 증득한다면, 자력으로도 생사를 해탈할 수 있음은 거론할 필요도 없소. 그렇지만 만약 수행 공부가, 단지 그러한 이치를 본(깨달은) 정도이고, 아직 진실로 증득하지 못했다면, 믿음과 발원이 없이 극락왕생하기는 역시 어렵다오.

　　선가에서 말하는 정토(법문)는 여전히 선종에 속하는 것으로, 가장 중요한 믿음과 발원을 빼버리고 말한다오. 정말 선가의 정토에 의지해서 수행한다면, 더러 크게 깨달을 수는 있을 것이오. 그러나 미혹과 업장을 끊지 않고서 생사를 해탈하려는 것은, 꿈조차 꾸어 볼 수 없는 일이오.

　　범부 중생의 신분으로 극락왕생할 수 있는 것은, 믿음과 발원으로 아미타불을 감동시키기 때문이오. 그래서 부처님의 자비력에 의지하여, 업장을 짊어진 채 왕생하는 것이오. 그런데 지금 믿음과 발원은 내지 않으면서, 게다가 부처와 정토까지 하나하나 자기 마음[自心]으로 돌리고 있으니, 어떻게 부처님을 감동시킬 수 있겠소? 감응의 길이 트여 서로 부합하지 않으면, 중생은 그냥 중생이고, 부처는 홀로 부처로 남게 되오.

가로로 특출한 법을 세로용으로 사용한다면, 거기서 얻을 이익은 아주 적고 받을 손해는 무척 클 것이 분명하오. 이러한 이치를 잘 알아두지 않으면 안 되오. 거기서 얻을 이익이란, 선가에서 말하는 대로, 더러 크게 깨달을 수도 있다는 것이오. 반면 그로부터 받을 손해란, 믿음과 발원을 빼버려, 부처님의 자비력에 의지할 길이 없어진다는 점이오.

그래서 나는 "진짜 정토 법문을 수행하는 사람에게는, 선가의 깨달음 법어가 쓸모조차 없다."고 줄곧 말해 왔소. 법문의 기본 취지가 서로 판연히 다르기 때문이오.

3 _____

# 마음 닦고
# 염불하는
# 수행의 요령

## 1) 염불은 어떻게 하는가?

일단 진실한 믿음과 간절한 발원을 함께 갖추었으면, 이제 염불의 기본 수행을 닦아야 하오. 믿음과 발원을 선행 안내자로 삼고, 염불을 기본 수행으로 삼는 것이오. 믿음과 발원과 수행, 이 세 가지가 염불 법문의 필수 요건이라오. 수행이 있어도 믿음과 발원이 없으면 왕생할 수 없고, 반대로 믿음과 발원만 가지고 수행을 안 하면 역시 왕생할 수 없소.

믿음과 발원과 염불 수행 세 요건이 솥발처럼 (삼위일체로) 빠짐없이 함께 갖추어져야, 극락왕생이 틀림없이 결정되오. 왕생할 수 있는지 여부는 온전히 믿음과 발원의 유무에 달려 있고, 연화의 품위(品位) 고하는 전적으로 부처님 명호를 염송한 깊이에 달려 있소.

염불의 기본 수행(正行)은 각자 자기의 신분에 따라 정하며, 어떤 특정한 방법 하나에 집착해서는 안 되오. 자신에게 특별한 일이나 부담이 없는 사람 같으면, 마땅히 아침부터 저녁까지, 다시 저녁부터 아침까지, 앉거나 눕거나 서거나 말하거나 옷 입고 밥 먹고 대소변 보건 간에, 모든 때와 모든 장소에서, '나무 아미타불'이라는 한 구절 위대하고 거룩한 명호를 항상 마음과 입에서 떠나지 않도록 염송하는 것이오.

손과 입을 깨끗이 씻고 의복을 단정히 입었으며 장소가 청결하기만 하면, 소리 내어 낭송하든 조용히 묵송하든 어떻게 해도 괜찮소. 그러나 잠자리에 들었거나, 옷을 벗고 있거나 목욕하거나, 또는 대소변 보는 때 및 더럽고 지저분한 곳에서는 소리 내어서는 안 되고, 단지 묵송하는 것이 좋소. 이런 경우에 묵송해도 염불 공덕은 한 가지이며, 소리를 내면 부처님께 공경스럽지 못한 게 되오. 그렇지만 이러한 때와 장소에서는 염불할 수 없다고 잘못 생각해서는 안 되오. 단지 소리 내어 염불할 수 없다는 것뿐임을 염두에 두시오. 특히 잠자리에 들어 소리를 낼 것 같으면, 단지 공경스럽지 못할 뿐만 아니라, 기(氣)를 손상시킬 수 있으니 꼭 유념해야 하오.

또 염불은 장기간 끊임없이 지속해야 하오. 새벽에 부처님을 향해 예배(禮拜)를 드리고, 먼저 『아미타경』 한 번과 왕생주(往生呪) 세 번을 독송하오. 그런 뒤 '아미타불신금색(阿彌陀佛身金色)'으로 시작하는 8구절의 찬불게(讚佛偈)를 염송하고, '나무 서방극락세계대자대비 아미타불'을 한 번 염송한 뒤, 이어 '나무 아미타불' 여섯 자 명호만 1천 번 또는 5백 번을 염송하오. 염불할 때는 주위를 돌면서 하되, 돌기가 불편하면 꿇거나 앉거나 서거나 모두 괜찮소. 염불이 끝날 때는 다시 본 자리로 돌아와 꿇어앉아, 관세음보살과 대세지보살과 청정대해중보살(淸淨大海衆菩薩)을 각각 세 번씩 염송한 다음, 정토문(淨土文)을 염송하며 극락왕생을 발원 회향하면 되오.

정토문을 염송하는 것은, 글의 뜻에 따라 마음을 내자는 것이오. 만약 마음이 글의 뜻에 따라 서원을 일으키지 않으면, 내용 없는 빈껍데기 글이 되고 말아, 실질 이익을 얻을 수 없소. 정토문 염송이 끝나면, 삼귀의를 염송하고 부처님께 예배드린 뒤 물러 나오는데, 이것이 아침 공과(朝時功課)라오. 저녁 때도 이와 똑같이 하면 되오.

만약 예배(禮拜)를 많이 하고 싶은 경우에는, 염불을 마치고 제자리에 돌아올 때 부처님께 마음껏 절을 올리고, 세 보살을 세 번씩 염송하며 아홉 번 예배드린 뒤 회향 발원하면 되오. 아니면 공과(功課)가 모두 끝난 뒤, 자기 형편껏 예배(절)하는 것도 괜찮소. 단지 간절하고 지성스럽게 해야 하오. 그저 대충 해대거나 방석을 너무 높이 깔면, 공경스럽지 못하게 되오.

만약 일이 많고 바빠서 한가한 여유가 없는 경우에는, 새벽에 세수와 양치질을 한 뒤, 부처님이 계시면 세 번 예배드린 다음, 몸을 단정히 하고 공경스럽게 합장하여 '나무 아미타불'을 염송하시오. 이 때 한 번 호흡(一口氣)이 다하는 동안을 한 번의 염불로 하여 열 번 호흡까지 반복하고, 짧은 정토문을 염송하거나 '원생서방정토중(願生西方淨土中)'의 4구 게송을 염송한 다음, 부처님께 세 번 예배드리고 마치면 되오. 부처님이 안 계시면 서쪽을 향해 정중히 문안드린 다음, 앞에서 말한 대로 염불하면 되오.

이것이 바로 십념법(十念法)인데, 송나라 때 자운참주(慈雲懺主)가 국왕과 대신 등 정무(政務)가 번잡하여 수행할 겨를이 없는 사람들을 위해서 특별히 세운 방편이라오. 어째서 한 호흡이 다하도록 염불을 시키는가 하면, 중생들의 마음이 산만하여 전념(專念)할 겨를이 없기 때문이라오. 이렇게 염불할 때는 호흡(氣)을 빌려 마음을 추스르므로, 마음이 산만해지지 않을 수 있소. 그러나 각자 호흡의 장단에 따라 자연스럽게 해야지, 억지로 호흡을 길게 늘여가며 염불을 많이 하면 절대 안 되오. 억지로 하면 기(氣)를 손상하기 때문이오. 또 십념에서 그쳐야지, 이십념, 삼십념까지 너무 많이 해도, 기를 손상하기 쉽소. 산만한 마음으로 염불하면 왕생하기 어렵다오. 이 염불법은 마음을 한 곳에 집중시킬 수 있어서, 일심으로 염불하여 결정코 왕생하자는 뜻이오. 염불의 횟수는 비록 적지만, 그 공덕은 자못 깊소. 아주 한가하거나 몹시 바쁜 경우에 각각의 염불법을 제시하였으니, 반쯤 한가하고 반쯤 바쁜 사람은 스스로 자기 형편에 맞춰 적당한 수행 방법을 마련하면 될 것이오.

염불 법문은 세속 티끌을 등지고 깨달음을 향하여, 본래 근원 자리로 되돌아가는 최고 제일의 미묘한 법이오. 특히 재가 거사 신분에게 더욱 친밀하고 절실하다오. 재가 불자는 몸이 세간 그물 안에 있으면서 수많은 사무에 시달리기 때문에, 마음을 가라앉혀 참선을 하거나 고요한 방에서 독경을 할 시간과 정신력의 여유가 거의 없소.

오직 염불 법문만이 가장 편리하고 적합하다오. 아침저녁으로 부처님 앞에 자기 분수와 능력에 따라 예배드리고 염불하며 회향 발원하면 되오. 이밖에 길을 다니거나 머무르거나, 앉거나 눕거나, 말하거나 침묵하거나, 옷을 입거나 밥을 먹거나, 모든 때와 모든 장소에서 구애받지 않고 염불하기가 좋소.

다만 깨끗한 곳과 공경스러운 데에서는 소리를 내거나 내지 않거나 모두 괜찮지만, 깨끗하지 못한 곳과 공경스럽지 못한 데에서는 소리 내지 않고 묵송으로 해야 하오. 이런 때와 장소에서 염불할 수 없다는 뜻이 결코 아님을 염두에 두시오. 묵송의 염불 공덕도 평소 낭송 때와 똑같다오. 그래서 자빠지고 넘어지는 때에도 반드시 '나무 아미타불'을 염송하며, 마음이 여기서 떠나지 않도록 이어가는 것이오.

마음이 바깥 사물을 탐하지 않고 염불에 전념하길 바라오? 또 전념이 안 될 때 전념하고, 염불할 수 없을 때 염불하고 싶소? 그러면 달리 특별하고 오묘한 방법을 찾지 말고, 오직 죽을 '死' 한 글자를 이마 위에 붙여 눈썹까지 드리워지게 하고, 마음으로 늘 이렇게 생각하시오.

'나 아무개는 시작도 없는 옛날부터 금생에 이르기까지 지은 악업이 끝없고 수없이 많아서, 그 악업이 실체와 형상이 있다면, 아마 시방 허공조차도 다 수용할 수 없을 것이다. 숙세에 무슨 복덕을 지었기에, 금생에 다행히도 사람 몸 받고 태어나 불법까지 듣게 되었을까? 만약 지금 일심으로 염불하여 극락왕생을 구하지 않는다면, 숨 한 번 들어오지 않고 멈출 때 틀림없이 지옥에 떨어져, 끓는 가마나 칼 산[刀山], 칼 나무[劍樹]의 고통을 받으며, 오랜 겁이 지나도록 빠져 나올 줄 모를 것이다.

설령 지옥을 벗어난다고 할지라도, 다시 아귀에 떨어질 것이다. 배는 바다처럼 큰데 목구멍은 바늘귀만큼 작아, 오랜 겁 동안 계속 굶주림과 허기에 시달리며, 목구멍에 불길이 타올라도 물의 이름조차 듣지 못하고, 잠시도 배를 채우기 어려울 것이다. 또 설사 아귀에서 벗어날지라도, 다시 축생에 떨어져, 사람들이 타고 부리거나 아니면 잡아먹는 고통을 끊임없이 당할 것이다.

그리고 설령 축생에서 벗어나 사람 몸을 다시 되찾는다고 할지라도, 어리석은 바보로 태어날 것이다. 악업 짓는 것을 복덕이나 재능으로 착각하고, 선행 닦는 것은 수갑과 족쇄로 오인하기 때문에, 결국 몇십 년이 채 못 되어 또 삼악도에 떨어지고 말 것이다. 이렇듯이 티끌처럼 수 없이 오랜 겁 동안 육도 윤회를 되풀이하면서, 비록 고해에서 벗어나려고 발버둥쳐도 빠져 나올 길이 없으리라.'

이와 같이 생각하면서 위에서 말한 대로 염불하여 극락왕생을 구하면, 그 자리에서 소원을 이루어 낼 것이오. 그래서 장선화(張善和)와 장종구(張鍾馗)가 임종에 지옥의 모습이 나타나자 염불을 몇 번 간절히 했더니, 곧장 부처님이 와서 극락왕생하도록 영접하시는 모습을 친견했다고 하오.

이러한 이익은 부처님 한평생 가르침이나 백천만억 법문을 다 뒤져 보아도, 결코 다시 있지 않을 것이오. 그래서 내가 늘상,

"부처 이하의 구계(九界) 중생은 이 (정토 염불) 법문을 떠나서는 위로 불도를 원만히 성취할 수 없으며, 시방 세계의 모든 부처님은 이 법문을 내버리고는 아래로 뭇 중생들을 두루 이롭게 할 수 없다."

고 말하는데, 바로 이러한 뜻이라오.

염불할 때 마음이 하나로 잘 모아지지 않으면, 마땅히 마음을 추스르고[攝心] 생각을 절실하게 하오. 그러면 마음이 저절로 통일될 것이오. 마음을 추스르는 방법은, 지성과 간절보다 더 나은 게 없소. 마음이 지성스럽지 않으면, 추스르려 해도 별 도리가 없소. 지성을 다하는데도 마음이 순수하게 통일되지[純一] 않으면, 귀를 기울여 잘 듣도록 하시오. 소리를 내든 내지 않든, 염불은 모두 모름지기 생각이 마음에서 일어나, 소리가 입으로 나오고, 그 소리가 다시 귀로 들어가야 하오. 묵송의 경우 비록 입을 움직이지는 않지만, 생각의 차원[意地]에서는 이미 그 소리의 모습[相]이 있기 마련이오.

마음과 입으로 또렷또렷하게 염송하고, 귀로 또렷또렷하게 듣는다면, 마음이 오롯이 추슬러지면서, 잡념 망상이 저절로 사라지게 되오. 그런데도 더러 망상의 물결이 용솟음쳐 오르거든, 십념법(十念法)으로 횟수를 세어 보시오. 이렇게 온 마음의 힘을 고스란히 부처님 명호 염송하는 소리 하나에 갖다 바치면, 비록 망상을 일으키고 싶어도 여력이 없을 것이오. 이것이 마음을 추슬러 염불하는 궁극의 미묘 법문이오.

예전에 정토 법문을 설하신 분들만 해도, 이 방법을 언급하신 적이 없소. 그때까지는 사람들의 근기가 아직은 괜찮아서, 이렇게까지 안 해도 쉽게 마음이 하나로 집중될 수 있었기 때문이오. 그런데 나 인광은 스스로 마음을 조복시키기가 어려워, 비로소 이 방법의 미묘함을 알게 되었다오. 여러 번 시험하여 여러 번 효험을 확인한 결과 드리는 말씀이니, 근거 없이 가볍게 지껄이는 추측으로 여기지 마오. 천하 후세의 우둔한 근기들이 나와 같은 방법으로 염불하여, 만 사람이 수행하면 만 사람 모두 극락왕생하기를 진심으로 바랄 따름이오.

이른바 십념(十念)으로 수를 세는 법은, 염불할 때에 첫 번째 구절부터 열 번째 구절까지 분명히 염송하면서, 동시에 분명히 수를 기억하는 것이오. 열 번째 구절까지 염송한 다음 다시 첫 번째부터 열 번째까지 되풀이해 염송하며, 결코 이십이나 삼십까지 길게 염송하지는 않소. 횟수는 염송하면서 마음속으로 기억하되, 염주를 굴려 헤아려서는 안 되오.

만약 열 구절을 한숨에 곧장 기억하기가 어려우면, 두 번으로 나누어 첫 번째부터 다섯 번째까지, 그리고 여섯 번째부터 열 번째까지 기억해도 좋소. 그것도 힘들면 첫 번째부터 세 번째까지, 네 번째부터 여섯 번째까지, 일곱 번째부터 열 번째까지로 삼분하여 염송해도 괜찮소. 다만 염송을 뚜렷이 하면서, 기억도 뚜렷이 하고 듣기도 뚜렷이 하면, 잡념 망상이 끼어들 여지가 없소. 이렇게 오래 지속하면, 일심불란(一心不亂)의 경지도 저절로 얻어질 것이오.

여기서 말하는 십념(十念)이, 잡념 망상을 추스르는 점에서는 앞에서 말한 새벽 공과(功果) 중의 십념법(十念法)과 같지만, 그 수행 공부는 크게 다르오. 새벽 공과의 십념법은 한 번의 호흡 동안을 1념으로 삼고, 그 동안 지송하는 염불 횟수의 다소는 따지지 않소. 그렇지만 여기의 십념은 '나무 아미타불' 한 구절 염송을 1념으로 삼소. 또 새벽의 십념법은 10념으로 충분하고, 20념이나 30념으로 길어지면 오히려 기(氣)를 손상시켜 병을 일으킬 염려가 많소. 그러나 여기의 십념은 첫 번째 구절 염불하면서 마음속으로 첫 번째인 줄 알고, 열 번째 구절 염불하면서는 마음속으로 열 번째인 줄 알기만 하면 되오. 첫 번째부터 열 번째까지 염송한 뒤, 다시 첫 번째부터 열 번째까지 염송을 되풀이하기만 하면, 설사 하루에 수만 번을 반복하더라도 전혀 상관없소. 이렇게 염송하면 잡념 망상을 제거할 뿐만 아니라, 가장 훌륭하게 정신을 함양할 수 있소. 수시로 빠르게 하거나 느리게 하거나 전혀 장애가 없고, 새벽부터 저녁까지 언제 해도 다 좋소.

십념으로 횟수를 기억하는 염불법은, 염주를 돌려 횟수를 세는 방법에 비하여, 그 이익이 하늘과 땅처럼 크게 차이 나오. 염주를 쓰면 몸도 수고롭고 정신도 흔들리지만, 이 십념의 방법은 몸도 편하고 정신도 안정되오. 다만 일을 할 때는 더러 수를 기억하기가 어려우므로 단지 간절하게 곧장 염불하기만 하고, 일이 끝난 다음에 다시 마음을 가다듬어 횟수를 기억하면 되겠소. 쉴 새 없이 불안하게 왔다 갔다 하는 것 같지만, 한 곳에 정신을 집중하여 염송하는 부처님 명호 가운데 정말 좋은 친구가 따라 다닌다오.[38]

그래서 대세지보살이 "육근을 모두 추슬러(가다듬어) 깨끗한 생각이 서로 이어짐으로써 삼매를 얻는 것이 최고 제일입니다[都攝六根, 淨念相繼, 得三摩地, 斯爲第一.]."라고 말씀하였소. 근기가 뛰어난 사람들이야 말할 것이 있겠소만, 우리같이 근기가 우둔한 중생들은 이렇게 십념으로 횟수를 기억하는 염불법을 놓고서, "육근을 모두 추슬러 깨끗한 생각이 서로 이어지게" 하기가 굉장히 어렵고도 또 어려운 일이오.

그렇지만 이렇게 마음을 추스르는 염불[攝心念佛] 방법은 얕은 듯하면서 아주 깊고, 작은 듯하면서도 매우 큰 불가사의한 법문임을 알아야 하오. 다만 부처님 말씀을 믿고 따라야 할 것이오. 자기 생각과 식견이 미치지 못하는 내용이라고 해서, 의혹을 품어서는 절대 안 되오. 만약 의혹을 일으키면, 오랜 겁 동안 심어온 착한 뿌리가 그로 말미암아 그만 사라지고, 궁극에는 실익을 몸소 얻을 수 없기 때문이오.

염주를 굴리며 염불하는 방법은, 오직 길을 다니거나 머무르는[行住] 때에만 적합하오. 정좌(靜坐)하여 정신을 함양하는 때에는, 손을 움직이면 정신이 안정될 수 없기 때문에, 자칫 병을 일으키기 쉽소. 그러나 십념으로 횟수를 기억하는 염불법은, 길을 다니거나 머무르거나 앉거나 눕거나[行住坐臥], 어느 때를 막론하고 적합하지 않음이 없소. 다만 누웠을 때는 오직 소리 없이 묵송하여야 하오. 누워서 소리를 내면, 한편으로는 공경

---

38) 『주역(周易)』 함(咸) 괘의 구사(九四) 효사(爻辭)에, "쉴새없이 불안하게 왔다 갔다 하면 (너와 비슷한) 친구들만 너(의 생각)를 따른다[憧憧往來 朋從爾思].'라는 구절이 나오고, 「계사전(繫辭傳)」 하편에서 또 이 구절을 인용하여, 음양 왕래의 천도(天道) 변화를 거론하고 있다. 인광 대사가 이 구절만 잘라내 좋은 뜻으로 인용[斷章取義]하여, 그대 생각[爾思] 대신에 "한 곳에 정신 집중하여 염송하는 부처님 명호 가운데[專注一境之佛號中]"로 바꾸어 표현한 것이다.

스럽지 못하고, 다른 한편으로는 기(氣)를 손상하게 되니, 이 점을 절대로 명심하기 바라오.

일단 진실한 믿음과 간절한 발원을 갖추었으면, 반드시 뜻과 마음을 다해 '나무 아미타불' 여섯 글자의 성호(聖號)를 붙잡아 지켜야 하오. 길을 다니거나 머무르거나 앉거나 눕거나, 밥 먹거나 옷 입거나 똥오줌을 싸거나, 어느 때건 이 여섯 글자('아미타불' 네 글자만 염송해도 괜찮음) 성호에서 벗어나지 않아야 하오. 그래서 반드시 온 마음이 부처이고 모든 부처가 곧 마음이 되어, 마음과 부처가 둘이 아니고, 마음과 부처가 하나가 되도록 [全心是佛, 全佛是心, 心佛不二, 心佛一如] 하여야 하오.

만약 생각이 여기에 있어 염불이 지극해지고 감정이 잊혀 사라지면, 마음이 텅 비면서 부처가 나타날 것이오. 그러면 현생에 염불삼매(念佛三昧)를 몸소 증득하고, 임종에 가서는 극락정토의 상상품(上上品: 九品 중 최고 제일)의 연화에 왕생하게 될 것이오. 이것이 염불 수행의 지극한 경지라오.

염불할 때는 각자 편의에 따르면 되오. 총림의 염불당(법당) 같으면, 먼저 『아미타경』을 독송하고 왕생주를 세 번 또는 한 번 염송한 뒤, 찬불게를 염송하오. 이어 나무서방극락세계 대자대비 아미타불을 염송하오. 이때 불당 안을 서서 돌면서 염불하는데, 반드시 동쪽에서 남쪽·서쪽을 거쳐 북쪽에 이르는 (시계바늘) 방향으로 돌아야[右繞] 하오. 이런 방향이 순종(順從)이고 수희(隨喜)가 되며, 순종의 방향이라야 공덕이 있소. 서역에서는 이렇게 빙 둘러 도는[圍繞] 것을 가장 중요시하는데, 동방(중국·한국)에서도 예배(禮拜: 절)와 함께 나란히 행해 왔소. 만약 동쪽에서 북쪽과 서쪽을 거쳐 남쪽에 이르는 (시계바늘 반대) 방향으로 거꾸로 돌면[反繞: 左繞] 허물이 되니, 잘 알아 두지 않으면 안 되오.

돌면서 염불하기를 절반쯤 마치면, 앉아서 차분히 묵송을 한참 하고, 다시 일어나 소리내어 염불하오. 염불이 모두 끝나면 꿇어 앉아, 나무 아미타불과 관세음보살·대세지보살·청정대해중보살을 각각 세 번씩 염송하고 발원문을 염송하면 되오. 집에 있는 불자들은 집안이 좁아 돌기가 어려울 것이오. 그러면 서거나 꿇거나 앉거나, 편한 자세로 염불하면 되오. 다만 자기의 정신과 기력에 따라 알맞게 정하는 것이 중요하며, 남들이 하는 방법을 자기 표준으로 본받을 필요는 없소.

염불에서 비록 마음 생각[心念]이 가장 중요하고 존귀하지만, 그렇다고 입으로 낭송하는 것[口誦]을 폐지해서는 안 되오. 몸과 입과 생각의 세 가지[三業]가 서로 돕고 어울려 조화를 이루어야 가장 바람직하오. 가령 마음으로 생각할지라도, 몸으로 예경(禮敬)하지 않고 입으로 지송하지 않으면, 진실한 이익을 얻기가 매우 어렵기 때문이오. 세간에서 사람들이 무거운 물건을 들어 옮길 때에도, 오히려 모두 한 소리를 내어 힘을 집중시키고 서로 돕지 않소? 하물며 마음을 추슬러(다잡아) 삼매를 증득하려는 염불 수행이야 오죽하겠소?

그래서 『대집경(大集經)』에서는, "크게 염불하면 큰 부처님을 보고, 작게 염불하면 작은 부처님을 본다[大念見大佛, 小念見小佛.]."고 말씀하셨소. 또 고승 대덕들은 "큰 소리로 염불하면 보게 되는 부처님도 몸이 크고, 작은 소리로 염불하면 보게 되는 부처님도 몸이 작다."고 하였소. 하물며 우리 같은 범부 중생들은 마음이 대부분 어둡고 어지러운데, 몸으로 예배 드리며 입으로 낭송하는 힘을 빌리지 않고서, 어떻게 일심불란의 염불삼매를 쉽게 얻을 수 있겠소?

선도(善尊) 화상은 아미타불의 화신으로, 위대한 신통력과 지혜를 겸비하셨소. 그러나 그분이 정토 법문을 설하여 전하실 때는 현묘(玄妙)함을 내세우지 않고, 오직 진실하고 간절하면서도 평범한 곳에서 사람들에게 수행 방법을 가르쳤소. 그러나 그분이 가르치신 전수(專修)와 잡수(雜修)의 두 가지 수행 방법은 그 이익이 끝없이 많소.

전수(專修: 전념 수행)란, 몸은 예경에 집중하고[身業專禮: 돌거나 앉거나 절하거나, 몸가짐이 흐트러지지 않는 不放逸], 입은 지송에 집중하며[口業專稱: 경이나 주문을 독송하는 경우에도, 뜻과 마음을 다해 회향하면 專稱이 됨), 뜻은 사념에 집중하는[意業專念] 것이오. 이와 같이 수행하면, 만 사람 가운데 하나도 빠짐없이 모두 서방정토에 왕생하게 되오.

잡수(雜修: 복합 수행)란 갖가지 다양한 법문을 함께 수행하면서, 한결같이 극락왕생에 회향 발원하는 것이오. 이는 마음이 순수하게 통일되지 않기 때문에, 진실한 이익을 얻기 어렵소. 백 명 가운데 한둘이나, 천 사람 가운데 서넛이 왕생하기도 드물다는 것이오. 이는 황금 같은 성실한 말씀으로, 만고에 변하지 않을 철칙이오.

발원문은 문장 자체가 비록 크게 거창하지만, 모름지기 마음으로부터 진실하게 우러나와야 바야흐로 '발원'이라고 할 수 있소. 그렇지 못하면, 마음과 입이 서로 어긋날 터이니, 어떻게 발원이라고 하겠소? 현세의 발원은 비록 무방하겠지만, 복덕과 지혜를 함께 갖춘 자손을 낳고자 한다면, 모름지기 음덕(陰德)을 크게 쌓고 방편법을 널리 실행하는 가운데서 찾아야 할 것이오.

염불 수행에서 회향 기도는 거르거나 폐지해서는 안 되오. 회향이란 믿음과 발원을 입으로 표현하는 것이오. 그러나 회향 기도는, 단지 아침 저녁 공과(功課)가 끝난 뒤와, 낮에 염불 독경이 끝난 뒤에만 하는 게 좋소. 물론 염불 자체는 새벽부터 밤중까지 끊임없이 이어져야 하오. 이때 마음속에 왕생을 발원하는 염두만 품고 있으면, 그것으로 평상시 회향 기도는 충분하오. 만약 의식에 따라 정해진 문장을 독송하며 회향할라치면, 정말로 늘상 이렇게 할 수는 없을 것이오. 모든 대승경전도 한결같이 모든 중생들이 곧장 불도를 이루도록 가르치고 이끌고 있소. 단지 사람들이 성심으로 공경스럽게 염송하지 못하여, 진실한 이익을 온전히 얻지 못하는 게 매우 안타까울 뿐이라오.

일상생활 가운데 행하는 터럭 끝만한 선행이나 독경 · 예불의 각종 선근(善根) 한 가지라도, 그로 말미암아 얻는 공덕은 한결같이 극락왕생에 회향하시오. 이렇게 하면, 모든 수행 법문이 다 정토 법문의 보조 수행[助行]이 된다오. 마치 수없는 티끌이 모여 대지를 이루고, 수많은 물줄기가 모여 바다를 이루는 것과 같소. 그 심오하고 광대무변함을 누가 감당할 수 있겠소? 그렇지만 모름지기 보리심(菩提心)을 내고, 중생 제도의 서원을 세워야 하오. 모든 수행의 공덕은 네 은혜[四恩]39)와 세 존재[三有]40)와 법계 중생(法界衆生)을 두루 위하여 회향하는 거라오. 그러면 마치 불길에 기름을 끼얹는 듯, 새싹이 단비를 맞는 듯, 일체 중생들과 진리의 인연[法緣]을 깊이 맺어, 자비의 뛰어난 대승 수행도 재빨리 성취할 수 있다오.

이러한 이치를 모르고서 범부 중생이나 성문·벽지불의 소승 같은 이기적인 식견으로 자신이나 친척만을 위해 회향한다면, 비록 제아무리 미묘한 도덕을 수행할지라도, 거기서 얻는 과보는 낮고 보잘것없게 되오.

아침저녁의 염불 공과(功課)를 끝마칠 때는, 모름지기 발원해야 하오. 아침에 십념법(十念法)을 수행하는 경우에도, 염불 후 발원은 빠짐없이 해야 하오. 더러 소정토문(小淨土文)을 사용하기도 하지만, 만약 몸과 마음에 여유가 있으면, 연지(蓮池) 대사가 새로이 정한 정토문(淨土文)을 쓰는 것이 좋겠소. 이 정토문은 문리(文理)가 주도면밀하여, 고금을 통하여 최고 으뜸으로 손꼽히오. 그렇지만 발원할 때 정토문을 독송하는 것은, 바로 그 문장의 의미에 따라 마음으로 진실하게 발원한다는 취지이지, 결코 정토문 한 번 읽음으로써 그냥 발원이 되는 것은 아님을 반드시 명심해야 하오.

매일 아침저녁의 염불 공과는 하나하나 법계 중생에게 회향해야 하오. 이 공과는 이것을 위해서 회향하고, 저 공과는 저것을 위해서 회향해

---

39) 네 가지 은혜[四恩]: 『심지관경(心地觀經)』에서는 부모의 은혜, 중생의 은혜, 국왕의 은혜, 삼보의 은혜를 차례로 거론하는데, 『석씨요람(釋氏要覽)』에서는 부모의 은혜, 스승과 웃어른의 은혜, 국왕의 은혜, 시주(施主: 중생)의 은혜를 들고 있다. 여기서 국왕은 지금의 국가 민족으로 이해하면 된다.

40) 세 가지 존재[三有]: ① 삼계(三界)의 별칭, 생사(生死)의 경계에는 원인과 결과가 있음을 뜻한다. 즉 삼유란 삼계의 생사를 가리킨다. ② 한편 본래 있는[本有] 현생의 심신(心身), 마땅히 있을[當有] 미래의 심신, 이 양자 중간에 받는 심신인 중유(中有: 中陰)의 세 가지를 가리키기도 한다. 욕계와 색계의 생사에는 반드시 중유가 있다고 한다.

도 안 될 것은 없소. 그러나 개별 회향과 별도로 보편 회향의 발원이 반드시 있어야, 비로소 세 가지 회향과 서로 부합하게 되오.

세 가지 회향이란, 첫째 진여실제(眞如實際)가 마음과 마음에 서로 딱 들어맞도록 회향하고, 둘째 부처의 과위와 보리[佛果菩提]가 매 염두마다 원만히 성취되길 회향하며, 셋째 법계 중생이 모두 함께 정토에 왕생하길 회향하는 것이오. 사람마다 각자 나름대로의 뜻과 직업이 있으므로, 단지 인연에 따라 분수에 맞게 수행하면 되며, 모든 사람이 한결같이 똑같을 필요는 없겠소.


## 2) 업습의 기운[習氣]을 다스리는 방법

염불에서 일심불란의 경지를 얻고 싶으면, 반드시 생사 해탈을 위하는 진실한 마음을 내어야 하오. 행여라도 세상 사람들이 나를 진실한 수행자라고 칭찬해 주기를 바라는 마음이 있어서는 절대 안 되오. 염불할 때에는, 반드시 한 글자 한 구절이 마음으로부터 일어나고, 입으로 나와 귀로 들어가야 하오. 한 구절을 이와 같이 염송하듯, 백천만 구절도 또한 이와 같이 염송해야 하오. 정말 이렇게 염불할 수만 있다면, 잡념 망상은 고개를 쳐들 수도 없고, 마음과 부처가 저절로 서로 들어맞게 될 것이오.

그리고 모름지기 마음을 잘 써야 하오. 지나치게 집착하여, 몸과 마음을 불안하게 만들거나, 갖가지 마장(魔障)을 초래하는 일은 없어야 하오. 육근을 모두 추슬러 깨끗한 생각이 서로 이어지도록 하는 거요. 이렇게만 수행한다면, 샛길로 빠지거나 잘못될 염려가 결코 없을 것이오.

염불할 때 간절해질 수 없는 까닭은, 사바세계가 고통투성이고 극락세계가 즐거움 천지인 줄 모르기 때문이오. 한번 이렇게 생각해 봅시다.

'사람 몸 받기 어렵고, 문명의 중심 국가에 태어나기 어려우며, 부처님 법 만나기 어려운데, 특히 정토 법문은 얻어 듣기가 더욱 어렵도다. 만약 일심으로 염불하지 않다가, 한 숨 다시 들어오지 않는 때에는, 숙세와 금생의 가장 중대한 악업에 따라 삼악도에 떨어져, 오랜 겁토록 결코 벗어날 기약 없이 막심한 고통을 받을 게 틀림없으리라.'

이렇듯이 지옥의 고통을 생각하여 보리심을 내었으면 좋겠소. 보리심이란 바로 자신도 이롭게 하고 남도 이롭게 하는[自利利他] 마음이오. 이 마음을 한 번 내게 되면, 마치 기계에 전기를 통하고 약에 유황을 첨가하듯, 그 힘이 몹시 커지면서 그 효험 또한 아주 빨라진다오. 그로 말미암아 업장이 소멸하고 복덕과 지혜가 증대함은, 보통의 복덕이나 선근으로 비유할 수가 없다오. 염불할 때는 수시로 늘 금방 죽어 지옥에 떨어진다는 생각을 하시오. 그러면 간절하지 못한 염불이 저절로 간절해지고, 감응도 저절로 따르게 될 것이오. 괴롭고 두려워하는 마음으로 염불하는 것이, 인연에 따라 업장을 해소하고 생사고해를 벗어나는, 최고 제일의 미묘한 방법이라오.

업습을 다스리고자 하는 마음은 아주 간절하고 부지런한데도, 업습이 사라지는 효험이 잘 나타나지 않는 까닭은 무엇이겠소? 대부분은 생사 해탈의 마음이 간절하지 못한 때문이오. 즉 미혹과 업장을 해소하여 깨끗한 생각을 성취하고, 평범을 초월하여 성인의 경지에 들겠다는 발원을, 단지 입에만 살아 있는 명분으로 여기기 때문이오. 그래서 실제 효험이 없는 것이오.

가령 우리가 사람 몸 받기가 얼마나 어렵고, 부처님 법 만나기는 또 얼마나 어려우며, 특히 정토 법문 얻어 듣기란 더더욱 얼마나 어려운 줄 안다면, 사정은 좀 달라질 것이오. 지금 다행히 대장부의 몸을 받고 태어나 가장 듣기 어려운 정토 법문을 만나 듣게 되었는데, 감히 유한한 세월을 여색이나 명성·재물을 얻는 데다가 모두 소모해 버리고서, 생사고해를 표류하면서 육도 윤회하려 들겠소?

모름지기 곧장 죽을 死 자 (이 글자는 너무도 좋소) 하나를 이마 위에 붙여야 할 것이오. 탐내거나 미련을 두어서는 안 될 경계가 나타나거든, 이것이 바로 미래의 끓는 가마솥이나 용광로 불길 같은 과보임을 알아차려야 하오. 그러면 아마도, 나방이 불꽃에 날아들어 스스로 타 죽는 것과 같은 어리석음까지는, 결코 범하지 않을 것이오.

반면 자기의 분수와 처지에서 마땅히 해야 할 일들은, 모두 나를 사바 고해에서 건져 줄 자비로운 배[出苦慈船]인 줄로 인식해야 하오. 그러면 인(仁)을 부닥쳐 굳이 사양하거나, 의(義)를 보고도 모르는 척하는 일은 절대로 없을 것이오. 이와 같이만 행한다면, 세속 홍진의 모든 경계가 곧장 도덕 수행의 문에 들어가는 인연이 될 것이오. 어찌하여 꼭 세속의 인연을 싹둑 끊어버린 다음에야, 비로소 도를 닦을 수 있다고 하겠소?

무릇 마음에 주인(主宰)이 똑바로 있어서, 외부 사물의 경계에 따라 돌지(움직이지) 않을 수만 있다면, 세속의 티끌과 수고로움으로도 해탈을 이루리다. 그래서 『금강경』은 사람들에게 마음이 형상(모습)에 머물지(집착하지) 않도록 거듭 일깨우고 있소. 일체 중생을 모두 제도하겠다는 마음을 내면서도, 제도하는 주체라는 나[我]나 제도 받을 대상이라는 사람[人]이나 중생, 그리고 그로 말미암아 얻을, 남김 없는 열반[無餘涅槃]이라는 수자(壽者)의 모습 등을 전혀 보지 않아야 하오. 그래야 비로소 진짜 보살도를 행한다는 거요.

만약 내가 제도하며, 중생이 제도 받고, 남김 없는 열반이 제도의 법이 된다는 모습(의식)이 있게 되면, 비록 중생을 제도할지라도 일승실상(一乘實相)의 도에는 딱 부합할 수 없다오. 중생이 본체가 부처이므로 부처의 성품은 모두 절대 평등한데, 그런 줄 잘 모르고, 범부의 감정으로 성인의 견해(생각)를 망령되이 내기 때문이오. 그래서 최고의 무위(無爲) 이익을 가지고도, 그저 보통의 유위(有爲) 공덕밖에 못 이루는 것이오. 하물며 명성이나 여색 · 재물에 미련을 두고 탐착하는 자들이야 말할 게 있겠소?

염불이 순수하게 일심으로 집중되지 않을 때는, 반드시 마음을 밖으로 치닫지 못하도록 통제해야 하오. 그렇게 오래 지속하면, 저절로 순수하게 일념이 될 것이오. 한 덩어리가 된다[成片]는 말도, 잡념 망상이 끼어들지 않고 순수하게 일념이 되는 것을 일컫소.

처음 염불에 마음을 둔 뒤 아직 삼매를 몸소 증득하지 못한 동안에는, 누구라도 잡념 망상이 없을 수 없다오. 오직 마음이 항상 깨어 비춰 보면서, 잡념 망상에 따라 돌지(흔들리지) 않는 것이 귀중하오. 비유하자면, 양쪽 군대가 대치하고 있는 상황에서는 자기의 성곽을 견고히 지켜 적군이 조금도 침범하지 못하도록 막고, 만약 적군이 공격해 오면 용감히 맞아 싸워 물리치는 전쟁과 비슷하오.

반드시 정각(正覺)의 병사로 사방을 모두 에워싸고 지켜, 적들(잡념 망상)이 하늘 위로 올라갈 길도 없고, 땅 속으로 들어갈 문도 없도록, 빈틈없이 막아야 하오. 그러면 그들은 씨조차 소멸하는 참패를 당할까 스스로 두려워하여, 서로 앞다투어 투항해 올 것이오. 여기서 가장 중요한 핵심 자세는, 주전(主戰) 장수가 혼미하지도 않고 나태하지도 않으면서, 항상 또렷또렷 깨어 있어야 한다는 점이오. 장수가 혼미하거나 나태하면, 적군을 섬멸할 수 없을 뿐 아니라, 도리어 적군에게 참패당하게 되오.

마찬가지로 염불 수행하는 사람이 마음을 추스를(다잡을) 줄 모르면, 염불을 할수록 잡념 망상이 더욱 치성하게 일어나게 되오. 그러나 마음만 추스를 수 있으면, 잡념 망상이 점점 가벼워져, 마침내 완전히 사라지게 된다오. 그래서 이러한 게송(시구)도 전해오고 있소.

도를 배움은 왕궁의 성곽을 지키는 것 같아,
낮에는 여섯 감각의 도적을 막고 밤에도 또렷또렷 지키네.
군대를 거느리는 주전 장수가 군령을 제대로 시행하면,

방패와 창칼을 움직이지 않고 태평세월을 이루리.
學道猶如守禁城
晝防六賊夜惺惺
將軍主帥能行令
不動干戈定太平


염불할 때 마음이 통일되지 않는 것은, 생사에 대한 마음이 절실하지 않기 때문이오. 만약 자신이 지금 당장 홍수에 휩쓸리거나 불길에 타오르는데, 구원해 주는 사람 하나 없다고 생각해 보시오. 그리고 그렇게 곧 죽게 되어 틀림없이 지옥에 떨어질 거라고 생각해 보시오. 그러면 달리 미묘한 방법을 구할 필요도 없이, 마음이 저절로 집중 통일될 것이오.

그래서 경전에 "지옥의 고통을 생각하여 보리심을 내라[思地獄苦, 發菩提心]."는 말씀이 거듭 나온다오. 이는 크게 깨달으신 세존께서 가장 간절하고 요긴하게 일깨워 주신 가르침인데도, 애석하게도 사람들은 그렇게 진실하게 생각하려 들지 않는구려.

지옥의 고통은 홍수에 휩쓸리거나 불길이 타오르는 것에 비하여, 무량무수 배나 더 참혹하오. 그런데 홍수에 휩쓸리거나 불길에 타오르는 걸 생각하면 머리카락이 쭈뼛이 설 정도로 두려우면서도, 지옥을 생각하면 아무렇지도 않게 느껴지는 것은 무슨 까닭이겠소? 지옥은 우리의 마음 힘[心力]이 워낙 작아서, 그 고통의 일들을 제대로 알아차릴 수 없소. 반면 홍수와 화재는 우리가 몸소 보고 들은 체험이 있어, 생각만 해도 자기도 모르게 저절로 머리카락과 뼛속까지 서늘해지는 거라오.

염불은 그 자체가 정기(正氣)를 함양하고 정신을 조절하는 방법이자, 본래 진면목을 참구하는 법문이기도 하오. 왜 그렇게 말하겠소? 우리들 마음은 평상시에 어지럽게 흩어지는데, 만약 지성으로 염불을 하면, 일체의 잡념 망상이 모두 점차 사라지게 되오. 그러면 마음이 저절로 집중 통일되고, 정신과 원기가 자연히 충만해지고 조절된다오.

보통 우리는 염불이 잡념 망상을 쓰러뜨리는 줄 잘 모르오. 게다가 염불을 좀 해보면, 마음속에 온갖 잡념 망상이 한꺼번에 나타나는 것처럼 느껴지기도 하오. 그러나 오래도록 염불을 지속하면, 이러한 잡념 망상이 저절로 없어지게 된다오. 맨 처음 단계에 잡념 망상이 나타나는 것처럼 느껴지는 것은, 마음속에 파묻혀 숨어 있던 잡념 망상이 바로 염불하는 힘 때문에 비로소 고개를 쳐드는 거라오. 염불하지 않으면 나타날 리가 없다오.

비유하자면, 방 안에 티끌이 전혀 없이 청정한 것처럼 보이다가도, 창 틈새로 한 줄기 햇살이 비쳐 들면, 얼마나 되는지 알 수조차 없는 수많은 먼지가 어지러이 움직이는 모습이 금세 드러나는 것과 같소. 방 안의 티끌이 햇빛으로 말미암아 드러나듯이, 마음속의 잡념 망상도 염불(광명) 때문에 나타나는 것이오. 만약 항상 염불한다면, 마음은 저절로 청정해지리다.[41]

공자(孔子)는 요순(堯舜) 성왕과 주공(周公)의 도를 흠모하여, 매 생각마다 잊지 않았다오. 그래서 국 그릇 속에서 요 임금을 보고, 담벽에서 순 임금을 보았으며, 꿈속에서 주공을 보았다오. 이렇듯이 평소에 항상 기억하고 생각하는 이치가, 염불과 무엇이 다르겠소?

중생의 마음과 입이 번뇌와 미혹의 업장으로 오염되었기 때문에, 부처님께서 '나무 아미타불'이라는 거룩한 명호를 마음과 입으로 염송하여 정화시키라고 일러주신 것이오. 향에 물든 사람의 몸에서는 향기가 배어 나오듯이, 염불에 오래 물든 사람은 업장이 스러지고 지혜와 복덕이 높아질 뿐만 아니라, 자기 마음속에 본래 갖추어진 불성이 저절로 드러난다오.

---

41) 여기 세 단락의 내용은 바로 참선(參禪)의 원리와 똑같다. 이는 염불과 참선이 본래 둘이 아니고 하나라는 이치이다. 염불선(念佛禪)은 화두(話頭) 대신 '나무 아미타불'을 들고 사념(思念) · 참구(參究)하는 수행법이라고 할 수도 있다.

만약 잡념 망상이 머릿속에 꽉 차 있다면, 쉴 새 없이 불안하게 왔다 갔다 하면서, 비슷한 또래의 친구들만 그대의 생각을 따를 것이오. 올바른 생각(正念)을 아직 진실하게 일깨우지 못했기 때문이오. 그런데 만약 올바른 생각이 진실하고 간절하면, 친구가 저절로 한 곳에 전념 집중하는 정념(正念)을 따를 것이오.

그래서 통제 조절이 법도에 알맞으면 포악한 도적들도 모두 어린애가 되고, 반대로 통제 조절이 법도에 어그러지면 비록 자기 손발이라도 원수가 된다고 말하오. 범부 중생의 경지에서 누군들 번뇌가 없겠소? 모름지기 평상시에 미리 예방 조치를 취해 두면, 사물의 경계나 인연에 부닥쳐서도, 번뇌 망상이 갑작스레 터져 나오지는 않을 것이오. 설령 터져 나와도, 즉각 정신을 차려 비춰 보기 때문에, 곧 사라지게 할 수 있소.

번뇌를 일으키는 경계와 인연은 한두 가지가 아니지만, 그 가운데 특히 심한 것으로 재물과 여색과 갑작스런 봉변[橫逆]을 들 수 있겠소. 의롭지 못한 재물은 그 해악이 독사보다 심한 줄만 안다면, 재물을 보고 구차하게 얻으려는 번뇌는 일지 않을 것이오. 또 남의 편리를 봐 주면, 궁극에 모두 자기 앞으로 되돌아온다는, 인과응보의 법칙을 염두에 두시오. 그러면 곤궁하고 급박한 환난을 당하여 구원을 요청하는 사람들에게, 재물이 아까워 차마 돕지 못하는 번뇌도 별로 없을 것이오.

여색은 설령 꽃 같고 옥같이 미묘한 이를 대하더라도, 항상 자기 친 자매나 딸처럼 여기는 마음을 간직하면 되오. 설령 기생이나 창녀라도, 역시 그렇게 똑같이 여기며, 나아가 연민하는 마음과 제도하려는 마음을 품어야 하리다. 그러면 미색을 보고 욕정이 꿈틀거리는 번뇌가 없을 것이오.

또 부부 사이에는 서로가 귀한 손님처럼 공경하며, 아내는 서로 도와 조상의 핏줄을 이어주는 은인으로 여기고, 혹시라도 피차간에 쾌락을 즐기는 욕정의 도구로 생각하는 일은 없어야 하오. 그러면 욕정 때문에 몸을 망치거나, 아내가 애를 못 낳거나, 자식이 제대로 자라지 못하는 번뇌

(근심걱정)는 없겠소. 자녀는 어려서부터 잘 가르쳐야, 부모 마음을 거역하거나 집안 분위기를 파괴하는 우환이 생기지 않소.

갑작스런 봉변[橫逆]에 대해서는, 모름지기 연민하는 마음을 내어야 하오. 상대방의 무지몽매함을 불쌍히 여기고, 그와 따지거나 다투지 않는 것이오. 또 자기가 전생에 일찍이 그를 해치거나 괴롭힌 적이 있어, 지금 이 봉변을 당하는 것이며, 이 때문에 묵은 빚을 갚게 되었다고 생각하고, 오히려 기뻐하는 마음[歡喜心]을 내어야 할 것이오. 그러면 뜻밖의 봉변을 당하여 보복하려는 번뇌가 저절로 스러질 것이오.

지금까지 말한 것은, 초보 근기를 염두에 둔 방책이오. 오래도록 수행해온 상근기의 선비[大士] 같으면, 나도 텅 비었음[我空]을 깨달을 수 있기 때문에, 끝없는 번뇌조차도 모두 대광명의 보물창고[大光明藏]로 변화시킬 것이오. 마치 칼날은 숫돌에 갈아 예리해지고, 금은 용광로에 제련하여 순수해지는 것과 똑같은 이치요. 연꽃이 진흙 수렁에서 자라 피어나기 때문에, 바야흐로 청정하고 조촐하게 빛나는 것 아니겠소?

군자의 배움은 자기를 위한다오. 매 순간 매 생각마다 자기를 두드려가며, 스스로 살필 따름이오. 꿈속과 깨어 있을 때가 한결같은 경지는, 공부가 원만히 무르익은 사람이라야 가능하오. 그러나 깨어 있을 때 늘 자신을 잘 붙잡고 닦아가길 오래 지속하다 보면, 꿈속에서도 크게 허튼 짓하는 현상은 저절로 사라질 것이오.

도를 배우는 사람이 도에 대한 생각을 한층 가중시키면, 그만큼 속세에 대한 범부 감정이 한층 가벼워지기 마련이오.[42] 이는 필연적인 이치라오. 그래서 미혹을 아직 끊지 못한 사람은 모름지기 항상 노력해야 하오. 만약 한바탕 제멋대로 방종하면, 옛 병폐가 틀림없이 재발하게 되오.

---

42) 중국 속담에 "인간의 감정이 성글어질 때 도의 감정이 깊어진다[人情疏時道情深]."는 명언이 있다. 속세의 인간에게 따돌림 당하거나 멀어질 때, 진리에 대한 구도심(求道心)이 더욱 간절하고 치열해진다는 뜻이다.

보고 생각하는 미혹[見思惑] 두 가지를 모두 완전히 끊어버린 사람이라야, 비로소 자기 마음대로 날뛰어도 통제나 속박할 필요가 없게 된다오.[43]

　탐욕・성냄・어리석음의 마음은, 사람마다 모두 가지고 있소. 우리가 이것들이 병인 줄만 안다면, 그 세력이 치성해지기 어렵소. 비유하자면, 집안에 도적이 들었을 때, 집 주인이 그를 자기 식구로 잘못 알면, 온 집안의 보물과 귀중품을 깡그리 도둑맞게 되는 것과 비슷하오. 만약 그가 도적인 줄만 안다면, 잠시도 집안에 발붙이지 못하도록 밖으로 멀리 내쫓아, 재산도 잃지 않고 집안도 평안히 지킬 것이오.

　그래서 고승대덕들도 "(번뇌의) 생각이 일어나는 것 자체는 두렵지 않으나, 다만 늦게 알아차리는 게 두렵다[不怕念起, 只怕覺遲.]."고 말씀하셨소. 탐욕・성냄・어리석음이 한 번 일어나는 순간 즉시로 알아차리기만 한다면, 다시 금세 사라지기 때문이오. 그러나 만약 탐욕・성냄・어리석음을 자기 집 주인으로 여긴다면, 마치 도적을 자기 자식으로 오인하여, 집안 재산과 보물을 모두 털리는 것과 같은 꼴이 된다오.

　바깥 경계에 따라 움직이는 것은, 자신을 붙잡아 지키는 힘[操持力: 줏대]이 약하기 때문이오. 기쁘고 슬픈 감정이 마음속에서 움직이는 즉시, 좋아하고 싫어하는 기색이 얼굴에 바로 나타나는 것이오. 붙잡아 지킨다[操持] 함은 곧 함양(涵養: 修養)을 일컫소. 올바른 생각[正念]이 무게가 있으면, 나머지 다른 것들은 모두 가볍게 되오. 그래서 진실한 수행인들은 티끌 속(세속)의 수고로움 가운데서 갈고 닦으며, 번뇌와 업습의 기운을 점점 소멸시켜 간다오. 이것이 바로 실재 공부(實在工夫)라오.

　만약 자기 마음의 번뇌와 못된 버릇[習氣]을 마주해 다스리지 않고 내버려 두면, 외부의 수행이 좀 있다고 내면의 공부가 완전히 황폐해지기 쉽소. 그래서 도리어 아만심(我慢心)이 생겨나고, 조그만 공리(功利)를 대단

---

43) 공자가 "70세에 마음이 하고 싶은 대로 따라 행해도 법도를 벗어남이 없었다[七十從心所欲不踰矩]"고 술회한 경지일 것이다.

한 덕으로 여겨, 손해가 막심해지오.

비유하자면, 밥을 먹을 때는 모름지기 채소로 반찬을 삼아 함께 들고, 또 우리 신체는 반드시 옷을 단정히 입어 장엄하게 유지해야 하는 것과 같소. 어찌 생사를 해탈하려고 수행하는 기나긴 여정에서, 단지 한 문 안에만 깊숙이 들어가려고, 나머지 문을 모두 닫아버린단 말이오?

한 문 안에 깊숙이 들어가 나머지 문을 모두 닫아버리는 것은, 오직 일 주일이나 수 주일 시한부 출가 수행(기도결제 등) 때에만 비로소 가능하오. 평상시에 계속 그렇게 하는 수행은, 보살이 다시 온 경우가 아니면, 금방 해이해지거나 게을러지지 않을 수가 없소. 범부 중생의 마음은, 항상 계속하면 곧 싫증을 내기 때문이오.

하늘이 만물을 낳아 기름에는, 반드시 햇볕(온도)과 눈·비(습기)를 적당히 조절하고, 추위와 더위를 번갈아 내려 줌으로써, 자연의 오묘한 조화(造化)를 현실로 나툴 수 있소. 가령 늘 비만 내리거나 늘 맑기만 하거나, 늘 덥거나 늘 춥다면, 하늘 아래 어떤 생물이 목숨을 지탱할 수 있겠소?

하물며 마음이 원숭이처럼 변덕스러운 우리가, 온갖 방법으로 자신의 번뇌와 버릇을 다스리지 아니하고, 어느 한 곳에 안주하려 든단 말이오? 그러면 그 마음이 제멋대로 바깥으로 내달리지 않기가 정말 매우 어려울 것이오. 사람은 모름지기 자기의 능력을 스스로 헤아려서, 어느 한 방법에만 편협하게 집착하지 말아야 하오. 그렇다고 원칙과 질서도 없이 뒤죽박죽이 되는 일은 없도록 조심해야 하오.

바깥으로만 치닫고, 마음의 빛을 되돌이켜 자신을 비춰 보지 않으면, 부처님 가르침을 배워도 진실한 이익을 얻기가 몹시 어렵소. 맹자도 일찍이 "학문의 도는 다름이 아니라, 바깥으로 흩어진 마음을 되찾는 것일 따름이다[學問之道無他, 求其放心而已.]."라고 말했소. 그런데 우리가 불교를 배우면서, 마음을 가라앉히고 염불할 줄 모른다면, 이는 유교의 가르침에도 제대로 따르지 못하는 셈이 되거늘, 하물며 진실로 마음을 가라앉히는 법을 전하신 부처님 가르침에 합당하겠소?

관세음보살은 자기 성품을 되돌이켜 듣고, 대세지보살은 육근을 모두 추슬러 깨끗한 생각이 계속 이어지게 하였소. 또『금강경』에서는 마땅히 머무르는 바 없이 마음을 내며, 빛깔·소리·냄새·맛·감촉·생각 등에 머무르지 말고 보시나 기타 온갖 수행을 행하라고 말씀하고 있소.『반야심경』에서는 오온이 모두 텅 비었음을 비추어 보았다오. 이 모든 말씀이 우리에게 바깥 경계에 부딪쳐 마음을 인식하도록 가르쳐 주는 미묘한 법문이오. 만약 줄곧 계속해서 오로지 널리 보려고[博覽]만 한다면, 이익이 없는 것은 아니겠지만, 업장이 다 소멸하지 않아, 그 이익을 얻지는 못한 채, 먼저 그 병폐만 입을 것이오.

색욕(色欲) 한 가지는, 온 세상 사람들의 공통적인 고질병이오. 단지 중하 근기의 중생들만 여색에 미혹하는 것이 아니오. 상근기의 사람들도, 만약 스스로 전전긍긍하며 행실을 조심하지 않으면, 역시 미혹하지 않기가 어렵소. 예로부터 얼마나 많은 뛰어난 영웅호걸들이, 정말 성현이 되기에 충분한 천부 자질을 지니고서도, 단지 이 여색의 관문을 통과하지 못하여, 도리어 어리석은 범부로 전락하고, 결국 삼악도에 길이 떨어졌는지도 모르오.

그래서『능엄경』에서는 이렇게 말씀하셨소.

"만약 모든 세계의 육도 중생들이, 그 마음만 음란하지 않다면, 생사윤회를 계속하지 않을 것이다. 그대들이 삼매를 닦는 것은, 본디 세속 티끌의 고통을 벗어나기 위함인데, 음란한 마음을 제거하지 않으면, 티끌은 벗어날 수 없다."

도를 배우는 사람은, 본디 생사고해를 벗어나기 위해 수행하오. 그런데 여색의 병폐를 통절히 제거하지 않으면, 생사윤회는 결코 벗어나기 어렵소. 염불 법문이 비록 업장을 짊어진 채 극락왕생한다고 하지만, 만약 음란의 업습이 단단히 맺혀 있으면, 부처님과 가로막혀 감응의 길이 확 트이기 어렵다오.

이러한 화근을 끊어버리고자 한다면, 일체의 여인을 모두 친족 생각〔親想〕과 원수 생각〔怨想〕과 더러운 생각〔不淨想〕으로 대하는 것이 으뜸이오. 친족 생각은, 나이 든 여인을 보면 어머니로 생각하고, 손위 여자는 누나로 생각하며, 손아래 여자는 여동생으로 생각하고, 소녀는 딸로 생각하는 것이오. 설령 욕심의 불길이 치성하더라도, 어머니나 누이나 딸에게까지 올바르지 못한 생각을 감히 품지는 못할 것 아니오? 모든 여인을 이렇게만 본다면, 욕정이 이치(윤리)에 통제되어 발작할 수 없을 것이오.

원수 생각은, 미녀를 보고 사랑의 마음을 일으키면, 그 사랑의 마음 때문에 삼악도에 떨어져 오랜 겁토록 벗어나지 못하고 고통을 받을 터이니, 아름답고 애교스러운 여인은 도적이나 호랑이·이리·독사 같은 맹수나 비상(砒霜)·짐독(鴆毒) 같은 독약보다 백천 배 이상 훨씬 참혹하다고 인식하는 것이오. 이토록 지극히 무서운 원수에 대해 아직도 미련을 못 버리고 집착하는 자는, 어찌 곱절 이상 미혹한 중생이 아니겠소?

더러운 생각은, 미모로 사람 마음을 움직이는 것은, 단지 맨 바깥 한 켠 얇은 피부일 따름이며, 이 표피를 벗겨 버리면 차마 볼 수조차 없다는 것이오. 피와 살·고름·뼈·똥오줌이 비린내 풍기며 흥건히 낭자하여, 귀엽거나 사랑스런 감정을 일으킬 물건이 하나도 없소. 단지 얇은 피부에 싸여 허망한 애착과 연모의 정을 불러일으키는 것이오. (그래서 중국에서는 사람 몸을 '취피낭(臭皮囊)'으로 부른다.)

화려한 꽃병에 똥을 가득 담아 놓으면, 이것을 가지고 놀 사람은 하나도 없소. 그런데 지금 여기 미인의 얇은 피부는 바로 화려한 꽃병과 다름없고, 피부 안에 감싸인 물건들은 똥에 비해 훨씬 더 더럽고 지저분하오. 어찌 그러한 바깥 피부를 애착하여, 그 피부 안에 담긴 온갖 더러운 물건들을 까마득히 잊고, 허망한 생각을 제멋대로 일으킨단 말이오?

진실로 정신 바짝 차리고 전전긍긍하여 이 업습을 통절히 제거하지 않는다면, 여자의 아름다운 자태를 보고 애정의 화살이 뼛속에 날아와 박혀도, 스스로 빼낼 수 없을 것이오. 평소에 이러하다면, 죽은 뒤 여자의 뱃속[胎]에 다시 들어가지 않고는 못 배길 것이오. 사람인 여자 뱃속에 들어가면, 그래도 괜찮겠소. 하지만 짐승의 암컷 뱃속에 들어가게 되면, 장차 어찌할꼬? 여기까지 한번 생각하게 되면, 마음과 정신이 놀라움과 두려움에 움찔할 게오.

그렇지만 미색의 모습을 실제 보고도 혹한 마음이 일어나지 않게 하려거든, 미색을 보기 전에 평소부터 항상 위에 든 세 가지 생각을 해 두어야 하오. 그래야 미색을 직접 보고도, 거기에 마음이 따라 흔들리지 않을 수 있소. 그렇지 않으면, 설령 미색을 보지 않아도, 머릿속 생각에서부터 벌써 혹한 마음이 꼬리를 물고 이어지며, 끝내는 음욕의 업습에 사로잡히기 쉽소. 정말로 성실하고 진지하게 악업의 버릇을 씻어내 버려야, 바야흐로 자유를 누릴 수 있다오.

흔히들 세속 잡무에 뒤얽혀 벗어날 도리가 없다고 말하오. 바로 잡무가 뒤얽혀 있을 때 거기에 따라 움직이지 않을 수만 있다면, 그 얽힘은 저절로 벗어나게 된다오. 마치 거울이 사물의 모습을 비출 때, 모습이 와도 막지 아니하고, 모습이 떠나도 붙잡지 아니하는 것과 같소. 이러한 이치를 모르는 사람은, 설령 세속 잡무를 완전히 떠나버려 한 가지 일도 없게 될지라도, 여전히 마음이 산만하고 잡념 망상에 단단히 뒤얽혀 벗어나지 못한다오.

도를 배우는 사람은 반드시 자기의 평소 처지에서 수행하며 본분을 다해야 하오. 그러면 온 종일 세속 잡무에 뒤얽혀 있어도, 온 종일 만물 바깥에 유유자적 노닐게 되오. 보통 "한 마음 머묾이 없으면 온갖 경계가 모두 한가롭고, 육진이 악하지 않으면 올바른 깨달음과 같게 된다[一心無住, 萬境俱閒, 六塵不惡, 還同正覺].";고 말하는데, 바로 이러한 뜻이라오.

미혹한 마음이 사물의 경계를 좇아 바깥으로 치달리기 때문에, 온전한 지혜와 복덕의 형상이 곧 망상과 집착으로 변해 버린다오. 그래서 정말로 오직 정성과 일념으로 아미타불 성호를 붙잡아 지니면서, 진실한 믿음과 간절한 발원으로 서방 극락왕생을 꾀해야 하오. 명호를 오래도록 지송하다 보면, 마음과 부처가 하나로 되고, 바로 그 한 염두를 떠나지 않고서도, 오온이 텅 비어 있음을 철저히 깨우칠 수 있소.

망상과 집착이 사라지면 지혜와 복덕의 형상도 스러지고, 마음이 청정해짐에 따라 불국토도 청정해진다오. 자신이 존재하는 바로 그 자리를 떠나지 않고서도, 고요한 광명[寂光]에 그윽이 부합하게 되오. 오직 이 한 자리만이 우리들이 궁극에 몸을 평안히 두고 운명을 세울[安身立命] 수 있는 곳이라오.

우리 인생은 허깨비처럼 세간에 고작 수십 년 머물 따름이오. 분별 지식을 알게 된 이후로 밤낮 쉬지 않고 바쁘게 경영하고 도모하는 일들은, 모두 자신과 집안의 체면을 세우거나 자손들에게 물려주기 위한 것이오. 병폐의 근원을 거슬러 올라가면, 단지 나[我]가 있다고 집착하여 놓으려고 하지 않는 데에 있소. 그 생각의 뿌리가 너무도 깊숙하고 단단히 박혀 있어, 비록 부처님이 몸소 설법해 주어도 풀어질 수가 없을 정도라오. 그러면서도 자기의 주인공인 본래 진면목에 대해서는, 전혀 관심도 없이 내팽개치기 보통이오. 그래서 업장에 따라 영겁토록 들락날락 윤회하고 있으니, 어찌 슬프지 아니하리오?

수행의 요체는 번뇌와 업습(業習)을 다스려 나가는 데 있소. 업습이 한 푼 적어지는 만큼, 공부가 한 푼 진보하는 것이오. 수행에 더욱 힘쓸수록 업습이 더욱 드러나는 까닭은, 단지 구체적인 일들의 모습에 따라서만 수행할 줄 알았지, 지혜의 빛을 안으로 되돌이켜 비추어 자기 마음속의 허망한 감정을 이겨내 버리지 못하기 때문이오.

평상시에 미리 막을 준비를 해두면, 바깥 경계와 인연을 만날 때, 업습이 더 이상 재발하지 않을 수 있소. 가령 평소에 나의 이 몸과 마음은 완전히 허망한 것이어서, 나라는 실체와 실성(實性)은 전혀 찾을 수 없음을 인식해 둔다고 합시다. '나'가 있지 아니한데, 어떻게 바깥 경계나 다른 사람들로 말미암아 번뇌가 생길 수 있겠소? 이것이 바로 가장 절실하고 요긴한 근본상의 해결 방법이라오.

만약 '나'가 텅 비었음을 확연히 깨달을 수 없는 사람이라면, 마땅히 여래께서 설하신 '다섯 가지 (헐떡이는) 마음(미혹. 번뇌업장)을 멈추는 관찰법[五停心觀]'에 따라 다스려야 할 것이오. 마음이 바깥 경계에 따라 움직이지 않고, 평안히 머물 수 있도록 다스리는 법문이오.

탐욕이 많은 중생은 부정관(不淨觀)을 수행하고, 성냄이 많은 중생은 자비관(慈悲觀)을 수행하며, 마음이 자주 산만해지는 중생은 수식관(數息觀)을 수행하고, 어리석은 중생은 인연관(因緣觀)을 수행하며, 업장이 두터운 중생은 염불관(念佛觀)을 수행하는 것이오.

탐욕이란, 사물을 보고 마음에 사랑과 즐거움이 일어나는 것을 일컫소. 욕계(欲界)의 중생은 모두 음욕으로부터 생겨나는데, 음욕은 사랑에서 생기오. 만약 자기 몸과 남의 몸을 바깥부터 안으로 하나하나 자세히 관찰한다면, 더러운 땀·침·터럭·손톱·뼈·살·피·고름·똥·오줌 따위로 가득 차, 비린내는 시체나 다름없고, 더러움은 측간과 같음을 보게 될 것이오. 누가 이런 물건에 탐욕과 애착을 내겠소? 탐욕과 애착이 식어버린다면, 마음 바탕이 청정해질 것이오. 그렇게 청정해진 마음으로 부처님 명호를 염송하면, 마치 맑은 물에 다섯 가지 맛을 풀어 간을 맞추고, 흰 바탕에 오색 물감을 칠해 그림을 그리는 것과 같아진다오. 원인 자리[因地]의 마음으로 과보 자리[果地]의 깨달음에 들어 맞추게 되니, 힘은 절반밖에 안 들어도 공덕은 배가 되어, 그 이익이 헤아릴 수 없이 크오.

성냄[瞋]이란, 바깥 경계를 보고 마음에 싫어하거나 미워하는 생각이 불끈 일어나는 것을 일컫소. 부귀(富貴)한 사람들이 자주 성내기 쉬운데, 만사가 뜻대로 순조롭고, 아래에 부릴 사람들이 많기 때문이오. 조금이라도 자기 비위에 거슬리면, 가볍게는 폭언과 욕설을 퍼붓고, 심하게는 채 찍이나 매질을 해대기 일쑤요. 오직 자기 기분만 시원하길 바라고, 남의 마음이 얼마나 상할지는 전혀 돌아보지도 않기 때문에, 화를 버럭 내는 것이오.

마음에 성화가 한번 치밀면, 상대방에게 무익할 뿐만 아니라, 자기에 게 큰 손해가 있게 되오. 성냄이 가벼우면 마음과 뜻이 번잡하고 조급해 지며, 분노가 크게 치솟으면 간과 눈이 바로 상하게 되오. 모름지기 마음 속에 항상 한 덩어리 큰 온화한 원기(元氣)를 간직하여야만, 질병이 소멸 하고 복록과 수명이 늘어나게 된다오.

옛날에 아기달왕(阿耆達王)은 한평생 부처님을 모시면서, 오계를 철저 히 지켰소. 그런데 임종에 시중드는 신하가 부채를 가지고 파리를 쫓다 가, 피곤하여 깜박 조는 순간 부채를 왕의 얼굴에 떨어뜨려, 왕이 마음에 분노와 원한을 일으키며 숨을 거두었다오. 바로 이러한 일념 때문에 왕 은 구렁이 몸을 받았는데, 다행히 숙세의 복력(福力) 덕분에 그 원인을 알 아차리고, 사문(沙門: 출가 수행자)에게 삼귀의와 수계를 설법해 달라고 청해, 곧장 구렁이 몸을 벗어버리고 천상에 생겨났다오. 이 사례만 보아도, 성 냄의 업습이 가장 큰 해독이 됨을 알 수 있소.

그래서 『화엄경』은, "한 생각 성내는 마음 일어나면, 백만 가지 업장의 문이 활짝 열린다[一念瞋心起, 百萬障門開.]."고 설하고 있소. 또 고승 대덕은 이 런 게송도 남겼소.

성냄은 마음속의 불길로          瞋是心中火
공덕의 수풀을 불살라 버리네.    能燒功德林
보살의 도를 배우고 싶거든      欲學菩薩道
인욕으로 성내는 마음을 지켜라.  忍辱護瞋心

146

여래께서 곧잘 성내는 중생들에게 자비관을 닦으라고 가르치신 것은, 일체의 중생이 모두 과거의 부모이자 미래의 부처님들이기 때문이오. 과거의 부모님이라면, 전생에 낳아 길러주신 은덕을 생각하고, 이를 다 갚을 수 없음을 부끄러워해야 할 것이오. 그런데 어찌 조금 자기 뜻대로 안 된다고 하여, 버럭 성을 낸단 말이오? 설사 목숨을 잃는다고 해도, 기쁜 마음만 내고, 분노나 원한은 품지도 말아야 하오.

그래서 보살은 머리·눈·골수·뇌 따위를 내어 줄 때에, 그걸 요구하는 사람이 자기의 더할 나위 없는 보리도(菩提道)를 성취시켜 주는 선지식이나 은인이라고 생각한다오. 『화엄경』의 「십회향품」을 보면 저절로 알 것이오. 또 우리의 일념 심성은 본디 부처와 다르지 않소. 단지 본래 심성을 등지고 잃어버린 채, '나'라는 선입견(我見)을 견고히 집착하고 있소. 때문에 일체 인연이 모두 자기와 대립하게 되오. 마치 활 과녁이 우뚝 서면, 모든 화살이 일제히 그를 향해 날아와 박히는 것과 비슷하오.

그런데 만약 우리가 자기 마음이 원래 부처님 마음이고, 부처님 마음은 텅 비어서 아무 것도 없음을 알 수 있다고 합시다. 그러면 마치 허공이 우주 삼라만상을 모두 감싸고, 큰 바다가 모든 강물을 받아들이는 것과 같소. 또 하늘이 만물을 두루 덮고, 땅이 만물을 고르게 떠받치면서도, 덮고 떠받치는 것을 자기 공덕이라고 여기지 않음을 보시오.

내가 만약 조금 뜻에 거슬리는 일이 있다고 곧 성을 낸다면, 스스로 자기 도량(度量)을 협소하게 좁히고 덕을 상실하는 짓이 아니겠소? 비록 부처님 마음과 진리의 본체는 갖추었을지라도, 생각을 움직이고 마음을 쓰는 것은, 완전히 범부 중생의 감정투성이가 되오. 이는 망상을 진짜로 오인하고, 노예를 주인으로 삼는 격이 되오.

이와 같이 생각한다면, 정말 몹시 부끄럽고 창피할 것이오. 평상시 늘 이런 생각을 한다면, 마음의 도량이 크고 넓어져, 포용하지 못할 게 없소. 사물과 나를 똑같이 보고, 피차간을 서로 구분하지 않는 거요. 비위에 몹시 거슬리는 일이 닥쳐오더라도 순순히 받아들일 수 있거늘, 하물며 조금 뜻대로 안 된다고 금방 화를 버럭 내겠소?

어리석음[愚癡]은 지식이 전혀 없음을 뜻하지는 않소. 불교에서 말하는 어리석음이란, 세상 사람들이 선악의 경계와 인연에 대하여, 그것들이 모두 과거 숙세의 업장과 현생의 행위로 말미암는 감응인 줄을 모르고, 세상에 인과응보나 전생과 내생 따위는 전혀 없다고 함부로 망발하는 것을 가리키오.

일체의 중생은 지혜의 눈이 없어서, 단멸(斷滅)에 집착하지 않으면, 곧 항상(恒常)에 집착하기 십상이오. 단멸에 집착하는 자들은, 사람이 부모의 피와 기운을 받아 생겨나며, 생겨나기 이전에 본래 어떤 물건도 있지 않았고, 죽고 난 뒤에는 육신이 썩어 문드러지고 영혼은 바람에 나부껴 흩어지기 때문에, 아무 것도 남지 않는다고 말하오. 그러니 무슨 전생이나 내생 따위가 있겠소. 동방의 고지식하고 편협한 유생들이 대부분 이런 주장을 해 왔소.

항상에 집착하는 이들은, 사람이 항상 사람이 되고, 축생은 항상 축생이 된다고 생각하오. 업장이 마음으로 지어지고, 그렇게 지어진 마음의 업장에 따라, 육신의 형체가 바뀌게 되는 줄은 모르는 게오. 옛날에 지극히 독살스런 사람은 현생의 몸이 바로 뱀으로 변하고, 지극히 포악스런 사람은 현세의 몸이 호랑이로 변한 사례도 있소. 업력이 너무도 맹렬하게 크면, 당장 그 형체까지 뒤바뀌게 할 수 있거늘, 하물며 사후에 혼식(魂識)이 업장에 끌려 형체를 바꾸지 못하겠소?

그래서 부처님께서 12인연을 설하신 것은, 전생·현생·내생의 삼세(三世)를 관통하는 지론이라오. 전생의 원인은 반드시 후생의 결과를 불러오고, 후생의 결과는 반드시 전생의 인연에 바탕하는 것이오. 선악의 보답으로 화복(禍福)이 닥쳐오는 것은 모두 자업자득(自業自得)일 따름이며, 결코 하늘에서 불쑥 떨어지는 것이 아니오. 하늘은 단지 중생들의 행위에 따라서 인과응보를 주재(主宰)할 따름이오.

생사의 순환은 끝이 없소. 본래 심성을 회복하여 생사를 끝마치려면, 믿음과 발원으로 염불하여 서방정토 왕생을 구하지 않으면, 달리 길이 없소. 요컨대, 탐욕·성냄·어리석음의 세 가지는 생사의 근본 원인이고, 믿음·발원·염불 수행의 세 가지는 생사를 끝마치는 미묘한 법문이오. 앞의 세 독소를 내버리려면, 뒤의 세 요소를 닦아야 하오. 믿음·발원·염불 수행[信願行] 3요소가 힘을 얻으면, 탐욕·성냄·어리석음[貪瞋癡]의 삼독이 저절로 소멸하기 때문이오.

호흡을 세는 수식관(數息觀)은 꼭 쓸 필요는 없소. 염불할 때에 귀를 기울여 자세히 들으면 충분하오. 그때 마음을 추슬러 집중함은 수식관과 서로 비슷하지만, 그 효력과 작용은 수식관과 천양지차가 날 정도로 뛰어나기 때문이오.

혹자는, 앞에서 내가 설사 목숨을 잃더라도 단지 기뻐할 따름이며 성내지 말라고 한 말에 대해서, 강한 의혹을 일으킬 것이오. 가령 악인이 와서 자기를 해치려고 하는데도, 그와 따지거나 다투지 않고, 그가 자기를 죽이라고 내맡겨 둘 수 있겠느냐고 반문할지 모르오.

수행인 중에는 범부 중생도 있고, 이미 법신(法身)을 증득한 보살도 있소. 또 세간의 도를 유지하려고 치중하는 이도 있고, 오직 자기 마음 하나 철저히 터득하는 데에 치중하는 이도 있소. 만약 오직 자기 마음만 철저히 터득하려 하거나, 이미 법신을 증득한 보살 같으면, 위에서 말한 원칙대로 하면 되오. 사물과 나를 똑같이 보고, 생사를 하나로 여기기 때문이오.

그러나 만약 일반 범부 중생이나, 세간의 도를 유지하는 데 치중하는 이들은 좀 다르오. 마음은 정말로 보살의 대자대비와 같이 포용하지 않음이 없도록 지녀야 하지만, 실제 일을 처리함에는 모름지기 세간의 통상 이치에 따라야 하오. 더러는 방어나 반격으로 그를 물리치거나 제압하고, 더러는 인자하게 대해 그를 감화시키거나 심복(心服)시킬 수도 있소. 구체적인 상황에 따라 융통성 있게 대응해야 하기 때문에, 일률적으로 말할 수는 없소. 다만 어떤 경우에도, 마음에 독기나 성화를 품고 원한을 맺어서는 절대로 안 되오.

앞에서 언급한 말은, 사람들이 이러한 가상(假想)을 통해, 성내는 업습 기운을 소멸시켜 가라는 원칙이라오. 이러한 가상의 관찰법이 익숙해지면, 성내는 업습이 저절로 사라질 것이오. 설령 실제로 자신을 해치는 상황이 닥치더라도, 정말 허심탄회하고 자연스럽게 큰 보시를 한다고 생각하며, 그 공덕으로 극락정토에 왕생하길 기원할 것이오. 서로 죽이고 해침으로써, 오랜 겁토록 번갈아 보복하고 빚 갚는 악순환에 비하면, 어찌 하늘과 땅 차이가 아니겠소?

성내는 마음은 숙세의 습성이오. 지금 나는 이미 죽고 없으며, 상대방이 칼로 찌르거나 향을 바르거나, 나와는 전혀 상관없다고 생각하며, 완전히 내맡겨 버리시오. 마음에 맞지 않는 모든 경우에 대해서, 이처럼 자기가 죽었다고 생각하면 분노가 일어날 수 없소.

성내는 마음이 백해무익한 줄 안다면, 어떠한 일이 눈앞에 닥치더라도, 하늘처럼 텅 비고 바다처럼 넓은 아량으로 모두 감싸고 받아들여야 하오. 그러면 현재의 관대한 습성이, 숙세의 편협한 습성을 조금씩 돌려 바꾸게 된다오. 성내는 습성을 정면에서 다스리지 않으면, 더욱 기승을 부려, 그로 말미암은 해악이 결코 작지 않을 것이오.

염불인즉, 반드시 자신의 정신과 기력에 알맞게 조절하여, 더러는 큰 소리나 작은 소리로, 더러는 소리 없는 묵송이나 소리는 있되 다른 사람은 알아듣지 못하는 금강념(金剛念)으로 염송하는 원칙을 세우면 되겠소. 지나치게 맹렬히 염송하여 도리어 병을 얻으면 안 되오. 지나치게 맹렬한 마음 자체도 욕심이 성급한 병이라오.

지금 소리를 내어 염불할 수 없다면, 마음속으로 묵송할 수는 있지 않겠소? 하물며 질병에 걸려 병상에 누워 있는 환자가, 어떻게 마음속을 깨끗이 씻어버린 듯, 아무 생각도 전혀 없이 텅 비울 수 있겠소? 다른 복잡한 일을 생각하느니, 차라리 부처님 명호를 생각(염송)하는 것이 훨씬 낫지 않겠소? 이런 환자는 마땅히 긴요한 사무를 집안 식구들에게 부탁한 뒤, 장기간 마음속에 어떤 일도 걸어 두지 않은 채, 곧 자신이 죽어 지옥에 떨어질 것이라는 생각을 하는 게 좋소.

이러한 청정한 마음 가운데 부처님과 관세음보살의 모습을 그려 보고 생각하며, 아울러 부처님 명호와 관세음보살 명호를 함께 염송해 보시오. 정말 이렇게만 한다면, 틀림없이 업장이 녹고 선근이 쑥쑥 자라나, 질병이 깨끗이 낫고 몸과 마음이 건강해지리다.

더러 염불을 너무 지나치게 맹렬히 하여 불현듯 나타나는 듯한 질병도, 실제는 숙세 업장의 과보인 경우가 대부분이오. 맹렬한 염불이 외형상의 인연이 되긴 하지만, 이런 사람은 설사 염불을 맹렬히 하지 않더라도, 또 다른 인연으로 질병을 얻기 마련이오. 세상에 염불하지 않는 자들이 허다하게 많은데, 어찌 그들 모두가 병 하나 얻지 않고 건강하게 장수한단 말이오? 이러한 이치를 생각한다면, 염불 때문에 도리어 질병을 얻었다는 오해 따위는 백해무익함이 자명해지오.

질병과 악마는 모두 숙세의 업장으로부터 비롯하오. 그대가 단지 지성으로 간절하게 염불하기만 한다면, 질병이 저절로 낫고, 악마가 자연히 멀어질 것이오. 만약 마음이 지성스럽지 못하고, 더러 사음 따위의 바르지 못한 생각을 일으킨다면, 그대의 마음 전체가 타락하여, 암흑 가운데서 마귀가 꿈틀거리고 소란을 피우게 된다오.

이런 경우에는, 염불을 마치고 회향할 때에 숙세에 원한 진 모든 사람들에게 회향하여, 그들이 그대의 염불 공덕을 입어 좋은 곳으로 건너가도록 천도(薦度)하는 염원을 내시오.. 그밖에는 일체 상관하지 마시오. 그들이 소리를 내어도 신경을 쓰거나 두려워하지 말고, 그들의 소리가 없어도 신경 쓰거나 기뻐하지 마시오. 오직 지성으로 간절히 염불하기만

하면, 저절로 업장이 녹고, 복과 지혜가 함께 증대한다오.

경전을 볼 때에, 요즘 사람들이 책 읽듯이 전혀 공경스럽지 못한 자세를 취하면 절대로 안 되오. 모름지기 부처님이나 조사·성현들께서 친히 강림하신 것처럼 공경을 다해야, 비로소 진실한 이익이 있게 되오. 정말로 이렇게만 할 수 있다면, 마음 바탕이 광명정대(光明正大)하여, 사악한 귀신들이 얼씬거리거나 끼어들 여지조차 없을 것이오. 그렇지만 만약 먼저 사악한 마음을 품으면, 사악으로 더 큰 외부의 사악을 불러들이게 되오. 그러면서 어떻게 사악한 귀신들이 소란을 못 피우고 멀리 떠나가길 바라겠소?

타심통(他心通)으로 보면, 귀신이 작지만 가깝게 존재한다오. 업장이 다 사라지고 감정이 텅 비게 되면, 마치 보물 거울을 갖다 들이댄 것처럼, 귀신의 형상이 그대로 비추어 나타나오. 그런데 지심으로 염불하지는 않고, 귀신의 진상을 연구하려 든다면, 이 마음이 곧 악마 귀신의 종자가 될지도 모르오.

비유하자면, 보물 거울에 터럭 끝만큼의 티끌도 끼지 않으면, 저절로 천지 만물을 비추게 되는 것과 같소. 그대 마음이 티끌과 때로 아주 두텁게 뒤덮여 단단히 막혀 버렸는데, 타심통을 얻으려 한단 말이오? 이는 먼지 자욱이 낀 거울이 결코 빛을 발할 수 없는 것과 같소. 더러 빛을 발하더라도, 그것은 요귀의 빛이지, 결코 거울 자체의 빛은 아니라오. 이런 문제는 우리와 상관없는 일로 밀쳐 두고, 오직 물불 속에 빠진 듯, 또는 머리에 불이 붙은 듯한 다급한 심정으로, 간절히 염불만 하면 되오. 그러면 녹아 사라지지 않을 업장과 마귀가 결코 없을 것이오.

도를 배우는 사람들은, 온갖 뜻하지 않은 일을 당할 때마다, 오직 도를 향해 진보하는 인연으로 이해하여, 마음에 거슬리더라도 순순히 받아들여야 하오. 그러면 설령 위험한 일을 당하더라도, 당시에 놀라 나자빠지거나 정신을 잃고 방황하지는 않을 것이오. 또 일이 다 지나고 나면, 감정도 함께 흘러가서, 마치 간밤에 꿈을 꾼 듯 아득할 것이오. 어찌 항상 마음에 걸려 끙끙 병을 앓기까지 하겠소?

그대가 수행을 하고자 한다면, 일체의 외부 경계와 인연이, 모두 숙세의 업장으로 말미암는 현상임을 마땅히 알아야 하오. 또한 지성으로 염불하면 그 업장을 되돌릴 수 있음도 알아야 하오. 우리가 천리(天理)를 해치고 도덕을 파괴하는 일만 하지 않는다면, 무슨 물건이 두렵겠소? 염불하는 사람은 착한 신명이 보호하고, 사악한 마귀가 멀리 달아나거늘, 어떤 물건을 두려워하겠소?

그대가 만약 늘 두려워한다면, 이는 두려움의 마귀에 사로잡힌 것이오. 한량없는 겁부터 내려온 원수들이, 그대의 두려워하는 마음을 빌미로 달려들어, 그대를 겁주고 윽박지르는 거라오. 그대가 정신을 잃고 미쳐 날뛰게 만들어, 숙세의 원한을 앙갚음하는 거라오.

내가 그래도 염불하는데, 설마 저들이 이렇게까지 하겠느냐는 생각일랑 하지 마시오. 그대의 올바른 생각[正念] 전체가 두려움 속으로 빨려 들어가면, 그 기운이 부처님과는 서로 막히고, 마귀와 서로 통하게 되기 때문이오. 부처님이 영험하지 않은 것이 아니라, 그대의 마음이 이미 올바른 생각을 잃어, 염불 자체가 온전한 이익을 얻지 못하는 것뿐이오.

지금까지 내가 한 말을 보고, 지금까지 품었던 마음을 깨끗이 씻어 내기 바라오. 단지 일부일처(一夫一妻)라면, 내가 무슨 염려가 있겠소? 가령 숙세의 업장이 눈앞에 나타날 때, 그를 두려워한다면 어떻게 그를 소멸시킬 수 있겠소? 오직 두려워하지 않기 때문에, 올바른 생각을 견지하고 적당한 조치를 취하여, 사악한 마귀가 침범하지 못하고, 진리의 신명이 제 자리를 잡도록 안정시킬 수 있는 것이오.

그렇지 않으면 사악으로 사악을 불러들여, 숙세의 원한이 한꺼번에 몰려들게 되오. 그러면 매사에 주견(主대) 없이 행동거지가 완전히 흐트러지고 말 것이니, 어찌 슬프지 않겠소? 이제 그대를 위해서라도 마땅히 회포를 활짝 열어젖히고, 어떠한 것도 따지고 염려하거나 근심 걱정하지 않아야 하오. 단지 자신의 행실에 오점이 있을까만 두려워하고, 재앙이나 환난이나 귀신 따위는 조금도 두려워할 필요가 없소.

만약 질병의 고통이 몹시 극렬하여 참을 수 없는 경우에는, 아침저녁으로 염불할 때 회향 기도하는 것과 별도로, 마음과 뜻을 오롯이 다 바쳐 '나무 관세음보살'을 염송하시오. 관세음보살은 사바 홍진에 몸을 나토어, 자기 부르는 소리를 찾아다니며 그 고통을 구제해 주시기 때문이오. 사람들이 위급한 때를 당해 관세음보살을 지송하며 예배 드리면, 금방 감응이 나타나오. 관세음보살이 즉시 자비 가피를 내리시어, 고뇌를 벗어나 안락을 얻도록 인도하신다오.

세간의 훌륭한 의사도 단지 육신의 질병만 고칠 뿐, 업장은 치료할 수 없소. 어떤 사람이 창자 안에 종기가 생긴 중병에 걸렸는데, 의사는 진찰 후 수술하지 않으면 안 된다고 말했다오. 그런데 환자의 넷째 형수가 의사의 처방에 마음을 놓지 못하여 수술하지 않고, 가족 한 사람과 함께 죽어라고 염불하고 『금강경』 독송을 해댔소. 그 결과 지극히 중대하고 위험한 그 병이, 수술이나 투약도 없이 닷새 만에 씻은 듯이 깨끗이 나아버렸소.

이미 불법에 귀의한 사람이라면, 마땅히 부처님께서 말씀하신 대로 믿고 따를 일이지, 양의(洋醫)를 지나치게 믿고 따라서는 안 될 것이오. 모든 질병이 다 의약으로 치료해야 낫고, 의약 없이는 낫지 않는다고 한다면, 동서고금의 황제나 임금·귀족·부호들은 모두 영원히 병들지 않고, 또한 영원히 죽지도 않았어야 할 것이오.

그런데 가난하고 비천한 사람들이 질병도 적고 수명도 길며, 부유하고 존귀한 사람들은 도리어 병도 많고 수명도 짧은 경우가 많은 것은, 도대체 무슨 까닭이겠소? 한편으로는 본인 스스로 병을 만들고, 다른 한편으로는 의약이 병을 만드는 것이라오. 이 두 가지가 병을 더 만드는 부작용이 허다한데, 병고에서 벗어나길 바랄 수 있겠소?

그러므로 꼭 양의의 도움을 받아야 할 경우를 제외하고는, 굳이 모든 질병을 병원에 가서 치료받을 필요는 없소. 집안에서 위대하신 의왕(醫王)이신 관세음보살께 간구하면, 약을 쓸 필요도 없이 저절로 낫게 될 것이오. 양의의 치료를 받는 경우, 좋고 나쁨이 각각 절반 정도씩 되오. 하지만 대의왕이신 불보살님께 간구하면, 더러 육신상의 질병이 금방 낫거나, 설령 육신상 효과가 없더라도, 정신의식상으로는 틀림없이 좋아진다오. 만약 즉시 낫고자 하는 성급한 욕심과 망상으로, 지금까지 지켜온 계율과 수행을 완전히 내팽개친다면, 이는 생살을 짓이겨 종기를 만들고 긁어 부스럼 만드는 것처럼, 백해무익할 따름이오. 양의가 동방에 들어오기 전에는, 동방의 환자들이 누구도 병을 낫지 못했단 말이오? 정말로 부질없는 망상을 놓아버리고, 올바른 생각을 일으켜 세워야 할 것이오. 그러면 불보살님과 감응의 길이 확 트이면서, 질병이 저절로 깨끗이 나을 수 있소.

업장이 무겁고 탐욕과 성냄이 치성하며, 몸은 약하고 마음에 겁이 많은 사람은, 단지 일심으로 염불만 오래 꾸준히 지속하면, 모든 질병(결점)이 저절로 다 나을 수 있소. 『법화경』의 「관세음보살보문품」에도, 만약 어떤 중생이 음욕이나 성냄[瞋]·어리석음[愚癡]이 많을지라도, 항상 관세음보살을 공경스럽게 염송하면, 곧 깨끗이 벗어날 수 있다고 설하였소. 염불(나무 아미타불의 염송) 또한 마찬가지오. 다만 마음과 힘을 다하되, 혹시라도 의심하거나 두 생각 품음만 없다면, 구하여 얻지 못할 게 없을 것이오.

매일 자기 직분을 다하는 걸 제외하고는, 부처님 명호를 염송하는 데 전심하시오. 아침저녁으로는 부처님 앞에 정성과 공경을 다하여, 시작도 없는 숙세의 업장을 간절히 참회하시오. 이와 같이 꾸준히 지속하면, 부지불식간에 불가사의한 이익을 얻게 되오. 아미타불이나 관세음보살의 성호를 지성으로 염송하면, 탐진치 삼독이 저절로 소멸하기 때문이오.

더구나 지금 세상은 말법 시대로, 온갖 환난과 재앙이 속출하고 있으니, 염불(나무 아미타불 염송) 외에 관세음보살 명호의 염송을 함께 하시오. 그러면 은연 중에 불가사의한 전환과 변화가 그윽이 일어나게 될 것이오.

그 결과, 숙세 업장이 숨거나 피할 틈도 없이 눈앞에 닥치는 일은 아마도 없을 것이오.

사실 관세음보살은 이미 아주 오래 전에 성불하시어, 정법명여래(正法明如來)라는 호칭을 얻으셨소. 단지 그 분의 자비심이 너무도 간절하신 까닭에, 비록 상적광토(常寂光土: 항상 고요한 광명 불국토)에 안주하면서도, 실보(實報) · 방편(方便) · 동거(同居)의 세 국토에도 모습을 나토시는 것이오. 또 비록 항상 부처님 몸을 나토시면서도, 동시에 보살 · 연각(벽지불) · 성문 및 인간 · 천상 등 육도 중생의 몸으로도 두루 나타나신다오. 그리고 비록 항상 아미타불을 모시면서도, 동시에 끝없는 시방 법계에 두루 색신(色身)을 나토고 계실 따름이오.

그래서 흔히 말하는 대로, 단지 중생들에게 이익만 있다면, 달려가 도와주지 않음이 없소. 마땅히 어떤 몸(신분 · 모습)으로 제도해야 할 중생에게는, 곧장 바로 그 몸을 나토어 설법을 해주시는 것이오. 흔히 보타산(普陀山)은 관세음보살이 몸을 나토신 곳이라고 일컫소. 그런데 이는 중생들에게, 정성을 바칠 구체적인 곳이 있다는 믿음(의지)을 주기 위해, 특별히 이 산에 자취를 보이신 것뿐이오. 어찌 관세음보살이 보타산에만 계시고, 다른 곳에는 안 계실 수 있겠소?

달 하나가 하늘에 뜨면, 모든 강물에 모습이 비치기 마련이오. 작게는 한 그릇의 물이나 한 방울의 물에까지, 각각 온전한 달의 모습이 나타나오. 다만 물이 흐리거나 움직이면, 달의 모습이 분명하지 못할 뿐이오. 중생의 마음도 물과 같아서, 오로지 일심으로 관세음보살을 염송하면, 염송하는 즉시로 보살이 은연 중 그윽이 나타나 가호(加護)해 주신다오. 그러나 만약 마음이 지성스럽지 못하거나, 오롯이 일념을 이루지 못하면, 관세음보살의 보호 구제를 받기가 어렵소. 이 이치는 매우 심오한데, 석인 보타산지서(石印普陀山志序)를 보면 자세히 적혀 있소.

관세음(觀世音)이라고 이름 부르는 것은, 관세음보살이 원인 수행의 지위[因地]에 있을 때, 듣는 성품을 관조하여 원만하고 통달한 도를 증득하였기 때문이오. 또 과보의 경지[果地]에서는, 중생들이 자기 명호 부르는 소리를 관찰하여 보호 구제를 베푸시기 때문에, 관세음이라는 명호를 얻었다오.

또 보문(普門)이란, 관세음보살의 도가 너무 크고 제한이 없어, 일체 중생들의 근기와 성품에 따라 각자 적합한 귀향의 길을 두루 열어 주시기 때문에, 어떤 특정한 한두 법문만 세우지 않는다는 뜻이오. 마치 세상에 질병의 원인과 증상이 천태만상이기 때문에, 병을 치료하는 의약 처방도 천차만별인 것과 비슷하오. 어느 특정 법문에만 집착함이 없이, 중생이 미혹하는 원인과, 쉽게 깨달을 치료처에 따라, 처방을 일깨워 주시는 것이오.

예컨대 육근(六根: 眼·耳·鼻·舌·身·意), 육진(六塵: 色·聲·香·味·觸·法) · 육식(六識: 眼識·耳識·鼻識·舌識·身識·意識), 칠대(七大: 地·水·火·風·空·見·識: 주변 법계를 뜻함)가, 모두 각각 원만하고 통달한 도를 증득하는 인연이 될 수 있소. 다시 말해, 모든 법과 모든 사물이 죄다 생사고해를 벗어나 올바른 깨달음을 이룰 수 있는 문이 되기 때문에, 보문(普門)이라고 이름 부르는 것이오. 만약 관세음보살이 오직 남해의 보타산에만 계신다면, 결코 '보(普)'문이 될 수 없지 않겠소?


## 3) 마음가짐과 품격 세움[存心立品]

만약 좋지 못한 경우를 당하거든, 한 발짝 뒤로 물러서는 생각을 해 보시오. 세상에 나를 능가하는 자가 정말 많지만, 나만 못한 이도 또한 적지 않소. 다만 굶주리지 않고 춥지 않다면, 어찌 꼭 대부호와 고관대작을 부러워한단 말이오? 하늘의 뜻을 즐거이 받아들이고 분수를 알아[樂天知命], 만나는 대로 편안히 여기는 것이오[隨遇而安]. 이와 같이 하면, 오히려 번뇌도 보리(菩提)로 변화할 수 있거늘, 근심 고통 따위야 어찌 안락으로 바뀔 수 없겠소?

만약 질병이 끊임없이 귀찮게 달라붙는다면, 몸뚱이 자체가 고통의 근본임을 통절히 생각하며, 어서 벗어버리고 싶은 혐오감을 강렬히 내시오. 그리고 정토 법문을 힘써 수행하여 극락왕생을 발원하여야 마땅하리다. 모든 부처님께서는 한결같이 고통을 스승으로 삼아[以苦爲師] 불도를 이루셨다오. 그러니 우리도 마땅히 질병을 약으로 삼아[以病爲藥], 한시바삐 생사윤회를 벗어나려고 노력해야 하오.

우리 범부 중생에게 만약 빈곤·궁핍·질병 따위의 고통이 전혀 없다면, 매일같이 여색과 재물·명예 따위의 진흙탕을 쏘다니며, 한시도 쉴 수 없음을 모름지기 알아야 하오. 누가 세속에서 눈부시게 활약하며 득의양양할 때, 고개를 돌려 장차 그 곳에 빠져 결국 헤어나지 못할 줄 생각이나 하겠소? 그래서 일찍이 맹자(孟子)도 유명한 말씀을 남겼소.

"하늘이 장차 어떤 사람에게 큰 임무를 내리려 할 때는, 반드시 먼저 그 마음과 뜻을 괴롭히고, 그 근육과 뼈를 수고롭게 하며, 그 몸통과 살갗까지 굶주리게 만들고, 그 몸이 텅 비어 궁핍하게 만들며, 그가 하는 일마다 뒤흔들어 어지럽히신다. 그렇게 함으로써, 마음을 움직이고 성품을 강인하게 단련시켜, 그가 할 수 없는 부분에 능력을 증진시키기 위함이다."

그러므로 하늘이 사람을 성취시킴에는, 대부분 괴로운 역경[逆]을 통한다오. 사람은 단지 하늘을 받들어, 그 역경을 순순히 받아들이는 것이 마땅한 줄 아오. 그렇지만 맹자가 여기서 말한 '큰 임무'란 주로 세간의 높은 작위(爵位: 신분 지위)를 염두에 두었을 것이오. 세간의 지위도 모름지기 그처럼 근심하고 수고해야, 바야흐로 하늘의 뜻을 저버리지 않을 수 있다오.

하물며 우리들이 범부 중생의 처지에서, 곧장 위로 법왕(法王: 부처님)의 깨달음 도를 받들고, 아래로 법계의 유정 중생들을 교화시키려 하는 수행이야 오죽하겠소? 가령 조금이라도 빈곤과 질병 따위에 좌절 당하는 시련이 없다면, 범부의 미혹이 날로 치성하여 청정한 수행이 성취되기 어렵소. 본 마음을 잃어버리고 삼악도에 영원히 빠져, 미래세가 다하도록 벗어날 기약도 없을 것이오.

옛날 대덕이 "한바탕 뼛속까지 스미는 추위를 겪지 않으면, 어떻게 매화 향기가 콧속을 찌를 수 있겠는가?[不經一番寒徹骨, 爭得梅花撲鼻香]"라고 읊으신 게, 바로 이러한 뜻이오. 오직 지성스런 뜻과 마음으로 염불하여, 묵은 업장을 해소하여야 하오. 혹시라도 번잡하고 조급한 마음이 일어, 하늘을 원망하고 사람을 탓하거나, "인과응보의 법칙은 허망한 것이고 불법도 신령스럽지 않다."는 망언을 서슴지 않는 일은, 결단코 없어야 하오.

옛날에 거백옥(遽伯玉)은 평생 수행하면서, 50세 때에 이르러 49세 때의 잘못을 알아차렸소. 또 공자는 나이가 일흔이 다 되어서도, 오히려 하늘이 자기에게 몇 년만 더 내려 주면, 주역을 공부하여 큰 허물[大過]이 없겠다고 기원했다오.(공자의 주역 공부에 관한 문장은 크게 다른 해석들이 있음) 성현들의 공부는, 마음을 움직이고 생각을 일으키는 바탕 자리에 궁극의 목표를 두지 않은 이가 없소.

그런데 근래의 유학자들은 오직 사장(詞章: 말과 문장만 다듬은 문학류)만 공부하고, 큰 학문[大學]의 기본 출발점인 정심(正心)과 성의(誠意)는 거들떠보지도 않고 있소. 비록 매일같이 성현의 글을 읽지만, 성현들이 글을 남겨 세상 사람을 일깨우려고 한 근본 뜻은 전혀 알지 못하는 게오. 그들이 입으로 말하고 몸으로 행동하는 것을 성현의 말씀과 행동에 견주어 보면, 마치 밝음과 어둠이 서로 조화를 이룰 수 없고, 네모와 동그라미가 서로 들어맞지 않는 것처럼 크게 다르오. 하물며 은밀하고 미세한 부분의 차이를 따져 볼 겨를까지 있겠소?

불경은 사람들에게 항상 참회하여, 무명(無明)을 완전히 끊고 불도를 원만히 이루라고 가르치고 있소. 비록 지위가 등각(等覺)까지 이른 미륵보살조차도, 매일같이 시방세계 모든 부처님께 예경(禮敬)을 드리며, 무명이 깨끗이 사라져 법신을 원만히 증득하기만 기원한다오. 하물며 그 아래 보살이나 성문·벽지불은 말할 나위가 있겠소?

그런데도 우리 범부 중생들은 몸뚱아리 전체가 온통 업장투성이인데도, 부끄러워할 줄도 모르고 참회할 줄도 모르는구려. 비록 일념 심성(一念心性)이야 부처와 똑같이 평등하다지만, 번뇌와 악업의 장애가 마음의 근원을 뒤덮어, 밖으로 훤히 드러날 수 없는 현실인 걸 어떡하오?

악을 멈추고 선을 쌓는 수행에서, 엄격하고 사실대로 자신을 살펴보기로는, 공과격(功過格: 매일의 공덕과 죄과를 기록하는 표)보다 더 좋은 게 없을 것이오. 그렇지만 만약 마음이 정성과 공경에 중심을 두지 않는다면, 설령 매일같이 공과격을 빈틈없이 기록한다고 할지라도, 결국 알맹이 없는 텅 빈 종이에 지나지 않소.

반면 비록 공과격은 없더라도, 단지 공경과 정성만 마음에 간직하고, 하루 내내 어느 한 순간이라도 헛되고 들뜬 감정이나 게으르고 느슨한 생각이 나타나지 않도록 주의하며, 세상 사람들을 대할 때 오직 충실과 용서[忠恕]를 품으면, 아주 훌륭한 수행이 되오. 그러면 어느 때든 어느 곳이든, 사악한 염두가 일어날 수 없을 것이오. 설사 묵은 습관이 발작하여 더러 갑작스레 생기는 경우가 있을지라도, 마음속에 정성과 공경, 충실과 용서를 간직하고 있기 때문에, 염두가 일어나는 것을 스스로 금방 알아차릴 수 있고, 깨닫는 순간 곧 없어지게 되오. 사악한 생각이 고삐 풀린 망아지처럼 무성하게 날뛰고, 언행까지 뒤따라 죄업을 짓는 일은 결코 없을 것이오.

소인들이 겉으로는 선을 행하는 척하면서, 실지로는 죄악을 저지르는 까닭은, 다른 사람들이 자기를 모를 것이라고 생각하기 때문이오. 그들이 모를 것이라고 생각하는 것을 정말 모르는 자들은, 단지 세간의 범부들 뿐이오. 도를 깨달은 성인은 있는 그대로 모든 것을 훤히 아신다오. 천지간의 귀신들도, 비록 도를 얻지는 못했지만, 타심통(他心通)의 과보를 받았기 때문에, 마음속 구석구석을 다 안다오. 하물며 성문·벽지불·보살과 모든 부처님처럼 삼세(三世: 과거·현재·미래)를 원만히 꿰뚫어 보시는 타심통의 도안(道眼)을 갖추신 분들이야, 마치 손바닥 굽어보듯 하지 않겠소?

알지 못하기를 바라는 자는, 오직 자기만 알지 못하는 것이 가능할 뿐이오. 자기가 만약 스스로 알았다면, 천지 귀신과 불보살님들은 모든 것을 보고 아시지 않음이 없소. 이러한 이치를 안다면, 비록 캄캄한 골방에 혼자 있더라도, 감히 느슨하게 게을러질 수 없고, 설령 남들이 전혀 모르는 곳이라도, 감히 사악한 생각이 싹틀 수 없을 게오. 천지 귀신과 불보살님들이 함께 보고 아시기 때문이오. 설사 부끄러움을 모르는 철면피라도, 만약 이러한 이치만 안다면, 부끄러워 몸둘 곳이 없을 것이오. 하물며 진실하게 수행하는 선비들이야 말할 나위가 있겠소?

그러므로 허물이 적기를 바라는 사람은, 모름지기 먼저 모든 성현과 귀신들이 다 보고 아시는 것을 두려워하는 데서부터 시작해야 하오. 공자가 요순 성왕을 국 그릇 속과 담장 위에서 보았고, 홀로 있을 때 조심했는지[愼獨]는 이부자리 흔적에서 알 수 있다고 하오. 전해 오는 말들은 세간 범부들의 보통 감정과 생각을 염두에 두고, 비근한 예로 거론하는 것뿐이오.

사실은 내 마음과 시방 법계가 보는 눈이 완전히 딱 들어맞소. 단지 우리가 미혹해 있기 때문에, 알아보는 눈이 자기 한 몸에 국한하는 것뿐이오. 반면 시방 법계의 모든 성인들은, 자기 마음이 본디 갖추고 있는 법계장심(法界藏心)을 철저히 증득했기 때문에, 법계 안의 감정 있는 중생들의 마음 움직임과 생각 일으킴 하나하나를, 빠짐없이 친히 보고 아신다오. 왜냐하면, 똑같이 진여(眞如)의 성품을 받아, 나와 남이 결코 둘이 아니기 때문이오.

이러한 이치를 안다면, 스스로 전전긍긍하며 경각심을 곧추세우고,

정성과 공경을 가득 품을 것이오. 처음에는 애써 망상을 잠재우지만, 오래 계속하다 보면 망상이라곤 찾아볼 수도 없게 깨끗이 사라진다오. 사악한 생각[惡念]도 원래 망상에 속하는 것으로, 바로 알아차리지 못하면, 곧 진짜 죄악이 되고 만다오. 하지만 금방 알아차리기만 하면, 망상이 소멸하고 진실한 마음이 나타나게 되오.

허물을 적게 하는 수행은, 사실 유교와 불교에 공통하는, 절실하고 요긴한 공부라오. 거백옥은 50세가 되어서 49세 때의 잘못을 알아차렸으며, 공자에게 심부름꾼을 보냈을 때도 "허물이 적기를 바라고 있지만 능력이 모자란다."는 말을 전했다오. 이는 정말 생각 차원[意地]에서 수행하는 것이며, 몸(행동)과 입(말)을 움직여 허물을 짓는다는 뜻이 아니오.

집안 생활을 하는 거사들도 일반 사람들과 왕래할 때, 마땅히 이처럼 수시로 생각을 예방하여야 하오. 그렇지 않으면, 생각[意業]만 깨끗하지 않은 게 아니라, 몸과 입까지 더러 더러워질 수 있소. 자신과 남이 함께 이롭고자 한다면, 옛 사람들의 훌륭한 말씀과 행실을 많이 알아, 자기 수행의 귀감으로 삼는 것보다 나은 게 없다오.

부처님과 조사들이 생사 해탈하신 것을 배우려거든, 모름지기 부끄러움[慚愧]과 참회[懺悔]를 바탕으로, 악을 그치고 선을 닦는[止惡修善] 데서부터 시작해야 하오. 바로 유가에서 말하는 자송(自訟)과 과과(寡過), 극기복례(克己復禮)를 뜻하오. 자신에게 잘못이 있는 경우, 얼른 사실대로 알아차린 다음, 자기 양심 안에서 스스로 소송·심판하는 자송(自訟: 자아 비판)을 하게 되면, 저절로 허물이 적어지게[寡過] 될 것이오. 허물을 줄이는 것이 곧 자신을 이기는[克己] 실행이며, 자신을 극복하다 보면 저절로 예법으로 복귀할[復禮] 것이오.

그리고 재계(齋戒)를 지키며 스스로 경책(警策)하고, 뜻을 몹시 진실하고 간절하게 지녀야 하오. 그렇지만 발은 현실의 바탕을 착실히 디디고 서서, 힘을 다해 실행해 가야 하오. 그렇지 않으면, 거짓말[妄語] 중의 거짓

말이 되고 말 게오. 알기는 어렵지 않지만, 실행하기가 정말 힘든 법이오. 세상에 얼마나 많은 총명한 사람들이, 단지 말만 지껄이고 실행은 안 하면서 한평생을 끝마치는 줄 아시오? 보물산에 힘들게 들어왔다가, 그냥 빈손으로 되돌아가니, 어찌 안타깝지 않겠소? 어찌 안타깝지 않겠소?

범부 중생은 미혹해 있어, 신심이 견고하지 못하오. 그래서 믿음을 내었다가 물러서기를 거듭 반복하며, 수행에 정진하다가 그만두기를 누차 되풀이하는 모습들을 보이기 마련이오. 이는 최초에 가르친 사람이, 그에게 적합한 도를 제대로 파악하지 못한 때문이기도 하오. 가령 맨 처음에 손쉽게 알 수 있는 인과 법칙 등으로부터 시작했다면, 이처럼 미혹해 갈팡질팡 방황하지는 않을 것이오.

그러나 지나간 죄악이 비록 지극히 크고 무겁더라도, 단지 마음과 뜻을 다해 참회하고 고치며, 올바른 지견[正知見]으로 청정한 수행을 닦아, 자기와 남을 함께 이롭게 하려는 뜻만 세우고 실천해 가면 되오. 그러면 제 아무리 커다란 죄악의 업장이라도 안개 걷히듯 사라지고, 본래 성품의 하늘이 맑게 확 열릴 것이오. 그래서 불경에도 이런 말씀이 있소.

"세간에 두 종류의 씩씩한 사람[健兒]이 있다. 하나는 애시당초 죄를 짓지 않는 사람이며, 다른 하나는 죄를 지은 다음 뉘우칠 줄 아는 사람이다[世間有二健兒, 一者自不作罪, 二者作已能悔]."

뉘우침[悔]이란 글자는 마음[心]으로부터 일어나야 하고, 마음에서 진실로 뉘우치지 아니하면, 아무리 입으로 말해도 이익이 없소. 비유하자면, 처방전을 읽기만 하고 약을 지어 먹지 않으면, 결코 병이 나을 가망은 없는 것과 같소. 처방에 따라 약을 지어 먹어야만, 병이 나아 몸이 건강해질 게 아니오? 단지 걱정하는 것은, 뜻을 견고하게 세우지 않아서, 하루 뜨겁게 달아올랐다가 열흘 차갑게 식어 버리는 중도 포기요. 그러면 빈 말만 그럴 듯하게 화려하지만, 실속이 조금도 없기 때문이오.

바깥 사물 경계는 본래 자기 성품이 없으며, 그로 말미암아 받는 손해와 이익은 오직 사람에게 달려 있소. 몸·입·생각의 삼업(三業)과, 가고 머물고 앉고 눕는 사의(四儀)에, 항상 안연(顏淵)의 사물(四勿)을 지키되,[44] 오계(五戒)와 십선(十善)은 반드시 증자(曾子)의 삼성(三省)을 본받아야 하오.[45] 어두운 방 안에 비록 보는 사람은 없을지라도, 천지 귀신은 다 알고 있소. 생각이 은밀한 마음속에서 처음 싹틀 때부터, 죄와 복은 이미 천양지차로 크게 벌어진다오.

만약 이와 같이 반성하고 수행하기만 하면, 장차 모든 행동거지가 다 착하고, 악이 생겨날 틈이 없게 될 것이오. 이것이야말로 진짜 마음을 바르게 하고[正心] 뜻을 정성스럽게 하는[誠意] 「대학(大學)」의 위대한 수양 법도라오. 그렇지만 혹시라도 불교의 가르침은 자질구레하게 중언부언하여, 유교의 간단명료하고 직접적인 표현만 못하다고 비판하지는 절대 마시오.

염불하는 사람은 반드시 모든 일마다 항상 충실과 용서[忠恕]를 간직하고, 모든 생각마다 늘 허물과 잘못이 없도록 예방하여야 하오. 잘못을 알면 반드시 고치고[知過必改], 정의를 보면 용기 있게 행하여야[見義勇爲], 바야흐로 부처님의 가르침과 부합하게 되오. 이렇게 수행하는 사람은 틀림없이 극락왕생하오. 그러나 이렇게 하지 않는 사람은 부처님 가르침과 서로 어긋나기 때문에, 감응이 통하기가 매우 어렵소.

『법화경』에 "삼계가 편안함 없이 불타는 집과 같아서, 뭇 고통으로 가득 차 있으니, 몹시 무섭고 두렵도다[三界無安, 猶如火宅, 衆苦充滿, 甚可怖畏.]."는

---

**44)** 『논어(論語)』「안연(顏淵)」편의 첫 장(章)에 나오는 내용. 안연이 인(仁)을 묻자, 공자가 "자기를 이기고 예로 되돌아가는 것이 인이다[克己復禮爲仁.]."라고 답하였다. 그런데 안연이 다시 극기복례의 구체적인 실행 방법을 묻자, 공자가 "예가 아니면 보지도 말고, 예가 아니면 듣지도 말며, 예가 아니면 말하지도 말고, 예가 아니면 움직이지도 말라[非禮勿視, 非禮勿聽, 非禮勿言, 非禮勿動.]."는 네 조목을 말해 주었다. 여기의 네 가지 금지를 사물(四勿)이라고 표현한다. 불교 수행의 관점에서 본다면, "예가 아니면 생각지도 말라!"고 한 구절로 간추릴 수 있겠다. 비례물념(非禮勿念)!

**45)** 『논어(論語)』「학이(學而)」편에 나오는 증자 말씀. "나는 매일 세 번(또는 세 가지로) 나 자신을 반성한다. 다른 사람을 위해 생각함에 충실하지는 않았는지? 친구들과 사귐에 미덥지는 않았는지? 스승님께서 전해 주신 (또는 자신이 전공하는) 학업을 제대로 익히지는 않았는지? ('자신이 제대로 익히지 않은 것을 남에게 전해 주었는지?'로 해석하는 異見도 있음.) [吾日三省吾身. 爲人謀而不忠乎? 與朋友交而不信乎? 傳不習乎?]"

말씀이 있소. 하늘이 사람을 성취시키는 방편에는, 괴로움도 있고 즐거움도 있으며, 거스름도 있고 순조로움도 있으며, 화도 있고 복도 있소. 이들 방편은 본디 어느 하나로 정해진 게 없으며, 오직 사람이 어떻게 받아들이고 대응하느냐에 따라 달라지오. 만약 확 트인 지혜의 눈을 지니고 하늘의 마음을 잘 헤아려 살피면, 즐겁지 않은 고통이 없고, 순조롭지 않은 역경이 없으며, 축복스럽지 않은 재앙이 없게 되오.

그래서 군자는 하늘의 뜻을 즐거이 받아들이고 분수를 알아[樂天知命], 위로는 하늘을 원망하지 않고 아래로는 사람을 탓하지 않으며[不怨天, 不尤人], 만나는 대로 편안히 여긴다오[隨遇而安]. 그러니 가는 곳마다 자유자재롭게 노닐 수 있는 게요.

본디 부귀한 자는 부귀한 대로 가난한 사람을 널리 보살피고, 군주를 잘 보필하여 백성을 이롭게 하는 수행을 한다오. 가난한 이는 가난한 대로 분수에 맞게 절약하고, 부질없는 짓을 하지 않으며 몸과 마음을 닦는다오. 또 환난을 당한 이는 환난에 처한 대로 평안한 심기(心氣)로, 주어진 고통을 자기가 저지른 죄악의 과보로 달게 받아들이고, 군주(國家)나 하늘, 자신을 포함한 간사한 무리까지 조금도 원망하지 않으면서, 일체 모든 것을 하늘에 맡기고 따른다오. 이러한 사람은 사람들이 그를 사랑하고 존경하며, 하늘도 그를 보호하기 때문에, 현생에서나 내세에, 아니면 그 자손 대에 이르러, 틀림없이 그 덕성에 걸맞는 복을 한없이 받게 될 것이오.

무릇 사람이 개과천선하여 청정한 수행을 닦아가려면, 오직 진실과 정성을 존귀하게 여기며, 거짓과 꾸밈을 가장 금기시해야 하오. 겉으로는 선을 쌓고 청정하게 수행한다는 이름만 떠들썩하게 드날리면서, 속으로는 충실하지도 못하고 용서하지도 않는 마음을 품어서는 안 되오. 거백옥처럼 50세 때 49세의 잘못을 알아차릴 정도가 되어야, 성현을 바라볼 수 있고 부처와 조사를 뒤이을 수 있으며, 유교의 일등 공신이 되고 여래의 진짜 제자가 된다오.

염불 수행으로 서방 극락에 왕생하려면, 반드시 인과응보의 법칙을 잘 알아야 하오. 그래서 몸으로 행동하고 마음으로 생각하는 바가, 모두 부처님과 합치해야 하오. 만약 부처님 가르침과 어그러지게 되면, 설령 염불을 제아무리 많이 한다 해도, 왕생하기 어렵소. 부처님과 서로 감응의 길이 열리지 않기 때문이오. 만약 크게 부끄러워하고 두려워하는 마음을 내어, 마치 독 있는 종기를 제거하듯 허물을 고치고, 흡사 흰 보옥을 지키듯 뜻을 견고히 세운다면, 만 사람 가운데 하나도 빠짐없이 모두 왕생할 수 있다오.

장기간 재계(齋戒)하며 염불하는 수행 이외에, 마땅히 지켜야 할 규율이 있소. 바로 효도와 우애를 돈독히 실행하고, 윤리도덕[倫常]을 공경히 다하는 일이오. 어떠한 죄악도 짓지 말며, 뭇 선행을 두루 받들어 행하되, 마음가짐과 생각 품음에 사악이나 편벽·허위·가식이 끼지 못하도록 막아야 하오. 사람과 함께 일을 함에는 자기 직분을 다하고, 인연 있는 이를 만나거든 정도(正道)의 문에 들어서도록 권장하되, 갖가지 수행의 모습에 표시를 낼 필요는 없소.

불자로서 행하는 모든 행위가 반드시 세속 사람들의 행위를 크게 초월하여야만, 비로소 자기도 진실한 이익을 얻고, 남들도 보고 서로 권하여 착해질 수 있음을 꼭 염두에 두시오. 만약 입으로는 수행한다고 말하면서, 마음에는 착하지 못한 생각을 품고, 부모 형제나 세상 사람들에게 자신의 본분을 다할 수 없다면, 이런 사람은 위선자라 할 것이오. 원인(수행)의 자리가 거짓인데, 어떻게 진실한 이익(결과)을 얻을 수 있겠소?

성현의 학문은 모두 격물(格物)·치지(致知)·성의(誠意)·정심(正心)으로부터 시작하오. 하물며 생사를 해탈하고 평범을 초월하여 성현의 경지에 들려고 하는, 진실한 수행이야 말할 게 있겠소? 격물과 치지에 관하여는 사서우익해중각서(四書口益解重刻序)와 요범사훈서(了凡四訓序)를 보면 될 것이오.

어떠한 악도 짓지 말고, 뭇 선을 받들어 행하라[諸惡莫作, 衆善奉行]는 부처님의 가르침은, 모두 모름지기 마음 바탕[心地]에서 논해야 하며, 단지 구체적인 일에 표출해 내는 행위만 가리키는 것은 결코 아니오. 마음 바탕에서 전혀 죄악을 일으키지 않으면, 전체가 온통 선(善)이 되어, 그 마음으로 염불하는 공덕은 보통 사람보다 백천만 배 이상 뛰어나게 되오. 마음 바탕이 오직 선하기만 하고 악이 없기를 바란다면, 언제나 어디서나 마치 부처님이나 하늘을 눈앞에 대하듯이 정성스럽고 공경스러워야 되오. 마음이 한 번 풀어지면[放縱], 불법에 어긋나는 염두들이 꼬리를 물고 일어난다오.

염불하는 사람은 모름지기 발심(發心)을 잘하여, 마음이 수행의 주인이 되어야 하오. 마음이 만약 사홍서원과 합치할 것 같으면, '나무 아미타불'을 한 번만 염송하고 착한 일을 한 가지만 하더라도, 공덕이 끝없고 한없다오. 하물며 몸과 입·생각의 삼업(三業)이 항상 염불로 중생을 이롭게 하려고 일삼으면 오죽하겠소?

그러나 마음이 오직 자신의 이익만 추구하고, 남을 이롭게 하려고 발원하지 않으면, 행한 일이 제아무리 많더라도, 얻는 공덕은 몹시 적게 되오. 하물며 혹시라도 남을 넘어뜨리고 해치려는 생각을 일으키거나, 자기를 과시하고 자랑하려는 마음을 품는다면, 대관절 어떻게 되겠소? 그가 한 염불과 선행은 전혀 공덕이 없다고 말할 수는 없을지 몰라도, 정말로 백천만억 분의 일이나 얻으면 다행일 것이오. 게다가 그가 품은 나쁜 생각[惡念]의 허물 또한 적지 않을 것이오. 그래서 단지 염불하는 사람뿐만 아니라, 모든 수행인들은 모름지기 발심(發心)을 잘 해야 한다오.

불법은 원래 세간법(世間法)을 떠나 있지 않소. 따라서 모든 불자와 법우들은 반드시 각각 자기 본분을 다해야 하오. 부모는 자애롭고 자녀는 효성스러우며, 형제자매는 서로 우애하고, 부부간에는 사랑과 공경으로 화목해야 하오. 또 어떠한 죄악도 짓지 말고, 뭇 선행을 받들어 행하며,

생명을 살해하지 않고 보호하며, 술과 고기를 먹지 않아야 하오. 정성을 간직하여 사악함을 막고, 자기(감정·욕망)를 극복하여 예법으로 되돌아가야 하오. 그래서 자기와 남을 두루 이롭게 하는 일로, 자기의 사명과 임무를 삼아야 하오. 이렇게만 한다면, 그 기초가 올바르고 튼튼하게 닦여, 불법의 윤택한 이익을 받을 수 있소. 여기다 진실한 믿음과 간절한 발원까지 갖춘다면, 틀림없이 극락세계에 상품(上品)으로 왕생할 것이오.

세상의 어리석은 사람들은 대부분 진실한 수행을 하지 않으면서, 그저 '진짜 도 닦는다'는 헛된 명성만 얻으려고 애쓴다오. 그래서 온갖 방법을 고안하여 그럴 듯하게 꾸미고 허세 부리며, '마치 진짜인 듯하면서 가짜인[似是而非]' 모습으로, 남들이 자기를 칭찬해 주기 바란다오. 그 마음과 행실이 이미 말할 수 없이 더럽고 지저분하여, 설사 수행이 있더라도 그 마음에 오염되어, 진실한 이익을 결코 얻지 못할 것이오.

이것이 이른바 이름(명분)만 좋아하고 알맹이(실질)는 싫어하는 것으로, 수행에서 제일로 크게 금기시하는 병폐라오. 가령 앞서 언급한 행해야 할 바를 갖추고, 뒤에서 언급한 금기해야 할 바를 피한다면, 이러한 사람은 세속에서는 현인(賢人)이 되고, 불법에서는 개사(開士)⁴⁶⁾가 될 것이오. 자신이 솔선수범하여 집에서 마을로, 마을에서 지방으로, 전국으로, 천하로 확대해 나간다면, 예절과 정의가 일어나고 창칼이 영원히 스러지며, 자비와 선행이 불어나고 재해와 사고는 생기지 않으리다. 그러면 저절로 천하가 태평스러워지고 인민이 안락해지지 않겠소?!

염불로 극락왕생하기를 바란다면, 모름지기 자비심을 발하여 방편에 맞는 선행을 행하며, 탐진치 삼독을 그치고 살생·도적·사음의 죄악을 끊어야 하오. 그렇게 자기와 남을 함께 이롭게 하여야, 비로소 부처님 뜻

---

**46)** 개사(開士): 깨달아 마음(의 눈)이 열린(開悟) 선비, 또는 불법으로 중생의 눈을 띄워 주고 이끌어 주는 선비라는 뜻을 지닌 보살의 덕명(德名). 전진(前秦) 때 해오(解悟)하고 덕을 갖춘 스님에게 '개사'라는 호칭을 하사한 인연으로, 스님[和尙]의 존칭으로도 쓰임.

에 부합하게 되오. 그렇지 않으면, 마음이 부처님과 등지기 때문에 서로 감응의 길이 막혀, 단지 미래의 원인 종자만 심을 뿐, 현세의 과보를 얻기는 어렵다오.

만약 지성으로 염불하며, 행실이 부처님 마음과 합치하고 마음과 입이 서로 호응한다면, 이런 사람은 임종 때에 틀림없이 아미타불께서 뭇 성현대중[聖衆]과 함께 몸소 마중 나오시어 서방 왕생을 이끄실 것이오. 일단 서방 극락에 왕생하면, 생사를 완전히 해탈하고 평범을 초월하여 성현의 경지에 들기 때문에, 모든 고통을 영원히 벗어나 뭇 즐거움만 누리게 된다오. 이는 공덕의 다소나 미혹의 유무를 따지지 않고, 오롯이 부처님 힘에 의지하는 수행이기 때문이오. 단지 진실한 믿음과 간절한 수행만 갖춘다면, 만 사람 가운데 하나도 빠뜨리지 않고 틀림없이 왕생하는 법문이오.

도를 배우는 사람은, 마음가짐과 행실이 반드시 질박하고 곧으며 치우침 없이 올바라야[質直中正] 하며, 조금이라도 편협하거나 구부러지거나 사사로운 모습이 있어서는 결코 안 되오. 만약 조금이라도 편협하거나 구부러지면, 마치 저울의 눈금이 맞지 않아 물건의 무게를 올바르게 달 수 없는 것과 같소. 또 마치 거울의 바탕이 매끄럽고 깨끗하지 못해, 사물의 모습을 뚜렷하고 정확히 비춰 줄 수 없는 것과 같소. 터럭 끝만한 차이가 천리의 오차로 벌어지고, 소문이 한 다리 건널 때마다 거짓과 과장이 뒤섞여 해명할 수조차 없게 되는 격이오.

그래서 『능엄경(楞嚴經)』에서는, "시방 여래께서 동일한 도로써 생사윤회를 벗어났으니, 모두 곧은 마음 때문일세[十方如來, 同一道故, 出離生死, 皆以直心]."라고 칭송하였소. 마음과 말이 올곧기 때문에, 이처럼 처음부터 끝까지 중간에 치우치거나 삐뚤어진 모습이 전혀 없는 거라오. 『서경(書經)』에도 말하지 않소? "사람 마음 오직 위태롭고, 도의 마음 오직 미약하나니, 오직 정성스럽고 오직 한결같이, 그 한가운데를 진실로 붙잡아라[人心惟危,

道心惟微, 惟精惟一, 允執厥中.]."

『관무량수경(觀無量壽經)』에는 정토 수행의 올바른 원인[淨業正因]이 나와 있소. 부모께 효도로 봉양하고, 스승과 어른을 받들어 섬기며, 자비로운 마음으로 살생을 끊고, 열 가지 선업(善業)을 닦으며, 삼귀의를 받들어 지니고, 모든 계율을 갖추어 지키며, 위엄과 예의를 범하지 않고, 보리심을 발하며, 인과응보 법칙을 깊이 믿고, 대승경전을 독송하며, 수행에 정진하도록 서로 권하는 것이오. 이 열한 가지 조목 가운데 어느 하나만 있어도, 깊은 믿음과 간절한 발원으로 극락왕생에 회향 기도하면, 모두 소원을 성취할 수 있다오.


## 4) 각 수행 방법에 대한 평가

　　　　　내 생각에 수행 법문에는 서로 다른 두 가지가 있소. 우선 자기 힘에 의지해 계율·선정·지혜의 삼학(三學)을 닦아, 미혹을 끊고 진리를 증득하며 생사윤회를 해탈하는 것은, 보통 법문이라고 하오. 그리고 이와 달리, 진실한 믿음과 간절한 발원을 갖추고 부처님 명호를 지송(持誦)함으로써, 부처님의 자비력에 의지해 서방 극락에 왕생하는 것은, 특별 법문이라고 하오. 보통 법문은 완전히 자기 힘[自力]에만 의지하고, 특별 법문은 자기 힘과 부처님 힘을 함께 겸비한다오. 설사 제아무리 선정과 지혜를 깊이 닦아 미혹을 끊는 공부가 뛰어나더라도, 진실한 믿음과 간절한 발원으로 염불하여 극락왕생을 구함이 없다면, 역시 자력 수행에 속할 따름이오.

이 두 가지를 비유로 견주어 보겠소. 보통 법문은 산수(山水)를 그리는 것과 같아서, 반드시 붓으로 한 획 한 획 정성스레 그어야 점차 완성되는 격이오. 특별 법문은 산수(山水)를 사진기로 촬영하는 것과 같아서, 제아무리 수십 겹의 산봉우리와 계곡이 어우러져 있더라도, 단추 한 번 눌러 순식간에 고스란히 완성되는 격이오. 또 보통 법문은 도보로 길을 걷는 것과 같아, 튼튼한 자라도 고작 하루에 백수십 리밖에 못 간다오. 하지만 특별 법문은 전륜성왕(轉輪聖王)의 윤보(輪寶: 요즘의 비행기나 로켓트를 대신 상정해 보면 좋음)를 타는 것과 같아, 하루에 금방 사대부주(四大部洲: 지구상의 오대양 육 대주를 상정)에 두루 이를 수 있다오.

우리들은 이 자리에서 즉시 성불할 자격도 없고, 또 미혹을 완전히 끊어 마음대로 행동하더라도 악업을 짓지 않는다는 구체적인 실증도 없소. 그런데도 정토 법문 수행에 전념하여, 부처님의 자비력으로 업장을 짊어진 채 왕생하길 바라지 않겠소? 그렇다면 아마도 미래의 시간이 다하도록, 여전히 삼악도나 육도 가운데 생사윤회를 계속하면서 벗어날 기약이 없을 것만 같아, 슬프지 않을 수 없소. 바라건대 우리 불자 모두 함께 올바른 믿음을 내면 좋겠소.

염불 법문에는 대략 네 가지가 있소. 지명(持名)과 관상(観像)과 관상(観想)과 실상(實相) 염불이 그것이오. 이 네 가지 방법 중에, 부처님 명호를 지니고 염송하는 지명(持名: 또는 稱名이라고 함) 염불이 중생들의 근기를 가장 널리 두루 포섭하고, 착수하기도 쉬우며 마장(魔障)을 초래하는 일도 없다오.

만약 관법(觀法)을 수행하려거든, 반드시 먼저 관경(觀經)을 숙독하여, "이 마음으로 부처를 짓고, 이 마음이 부처임[是心作佛, 是心是佛.]"과 "마음이 청정하면 부처가 나타나며, 경계가 밖으로부터 오는 게 아님[心淨佛現, 境非外來.]"을 깊이 알아야 하오. 그래서 단지 마음이 나타나는 것에 집착하지 않아야, 그 경계가 더욱 심오하고 미묘해지며, 마음 또한 더욱 정치(精緻)하게 순일(純一)해진다오.

이와 같이만 한다면, 관상(観想)의 이익이 결코 사소하지 않소. 그러나 관상하는 경계가 익숙하지 못하고, 마음의 길[心路]도 분명하지 않으면, 조급하고 허황된 마음으로 경계가 한시 바삐 나타나기만 바라기 쉽소. 그러면 전체가 망상이 되어, 부처님과도 마음과도 모두 서로 감응을 얻지 못하고, 도리어 마장(魔障)의 태반(胎盤)만 잠복시키는 결과를 낳게 되오.

이렇게 경계만 얼른 보려고 망상을 품으면, 마음이 더욱 조급하고 허황되기 쉽소. 그러면 틀림없이 여러 전생에 맺은 원수들이 벌떼처럼 몰려들어, 거짓 경계를 나토어 미혹시키려 들 것이오. 최초의 원인 자리가 진실하지 못하니, 그런 거짓 경계가 마장으로 나타난 것인 줄을 어떻게 알아차릴 수 있겠소? 그리하여 크게 기뻐하며 흥분하여 안절부절 못하면, 악마가 곧 몸에 달라붙어, 제 정신을 잃고 미쳐 날뛰게 되오. 그런 사람은 설령 산 부처님께서 몸소 나타나시어 구제하려고 해도 어찌할 수가 없소.

모름지기 자기 근성(根性)을 스스로 헤아려야 하오. 그래야 혹시라도 오직 높고 뛰어난 것만 붙잡으려다가, 이익은 못 얻고 손해만 보는 어리석음은 없게 되오. 일찍이 선도(善導) 화상께서 "말법 시대의 중생은 정신과 의식이 날넘고 건방지며, 마음은 거칠고 경계는 세밀하여, 관법 수행을 성취하기 어렵다."고 하셨소. 그래서 위대한 성인께서 자비와 연민을 베푸사, 오로지 '나무 아미타불' 명호만 지송하는 염불을 특별히 권하셨다오.

명호를 부르는 게 쉽기 때문이기도 하거니와, 또 더러 마음을 잘못 써서 마장의 경계에 빠져드는 자가 있을까 진심으로 염려한 까닭이라오. 스스로 잘 살피기 바라오. 또 간절한 정성 자체도 조급하고 허황된 마장을 제거하는 한 가지 비결이오. 마음과 힘을 다해 실행한다면 정말 다행이겠소.

그리고 혹시라도 한 부처님을 부르며 생각하는 염불이 수많은 부처님을 부르며 생각하는 공덕만큼 크지 못하다고 생각지 마시오. 아미타불은 법계장신(法界藏身: 법계에 감추어져 가득 차 있는 몸)으로, 시방 법계의 모든 부처님들의 공덕이 아미타불 한 분께 전부 원만히 갖추어져 있음을 모름지기 알아야 하오. 마치 제망주(帝網珠)에서 천 구슬이 한 구슬에 포섭되고, 한 구슬이 천 구슬에 두루 비춰지는 것처럼, 아미타불 한 분만 입에 올려도, 모든 부처님이 빠짐없고 남김없이 전부 망라된다오.

만약 오랫동안 수행한 대사(大士)라면, 인연 경계가 폭넓은 것이 전혀 방해가 안 되오. 오히려 경계가 넓을수록, 마음이 더욱 오롯이 통일될 수 있소. 그러나 공부가 아직 깊지 못한 보통 초심자들은, 만약 인연 경계가 넓어지면 마음과 의식이 분산하기 마련이오. 지혜는 얕고 업장은 두텁기 때문에, 더러 마장을 불러일으킬 수도 있다오. 우리 석가모니불과 역대 조사들께서 모두 한결같이 일심으로 아미타불 염송에 전념하라고 가르치신 것도, 바로 이 때문이오.

염불 수행으로 삼매를 증득한 뒤에는, 온갖 법문의 무한하고 미묘한 이치가 모두 원만히 갖추어지게 되오. 옛 사람들이 "큰 바다에 이미 목욕한 사람은 반드시 온갖 강물을 다 쓴 셈이고, 몸소 함원전(含元殿) 안까지 들어가 본 사람에게는 장안(長安)을 더 이상 물을 필요가 없다."고 하신 말씀은, 이러한 상황을 가장 잘 형용한 비유라고 하겠소.

나무 아미타불 명호를 지송하는 염불법이 아무나 할 수 있고 깊지도 못하다고, 이를 내버리고 관상(觀像)이나 관상(觀想)·실상(實相) 등의 염불법을 닦겠다고 나서지는 절대 마시오. 무릇 네 가지 염불 가운데, 오직 명호를 지송하는 방법이 말법 시대 우리 중생의 근기에 가장 잘 들어맞기 때문이오. 명호를 지송하여 일심불란(一心不亂)에 이르면, 실상(實相)의 미묘한 이치도 전부 드러나고, 서방 극락의 미묘한 경지도 철저히 원만하게 나타난다오. 즉 명호를 지송하여 실상을 몸소 증득하고, 관법을 닦지 않아도 서방 극락을 철저히 친견하는 것이오.

명호를 지송하는 염불법은 불도에 들어가는 현묘한 문[入道之玄門]이자, 부처가 되는 지름길[成佛之捷徑]이라오. 요즘 사람들이 교리나 관법을 모두 제대로 분명히 알지 못하면서 관상(觀想)이나 실상 염불법을 닦다가는, 자칫 악마가 들러붙기 쉽소. 재주를 부리려다 오히려 낭패를 당하고, 위로 올라가려다가 도리어 아래로 추락하는 꼴이 되기 십상이오. 마땅히 행하기 쉬운 방법을 수행하여, 지극히 미묘한 과보가 저절로 이루어져 나타나도록 하는 게 좋지 않겠소?

여래의 설법은 원래 중생의 근기에 맞추어 이루어졌소. 그래서 실법(實法)을 행하며 권법(權法)을 베풀기도 하고, 권법을 열어 실법을 드러내기도 하면서, 한평생 다섯 시기의 교화가 차례로 있었다오. 그리고 또 중생들이 자력으로 해탈하기는 어렵고, 부처님 힘에 의지하면 해탈이 쉬운데다가, 말세 중생들의 근기가 형편없이 열악함을 아시고, 특별히 정토 법문을 열어 두셨소. 상중하 세 근기의 모든 중생이 다같이 이익을 얻어 불퇴전의 경지에 오를 수 있도록, 미리 배려하신 것이오.

그런데 세상에는 고상한 것만 좋아하고, 훌륭한 것만 좇아가는 이들이 많소. 시대와 중생의 근기를 관찰하지 못하고, 늘상 거의 깨달을 수 없는 것을 가지고 사람들에게 수행하라고 가르치고 권하는 것이오. 그 뜻이야 비록 몹시 선하겠지만, 시대와 근기를 그만 놓쳐버려, 힘만 많이 들이고 얻는 이익이 아주 적게 되니, 안타깝기 그지없소.

한 마음[一心]을 아직 얻기 전에는, 부처를 보겠다는 염두가 결단코 싹터서는 안 되오. 한 마음을 얻게 되면, 마음과 도가 합쳐지고 마음과 부처가 합쳐져서, 부처를 보려고 하면 단박에 볼 수 있고, 보고 싶지 않으면 역시 아무 어려움 없이 안 보게 되오.

그런데 한 마음을 얻지도 못한 채 성급히 부처만 보려고 한다면, 마음과 생각이 어지러이 드날리고, 부처를 보려는 염두가 가슴 속 깊이 단단히 맺혀, 수행의 막대한 병폐가 된다오. 그런 상태가 오래 지속하면, 오랜 생애 동안 원한 맺힌 중생들이 그 조급한 욕심과 망상을 틈타, 부처님 몸으로 나타나 숙세의 원한을 보복하려고 덤비게 되오. 자기 마음에 올바른 식견이 없이 온통 악마의 분위기로 휩싸여 있으니, 한번 부처의 환영(幻影)을 보면 그만 크게 기뻐하며, 악마가 마음속 깊이 파고 들어오는 줄도 모르고, 미쳐 날뛰기 쉽소. 그러면 비록 산 부처가 나서서 구하려 해도 어쩔 수 없소.

단지 한 마음[一心]만 이룰 수 있다면, 하필 미리 부처를 볼 수 있을지 여부를 계산한단 말이오? 한 마음이 된 뒤에는, 좋고 나쁨을 저절로 알게 되오. 부처를 보지 못했다면, 말할 것 없이 공부에 정진할 수 있어야 하오. 또 설사 보았더라도, 더욱더 마음을 차분히 가라앉히고 수행에 전념하여야 하오. 그러면 오해나 착각으로 인한 허물은 결단코 없으며, 오직 나날이 향상 전진하는 이익만 있을 것이오.

세간에는 이치를 잘 모르는 사람들이 조금 수행해 보고는, 금방 분수에 넘치는 기대를 품는 경우가 많소. 예컨대, 거울을 닦아 티끌과 먼지가 말끔히 사라지면, 틀림없이 맑은 광명이 드러나 천지 만물을 훤히 비추게 되오. 그런데 거울 표면을 닦는 데는 힘쓰지 않고서, 단지 빛이 나기만 바란다면, 과연 어떻게 되겠소? 온통 먼지투성이인 거울에 설령 빛이 난다고 할지라도, 그것은 요괴의 빛이지, 거울 본연의 빛은 아니오.

혹시라도 마음을 잘못 써서, 훌륭한 이익을 스스로 잃어버리고, 다른 사람들의 신심마저 흔들어 후퇴시킬까 염려스러워, 특별히 보충하는 말이오. 영명(永明) 대사께서 일찍이 "단지 아미타불만 뵙는다면, 어찌 깨닫지 못할까 근심하리오?[但得見彌陀, 何愁不開悟?]"라고 읊으셨소. 이제 그 시구를 본떠, 나는 "단지 마음이 어지럽지 않기만 바랄 뿐, 부처님 뵙고 못 뵘은 따지지 않으리[但期心不亂, 不計見不見.]"라고 말하고 싶소. 이러한 이치를 알았거든, 마땅히 마음과 부처가 합치하는 도에 힘을 쏟아야 할 것이오.

때로는 잠시 방편으로 문을 걸어 잠그고, 급하지 않은 일은 거절하는 것도, 몹시 유익한 수행이 되오. 폐관(閉關: 結制·杜門不出) 수행 중의 공부는, 마땅히 '오롯이 정신 집중하여 두 갈래 지지 않는[專精不二]' 일심불란을 주목표로 삼아야 하오. 마음이 과연 하나가 되면, 저절로 불가사의한 감응이 통할 것이오. 아직 하나가 되기 전에는, 절대로 조급하고 망령된 마음으로 먼저 감응이 통하길 구해서는 안 되오. 한 마음이 된 뒤에는 틀림없이 감응이 통하고, 감응이 통하면 마음이 더욱 하나로 오롯이 집중할 것이오.

그런데 마음이 아직 순수하게 하나가 되지 못한 상태에서 감응이 통하기만 간절히 바라면, 그 욕심이 바로 수도(修道)의 제일 큰 장애가 된다오. 하물며 조급하고 망령된 마음으로, 아주 특별한 기대에 잠긴다면 어찌 되겠소? 온갖 악마를 불러들여 청정한 마음을 파괴할 게 분명하오.

손가락에 피를 내어 경전을 쓰는[寫經] 일은 일단 늦추고, 마땅히 한 마음으로 염불하는 것을 급선무로 삼아야 하오. 피를 많이 흘리면, 기력이 소진하고 정신이 쇠약해져, 도리어 수행에 장애가 될까 두렵기 때문이오. 몸이 편안한 뒤에 도가 높아지는 법이오. 범부의 지위에서 법신 대사(法身大士)의 고행을 본받아 실천하려 들면 안 되오. 단지 한 마음만 얻으면, 모든 법이 두루 원만하게 갖추어진다오.

관상(觀想) 염불법은, 먼저 이치의 길[理路]이 명백하고 관조의 경지[觀境]가 익숙하며, 조급하거나 경망스런 마음이 없고, 차분히 안정되어 흔들리지 않는 뜻을 갖추어야 하오. 그런 사람이 아니면 수행해 봤자, 손해만 많고 이익은 적다오.

실상(實相) 염불법이야, 부처님 한평생 가르침과 모든 법문에 공통하는 최고 미묘한 수행이오. 천태종(天台宗)의 지관(止觀)이나 선종의 참구 향상(參究向上) 등의 수행이 모두 그것이오. 이른바 자기 성품에 본래 갖추어진 천진(天眞)스런 부처를 사념(思念)한다는 것이오.

이러한 실상 염불은 말하기는 쉬운 듯하지만, 수행하고 증득하기는 실로 어려움 가운데 최고 어려움이라오. (이미 도를 얻은 뒤 중생을 제도하기 위하여) 다시 온[再來: 再臨] 대사(大士: 보살)가 아니라면, 누가 현생에 단박 몸소 증득할 수 있겠소? 이렇듯이 어렵기 때문에, 명호 지송하는 염불을 아주 특별히 찬탄하고 권장하는 것이오.

이걸 알고도, 여전히 자기 힘에 의지해 미혹을 끊고 진리를 증득하여 본래 심성을 회복하려고 고집할 뿐, 믿음과 발원으로 부처님 명호를 지송하여 서방 극락에 왕생하길 바라지 않으려는 사람은, 아마 씨도 없을 것이오. 실상(實相)은 일체의 법에 두루 존재하오. 명호를 지송하는 염불 법이야말로, 구체적인 일[事]이자 추상적인 이치[理]이며, 얕으면서도 깊고, 수행의 과정이자 성품 자체이며, 범부의 마음이면서 부처님의 마음인, 최고 위대한 법문이라오. 명호 지송 염불의 본체와 실상을 알아본다면, 그 이익은 몹시도 크고 깊소.

명호 지송법을 도외시하고 실상법만 오로지 닦는다면, 만 사람 가운데 한둘도 진실로 증득하기가 어렵다오. 내생에 소동파(蘇東坡)나 증로공(曾魯公)·진충숙(陳忠肅)·왕십붕(王十朋) 등과 같은 과보만 얻을 수 있어도, 이미 최상의 경지에 속하오. 그렇지만 생사윤회를 해탈하는 일이, 어찌 큰 뜻을 품고 큰 소리를 치는 것으로만 호락호락 이루어질 수 있겠소?

염불의 즐거움은, 오직 진실하게 염불하는 자만이 스스로 알 수 있소. 그렇지만 반드시 뜻과 정성을 다해 마음을 추슬러 간절히 염불해야 하며, 바깥 경계나 형상에 집착해서는 결코 안 되오. 그렇지 않으면, 마음 바탕이 확 트이지 않고 관상의 길도 익숙하지 못하여, 악마의 경계가 앞에 나타나도 알아보지 못할 터이니, 몹시 위험하게 되오.

지금 진실로 정토 법문을 널리 펼치는 이는, 정말 찾아보기도 힘든 지경이오. 선지식을 두루 참방하겠다는 염두일랑 걷어치우고, 일심으로 염불하기로 작정한다면, 그 이익이 무척 클 것이오. 이 말을 듣지 않으면, 한바탕 정신없이 힘들고 분주한 헛걸음만 하고 말 것이오. 정말 간절히 당부하는 말이오.

염불하면서도 염불함이 없고, 염불함이 없으면서도 염불함이란, 염불이 상호 감응하는 때에 이르면, 비록 항상 염불하면서도 마음을 움직이거나 생각을 일으키는 모습이 전혀 없는 경지라오.(물론 서로 감응하기 전에는, 마음을 움직이거나 생각을 일으키지 않으면, 염불하지 않는 것이오.) 비록 마음을 움직이거나 생각을 일으키지 않지만, 한 구절 부처님 명호를 늘상 입으로 부르며 염송하거나[稱念] 마음속으로 기억하며 염송하는[憶念]하는 것이오. 그래서 염송하면서도 염송함이 없고, 염송함이 없으면서도 염송한다고 말하오. 염송함이 없다[無念]는 말을 염송하지 않는다[不念]는 의미로 잘못 이해해서는 안 되오. 염송함이 없으면서도 염송한다는 말은, 마음을 움직이거나 생각을 일으키는 모습이 없이, 염송과 염송이 끊이지 않고 이어짐을 일컫소. 이러한 경지는 얻기가 결코 쉽지 않으므로, 함부로 망상이나 오해를 해서는 안 되오.

관상(觀想) 염불법이 비록 좋긴 하지만, 보고 생각하는 부처님 형상은 오직 마음속에 나타나는 것임을 반드시 알아야 하오. 만약 마음 바깥의 경계로 잘못 알면, 혹시라도 악마가 들러붙어 미쳐 날뛸 수도 있으니, 이 점을 잘 알아야 하오. 오직 마음이 나타내는[唯心所現] 형상은, 비록 뚜렷하고 분명한 모습으로 느껴질지라도, 실제로 알맹이 있는 물건 덩어리는 아니라오. 만약 바깥 경계로 착각하여 덩어리가 실제 있는 것으로 여긴다면, 곧 악마의 경계가 되고 말 것이오.

다른 분들이 사람들을 가르치는 걸 보면, 다분히 현묘(玄妙)한 곳에 치중하는 것 같소. 하지만 나는 사람들을 가르칠 때, 주로 자신의 본분을 다하도록 이끌고 있소. 가령 자신의 본분을 다하지 않는다면, 설사 선종(禪宗)과 교법(敎法)을 하나하나 철저히 궁구할지라도, 단지 삼세(三世) 모든 부처님의 원한만 이룰 따름이오. 하물며 선종이나 교법을 철저히 궁구하지도 못하는 범부 중생이 자기 본분마저 다하지 않는다면 어떻게 되겠소?

믿음과 발원 없는 염불이, 비록 화두를 붙잡는 참선보다는 공덕이 크지만, 스스로 미혹을 끊지 못하면 자기 힘으로 생사를 벗어날 수 없기는 마찬가지라오. 믿음과 발원이 없으면, 부처님의 가피와 영접을 받지 못하기 때문에, 자기 힘에만 의지하는 일반 보통 법문과 같기 때문이오. 그렇게 하여 도를 증득하기는 정말로 몹시 어렵소.

그리고 믿음과 발원으로 극락왕생을 구하는 수행이 비천하고 대수롭지 않다고 여기지 마시오. 화장해회(華藏海會)의 보살들이 한결같이 십대원왕(十大願王)으로 극락왕생을 회향 기도하는 것이, 『화엄경』의 맨 마지막 대단원을 장식하지 않소? 게다가 정토의 모든 보살과 조사들이 말씀하신 가르침도, 모두 믿음과 발원으로 극락왕생을 구하라고 일깨우지 않소?

관상염불법이 비록 16가지나 되지만, 이를 닦고 익히는 사람은 마땅히 닦기 쉬운 방법으로 수행해야 할 것이오. 여래의 백호관(白毫觀)이나 열세 번째의 잡상관(雜想觀)을 행하는 게 좋을 듯하오. 구품관(九品觀)은 수행자가 왕생하는 전인(前因: 전제 조건)과 후과(後果: 후속 결과)를 사람들에게 알려 주는 것뿐이오. 그러니 그러한 사실만 알면 그만이고, 이를 특별히 독립의 관상법으로 행할 필요는 없소.

관상의 이치는 잘 알지 못하면 안 되고, 관상의 일(수행)은 천천히 하는 편이 낫소. 만약 이치의 길[理路]을 분명히 알지도 못하고 관상의 경계도 뚜렷하지 못하면서, 조급한 마음과 붕 뜬 기분으로 관상법을 수행한다면, 마장(魔障)을 불러들일 수 있기 때문이오. 설사 관상의 경계가 앞에 잘 나타난다고 하더라도, 만약 마음속에 함부로 기뻐하는 염두가 일어나면, 그 기쁨이 도리어 장애로 변하여, 지금까지 닦는 공부를 다시 후퇴시킬 수도 있다오.

그래서 『능엄경(楞嚴經)』에서는 이렇게 말씀하고 있소.

"성인이라는 마음을 품지 않아야, 정말 훌륭한 경계라 부른다. 만약 성인이라는 생각을 하면, 곧장 뭇 사악의 침공을 받는다[不作聖心, 名善境界. 若作聖解, 卽受群邪.]."

한 마음으로 부처님 명호를 지송하는 염불로 천 번 만 번 확실한 수행을 삼기 바라오. 지극한 마음이 하나로 집중할 때, 청정한 경계(정토)가 저절로 앞에 나타날 것이오. 법신(法身)이 관상에 들면, 그 이치는 실로 몹시 심오함을 모름지기 알아야 하오. 마음으로 부처를 짓고, 마음이 부처라는 일은, 본디 평상(平常)스럽소. 평상스러우면서도 범상(凡常)치 않고, 몹시 심오하면서도 결코 깊지 않다오.

제13관법에서, 여래께서 특별히 근기가 열악한 중생들을 위해 방편법
문을 열어 놓으셨소. 1장 6척(一丈六尺: 16자)이나 8척(尺) 높이의 작은 아미
타불상을 관상하는 법이 그것이오. 또 마지막 제16관법은 죄악과 업장이
몹시 무거운 자들에게, 곧장 아미타불 명호를 불러 왕생하도록 알려주고
있소. 그래서 형상은 비록 크고 작을지라도 부처님은 본래 하나이고, 관
상을 할 수 없는 경우에는 명호만 염송해도 곧 이익을 얻게 되는 것이오.

이러한 가르침만 잘 생각해 보아도, 명호를 지송하는 염불법이 최고
제일임을 알 수 있소. 말법 시대 수행인들이 현생에 결정코 극락왕생하
고 싶다면, 바로 이 명호 지송법을 보배로 삼지 않을 수 있겠소?

요즘 사람들은 거의 태반이 체면을 차리기 위해 허공에 누각을 지으
려고 하오. 한 푼이나 반 푼밖에 없으면서도, 백천만 냥을 가지고 있다고
허풍 떨기 일쑤요. 예컨대, 어떤 거사의 수행 기록은 그 경계가 모두 손과
붓으로 쓴 것이지, 마음 바탕에서 체험한 것이 아니오. 그대들은 정말 거
짓을 꾸미지 않겠지만, 혹시라도 이런 버릇이 있다면, 그 허물은 결코 작
지 않음을 명심하시오.

부처님께서 거짓말을 근본 5계에 포함시킨 것은, 바로 이러한 폐단을
방지하기 위함이오. 더러 보고도 안 보았다고 말하거나, 못 보고도 보았
다고 말한다면, 이것이 바로 거짓말에 속하오. 그런데 만약 허공에 누각
을 짓고 수승한 경계라고 망령되이 말한다면, 아주 큰 거짓말 계율[大妄語
戒]을 범하는 것이오. 체험하지 못하고서 체험했다고 말하거나, 증득하지
못 하고서 증득했다고 말하면, 그 죄가 살인이나 강도·간음보다 백천만
억 배 이상 더 크고 무겁다오. 그런 사람이 만약 힘써 참회하지 않다가,
날숨 한번 들어오지 못해 죽으면, 불법을 파괴하고 어지럽히며 중생들을
미혹시키고 오도(誤導)한 죄로, 그만 아비지옥에 떨어진다오.

그러므로 그대는 절대로 신중해야 하오. 자신이 본 경계가 100이라면,

101을 보았다고 말해도 안 되지만, 99만 보았다고 말해도 안 되오. 지나치게 말해도 죄와 허물이 되지만, 모자라게 말해도 허물이 되기 때문이오.[47] 왜냐하면 그 말을 듣는 사람들의 수행 경지가 타심통(他心通)의 도안(道眼)을 얻지 못하여, 말하는 내용으로만 판단할 수밖에 없기 때문이오.

만약 이러한 경계를 진짜 선지식에게 말하여, 정사시비(正邪是非)를 확실히 증명 받는다면, 허물이 없게 되오. 그런데 증명 받지도 않고서 단지 스스로 자랑하고 과시하려 든다면, 허물이 있게 되오. 또 모든 사람들에게 말하는 것도 허물이 되오. 선지식에게 증명받기 위한 경우를 제외하고는, 모두 털어 놓아서는 안 되오. 말해 버리면, 그 이후로는 그런 수승한 경계를 영원토록 다시 얻지 못할 것이오. 이 점이 바로 수행인들이 조심할 제일 크고 중요한 관문이기에, 천태종에서 거듭 말하고 있소.[48]

그런데 근래 수행인들은 대부분 마귀에 붙들려, 조급하고 망령된 마음으로 수승한 경계를 보려고 바라는 듯하오. 그런 경계가 악마의 소행임은 말할 필요도 없겠소. 설사 그 경계가 확실히 수승한 경계일지라도, 한평생 환희심 따위에 탐착하여, 손해만 당하고 이익은 보지 못할 것이오. 하물며 그 경계가 확실히 수승한 경지라고 증명하기 어렵다면 어떻겠소?

그러나 수행인이 수양을 잘하여, 조급하고 망령된 마음이나 탐착하는 마음이 전혀 없고, 온갖 경계를 보더라도 아예 보지 않은 것과 똑같이 대

47) '과유불급(過猶不及)'이라는 말이 있다. 우리는 흔히 '지나치면 오히려 미치지 못하는(모자라는) 것만 못하다'는 뜻으로 잘못 알고 쓴다. 그런데 사실은 '지나치면 미치지 못하는(모자라는) 것과 같다'는 의미이다. 유(猶)는 '같을 유', '오히려 유'의 두 가지 의미를 지닌다. 그런데 '오히려'라는 부사로 흔히 해석하기 때문에, '못하다'는 뜻이 문장의 호응상 저절로 뒤따라 붙으며, 의미상 '불급(不及)'과 혼동하여 착각하는 것이다. 바로 지나침[過]과 모자람[不及]이 전혀 없는 중용(中庸)을 추구하는 유가의 도(道)가 함축된 성어(成語)로, 본문의 내용과도 정확히 일치한다.

48) 천태종뿐만 아니라, 모든 종파와 종교를 막론하고 가장 중시하는 수칙이다. 예컨대, 노자(老子)는 '다언삭궁(多言數窮)'을 경고하는데, '말이 많으면 자주 곤궁해진다'는 뜻이다. 또 중국에는 더 직접적이고 실감나는 '언진도단(言盡道斷)'이라는 격언이 사람들 입에 자주 오르내린다. '말이 다하자마자 도가 끊어진다'는 뜻이다. 우리가 흔히 듣는 '언어도단(言語道斷)'도 본래 이와 상통하는 의미로 풀이되나, 우리는 (특히 禪宗에서는) 보통 언어의 길이 끊긴, 바꾸어 말하면 말로 표현할 수 없는 禪(마음)의 경지를 표현하는 것처럼 느껴진다.

하며, 환희심이나 탐착심을 내지 않을 뿐만 아니라, 두려움이나 놀람·의심 따위도 전혀 일어나지 않는다면, 이런 사람에게는 수승한 경계가 나타나는 경우에 아주 유익함은 물론이고, 설사 악마의 경계가 펼쳐지더라도 또한 유익하게 되오.

왜냐하면, 그런 사람은 악마에 홀려 흔들리거나 맴돌지 않고서, 곧장 위를 향해 정진할 수 있기 때문이오. 이러한 말은 보통 사람들에게 잘 말하지 않는데, 그대에게 바로 이러한 사정이 있기 때문에, 정말로 말하지 않을 수가 없구려. 그대가 맨 처음 예불 때 보았다는 대사(大士: 보살) 형상은 정확하지 않소. 만약 정말이었다면, 그 형상이 관경(觀經)의 묘사와 합치하지 않는다고 생각한 것 때문에 사라져 버리지는 않았을 것이오.

그렇지만 그대가 이로 말미암아 신심이 더욱 간절해진다면, 이 또한 좋은 인연이오. 다만 항상 불보살의 형상을 보려고 욕심내지만 않으면 되오. 오직 지성으로 불보살께 예배(禮拜) 드리기만 한다면, 다른 염려는 할 필요가 없소. 잠자리에 들면서 눈앞에 흰 빛[白光]과 함께, 예불 때 뵈었던 불보살 형상이 허공에 걸린 듯 서있는 모습이 나타난 것도, 비록 좋은 경계(현상)이지만, 역시 탐착해서는 안 되오. 앞으로 그런 기대나 희망을 가져서는 안 되오. 바라면 더 이상 나타나지 않을 것이오. 그대의 근기와 성품을 살펴 보건대, 아마도 전생에 선정(禪定)을 제법 닦은 것 같소. 그래서 이러한 형상이 자주 나타날 것이오.

명(明) 나라 때 우순희(虞淳熙)가 천목산(天目山: 浙江省 서북부 소재. 최고봉 해발 1,587m) 높은 봉우리에서, 죽기를 작정하고 폐관(閉關) 수행을 계속했다오. 참선을 오래 닦은 결과 마침내 선지(先知: 先見之明)를 얻어, 날씨의 맑고 흐림과 사람들의 길흉 화복을 예언하게 되었소. 그는 이미 연지(蓮池) 대사에게 귀의하였는데, 연지 대사가 그 소식을 듣고는 편지를 써 보내, 그가 악마의 올무에 빠져 들었다고 호되게 꾸짖었다오. 그 뒤 소식은 알 수가 없었소.

도를 배우는 사람[學道人]은 모름지기 큰 것을 닦고 알아야 하오. 그렇지 않으면, 조그만 이익을 얻고서 반드시 큰 손해를 당하게 되오.[49]

이러한 경계가 설사 정말로 다섯 신통[五神通]을 얻은 것이라 할지라도, 오히려 거들떠보지도 않고 내버려 두어야, 바야흐로 누진통(漏盡通)까지 얻을 수 있다오.[50] 만약 한번 탐착하기만 하면, 더 이상 향상 진보하기 어려울 뿐만 아니라, 오히려 후퇴하고 타락할 수 있으니, 잘 알아 두지 않으면 안 되오.

정토 염불을 수행하는 사람은 갖가지 경계를 일삼지 않는다오. 그래서 또 어떠한 경계도 발생함이 없소. 만약 마음속으로 오로지 경계를 보려고만 한다면, 금방 수많은 경계가 나타난다오. 이때 마음을 조금이라도 잘못 쓰면 손해를 볼 수도 있으므로, 잘 알아 두어야 하오.

조급한 성미는 어느 한두 사람뿐만 아니라, 불교를 공부하는 모든 사람들이 대부분 범하기 쉬운 병폐라오. 이러한 병폐가 있는 사람들은, 악마의 경계에 빠져 들지 않으면, 곧잘 얻지도 못하고서 얻었다고 허풍을 떤다오.

우리 마음이 본디 부처인데, 번뇌가 말끔히 사라지지 않았기 때문에, 억울하게도 중생 노릇만 하고 있는 줄을 꼭 알아야 하오. 그러므로 번뇌만 말끔히 사라지게 한다면, 본디 갖추어진 부처님 성품이 저절로 훤히 드러날 것이오. 마치 거울 표면을 닦아 먼지만 말끔히 소제하면, 빛이 나

---

49) 일찍이 공자(孔子)도 "군자는 크게 받을 수 있으니 작게 알아서는 안 되고, 소인은 크게 받을 수 없고 작게 알 수 있을 따름이다[君子不可小知而可大受, 小人不可大受而可小知: 論語, 衛靈公 편]."는 위대한 말씀과 함께, "성급하게 욕심내지 말고, 작은 이익을 보지 말라. 욕심이 성급하면 이르지 못하고, 작은 이익을 보면(집착하면) 큰 일이 이루어지지 않는다[無欲速, 無見小利. 欲速則不達, 見小利則大事不成: 『論語』,「子路」편]."는 소중한 가르침을 남겼다.

50) 신통(神通): 불가사의함을 신(神)이라 하고, 자유자재함을 통(通)이라 한다. 천안통(天眼通: 色界와 欲界의 모든 사물을 비춰 보는 눈)·천이통(天耳通: 모든 소리를 듣는 귀)·타심통(他心通: 남의 마음을 꿰뚫어 봄)·숙명통(宿命通: 宿世 전생의 일을 모두 앎)·신족통(神足通: 如意通, 神境通이라고도 하는데, 어떤 장애물도 관통하며, 자유자재로 비행하고, 돌을 황금으로 변화시키거나, 불을 물로 바꾸는 기적도 행함)을 오신통(五神通)이라 한다. 여기에 누진통(漏盡通: 번뇌가 완전히 소멸한 성인의 경지. 阿羅漢 이상)을 합쳐 육신통이라고 한다.

지 않을까 염려할 필요가 없는 것과 같소. 또 눈에 티가 들어간 경우, 티만 끄집어내면 눈이 저절로 광명(시력)을 되찾는 이치와도 같소.

먼지가 아직 말끔히 닦이지 않고, 티가 미처 후련히 빠지지 않은 때에, 성급히 빛을 내고 시력을 찾기 바란다면, 가능하겠소? 무릇 처음 마음을 내는 사람들에게는, 마땅히 이러한 이치부터 잘 알려 주어야 하오.

염불 수행을 하는 사람은, 물론 곧장 극락왕생하려는 마음을 지녀야 하오. 그러나 과보가 아직 원만히 이루어지기 전에는, 다만 인연에 맡겨야 하오. 공부가 충분히 무르익었다면, 굳이 기어코 왕생하려고 해도 별 장애가 없소. 그렇지 못한데도 억지로 왕생을 구하면, 그 마음이 곧 악마의 뿌리[魔根]가 된다오. 이러한 망령된 생각이 단단히 맺혀 풀리지 않는 덩어리를 이룬다면, 그로 인한 위험은 말할 수 없이 크다오.

과보가 다할 때까지 정성을 바치는 것이, 우리가 따라 행해야 할 길이오. 수명을 (人爲로) 단축시켜 진리를 증득하려는 행위는, 진실로 부처님 경전에서 심하게 질책하셨소. 예컨대, 『범망경(梵網經)』의 게송에는 이런 구절의 말씀이 있소.

| | |
|---|---|
| 나를 따지고 생각하는 자는 | 計我著想者 |
| 이 법을 낼 수도 없거니와 | 不能生是法 |
| 수명을 끊어 증득하는 자도 | 滅壽取證者 |
| 또한 법을 씨 뿌리는 게 아닐세. | 亦非下種處 |

다만 정성과 공경을 다하여, 하루 속히 극락왕생하길 발원할 따름이지, 억지로 왕생을 앞당기려거나, 기어코 즉시 왕생하겠다고 욕심을 내서는 안 되오. 도를 배우는 사람은, 마음이 극단에 치우치거나 집착하면 안 되오. 치우치거나 집착하면, 더러 마음을 잃고 미치게 되어, 이익도 없고 손해만 본다오.

정토 수행이 무르익어 오늘 당장 극락왕생한다면, 더할 나위없이 좋을 것이오. 그러나 무르익지 않았는데 곧장 왕생하려 들면, 이는 채 자라지도 않은 벼 이삭을 살짝 뽑아 올려 성장을 도와주려다가, 도리어 말라 죽게 만드는, 알묘조장(揠苗助長)의 어리석음을 범하는 꼴이 되오.

그렇게 해서 마장(魔障)이 한번 일어나면, 단지 자기만 극락왕생할 수 없을 뿐 아니라, 잘 모르는 사람들의 신심을 후퇴시키는 빌미가 되기 쉽소. '염불 수행한다던 아무개를 보니, 염불은 이익도 없이 손해만 있는 것 같더라.' 이런 오해를 불러일으킨다면, 그 해악이 결코 작지 않을 것이오. 결정코 때를 앞당겨서 왕생하겠다는 억지 마음일랑, 오직 하루 속히 왕생하길 바라는 자연스런 마음으로 바꾸어 먹길 바라오. 설사 한시 바삐 왕생하지 못하더라도, 서운하거나 안타깝게 생각할 필요가 없소. 단지 정성과 공경만 다하다가, 과보가 원만히 이루어진 뒤에 왕생하면 좋지 않겠소? 그러면 적어도 조급하고 망령된 생각 덩어리로 악마를 초래하는 재앙은 없을 것이오.


## 5) 수행인들이여, 힘써 노력하세!

인간 세상은 여덟 고통이 두루 갖추어져 있소. 설령 천상에 생겨난다고 할지라도, 복덕이 다하면 다섯 쇠퇴[五衰]51) 현상을 피할 수가 없다오. 오직 서방 극락세계만이 어떠한 고통도 없이, 뭇 즐거움을 받는다오. 그래서 경전에도 말씀하지 않소?

---

51) 다섯 쇠퇴[五衰]: 천상 중생[天人]들의 수명이 다해 사망하려 할 때 나타나는 다섯 가지 쇠퇴 현상. 첫째 옷이 지저분하게 때가 끼고, 둘째 머리 위의 꽃이 시들며, 셋째 몸이 더러워지고 악취가 나며, 넷째 겨드랑이에서 땀이 나고, 다섯째 천상의 자기 자리가 더 이상 즐겁지 않게 느껴진다.

| | |
|---|---|
| 삼계가 불타는 집처럼 편안하지 못하며, | 三界無安　猶如火宅 |
| 뭇 고통이 가득 차 있으니 몹시 무섭고 두렵네. | 衆苦充滿　甚可怖畏 |
| 사람 목숨 덧없어 번갯불처럼 빨리 지나니, | 人命無常　速如電光 |
| 마지막 한계 닥치면 서로 돌아보지도 못하네. | 大限來到　各不相顧 |

| | |
|---|---|
| 일체의 현상 세계 유위법은 | 一切有爲法 |
| 꿈 같고 허깨비 같으며 물거품 같고 그림자 같네. | 如夢幻泡影 |

이런 경전 말씀에서도 아직 제대로 깨닫지 못하고, 정토 염불 수행에 힘쓰지 않는다면, 목석(木石) 같은 무생물과 함께 천지간에 오래 뒹굴어야 하리다. 피가 흐르고 성질이 있는 사람이라면, 어떻게 살아생전에 걸어 다니는 고깃덩어리나 시체[走肉行尸] 노릇이나 하다가, 죽어서는 초목과 함께 썩어 문드러져도 좋다고 여기겠소?

성인의 경지는 너무 고상하다고 위로 밀쳐둔 채, 스스로 평범하고 어리석은 중생으로 자처하면서, 커다란 경책(警策)을 만나도 분발할 줄 모르고, 성현과 부처·조사의 도를 듣고도 행하려 들지 않는단 말이오? 그러고도 하늘이 인간을 돌보지 않는다고 원망하겠소? 이것이야말로 인간이 하늘의 뜻을 저버리는 것이 아니겠소?

마음이 두근거리며 악몽을 자주 꾸는 것은, 숙세의 악업이 나타나는 조짐이오. 현재 나타나는 경계는 비록 선과 악이 엄연히 존재할지라도, 선과 악을 뒤바꾸는 일은 바로 자기에게 달려 있소. 악업이 나타날 때 일심으로 염불에 몰두하면, 악한 인연도 선한 인연으로 바뀐다오. 그러면 결국 숙세의 악업도, 도리어 금생의 나를 선으로 인도하는 스승이 되오. 안타깝게도 세상 사람들은 대부분 업장에 얽매여, 마치 우물 속에 빠진 사람에게 돌을 떨어뜨리는 격으로, 고통 위에 고통만 덧보태고 있구려.

지금 시대가 어느 때요? 남북이 서로 공격하고, 우리나라와 외국이 서로 대적하여, 최근 삼사 년 사이에만도 죽은 사람이 사오천 만이나 되지 않소? 아마도 인류가 생긴 이래, 이처럼 참혹한 변란은 듣지도 못했을 것이오. 또 태풍과 가뭄·홍수·지진·전염병 등이 세계 각지에서 빈번히 발생하여, 천재지변의 피해도 엄청나오.

이러한 시대에 다행히 생명을 부지하면서도, 감히 힘을 다해 정토 염불 수행에 전념하여 극락왕생하려고 원하지 않는단 말이오? 요행히 얻은 사람 몸으로 그저 유유자적하니 세월만 보내면서, 한 법문에 정신 집중하지 않고, 시절 인연과 근기에도 맞지 않는 법문에다 한가하게 힘을 쏟는단 말이오? 그러다가 날숨 한 번 다시 들어오지 않는 때에는, 다시 이러한 지름길 법문을 듣고 싶어도, 결코 요행스런 기회가 없을 것이오.

몸은 고통을 불러들이는 근본이고, 사바 고해를 싫어하는 마음[厭離心]은 즐거움을 얻는 기초가 되오. 숙세의 업장이 두텁더라도 현생의 착함이 진하면, 오랜 겁 동안의 무거운 과보도 현세에 가볍게 받도록 바뀐다오. 마찬가지로, 험악한 재난을 당해서도 용맹스럽게 수행을 지속하면, 사바세계의 고통이 극락왕생을 인도하는 스승이 된다오.

숙세(전생)의 빚을 갚는다고 생각하면, 원통과 분노가 저절로 사라질 것이오. 그러나 혹시라도 원망하고 탓하는 마음이 생긴다면, 죄악의 업장이 계속 일어나게 되오. 역경이 닥치더라도 순순히 받아들여야[逆來順受], 비로소 자기 분수를 알고 하늘의 뜻을 즐겨 따르는 사람이라고 할 수 있소. 또 사바 고해를 싫어하고 극락세계를 그리워해야, 바야흐로 정토 염불을 수행하는 사람이 된다오.

나무 아미타불 명호 하나에 대장경의 가르침이 조금도 빠짐없이 모두 포함되어 있소. 그래서 선종과 교법에 두루 통달한 사람이라야, 바야흐로 진실한 염불 수행인이 될 수 있소. 또 반대로 하나도 아는 게 없고 아무 것도 할 줄 모르는 사람이, 단지 입으로 말이나 할 줄 안다면, 그 또한 진짜 염불 수행자가 될 수 있소. 이 두 종류의 사람을 뺀 나머지는, 진실한 염불자가 되든 진실하지 못한 염불자가 되든, 모두 가르침에 의지하는지 여부와 자기 노력 여하에 달려 있다오.

정토 법문은 부처님 말씀을 믿고 따를 수만 있으면, 의심할 나위 없이 확실하오. 진실한 믿음과 간절한 발원으로 실다운 수행을 한다면, 틀림없이 왕생하여 극락세계의 대중이 될 것이오. 하물며 이처럼 엄청난 재난이 눈앞에 닥친 위험천만한 말법시기에, 유한한 정신력으로 그리 급하지도 않은 법문과 사무에 너저분히 손대어, 박통(博通)한 대가라는 명성이나 듣고 체면이나 세우려고 든단 말이오? 그러다가 자신의 전념 수행은 결국 어물쩡하니 흐리멍덩해지고 말텐데….

보현보살의 십원(十願)과 문수보살의 일행(一行)을 전념으로 수행할 수만 있다면, 다른 경론(經論)을 전혀 꿰뚫지 못하더라도, 사바 고해의 울타리를 단박에 벗어나 연지해회(蓮池海會)에 참여할 수 있소. 그러나 여기서 부처님 힘에 의지하는 법문을 진실하게 믿지 못하거나, 확고히 의지하지 못한다면, 설사 선종과 교법에 심오하게 통달했을지라도, 단지 구두 삼매(口頭三昧)에 지나지 않게 되오. 그런 구두 삼매로 생사윤회를 벗어나려고 바라는 것은, 정말로 떡을 그려 쳐다보고 굶주림을 채우려는 짓과 똑같이 어리석기 짝이 없소. 그런 사람은 반드시 중도에 몹시 후회할 것이나, 그 때는 이미 후회해도 소용없게 되오. 지금 세상은 앞으로 어떻게 펼쳐질지도 모르는 판인데, 언제 끝날지도 모르는 세월(수명)을 가지고, 급하지도 않은 일에 낭비할 수 있겠소?

옛 사람들의 속담에 이런 말이 있소.

"적지만 알찬 게, 많지만 허약한 것보다 낫다[少實勝多虛.]."

"큰 기교가 작은 졸렬함만 못하다[大巧不如小拙.]."

"한 길을 말해도 한 치를 몸소 나아가는 것만 못하다[說得一丈, 不如行取一寸.]."

진심으로 자기 자신을 위하는 이들은, 이 말들을 잘 생각하고 음미해 보기 바라오.

정토 법문은 믿음[信]과 발원[願]과 염불 수행[行]의 세 가지를 기본 요건으로 삼소. 오직 진실한 믿음과 간절한 발원을 함께 갖춘 경우에만, 비로소 독실한 염불 수행이 있게 되오. 재앙과 해악이 급박하게 닥치면 (발 등에 불이 떨어지면) 정성스럽고 간절하다가도, 별일 없이 평안해지면 그만 느슨하게 풀어지는 것이, 범부 중생의 공통된 병폐라오.

그렇지만 지금 시대 상황은, 마치 높이 쌓아 올린 땔감 위에 편안히 누워 있는 꼴과 같소. 아래에서 이미 불이 붙어 맹렬히 타오르고 있는데, 아직 맨 위에 누워 있는 우리 몸까지 타오르지 않은 것뿐이오. 눈 깜박할 사이에 온 장작더미가 치열한 불길에 휩싸이면, 온 주변 세계에 달아날 곳이 없는 것이오. 그런데도 아직까지 유유자적하니 세월이나 보내면서, '나무 아미타불' 명호 한 구절에 전념으로 매달려 구제를 청하지 않는다면, 그 사람의 지견(知見)이 얼마나 짧고 얕겠소?

숙세에 혜근(慧根)을 심어 금생에 정토 법문을 만난 인연만 해도, 정말 결코 쉽지 않은 일이오. 그런데 그렇게 어렵게 만난 법문에, 정신 집중하여 몸소 증득(결정코 극락왕생함을 뜻함)까지 하고 싶지 않단 말이오? 이는 마치 정성 들여 진흙으로 빚은 그릇을, 유약을 발라 굽기 전에 비를 맞혀, 그만 흐물흐물 풀어져 버리게 놔두는 것과 같게 되오.

세월은 몹시 빠른데, 사람 목숨이 얼마나 길겠소? 날숨 한 번 다시 들어오지 않으면, 곧 내세로 넘어 가오. 그러면 아직 도를 증득하지 못한 사람은, 설령 깨달았더라도 다시 미혹으로 빠지는 경우가 만 명 가운데 거의 만이 다 되고, 깨달음 위에다 깨달음을 덧보태 가는 경우는 억 명 가운데 한둘도 없다오. 더할 나위 없는 법의 그릇[無上法器]을 차마 부서지도록 내버려 두어, 내생의 비를 맞고 다시 진흙으로 되돌아가게 하고 싶단 말이오?

우리들이 부처님 제자[佛子]가 되었다면, 마땅히 부처님의 행실(수행)을 본받아야 할 것이오. 설령 부처님처럼 활연(豁然)히 무명(無明)을 깨뜨리고,

단박에 불성의 본바탕을 회복하여 곧장 미묘한 깨달음의 과보까지 얻지
는 못한다고 할지라도, 어찌하여 세 마음[三心: 信願行을 가리키는 듯]52)을 두루
갖추어 정토 법문을 독실하게 닦아가지도 않는단 말이오?

　금생의 육신에서 번뇌와 미혹을 끊어버리고, 이 마음의식[心識: 영혼·정
신]을 연화세계에 기탁하여, 아미타불의 제자와 거룩한 보살 대중의 도반
이 된 뒤, 고요한 열반[寂滅]에 안주하여 시방 불국토를 다니면서, 위로 불
도를 닦아 아래로 중생을 교화하고 싶지는 않소?

　자신이 힘써 노력하지는 않으면서, 성현의 경지는 위로 높이 내밀쳐
버리고, 스스로 어리석은 범부라고 자처할 셈이오? 반평생의 수행이 힘
들고 수고로울까봐 두려워, 영겁토록 윤회 고해에 빠져 허우적거릴 고초
를 달게 받아들일 작정이오? 자기 옷 속에 달려 있는 구슬을 잊은 채 굶
주리고, 보물 산에 올라왔다가 그냥 빈손으로 돌아갈 생각이오?

　한량없는 공덕과 지혜·신통·상호(相好)가 두루 갖추어진 미묘한 진
여성품(妙眞如性)을 가지고, 끝없는 생사윤회 속에서 번뇌 업장의 허망한
지극 고통을 당하는 것이, 억울하고 분하지도 아니하오? 어떻게 정신을
잃고 미친 사람처럼, 향상 승진을 싫어하고 후퇴 타락을 즐거워할 수 있
소? 살아생전에 걸어 다니는 고깃덩어리나 시체 노릇을 하다가, 죽은 뒤

---

52) 세 마음[三心]: 정토왕생을 위해 발하는 지성심(至誠心)·심심(深心)·회향발원심(迴向發願心)으로, 아미
타불 48원 가운데 제18원인 지심(至心)·신락심(信樂心)·욕생심(欲生心: 왕생하고자 하는 마음)에 해당함.
삼심(三心)의 해석에는 이설이 많음. 정영(淨影) 스님의 『관무량수경의소(觀無量壽經義疏)』는 권말에서,
성심(誠心)은 수행이 허망하지 않고 진실한 마음으로 법을 구함이고, 심심(深心)은 극락을 믿음이 은
근하고 지극하여 왕생하고자 함이며, 회향발원심은 곧장 구하려 달려듦이 원이고 선행을 닦아 그
걸 갖고 구하려듦이 회향이라고 풀이한다. 선도(善導) 화상은 「왕생예찬게(往生禮讚偈)」에서 이렇게
풀이한다. 지성심은 몸으로 아미타불께 예배하고 입으로 아미타불을 찬탄하며 뜻으로 아미타불을
전념(專念) 관찰하여, 이 삼업이 반드시 진실해야 한다. 심심이란 곧 진실한 신심으로, 자신이 온갖
번뇌에 뒤덮인 범부로서 선근이 적어삼계화택을 윤회하며 벗어나지 못하고 있음을 믿고, 이제 아
미타불의 크나큰 본래 서원을 알고 그 명호를 열 번만 간절히 불러도 결정코 왕생할 수 있음을 믿
으며, 한 생각도 의심이 없음을 뜻한다. 회향발원심은 자신이 짓는 모든 선근을 죄다 극락왕생에
회향 발원함이다. 그 밖에 많은 주석은 이 삼심을 대승기신론의 직심(直心)·심심(深心)·대비심(大
悲心)과 같은 걸로 보는데, 십신(十信)의 마지막 마음에서 발한 게 된다. 대체로 신원행(信願行)과 일
치한다.

초목과 함께 썩어 문드러지고 싶단 말이오?

이러한 중생들을 삼세(三世)의 모든 부처님께서, 가련하고 불쌍한 자라고 일컬으셨다오. 우리 모두 각자 잘 생각하고 힘써 닦아야 할 것이오.

요즘처럼 위험천만한 세상에는, 흉금(胸襟: 가슴)과 안목(眼目: 시야)을 활짝 열어 놓고, 정토 염불 수행에 힘쓰는 것이 좋겠소. 모든 길흉화복(吉凶禍福)일랑 전혀 따지거나 신경 쓰지 말고, 인연에 따라 변화 적응하면 그만이오. 설령 막대한 재앙이 눈앞에 닥친다고 할지라도, 나와 똑같이 이 재앙을 당한 사람이 몇 천만억이나 될지 모른다고 생각해 보시오. 어찌할 수 없는 막다른 골목에서도, 아직 믿고 의지할 만한 아미타불과 관세음보살이 계시는데, 무엇이 두렵겠소? 염불과 관세음보살 염송으로 두려움 없는 밑바탕을 삼는 거요.

마음을 활짝 열어젖히고, 미리 두려워하거나 지레 겁먹지만 않는다면, 질병도 저절로 낫고 몸도 자연히 안락해질 것이오. 이러한 이치를 모르고, 위험한 경계가 닥치기도 전에 자기가 먼저 위험 가운데 빠져 버리면, 비록 불보살이라도 구제할 수가 없게 되오. 그래서 군자는 평소 환난에 처한 마음가짐으로 환난에 대처하기 때문에, 어디에 들어가든 자유자재로 행할 수 있다오.

4

# 생사(生死)
# 해탈을 위한
# 보리심

## 1) 사람 목숨 덧없음을 경책함

광음(光陰)은 재빨리 흐르고 계절은 끊임없이 바뀌어, 한 순간 한 찰나도 머무르지 아니하오. 이것은 어쩌면 조물자(造物者)가 우리 인류와 일체 중생들에게 넓고 긴 혀[廣長舌]를 드러내어, 목숨이 덧없고 부귀영화도 길지 않으니, 한시 바삐 돌아갈 길을 찾아 윤회고해를 벗어나라고 설해 주시는, 위없는 미묘법문(無上妙法)이 틀림없소.

생사 문제는 너무나도 중대하고, 덧없음[無常: 죽음]은 재빨리도 찾아온다오. 남의 일을 귀로 듣고 제아무리 놀라고 두려워해도, 자신에게 몸소 닥쳐 겪는 고통의 절실함만은 훨씬 못한 법이오. 그러니 미리미리 준비해 두어야 하오. 임종을 기다렸다가 닦으려니 생각한다면, 틀림없이 업력(業力)에 끌려 정신을 잃고 말 것이오.

그래서 옛 속담에 "총명한 지혜로도 업장을 대적할 수 없거니와, 부귀영화로 어떻게 윤회를 벗어날 수 있으리오?[聰明不能敵業, 富貴豈免輪廻?]"라는 말씀이 있소. 생사의 관건이 닥쳐오면, 하나도 의지할 게 없소. 오직 아미타불만 믿고 의지할 수 있을 뿐이오. 그렇지만 안타깝게도 세상에 이를 아는 사람이 매우 적고, 알면서 진실로 믿고 실제로 염불하는 사람은 더더욱 적구려.

섣달 그믐날은 한 해의 마지막 날로, 미리 잘 준비하고 처리해 놓아야 하오. 그렇지 않으면 빚쟁이나 원한 품은 사람들이 떼 지어 몰려와, 편안히 설을 쇠지 못하도록 잡아 묶고 들볶을 것이오. 임종은 인간 한평생의 섣달 그믐날이라오. 믿음과 발원과 염불 수행[信願行]의 세 가지 밑천 양식[資糧]을 두루 갖추어 놓아야 하오. 그렇지 못하고 탐욕과 성냄과 어리석음[貪·瞋·癡]의 세 가지 악습이 여전히 남아 있다면, 무량 겁 이래의 빚쟁이와 원한 진 중생들이 모두 한꺼번에 달려들어 아우성치며 호락호락 넘어가지 않을 것이오.

정토 법문을 전혀 모르는 사람이 임종에 어찌할 줄 모르고, 업력에 끌려 다음 생을 받는 것은 말할 필요도 없겠소. 하지만 설사 안다 할지라도, 진실하게 힘써 수행하지 않았다면, 마찬가지로 악업에 이끌려 육도 윤회를 계속하게 되오. 윤회 고해 벗어날 요로(要路)를 찾으려고, 오직 매 순간 생각마다 죽음을 두려워하고 죽은 뒤 삼악도에 떨어질 것을 두려워한다면, 염불이 저절로 순수해지고, 정토 수행도 자연히 이루어질 것이오. 그러면 어떠한 세속 홍진의 사물도 그의 정념(正念)을 빼앗거나 어지럽히지 못하리다.

그리고 극락왕생을 바라는 사람은, 죽음을 두려워해서는 안 되오. 만일 오늘 당장 죽는다면, 오늘 곧장 서방극락에 왕생하면 되지 않겠소? 이것이 바로 이른바 "아침에 도를 들으면 저녁에 죽어도 좋다.[朝聞道, 夕死可矣.]"는 공자님 말씀이오.

어찌하여 오늘 꼭 죽어야 할 운명인데도, 죽고 싶지 않아서 발버둥치면서, 세속의 경계와 인연에 대한 미련과 집착을 놓아버릴 수 없단 말이오? 그러다가 미련과 집착이 장애가 되어, 정토의 경지가 나타나지 않고, 업력에 따라 다음 생을 받을 선악의 경계가 나타나면, 어떻게 할 작정이오? 그때는 꼼짝없이 나타난 선악도(善惡道)에 생겨나야 하고, 극락왕생은 그림의 떡이 되고 말 것이오.

그래서 정토 수행을 하는 사람은, 오늘 죽어도 좋고, 앞으로 120세를 더 살다가 죽어도 좋다고 여겨야 하오. 모든 것을 이전의 업력에 내맡긴 채, 자의로 비교하고 따지는 망상일랑 내어서는 안 되오. 믿음과 발원만 진실하고 간절하다면, 과보가 다하여 목숨이 끝날 때, 정신의식이 홍진의 수고로움을 하직하고 훌쩍 정토에 뛰어들 것이오. 그 순간 구품 연화가 피어나면서, 부처님께서 수기(授記)를 내리시리다.


## 2) 오로지 부처님 힘에 의지하길 권함

나는 서쪽에서 동쪽으로, 다시 북에서 남으로 1만여 리를 왕래하면서, 수없이 많은 사람을 보아 왔소. 그 가운데 평소 스스로 참선이나 교법에 통달했다고 자부하며, 정토 법문을 마치 오물처럼 여기고, 행여 자신을 더럽힐까 꺼리던 사람들이 많았소. 그런데 그들이 임종에는 대부분 손발을 어지럽게 휘저으며, 아버지 어머니를 부르는 걸 많이 목격하였소. 반대로 착실하고 차분히 계율을 지키면서 염불하던 사람들은, 설령 믿음과 발원이 지극하지 못해 상서로운 모습까지 나타나지는 않았을지라도, 모두 평안히 운명하였소.

그 까닭은 무엇이겠소? 본디 맑고 깨끗하던 마음의 물이 분별로 말미암아 출렁거리고 흐려지며, 또 의식의 파동이 거세게 용솟음쳐 흩어지다가도, 부처님 명호로 말미암아 맑고 고요하게 응집하기 때문이라오. 그래서 지혜롭다고 잘난 체하는 사람이, 어리석은 듯 전념하는 이만 못하다오. 기교를 부리기에 도리어 형편없이 되고 마는 것이오. ("교묘한 속임수가 졸렬한 정성만 못하다.(巧詐不如拙誠)"는 중국속담이 이에 적확히 부합하는 명언이다.)

부처님께서 설하신 일체의 대소승과 권실(權實) 법문은, 모두 모름지기 자기의 공덕과 힘에 의지하여 미혹을 끊고 진리를 증득해야, 바야흐로 생사윤회를 벗어날 수 있소. 만약 미혹과 업장이 터럭 끝만큼이라도 남아 있다면, 결정코 생사고해를 벗어나기 어렵소. 그래서 한 생에서 다음 생으로 오랜 겁을 거치며 수행하는데, 개중에는 역량이 충분하여 후퇴 없는 용맹 정진으로 해탈할 수 있는 이도 있겠지요.

그러나 대부분은 언뜻 깨달은 듯하다가 이내 미혹하고, 잠시 전진하는 듯하다가 오래 후퇴하며, 영겁토록 벗어날 기약 없이 윤회하고 있다오. 나와 그대들이 오늘까지 아직 범부 중생인 까닭은, 모두 상중하 세 근기가 두루 가피를 입을 수 있으면서도 지극히 원만하고 재빠른 정토 법문을 모르고 있었기 때문이오.

『능엄경(楞嚴經)』은 정토 법문을 모르는 자가 읽으면 정토 법문을 파괴하는 일등 공신이 되고, 반대로 정토 법문을 아는 자가 읽으면 정토 법문을 크게 떨치는 훌륭한 전도자가 되오. 왜 이런 말을 하는가 하면, 자기 힘으로 도를 깨닫기는 몹시 어려운데, 정토 염불로 극락왕생하기는 매우 쉽기 때문이오.

열 가지 법계[十法界: 불·보살·벽지불·성문과 六道 중생]의 인과 법칙은 하나하나 분명하오. 만약 부처님의 힘에 의지하지 않는다면, 비록 한둘만 몰래 깨뜨려도, 악마에 들려 미쳐 날뛰고 지옥의 씨를 심게 되오. 그런데 24가지 원통(圓通)53) 공부를, 요즘 세상에 누가 다 닦아 익힐 수 있겠소?

---

53) 스물다섯 가지 원통[二十五 圓通]: 법성(法性)의 실질에 원만히 통달함을 '원통(圓通)'이라고 부른다. 중생의 근기와 인연이 천차만별이기 때문에, 원통을 얻고자 함에도 각종 다른 방법에 의지해야 한다. 부처님께서 능엄회상(楞嚴會上)에서 여러 보살과 성문 제자들에게, 각자 무슨 법문을 바탕으로 원통을 얻었는지 물으셨다. 이에 보살과 성문 제자들이 각자 스스로 원통을 얻은 근본 법문을 대답하

오직 자식이 어머니를 그리워하는 듯한[如子憶母] 염불 법문만이, 마음을 지닌 모든 중생이 받들어 수행할 수 있다오. 단지 깨끗한 염두만 계속 이어진다면[淨念相繼], 저절로 (염불)삼매를 몸소 증득할 수 있기 때문이오. 좋고 나쁨을 분간할 줄 아는 사람이 (『능엄경』의) 이 법문을 읽는다면, 누가 감히 오직 힘만 믿고 내세우며, 부처님 힘에 의지하지 않으려고 하겠소? 물론 좋고 나쁨을 모르는 자라면, 정반대일 것이오. 단지 박학통달한 대가가 되기를 원할 뿐, 생사 해탈에는 별 관심이 없기 때문이오.

무릇 수행 공부에 힘쓰는 것은, 본디 생사를 해탈하기 위함이오. 혼자 실컷 공부해도 생사를 끝마칠 수 없음이 분명한데도, 아직도 생사를 해탈할 수 있는 법문에 의지해 수행할 생각이 없다면, 이야말로 황금을 내버리고 깨를 짊어지는 어리석은 짓이 아니겠소?

참선 공부를 하여 설령 확철대오했다 할지라도, 예컨대 오조(五祖) 사계(師戒) 선사나 초당(草堂) 선청(善淸) 선사나 진여(眞如) 모철(慕喆) 선사나 단애(斷崖) 료의(了義 1265~1334) 선사 같은 대가들도, 오히려 생사를 해탈하지 못했다오. 그리하여 다시 다음 생을 받는 날이면 도리어 후퇴하여 미혹하고 마니, 전생에 비해서도 크게 못 미치는 경우가 대부분이오. 하물며 우리 같은 범부야 말할 게 있겠소?

정토 법문은 여래께서 중생들을 두루 제도하기 위해서 특별히 베푸신 까닭에, 가장 원만하고 빠르며, 가장 넓고도 간단하며 쉬운 지름길이라오. 무슨 근거로 이렇게 말하겠소? 그밖의 일체 법문은 모두 보고 생각하는 두 미혹[見思二惑]을 완전히 끊어야, 비로소 생사를 벗어날 수 있기 때문이오. 보는 미혹[見惑]만 완전히 끊기도, 폭이 40리나 되는 큰 강물 흐름을 차단하는 것만큼 어려운데, 하물며 생각하는 미혹[思惑]까지 끊기야 오

---

였는데, 모두 25가지가 펼쳐졌다. 바로 6진(塵)과 6근(根)과 6식(識)과 7대(大)를 각각 대표하는 방법인데, 여기서 24가지로 언급하는 것은, 염불법문과 직접 연관 있는 대세지보살의 수행 방법을 바로 뒤에 따로 소개하기 때문이다.

죽하겠소?

보는 미혹을 완전히 끊으면 초과(初果: 수다원)를 증득하는데, 원교(圓敎)로 치면 초신(初信)에 해당하오. 생각하는 미혹까지 완전히 끊어야 사과(四果: 아라한)를 증득하게 되는데, 원교로는 칠신(七信)에 해당하오. 초과나 초신의 수준에서는 아직 생사윤회가 있고, 사과나 칠신의 경지에 이르러야만 비로소 생사를 끝마치게 되오.

천태(天台) 지자(智者) 대사는 오품(五品)[54]에 거주함을 보이셨소. 비록 깨달음이 부처와 똑같고 오주번뇌(五住煩惱)[55]를 원만히 조복시켰지만, 보는 미혹[見惑]조차도 오히려 일찍이 끊은 적이 없다오. 그렇지만 지자 대사의 본래 경지는 실제로 헤아릴 수가 없소. 임종에 단지 "오품에 오른 것은, 말세의 수행자들이 미혹을 끊어 진리를 증득[斷惑證眞]하는 데까지는 힘쓰지 않고, 오직 마음을 밝혀 성품을 보는[明心見性] 것을 최고 궁극의 경지로 여길까 몹시 염려하기 때문이다."라고만 말씀하셨소.

무릇 마음을 밝혀 성품을 보는 것[明心見性]은, 이른바 확철대오를 가리키오. 만약 최상상(最上上)의 근기라서 깨닫는 즉시 증득까지 한다면, 동시에 생사까지 해탈할 수 있을 것이오. 그렇지 않다면, 설령 미래세를 죄다 훤히 알지라도, 오히려 다음 생 받는 것을 피할 길이 없소.

오조(五祖) 사계(師戒) 선사가 소동파(蘇東坡)로 태어나고, 초당(草堂) 선청(善淸) 선사가 노공(魯公)으로 다시 태어난 것은, 그래도 괜찮은 편이오. 그러나 해인(海印) 신(信) 선사가 주방어(朱防禦)의 딸로 태어난 것은 이미 참

---

54) 오품(五品): 『법화경(法華經)』「분별공덕품(分別功德品)」에서, 여래 열반 후 제자들의 공덕을 다섯 품위로 나누어 설하신 것으로, 원교의 8위(八位)에 해당하며, 천태 대사가 현생에 이 오품 지위에 올랐다고 한다. ① 수회품(隨喜品: 實相의 법을 듣고 보고 이해하여 기뻐함), ② 독송품(讀誦品), ③ 설법품(說法品), ④ 겸행육도품(兼行六度品), ⑤ 정행육도품(正行六度品)

55) 오주번뇌(五住煩惱): 잔가지 번뇌를 낳는 근본 번뇌 다섯 가지로, 흔히 오주지(五住地)라 함. ① 견일처주지(見一處住地: 欲·色·無色 三界의 見惑), ② 욕애주지(欲愛住地: 욕계의 번뇌 중 見惑과 無明을 제외한 번뇌로, 애착이 가장 중대하여 붙인 이름), ③ 색애주지(色愛住地: 색계의 번뇌 중 見惑과 無明을 제외한 번뇌), ④ 유애주지(有愛住地: 무색계의 번뇌 중 견혹과 무명을 제외한 번뇌), ⑤ 무명주지(無明住地: 삼계의 모든 무명, 어리석음의 본체로, 모든 번뇌의 근본임)

기 어려운 타락이오. 또 안탕(雁蕩) 스님이 진회(秦檜)[56]로 태어난 것은, 정말 몹시 불쌍하고 딱한 일이오.

얼마나 막심하게 어려운 줄 아오? 자기 힘으로 미혹을 끊고 진리를 증득하여 생사를 해탈하기가! 여래께서 한평생 설하신 보통의 수행 증득 교리는, 비록 법문이 여러 가지로 다양하지만, 미혹과 업장을 지니고 있으면서 생사윤회를 벗어날 수 있는 것은 절대로 없소.

오직 정토 법문 하나만이, 단지 진실한 믿음과 간절한 발원을 갖추고 지성으로 부처님 명호를 지송하여, 극락왕생하는 유일한 길이라오. 미혹과 업장이 얼마나 두텁고 무거운지를 가리지 않고, 수행 공부의 정도가 얼마나 깊고 내실이 있는지도 따지지 않으며, 임종 때 부처님의 자비력에 의지하여 업장을 그대로 짊어진 채 극락왕생하는 거라오.

일단 왕생하기만 하면, 그 즉시 범부를 뛰어 넘어 성인의 경지에 들고, 생사윤회를 이미 벗어나게 되오. 그때부터 점차 수행 정진하여 몸소 무생법인(無生法忍)을 증득하고, 부처님 과보까지 원만히 성취하게 된다오. 이것이 바로 여래께서 말세의 어리석고 열악한 근기의 중생들을 불쌍히 여기시어, 누구나 현생에 생사윤회를 단박 벗어날 수 있도록 열어 놓으신 특별 법문이라오.

교리를 연구하는 이들은, 통상의 교리에 비추어 논단의 증거를 삼으며, 업장을 짊어진 채 왕생하는 사실을 믿지 않소. 항상 생사윤회 속에 머물면서, 중생 제도하는 것을 대단한 자부심과 긍지로 여긴다오. 한시 바삐 생사고해를 벗어나는 사람이 되기를 원하지 않는 것이오. 진흙으로

---

**56)** 진회(秦檜: 1090~1155): 남송(南宋) 투항파의 대표 인물. 강녕(江寧: 지금의 南京) 출신으로, 정화(政和: 徽宗의 네 번째 연호. 1111~1117) 때 진사가 되고, 북송 말기에 어사중승(御史中丞)이 됨. 정강(靖康) 2년(1127) 포로로 금(金)나라에 끌려가 태종(太宗) 아우의 측근이 되었다가, 건염(建炎) 4년(1130) 금군(金軍)을 따라 초주(楚州)까지 왔을 때 쫓겨났는데, 수비병사를 살해하고 배를 빼앗아 도망왔다고 거짓말하여 남송(南宋)에 빌붙음. 소흥(紹興: 高宗 두 번째 연호. 1131~1162) 때 두 번이나 재상이 되면서 19년간 집정함. 금(金)에 투항을 주장하며, 항전파 악비(岳飛)를 처단하고, 금(金)에 신하로 조공을 바치자고 화의(和議)를 주도하여, 백성들의 원한을 크게 삼.

빚은 그릇이, 불에 굽기 전에 비를 맞으면 금방 풀어져 버리듯이, 번뇌와 미혹이 완전히 끊어지기 전에 다음 생을 윤회하면, (수행의 힘이 풀어져) 더욱 미혹해지는 이치를 모르기 때문이오. 그러면 자신도 이롭게 하기 어려운데, 어느 겨를에 남을 이롭게 교화하겠소.

이는 모두 자기의 공덕과 능력을 제대로 헤아리지 못하는 어리석은 범부 중생들이, 약간의 지혜만 갖춘 듯하면 곧바로 무슨 대단한 법신 대사(法身大士)나 되는 것처럼, 스스로 뻐기고 행세하는 것이라오. 그러다가 한 번 잘못 든 길이 영원한 잘못으로 빠지기 십상이오.

한편 선종을 참구하는 이들은 오로지 화두(話頭) 참구에만 몰두하여, 마음을 밝히고 성품을 보기[明心見性]만 바란다오. 근기가 조금만 떨어져도, 마음을 밝히고 성품을 보지 못하는 자가 거의 대부분이며, 설사 이미 마음을 밝히고 성품을 보았더라도, 미혹과 업장을 완전히 끊지 못하여 여전히 생사윤회를 계속하는 이가, 또 거의 전부라는 사실을 잘 모르기 때문이오. 오조 사계 선사나 초당 선청 선사나 해인 신 선사나 진여 모철 선사 등이 확실한 증인들이오.

오호라! 생사(生死) 문제는 너무도 중대하거늘, 어떻게 오로지 자기 힘만 믿고, 부처님 힘에 의지하지 않을 수 있단 말이오? 혹시라도 자신의 힘이 정말로 부처님 힘보다 뛰어나단 말이오? 무릇 일반 사람들의 처세조차도, 크게는 국가(왕조)를 창건하여 정통(正統)을 물려주는 일에서부터, 작게는 자기 한 몸 먹고 입는 데 이르기까지, 뭇 사람들의 힘에 의지하지 않고는, 스스로 이룰 수 있는 게 하나도 없지 않소?

그런데 생사같이 중대한 일에서, 비록 부처님의 힘이 있더라도, 의지하지 않겠다는 심사는 무슨 까닭이오? 특출한 자기 능력을 드러내어 맘껏 과시하다가, 끝내 어리석은 바보의 소굴로 떨어지고 싶은 것이오?! 그 뜻이 위대하고 가상하다 말해야 할지? 그런데 안타깝게도 그 위대함이 무얼 가리키는지 도무지 알 수가 없구려.

무릇 생사를 끝마치고자 한다면, 반드시 진실로 증명(증득)해야 하오. 만약 단지 깨닫기만 하고 증득하지 못했다면, 번뇌와 미혹이 아직 남아 있는 것이니, 더욱 크게 노력해야 하오. 그렇게 계속 전전긍긍하니 인연 따라 단련해 가면서, 항상 깨어 관조(覺照)한다면, 마음가짐이 점차 성인의 지혜와 그윽이 합치하면서, 나와 남이나 시비를 분별하는 범부 감정이 생겨날 수 없으리다.

만약 깨어 관조하지 않으면, 여전히 범부의 감정이 치열하게 타오르게 되오. 수행 공부가 높을수록, 감정 견해도 더욱 무거워지는 법이오. 그래서 깨달음에서 다시 미혹으로 들어가는 퇴보도 피하기가 어렵소. 마치 잠에서 깨어났다가도, 일어나지 않고 누운 채 뒹굴다 보면, 다시 잠드는 것과 같다오.

옛 사람들은 "큰 일[生死]이 분명해지면, 마치 부모를 여읜 듯한다.[大事已明, 如喪考妣]"[57]고 말씀하셨소. 바로 번뇌와 미혹이 완전히 끊기지 않아, 혹시라도 다시 빠져 들까 두려워하기 때문이오. 미혹을 완전히 끊은 사람은, 범부의 감정이 전혀 없다는 사실을 알아야 하오. 범부의 감정이 전혀 없는데, 어떻게 생사윤회가 이어지겠소?

확철대오한 사람의 깨달음이 설령 부처와 같다 할지라도, 그 미혹은 아직 완전히 끊어진 게 아니라오. 따라서 반드시 한 생각 한 생각 또렷또렷 깨어 관조함으로써, 범부의 감정으로 일을 처리하지 않도록 조심해야 한다오.

이 법문은 온전히 부처님 힘에 의지하오. 비유하자면, 절름발이 장정이 힘써 걸어야 하루에 고작 몇십 리 가겠지만, 만약 전륜성왕의 윤보(輪寶: 요즘의 제트기나 로케트로 상정해 보면 좋음)를 탄다면 잠깐 동안에 사주(四洲: 오대

---

57) 여상고비(如喪考妣): 본디 '아버지 어머니를 잃은 것처럼' 몹시 비통(悲痛)해 한다는 뜻이나, 다른 일은 돌보지 않고 오직 (부모 상례같이) 그 일에만 마음과 정신을 집중한다는 뜻으로 확장하였다.

양 육대주를 상정하면 좋음)[58]를 두루 돌아다닐 수 있는 것과 같소. 이는 전륜성왕의 (복덕) 힘이지. 결코 자기의 능력이 아니오. 한평생 열심히 수행한 사람은 정말로 이와 같을 따름이오.

그리고 오역 십악(五逆十惡)을 지은 중대 죄인이라도, 임종 때 지옥의 모습이 나타나거든 뜻과 마음을 다해 염불하면, 곧장 부처님의 영접 인도를 받아 왕생할 수 있소. 정말로 부처님은 중생들을 모두 똑같은 한 자녀처럼 보시기 때문에, 착하고 순종하는 이만 자비롭게 보살필 뿐만 아니라, 거역과 죄악을 일삼는 자들에게도 연민의 정을 배로 느끼신다오. 자식이 아무리 불효막심하다가도, 한 순간 마음을 돌이켜 부모에게 찾아오면, 부모는 틀림없이 자비로이 맞이할 것이오.

자기 힘만 믿고 수행하여 미혹을 끊고 진리를 증득하기란 정말 쉽지 않소. 보는 미혹[見惑]만 끊기도 폭이 40리나 되는 큰 강물 줄기를 가로막는 것처럼 어렵거늘, 하물며 생각하는 미혹[思惑]이야 말할 나위가 있겠소? 그렇게 보는 미혹을 완전히 끊어야, 겨우 초과(初果: 수다원)를 증득하여, 비로소 성인의 축에 낄 수 있소. 물론 그 후로도 일곱 번 천상에 생겨나고 일곱 번 지상 인간 세계에 태어나길 반복 왕래하며 수행하여야, 바야흐로 생각하는 미혹까지 완전히 끊어 사과(四果: 아라한)를 증득할 수 있다오.

비록 열네 번의 생사만 반복하면 된다고 하지만, 천상의 수명이 무척 길기 때문에, 우리 인간의 세월 개념으로 따지기가 정말 쉽지 않소. 초과를 증득한 성인이 생사를 벗어나기가 오히려 이처럼 어렵거늘, 하물며 미혹과 업장을 온통 갖춘 범부 중생은 오죽하겠소?

사과를 증득하여 아라한이 되어야만, 생사의 뿌리가 영원히 끊어져 육도 윤회를 벗어날 수 있다오. 그 후 대자비심을 발하여 세상에 다시 들어와 중생들을 제도하고 싶으면, 원력에 따라 생사를 나토어 보인다오.

---

58) 사주(四洲): 수미산(須彌山) 사방의 바다에 떠 있는 네 대륙. 우리 사바세계가 속해 있는 남섬부주(南贍部洲)를 비롯해, 동승신주(東勝神洲)·서우화주(西牛貨洲)·북구로주(北瞿盧洲)를 일컬음.

미혹과 업장을 두루 갖춘 범부 중생들이, 선악의 업력에 이끌려 육도 중생계를 들락날락하면서, 터럭 끝만큼도 자신이 주인 노릇을 못하는 윤회와는 천양지차라오.

자기 힘으로 생사를 해탈하는 일은, 숙세의 선근(善根)이 몹시 깊고 두터운 사람이 아니면 불가능하오. 말세의 중생들이 어떻게 감히 넘볼 수 있겠소? 그래서 여래께서 특별히 정토 법문을 여시어, 성인이나 범부나 상중하 세 근기의 모든 중생들이, 모두 현생에 생사를 벗어나도록 배려하셨다오. 중생을 구제하고 보호하려는 자비심이, 이보다 더 지극할 수 있겠소?

물론 정토 법문 수행도 기본상으로 청정한 계율을 엄격히 지키고, 선정과 지혜를 힘써 닦아야 하오. 그 바탕 위에서, 믿음과 발원으로 부처님 명호를 지송하여 극락왕생을 바라는 것이오. 믿음과 발원이 진실하고 간절하며, 염력(念力: 염불하는 정신력)을 순수하고 오롯이 집중하면, 현생에도 성인의 경지를 증득할 수 있고, 임종 때 곧장 최상품의 연화에 올라 불퇴전(不退轉: 아비발치)의 보살 지위에 들게 된다오.

설령 근기가 다소 뒤떨어져 이렇게까지 수행 증득할 수는 없다 할지라도, 단지 지성스런 마음으로 염불하기만 하면, 자기 마음이 부처와 서로 딱 들어맞아 감응의 길이 트이게 되고, 임종에 틀림없이 부처님의 자비로운 인도로 업장을 짊어진 채 왕생하게 된다오.

또 최하의 오역 십악(五逆十惡) 죄인이라도, 임종에 지옥의 모습이 나타날 때 정신과 의식을 잃지 말고, 선지식이 염불을 가르쳐 주거든 커다란 두려움과 부끄러움으로 깊이 참회하면서, 간절하게 염불하시오. 그러면 고작 몇 번의 염불 소리와 함께 목숨이 끊어질지라도, 부처님의 자비로운 가피력으로 극락왕생할 수 있다오.

누구든 한 번 왕생만 하면, 생사윤회를 영원히 벗어나 연지해회성중(蓮池海會聖衆)에 동참하고, 점차 수행 정진하여 반드시 부처의 과보를 증득하게 된다오. 자기 힘에 의지하여 생사를 벗어나기는 그렇게도 어렵고, 부처님의 힘에 의지해 생사를 해탈하기는 이처럼 쉽소.

누구든 마음만 있으면 모두 염불할 수 있고, 모두 극락왕생할 수 있소. 혈기와 성품을 지닌 만물의 영장이라면, 누구든 본디 갖추고 태어난 진여불성(眞如佛性)으로, 청정한 깨달음의 인연을 등지고 혼탁한 미혹의 인연에만 이끌려 가면서, 영겁토록 육도 중생계를 벗어나지 못하고 계속 윤회하고 싶지는 않을 것이오.

우리들이 생사윤회 중에 오랜 겁 동안 지어온 악업은 끝없이 많소. 만약 자기 수행의 힘에만 의지해, 그 번뇌와 미혹의 악업을 모두 소멸시키고 생사를 해탈하려고 한다면, 이는 하늘에 오르기보다 훨씬 더 어렵소.

그러나 부처님께서 설하신 정토 법문을 믿고, 진실한 믿음과 간절한 발원으로 아미타불 명호를 염송하여 극락왕생을 구한다면, 업력의 크고 작음을 가리지 않고, 누구나 모두 부처님의 자비력에 의지해 왕생할 수 있소.

비유하자면, 한 톨의 모래알은 제아무리 작고 가벼워도, 물에 넣으면 곧장 가라앉고 마오. 그러나 설령 수천 근이나 나가는 무거운 암석이라도 큰 배에 실으면, 물속에 가라앉지 않을 뿐만 아니라, 다른 먼 곳까지 운반하여 마음대로 사용할 수 있소. 암석은 중생의 업력이 몹시 크고 무거움을 비유하고, 큰 배는 아미타불의 자비력이 매우 크고 넓음을 비유하오.

만약 염불하지 않고 자기의 수행력에 의지해서 생사를 해탈하려 든다면, 모름지기 업장이 다 소멸하고 감정이 텅 빈 경지에 이르러야, 비로소 가능할 것이오. 그렇지 못하고 번뇌나 미혹이 터럭 끝만큼만 남아 있어도, 생사고해를 벗어날 수 없소. 마치 제아무리 미세하고 가벼운 흙먼지라도, 반드시 물속에 가라앉으며, 결코 물 밖(위)으로 벗어날(뜰) 수 없는 것과 같다오.

그러니 오직 믿음을 가지고 염불하여 극락왕생하길 구하고, 다른 생각일랑 아예 품지도 마시오. 정말 이렇게만 한다면, 아무리 중병에 걸린 환자라도, 수명이 아직 다하지 않았으면, 빨리 나을 것이오. 오로지 일념으로 지성스럽게 염불한 공덕이, 숙세의 악업을 소멸시켜 주기 때문이오. 마치 찬란한 태양이 떠오르면, 서리가 이내 녹아 없어지는 것과 비슷하오.

또 환자의 수명이 다 되었다면, 곧장 극락왕생할 것이오. 마음에 다른 생각을 품지 않고 오롯이 염불한 공덕으로, 부처님과 감응의 길이 트여 부처님의 자비력을 가피 받기 때문이오. 이 말만 믿고 따른다면, 살아도 큰 이익을 얻고, 설사 죽더라도 역시 큰 이익을 받을 것이오.

지금 세상은 환난과 재앙이 끊임없이 발생하는 말세요. 만약 아미타불과 관세음보살을 믿고 의지하며 늘 염송하지 않는다면, 환난이 갑자기 닥쳐 예측할 수 없는 일이 벌어지는 경우에, 어떻게 하겠소? 발등에 불이 떨어진 뒤 부랴부랴 불러대 봤자, 그때는 이미 어찌할 수가 없다오.[59]

평소에 미리 염송을 지속한다면, 틀림없이 은연중에 환난이 옮아가거나 풀릴 것이오. 하물며 생사의 기로는 사람마다 반드시 맞이해야 할 운명이거늘, 항상 임종을 생각하는 습관을 지녀야 하지 않겠소?

분수에 어긋나는 일체의 잡념망상이나, 생사해탈에 도움이 될 수 없는 잡다한 법문일랑, 일찌감치 집어치우시오. 그런 데다 시간과 정신력을 낭비하지 않는 게 상책이오. 그래야 확실히 의지하여 생사를 해탈할 수 있는 이 정토 염불 법문의 수행에, 소홀함 없이 전념할 수 있기 때문이오. 이 말이 세상 물정에 어두운 고리타분한 이야기라고 여기지 않는다면, 정말 다행이겠소.

염불하는 사람이 병에 들거든, 두려워 말고 한 마음으로 죽음을 기다리는[一心待死] 자세가 마땅하오. 그리고 자신과 가족·세간을 온통 다 놓아 버리고 일심으로 염불하여야, 업장을 가장 잘 소멸시킬 수 있소. 그래

---

59) 중국 속담에 "평소에는 향도 사르지 않다가, 급할 때에는 부처님 발을 껴안는다.[平時不燒香, 急時抱佛脚.]"는 명언이 있다.

서 만약 세간의 수명이 아직 다하지 않았으면, 업장의 소멸로 병도 금방 낫게 될 것이오. 그러나 모든 세상 인연을 놓아버리지 못하고 그저 낫기만 바란다면, 병이 호전하지 못하는 경우 틀림없이 극락왕생도 못할 것이오. 왜냐하면 가장 긴요한 임종에 왕생을 발원하지 않았기 때문이오. 이러한 도리(道理)조차 제대로 알지 못하면서, 어떻게 부처님의 자비 가피력을 받아 의지할 수 있겠소?

그러니 질병이 위독할수록, 환자에게 모든 것을 놓아버리고 극락왕생을 구하도록 간곡히 권해야 한다오. 그래야 수명이 아직 다하지 않은 경우, 왕생을 구하는 간절한 염불 덕분에 질병이 재빨리 나을 수 있다오. 염불하는 마음이 하도 지성스러워, 부처님의 자비 가피력을 듬뿍 얻기 때문이오. 이러한 이치를 환자에게 완곡히 말해 주어, 혹시라도 바보들이 지껄이는 어리석은 말을 절대 따르지 않도록 조심하기 바라오.


## 3) 임종이 몹시 중요하고 절실함을 알림

임종의 순간이 인생에서 가장 요긴한 관건이라오. 세상의 어리석은 사람들은 부모나 친족들의 임종 때 정신없이 비통하게 울고불며, 우선 당장 시신을 씻기고 옷을 갈아입히는 일부터 하기 일쑤요. 단지 세상 사람 보기 좋으라는 체면만 생각했지, 돌아가신 분께 얼마나 큰 해악을 끼치는지는 고려하지 않는 것이오. 염불 수행을 하지 않는 자들이야 놓아 둡시다. 하지만 극락왕생에 간절한 뜻을 둔 수행자조차, 임종에 친족들의 무지한 소행으로 거의 대부분 정념(正念)이 부서지고 흐트러져, 여전히 이 사바 고해에 머물러야 한다면, 얼마나 통탄할 일이겠소?

임종에 염불로 도와 주는 일[臨終助念]은, 마치 겁 많은 사람이 산에 올라가는데 자기 힘이 부쳐 헐떡거릴 때, 다행히 주위에 있던 착한 사람들이 앞에서 끌고 뒤에서 밀며 좌우에서 부축해 준 덕택으로, 무사히 정상까지 이르는 것에 비유할 수 있소.

반면 임종에 본인의 정념(正念)이 밝게 드러나는데, 불행히 악마 권속들이 그릇된 세속 애정으로 몸을 만지고 움직여, 그 정념을 파괴하는 일은 어떻겠소? 마치 힘센 용사가 자기 힘으로 혼자 충분히 산에 오를 수 있는데, 가족이나 친지들이 각각 자신의 물건(업장)을 그에게 함께 짊어지고 올라가라고 얹어 주어, 지나친 하중 때문에 힘이 다 빠지고 지쳐버려, 결국 정상을 눈앞에 둔 채 물러 내려 와야 하는 상황에 비유할 수 있겠소.

물론 이러한 상반된 이해득실은, 표면상으로는 다른 사람으로 말미암아 벌어지는 듯하오. 하지만 실질상으로는 죽음을 맞이하는 본인 자신이, 과거 오랜 겁 동안 다른 사람의 선악을 완성시키거나 파괴시켜 온 업력 때문에, 돌려받는 결과일 따름이오.

그러므로 무릇 정토 염불을 수행하는 사람은, 다른 사람들의 정념이 원만히 완성되도록 도와주어야 함은 물론, 평소부터 가족 친지들에게 임종 때 조치의 이해득실을 잘 주지시킬 필요가 있소. 그래서 중요한 것은, 죽는 이의 정신의식[神識]이 제자리를 제대로 찾아가는 일이며, 결코 세상 주위 사람들에게 잘 보이기 위한 체면이 아니라는 사실을 분명히 알도록 해야 하오. 그래야 임종의 큰 일이 어그러질 염려가 없게 되오.

7·7(7×7)의 49재(齋) 기간 중에는, 어떤 시간과 장소를 막론하고, 모든 일에 한결같이 염불을 중심으로 삼아야 하오. 어찌 꼭 장례 치르는 동안 뿐이겠소? 요즘의 스님들은 대부분 게을러져서, 경전 독송[誦經]을 할 줄 모르는 이가 많소. 그렇지 않은 스님은 물 흐르듯 빨리 하거나, 아니면 하더라도 익숙하지 못해, 함께 따라 할 수 없는 경우가 대부분이오. 설령 수십 명의 스님이 모이더라도, 경전 독송할 줄 아는 이는 몇 안 되오.

오직 염불만큼은, 할 마음을 내지 않는 경우를 제외하고는, 누구든지 함께 염송할 수 없는 폐단이 결코 없소. 또 설령 염송하고 싶지 않은 자라도, '나무 아미타불' 명호 한 구절이 귀로 들어가 마음에 닿으면, 스스로 얻어지는 이익도 또한 결코 적지 않소. 그래서 나는 죽은 이를 위해서, 염불 이외의 다른 도량(道場: 법회)은 열어주기를 전혀 주장하지 않는 것이오.

사람이 임종에 닥치면, 오직 한 목소리로 염불해 주는 것이 가장 유익하오. 만약 마음의식이 아직 완전히 떠나가기 이전에 시신을 목욕시키고 (이른바 소렴: 小殮) 통곡 따위를 하면, 아주 큰 장애가 된다오.

그래서 정토 법문을 수행하는 사람은, 모름지기 평소에 가족들에게 이러한 이치와 까닭을 상세히 일러두어야 하오. 가장 중요한 시각에 애정을 잘못 발휘하여, 극락왕생을 방해하는 일이 없도록 하기 위해서라오. 물론 능력이 아주 뛰어난 대인이나 비범한 호걸이야, 이러한 애정의 장애에도 걸려 넘어지지 않을 것이오.

불법은 아주 크고도 넓어서, 오직 부처가 된 다음에야 비로소 손을 놓을 수가 있소. (부모 조상들께서) 틀림없이 극락왕생하길 바란다면, 항상 간절히 염불하여 천도(薦度)를 회향 기도해 드려도 괜찮소. 바로 불경에서 말씀하신 대로, "비록 죄악의 성품이 본래 텅 빈 줄은 알지만, 항상 이전의 죄를 참회하며, 이미 (죄가 다 소멸하여) 청정함을 얻었다고 말하지는 않는다 [雖知罪性本空, 而常悔先罪, 不說已得淸淨.]."는 뜻이오.

그래서 연지(蓮池) 대사도 "1년 내내 항상 선망(先亡) 부모 조상들을 천도해 드려야 하며, 이미 해탈을 얻으셨다고 자부하고 천도재를 행하지 않아서는 안 된다."고 말씀하셨소.

우리는 흔히 염불이나 경전 독송이 '조상 천도를 위한다.'고 말하오. 하지만 사실은 현재 생존하고 있는 가족 친지들도 동시에 위한다는 사실을 분명히 알고서, 마음자리를 활짝 열고 착한 뿌리[善根]를 열심히 심어야 한다오. 그리고 조상 천도의 일체 공덕을 법계의 모든 중생들에게 회향 기도해야 하오.

나와 남, 산 자와 죽은 이를 모두 위하는 크고 넓은 마음 도량으로, 나와 남, 산 자와 죽은 이의 분별 집착을 소멸시키는 것일 따름이오. 그러나 정성을 다하지 않은 채, 오직 호화 사치로 다른 사람들에게 체면치레하거나 부귀를 과시해서는 안 되오. 부모상[親喪]을 이른바 한바탕 잔치쯤으로 치르는 것은, 절대 자식된 도리가 아니라오.

부모의 몸에 중한 병이 닥쳐 생존을 보장하기 어려운 때에는, 자녀들이 각자 부모를 위해 지성으로 '나무 아미타불'을 염송해야 하오. 그래서 수명이 아직 다하지 않았거든 빨리 나으시고, 수명이 이미 다했거든 빨리 극락왕생하실 수 있도록 회향 기도해 드려야 하오.

자녀들의 심성이 효성스럽고 순박하다면, 반드시 모두 머리카락에 붙은 불을 끄는 심정으로, 항상 나무 아미타불을 지송할 것이오. 그러면 병석에 있는 부모에게도 유익할 뿐만 아니라, 염불하는 자녀 본인들에게도 아주 이롭소.

무릇 사람이 약으로 치료할 수 있는 질병에 걸린 경우까지, 모두 절대로 약을 쓰지 말라는 뜻은 아니오. 그러나 약으로 치료할 수 없는 경우에는, 비록 선단(仙丹)이라도 소용이 없는데, 하물며 인간 세상의 약이 듣겠소? 치료할 수 있는 병이든 불치의 병이든, 모두 아가타약(阿伽陀藥)[60]을 복용해야 좋소. 이 약은 절대로 사람을 해치거나 그르치는 법이 없소. 복용하기만 하면, 몸으로든 마음으로든 반드시 큰 효험을 볼 것이오.

그러나 어쨌든 사람이면 누구나 이 세상에서 조만간 반드시 한 번 죽음을 맞이해야 하오. 그런 죽음 자체야 안타까워할 게 못 되지만, 죽은 뒤 돌아가야 할 곳조차 미리 잘 정돈해 두지 않을 수야 없지 않소? 자기 능력이 충분하여 스스로 미리 잘 준비 정돈해 놓는다면, 임종에 다른 사람의 도움이 필요하지도 않을 것이니 가장 좋겠소. 그런데 주위에서 도와

---

**60)** 아가타(阿伽陀): 아게타(阿揭陀)로도 쓰는 약 이름으로, 뜻으로 번역하면 보거(普去: 모든 병을 제거함) · 무가(無價: 가치를 셀 수 없이 고귀함) · 무병(無病)이 되며, 더러 불사약(不死藥: 죽지 않는 약)으로 일컫기도 함. 이른바 만병통치약. 여기서는 물론 '나무 아미타불' 염불을 뜻함.

주기까지 한다면, 더욱 힘을 얻을 것이오.

그러나 자신의 능력이 없는 사람은, 사전에 가족들에게 대신 염불해 주도록 당부하여야 마땅하리다. 가족들의 염불 도움으로라도 정념(正念)을 또렷이 세워 지켜야, 애정과 원한의 굴레에 얽매여 사바 고해를 벗어나지 못하는 불상사가 생기지 않을 수 있기 때문이오.

환자의 쾌유와 망자(亡者) 천도를 위한 기도에, 요즘 사람들은 대부분 경전 독송[誦經]이나 예불 참회(禮懺) 또는 수륙재(水陸齋)[61]를 일삼는 듯하오. 그러나 나는 아는 사람들에게 모두 염불을 하라고 권한다오. 염불의 이익이 경전 독송이나 예불 참회 또는 수륙재보다 훨씬 크고 많기 때문이오. 왜 이렇게 말하겠소?

경전은 글자를 모르는 사람은 독송할 수가 없소. 설사 글자를 안다고 할지라도, 흐르는 물처럼 빨리 독송하면, 혀가 좀 둔하고 느린 사람은 역시 함께 따라 독송하기가 어렵소. 게으르고 성의 없는 사람은, 비록 독송할 줄 알아도 독송하려 들지 않기 때문에, 유명무실(有名無實)해지오. 예불 참회와 수륙재도, 마찬가지 이치로 미루어 짐작할 수 있을 게오.

그러나 염불은 할 수 없는 사람이 하나도 없소. 설사 게을러빠지고 성의 없는 사람이 함께 따라 염불하고 싶지 않더라도, 모두가 이구동성으로 염불하면, 그 사람이 귀만 틀어막지 않는 한, '나무 아미타불' 명호 한 구절이 진실로 또렷또렷 분명히 그의 마음속에 깊이 울려 새겨질 것이오.

비록 본인이 스스로 염불하지 않는다고 할지라도, 결국 염불하는 것과 별 차이가 없게 되오. 마치 난초 가까이에 있어 향기가 물씬 배인 사람은, 몸에서 그윽한 난초 향기가 풍겨 나오는 것과 같소. 그가 특별히 난

---

**61)** 수륙재(水陸齋): 수륙의 모든 유정(有情) 중생들에게 재식(齋食: 몸과 마음을 청정히 가다듬어 올리는 음식)을 공양하는 법회를 보통 '수륙'이라고 함. 양(梁) 무제(武帝)의 꿈에 한 신령스런 스님이 나타나, "육도의 네 종류 모든 중생이 무한한 고통을 받고 있는데, 어찌 수륙의 중생들을 두루 제도하지 않는가!"라고 권하여, 무제가 경전에서 아난이 귀왕을 만나 한 가마 곡식 공양 올린다는 내용을 찾아, 금산사(金山寺)에서 처음으로 실시했다고 전해짐. 신선에게는 흐르는 물에 음식을 공양하고, 귀신에게는 깨끗한 땅에 음식을 공양하는 뜻에서 '수륙(水陸)'이라고 함.

초 향기를 풍기고 싶어서가 아니라, 자기도 모르게 저절로 그렇게 되는 것이오. 친족의 질병 쾌유나 망자의 천도를 위해 기도하려는 사람들은, 누구나 꼭 이 점을 알아 두어야 하오. (옮긴이 보충: 念佛의 통일 조화, 음악적인 화성(和聲: harmony)이 가져오는 상승(시너지) 효과를 주목하는 중요한 내용임. 소리의 파동이 정확히 일치하여 공명(共鳴) 동조(同調)할 때, 그 진동은 몇 배로 증폭하고 웅장한 감명을 자아내지 않는가? 염불 합창의 장엄 정토.)

불사(佛事)를 할 때, 꼭 경전 독송이나 예불 참회 또는 수륙재를 할 필요는 없소. 이러한 일들은 대부분 밖으로 남에게 잘 보이려는 의식의 성향이 강하오. 오로지 한 마음으로 염불에 집중하는 것이 가장 좋소. 집안의 남자들은 처음부터 끝까지 법회에 참석하여 함께 염불하도록 하며, 여인들은 스님 뒷자리에 따라서지 말고, 각자 자기 방 안에서 함께 염불하면 되오.

이와 같이 한다면, 집안의 어른과 가족 모두 실제 이익을 얻을 뿐만 아니라, 염불하러 오신 스님이나 주위에서 보고 듣는 사람 모두 이익을 얻게 된다오. 무릇 불사를 거행할 때, 주인이 법단(法壇)에 몸소 정성껏 임한다면, 스님도 저절로 진실한 마음을 내게 되오. 그러나 주인이 그저 형식적인 체면치레로나 여긴다면, 스님 또한 의례적인 법회 참석 정도로 대하게 되오. 그래서 한 바탕 불사 의식이 끝나고, 밤에 입으로 불꽃을 품는 아귀들에게 음식이나 놓아 주면 다 되는 것으로 생각한다오.[62]

부모님의 임종 때는, 온 가족이 울지 않고 함께 염불할 수 있으면 가

---

62) 방염구(放燄口): 아난이 혼자 정좌(靜坐)하다가, 한밤중[三更]에 염구(燄口)라는 아귀를 보았다. 몸은 삐쩍 마르고 목구멍은 바늘귀처럼 가는데, 입에 불꽃을 품으며 아난에게 사흘 후 목숨이 다해 아귀로 생겨날 것이라고 말하는 것이었다. 아난이 두려워하며 피할 방법을 묻자, 아귀가 "그대가 내일 우리들 백천 아귀와 바라문·선인(仙人) 등을 위해 각각 한 가마니 곡식을 보시하고, 우리를 위해 삼보께 공양을 올려 주면, 그대 수명이 늘어나고 나중에 천상에 나게 된다."고 일러 주었다. 이에 아난이 부처님께 여쭙자, 부처님께서 아귀들에게 무량 백천 음식 보시를 충족시킬 수 있는 다라니를 설해 주었다고 한다. '염구'는 '면연(面然)'이라고도 한다. 『(불설구발)염구아귀(다라니)경(佛說救拔燄口餓鬼陀羅尼經)』에 나온다. 스님이 법회[佛事] 후 아귀들에게 음식 보시하는 것을 '방염구'라고 한다.

장 유익하오. 그리고 그 시간은 짧아도 세 시간 동안은 염불 소리가 끊이지 않게 계속하며, 통곡이나 시신 접촉 따위는 절대 하지 않는 것이 가장 중요하니 명심하시오.

설사 돌아가신 분께서 진실로 극락왕생하신 게 확실하더라도, 지성으로 염불하여 높은 품계의 연화로 승진하고, 한시라도 빨리 무생법인을 증득하도록, 효성스런 마음을 다해야 하오. 우리가 비록 돌아가신 분을 이롭게 하기 위해 염불하지만, 사실은 염불하는 자손들도 함께 착한 뿌리를 심는 것이라오. 그러므로 손자들도 염불할 수 있는 사람은 모두 함께 따라 하는 것이 좋소.

사람이 죽기 전에, 본인 스스로 목욕하고 옷을 갈아입을 수 있으면 아주 좋소. 만약 그럴 수 없는 경우에는, 절대 억지로 미리 목욕하고 옷을 갈아입게 하지 마시오. 한기(寒氣)와 고통을 받아 감당하지 못하고, 그만 정념(正念)을 잃을까 염려스럽기 때문이오. 더구나 법의(法衣)를 갖추어 입고 결가부좌(結跏趺坐)로 임종하지 못하는 것을 서운하게 여길 필요도 없소.

임종의 순간에는 단지 한 마음 한 소리로 염불하기만 하는 것이 가장 좋소. 목욕이나 옷 갈아입히기 따위의 법석을 절대로 떨지 말아야 하오. 만약 그런 법석을 떨면, 우물 속에 빠뜨리고 돌을 떨어뜨리는 격이 되니, 꼭 명심하기 바라오.

임종 때 삐쩍 여위고 질병으로 고통을 겪는 것은, 아마도 틀림없이 오랜 겁 동안 지어온 업장 탓이오. 본디 나중에 더욱 무겁게 받아야 할 과보가, 독실한 염불 수행 덕분에 현재의 가벼운 과보로 앞당겨져 나타나는 것이오. 그러므로 수행에 정진하여 몸이 날로 쇠약해졌다는 말은, 사리에 합당하지 않소. 뿐만 아니라, 아직 신심이 얕은 사람들은 그 말을 듣고 염불 수행에서 물러나지나 않을까 염려스럽기도 하오.

염불하는 사람은 틀림없이 업장을 해소할 수 있소. 그 업장이 당장 나타나는 것은, 장래 삼악도에 떨어질 악보가 현재의 병고로 앞당겨져 대체되기 때문임을 알아야 하오. 그래서『금강경』에서도, "『금강경』을 지송한다고 남에게 업신여김을 당하는 사람은, 그 가벼운 모욕으로 말미암아 오랜 겁 동안 겪어야 할 삼악도의 고통이 대신 소멸한다."고 말씀하셨소.

그러니 임종의 자그만 병고로, 무량 겁 동안 지어온 업장의 악보가 소멸하여 극락왕생하는 것은, 정말로 얼마나 큰 다행이겠소? 도리를 전혀 알지 못하는 세간 사람들처럼, 수행으로 말미암아 질병을 얻고 죽음에까지 이르렀다는 헛소리는 하지 않아야 하오.

당나라 때 유명한 고승 현장(玄奘) 법사도 임종에 약간의 병고를 겪어, 마음속으로 자기가 번역한 경전에 혹시라도 잘못이 있지는 않나 의심했다오. 그러자 한 보살이 나타나, "그대의 전생 죄악 과보가 이 자그만 병고로 모두 소멸하였으니, 의심하지 말라."고 그를 위로했다오.

이러한 이치와 실례를 가지고, 임종에 병고를 겪는 염불 수행인들을 위안하고 격려해 줄 필요가 있소. 그래야 그가 원한이나 의심을 품지 않고 신심과 환희심에 넘쳐, 부처님의 자비 가피를 확실히 받을 수 있기 때문이오. 수명이 다하지 않았다면 하루 빨리 나을 것이고, 수명이 다했다면 편안히 극락왕생할 것이오.

무릇 사람이 질병으로 고통을 받을 때에는, 한 발짝 뒤로 물러나 생각해 보면, 한없이 편안하고 즐거워질 수 있소. 근래 도처에 천재지변과 전쟁 사고가 끊임없이 발생하는데도, 우리가 직접 당하지 않는 것만도 얼마나 큰 다행이오. 비록 질병으로 고통을 겪지만, 생사고해를 벗어나는 경책(警策)으로 삼을 수 있지요. 그러니 단지 감격스런 마음으로 수행에 정진하여, 스스로 진실한 이익을 얻어야 하지 않겠소?

그렇지 않고 하늘을 원망하며 남을 탓한다면, 숙세의 업장을 해소할 수 없을 뿐만 아니라, 하늘을 원망하며 남을 탓한 업장까지 더욱 가중할 것이오. 진실로 하늘을 원망하지도 않고 남을 탓하지도 않으면서, 청정한 마음으로 염불할 수만 있다면, 숙세의 업장은 끓는 물에 눈송이 녹듯이 말끔히 소멸할 것이오.

　장례와 제사 때 음식은 모름지기 완전히 채식을 써야 하오. 세속의 관행에 따라 술과 고기를 써서는 절대 안 되오. 설령 뭘 모르는 사람이 그럴 필요가 없다고 우기거나 비웃어도, 그냥 못 들은 척하고 자기 원칙을 관철하면 되오. 특히 장례는 지나치게 떠벌려서는 안 되오.

　불사(佛事)를 거행하려거든, 단지 지성으로 염불이나 하고, 그 밖의 다른 불사는 벌이지 마시오. 재력에 여유가 있으면, 공덕을 많이 지어 주는 것은 좋소. 하지만 경제상 여력이 없다면, 초상이나 원만히 잘 치르도록 하오. 절대로 체면치레하느라 억지로 비용을 끌어 대고, 나중에 궁핍을 당하거나 부담을 떠안을 필요는 없소.

　사람이 한평생 사는 동안 하는 일들은, 모두 거짓으로 꾸밀 수 있소. 하지만 오직 죽음에 닥친 순간만큼은, 절대로 거짓으로 꾸밀 수가 없소. 하물며 세속 인연에 애착이나 미련의 감정이 전혀 없이, 기쁜 기색으로 평안히 앉아 흔연히 떠나간다면 오죽 좋겠소? 정토 염불 수행이 무르익지 않고서, 어떻게 그런 상서로운 임종을 맞이할 수 있겠소?

　다만 온 집안 식구들이 돌아가신 분을 위해서 진지하게 염불해 드리길 바라오. 부처님께서 사람들에게 가르치시기를, 독경이나 주문 지송 염불 등의 모든 공덕은, 한결같이 법계 중생들을 위해 회향하라고 말씀하셨소. 평상시에 자기와 전혀 상관없는 법계 중생들을 위해 회향한다면, 하물며 부모님이 돌아가실 때 지극한 정성과 효심으로 염불하지 않겠소?

　일체 중생을 위해 회향할 수 있다면, 불보살의 서원과 서로 부합하게 되오. 마치 한 방울의 물이 큰 바다에 흘러 들어가면, 곧장 큰 바다와 똑같은 깊이와 넓이를 지니는 것과 비슷한 이치요. 그러나 바다에 흘러들어가지 못한다면, 한 방울의 물은 말할 것도 없고, 황하나 양자강조차도 바다와는 천양지차가 날 수밖에 없소.

　그래서 무릇 부모나 일체 중생에게 베푸는 일이, 모두 결국 자기 복덕을 스스로 쌓는 것임을 알게 되오. 이러한 이치를 안다면, 효심이 있는 사람은 효심이 더욱 증대할 것이고, 효심이 없는 사람이라면 마땅히 효심을 일으켜야 하리다. 스님을 초청해 49재 염불을 올려드린다면 아주 좋겠소. 물론 형제자매 가족 모두 함께 따라 염불해야 하오. 부녀자들은 꼭 스님 뒤에 따라 서서 할 필요가 없소. 여러 날 계속 염불하다 보면 사람 감정이 친숙해져, 혹시라도 남들에게 오해나 의심을 살까 염려스럽기 때문이오. 부녀자들은 따로 한 곳을 마련하거나, 또는 중간에 칸막이(커튼)를 치고, 각각 다른 문으로 출입하여 서로 얼굴을 마주치지 않도록 배려하는 것이 좋소. 이 방법이 도시나 농촌 모두에 통용할 수 있는 모범적인 의식일 듯하오. 아무 기준과 한계도 없이 산만하게 치르다가, 다른 사람들도 보고 본받는다면, 세월이 지나면서 폐단이 생길 게 뻔하기 때문이오. 예로부터 예법(禮法)을 처음 제정하는 사람은 물론 최고 최상의 성현이지만, 그 예법을 지켜야 할 제일 최하의 중생들까지 모두 포함시켜 배려하여야 폐단이 없다오.

질병이 위독해져 죽음이 임박하거든, 일체 세상사와 자기의 육신까지 모두 온통 놓아버리시오. 그리고 한 티끌도 물들지 아니한 텅 빈 마음으로, 만 가지 공덕을 두루 갖춘 위대하고 성스러운 '나무 아미타불' 명호를 염송하시오. 곧 죽는다는 생각을 하며, 염불로 아미타불의 영접을 구한다는 일념 이외에는, 어떠한 잡념 망상도 일으키지 않아야 하오. 이와 같이만 한다면, 수명이 이미 다한 경우 틀림없이 극락왕생하여 성현의 경지에 들 것이오. 그리고 수명이 아직 다하지 않는 경우에는, 틀림없이 업장이 해소되어 질병이 낫고 지혜와 복덕이 높아질 것이오.

그렇지 않고 어리석게도 오직 병 낫기만 바란다면, 병이 빨리 낫기는커녕, 오히려 병을 더욱 악화시키게 되오. 또 수명이 다했다면 극락왕생하지 못하고, 업장에 끌려 사바 고해를 끊임없이 표류할 것이오. 홍진의 수고 속에서 불사(佛事)를 행하는 공덕이, 보통의 불사보다 천만 배 수승하다오.

## 4) 임종에 갖추어야 할 지혜로운 배와 노[臨終舟楫]

부처님께서 입적한 승려를 화장하도록 규정하신 것은, 본디 그로 하여금 산산이 부서질 가짜 형체를 떠나, 진실하고 영원한 법신(法身)을 증득(證得)하도록 가르치시기 위함이었소. 그래서 부처님께서 다비(茶毗)의 규정을 세우신 이후, 승려 대중은 이를 항상적인 법도로 받들어 지켜 왔소.

그러나 법과 도가 쇠퇴하고, 오랜 세월이 지나면서 폐단이 생겨나서, 지금 불자들은 경솔하게도 화장하는 일을 부처님의 법제에 따르지 않고 있소. 병든 이가 숨이 끊어지려고 하는 임종 때에는, 부랴부랴 옷을 갈아 입히고 몸을 움직여 감실(龕室: 본래 탑 아래의 방, 불상을 모셔두는 석실인데, 여기서는 시신을 안장하는 화장용 坐棺을 가리킴)에 하루 이틀 넣어 두었다가 화장을 하니, 정말로 부처님 법에 크게 어긋난다고 말할 수 있소.

부처님께서 사람에게 여덟 가지 인식(八識)이 있다고 말씀하셨으니, 곧 지식(知識: 지각)이오. 앞의 다섯 인식[前五識]은 눈[眼]·귀[耳]·코[鼻]·혀[舌]·몸[身]의 인식이고, 제6식은 의식[意: 뜻]이오. 제7식은 말나식(末邪識)으로 전송식(傳送識)이라고도 하고, 제8식은 아뢰야식(阿賴耶識)으로 또한 함장식(含藏識)이라고도 부르오.

무릇 사람이 생겨날 때는, 제8식이 가장 먼저 오고, 제7·6·5식이 차례로 뒤따라온다오. 그리고 죽을 때는, 이 제8식이 가장 뒤늦게 떠나고, 나머지 인식은 역순으로 차례대로 떠나간다오. 무릇 제8식은 곧 사람의 영적 인식[靈識]으로, 세속에서 흔히 말하는 영혼(靈魂)이라오.

그런데 이 제8식은 신령스러워, 사람이 어머니 뱃속에 수태(受胎)할 때에, 맨 먼저 찾아온다오. 그래서 어머니 뱃속에 자리 잡은 태아가 살아 꿈틀거리는 것이라오. 사람이 숨이 끊어져 죽은 다음에는, 곧장 떠나가지 않고, 반드시 온몸이 다 차갑게 식기를 기다려, 따뜻한 기운이 조금도 남아 있지 않은 뒤, 비로소 이 제8식이 떠나간다오. 제8식이 떠나간 다음에는, 터럭 끝만큼도 지각(知覺)이 없소.

그래서 만약 몸에 한 곳이라도 따뜻한 기운이 조금만 있다면, 제8식은 아직 떠나가지 않은 것이오. 이때 몸을 만지고 움직이면 그 고통을 알아 느끼기 때문에, 옷을 갈아입히거나, 손발을 펴고 굽히거나, 몸을 옮기는 따위의 일을 해서는 결코 안 되오. 만약 조금이라도 만지고 손댄다면, 그때 고통은 가장 참기 어렵다오. 단지 입으로 말할 수 없고 몸을 움직일 수 없기 때문에, 표현하지 못하는 것뿐이라오.

불경을 찾아보면, 목숨[壽]과 따뜻한 기운[煖]과 인식[識] 세 가지는, 항상 서로 떨어지지 않는다고 적혀 있소. 만약 사람 몸에 아직 따뜻한 기운이 남아 있다면 인식도 존재한다는 뜻이고, 인식이 존재하면 목숨도 아직 끝나지 않은 것이오. 예부터 죽었다가 사흘 또는 닷새나 지나 다시 살아난 사람이 많은데, 역대 기록을 찾아 보면 하나하나 상세히 확인할 수 있소.

유교에서도 죽은 뒤 사흘 만에 대렴(大殮: 시신을 관 속에 넣고 뚜껑을 덮어 못 박는 일)의 예법을 행하는데, 이는 가족들이 사모와 비애의 감정으로, 만에 하나 혹시라도 살아나지 않을까 바라는 마음을 배려하기 때문이오. 우리 불교의 승가에서는, 비록 되살아나기를 바라는 것은 아니지만, 그러나 그가 몹시 고통스러울 수 있음을 염두에 두지 않을 수 없소. 부랴부랴 움직이고 옮기거나 변화시킨다면, 자비심은 과연 어디에 있겠소?

옛말에 "토끼가 죽으면, 여우가 슬퍼한다[兎死狐悲]."는 속담이 있소. 짐승 같은 미물도 비슷한 종류(처지)를 서글퍼함이 오히려 이와 같거늘, 하물며 사람이고, 더구나 같은 불자인 우리들이 그러하지 않을 수 있겠소? 그리고 사람의 감정이란 게, 고통이 극도에 이르면 성질을 내기 쉬운 법인데, 임종에 성질내는 마음을 품으면 타락하기 가장 쉽소.

불경에 보면, 아기달왕(阿耆達王)이 불탑과 사원을 세워 그 공덕이 매우 크고 높았는데, 임종에 시중들던 신하가 부채를 들고 있다가 왕의 얼굴에 떨어뜨리는 바람에, 왕이 고통스러워 성질을 낸 까닭에, 죽어서 그만 뱀의 몸으로 떨어지고 말았다는 기록이 실려 있소. 물론 생전의 커다란 공덕으로 말미암아, 나중에 사문(沙門: 수행스님)을 만나 자신에게 들려주는 설법을 듣고, 뱀의 몸을 벗어나 천상에 올라갔다고 하오.

이로 미루어 보건대, 죽은 이의 인식이 완전히 떠나가지 않은 상태에서, 옷을 갈아입히고 옮기거나 화장을 하면, 그로 하여금 고통스러워 성질을 내게 함으로써, 더욱 타락하도록 조장하는 결과가 되겠소. 잔인한 마음으로 이치를 어기고, 일부러 참혹한 독약을 베풀려는 자가 아니고서야, 어찌 이런 짓을 할 수 있겠소? 내가 죽은 이와 무슨 원수를 지고 무슨 한이 있다고, 선량한 마음으로 악한 인연을 맺으려고 하는지, 정말로 잘 생각해야 하오.

만약 이것이 눈에 보이지 않는 아득한 일이라, 증거를 댈 수 없다고 말하는 자가 있다면, 그는 경전에 적혀 있는 내용도 믿을 수 없단 말이오? 지금까지 불어난 각종 폐단은, 결국 산 사람들이 죽은 이의 고통을 불쌍히 여기지 않고, 단지 신속하게 일을 끝마치려는 생각에서, 몸의 따뜻한 기운이 식어 감을 자세히 살펴볼 여유를 갖지 않았기 때문이오. 이러한 습관이 반복되어 일상처럼 되었기 때문에, 설령 이러한 이치를 언급하는 자가 있더라도, 도리어 어리석다고 비웃음을 당하고, 죽은 이의 고통은 더욱 펴지기가 어렵게 되었소.

오호라! 세상에서 가장 고통스러운 일은 태어남과 죽음밖에 없소. 태어남은 산 거북이의 등가죽[甲]을 벗기는 것과 같고, 죽음은 산 게를 끓는 물에 집어넣는 것과 같다오. 여덟 가지 괴로움[八苦]이 한꺼번에 번갈아 지지고 볶아댈 때, 그 아픔을 이루 다 말할 수 있겠소?

바라건대, 환자를 보살피고 시중드는 모든 사람들은 세심하게 주의하고 배려하되, 특히 환자와 쓸데없이 한가한 잡담을 나누어, 그의 마음을 어지럽게 흩어 놓아서는 절대로 안 되오. 어수선하게 떠들어대거나 구슬픈 심기를 내색하지 말아야 하오. 오직 환자에게 몸과 마음을 모두 놓아 버리고, 한마음으로 염불에 집중하여 극락왕생을 발원하도록 권해야 마땅하오.

또한 자신이 스스로 염불 조력(助念)하여, 환자가 그 염불 소리를 듣고 마음속으로 따라서 염송하도록 이끌어야 하오. 만약 재력이 넉넉하다면, 여러 스님들을 초청하여, 조를 짜서 번갈아 염불해 주도록 안배하여, 염불 소리가 밤낮으로 끊이지 않게 하면 더욱 좋겠소. 환자가 귓속에 늘 염불 소리를 들으면서, 마음속으로도 부처님의 성호를 늘 염송하기만 한다면, 틀림없이 부처님의 자비 원력의 가피를 받아 극락왕생할 것이오.

만약 재력이 없다면, 가족 모두 함께 마음을 내서 직접 염불 조력함으로써, 최후의 연분을 잘 매듭짓도록 하여야 하오. 사후에 처리할 일들일랑, 행여라도 환자 앞에서 발설하여서는 절대 안 되오. 다만 목탁이나 요령의 박자에 맞춰 큰 소리로 염불하여, 한 글자 한 글자가 또렷또렷 환자 귓속에 들어가고, 환자 마음이 늘 염불에서 벗어나지 않도록 해야 하오. 소리가 둔탁(鈍濁)한 목탁은 임종시 염불 조력에 결코 써서는 안 되오.

환자의 몸은 앉든지 눕든지, 그의 자세에 자연스럽게 맡기고, 절대로 움직이거나 옮기지 말며, 모두 염불에만 전심전력하시오. 숨이 끊어지고 온몸이 싸늘하게 식어, 정신 의식[神識]이 완전히 떠나가기를 기다린 뒤, 다시 두어 시간은 지나야, 바야흐로 몸을 씻기고 옷을 갈아입힐 수 있소. 만약 몸이 싸늘해져 딱딱하게 굳은 경우에는, 뜨거운 물로 씻기고 뜨거운 수건을 팔이나 무릎 관절에 덮어씌우면, 한참 지나 다시 부드러워진다오. 그 때 감실(龕室: 棺) 안에 안치해도 늦지 않소.

할 일이 모두 끝나면, 더욱이 계속 염불해야 하오. 독경이나 참회 예불과 같은 다른 불공(佛供)은 그 어느 것도 염불만큼 커다란 이익을 가져다주지 못하오. 출가나 재가를 막론하고, 모든 권속들이 한결같이 이에 따라 실행한다면, 죽은 이나 산 사람 모두 큰 이익을 얻게 되리다.

그리고 우리 부처님께서는 열반하실 때, 본래 오른쪽 옆구리를 땅바닥에 대고 누우셨기 때문에, 그 자태 그대로 관에 넣어 다비(茶毗: 화장)하였소. 그러므로 후대 사람들도 각기 자연스러운 자세에 따라서, 앉아서 입적한 사람은 감실에 안치하고, 누워서 열반한 사람은 관에 안치하는 것이 더 합당할 것이오. 그러나 지금 사람들은 오랜 습관이 풍속으로 굳어져, 아마도 그렇게 여기지 않을 것이니, 또한 각자 편리한 대로 행하도록 그 뜻에 맡기면 되오.

사람이 죽은 뒤에 나타나는 좋고 나쁜 모습과 감응은, 원래 사실상의 근거가 있소. 좋은 곳[善道]에 나는 사람은, 몸의 열기가 아래로부터 위로 올라가오. 그리고 나쁜 곳[惡道]에 떨어지는 사람은, 열기가 위로부터 아래로 내려가오. 온몸이 다 식은 뒤, 마지막 열기가 정수리[頂]에 모이면 성도(聖道: 극락세계)에 올라가고, 눈[眼]에 모이면 천상(天道)에 생겨나며, 심장[心]에 모이면 인간(人道)에 환생하고, 배[腹]에 이르면 아귀도(餓鬼道)에 떨어지며, 무릎에 이르면 축생[畜生道]으로 태어나고, 발바닥에 몰리면 지옥[地獄道]에 떨어진다오.

그래서 『대집경(大集經)』의 임종징험게(臨終徵驗偈)는 다음과 같이 설하고 있소.

정수리는 성인에, 눈은 천상에 생겨나고,　　頂聖眼天生
사람은 심장에, 아귀는 배에 모여 든다.　　人心餓鬼腹
축생은 무릎을 통해 떠나가고,　　畜生膝蓋離
지옥은 발바닥으로 빠져 나간다.　　地獄脚板出

무릇 태어남과 죽음은, 그 어느 누구도 피할 수 없는 인생의 중대한 일이오. 그래서 이 한 순간만큼은 가장 조심하고 신중해야 하오. 환자를 돌보는 사람은 마땅히 한 몸과 같은 자비심[同體之悲心]으로, 죽는 이가 극락왕생의 대업을 원만히 성취하도록, 적극 도와주어야 하오. 옛사람의 시에 이런 구절이 있소.

| | |
|---|---|
| 내가 다른 사람 죽는 걸 보면, | 我見他人死 |
| 내 마음 불처럼 뜨겁게 달아오르네. | 我心熱如火 |
| 다른 사람 때문에 뜨거운 게 아니라, | 不是熱他人 |
| 곧 내 차례가 돌아올 걸 생각해 보니…. | 看看輪到我 |

인연(因緣)과 그에 대한 과보(果報)의 감응(感應)은, 한 치도 어그러짐이 없소. 그래서 스스로 이롭기를 바란다면, 반드시 먼저 남을 이롭게 해 주어야 하오. 이 글을 적어 동포들에게 널리 알리노니, 모든 사람이 각자 주의하고 명심하여 실행하길 간절히 기원하오.

# 5

## 수행인의 마음가짐은
## 오직
## 정성과 공경!

　도(道: 진리)에 들어가는 문은 많소. 사람들의 뜻과 취향이 일정한 법이 없이 매우 다양하기 때문이오. 그러나 모두에게 공통하는 일정한 것이 있으니, 바로 '정성[誠]'과 '공경(恭敬)'이오. 이 두 가지는 미래세가 다하도록 모든 부처님이 세상에 나오셔도, 결코 바꿀 수 없소. 우리 범부 중생이 업장을 단박에 해소하여 한시 바삐 무생법인을 증득하기 바라면서도, 이 두 가지에 힘쓰지 않는다면, 이는 마치 나무가 뿌리도 없이 무성하게 자라고, 새가 날개도 없이 날기를 바라는 것과 똑같소. 가능하겠소?

　세속의 글공부[讀書]는 경외심(敬畏心)이 전혀 없소. 새벽에 일어나 세수와 양치질도 하지 않고, 측간(화장실)에 다녀와서는 손도 안 씻는 이가 있소. 더러 책을 엉덩이 깔개(방석)나 베개로 쓰기도 하오. 밤에 누워서 볼 때는 속옷과 함께 뒹굴고, 책상에 앉아서 볼 때도 온갖 잡동사니 물건과 뒤섞여 있기 일쑤요.

성현의 말씀 적힌 책(경전)을 그저 못 쓰게 된 휴지 조각과 같이 여겨, 조금도 개의(介意)치 않고, 공경하는 낯빛도 전혀 없소. 심지어 선비 집안에서 부녀자들이 그림 그리는 책(연습장)이 모두 경전이고, 사대부 집안에서 머슴들이 물건 닦는 걸레가 모두 책 종이라오.

책을 업신여기고 함부로 대하는 온갖 외설과 모독은, 일일이 열거할 수 없을 정도로 많소. 폐단이 하도 오래 쌓여 와서, 그 악습을 잘 살필 줄도 모른다오. 그래서 책에 관한 화복(禍福)을 특별히 지적하지 않으면, 대부분 무심코 외설과 모독을 범할 게 틀림없소. 책 내용을 읽어 이익을 얻기도 전에, 책을 함부로 대하는 불경죄(不敬罪)부터 얻을 게 뻔하오. 이처럼 무지(無知)로 범하는 죄가 불쌍하거든, 미리 잘 일깨우고 타일러야 할 것이오.

염불 법문은 지극히 간단하고 평이하면서도, 지극히 넓고 큰 법이라오. 반드시 지극히 간절하고 지성(志誠)스러워야, 바야흐로 부처님과 감응의 길이 트여 진실한 이익을 얻을 수 있다오. 만약 조금도 정성과 공경심이 없이 게으르고 싫증나게 염불한다면, 비록 먼 미래의 원인을 씨 뿌리기는 하겠지만, 태만과 불경의 죄가 생각할 수 없을 정도로 클 것이오. 설사 인간이나 천상에 다시 날 수야 있겠지만, 극락세계 왕생하여 연지해회(蓮池海會)에 동참하기는 결단코 어렵소.

그리고 불상(佛像)은 마땅히 진짜 부처님으로 모셔야 하며, 단지 흙이나 구리, 쇠로 빚고 나무로 깎아 만든 우상으로 간주해서는 안 되오. 또 경전(經典)은 삼세 모든 부처님의 스승이자, 여래의 법신사리(法身舍利)이므로, 역시 진짜 부처님으로 대해야 하오. 결코 종이 위에 인쇄한 먹물(잉크) 자국으로 간주해서는 안 되오.

경전과 불상을 대할 때는, 마치 충신(忠臣)이 성왕(聖王)을 받들어 모시듯 하고, 효자가 부모님의 유훈(遺訓)을 읽는 듯이, 공경과 정성을 다해야 하오. 이렇게만 한다면, 소멸하지 않을 업장이 없으며, 복록과 지혜가 부족할 리 없을 것이오.

요즘 사대부(지식인) 가운데 불교를 공부하는 자가 상당히 많소. 그러나 대부분 경전의 문장을 읽고 그 의미만 이해하여, 그걸 주둥아리[口頭]로 지껄일 화제거리나 삼는 듯하오. 아주 해박하고 통달한 대가의 명예나 얻으려고 말이오. 하지만 공경과 지성으로 부처님 가르침에 따라 수행하는 자는, 정말로 찾아보기도 힘든 형편이오.

나는 늘상 "불법에서 진실한 이익을 얻고 싶거든, 모름지기 공경 가운데서 찾으시오."라고 말하오. 한 푼의 공경을 지니면, 한 푼의 죄업이 소멸하고 한 푼의 복덕과 지혜가 증가하며, 열 푼의 공경을 지니면, 열 푼의 죄업이 소멸하고 열 푼의 복덕과 지혜가 증가하기 때문이오. 물론 공경심이 전혀 없이 외설과 교만만 부린다면, 죄업만 더욱 늘어나고 복과 지혜는 더욱 줄어들 것이오. 그러니 어찌 슬프지 않겠소?

예불이나 경전 독송, 주문(진언), 염불 등의 각종 수행은, 모름지기 모두 정성과 공경을 위주로 해야 하오. 경전에서 설한 공덕이 설령 범부 중생의 지위에서 원만히 얻어질 수 없을지라도, 만약 정성과 공경만 지극하다면, 그로 말미암아 얻는 공덕만도 이미 생각하고 헤아리기 어려울 만큼 크다오.

그러나 정성과 공경이 없다면, 배우가 노래 부르고 연극하는 것과 같을 뿐이오.63) 배우의 희로애락은 마음속에서 나온 것이 아니기 때문에, 모두 허위와 가식에 속하지 않소? 마찬가지로 정성과 공경이 없으면, 설령 공덕을 쌓더라도 인간과 천상의 바보스런 복덕[人天癡福]에 불과하게 되오. 이 바보스런 복덕은 반드시 악업을 짓는 원인이 되어, 장래 그칠 기약 없는 고통의 씨를 뿌리게 된다오.

---

63) 이는 바울이 "설령 인간의 모든 언어를 말하고 천사의 말까지 한다 하더라도, 사랑이 없으면 울리는 징과 요란한 꽹과리와 다를 게 없다(고린도전서 13: 1 참조)."고 말한 내용과 실질상 일맥상통한다. 불성평등(佛性平等)의 근본 바탕 위에 진리[道]와 중생에 대한 사랑이 없다면, 정성과 공경이 나올 수 없을 것이기 때문이다.

'정성'과 '공경'은 온 세상 사람들이 다 아는 말이지만, 또한 온 세상 사람이 잘 (행할 줄) 모르는 길[道]이기도 하오.[64] 나는 죄업이 몹시 무거워서, 그 죄업을 해소하고 부처님 은혜에 보답하려고, 고승 대덕들의 훌륭한 수행 모범을 무던히도 찾아보았소. 그래서 비로소 정성과 공경이야말로, 정말 평범을 초월하여 성인에 들어가고, 생사윤회를 해탈할 수 있는 지극히 미묘한 비결임을 알게 되었다오. 그 뒤로 나는 인연 있는 사람을 만나면, 항상 이것을 간곡히 말해 주고 있소.[65]

경전 공부[閱經]는, 만약 법사(法師)가 되어 중생들에게 가르쳐 주고자 한다면, 먼저 경전 원문[經文]을 읽은 뒤 주석과 해설[註疏]을 연구해야 하오. 그래서 정신력이 충분히 넘치고 견해와 안목이 남달리 뛰어나지 않으면, 마음과 정력만 헛되이 소모하고 세월만 낭비하고 마는 경우가 허다하오.

그러나 만약 분수에 맞추어 몸소 경전에서 진실한 이익을 얻고자 한다면, 모름지기 지성스럽고 간절하며 몸·입·생각의 삼업을 청정히 가다듬어야 하오. 혹은 먼저 한참 동안 단정히 앉아, 몸과 마음을 안정시키고 정신을 집중한 다음, 부처님께 예배드리고 낭송이나 묵송하든지, 아니면 먼저 부처님께 예배드린 뒤 잠시 단정히 앉아 있다가 경전을 펼치든, 순서야 모두 괜찮소.

경전을 독송할 때는, 반드시 몸을 단정히 앉은 다음, 성인(불보살)의 얼

---

64) 노자(老子)도 일찍이 "큰 길은 몹시 평탄한데, 백성들은 지름길(샛길)만 좋아한다(큰 도는 몹시 평범하고 쉬운데, 사람들은 기이한 술수만 좋아한다. 大道甚夷, 而民好徑.)."고 말했고, 또 "내 말은 알기도 몹시 쉽고 행하기도 몹시 쉬운데, 천하 사람들은 알 줄도 모르고 행할 줄도 모른다[吾言甚易知, 甚易行, 天下莫能知, 莫能行.]."고 탄식한 적이 있다. 신원행(信願行)으로 염불하여 극락왕생하는 정토 법문이야말로 노자의 대도(大道)와 똑같다.

65) 참고로, 우리나라 조선시대 때 성리학에서, 율곡(栗谷)은 정성을 위주[主誠說]로 하고, 퇴계(退溪)는 공경을 위주[主敬說]로 했다고 한다. 그러나 정성과 공경은 본디 둘이 아니고 하나이며, 마치 동전의 앞뒤와 같은 관계이다. 다만 어감상, 정성은 내면의 마음에, 공경은 외부의 언행에, 각각 치중하는 느낌을 준다. 정성이 밖으로 나타날 때 공경이 되고, 공경의 안(밑바탕)에 정성이 자리한다고 보면 좋겠다.

굴을 직접 대하고 자상한 가르침의 목소리를 몸소 듣듯이 해야 하오. 혹시라도 감히 한 순간 권태나 시비 분별의 생각도 일으켜서는 안 되오. 처음부터 끝까지 죽 읽어 내려가되, 문자든 의미든 전혀 따지거나 음미하지 않는 거요.

이와 같이 경전을 독송하면, 근기가 뛰어난 사람은 곧 두 가지 텅 빈 공[二空)66)의 이치를 깨닫고, 실상법(實相法)을 증득할 수 있소. 또 근기가 둔하고 어리석은 사람이라도, 업장을 소멸시키고 복과 지혜를 증진시키는 실익을 얻게 되오.

육조(六祖) 혜능(慧能) 대사가 "단지 『금강경』을 보기만 하면, 곧 마음을 밝히고 성품을 볼 수 있다[但看金剛經, 卽能明心見性]."고 말씀하신 것도, 바로 이와 같이 보는 방법을 가리킬 따름이오. 그래서 '단지[但]'라고 말씀하신 것이오. 이와 같이 보기만 한다면, 모든 대승 경전이 다 마음을 밝히고 성품을 보게 해 줄 것이오. 어찌 꼭 『금강경』만 그러하겠소?

만약 이 구절은 무슨 의미이고, 이 단락은 무슨 취지라고 해석하면서, 계속 분별만 해보시오. 이는 완전히 범부의 속된 감정과 망상으로 추측하고 헤아리는 짓에 불과하오. 어떻게 부처님의 본래 뜻에 그윽이 부합하고, 경전의 본래 취지를 원만히 깨달을 수 있겠소? 하물며 업장이 소멸하고 복과 지혜가 높이 증가하길 바랄 수 있겠소?

만약 공경할 줄 안다면, 독송 자체로 착한 뿌리[善根]를 다소나마 심을 수 있다오. 하지만 세간의 일반 서생들이 책 읽듯 대한다면, 외설과 태만의 죄가 산처럼 높아지고 연못처럼 깊어질 것이오. 바로 착한 원인(동기)으로 악한 결과를 초래하는, 어리석은 무리들이오.

---

66) 두 가지 텅 빈 공[二空]: ① 인공(人空): 또는 아공(我空)·생공(生空)이라고도 하는데, 나와 남, 중생이 텅 비어 실재함이 없다는 진리. 이승(二乘: 성문·벽지불)이 이를 깨달아 무아의 진리에 들어감. ② 법공(法空): 모든 법이 텅 비어 없다는 진리로, 보살이 깨닫는 대상임. 이 밖에도 법에 진실한 성품이 없다는 성공(性空)과, 그로 말미암아 가지는 이름과 모습[名相]도 진실하지 않은 거짓이라는 상공(相空)으로 나누어 말하기도 한다.

옛 사람들은 경전 듣기[聽經]에 오로지 치중했다오. 마음에 분별을 일으킬 수 없는 장점 때문이었소. 한 사람이 소리를 내어 경전을 독송하면, 다른 사람이 옆에서 마음을 집중해서 잘 듣는 방법이오. 한 글자 한 구절마다 또렷하고 분명히 들도록 마음을 오롯이 집중시키고, 바깥 사물의 소리나 빛은 일체 끼어들지 못하게 막는 것이오. 만약 조금이라도 느슨해지거나 한눈팔면, 금방 끊어져 경전의 문장이 죽 관통할 수 없소. 때문에 고도의 정신 집중력을 요구하는 것이라오.

경전을 독송하는 사람은 눈으로 문장을 따라가며 보기 때문에, 마음을 크게 가다듬지 않아도 대강 뚜렷하게 독송할 수가 있소. 그러나 듣는 사람은 오직 소리에만 의탁하기 때문에, 한 순간만 정신을 놓거나 딴전 피우면, 곧 문맥이 끊어져 연결되지 못하게 되오.

만약 이와 같이만 듣는다면, 지성으로 공경스럽게 독송하는 공덕과 같게 되오. 그리고 독송자가 별로 공경스럽지 못하게 독송한다면, 그 공덕이 오히려 공경스럽게 듣는 자보다도 못하게 될 것이오. 요즘 사람들은 불경 보기를 마치 헌 종이처럼 여기고, 경전 올려놓는 책상 위에도 온갖 잡다한 물건을 경전과 함께 어지럽게 쌓아 놓는 경우가 많소. 경전을 독송할 때도 손도 씻지 않고, 입 속도 헹구지 않으며, 더러 몸을 이리 저리 흔들기도 하고, 더러 발을 높이 치켜 올리기도 하오. 그 밖의 온갖 방자한 행동을 거리낌 없이 하면서, 경전을 독송하여 죄업을 소멸하고 복을 얻으려고 하는구려. 아마도 오직 불법을 파괴·소멸시키려는 마왕(魔王)이나 이를 기뻐하고 찬탄하면서, "아주 활기 발랄하고 융통성 있으며 원만하여, 대승 불교의 집착 없는 미묘한 도에 딱 부합한다."고 증명할 것이오. 그러나 진실로 수행하는 불자가 이를 보면, 혼자 암담하니 마음만 상하여 눈물이나 흘리며, 악마의 권속들이 창궐함에 어찌할 줄 모르고 탄식할 게 틀림없소.

지혜로운 자는 경전을 독송하여 활연히 크게 깨닫고 고요히 선정에 들기도 하는데, 이러한 경지를 어떻게 분별심으로 얻을 수 있겠소? 어떤 고승 대덕은 『법화경』을 쓰는데[寫經], 어찌나 한 마음으로 오롯이 정신 집중했던지, 모든 분별 감정이 텅 비어 버려, 하늘이 이미 어두컴컴해졌는데도 계속 써 내려갔다오. 한참 뒤 시자(侍者)가 들어와 보고는 깜짝 놀라며, "하늘이 이미 어두컴컴해 졌는데 어떻게 글씨를 쓰십니까?"라고 묻자, 그때서야 손을 펴 보았으나, 손바닥이 더 이상 보이지 않았다고 전하오.

이처럼 경전을 보고 쓰면, 참선으로 화두를 드는 것이나 주문을 외고 염불하는 수행과 무엇이 다르겠소? 모두 한결같이 한 마음으로 뜻을 집중하는 것이라오. 공부를 오래 지속하다 보면, 저절로 확 크게 트이는 날이 있을 것이오.

명(明) 나라 때 설교(雪嶠) 원신(圓信) 대사는 영파부(寧波府) 사람으로, 낫 놓고 기역자도 몰랐다오. 중년에야 출가하여 아주 고생하며 힘써 참구했다오. 남들이 참을 수 없는 걸 죄다 참고, 남들이 할 수 없는 일도 모두 했다오. 그 고행은 정말 어지간한 수행자도 하기 어려운 것이었는데, 오래 지속하여 결국 확철대오하였다오.

그 뒤 그의 입에서 거침없이 나오는 말은, 모두 선기(禪機)에 미묘하게 들어맞는 설법이 되었소. 그때만 해도 아직 글자를 모르고 쓸 줄도 몰랐는데, 한참 지나 글자를 저절로 알게 되었고, 다시 한참 뒤에는 손에 붓을 잡고 종횡무진으로 글씨를 써 내려가는 대서예가 명필이 되었다오.

이러한 모든 이익은 한결같이, 분별심 없이 오롯이 정신 집중하여 참구하는 수행 안에서 나온 것들이오. 경전을 보고 독송하는 공부도, 마땅히 이러한 방법을 최고 모범으로 삼아야 하오.

경전을 볼 때는 절대로 분별심을 일으켜서는 안 되오. 그러면 자연히 잡념 망상이 스러지고 천진(天眞)스러움이 드러나게 되오. 만약 경전 내용의 이치(의미)를 연구하거나 주석 해설을 뒤적여 보고 싶거든, 마땅히 별도의 시간을 내서 연구에만 종사하는 게 좋겠소.

물론 연구할 때는 독송할 때만큼 엄숙하지 않아도 괜찮소. 그렇지만 전혀 공경스럽지 않아도 된다는 뜻은 아니오. 다만 독송할 때에 비해서 다소 편안하고 자유스러울 수 있다는 의미라오. 아직 업장이 해소하고 지혜가 밝아지기 이전에는, 모름지기 독송을 위주로 삼으시오. 연구는 대략 간단히 수반하는 정도로 하는 게 좋소.

그렇지 않으면 온 종일, 그리고 한평생 단지 연구에만 종사해도 끝이 없소. 설령 그렇게 연구하여 구름을 헤치고 달을 본다고 할지라도, 이는 방문을 열고 먼 산을 한 번 쳐다보는 것과 같아서, 단지 입만 살아 있는 꼴[口頭活計: 口頭禪과 비슷한 의미]이 되고 마오. 마음과 성품 수행이나 생사 해탈 같은 근본 문제와는, 조금도 상관이 없게 되오. 그래서 섣달 그믐날(임종의 상징 비유)이 들이닥치면, 터럭 끝만큼도 쓸모가 없는 물건으로 판명 날 게 틀림없소.

만약 앞에서 말한 대로만 경전을 독송한다면, 반드시 업장이 소멸하고 지혜가 밝아지며, 세 가지 감정 견해[三種情見][67]가 언제 어디에 있었는지도 모르게 텅 비어 버릴 것이오. 그러나 만약 그렇게 독송하지 않는다면, 세 가지 감정 견해가 생기지 않는다고 장담할 수도 없거니와, 숙세의 업력이 발동하여 사견(邪見)을 일으키고, 인과 법칙이 존재하지 않는다고 전면 부정하게 될지도 모르오.

나아가 사음 · 살해 · 절도 따위의 온갖 흉악한 번뇌 죄업이 불길처럼 치열하게 솟아 이어지는데도, 오히려 대승 수행인은 일체 걸림이 없는 법이라고 스스로 강변할 것이오. 마침내는 "마음이 평안하면 어찌 계율을 지키는 수고로움이 있겠는가?[心平何勞持戒?]"라는 육조 혜능 대사의 말씀을 아전인수격으로 인용하면서, 모든 계율은 깨뜨리면서도 깨뜨림이

---

67) 세 가지 감정견해[三種情見]: 세 가지 보는 미혹[三種見惑]을 가리키는 듯함. 출생과 함께 타고 나는 보는 미혹[俱生見惑], 각종 사건에 부닥쳐 이치로 미루어 생기는 보는 미혹[推理見惑], 학문 따위를 닦아 아주 견고해진 보는 미혹[發得見惑]으로 일컬어진다.

없어야 비로소 진짜 지키는 것이라고 견강부회할 것이오.

수행인이 진실한 정법을 얻기란 정말로 몹시 어렵소. 그래서 모든 부처님과 조사들이 한결같이 정토 법문을 주장하고 권하신 것이오. 부처님의 자비력을 받아서, 업력이 발동하지 못하도록 제압하고 조복시킬 수 있기 때문이오. 그러므로 마땅히 염불을 주요 수행으로 삼고, 경전 독송을 보조 수행으로 곁들여야 하겠소.

무릇 여래께서 열반에 드신 뒤, 남아 있는 것은 오직 경전과 불상뿐이오. 그래서 만약 흙이나 나무·금속·물감으로 조성한 불상을 진짜 부처님으로 여기고 받든다면, 업장을 소멸시키고 번뇌와 미혹도 깨뜨리며, 삼매를 얻어 생사윤회도 벗어날 수가 있다오. 그러나 만약 흙이나 나무·금속·물감 따위로 간주한다면, 그저 평범한 흙·나무·금속·물감 덩어리에 불과하게 되오. 문제는 단순한 흙·나무·금속·물감 덩어리라면 모독해도 허물이 없지만, 흙·나무·금속·물감으로 조성한 불상을 모독하면, 그 죄가 하늘을 가득 채운다는 점에 있소.

그리고 불경이나 조사 어록을 독송할 때도, 바로 눈앞에 부처나 조사들이 나타나 나에게 친히 설법해 주시는 것처럼 여기고, 조금도 소홀함이나 태만함이 생기지 않도록 조심해야 하오. 정말 이와 같이 행하는 이가 있다면, 나는 그 사람이 반드시 구품연화 위에 우뚝 올라, 진리를 철두철미하게 증득할 것이라고 감히 말하겠소.

그렇지 않다면, 이는 문자 유희(文字遊戲: 글자놀음, 말장난)의 법문일 따름이며, 그로부터 얻는 이익도 단지 박학다식에 불과하게 되오. 말하기는 청산유수처럼 또렷하고 명료한데, 조금도 진실로 받아 쓰지[受用]는 못하오. 길거리에서 주워듣고 길거리에서 지껄이는 것을 능사(能事)로 삼는 자들이오.

옛 사람들은 삼보(三寶)에 대해서 모두 진실한 공경심을 품었으며, 결코 입으로 빈말이나 그럴 듯하게 지껄이지는 않았소. 그런데 지금 사람들은 입으로조차 굽힐 굴(屈) 자 하나 말하려고 하지 않는구려. 하물며 몸소 굽혀 실행하기를 기대하겠소?

나는 최근 손가락을 찔러 흘러나오는 피로 경전을 쓰는[寫經] 사람을 보았는데, 단지 업장만 지을 뿐 공경심이라곤 전혀 없었소. 피를 내어 경전을 쓰려면, 한 번에 상당히 많은 피를 흘려야 하오. 그런데 봄가을에는 이삼일 지나면 냄새가 나고, 여름 같으면 반나절만 되면 금방 악취가 나기 마련이오.

또 피가 말라 붙으면, 글씨를 쓸 때 물로 다시 개어 써야 하오. 그렇게 쓴 글씨는 거칠기 짝이 없어, 전혀 공경스럽지 못한 것이오. 이는 혈서(血書)로 자신의 의지와 정성을 표현한 것이라기보다는, 아마도 단지 자기가 피로 경전을 쓸 정도로 진실한 수행을 하고 있다는, 헛된 명성을 널리 떨치려고 하는 과시욕의 소치로 보이오.

사경(寫經: 경전 쓰기)은 병풍 서예와 다르오. 그 정신은 본받되, 그 기법은 꼭 따를 필요가 없소. 사경은 마치 진사(進士)가 조정에서 책문(策文)[68]을 쓰듯이, 한 글자 한 획도 생략하거나 적당히 흘려서는 안 되오. 필체는 반드시 정자체(正字體: 楷書)에 따라야 하며, 일반인들이 보통 쓰는 서간체는 절대 써서는 안 되오. 예로부터 지금까지 많은 사람들이 행서(行書)와 초서(草書)체로 사경하여 왔는데, 나는 절대로 찬성하지 않소.

요즘 사람들은 경전을 쓸 때 마음 내키는 대로 휘갈겨 쓰는데, 이는 사경이 아니오. 단지 경전 쓰는 것으로 습자(習字: 서예 연습)를 삼거나, 아니면 자기 필적을 후세에 남기고 싶어서 쓰는 것뿐이오. 그런 식으로 경전을 쓰더라도, 물론 전혀 이익이 없는 것은 아니지만, 단지 미래세에 제도받을 수 있는 원인을 심는 데 불과하오. 그러나 불경(不敬)과 오만의 죄도

---

**68)** 책문(策文): 책(策)은 옛날 과거 시험의 한 체제로, 주로 조정의 과거시험(會試 또는 殿試)에서 내리는 정치 사회 경제적인 현안(또는 가상) 문제에 대해, 해결 방안을 논술하는 방식임. 대책(對策)ㆍ정책(政策)이라는 용어도 여기에서 나왔음.

또한 결코 작지 않음을 유념해야 하오.

그대가 쓴『법화경』을 보니, 그 필법이 굳세고 힘이 넘치며 아주 빼어나, 경탄을 금할 수 없었소. 그러나 붓놀림[用筆]이 아직도 문인(文人)의 습기(習氣: 버릇)를 다 버리지는 못하였소. 또 속체(俗體)나 첩체(帖體)·변체(變體) 등을 섞어 써, 통속적인 분위기가 물씬 풍기오. 때문에 불법(佛法)의 도(道)를 널리 유통시키기에는 적합하지 못한 듯하오.

또 고체(古體)를 고집하여 쓴 글자도 많았소. 예컨대, 魔(마귀 마) 자를 磨(갈 마)로 쓰고, 懸(걸 현) 자를 縣(고을 현)으로 썼으며, 瑪瑙硨磲(마노차거)를 馬腦車渠로 쓰고, 陣을 陳으로 쓴 것 등인데, 이는 시대에 어긋나는 폐단이 있소.

반드시 모두 고문(古文)에 따르겠다고 고집한다면, 지금 통용하는 정자체(正字體)를 거의 다 쓸 수 없을 것이오. 거의 모든 글자를 옛 글자체로 바꾸다 보면, 한 글자도 그대로 쓰기 어려울 것이오. 그래서 양인산(楊仁山)[69]은 옛 것에 집착하는 이를 비판하면서, "글자는 모름지기 시대에 따라야 하지, 어찌 꼭 옛날에 집착한단 말인가?[字須遵時, 何必泥古?]"고 반문하였소.

만약 반드시 고체를 따르고자 한다면, 먼저 사람 인(人) 자와 들 입(入) 자부터 고쳐 보는 게 어떻겠소? 옛날에 人 자는 八로 썼고, 入 자는 人으로 썼다오. 만약 人과 入 두 글자를 고칠 수 없다면, 다른 글자들만 어찌 특별히 고칠 필요가 있단 말이오?

또 고체(古體)라는 것도, 맨 처음에 창힐(蒼頡)이 창제한 글자는 결코 아

---

**69)** 양인산(楊仁山: 1837~1911): 청말의 불교학자. 본명은 문회(文會), 인산(仁山)은 자(字). 안휘성 출신으로, 어려서부터 박학다식하고 노장(老莊)의 학문에도 통달하였으며, 글도 잘 씀. 27세 때『대승기신론(大乘起信論)』을 보고 불학(佛學)에 뜻을 둠. 나중에 남경(南京)으로 이주하여 금릉각경처(金陵刻經處)를 창립, 불경을 간행하기 시작함. 동시에 기원정사(祇洹精舍)와 불학연구회(佛學研究會)를 창설하여, 중국 불교학교의 효시가 됨. 일본의 유명한 승려인 南條文雄과 친구였는데, 그의 도움으로 중국에 없는 많은 불교 서적을 일본에서 입수하여 다시 간행함.『대종지현문본론략주(大宗地玄文本論略注)』,『등부등관잡록(等不等觀雜錄)』,『불교초학과본(佛敎初學課本: 불교입문 교과서)』등의 저서가 있으며, 금릉각경처에 전국 각지에서 간행한 불교 서적 목판(木版) 십여 만 장을 모아 소장함.

니오. 문자가 처음 만들어진 뒤, 몇 번이나 바뀌어 지금의 글자체가 되었는지도 알 수 없소. 그대가 옛 것을 좋아하여 벌레 무늬와 새 글자[蟲文鳥書]를 정자체로 삼는다면, 나는 더 이상 가타부타하지 않겠소.

그렇지 않다면, 결국 아무 일 없어도 되는데, 공연히 일을 만드는 꼴이 되고, 별 공덕도 없으면서 헛수고만 할 것이오. 지금 시대에 순응하고 옛 것을 따르지 않음은, 일찍이 성현들도 분명한 가르침을 남기셨소. 장(莊) 거사가 경전의 유통(보급)에 뜻이 있다면, 마땅히 문인(文人)들의 고질버릇을 내버리고, 글자마다 시대에 따라 써야 할 것이오. 속자체(俗字體)나 약자체(略字體) 따위는 일체 쓰지 말고, 한 글자 한 획을 모두 법도에 맞게 써야 하리다.

경전 독송은 오직 공경을 다해야, 바야흐로 이익을 얻을 수 있소. 만약 공경스럽지 못하다면, 설령 이익을 얻더라도, 자구의 의미를 해석하고 이해하는 이익에 불과하게 되오. 업장이 소멸하고 지혜가 밝아져, 자기 마음을 확연히 깨닫는 커다란 이익은, 결단코 적당히 스쳐 지나가는 경전 읽기로 요행히 얻을 수 없소. 더구나 불경(不敬)과 태만의 허물만 이루 말할 수 없이 크게 짓게 되오. 이는 온 세상 사람들의 공통된 고질병이라, 눈물을 흘리고 통곡하며 길이 탄식할 일이라오.

예불 의식은, 몹시 바쁜 사람의 경우, 특별히 정해 둘 필요가 없소. 다만 간절하고 지성스럽게 입으로 부처님 명호를 염송하면서, 몸으로 부처님 발 아래에 예배드리면 충분하오. 부처님이 바로 앞에 나타나 계신 것처럼 정성만 다하면 되오.

부처님 진신사리(眞身舍利)에 예배드릴 수 없고, 총림(叢林)의 선지식들을 찾아가 친견할 수 없다고 하더라도, 무슨 아쉬움이 있겠소? 단지 불상을 보고도 진짜 부처님처럼 생각하고, 불경과 조사 어록을 보면서 부처님이나 조사들이 직접 눈앞에서 자기에게 설법해 주신다고 생각하면서, 소홀함이나 태만함 없이 공경과 정성만 다할 수 있다면, 그걸로 충분하오. 그러면 온 종일 부처님과 보살·조사·선지식들을 친견하고 설법을 듣는 셈이니, 사리나 총림을 따로 말할 필요가 있겠소?

보살의 명호가 새겨진 베를 예배용 방석에 쓰는 것도 이미 지극한 모독죄가 되는데, 하물며 좌선용 방석에 쓴단 말이오. 내가 광서(光緒) 20년(1894) 보타산(普陀山)에서 한 번 본 일이 있는데, 이듬해 육왕(育王)에서 다시 보고는 몹시 괴이하게 여겨, 사리전(舍利殿) 전주(殿主)에게 말을 꺼냈소. 그랬더니 그는 "이것이 영파(寧波)의 풍속입니다."고 답해 왔소.

나는 이러한 잘못된 악습을 뜯어 고칠 힘이 없어 몹시 부끄러웠소. 만약 내가 한 지방의 주인이 된다면, 반드시 이러한 행위의 잘못을 널리 크게 알리겠소. 그래서 신심 있는 불자들이 무지로 인한 손해를 당하지 않고, 오직 이익만 보도록 하고 싶소.

크게 깨달으신 세존께서 설하신 일체의 존귀한 대승 경전은, 현교(顯敎)나 밀교(密敎)를 막론하고, 모두 그 근본 도리(道理)가 유심(唯心)에 바탕하고 실상(實相)에 부합하오. 그래서 과거·현재·미래 삼세가 다하도록 바뀌지 아니하고, 십법계가 모두 함께 준수한다오. 원시 근본으로 되돌아가니 모든 부처님을 인도하는 스승이시고, 고통을 제거하고 즐거움을 주니, 중생의 자비로운 아버지시오.

이러한 대승 경전을 정성과 공경을 다해 받아 지니고 독송할 수만 있다면, 자신과 남이 함께 수승한 이익을 받고, 유명(幽冥: 무형의 陰界)과 현명(顯明: 유형의 陽界) 중생 모두 자비 광명의 은혜를 입게 되오. 마치 여의주(如意珠)가 아무리 원해도 부족함이 없고, 아무리 써도 다함이 없이, 마음대로 나토어 소원을 채워 주는 무진장(無盡藏)의 보배이듯 말이오.

『능엄경(楞嚴經)』에서 말한 대로, 아내를 구하면 아내를 얻고, 자식을 구하면 자식을 얻으며, 삼매를 구하면 삼매를 얻고, 장수를 구하면 장수를 얻으며, 이렇듯이 계속 나아가 대열반을 구하면 대열반조차 구할 수 있소. 대열반이란 바로 궁극의 과보 공덕이지 않소?

만약 여래의 본래 마음을 논하자면, 계경(契經)66)의 모든 위신력이 바로 여기에 해당하오. 다만 중생의 의지와 발원이 너무도 형편없이 약하고 작은데다가, 정성조차 지극하지 못해, 경전의 위신력(공덕력)에 곧장 그대로 계합(契合)하지 못하는 것뿐이오. 그래서 각자 마음 쓰는 대로, 자기 소원만큼만 채우는 것이오.

숙세의 근기가 몹시 깊고 두터운 선비 같으면, 자신의 성품을 단박 깨닫고 유심(唯心)의 도리를 철저히 증득하여, 번뇌와 미혹을 쳐부수고 곧장 보리(菩提)로 달려 나갈 수 있소. 그래서 복과 지혜를 원만히 갖추고, 깨달음의 도를 재빨리 성취할 것이오. 이것이 바로 계경(契經)의 온전한 이익을 획득하고, 여래의 본래 회포를 활짝 풀어 펼치는 길이오.

비유하자면, 똑 같은 비가 내려 만물을 두루 적시매, 모든 초목이 함께 무성히 자라는데, 뿌리가 큰 나무는 구름을 꿰뚫고 태양을 뒤덮을 정도로 성장하기도 하고, 뿌리가 작은 나무는 고작 한 치나 반 푼밖에 못 자라기도 하는 것과 비슷하오. 도(道)는 본디 유일의 진여(眞如)인데, 중생이 거기서 얻는 이익은, 각자의 마음(근기)에 따라 우열이 달라지는 것이오.

그렇지만 착한 뿌리를 심어만 놓으면, 부처의 과보가 끝내 완성되고 만다오. 설령 곧장 거대한 이익을 얻지는 못할지라도, 틀림없이 이 착한 인연으로 말미암아 해탈하게 되오. 독약을 바른 북 소리는 멀리서나 가까이서나 듣는 자가 모두 죽고, 금강(金剛) 조각은 아무리 조금만 먹어도 결코 소화시킬 수가 없소. 처음에 욕망의 갈고리로 끌어당기다가, 나중에 부처님 지혜에 들어가도록 하는 것이, 바로 이런 걸 일컫지 않겠소?

경전에 보면, "사람 몸 얻기 어렵고, 부처님 법 듣기 어렵다[人身難得, 佛法難聞.]"고 말씀하셨소. 숙세의 인연이 있지 아니한 중생은, 불경의 이름

---

70) 계경(契經): 계범(契範)·계선(契線)이라고 부르며, 부처님의 가르침을 기록한 경전을 가리킴. 계(契)는 계합(契合)·부합(符合)의 뜻으로, 경전의 가르침(내용)이 중생의 근기에도 들어맞고, 정법의 이치에도 부합하기 때문에 붙여진 이름.

자조차도 들을 수 없거늘, 하물며 불경을 받아 지녀 독송하고, 착한 인연을 닦아 과보를 증득할 수가지 있겠소?

그렇지만 여래께서 설하신 가르침은, 실지로 중생들이 마음에 본디 갖추고 있는 이치에 의한 것이며, 마음과 성품 밖에서는 어떠한 법도 전혀 얻을 수가 없소. 다만 중생들이 미혹해 있기 때문에 알 수 없는 것뿐이오. 그래서 진여실상(眞如實相) 가운데서 잡념 망상과 집착을 헛되이 내는 것이오. 여기서부터 탐욕 · 성냄 · 어리석음의 삼독(三毒)이 일어나고, 살생 · 사음 · 도적질의 죄악이 저질러지기 시작하오. 지혜를 잃어 번뇌가 되고, 상주(常住: 항상 머무름) 안에서 생멸(生滅: 생성과 소멸)을 반복하여, 영겁토록 되돌이킬 줄 모르고 있소.

다행히 여래께서 설하신 현교(顯敎)와 밀교(密敎)의 각종 대승 경전을 만나서, 바야흐로 옷 속에 구슬이 본래 있었고, 불성(佛性)이 여전히 존재함을 알게 되었소. 객지에서 허름한 나그네 신세로 떠돌던 사람이, 원래는 부귀한 장자(長者)의 진짜 아들이었던 것이오.

마찬가지로, 인간과 천상의 육도 중생계가 결코 우리 자신의 거주처가 아니며, 실보(實報) 적광(寂光)의 극락정토야말로 본래 고향인 것이오. 돌이켜 생각해 보면, 시작도 없는 과거세부터 여태까지 불법을 제대로 듣지 못했기 때문에, 이처럼 진귀한 마음과 성품을 본래 지니고 있으면서도, 아무 까닭도 없이 억울하게 윤회 고통을 받아 왔소.

정말로 눈물을 펑펑 쏟으며 대성통곡하여 소리가 삼천대천세계를 진동하고, 마음이 갈기갈기 찢어지며 창자가 조각조각 끊어질 일이오. 그러니 부처님의 이러한 은혜와 공덕을 생각하면, 어찌 천지자연이나 부모의 백천만 배밖에 안 되겠소? 설령 이 몸이 다 부서지고 뼈가 가루가 되도록 보답할지라도, 부처님의 은혜는 다 갚을 수 없을 것이오.

요즘 사람들은 승가나 속세를 막론하고, 불경을 펼쳐 봄에 전혀 정성과 공경이 없소. 온갖 태만과 모독은 일일이 열거할 수 없을 정도라오. 이런 나쁜 습관이 하도 오래 계속되어 왔기에, 너나할 것 없이 당연하게 받아들이고 있소. 여래의 가르침이 담긴 글을, 그저 못쓰는 휴지 조각처럼 여기기 일쑤요. 경전의 뜻을 모르는 사람에게 전혀 이익이 없음은 말할 것도 없거니와, 설사 여래의 진실한 의미를 깊이 안다고 할지라도, 고작 구두삼매(口頭三昧)와 번지르르한 낯빛에 지나지 않소. 마치 굶주린 자가 밥을 말하고, 가난한 자가 보배를 세어 보기만 하는 것과 같소.

비록 연구의 공덕은 있을지라도, 실증(實證)의 이익은 절대로 없소. 하물며 태만과 모독의 죄가 하늘을 가득 채워, 그 고통을 오랜 겁토록 기약 없이 받아야 한다면, 오죽하겠소? 착한 원인(동기)으로 악한 결과를 초래한 것이오. 설령 장래에 제도받는 원인이야 되겠지만, 그 때까지 받을 고통이 얼마나 크겠소? 그래서 안쓰럽고 슬픈 마음에서, 경전 독송 자세의 이해득실을 간략하게나마 감히 말하는 것이오. 부처님 가르침대로 받들어 행하여, 손해는 보지 않고 이익만 얻기를 바라는 뜻에서라오.

『금강경』에 보면, "만약 이 경전이 있는 곳이면, 곧 부처님이나 존귀한 제자가 계신 것 같다." "어느 곳이나 이 경전이 있으면, 일체 세간의 천상·인간·아수라 등이 마땅히 공경해야 한다. 이곳이 바로 탑이므로, 모두 공경스럽게 예배드리고 주위를 돌며 온갖 꽃과 향을 뿌려야 하리라." 는 등의 말씀이 여러 번 나오지 않소?

왜 이와 같이 하도록 말씀하셨겠소? 일체의 부처님과 부처님의 아누다라삼먁삼보리(阿耨多羅三藐三菩提)[71]법이, 모두 이 경전으로부터 나오기

---

[71] 아누다라삼먁삼보리(阿耨多羅三藐三菩提): 전에는 무상정변지(無上正遍知)·무상정변도(無上正遍道)·진정변지(眞正遍知)로 번역했으나, 지금은 무상정등정각(無上正等正覺)으로 옮긴다. 진정 평등한 깨달음의 지혜로, 일체 진리의 무상 지혜를 뜻한다. 범어(梵語)로는 Anuttara-samyak-saṃbodhi(또는 anuttarāyāṃsamyaksaṃbodhau: 최봉수 편 『극락장엄경』)이다.
'耨'는 중국 한문자전(漢文字典)에는 주로 '乃豆切'(누)로 읽되, 더러 '奴沃切'(녹)으로도 읽는다고 정의하고 있는데, 우리나라 한문 옥편에는 '누'로 적혀 있으며 국어사전에도 분명히 '아누다라삼먁삼보리'로 실려 있다. 원어로 보나 보통 한문 발음으로 보나 '누'로 읽어야 적절할 듯한데, 정작 우리 불교계에서는 거의 다 '녹'으로 읽고 있다. 그런데 이 책의 초판이 나온 뒤 규장각(奎章閣)에서 조선시대 『묘법연화경』 언해본을 찾아볼 인연이 있었는데, 거기서 우연히 '녹(奴沃切)'으로 표기한 사실을

때문이라오. 모든 대승경전이 도처에서 사람들에게 경전을 공경하도록 가르치는 것은 한두 군데가 아니라오.

진실로 모든 대승경전은 모든 부처님의 어머니이고 보살들의 스승님이며, 삼세 여래의 법신사리(法身舍利)이자, 구계(九界: 보살·벽지불·성문과 육도) 중생들이 고해를 벗어나도록 인도하는 자비로운 배[慈船]라오. 비록 가장 높은 부처의 과보를 증득할지라도, 여전히 법을 공경해야 하오. 근본을 잊지 않고, 그 은혜에 보답해야 하기 때문이오.

그래서 『열반경(涅槃經)』에서도 "법은 부처님의 어머니이니, 부처님은 법으로부터 생겨난다. 삼세 여래께서 모두 법을 공양한다[法是佛母, 佛從法生, 三世如來, 皆供養法.]."고 말씀하셨소. (그런데 요즘은 불화(탱화)를 그리는 화사(畫師)를 불모(佛母)라고 부르는가 보다.) 하물며 우리 범부 중생은 온 몸이 업장투성이로 뒤덮여, 마치 중대 죄수가 오래도록 감옥에 갇혀 풀려나지 못하는 것과 같은 신세인데, 어찌 법을 경시할 수 있겠소?

그런 처지에서나마, 숙세에 심은 착한 뿌리의 복덕 인연으로 불경을 볼 수 있게 되었으니, 얼마나 다행이오? 마치 장기수가 사면 조서를 받기라도 한 것 같으니, 경사와 행운이 끝없이 크오. 그러니 진실로 불경에 의지하여 삼계에 길이 하직 인사를 올리고, 생사윤회의 감옥을 영원히 벗어나서, 몸소 세 가지 몸[化身·報身·法身]을 증득하고, 곧장 열반의 고향까지

---

발견하였다. 생각하건대, 조선시대 불경언해 작업시 '누'의 음을 일반적인 '누'보다는, 덜 보편적이지만 연상(기억)하기 쉬운 '뉵'으로 선택했을 것 같으며(당시 범어 원음의 대조가 잘 안 되었을지 모름), 일제시대부터 해방을 전후한 시기에 불경을 새로 번역하면서, 조선시대 줄곧 '뉵'으로 발음하던 관행과 '耨'의 오른쪽 글자가 '욕'으로 읽히는 사실이 묘하게 뒤섞여, 어느새 '뇩'으로 잘못 와전하여 굳어진 게 아닌가 여겨진다. 구체적인 과정과 내용은 좀더 자세한 연구가 필요하다.

옮긴이도 성륜사(聖輪寺) 청화(淸華) 큰스님의 정확하고 세심한 법문으로 비로소 알아차리게 되었으며, 이 자리를 빌려 존경과 감사를 드린다. 다행히 최근(2009년) 조계종 교육원에서 공식으로 편역해 발행한 『조계종 표준 금강반야바라밀경』(조계종출판사 주석본, 18쪽)에서는 "산스끄리뜨 음가(아눗다라)와도 가깝고 한문 독음도 '누'이기 때문"에 "'뇩(耨)'은 '누'로 통일해서 읽는다."고 정식으로 정정했다. 늦었지만 한국 불교를 대표하는 조계종에서 공식으로 바로잡은 역경(譯經) 불사에 수희찬탄의 박수갈채를 보낸다.

도달해야 하지 않겠소? 이렇게 끝없는 이익이 모두 경전을 듣는[聞經] 데에서 얻어지오. 그런데 어찌 망령되고 방자한 편견으로, 경외심을 품지 않고, 마치 속세의 유생들이 책 읽듯이, 태만과 모독을 자행할 수 있겠소?

만약 법회를 청하는 재주(齋主)나 법회를 여는 스님들이 모두 각자 정성과 공경을 다한다면, 그 이익은 정말 말할 수 없이 크오. 마치 봄이 대지에 돌아오면 초목이 무성히 소생하고, 달이 하늘 한복판에 떠오르면 모든 강물에 달그림자가 드리워지는 것과 같소. 그래서 당사자는 업장이 소멸하고 지혜가 밝아지며, 복록이 높아지고 구하는 게 모두 뜻대로 이루어지게 되오. 또 돌아가신 부모와 조상들은 모두 극락정토에 왕생하고, 오랜 겁 동안 원한과 은혜를 맺어온 법계의 의식 머금은[含識] 중생 모두가 함께 삼보의 자비 광명을 받아 보리(菩提) 인연의 종자를 뿌리게 되오.

그러나 만약 재주(齋主)가 정성스럽지 않으면, 금전을 보시한 공덕은 유한하고, 불법을 업신여긴 죄는 무궁하게 되오. 또 스님들이 정성스럽지 못하면, 이는 북이나 바라 · 피리(法會에 쓰는 악기) 따위를 경전으로 삼고, 북채나 휘두르는 일로 의식을 치르는 것에 불과하오. 삼보(三寶)와 천룡(天龍)이 강림하시는 때와 장소에서, 거칠고 서툴며 성의 없는 지루한 행동으로 책임이나 때우려고 한다면, 어찌 되겠소? 그 죄악의 산이 우뚝 솟아오르고, 복덕의 바다가 바짝 말라 버리며, 생전에는 온갖 재앙을 당하다가, 사후에는 무거운 견책을 받지 않고 배길 수 있겠소?

인간 세상에서 재주를 닦고 공덕을 쌓아, 집안을 꾸리고 나라를 다스리며 살아가는 바탕은, 모두 글자[文字]의 힘으로 이루어지오. 글자는 세간의 지극한 보배라오. 평범한 사람을 성인으로 만들고, 어리석은 자를 지혜롭게 만들며, 가난하고 천한 사람을 부귀롭게 만들고, 질병에 걸린 이를 건강하고 평안하게 회복시켜 주기도 하오.

성현의 도맥(道脈: 道統)을 만고의 세월 속에서 얻고, 가문의 경영과 업적을 자손만대에 물려주는 일도, 모두 글자의 힘에 의지하지 않을 수 없소. 만약 세상에 문자가 없다면, 어떠한 일이나 이치도 모두 성립하지 못하며, 인간이 짐승과 다를 바 없어질 것이오. (근데 근래 우리 불교계는 불립문자(不立文字)와 이심전심(以心傳心)을 최고로 숭상하는 간화선의 영향으로 교학을 천시하고 글과 글쟁이를 얕보는 기풍이 강한 듯하다.)

글자에 이와 같은 공덕과 힘이 있을진대, 마땅히 애지중지하고 공경해야 할 것이오. 그런데 가만히 보면, 요즘 사람들은 글자를 제멋대로 더럽히고 모독하기 일쑤요. 이는 지극한 보배를 똥처럼 대하는 것이오. 그렇게 해서 현생에 복과 수명을 깎아 먹고, 내생에 무식하고 무지하지 않을 수 있겠소?

또 단지 유형(有形)의 글자만 더럽히거나 내버릴 수 없는 것이 아니오. 무형(無形)의 글자도 더럽히거나 내버려서는 더욱 안 되오. 효도[孝]·우애[弟]·충실[忠]·신의[信]·예절[禮]·정의[義]·청렴[廉]·수치[恥] 같은 무형의 글자(실질상 人倫道德)를 만약 실천궁행하지 않는다면, 여덟 덕목의 글자가 죽는 것과 같소. 이 여덟 덕목의 글자가 죽으면, 인간은 살아서는 옷 입고 모자 쓴 짐승과 다름없고, 죽은 뒤에는 삼악도에 떨어져 고통받을 것이오. 그러니 조심하지 않을 수 있겠소?

6 _____

# 콩 심은 데 콩 나고,
# 팥 심은 데 팥 난다

## 1) 인과응보의 사실

　　　　불경에 "보살은 원인을 두려워하고, 중생은 결과를
두려워한다.[菩薩畏因, 衆生畏果.]"는 말이 있소. 보살은 나쁜 원인을 끊어 버
리기 때문에, 죄악과 업장이 사라지고 공덕이 원만히 쌓여 가서, 끝내 부
처가 되고야 만다오. 그런데 중생은 늘 나쁜 원인만 지으면서, 나쁜 과보
를 피하려고 하니, 이는 비유하자면 햇빛 아래 서서 그림자가 생기질 않
길 바라는 것과 같아서, 정신없이 헛수고만 하는 격이오.

　　흔히 뭘 모르는 어리석은 이는, 조그만 착한 일을 해 놓고는 큰 복을
바라기 일쑤요. 그러다가 한번 역경이라도 만나면, 곧장 "착한 일을 하는
데도 재앙을 당하니, 인과 법칙이란 말짱 빈말이다."라고 불평하오. 그로
부터 처음 품었던 마음을 후회하고 뒤꽁무니 빼면서, 도리어 불법(佛法)을
비방하기도 하는구려. 그들이 어찌 인과응보가 삼세에 걸쳐 나타나고[報

通三世], 그를 돌려 뒤바꾸는 것이 마음이라는, 오묘한 이치를 알겠소?

인과응보가 어떻게 삼세에 걸쳐 나타나는 줄 아오? 금생에 지은 선악의 과보로 금생에 화복(禍福)을 받는 것이 현보(現報)이고, 금생에 지은 선악의 과보로 내생에 화복을 받는 것이 생보(生報)라오. 그리고 금생에 지은 선악의 과보를 미래의 제3생이나 제4생 또 백천만 생 뒤에야 비로소 받는 경우는, 후보(後報)라고 하오. 후보는 결과가 나타나는 시기가 일정하지 않지만, 자기가 지은 업보를 받지 않는 법은 결코 없소.

예컨대, 선비가 과거시험 공부를 하여 몇 년 만에 급제하고 평생 부귀공명을 누리는 것은, 보통 사람의 육안으로도 볼 수 있는 현보라 하겠소. 그러나 아버지나 할아버지가 학문을 중시하여 자손대에 이르러 크게 운이 트이는 것은, 보통 사람 눈으로는 알아보기 어렵고, 천안으로나 알 수 있는 생보로 비유할 수 있겠소.(금생과 내생은 모두 본인을 중심으로 말하는 것이나, 생을 뛰어넘는 윤회의 사실은 비유로 구체화하기 어려워, 짐짓 조부모와 자손 사이의 세대 물림의 방편을 편의상 든 것이니, 글자에 얽매여 뜻을 해치는 일이 없길 바라오.)

그리고 후보(後報)는 우(禹)나 주(周)의 왕업이, 사실은 후직(后稷)과 설(契)이 순(舜)과 은(殷) 임금을 돕던 상고시대에 이미 터전 잡혔던 것이라고 비유할 수 있소. 이는 천안으로도 보기 어렵고, 성문(聲聞)의 도안(道眼) 정도나 알아 볼 것이오. 그러나 무량아승기겁에 걸친 인과는, 오직 오안(五眼: 肉·天·慧·法·佛眼)을 두루 갖추신 부처님만이 훤히 내다보실 수 있소. 이는 성문의 도안에도 안 보이는데, 하물며 천안이나 육안 따위에 보이겠소?

이러한 삼세 인과응보의 이치를 안다면, 착한 일에 복이 내리고 나쁜 일에 재앙이 내린다는 성인의 말씀은, 본디 조금도 틀릴 게 없소. 부귀와 빈천이나, 장수와 요절, 통달과 궁핍 등의 천명(天命)은, 일찍이 한 쪽으로 치우친 적이 전혀 없는 것이오. 바깥 경계의 연분[境緣]이 닥쳐옴은, 마치 거울에 사물의 모습[像]이 나타나는 것과 같소.

지혜로운 사람은 단지 거울 밖에 선 자신의 얼굴을 단정히 가다듬는데, 어리석은 자는 오직 거울 안에 비친 자신의 모습만을 못마땅하게 여긴다오. 역경이 들이닥칠 때 순순히 받아들여 적응하는 것[逆來順受]이, 바로 낙천(樂天: 하늘의 뜻과 자연의 섭리를 즐겨 받아들임)이오. 하늘을 원망하거나 남을 탓하지 않아야만, 비로소 자신의 운명을 세울[立命] 수 있소.

　　그러면 인과응보를 마음으로 돌려 뒤바꾼다는 것은 무슨 뜻이겠소? 예컨대, 어떤 사람이 죄악을 지어 영원히 지옥에 떨어져 고통을 받아야 할 운명인데, 나중에 크게 부끄러운 마음이 들어 죄를 참회하고 큰 보리심(菩提心: 求道心)을 내어 개과천선하여, 독경과 염불 수행에 열심히 정진하면서 남들을 교화시켜 함께 극락왕생하길 기원한다고 합시다.

　　이렇게 열심히 수행하다 보면, 현생에 우선 당장 남들로부터 비웃음이나 손가락질 당하기도 하고, 더러는 뜻밖의 질병을 얻기도 하며, 또는 가난하고 어려운 처지에 놓이는 등, 갖가지 안 좋은 일들이 생기게 되오. 그러한 재난과 시련으로 말미암아, 먼저 지었던 죄악으로 지옥에 떨어져 영원히 받아야 할 고통이 액땜으로 사라지고, 나아가 평범한 생사윤회를 벗어나 성현의 경지에 들 수 있는 것이오.

　　『금강경』에 이르기를, "만약 어떤 사람이 이 경전을 받아 지니고 독송하여 다른 사람들로부터 경시와 천대를 받는다면, 이 사람은 전생의 죄악으로 마땅히 삼악도에 떨어져야 할 업보가, 금생에 남들의 경시와 천대로 말미암아 곧 사라지고, 나아가 아누다라삼먁삼보리[無上正等正覺]를 얻게 될 것이다."고 설하고 있소. 이것이 바로 인과응보를 마음으로 돌려 뒤바꾼다는 뜻이오.

　　그리고 부모와 자식 사이에는 네 가지 인연이 있다오. 첫째는 은혜를 갚는[報恩] 인연이고, 둘째는 원한을 갚는[報怨] 인연이며, 셋째는 빚을 갚는[償債] 인연이고, 넷째는 빚을 되찾는[討債] 인연이오.

　　은혜를 갚는 인연이란, 부모와 자식에게 전생에 큰 은혜가 있어, 그 은혜를 갚기 위해 금생에 자식으로 태어나, 생전에 부모가 기뻐하도록 극진히 봉양하고, 사후에는 귀신이 흠향하도록 장례와 제사를 정성껏 모시는 것이오. 나아가 국가 사회에 이바지하고 백성에게 혜택을 끼쳐 청사(靑史)에 이름을 남김으로써, 천하 후세 사람들로 하여금 그 사람을 흠모하면서, 그 부모까지 존경하도록 훌륭한 도덕을 닦기도 하오. 역사 속의 수많은 충신과 효자가 그러하오.

원한을 갚는 인연이란, 부모가 자식에게 전생에 원한을 사서, 그걸 갚기 위해 자식으로 태어나는 것이오. 작게는 부모 마음을 거스르고, 크게는 화가 부모에게 미치게 하며, 살아생전에는 맛있고 따뜻한 봉양을 올리지 않고, 죽은 뒤에는 황천에서도 모욕을 당하게 하오. 또 더 심한 경우에는, 권세나 요직에 앉은 신분으로 부정부패와 불궤(不軌)의 죄악을 저질러, 가문과 친족을 파멸시키고 조상의 무덤까지 파헤치게 하며, 천하 후세 사람들로 하여금 그 사람을 욕하면서 그 부모까지 침 뱉게 만드오. 왕망(王莽)이나 조조(曹操)·동탁(董卓)·진회(秦檜) 등과 같은 간신 역적이 그 대표적인 예라오.

빚을 갚는 인연이란, 자식이 전생에 부모에게 진 재산상의 빚을 갚으려고 태어난 경우라오. 진 빚이 많으면 평생토록 뼈 빠지게 일해 받들어 모시지만, 빚이 적으면 잘 봉양하다가 더러 중간에 그만두기도 하오. 예컨대 힘들여 공부하여 부귀공명을 조금 얻는가 싶더니 그만 요절한다든지, 사업이 잘 되어 재산 좀 모으다가 죽는 수도 있소.

빚을 되찾는 인연이란, 부모가 자식에게 전생에 재산상의 빚을 진 까닭에 그 빚을 받으려고 태어난 경우라오. 빚이 적으면, 생활비나 학비를 들여, 가르치고 혼수 장만하여 결혼시켜, 이제 자립하고 사회 활동할 만하니 그만 수명이 다해 버리는 것이오. 또 빚이 많으면, 집안 재산을 탕진하고 패가망신까지 시킨다오.

그런데 세상 사람들은 조금만 어려운 재난을 당하면, 하늘을 원망하거나 사람을 탓하기 일쑤요. 전생에 진 빚을 갚는다는 생각으로, 죄업을 참회하는 마음을 내는 이는, 참으로 드물기 짝이 없소. 콩 심은 데 콩 나고, 팥 심은 데 팥 나는 줄을 알아야 하오. 가라지를 심고 밀을 거두고자 하거나, 피의 씨를 뿌리고 벼를 거둘 생각은 말아야 하오.

금생에 죄악을 지으면서도 복을 누리는 자들은, 전생에 심어 놓은 착한 씨가 많기 때문이오. 그들이 만약 죄악을 짓지 않는다면, 그 복이 더욱 커질 것이오. 예컨대, 갑부 집안의 자식들이 술과 계집이나 노름에 빠져 흥청망청하면서, 돈을 흙 뿌리듯 내버리는데 금방 굶고 얼어 죽지 않는 것은, 모아 놓은 재산이 많기 때문이오. 만약 매일같이 이렇게 낭비한다면, 설령 백만장자라도 몇 년이 채 안 되어, 가산을 모두 탕진하고 알거지가 될 것이오.

또 금생에 착한 일을 하면서도 재난을 당하는 이들은, 전생에 지은 죄악의 업장이 너무 두텁기 때문이오. 만약 이들이 착한 일을 안 한다면, 그 재앙은 더욱 커질 게 분명하오. 예컨대, 중대한 악을 범한 죄인이 처형당하기 전에 작은 공을 세운다면, 그 공이 그리 크지 않아 사형을 완전히 사면할 수는 없을지라도, 틀림없이 감형해 줄 것이오. 그리고 매일같이 공을 세워 점차 커지면, 죄를 모두 사면받아 풀려나고, 더 나아가 관직에 임명되어 부귀까지 누릴 수 있지 않겠소?

단지 눈앞의 길흉만 쳐다보고서, 선을 행해도 재난을 당하니 선은 행할게 못 되고, 악을 지어도 복을 받으니 악을 금할 필요가 없다고 여긴다면, 이는 정말로 어리석고 위험천만한 생각이오. 선악의 과보는 하루 아침저녁에 나타나는 게 아니라, 그 유래와 과정이 점차 진행[漸進]한다는 사실을 염두에 두어야 하오.

예컨대, 석 자[三尺]나 되는 두터운 얼음이, 어찌 하루 저녁 추위에 얼어붙겠소? 또한 그 얼음이 어찌 한 나절 햇볕에 금방 녹아 버리겠소? 절대로 하늘을 원망하거나 남들을 탓해서는 안 되오. 더구나 우유부단하게 머뭇거리면서 후회하거나 뒤로 물러나서는 결코 안 되오. 마땅히 유정의 (兪淨意) 선생의 수신(修身)이나 원료범(袁了凡) 선생의 운명 개척을 본받아야 할 줄 아오. (두 분의 수행 실록은, 『운명을 뛰어넘는 길』로 출판한 『요범사훈(了凡四訓)』에 자세히 소개함.)

무릇 과거에 급제하고 관직에 등용되는 것은, 모두 그 조상들이 커다란 음덕을 쌓았기 때문이오. 만약 음덕이 없다면, 이는 사람의 힘(예컨대 권력 배경·뇌물·청탁 등)으로 이루어진 것이니, 반드시 나중에 큰 재앙이 뒤따르게 되오. 그럴 바에는 차라리 애당초 급제하지 않는 편이 훨씬 낫소.

고금의 역사를 통해 살피건대, 위대한 성현이 태어남은 모두 그 조상의 음덕으로 비롯하오. 고관대작이나 갑부도 마찬가지요. 자손들은 부귀 속에서 태어나 살면서, 복을 누리고 죄업을 지을 줄만 알지, 그 조상들이 힘들여 쌓은 공덕은 잊어버리기 일쑤라오. 그러다가 조상의 공덕도 잃고 가산도 탕진한 뒤, 금방 가난하고 비천해지니, 이것이 세상의 모든 부귀한 자들이 공통으로 저지르는 폐단이오. (우리 속담에 "부자가 삼대를 못 간다."는 말이 있음.)

대대로 조상의 공덕을 지키며 가문이 기울어지지 않은 경우는, 오직 소주(蘇州)의 범(范) 씨가 고금을 통해 제일 으뜸일 것이오. 송나라 문정공(文正公: 范仲淹)부터 청말에 이르기까지, 8백여 년 동안 가풍이 스러지지 않고 줄곧 과거 급제가 이어졌으니, 세덕서향(世德書香: 대 이은 공덕으로 책 향기가 끊이지 않음)의 집안이라고 일컬을 만하오.

장주(長州)의 팽(彭) 씨 집안은 청초(淸初) 이래 과거 급제로 천하에 으뜸이었는데, 장원 급제만도 네댓 명이나 되고, 형제 모두 삼정갑(三鼎甲: 甲科 3人인 壯元·榜眼·探花)에 급제한 경우도 있다오. 그런데 그 집안은 대대로 불법을 받들어 행하면서, 비록 장원한 재상일지라도 매일같이 『태상감응편(太上感應篇)』과 『음질문(陰騭文)』을 독송하였소. (두 가지 모두 도가(道家)의 대표적인 권선징악 문장인데, 『태상감응편』은 이미 출판한 『요범사훈(了凡四訓)』에 함께 실림.) 정성스러운 뜻과 정직한 마음으로, 국가에 충성하고 백성에게 덕택을 베푼 귀감이, 바로 여기에 있었소.

멋모르고 미쳐 날뛰는 자들은, 이러한 책들이 그저 세속의 범부나 아낙 사이에 읽히는 글로 여기는데, 이는 성현이 왜 성현이 되었고, 사람이 어떻게 사람 노릇하는 것인지도 모르는 어리석음에 지나지 않소. 살아서는 걸어 다니는 고깃덩이나 움직이는 시체[走肉行尸]와 같고, 죽어서는 초목과 함께 썩어 문드러지겠지만, 그 죄악의 업보는 소멸하기 어려우니, 영원히 삼악도에 떨어져 고생할 자들이오. 한때 시끌벅적하게 스스로 박학다식하고 통달한 인물이라고 떠들다가, 후대에 이름조차 들리지 않는 자가 얼마나 많소?

그리고 행여라도, "우리 집안은 본디 빈한하여, 널리 음덕을 쌓고 크게 좋은 일을 할 수 없다."고 핑계대지는 마시오. 몸과 입과 뜻 삼업(三業)이 모두 사악하면 이보다 더 큰 죄악이 없으며, 반대로 삼업이 모두 착하면 이보다 더 큰 선행이 없다는 이치를 알아야 하오.

인과 법칙을 믿지 않고, 죄와 복이 모두 일정한 응보임을 믿지 않는 어리석은 사람들에게는, 『안사전서(安士全書)』 등에서 말하는 내용들을 자상히 일러주어, 인과 법칙을 믿고 나아가 불법을 믿게 하며, 마침내 염불 수행으로 서방극락에 왕생하여 생사윤회를 벗어나게 해 주는 것보다, 더 좋은 선행이 없소. 한 사람만 이렇게 이끌어도 그 공덕이 무한한데, 하물며 수많은 사람을 제도한다면 오죽하겠소?

그러나 자신이 흠 없이 실천궁행하여야만 비로소 남들을 감화시킬 수 있소. 자기의 배우자나 자녀가 따라서 믿고 함께 받들어 행할 때, 남들도 저절로 보고 느끼는 바가 있어서 착하게 감화 받을 것이오. 어찌 선행을 베풀고 음덕을 쌓는 일이 재산이나 지위에 달려 있다고 하겠소?

천하의 모든 일은 다 인연이 있기 마련이오. 일이 이루어지고 어그러지는 것은, 모두 그 인연이 조종하고 결정하오. 비록 겉보기에는 일을 이루거나 어그러뜨리는 사람(의 역할)이 분명히 있지만, 성패의 실제 권력은 자신이 심은 과거의 원인[前因]에 달려 있으며, 지금 당장 눈앞에 나타나는 사람의 연분[現緣]에 있는 게 아니란 말이오.

이러한 이치를 안다면, 자신의 운명을 알고 하늘의 뜻을 즐겨 따르면서, 하늘을 원망하거나 사람을 탓하는 일 없이, 자신의 현재 처지에 편안히 만족하는 마음으로 살아갈 수 있을 것이오. 그러면 어디에 가든지 자유자재롭지 않음이 없게 되리다.


## 2) 인과응보의 이치

인과응보의 법칙은 불교에 입문하는 첫걸음이자, 유교의 「대학(大學)」에서 뜻을 정성스럽게 하고[誠意] 마음을 바로 하며[正心] 자신을 닦고[修身] 집안을 거느리며[齊家] 나라를 다스리고[治國] 천하를 평정하는[平天下] 중요한 바탕이기도 하오. 그러므로 인과 법칙은 세간이나 출세간의 성인 모두가, 천하를 다스리고 중생을 제도하는 중대한 권능이오.

지금 세상에서 만약 인과응보를 나라 구하고 백성 구제하는 급선무로 삼지 않는다면, 설령 그대의 지혜와 재주와 도덕이 제아무리 높고 뛰어나다고 할지라도, 모두 헛것에 지나지 않게 되오. 도리(道理)를 말하지 않으면, 왕법(王法)도 있을 수 없기 때문이오.

옛날 성현들은 어느 누구도, 전전긍긍하며 자기를 꽉 붙잡아 지니지[操持] 않은 사람이 없었소. 그래서 그 마음이 빈곤 궁핍이나 부귀영달에 따라 오락가락 흔들리지 않았소. 맹자(孟子)가 말한 대로, 곤궁하면 홀로 자신을 착하게 닦고, 영달하면 천하 중생을 두루 바르게 교화한 것이오.[窮則獨善其身, 達則兼善天下.]

그런데 요즘 사람들은 일상생활과 언행에서, 부자·형제간이나 부부 사이조차도 하나하나 법대로 하지 못하는구려. 조그만 지식이나 식견이 있어도, 곧바로 특출한 위인이나 되는 것처럼 함부로 떠들어 대오. 권세를 얻지 못했을 때는, 망령되고 맹목적인 주장을 횡설수설하여 세상을 현혹시키고 중생을 속이는가 하면, 일단 자리를 차지한 경우에는 포악하고 못된 생각을 거침없이 드러내어, 나라를 망치고 백성을 해치기 일쑤라오.

이러한 병폐의 뿌리는 모두, 그의 부모나 선생들이 맨 처음 가르칠 때부터, 일찍이 인과응보의 도리를 제대로 일깨워 주지 않은 데서 비롯하오. 가령 조금만 인과응보의 법칙을 안다고 해도, 마음을 움직이고 생각을 일으킬 때마다, 저절로 조심과 두려움이 들어, 감히 제멋대로 방종하지는 못할 것이오. 설사 성현이 되려고 바라지 않는다 할지라도, 깊은 연못에 임하여 얇은 살얼음을 밟듯이 어찌 전전긍긍하지 않을 수 있겠소?.

그러기에 천부 자질이 뛰어난 사람일수록, 더더욱 가깝고 얕은 곳으로부터 손대야 하오. 선이 조그맣다고 그냥 지나쳐 버리지 말며, 더구나 악이 조그맣다고 무심코 저질러서는 안 되오[勿以善小而不爲, 勿以惡小而爲之].

어려서부터 길들여, 타고난 천성처럼 만들어야 하오. 마치 어린 나무에 버팀목을 받쳐 곧게 세워 주면, 크게 자라서는 줄기를 일부러 구부려 뜨리려고 해도 구부러지지 않는 것처럼 말이오.

한의학에서 병을 치료할 때, 급하면 바깥 증상을 다스리고, 여유가 있으면 근본 원인을 다스리는 게 의술의 기본이라오. 예컨대, 어떤 사람이 목구멍에 종기가 부어올라, 음식도 삼키기 어렵고, 숨까지 내쉬기 어려운 지경이라고 해봅시다. 그러면 반드시 먼저 그 종기를 풀어 가라앉힌 다음에, 병의 근원을 찾아 오장육부를 잘 조리(調理)해야 하지 않겠소? 만약 종기를 처리하지 않는다면, 우선 당장 사람이 죽을 판인데, 설사 병을 뿌리째 뽑을 수 있는 훌륭한 처방과 신령스런 약초가 있다고 할지라도, 어느 세월에 써 볼 재간이 있겠소?

인과응보의 법칙은 바로 지금 세상의 종기를 가라앉히는 미묘한 법문이오. 그러나 인과 법칙은 증상과 근원을 함께 치료하는 약이라오. 낮은 근기의 초보자는 잘못을 고쳐 선행을 닦아 나갈 수 있으며, 높은 근기의 통달자는 미혹을 끊고 진리를 증득할[斷惑證眞] 수 있는 만병통치약인 셈이오. 아래로는 어리석은 범부나 아낙으로부터, 위로는 부처의 과보를 원만히 성취하기까지, 한결같이 이 인과 법칙의 보약을 떠날 수 없으니, 어찌 단지 바깥 증상만 치료할 뿐이겠소?

인과응보의 법칙은 세간이나 출세간의 성현 모두가, 평범을 갈고 닦아 성스러움을 정련(精煉)해낸 거대한 용광로와 같소. 만약 맨 처음에 인과 법칙의 궁리로부터 시작하지 않는다면, 설사 선종과 교학(敎學)에 통달한 뒤라도, 인과응보의 사슬에 잘못 걸려드는 수가 있소. 한번 인과응보에 잘못 걸리면, 타락은 분명한데, 거기서 헤어나 올라올 길은 참으로 막연하게 되오.

인과응보의 원리가 너무 얕고 쉽다고 무시하면 안 되오. 여래가 정각을 이루는 것이나 중생이 삼악도에 떨어지는 것 모두, 인과응보의 테두리를 벗어남이 결코 없으니 말이오. 범부의 마음이 비좁아, 경전에서 거창한 인과응보를 설한 내용은, 혹간 잘 이해하고 깨닫기 어려울지도 모르오. 그렇다면 마땅히 세간의 가깝고 쉬운 내용을 통하여서, 그러한 뛰어난 법문에 들어가는 방편으로 삼아야 할 것이오. 예컨대, 『문창음질문(文昌陰騭文)』이나 『태상감응편(太上感應篇)』 같은 글은, 익숙하게 읽고 음미하여 실행한다면, 누구나 모두 선량한 사람이 될 수 있으며, 생사윤회도 벗어날 수 있다오. 또 『안사전서(安士全書)』도 정말로 세상을 정화하고 백성을 선도하는 중요한 책이오.

당(唐) 나라 때 백거이(白居易)가 조과(鳥窠: 741~824) 선사에게 물었소.

"어떠한 것이 부처님 법문의 대의(大意)입니까?"

조과 선사가 대답했소.

"어떠한 악도 짓지 말고, 뭇 선을 받들어 행하라.[諸惡莫作, 衆善奉行.]"

그러자 백거이가 놀라 물었소.

"이 두 구절은 세 살 먹은 어린아이도 쉽게 말할 수 있는 게 아니오?"

이에 조과 선사가 이렇게 답변했소.

"비록 세 살 먹은 어린아이도 말하기는 쉬워도, 여든 넘은 노인도 행하기는 어렵소."

우리는 이 말이 불법을 배우는 모든 사람들에게 가장 중요하고 절실한 가르침인 줄 알아야 하오. 사실 이 두 구절은 삼세 모든 부처님의 가장 간략한 계율 경전[戒經]이라오. 절대로 천시하거나 소홀히 하면 안 되오. 모름지기 마음을 움직이고 생각을 일으키는 곳으로부터, 자세히 살펴야 하오. 만약 이러한 공부를 끝까지 확장 발전시킨다면, 위로 불도를 이룰 수 있소. 하물며 그 밖의 복록이나 지혜 따위 같은 과보야, 말할 것이 있겠소?

계율과 선행을 내보이는 것은 인간과 천상을 여는 탄탄대로요, 인과응보를 밝히는 것은 화를 피하고 복으로 나아가는 최상의 계책이라오.

불교의 오계(五戒)를 유교의 오상(五常)으로 대비하면, 산 목숨 해치지 말라[不殺]는 인(仁)이고, 남의 물건 훔치지 말라[不盜]는 의(義)며, 사음하지 말라[不邪淫]는 예(禮)고, 거짓말을 하지 말라[不妄語]는 신(信)이오. 그리고 술을 마시지 말라[不飮酒]는 마음이 늘 맑고 뜻이 엉기되, 정신이 혼미해지지 않고 이치가 드러나게 하는 것이니, 곧 지(智)가 될 것이오.

오계를 모두 잘 지니면, 삼악도에 떨어지지 않고 항상 인간세상[人道]에 태어나게 되니, 이는 유교의 오상과 대체로 같소. 다만 유교에서는 오직 그 뜻만 다하고 있을 뿐인데, 불교는 그로 말미암는 과보까지 함께 밝혀 주는 것이 조금 다르오.

십선(十善)에는, 죽이지 않고[不殺], 훔치지 않고[不盜], 사음하지 않는[不邪淫] 세 가지 신업(身業)과, 거짓말 않고[不妄語], 번지르르한 말(음담패설 포함) 않고[不綺語], 두 말(이간질) 않고[不兩舌], 험담(욕설) 않는[不惡口] 네 가지 구업

(口業)과, 욕심 부리지 않고[不貪], 성질 부리지 않고[不瞋], 어리석음 부리지 않는[不癡] 세 가지 의업(意業)이 있소.

이는 대체로 오계와 같지만, 오계가 다분히 몸을 추스르는(다잡는) 것이라면, 십선은 다분히 마음을 추스르는(잡도리하는) 점이, 조금 다를 것이오. 십선을 모두 갖추면, 틀림없이 천상 세계에 생겨나게 되오.

부모에게는 자애를 말하고, 자녀에게는 효성을 일깨우며, 형제에게는 우애를 일러주는 따위의 각종 윤리 도덕의 가르침은, 모두 사람들에게 각자 분수를 지키고 도리를 다하도록 권장하여, 세간의 모습과 형편에 따라 출세간의 법을 닦도록 인도하는 것이오.

불교에서는 인과응보의 원리가 터럭 끝만큼도 어그러지지 않기 때문에, 지옥에 떨어지거나 천상에 생겨나는 것 모두, 사람들이 스스로 불러들이는 과보임을 널리 밝히고 있소. 이는 여래께서 지극한 자비심으로, 중생들을 모든 고통에서 영원히 벗어나 오직 즐거움만 누리도록 인도하기 위해서라오. 그래서 광장설(廣長舌)을 드러내는 수고로움도 아끼지 않으시고, 중생을 위해 마음과 정성을 다해 설하신 거라오.

경전에 "보살은 원인을 두려워하고, 중생은 결과를 두려워한다[菩薩畏因, 衆生畏果]."고 하였소. 정말 괴로운 결과를 받고 싶지 않다면, 모름지기 먼저 나쁜 원인을 끊어야 하지 않겠소? 만약 항상 착한 원인만 닦는다면, 틀림없이 즐거운 과보만을 늘 받게 될 것이오.

이는 『서경(書經)』에서, "착한 일을 하면 상서로움이 내리고, 착하지 아니한 일을 하면 재앙이 내린다[作善降祥, 作不善降殃]."고 한 말이나, 『주역(周易)』에서 "선행을 쌓은 집안에는 반드시 경사가 남아 넘치고, 악행을 쌓은 집안에는 반드시 재앙이 남아 넘친다[積善之家必有餘慶, 積不善之家必有餘殃]."고 한 말과 다를 게 없소.

다만 유교에서는 오직 현세와 자손의 관점에서만 언급하였는데, 불교에서는 과거·현재·미래의 삼세에 걸친 인과응보를 빠짐없이 두루 논하는 게 다를 뿐이오. 범부의 생각으로 헤아릴 수 없기 때문에, 황당하거나 허망한 말이라고 여기며, 받아들이려고 하지 않는 자가 참으로 많소. 이는 마치 눈먼 봉사가 길잡이를 등지고, 제 스스로 험한 길을 더듬어 가려는 것과 같으니, 어찌 구덩이에 빠지거나 돌부리에 걸려 넘어지지 않고 배기겠소?

인과응보의 법칙을 제창함은, 천지와 성인의 마음을 받들어 행함으로써, 전 세계 인류의 도덕과 인의(仁義)를 완성시키는 일이오. 만약 인과응보를 황당하거나 허망하여 돌아볼 가치도 없다고 여긴다면, 이는 단지 천지와 성인의 마음에 어긋날 뿐만 아니라, 자기의 정신 의식도 영원히 악도에 떨어뜨리는 것이 되오.

그러면 상근기의 지혜로운 자도, 뜻을 분발하고 제때 민첩하게 덕성을 닦을 수 없게 되오. 또 하근기의 어리석은 자는, 거리낌 없이 죄악을 자행할 것이오. 그 결과 천지가 만물을 기르고 성인이 중생을 교화시키는 권능조차 억눌려 드러나지 못하고, 우리 인간의 마음에 본디부터 갖추어진 이성도 파묻혀 나타나지 못할 것이오. 그 폐단을 어찌 말로 다 헤아릴 수 있겠소?

그러나 세간(유가나 도가)의 성인 말씀은 너무 간략하고, 또 현세와 자손밖에 언급하지 않고 있소. 태어나기 이전(전생)이나 죽은 이후(내생)에, 시작도 없이[無始] 죄와 복의 인연에 따라 육도 윤회를 반복하고 있는 인과응보는, 전혀 밝히지 않은 것이오. 그래서 식견이 천박한 자는, 비록 매일같이 성인의 인과응보 말씀을 읽을지라도, 여전히 인과응보의 원리를 믿지 못하고 있소.

(옮긴이 보충 해설: 예컨대, 유가의 삼세 윤회관을 대표하는 일화는 이러한 것이다. 한 제자가 사람이 죽은 뒤 영혼 세계가 존재하는지 묻자, 공자는 중생들에 대한 교화 목적이라는 실용성을 이유로, 가부간의 명확한 답변을 회피했다. "영혼이 있다고 하면, 죽은 이의 효성스러운 자손들이 차마 시신을 갖다 매장하

지 못하여, 상례(喪禮)나 살아남은 후손들의 현실 생활에 지나치게 커다란 장애를 몰고 올 것이다. 그렇다고 영혼(사후 세계)이 없다고 말한다면, 그렇지 않아도 각박한 인심이 더욱 불효막심하고 패역무도해져, 세상이 극도로 혼란해질 것이다." 그래서 공자는 때가 되고 인연이 닿으면 각자 느끼고 알게 될 것이라며, 자칫 무익하고 공허한 관념 논쟁에 빠지기 쉬운 함정을 경계하는, 현세 실용의 교화 방편을 견지한 것으로 보인다.

그러나 유가에서, 상례(喪禮)와 제례(祭禮)를 극진한 공경과 정성으로 받들어 중시하고, "제사를 지낼 때는 받는 분이 살아 계신 것처럼, 신께 제사 올릴 때는 신이 강림하신 것처럼 하라[祭如在, 祭神如神在.]"고 강조한 공자의 말씀 등을 찬찬히 음미해 보면, 내생과 윤회에 대한 확신을 읽을 수 있다.)

여래의 큰 가르침은, 우리 인간 심성의 오묘함과 삼세 인과응보의 미묘함을 뚜렷이 내보이셨소. 뿐만 아니라, 격물 · 치지 · 성의 · 정심 · 수신 · 제가 · 치국 · 평천하의 도에서부터, 미혹을 끊고 진리를 증득하여 생사윤회를 해탈하는 법문에 이르기까지, 갖추지 않은 바가 없다오. 그래서 부모에게는 자애를 말하고, 자녀에게는 효성을 일깨우며, 형제에게는 우애를 일러 주고, 부부에게는 화목과 순종을 말해 주며, 주인은 어질고 하인은 충성하여, 각자 자기의 맡은 바 직분을 다하도록 가르치시니, 이는 세간의 성인 말씀과 전혀 다를 바가 없소.

그러면서도 사실 하나하나에 대해서, 다시 앞의 원인과 뒤의 결과를 밝혀 주시는 점은, 세간의 성인이 따라올 수 없는 부분이라오. 의리를 다하고 직분을 다하라는 식의 말은, 단지 최상 근기의 지혜로운 자에게나 통할 뿐, 하근기의 어리석은 자에게는 먹히지 않소. 그러나 인과응보를 알면 선악과 화복이 불을 보듯 뻔하게 되니, 어느 누가 흉함을 피하고 길함으로 나아가며, 화를 면하고 복을 얻으려고 노력하지 않겠소?

'인과(因果)' 두 글자는, 세간과 출세간의 일체법을 두루 총망라하여 빠뜨림이 없소. 세간(유교)의 성인도 인과를 분명히 보여 주지 않음이 없으나, 다만 세상을 경륜하는 데에 주안점을 두었기 때문에, 후세에 계속 전해질 수 있는 가르침을 펼친 것뿐이라오. 그래서 오직 현세(금생)와 선후대(先後代), 부자(父子), 조손(祖孫) 간의 인과응보에 국한하였소. 태어나기 이전(전생)과 죽은 이후(내생)는 물론, 시작도 없는 아득한 과거와 끝도 없는 영원한 미래에 대해서는 자세히 언급하지 않은 것이오.

그런데 후대의 학자들은 성인의 본래 뜻을 제대로 깊이 이해하지 못하고, 사람이나 만물이 생겨나는 것은, 단지 천지간의 기운[氣: 에너지]이 우연히 결합하고 변화하여 그 형상을 드러내는 것일 따름이라고, 터무니없이 쉽게 말하는구려. 또 죽음에 이르면, 만물의 형체가 썩어 문드러지면서, 영혼도 또한 바람에 나부끼듯 흩어져 없어지기 때문에, 원인도 없고 결과도 없다고 하는구려. 이러한 단멸상(斷滅相)에 빠진 사견(邪見)이, 성인의 가르침을 저버리고 자신의 영혼까지 어리석게 타락시키는 해악은, 매우 심하다오.

공자가 『주역(周易)』의 위대하고 오묘함을 찬탄하여, 그 의리(義理)를 부연해석하면서 맨 처음 꺼낸 말이, "선을 쌓는 집안에는 반드시 경사가 남아 넘치고, 악을 쌓는 집안에는 반드시 재앙이 흘러넘친다."는 것이었소. 또 기자(箕子)는 무왕(武王)의 간청에 따라 아홉 가지 홍범(洪範: 『書經』의 한 편명으로, '큰 법도'라는 뜻)을 진술하면서, 맨 끝에 바야흐로 오복(五福: 장수 · 부귀 · 안녕 · 好德 · 善終)과 육극(六極: 비명횡사(요절) · 질병 · 우환 · 빈곤 · 포악 · 허약)을 함께 분명히 밝혀, 선악과 화복의 위엄으로 매듭지었다오.

이 두 성인이 밝힌 경전의 내용이, 만약 과거 · 현재 · 미래의 삼세를 통틀어서 함께 논하는 것이 아니라고 한다면, 하늘이 내려준 법도나 성인이 펼친 언론(철학)이나 현명한 군왕이 시행한 정치 명령은, 모두 모순투성이로밖에 보이지 않을 것이오.(예컨대 간사한 악당들이 부귀영화를 누리고, 정의로운 충신들이 처형당하며, 안회가 요절하고, 도척이 장수한 사실들이 모두 그렇소.)

그러나 전후 인과응보의 원리를 알게 되면, 곤궁하고 통달하거나 잃고 얻음이 모두, 한결같이 자기 스스로 구하고 받는 것임을 깨달을 수 있소. 그래서 설령 몹시 어려운 시련과 역경을 당한다 할지라도, 하늘을 원망하거나 사람을 탓하지 않을 수 있소. 단지 자기의 덕이 아직 충분히 쌓이지 못해, 과보가 무르익지 않은 것을 부끄러워할 뿐, 하늘이나 사람들의 각박한 대접은 눈에 보이지 않는 것이오. 이렇듯이 하늘의 섭리[造化]를 즐거이 따르며 자신의 운명(분수)을 알고 만족한다면, 언제 어디엘 가든지 자유자재로 소요유(逍遙遊)할 수 있다오.

불법을 유통시키는 이익과 공덕은 한량이 없소. 선천의 근기가 두터운 자는, 심오한 이치를 체득하여 마음을 밝히고 본성을 보며[明心見性], 나아가 미혹을 완전히 끊고 진리[道]를 증득할[斷惑證眞] 수 있겠소. 또 선천의 근기가 다소 얕은 자라도, 평이한 내용만 이해하면, 죄악을 고치고 선행을 닦아 성현이 되길 희망하는 발원으로 정진할 수 있지 않겠소?

진실로 여래께서 교화를 베푸신 까닭은, 비록 출세간을 위하셨다고 하나, 각자의 근기와 시절인연에 따라 중생을 순순히 잘 유도하심에 있었소. 그래서 세간을 경륜하는 도에서도, 또한 조그마한 선(善)이나마 남김없이 모든 것을 완전히 발휘하셨소. 부모에게는 자애를, 자손에게는 효성을, 형제에게는 우애를, 부부에게는 화목을, 각각 말씀하셨소. 일상 생활상의 모든 윤리 도덕이 유교의 가르침과 전혀 다름이 없다오.

다른 점이 있다면, 삼세(三世)의 인과 법칙과 선악의 과보를 일일이 보이시어, 사람들로 하여금 마음에 공경과 두려움을 간직하고, 감히 분수와 법도를 벗어나지 않으며, 비록 외진 구석과 깜깜한 방안에 혼자 있더라도, 늘 하늘과 부처님 앞에 나와 있는 것처럼 생각하고 처신하도록 가르친 것이오.

설사 탐욕과 잔인·포학으로 가득 찬 최하근기의 악인이라도, 비록 처음에는 전혀 신심이 없겠지만, 인과응보의 사리를 오래도록 계속 듣다 보면, 그 마음에 원인을 두려워하고 결과를 무서워하는 그림자가 드리워질 것이오. 그러면 자기도 모르는 사이에 은연중에 저절로 조복(調伏)되고, 그렇게 전처럼 아주 심하지는 않게 될 것이오.

예컨대, 춘추 전국시대까지만 해도, 각국에서 산 사람을 죽여 제사 지내거나, 사랑하던 첩과 신하를 순장(殉葬)하는 풍속이 치성하였소. 걸핏하면 수십 또는 수백 명을 태연스럽게 생매장하고, 그 수가 많을수록 부귀와 영광을 상징한다고 여겼다오.

물론 주(周)나라 문왕(文王)의 어진 은택은, 땅 위에 나뒹구는 마른 해골에게까지 미쳤다지만, 그 뒤로 몇백 년이 채 못 되어 살인 순장의 악풍이 천하에 두루 퍼진 것이오. 비록 노자·장자나, 공자·맹자 같은 성현이 연달아 세상에 나왔지만, 그러한 퇴폐 악습을 그치게 하기에는 역부족이었소.

그러다가 불법이 중국에 전래한 뒤로, 생사윤회와 인과응보의 원리가 세상에 크게 밝혀지면서, 지방의 제후는 물론, '짐(朕)'이라고 일컬으며 천하를 호령하는 황제조차도, 감히 더 이상 순장을 계속할 엄두는 못 내었소. 설령 어쩌다 순장하는 자가 있었다고 할지라도, 수가 많을수록 영광으로 여기는 일은 결단코 없었소.

그러나 가령 생사윤회나 인과응보의 법칙이 없이, 단지 정심(正心)·성의(誠意)의 학설만 가지고, 충서(忠恕)의 덕목에 따라 자기 마음으로 남의 마음을 미루어 헤아려, 순장을 그만두고 백성의 생명을 보호하라고 가르쳤다면 어떻게 되었겠소? 내 생각에는 아마도, 그렇게 권장하고 가르친 사람은 헛수고만 하고, 순장의 악습은 더욱 치성했을 것 같소.

하물며 후대의 유학자들은, 단지 바깥세상 다스리는 도[治道]에만 급급하고, 자기 마음 다스리는 수양은 외면한 채, 불법을 비방하고 배척하면서, 자기 학파를 세우고 이어 나가려고만 했으니, 오죽했겠소? 게다가 한결같이 말하기를, 사람이 한번 죽으면 모든 것이 영원히 사라지고, 후세나 영혼 같은 것은 없다고들 주장했으니….

만약 여래의 생사윤회와 인과응보의 가르침이 사람 마음에 흠뻑 적셔지지 않았다면, 후세의 중생들은 타고난 수명대로 살다가 평안히 죽는 [善終] 사람조차 드물었을지 모를 일이오. 이것이 불법 가운데 가장 평범하고 기본이 되는 법문이지만, 오히려 잔인하고 포악한 살인의 풍속을 가라앉히는 특효약이 되었소. 하물며 지극히 심오하고 미묘하며 원만한 돈오의 대법문[圓頓大法]을, 세속의 지혜와 범부의 감정으로 어떻게 짐작하며, 또 그 이익을 만분의 일이라도 감히 헤아릴 수 있겠소?

이러한 까닭에, 부처는 시방 삼계의 위대한 스승이고 모든 중생의 자애로운 아버지이며, 성인 가운데 성인이며 하늘 가운데 하늘임을 알 수 있소. 격물(格物) · 치지(致知)부터 치국(治國) · 평천하(平天下)에 이르기까지, 또 밝은 덕을 밝혀[明明德] 지극히 선한 경지에 다다르는 세간(유교)의 대학지도(大學之道)도, 부처님의 법문을 회통(會通)하면 더욱 쉽게, 절반의 힘으로 배 이상의 효험을 얻을 수 있다오.

그래서 역대로 수없이 많은 훌륭한 군왕과 현명한 신하나, 통달한 선비와 뜻있는 사람들이 계속하여 불교에 귀의하여 수행정진하면서, 불법을 보호하고 유통시키는 데 적극 앞장서 온 것이라오. 일체 모든 법이 마음을 근본으로 삼지만, 오직 불법만이 궁극의 이치까지 철저히 밝혀 가르치기 때문이오.


## 3) 운명을 바꾸려는 노력이 진정한 수행

『화엄경』에 이르기를, "일체 중생이 모두 여래의 지혜와 복덕 형상을 갖추었으나, 다만 망상과 집착으로 말미암아 증득할 수 없을 뿐"이라고 하였소. 그래서 지혜와 복덕의 형상은 중생과 부처가 함께 갖춘 천성의 덕[性德]인데, 중생은 망상과 집착에 싸여 있고, 부처는 이를 여읜 점이, 서로 판연히 다른 (후천) 수행의 덕[修德]임을 알 수 있소.

수행의 덕에는 순응과 거역이 있소. 천성에 순응하여 수행하면, 닦을수록 더욱 도에 가까워지고, 지극한 경지에 이르러서는 확철대오하고 증득하게 되오. 반면 천성에 거역하여 수행하면, 닦을수록 도로부터 멀어지고, 결국에는 영원히 삼악도에 떨어지고 만다오.

이러한 원리를 파악한다면, 어리석은 자도 현명해질 수 있고, 현명한 자도 어리석어질 수 있으며, 장수할 자가 요절하는가 하면, 요절할 자도 장수할 수 있게 되오. 또 부귀와 빈천이나 자손의 번성과 단절도, 하나하나 모두 스스로 주인이 되어 통제할 수 있게 되오. 의지할 곳 있는 자도 의지할 곳이 없어지기도 하고, 의지할 곳 없던 자도 의지할 곳이 생기게도 되오. 이는 마치 높은 산의 암벽이 발 디딜 틈도 없어 올라갈 수 없는 경우에, 사람이 바위를 뚫고 깎아내어 계단을 만들면, 절벽 끝까지도 곧장 올라갈 수 있게 되는 것과 같은 이치라오.

예나 지금이나, 사람들이 마음에 따라 죄업을 짓기도 하고, 마음에 따라 죄업을 돌리기도 한다는 이치를 모르기 때문에, 얼마나 수많은 위대한 천재와 학자들이, 그 전까지 쌓은 공덕을 모두 내팽개치고, 오랜 겁의 세월 동안 해를 당하여 왔는지, 이루 헤아릴 수 없다오. 만약 덕을 닦지 않는다면, 설사 몸소 천하를 다스리는 황제나, 신하로서 최고 권세를 누리는 재상이라 할지라도, 대대로 패가망신하지 않으며 부귀영화를 지속할 수 있겠소? 따라서 몸소 얻은 지위라 할지라도, 모두 장래를 보장해 줄 만큼 확고부동한 근거는 되지 못한다오.

원료범(袁了凡)은 바로 이러한 이치를 체득하였기 때문에, 그가 누린 복덕은 모두 전생의 원인으로 결정된 게 아니었소. 전생의 원인이란, 세속에서 말하는 숙명[天]이라오. 하늘이 정한 운명이 인간(의 의지)을 이긴다는 말은, 전생의 원인을 전환시키기 어려움을 뜻하오. 하지만 인간이 결정한 의지가 하늘(의 숙명)을 이긴다는 말은, 전전긍긍하며 수행에 정진하면, 전생의 원인도 믿을 것은 못 된다는 뜻이라오.

그러므로 현세의 (좋은) 원인을 원인으로 삼아 전생의 (나쁜) 원인을 소멸시키는 결과가 바로 덕을 닦는 일이오. 만약 제멋대로 망령된 짓을 일삼는다면, 이와 정반대가 되겠소. 이를 깨닫는다면, 어리석은 이가 현명해지고 평범한 이가 훌륭해지는 것이, 모두 자기의 마음가짐과 복덕 수행에 달려 있음을 알고, 수시로 사람들을 잘 교화해 나갈 수 있을 것이오.

운명[命]이 무엇인가 하면 곧 전생에 지은 행위의 과보라오. 그러나 도의(道義)에 따라 행하여 얻는 과보만 바야흐로 운명이라고 일컫고, 그렇지 않은 것은 운명이라고 일컫지 않소. 왜냐하면, 그 과보를 얻음으로써 내생에 그 대가로 받아야 할 고통은, 아마도 차마 보고 들을 수 없을 정도이기 때문이오. 예컨대, 도적이 남의 돈과 재물을 겁탈하면, 우선 잠시 부유한 것처럼 보일지라도, 관청에서 일단 알았다고 하면, 붙잡아 머리와 몸통을 둘로 잘라 버릴 것이 틀림없지 않소? 그러니 어찌 잠시 쾌락을 얻는다고 모두 운명이라고 일컬을 수 있겠소?

그러면 노력[力]이란 무엇이겠소? 바로 현생에 짓는 행위를 일컫는 것이오. 그러나 노력의 행위에도 두 가지가 있소. 하나는 오로지 변덕스러운 기교와 간사한 재주를 쓰는 것이고, 다른 하나는 오직 자기 감정을 극복하고 예법으로 복귀하는[克己復禮] 수양이라오.

그런데 열자(列子)가 말하는 운명은, 잡다하게 뒤섞여 내용이 불분명하오. 또 그가 말하는 노력도, 다분히 기교와 간사에 치중하는 편이오. 그 결과, 노력이 운명에 굴복하는 것에 대해 대답할 길이 없다오. 예컨대, 공자가 진(陳) 나라와 채(蔡) 나라에서 곤욕을 치른 것이나, 전항(田恒)이 군주를 시해하고 제(齊) 나라를 차지한 것을, 모두 다 운명이라고 말하니, 과연 그가 운명을 안다고 할 수 있겠소?

공자가 현명한 군주를 만나지 못해 천하를 평안하게 다스리지 못한 것은, 천하 중생의 공동 업장의 힘[業力]이 하도 커서 그리 되었으니, 공자 자신과 무슨 상관이 있겠소? 안회(顔回)가 요절한 사실도, 이치는 마찬가지라오. 한편 전항이 제나라를 차지한 것은 무력으로 찬탈한 것인데, 어떻게 운명이라고 한단 말이오? 비록 우선 당장은 군주로 행세했겠지만, 한 가닥 숨이 이어지지 않은 순간, 곧장 아비지옥의 죄수로 떨어졌을 것이 아니오? 이러한 것을 운명이라고 말한다면, 이는 사람들에게 도의를 닦지 말고, 도리어 제멋대로 겁탈을 자행하도록 가르치는 셈이 될 것이오. 그래서 내가 열자는 운명을 모른다고 굳이 말하는 거라오.

맹자(孟子)의 운명론을 보지 않았소? 반드시 이치를 궁구하고 타고난(착한) 심성을 다하여 다다른 운명이라야, 비로소 진짜 운명[眞命]이라는 것 아니오? 도의에 따르지 않고 얻은 것이나 잃은 것은, 모두 이른바 운명이 아니라는 것이오. (보충 해설: 일찍이 공자는 부귀는 하늘에 달렸고, 생사는 운명에 달렸다고 말하면서, 부귀는 모두가 원하지만 정당한 도의로 얻지 않으면 자신은 차지하지 않겠으며, 빈천은 모두가 싫어하지만 정당한 도의로써가 아니면 자신은 결코 떠나지 않겠노라고 역설한 적이 있다. 맹자나 인광 대사의 운명론도 여기서 비롯한 것이다.)

또 열자가 논한 노력은, 대부분 기교와 변덕투성이의 간사한 재주로, 성현은 입 밖에도 내지 않은 것이오. 성현이 말한 것은, 모두 자기 감정을 극복하고 예의로 복귀하는[克己復禮] 수양이라오. 예컨대, 성현도 한 생각 놓으면 미치광이가 되고, 미치광이도 한 생각 극복하면 성인이 된다오. 선행을 쌓은 집안에는 반드시 경사가 남아 넘치고, 악행을 쌓은 집안에는 반드시 재앙이 흘러넘친다오. 나무가 먹줄을 받으면 바르게 다듬어지고, 군주가 충직한 간언을 따르면 성왕이 된다오. 거백옥은 오십 년을 살아오면서 49세 때의 잘못을 알아차리고는, "허물을 줄이려고 끊임없이 노력해도 잘 안 된다."고 겸허히 말했다오. 공자는 나에게 몇 년만 더 주어져, 오십 세에 주역을 공부한다면, 큰 허물은 없을 것 같다고 말했다오. 맹자는 사람은 누구나 다 요순 같은 성현이 될 수 있다고 강조했소. 「중용」에는 눈에 보이지 않는 바를 경계하고 조심하며, 귀에 들리지 않는 바를 두려워하고 무서워한다는 신독(愼獨)을 강조했소. 이러한 언론은 모두 수양의 노력을 강조하는 유가의 명언이라오.

불교에서는 일체 중생이 모두 불성을 지니고 있으며, 또한 모두 마땅히 부처가 될 것이기 때문에, 중생으로 하여금 지나간 죄업을 참회하고 과오를 고치며 선행을 닦아, 반드시 어떠한 악도 짓지 않고 뭇 선을 받들어 행하도록 가르친다오. 계율로써 몸을 붙들어 예의에 어긋난 짓을 하지 않고, 선정으로 마음을 추슬러 잡념 망상을 일으키지 않으며, 지혜로써 미혹을 끊어 버려 본래 성품을 환히 보는 것들이, 모두 유교의 극기복례(克己復禮)와 같은 수행의 노력이오.

이러한 노력에 따라 수행하면, 위로 불도(佛道)도 이룰 수 있거늘, 하물며 그보다 낮은 과보들이야 얻지 못하겠소? 그래서 『능엄경(楞嚴經)』에 아내를 구하면 아내를 얻고, (현명하고 지혜로우며 조용하고 정조 있는 아내를 구한다는 뜻이오. 그렇지 않다면, 속된 아내야 어찌 굳이 보살께 구한단 말이오?) 자식을 구하면 자식을 얻으며, 장수를 구하면 장수를 얻고, 삼매를 구하면 삼매를 얻으며, 이렇듯이 계속 나아가 대열반을 구하면 대열반을 얻을 것이라고 말하였소. 대열반이란 최고 궁극의 부처님 과보인데, 이러한 것조차 가르침대로 수행하여 얻으니, 그 노력의 위대함이 어찌 한계가 있겠소? (보충 해설: 불보살의 성호(聖號)를 염송하며 기도하는 것도, 중요한 수행의 노력이다. 『법화경』「관세음보살보문품」과 『약사(유리광불본원)경』 등에도, "구하면 얻는다."는 기도수행의 감응을 설하고 있다. 예수가 "구하면 얻을 것이고, 두드리면 열릴 것이며, 찾으면 찾아질 것이다."라고 설교한 성경 말씀도, 궁극에는 불교나 유교의 수행 노력과 하나로 통하는 마찬가지 원리라고 여겨진다.)

원료범(袁了凡) 선생이 공(孔) 선생을 만나, 자기의 전후 일들을 계산해 준 것이 하나하나 모두 딱 들어맞아 가자, 마침내 운명이란 처음부터 한번 정해진다고 믿었다오. 그런데 나중에 운곡(雲谷) 선사를 만나 그 가르침을 받고 전전긍긍하며 조심스럽게 수행해 나간 결과, 공 선생이 전에 계산해 준 운명이 더 이상 조금도 들어맞지 않게 되었다오. 그러나 거꾸로 원료범 선생 같은 현인도, 만약 나쁜 짓을 함부로 자행하였다면, 공 선생이 계산해 준 운명이 역시 들어맞지 않게 되었을 것이오.

이런 걸 보면, 성현들이 세상 사람들을 가르침에는 오직 수행의 노력을 중시하며, 여래께서 중생을 교화함도 또한 마찬가지임을 알 수 있소. 그래서 부처님이 설하신 대승이나 소승, 권의(權宜)나 실상(實相)의 법문들이, 어느 것 하나 중생들로 하여금 허망한 미혹의 업장을 완전히 끊어 내버리고, 본디 갖추어 지니고 있는 불성을 철저히 깨달아 증득하라고 가르치지 않음이 없다오. 그래서 세상에 지극히 어리석고 둔한 사람들도 수행의 노력을 꾸준히 오래 지속하면, 마침내 위대한 지혜와 말재주를 얻게 된다오.

열자가 모든 것을 다 운명(숙명)으로 되돌린 주장은, 사람들이 성현 되기를 희망하는 염원과 의지를 꺾으면서, 반대로 사람들에게 부당하게 찬탈하고 간사한 죄악을 자행하고 싶은 마음을 부추기는, 이단(異端)이고 사견(邪見)인 셈이오. 하근기의 일반 중생들이 이러한 숙명론의 폐단과 해악을 무진장 입을 것은 물론이오. 또한 상근기의 지혜로운 사람들조차도, 때맞춰 민첩하게 분발하고 수행하려는 용기와 의지를 적지 않게 상실하고, 마침내 성현의 경지에는 들어가지 못한 채, 평생토록 한낱 평범한 중생에 눌러 앉고 말 것이오. 이렇듯 열자의 글은 세상에 완전히 백해무익할 따름이니, 어찌 보고 연구할 만한 가치가 있겠소? (보충 해설: 제자백가 중에 순자(荀子)와 묵자(墨子)도 관상이나 운명의 결정론을 철저히 비판 부정하였는데, 각기 유명한 「비상(非相)」편과 「비명(非命)」편을 지어 상세한 주장과 논리를 펴고 있다.)

## 4) 채식은 지계와 자비 수행의 밑바탕

천지의 큰 덕은 만물을 낳아 기르는 생명력이고, 여래의 큰 도는 중생을 불쌍히 여겨 제도하는 자비심이라오. 사람과 만물이 비록 모습은 다를지라도, 심성은 한 가지라오. 무릇 보살·벽지불·성문의 성현 삼승(三乘)과 천상·인간·아수라·축생·아귀·지옥의 평범한 육도 중생은, 여래께서 보시기에는 누구나 똑같은 한 자식에 불과하오.

왜냐하면, 그들 모두 불성(佛性)을 지니고 있으며, 또 모두 부처가 될 수 있기 때문이라오. 성현의 삼승은 그만두고라도, 육도 중생만 해도 그렇소. 겉보기에는 비록 그들이 처한 신분 지위나 그들이 각자 받는 고통과 쾌락이 하늘과 땅처럼 현격히 차이 나긴 하지만, 그들 모두 미혹과 업장을 다 끊지는 못하여, 아직 생사윤회를 벗어나지 못했기는 매일반이오. 그런데 천상 세계도 복이 다하면 아래로 내려오고, 지옥 중생도 죄가 소멸하면 다시 위로 올라오는 법이오. 마치 수레바퀴가 굴러가며, 위아래가 서로 번갈아 뒤바뀌는 것과 같은 이치오.

우리가 지금 다행히 인간의 몸을 받았으니, 이리저리 궁리하고 갖은 방법을 다해, 우리만 못한 중생의 생명을 보호하고 아껴 주어야 마땅한 도리가 아니겠소? 천지가 만물을 낳아 기르는 덕을 몸소 느껴 보고, 우리가 타고난 측은지심(惻隱之心)의 어진 천성을 온전히 지키는 것이오. 만물이 모두 우리처럼 천지간에 생겨나고, 똑같이 천지의 보살핌으로 자라는데, 우리와 똑같이 삶에 탐착하고 죽음을 두려워하지 않겠소?

어진 사람은 해골까지 흙 속에 묻어주고, 막 자라나는 풀과 나무의 가지도 꺾지 않는다오. 하물며 우리의 입과 뱃속을 만족시키기 위해서, 뭇 생명들을 칼로 자르고 가르며, 불에 굽거나 물에 삶고, 기름에 지지고 볶는 고통을 당하도록 요구한단 말이오? 이러한 중생들도 시작도 없는 때[無始]부터 일찍이 아주 높고 귀한 지위에서 대단한 위엄과 권세를 누려

왔을 텐데, 그러한 위엄과 권위를 잘 이용하여 공덕을 쌓을 줄은 모르고, 도리어 그를 빙자하여 악업만 지었을 것이오. 그 결과 죄악이 계속 쌓여 하등 중생으로 타락하여, 입으로 말도 못하고 마음에는 지혜와 사려 분별도 없으며 몸에 특별한 기술이나 재능도 타고나지 못해, 지금 같은 재난을 당하게 된 걸 우리는 꼭 알아야 하오.

물론 약육강식(弱肉强食)이라는 먹이 사슬의 자연 법칙으로 해명한다면, 사리상 그럴 듯하오. 그렇다고 마음속에 맺힌 원한 감정이 내생(來生) 대대로 복수할 엄두를 품지 않을 리가 있겠소? 사람이 설령 만물이 살해당할 때 겪는 고통까지 생각하지는 못한다고 할지라도, 도살당할 때 원한이 심령 깊숙이 맺혀, 나중에 내가 그에게 살해당할 것이라는 보복조차 두려워하지 않는단 말이오? 또 하늘(자연)이 낳아 기르는 생명을 잔인하게 해치면, 하늘(자연)이 장차 내 복과 수명을 빼앗을 것은 두렵지 않단 말이오?

사람들은 오직 자기 가족끼리만 모여, 몸과 마음 안락하며 만사가 뜻대로 순조롭고 장수하기만 바란다오. 정말 그러고 싶거든, 마땅히 대자비심을 발하여 다른 생명을 살려 주는[放生] 착한 일에 힘써야 하오. 그러면 천지신명이 모두 우리가 만물을 사랑하는 정성에 감동하여 우리를 보우하게 되고, 우리가 바라는 바가 저절로 이루어지게 된다오.

만약 우리가 재력이 있고 지혜가 있다고 해서, 갖은 방법을 동원하여 온갖 생명을 잡아, 그들의 고통은 생각지도 않은 채, 우리 자신의 입과 배를 채우기에 급급하다면, 과연 인간[人]이 하늘[天] 및 땅[地]과 더불어 우주의 세 근본 존재[三才]가 된다고 할 수 있겠소?

그리고 우리와 만물은 함께 생사고해를 윤회하면서, 시작도 없는 때부터 지금까지, 때로는 그들이 우리 부모 형제나 처자가 되기도 하고, 거꾸로 우리가 그들의 부모 형제나 처자가 되기도 하였으며, 때로는 그들이 사람이나 다른 짐승으로 우리에게 살해당하기도 하고, 거꾸로 우리가 그들의 손에 살해되기도 하였을 것이오. 친척이 되기도 하고 원수가 되기도 하며, 서로 사랑하고 서로 살해한 은혜와 원한을 차분히 생각해 본다면, 부끄러워 살고 싶지도 않을 뿐만 아니라, 서둘러 참회하고 고쳐도 오히려 때늦을 것이오.

하물며 여전히 구태의연한 인습에 얽매여 미혹한 편견을 고집하고, 하늘이 만물을 낳아 기르는 것은 본디부터 인간의 먹거리로 주시기 위함이라고 강변한단 말이오? 그렇다면 우리는 아직도 미혹과 업장이 두터워, 정말 윤회 고해를 벗어날 길이 없게 되오. 그런데 만에 하나라도, 저들의 죄업이 모두 소멸하여 다시 인간 세상에 태어나고, 착한 뿌리[善根]가 뻗어나 정법을 듣고 수행에 정진함으로써, 미혹을 끊고 진리를 증득하여 마침내 불도(佛道)를 이룬다고 생각해 봅시다.

우리가 아직도 타락해 있다면, 마땅히 그들이 자비와 연민을 베풀어, 우리를 고통에서 벗어나 불성을 깨닫도록 구원해 주기를 간절히 바라게 될 것이오. 그러니 어찌 한 때의 강한 힘과 재주만 믿고 오랜 세월토록 구원받지 못할 죄업을 저지를 수 있겠소?

우리는 이러한 업보 윤회의 이치를 모르지만, 여래께서는 훤히 들여다보고 계신다오. 이러한 진실을 몰랐을 때야 그만이었지만, 이제 여래의 가르침을 듣고 배워 알게 된 이상, 부끄러움과 자비 연민을 이기지 못해야 마땅할 것이오. 우리가 숙세의 착한 복덕으로 다행히 인간 세상에 태어났으면, 마땅히 저들과 전생에 맺고 맺힌 원한 감정을 풀어버리도록 살생을 피하고 방생을 실행하여, 모든 생명이 각각 자기 자리를 얻도록 해 주어야 하오.

나아가 염불 독경의 공덕으로, 그들이 악도(惡道)를 벗어나 극락정토에 왕생하도록 회향 기도해 줄 필요가 있소. 설령 그들이 업장이 너무 무거워 곧장 왕생하지 못할지라도, 우리 자신은 이러한 자선 공덕으로 서방정토에 결단코 왕생하기를 간절히 기원해야 마땅하오. 그렇게 왕생하기만 한다면, 곧 평범을 초월하여 성현의 경지에 들고, 생사윤회를 영원히 벗어나 점차 부처의 과보를 증득해 갈 것이오.

옛날 불교가 동방에 전래하지 않았을 때는, 유교의 성현들이 세간의 윤리 도덕으로 교화를 폈다오. 그래서 우리 중생이 모두 불성을 갖추고 있으면서 육도 윤회를 반복하는 사실과, 미혹을 끊어 진리를 증득하고 평범을 초월하여 성현이 되는 수행의 이치 등은, 아직 뚜렷이 알려지지 않았소. 그러기에 살생을 금지하는 계율까지 세우지는 않았소.

그렇지만 우리 중국의 옛 성현들도, 차마 하지 못하는 마음[不忍之心]으로 만물을 사랑하고 생명을 놓아준 가르침이 수없이 많다오. 아주 확실하게 역사 기록으로 후세에 전해지는 행적만도 적지 않소.『서경(書經)』에는 짐승·물고기·초목까지 모두 기뻐 춤추었다는 기록이 있고, 문왕(文王)의 덕택은 해골까지 덮어 주었다고 전해지오. 논어에는 낚시질은 하더라도 줄낚시나 그물질은 안 하며, 주살을 쏘더라도 밤에 잠자는 짐승을 사냥하지는 않는다는, 공자의 어진 말씀이 적혀 있소. 맹자는 산 목숨을 보면 그것이 죽는 것은 차마 볼 수 없기 때문에, 짐승이 도살당하면서 지르는 비명 소리만 들어도 그 고기를 차마 먹지 못한다는 측은지심을, 인정(仁政)과 왕도(王道)정치의 출발점으로 강조하였소.

또 주(周) 나라 예법에 따르면, 제후는 정당한 이유(중요한 일) 없이 소를 잡지 않으며, 대부는 정당한 이유 없이 양을 잡지 않고, 선비는 정당한 이유 없이 개돼지를 잡지 않으며, 서민은 특별한 경우가 아니면 진기한 음식, 곧 고기를 전혀 먹지 않았다오. 그런가 하면, 간자(簡子)가 비둘기를 놓아 주고, 자산(子産)이 물고기를 물에 넣어 기르며, 수후(隋侯)가 뱀을 살려 보옥을 얻고, 양보(楊寶)가 참새를 구해준 일과 같은 방생의 행적도 수없이 전해지오.

이러한 문헌 기록만 보더라도, 살생의 악업은 유가의 성현들도 결코 금하지 않은 게 아님이 분명하오. 다만 세간의 중생들을 교화시키기 위해, 임기응변의 방편 도덕을 따른 결과, 완전히 끊도록 요구하지 못한 것일 따름이라오. 무릇 당시 상황으로 보아, 정당한 이유(중요한 일)로 목숨을 죽인다면, 그 살생은 정말 적었을 것이오. 더구나 특별한 일이 없으면 고기를 먹지 않았다고 하니, 사람들이 고기를 먹는 일은 일 년에 며칠도 채 안 되었을 것이오.

그런데 후세에 성현의 도가 스러지고 교화가 쇠퇴하면서, 사람들의 심성이 갈수록 잔인해지고, 마침내 너나할 것 없이 육식을 집안의 다반사로 습관들이게 되었구료. 자기 한 입만 챙기느라, 다른 생명의 고통은 한 번도 생각해 보지도 않으니, 어찌 슬프지 않겠소?

다행히 불교가 전래한 이후, 모든 중생이 불성을 지니고 있는데, 이를 모르면 생사윤회가 그칠 날 없고, 이를 깨달으면 열반을 증득하여 영겁토록 상주한다는, 진실한 원리와 사실이 철저하게 밝혀졌소. 그래서 고물고물한 모든 중생이 과거에 우리 부모였고, 미래에 부처가 될 것임을 알게 되었소. 그러니 감히 잡아먹을 수 없을 뿐만 아니라, 나아가 그들 모두가 각자 자기 자리를 얻도록 해주어야 마땅하오.

아니나 다를까, 역대로 거룩한 임금과 현명한 신하, 지혜로운 선비와 뛰어난 유생들은, 대부분 부처님의 가르침을 높이 받들어 따르면서 인자한 덕성을 함양하였소. 더러는 육식을 끊고 채식을 하며, 더러는 살생을 금하고 방생을 널리 행하였소. 그토록 훌륭한 덕행과 아름다운 말씀들이 역사책에 수없이 실려 전해지는 것은, 후세 사람들도 이들을 본받아 함께 자비심을 수양하고 만 생명을 사랑하도록 권장하는 가르침이 아니겠소?

사람과 다른 동물은 모두 똑같이 피와 살로 이루어진 몸을 받았으며, 또한 똑같이 지각과 의식 있는 영혼과 심성을 지니고, 같은 천지 사이에 살아가고 있소. 다만 숙세의 죄업과 복덕이 서로 달라, 지금처럼 각기 다른 형체와 의식 수준으로 나뉘었을 뿐이오. 내가 강하고 저들이 약하다는 이유 하나만으로, 그들 살코기로 내 뱃속을 채우면서 쾌락과 만족을 누리는 일이, 바로 전생 복덕의 보답이라고 내세울 수 있겠소?

그 복덕이 한번 다하고 나면, 죄업의 과보가 눈앞에 닥쳐 다른 동물로 떨어지고, 마침내 사람들의 부림을 받다가 살육을 당할 줄 누가 알리오? 그때 몸으로 대적할 수도 없고 입으로는 말도 못하며, 마음속에 차오르는 근심과 두려움과 고통에 휩싸인 자신을 돌아보면서, 고기를 먹은 게 큰 죄악이었고, 고기를 먹는 사람이야말로 진짜 나찰임을 알게 될 것이오. 그러나 다른 사람이 자기를 잡아먹지 못하도록 막고 싶어도, 그때는 이미 어찌할 수 없는 궁지일 뿐이오. 한때 입맛을 위해 미래 오랜 겁토록 자신의 목숨을 바쳐야 할 것이니, 이는 자살에 비해 만 배나 더 참혹하고 끔찍스러운 짓이 분명하오. 어찌하여 이런 짓으로, 그처럼 엄청난 재앙을 스스로 불러들인단 말이오. 만물의 영장이라는 인간이, 어찌 그리도 어리석고 미혹하단 말이오.

그래서 『능엄경』에 "사람이 양을 잡아먹으면, 양은 죽어 사람이 되고, 그 사람은 죽어 양이 된다." 하였소. 또 『입릉가경』에도 세존께서 고기 먹는 것을 갖가지로 질책하시면서, 모든 중생이 시작도 없는 때부터 생사 윤회를 끊임없이 반복해오면서, 서로 부모 형제나 처자 또는 친구의 인연을 맺어왔는데, 지금 생명을 바꾸어 짐승으로 태어났다 해서, 어찌 그들을 함부로 잡아먹을 수 있느냐고 탄식한 내용이 나온다오.

다른 생명을 죽여 그 고기를 먹으면, 티끌처럼 무한한 영겁의 세월토록 서로 죽이고 잡아먹기를 반복하는데, 마치 수레바퀴가 굴러가며 위아래가 끊임없이 뒤바뀌듯, 윤회 보복이 계속한다는 거라오. 사마타(奢摩他: 禪定)와 부처님 출현을 기다려야만, 비로소 그 복수의 사슬이 끊길 수 있다고 하오. 그런데 사마타의 도를 어디 그렇게 쉽게 얻을 수 있으며, 더구나 부처님이 세상에 출현하는 때는 어디 아무나 만날 수 있는 것이오? 그러하거늘, 우리가 가까이는 앞선 성현들의 언행을 본받고, 멀리는 부처님의 가르침을 따르지 않을 수가 감히 있겠소? 우리가 죽기 싫어하는 마음을 미루어 짐작하여, 지금 잡혀 요리당하기를 기다리는 목숨들을 건져

준다면, 숙세의 업장을 덜어 내고 착한 복덕의 뿌리를 심어 기를 수 있으며, 나아가 살해의 원인을 영원히 끊어버려 함께 무궁토록 장수하는 과보를 얻을 수 있을 것이오.

일체의 중생은 모두 불성을 지니고 있으며, 우리의 과거 부모이자 미래의 부처이기도 하오. 온갖 방법을 강구하여 보호하고 구제하여도 오히려 부족할까 걱정해야 할 판에, 어찌 한 순간 우리 입과 배를 만족시키기 위하여 그들의 몸을 죽인단 말이오?

뭍이나 허공, 물속에서 기고 날고 헤엄치는 모든 중생들이, 똑같이 영명(靈明)한 지각(知覺)과 의식을 갖추었으나, 단지 숙세의 업장이 몹시도 깊고 무거워 우리와 다른 모습의 몸을 받은 걸 우리는 알아야 하오. 비록 그들이 입으로는 말할 수 없지만, 먹을 것을 찾고 죽기 싫어 피하는 꼴을 보면, 그들 역시 우리 인간과 다를 바 없음을 깨달을 수 있지 않소?

우리는 다행히도 전생의 복덕에 힘입어 인간으로 태어나 지혜로운 마음까지 받았으니, 마땅히 만물이 모두 우리와 똑같이 하늘을 아버지로, 땅을 어머니로 생겨난 동포임을 알고, 형제의 우애를 도탑게 다해야 할 줄 아오. 그래야 인간이 하늘 및 땅과 함께 삼재(三才)로 자부하며, 천지자연의 생장 변화 이치[道·眞理]를 참구하고 보필한다는 대의명분이 부끄럽지 않게 되오. 인간과 중생이 각각 자기의 자리를 얻어, 하늘과 땅 사이에서 평화롭게 공존 공생하며 타고난 천수(天壽)를 다해야 하지 않겠소?

그런데 천지자연이 만물의 생명을 낳아 기르는 덕은 아랑곳하지 않은 채, 자기의 입맛이나 즐기고 뱃속이나 채우려는 생각만 품고, 자기가 좀 강하고 재능 있다고 약한 그들을 마음대로 잡아 그 고기를 먹는단 말이오? 그러다가 언젠가는 반드시 전생에 쌓아 둔 복덕이 다하고, 살생의 죄업이 눈앞에 나타나는 날이 닥칠 것이오. 그때는 인간의 얼굴과 모습을 바꾸고 싶지 않더라도, 업력(業力)에 따라 그들과 서로 자리를 바꾸어 잡아먹히는 꼴이 될 것이오.

하물며 육식은 독성(毒性)이 강한데도, 즐겨 먹고 싶단 말이오? 살해당할 때 원한의 마음이 내뿜는 독기(毒氣)가 엉기기 때문이오. 그래서 무릇 전염병이 나돌 때에도 채식하는 사람은 감염되는 일이 몹시 적다오. 또 고기는 아주 더럽고 혼탁한 물건으로, 이를 먹으면 피가 흐려지고, 정신도 맑을 수 없게 되오. 발육 성장은 빠른 게 사실이지만, 그만큼 일찍 노쇠해지고, 특히 질병에 가장 쉽게 걸리는 취약 체질의 화근이기도 하오.

반면 채식은 맑고 정갈한 식품으로, 채식을 하면 기혈(氣血)이 맑아지고 정신도 또렷해지며, 자양분도 풍부하여 건강 장수하고 잘 늙지 않게 되오. 이는 비록 보건 위생에서 늘상 거론하는 상식 같은 이야기지만, 사실은 하늘로부터 타고난 성품을 다하는 지극한 이론이기도 하오. 다만 속세의 관습이 잘못 이어지면서, 그만 미혹과 사견이 갈수록 두텁게 쌓여, 본래 성품의 자리로 되돌아가지 못하고 있는 것뿐이라오.

어진 사람은 반드시 만물을 사랑하고, 생명을 죽이는 자는 결코 어진 사람이 아니오. 이는 습관(업습)과 천성 때문이라오. 그래서 성왕이 세상을 다스릴 때에는, 길짐승이나 날짐승은 물론 물고기와 미물까지 모두 즐거워하며, 대도를 밝혀 백성을 교화하기에 활이나 창, 낚시 같은 살상 무기를 모두 없앤다오. 예부터 지금까지 두루 살펴보면, 잔인하고 재물과 음식에 탐닉한 자들은 집안이 대부분 끊겼으며, 어질고 자비와 사랑으로 만물을 구제한 이들은 자손이 반드시 창성하였소. 그래서 산 사람을 차마 순장(殉葬)할 수 없어 대신 인형[俑: 진시황릉에서 출토한 兵馬俑 같은 附葬品]을 만들어 쓴 창시자에 대해서조차, 공자는 결코 후손이 없을 것이라고 단죄하였소. 또 제멋대로 고기를 먹는 사람에 대해, 여래께서는 반드시 그 빚을 갚아야 할 것이라고 수기(授記)를 내리셨소.

(이 말은 『맹자』 양혜왕(梁惠王) 편에 나오는 말로, 원문은 "처음 부장용 인형을 만든 자는 그 후손이 없을진저![始作俑者, 其無後乎]"이다. 양 혜왕이 가르침을 청하자, 맹자는 막대기와 칼날로 사람을 죽이는 게 차이가 있는지 묻고, '없다

고 답하자 다시 칼날과 (나쁜) 정치로 사람 죽이는 게 다르냐고 되묻는다. 또 없
다고 답하자, 맹자는 "왕의 푸줏간에 살진 고기가 즐비하고 마구간엔 살진 말이
있는데 , 백성이 굶주리고 들에 굶어 죽은 시체가 널려 있으니, 이는 짐승을 몰
아다가 사람을 잡아먹게 하는 거나 다름없다고 힐난한다. 짐승끼리 서로 잡아
먹는 것조차 사람들은 싫어하는데, 하물며 인민의 부모(왕)가 정치를 행하면서
짐승으로 사람을 잡아먹게 한다면, 왕의 직책은 도대체 어디(무엇)에 있느냐고
강하게 힐난한다. 이어서 "중니(공자)는 '처음 순장용 인형을 만든 자는 그 후손
이 없을진저![始作俑者, 其無後乎]'라고 말하였으니, 그것은 사람 모습을 본떠 썼기
때문이다.[爲其象人而用之也]"라고 그 이유를 밝힌다. 사람의 모습을 땅속에 묻어
순장하는 불인(不仁)조차 그토록 비난을 받는데, 어떻게 인민을 굶주려 죽게 할
수 있느냐는 강렬한 질책인 것이다.

'始作俑者'의 전통적 해석은, 나쁜 짓이나 악렬한 풍습을 처음 물꼬 튼 원흉
은 천벌을 받을 거라는 뜻이다. 그런데 도덕이 타락한 말세 풍조에 젖은 현대인
이 보기에는, 인류문명의 '역사발전' 관점에서, 산 사람을 묻는 순장 대신 인형
을 도입한 것은 오히려 인도주의의 발현으로 칭송해야 할 '선행공덕'으로 볼 수
도 있는가 보다. 실제로 위키백과사전의 중국어판본인 '維基詞典'은 그런 시대
흐름을 반영해 완전히 상반된 의미로 풀이한다. 즉, 맹자 원문의 '其無後乎'를
'어찌 그 후손이 없겠는가?'라고 반문한 걸로 풀이하며 몇 가지 근거를 댄다.

첫째, 문장형식상 단순한 설의적 반어법의 의문문으로 본다. 허나 감탄문으
로 보는 전통 해석도 똑같이 성립하며, 맹자 원문 맥락에서 갑자기 '사람 인형
순장했다고 어찌 후손이 없겠느냐?'는 반문이 등장하는 건 참으로 어색한 논리
비약이다.

둘째, 위에서 소개한 맹자 원문 맥락에서 '始作俑者, 其無後乎！' 뒤에 '차마
산 사람을 묻어 죽일 수 없어서'가 생략된 걸로 보고, '爲其象人而用之也'를 '그
[其] 사람 모습[象人]을 만들어[爲] 썼다'고 풀이한다. 고문의 구조상 전혀 불가능
한 해석은 아니지만, 문장구조 분석은 견강부회에 가깝다. '爲'를 원인으로 보아

'때문이다'고 풀이하는 전통 해석이 훨씬 자연스럽다.

셋째, 실질논리상 공자시대에 이미 용인(俑人)의 부장이 보편적이었는데 그런 사람 모두를 비난하고 책망했다는 건 이해하기 어렵단다. 또 '인(仁)'을 근본으로 하는 공자의 인본주의 철학사상의 관점에서 '사람' 대신 '인형'을 부장하는 것은 획기적 역사발전으로 오히려 칭송해야 할 선행 공덕이라 하고 있다.

허나 이는 공자와 맹자의 원시 유가의 깊은 인본주의 철학사상에 대한 이해 부족이다. 물론 노자의 지적처럼, 미더운 말은 아름답지 않고 아름다운 말은 미덥지 않은 현실이지만, 도(道)와 덕(德)도 결국 말과 글을 통해 표현되므로 인간현실에서 말글의 위력은 막강하다. 그래서 공자는 명실상부한 정명(正名)을 주장하며 말과 명분의 중요성을 강조했다.

꾀 많은 조조가 목말라 허덕이는 군사들의 갈증을 풀어 사기를 진작시키기 위해 '저 언덕 너머에 매실이 주렁주렁 열려있다'고 거짓말해 군침을 돌게 하고 위기를 모면했다고 전한다. 거꾸로, 은나라 마지막 주임금의 별도(別都)로 주나라 때 강숙을 위나라에 봉한 도읍지인 조가(朝歌)는 弔歌와 음이 비슷하고 포학무도한 주(紂)임금의 이미지를 연상시키기 때문에 묵자는 이 도읍에 들어가지 않고 마차를 돌렸다고 전한다. 또 증자는 '어머니를 이긴다'는 '승모(勝母)'라는 이름의 마을에는 들어가지도 않았다고 한다. 모두 '이름'이 지니는 물리적 '파동'과 심리적 '의미'연상 작용이 발휘하는 은근한 함축적 위력을 실감하게 하는 역사적 실례들이다.

그래서 공자는 어진 마을에 거처하는 아름다움과 지혜로움을 강조했다.[里仁爲美, 擇不處仁, 焉得知?] 왜냐하면 난실에 들어가면 난향이 옷에 배고, 어물전에선 비린내가 젖기 때문이다. 말과 글에 담긴 관념과 생각의 향기도 사람의 뇌리와 심리에 긍정적이든 부정적이든 강력한 전자기장을 미치기 마련이다. 공자는 사람 모습을 본뜬 '용(俑)'이 사람을 순장하던 나쁜 악습을 무의식 중에 떠올리는 심리연상까지 염려한 것이다. 지금도 대만에서 순수 채식 염불수행자들은 콩 단백이나 밀 단백으로 만든 채식에 콩'고기'나 밀'고기'란 이름을 붙이는 것조차 꺼려한다. 마음이 순수하고 섬세하게 수련되어 갈수록 더욱 정치(精緻)해 지기 때문이다.

또 다른 기발한 해석으로는, '처음 순장용 인형을 만든 사람은 그 후계자가 없겠는가?'라는 의미로, 반드시 그를 본받는 모방범죄가 뒤를 이을 거라는 우려 다. 과연 진시황은 대대적인 병마용을 만들어 자신의 사후 지하궁전을 호위하 도록 준비했고, 그로 말미암아 엄청난 인력과 재물이 소모되고, 마침내 그 작업 에 참여한 사람까지 생매장했다는 비극의 역사가 전해진다. 그 덕분에 그 엄청 난 역사문물이 전해진다고 감탄한다면 더 이상 할 말이 뭘까?)

단지 푸줏간(도살장)만 멀리하면서, 도살의 모습과 비명을 보고 듣지 않으면 고기를 먹어도 좋다고, 적당히 자신과 타협하지 않기를 바라오. 이는 유가에서 세속의 풍습에 따라, 할 수 없이 내세운 임시방편의 교화 일 따름이오. 진실로 비린내와 매운 맛을 영원히 끊어야, 바야흐로 부처 의 가르침과 진리에 부합한다고 일컬을 수 있겠소.

옛날 노(魯)나라에 용감한 두 사람이 있었는데, 피차 이름만 익히 듣고 서로 직접 만나 보지는 못하였소. 그러다가 어느 날 서로 만나 술을 사서 함께 마시게 되었다오. 한 사람이 "고기 안주가 없으면 맛과 멋이 별로 없으니, 가서 고기를 사오자."고 말하자, 다른 한 사람이 "그대와 내가 모 두 고깃덩어리인데, 어찌 달리 구한단 말이냐?"고 대꾸하였다는 거요. 이 말을 듣고 그 식견이 매우 높다고 생각한 그들은, 마침내 옷을 걷어 부치 고 각자 살을 떼어, 서로 상대방과 맞바꾸어 먹었다오.

그들은 의기양양하여 자신들의 교유야말로 마음과 뜻이 서로 진지하 게 들어맞는 친구 사이라고 여기며, 각자 살까지 베어 내어 먹었지만, 마 침내 죽고 말았소. 이 소문을 전해 들은 사람들은, 모두 그들의 어리석음 에 탄식하지 않을 수 없었소.

그런데 세상 사람들은 바로 육식 때문에 끝없는 살생의 죄업을 지어, 오랜 세월에 걸쳐 서로 자리를 뒤바꾸어 가면서 살생으로 보복하고 있소. 그러니 이들 노나라의 용사들보다 더욱 비참하고 혹독한 셈이오. 지혜의 눈이 없기 때문에 후세의 과보를 알지 못하고, 도리어 득의양양하게 육식을 자랑하고 과시하면서, 채식하는 사람들을 미신이나 박복(薄福)의 소치로 덮어씌우고 비방하기 일쑤요. 세인의 습속이 오래 이어져 내려와, 잘못조차 모르고 있는 게요.

그래서 석가여래께서 『범망경(梵網經)』과 『능엄경(楞嚴經)』, 『능가경(楞伽經)』 등의 대승경전에서, 살생과 육식의 과보로 초래하는 재앙을 지극하게 설법하셨으니, 이는 재앙을 발본색원하려는 진정한 대자대비심에서 나온 것이오. 근래 살육의 참상은 만고에 듣지 못했을 정도라오. 게다가 홍수·가뭄·전염병·폭풍·지진·화산폭발 등 천재지변 소식이 끊임없이 전해지고 있소. 이들 모두 결국 살생의 죄업으로 말미암아 일어나는 인과응보일 뿐이오. 세상인심과 윤리 도덕이 갈수록 타락해 가고 있기 때문에, 천벌과 인재(人災: 사고)가 줄지어 일어난다오. 이는 거울 앞에 서면 본래 모습 그대로 비치는 것과 같아, 피하거나 속일 수 없는 것이오.

그런데도 세속의 미혹은 막심하여, 악을 저지르면서 선으로 착각하고, 죄업을 지으면서 복을 닦는다고 잘못 믿는 경우가 거의 대부분이오. 그 가운데 가장 눈 뜨고 보기 어렵고 마음 아프게 하는 처참한 광경은, 아마도 천지신명께 제사 지낸다는 일일 것이오. 부자와 재벌은 소 돼지를 잡아 제사 지내며, 한편으로는 많은 복 받기를 기원하고, 다른 한편으로는 자신의 재력을 과시하오. 살림 규모가 작고 가난한 집안도 하다못해 닭이나 오리를 잡아, 신명의 보우로 복과 수명이 늘어나고, 만사가 뜻대로 형통하기를 기원하기는 매일반이오.

천지는 만물을 낳아 기르는 일이 자연스런 덕성이고, 신명은 천지를 대신하여 모든 일을 직접 주재하는 존재인 줄을 모른 채, 사람들의 마음은 천지신명과 완전히 상반하는 것이오. 만약 천지신명이 자기 혼자를 위해 바치는 제사를 기쁘게 받아 누리면서, 그 대가로 수많은 생명들이 도마 위에 칼로 난자질당하도록 내버려 둔다면, 어찌 총명하고 정직하면서 선행을 상 주고 죄악을 벌하는 올바른 신명[正神]이라고 일컬을 수 있겠소?

사실인즉, 원래 입맛에 탐닉한 어리석은 사람들이, 특별히 신명께 제사지낸다는 명분을 빌어 짐승을 살육하여 자기 뱃속을 채우던 것이, 세월이 흐르면서 서로 습관이 되고 풍속을 이루게 된 것일 따름이오. 커다란 악업을 짓는 줄은 모르고, 신명께 제사 지낸다고 말하지만, 과연 천지신명이 그 피비린내 나는 살육의 희생물을 받아먹겠소?

하물며 명색이 신명이라면, 반드시 총명하고 정직한 덕성을 지니고, 마땅히 사람들이 지은 선악대로 화복을 공평히 내리는 원칙을 지켜야 하지 않겠소? 그런데 가축을 죽여 자기에게 제사 지낸다고, 죄악을 지은 자라도 복을 내려 주고, 반대로 자기에게 희생을 바쳐 제사 지내지 않으면, 선행을 행하는 이에게도 재앙을 내릴 수 있겠소? 만약 그렇다면, 그 신명의 심성과 덕행은 시정(市井) 잡배와 다를 게 뭐가 있겠소? 그런 존재를 어떻게 총명하고 정직한 신명이라고 일컬을 수 있겠소? 총명하고 정직한 신명이라면, 결코 이러한 요괴(妖怪)나 마귀(魔鬼) 같은 짓은 하지 않으며, 오직 도덕(道德)과 인의(仁義)에 따른 일만 행할 것이오.

그런데 세상 사람들은 단지 육식이 좋은 걸로만 여기고, 마침내는 자기가 피비린내 나는 더러운 음식을 탐닉하는 것처럼, 신명 또한 그러할 줄로 잘못 미루어 짐작하는 게요. 그래서 서로 본받아, 아무도 잘못인 줄 모르는 것이오. 비유하자면, 똥 고자리(구더기)가 똥을 먹으면서, 하늘의 신선도 당연히 자기처럼 그렇게 훌륭한 맛을 즐기리라고 착각하고, 늘 그 똥을 신선에게 바쳐 복덕을 내려 주길 바라는 것과 같소.

사실 지금 도살당하는 저 짐승들은, 거의 대부분이 모두 과거 전생에 다른 희생을 잡아 신명께 제사 지내던 자들로, 지금 자기 살을 먹는 사람들이 당시 자기가 저지른 살생의 과보를 갚아 주기만 바라는 처지라오. 그런데도 어리석은 일반 대중은, 아직도 짐승을 잡아 신명께 제사 지낸다는 소문을 들으면, 곧 기뻐 날뛰면서 큰 복덕을 짓는 일로 여기는구료. 장래에 자신들이 이러한 짐승으로 바꾸어 생겨나 사람들에게 도살당할 때는, 이미 입은 있지만 말은 할 수 없고, 죽음을 피하거나 저항할 수 없는 처지가 될 거라는 사실은 모르는 것이오.

하물며 불법(佛法)에 깊숙이 들어가 부처님의 가장 큰 기본 계율을 받아 지니고, 평생토록 채식하기로 결심한 출중(出衆)한 고매한 사람이, 아무 까닭도 없이 육식을 탐닉한다는 억울한 누명을 써가면서까지, 수없는 생명을 죽여 신명께 제사 바치는 어리석은 짓을 할 수 있겠소? 그러한 짓은 천리(天理)에 어긋나고 성현을 모독하는 패역무도한 죄악으로, 미래 영겁토록 매 생애마다 그렇게 살해당하는 짐승의 과보를 받을 것이니, 어찌 몹시 슬프지 않겠소?

세상 사람들은 질병이 있거나 위험과 재난 등이 있는 경우, 염불로 기도하고 선행을 닦을 생각을 안 하고, 망령되이 귀신에게 제사 지내 도움을 청하려 들기 일쑤요. 그래서 산 목숨을 죽이니, 본디 재난을 초래한 업장에, 살생의 죄업을 새로 덧보태는 셈이오. 정말 불쌍하기 짝이 없소.

인간이 살아가면서 만나는 외부 환경의 인연[境緣]은, 대부분 전생의 업장 때문에 말미암는 것이오. 그래서 질병이나 고난이 생기면, 곧 염불과 선행을 닦고 숙세의 죄업을 참회하는 게, 최상의 해결 방편이자 가장 빠른 지름길이라오. 그렇게 하여 업장이 소멸하면, 질병도 낫고 재난도 점차 사라지는 것이오. 귀신들은 자기들도 아직 업장의 바다[業海] 가운데 잠겨 있는 형편인데, 어떻게 사람들의 업장을 소멸시켜 줄 수 있겠소?

설사 막대한 위력을 지닌 정직한 신명[正神]이라 할지라도, 그 위력은 부처나 보살에 비하면, 마치 반딧불을 햇빛에 견주는 것과 같다오. 불제자(佛弟子)로서 부처와 보살께 기도하지 않고 귀신에게 기도하는 일은, 부처의 가르침에도 어긋나는 사견(邪見)이라는 걸 알지 않으면 안 되오.

또 일체의 중생이 모두 과거의 부모이자 미래의 부처들이므로, 이치상 살생을 금하고 방생하며, 모든 중생의 목숨을 아끼고 사랑해야 마땅하오. 세속의 고정 관념과 편견에 따라, 부모에게 진수성찬을 봉양하는 것이 효도라는 생각은, 절대로 품어서는 안 되오. 불법을 들어보지도 못한 일반 속인들이야 육도 윤회와 인과응보의 사리를 모르기 때문에, 부모에게 진수성찬 바치는 것이 효도라는 사견과 망언을 일삼을 수 있고, 또 그 허물을 용서받을 수 있소. 그러나 이미 불법을 들어 이치를 안 사람이, 과거의 부모 친척을 살해하여 현재의 부모를 봉양하거나 장례 또는 제사 지내는 행위는, 단지 효도가 아닐 뿐만 아니라, 곧바로 천리(天理)와 불법에 정면으로 거스르는 패역무도가 된다오.

그래서 통달한 선비와 지혜로운 사람들은, 불법의 진실한 이치를 들으면 깊이 깨달은 바가 있어, 한결같이 세속의 임시방편적인 절충 법문에 따르려 하지 않는다오. 이러한 임시 방편의 절충 법문은, 아마도 세속 중생의 미혹한 감정에 잠시 따라주는 타협안으로 세워진 것이 분명하며, 삼세의 인과 법칙을 통달하는 여래의 정도(正道)는 결코 아니라오.

세상의 모든 악업 가운데, 살생이 가장 무섭소. 온 천하를 통틀어 살생의 죄업을 전혀 짓지 아니하는 사람은, 아마 씨도 종자도 없을 것이오. 설사 평생토록 산 목숨을 몸소 죽인 적이 결코 없는 사람이라고 할지라도, 매일같이 육식을 하면 곧 매일같이 간접 살생을 하는 거나 마찬가지이기 때문이오. 살생을 하지 않고서는 결코 고기를 얻을 수 없지 않소? 사실 백정(도살업자)이나 사냥꾼이나 어부들은, 모두 육식하는 사람의 수요를 공급하기 위해서 대신 살생을 하는 것에 불과하오.

그러니 육식을 하느냐 채식을 하느냐 문제는, 실로 우리의 성품과 정신이 향상 승화하느냐, 타락 침몰하느냐에 직접 관련되오. 나아가 천하 통치가 태평성대를 이루느냐, 혼란무도에 빠지느냐에도 근본 원인이 된다오. 따라서 이는 결코 사소한 일로 하찮게 여길 수 없소.

요컨대, 자기 목숨을 자중 자애하고 천하 백성을 두루 사랑하여, 모든 사람이 안락하게 건강 장수하며 뜻밖의 재난과 사고를 당하지 않기를 진심으로 바라는 이들은, 마땅히 살생을 끊고 채식을 몸소 실천하며 널리 권장해야 할 것이오. 채식이야말로 천재지변과 사고를 예방하고 줄이는 제일 신묘한 법문이기 때문이오.

모든 중생의 심성과 한 순간 생각은 부처와 다를 바 없고, 또 우리 사람들과도 전혀 다르지 않소. 불행히 전생의 악업으로 축생에 떨어졌으니, 정말 더욱 큰 자비심과 연민의 정을 보여야 하지 않겠소? 아무 것도 모르는 속인들은 오랜 습속에 젖어, 살생으로 육식하는 것을 식도락(食道樂)으로 즐기면서, 도살당하는 짐승들의 고통과 원한이 얼마만한지는 전혀 생각지도 않는구려.

인간은 약육강식을 당연한 자연법칙으로 여기지만, 전쟁이나 난리가 일어나 서로 죽이고 죽으면, 짐승들이 도살당하는 처지와 똑같은 상황이 되지 않겠소? 가령 적군이나 폭도들이 그대의 집을 불사르고 그대의 아내와 딸을 겁탈하며, 그대의 재산을 약탈하고 그대의 목숨까지 죽이는데도, 감히 욕설 한마디 퍼붓지 못하고 꼼짝없이 당하는 것은, 자기 힘이 대적할 수 없기 때문이오. 짐승들이 도살당하는 것도 마찬가지로, 지금 당장 힘으로 대적할 수 없기 때문이라오.

만약 그들이 대적할 힘이 있다면, 틀림없이 당장 사람을 물어뜯고 들이받으며 대항할 것이오. 인간이 자기 입맛과 뱃속을 채우기 위해 살생을 자행하고, 그 죄업으로 말미암아 맺히고 쌓인 짐승들의 원한과 분노가, 인간끼리 서로 총칼을 들이대고 살육하도록 전쟁을 일으키는 직접 원인이라오.

물론 홍수와 가뭄·기근·질병·폭풍·지진·해일 따위의 천재지변도, 모두 그러한 살생 죄업의 여파로 끊임없이 계속 발생하오. 마치 사람들이 명절 때 서로 선물을 주고받는 것과 같소. 내가 선물을 보내면, 상대방도 답례를 해오는 것이 도리이듯 말이오. 선물이 갔는데 답례가 오지 않거나, 거꾸로 인사가 왔는데 답례를 보내지 않는 법은 결코 없소. 만약 답례가 없다면, 이는 반드시 별다른 인연(사정)이 있어 상쇄하기 때문이며, 알고 보면 정말로 왕래 보답의 예법을 벗어나는 경우는 하나도 없소. 하늘(자연)이 상벌을 내리는 인과응보의 법칙도 이와 똑같거늘, 하물며 인간사회에서 서로 보답하고 보복하는 이치야 그렇지 않겠소?

그래서 『서경[尚書]』에는 "선을 행하면 온갖 상서로움이 내리고, 악을 지으면 온갖 재앙이 내린다."는 말씀이 전해 오고 있소. 또 『주역(周易)』에는 "선행을 쌓은 집안은 반드시 남아도는 경사가 있고, 악을 쌓은 집안은 반드시 남아 넘치는 재앙이 있다."는 가르침이 적혀 있소.

하늘(자연)의 도(天道)는 도는 것(순환)을 좋아하여, 가면 간 만큼 되돌아오기(반복) 마련이오. 나쁜 결과를 받지 않으려면 먼저 나쁜 원인을 끊고, 좋은 결과를 얻으려면 먼저 좋은 원인을 심어야 하오. 이것이 천리(天理)나 인정(人情)에 모두 딱 들어맞는 지극한 법칙이라오.


## 5) 재앙의 연유를 아는가?

사바세계의 고통은 다 말할 수 없소. 설령 시운(時運)이 평안한 때라도, 매일 고뇌 속에 살아야 하오. 중생들이 하도 오래 익숙해져, 당연히 여기고 잘 모르는 것뿐이오. 근래 중국은 누차 병란(兵亂)을 거치면서, 이미 말할 수 없을 정도로 고통이 심하오. 서양 각국도 세계대전으로 죽은 사람만 천만에 가까워, 개벽 이래 제일 처참한 병란이라고 하오. 그런데 전세가 아직도 치성하여, 언제 끝날 줄도 모를 지경이오.

차분히 생각해 보면, 정말로 무섭고 두려운 일이오. 그런데 저들은 다른 나라를 완전히 멸절(滅絶)시킬 방도만 힘써 찾고 있소. 해당 국가 중생들이 과거에 지은 죄업으로 초래한 악보라고 하지만, 어찌 이토록 극도로 처참할 수 있단 말이오?

지금 이러한 말을 듣는다면, 마땅히 크게 분발하는 마음으로, 어서 바삐 극락왕생하길 구해야 하리다. 왕생한 뒤 다시 사바세계에 되돌아와, 일체 중생을 두루 제도해야 하오.

경전에 "보살은 원인을 두려워하고, 중생은 결과를 두려워한다[菩薩畏因, 衆生畏果]."는 말씀이 있소. 보살은 악한 결과를 초래할까 두려워, 미리 악한 원인을 끊기 때문에, 악한 결과가 생겨날 수가 없소. 그런데 중생들은 다투어 악한 원인을 짓기 때문에, 악한 결과를 받게 되오. 그래도 과거의 악업을 참회할 줄은 모르고, 도리어 다른 악업을 새로이 지어 대응하기 일쑤라오. 그래서 원한의 앙갚음이 오랜 겁토록 그치지 않고 서로 되풀이하고 있으니, 어찌 슬프지 않고 두렵지 않을 수 있겠소? 이러한 이치를 알고도 서방 극락에 왕생하길 구하지 않는다면, 이는 장부가 아니리다.

세상이 겁탁(劫濁)에 속하여, 서로 해치고 죽이기를 일삼소. 그렇기 때문에 호신부(護身符)가 없으면, 영원히 재앙이 없기가 결단코 어렵소. 내가 말하는 호신부란, 다른 게 아니라 단지 지성으로 예경(禮敬)을 다해 '나무아미타불'을 염송하는 것일 따름이오.

그리고 관음대사(觀音大士: 관세음보살)는 자비의 서원이 무척 크고 깊어, 부르는 소리를 찾아가 중생의 고난을 구제해 주시며, 수시로 즉각 감응하신다오. 그러니 아침저녁 염불할 때, 관세음보살 명호를 덧붙여 염송하는 게 좋겠소. 그러면 자기도 모르는 가운데 그윽한 가피를 틀림없이 입어, 재앙이 도리어 복으로 바뀌고, 환난을 당해도 상서롭게 변할 것이오.

천하가 평안히 다스려지지 못하는 데는, 모든 범부 중생의 책임도 있소. 만약 모든 사람마다 각자 정성스런 마음으로 효성과 우애를 다하고, 자비 선행을 베풀어 어렵고 불쌍한 이웃을 도우며, 산 목숨을 죽이지 않고 놓아 주고, 채식을 하며 염불을 한다고 합시다.

그러면 사람들이 선으로 감동[感]시키는 데 대해, 하늘이 복으로 응답

[應]할 것이오. 자연히 비바람이 순조롭고, 백성이 평안하며, 오곡과 만물이 풍성하리다. 그리고 늘상 닥치던 홍수나 가뭄 · 병충해 · 전염병 · 폭풍 · 지진 따위의 천재지변은 결코 내리지 않을 것이오.

시대가 평화롭고, 해마다 풍년이 들며, 사람마다 자기 직업을 즐겨 생산에 힘쓰고, 나아가 자비와 평화 · 인애 · 겸양을 서로 행하고 본받아 미풍양속을 이룬다면, 설령 어쩌다 열에 한둘 정도 어리석고 완고한 사람이 있을지라도, 저절로 착하게 감화될 것이오. 대들보 위를 넘어 오는 군자[梁上君子]를 불쌍히 여기면 그가 도둑질을 영원히 끊을 것이고, 방안에 숨어 들어온 좀도둑에게 선뜻 베풀어 주면 그 뒤로 금방 착한 선비가 될 것이오.

옛 사람들은 인애와 자비로 정치를 하여, 백성들을 친자식처럼 진심으로 정성을 다해 사랑했다오. 심지어 다른 종류의 중생들까지 감화시켜, 호랑이가 영역 안에 들어오지 않고, 물고기가 다른 곳으로 옮겨 가는 따위의 상서로운 조짐이 자주 나타났소. 역사책에 기록으로 전해지는 사례만도, 일일이 열거할 수 없이 많소. 정말로 각자 자비와 선량으로 대하기만 한다면, 불량배나 도적들이 창칼을 들고 양민을 약탈하거나 유린하는 난리는, 결코 일어나지 않을 것이오.

불법에서는 인과응보의 법칙이, 아래로 배워서 위로 통달하고[下學上達: 論語에 나오는 공자의 말씀 인용], 처음부터 시작하여 끝까지 마치는, 가장 중요한 도(道)임을 반드시 알아야 하오. 그런데 지금 세상은 위로는 존경할 만한 도(道)가 없고, 아래로는 준수할 만한 법(法)이 없이, 서로 해치고 죽이는 짓을 즐거움으로 삼고 있소.

단지 자기의 뜻만 통쾌하길 꾀하면서, 국가 민족의 존망이나 민생의 고통 따위는 전혀 안중에도 없는 행태들은, 모두 인과응보의 이치를 모르기 때문에 빚어진 폐단들이오. 그래서 나는 늘상 "인과(因果)야말로 세간과 출세간을 막론하고, 성인이 천하를 평안히 다스리고 일체 중생을 제도하는 대권(大權)이다."라고 강조한다오. 지금 세상에 만약 인과응보의 법칙과 생사윤회의 이치를 주창하지 않는다면, 설령 부처님과 조사들, 성현들이 한꺼번에 나오신다고 할지라도, 천하가 태평스럽고 백성들이 안락하도록 다스릴 방도가 달리 없을 것이오.

세상에 도덕이 쇠퇴하고 인심이 각박해진 것은, 지금까지 속된 유생(儒生)들이 도덕이 실천궁행에 있는 줄은 모르고, 줄곧 말단 지엽만 좇아왔기 때문이오. 무릇 유가에서 가장 중요한 '극기복례(克己復禮: 자기 감정 욕망을 이기고 예의로 돌아감)'나 '한사존성(閑邪存誠: 사악함을 막고 정성을 간직함)'같은 이치는 내팽개치고 거들떠보지도 않은 것이오.

그리고는 오직 사장(詞章: 詩詞文章)을 암송하여, 과거에 합격하고 출세하는 밑천으로 삼았소. 다시 말해, 성인이 천지자연의 이치를 참구하여 만물 중생을 교화 양육하던 근본적인 도(道)가, 명리(名利)와 부귀영달을 얻는 수단적인 기예[藝]로 전락해 버린 것이오. 성인을 모독하고 멸시하며, 천지를 위배하고 거역함이 지극히 막심하오.

그래서 글공부하는 사람들이, 마음으로는 글의 의미도 모르고, 몸으로는 글의 이치를 실행하지 않았소. 글을 지을 때는, 으레히 효도[孝]·우애[弟]·충실[忠]·신의[信]·예절[禮]·정의[義]·청렴[廉]·수치[恥]의 도덕을, 터럭만큼도 빠뜨리지 않고 기막히게 표현해 낸다오. 하지만 실제 마음 쓰고 일하는 것을 살펴보면, 그러한 분위기가 전혀 없는 것이오. 정말 배우가 연극하는 모습과 똑같소. 기쁨과 슬픔, 괴로움과 즐거움을 꼭 진짜처럼 연출해 내지만, 사실은 자기의 속마음과는 조금도 관계가 없는 가식일 따름이오.

이런 폐단이 한번 시작한 뒤 점차 극심해져, 진위(眞僞)와 본말이 분간조차 하기 어렵게 뒤섞이고 말았소. 그래서 천부의 자질을 타고난 인재들이, 대부분 망령되고 미친 짓들을 익숙히 배우면서, 요·순 임금이나 주공(周公)·공자 같은 성인의 발자취를 본받아 따르기를 아주 수치스럽게 여겨 왔소.

심지어 성인의 경전을 내버리고 서양화를 숭상하여, 한 사람 제창에

백 사람이 부화뇌동하는 풍조가 크게 일고 있소. 마침내 사악하고 비열한 소인배들이 거리낌 없이 제 생각을 마음대로 자행하려고, 자기에게 장애가 되는 건전한 윤리강상(倫理綱常)을 봉건 유물로 매도하여 뒤집어엎고, 군중들에게 크게 해로운 도적질을 성급히 저지르려는 주장까지 제창하기에 혈안이 되어 있소.

그러니 백성들은 평안할 리가 없고, 천재지변과 인재(人災) 사고만 끊임없이 이어지고 있다오. 국가 운명은 위태롭기 짝이 없고, 민생은 갈수록 도탄에 빠지고 있소. 이들의 짓은, 밤길을 가는데 등불을 없애고, 물길을 가는데 배를 빼앗는 것과 같소. 그러니 밤길에 넘어지지 않고, 물길에 빠지지 않을 수 있겠소?

근래 세상의 도덕과 인심이 극도로 타락하고, 천재지변과 인재 사고가 빈번히 발생하고 있소. 세상을 걱정하는 지혜로운 선비들은, 이러한 과보가 모두 살생의 죄업으로부터 비롯한다고 생각한다오. 다른 동물도 살생해서는 안 되는 줄 안다면, 더구나 사람을 죽일 리는 절대 없을 것이오. 이로부터 각자 자비롭고 선량한 마음으로 서로 돕는다면, 저절로 풍속이 선량해지고, 천지자연도 화기(和氣)로 감응할 것이오.

방생(放生)은 원래 살생을 금지하는 것이고, 살생의 금지[戒殺]는 반드시 채식으로부터 시작함을 꼭 알아야 하오. 만약 사람마다 각자 살생을 금지하고 채식을 한다면, 집안 분위기가 자비롭고 선량해지며, 사람들의 행실이 예절 바르고 후덕해질 것이오. 풍속이 순박해지고, 날씨가 온화하며 농사가 풍년이 든다면, 어떻게 총칼을 들고 서로 해치는 병란이 생길 수 있겠소?

이것이 바로 천재지변과 인재 사고를 예방·해소하고, 근본 바탕을 청정하게 바로잡을 수 있는 제일 요긴한 방법이오. 무릇 집안이 화목하고, 몸과 마음이 건강하며, 천하가 태평스럽고 백성들이 안락하기를 바라는 사람이라면, 모두 살생을 금지하고 방생을 실행하며 채식으로 염불하는 가운데서 구하기를 부탁하오. 그렇게만 구한다면, 얻지 못할 리가 없을 것이오.

막심하도다. 근래 천재지변과 인재 사고가 빈번하고, 사람들의 죽음이 이토록 많고도 처참함이여! 어찌 천지자연의 도가 어질지 못해서 그러겠소? 실은 우리들이 현재까지 오랜 겁 동안 지어온 죄악의 업보로 초래한 것일 따름이오. 원인 없이 결과를 얻는 법은 결코 없으며, 또 착한 업을 지었는데 악한 결과를 얻는 법도 절대 없소.

다만 범부 중생의 지견(知見)으로는 숙세의 인연을 알아볼 수 없기 때문에, 흡사 얻지 않아야 할 결과를 얻는 것처럼 여겨질 따름이라오. 만약 우리가 오랜 겁 동안의 여러 생을 넓게 볼 수만 있다면, 우리가 받는 선악의 과보가 모두 하나하나, 소리에 메아리가 울리고 물체에 그림자가 따르듯이, 조금도 어긋남이 없음을 알게 될 것이오.

지금 세상의 도덕과 인심은 이미 극도로 타락했소. 만약 인과응보와 생사윤회, 그리고 일체 중생이 모두 불성을 지니고 있으며 또한 모두 부처가 될 수 있다는 가르침이 아니라면, 이러한 타락을 결코 만회할 수 없소. 우리들의 일념 심성(一念心性)은 변함 없이 인연에 따르며, 또한 인연에 따르면서도 변함이 없기 때문이오.

청정한 깨달음의 인연에 따른다면, 성문·벽지불·보살의 삼승(三乘)은 물론, 부처의 법계까지 증득할 수 있소. 반대로 오염된 미혹의 인연에 따른다면, 인간과 천상 및 사악도(四惡道: 지옥·아귀·축생·아수라)의 중생 법계를 윤회하게 되오.

비록 이러한 열 단계 법계를 오르내리며 받는 괴로움과 즐거움은 하늘과 땅처럼 현격히 차이 나지만, 본래 지니고 있는 심성은 범부 중생의 차원에서도 전혀 줄어들지 않고, 성인의 경지에서도 결코 늘어나지 않소. 이러한 이치를 분명히 깨닫는다면, 설령 목숨을 잃는 한이 있더라도, 청정한 깨달음의 인연을 내버리고 오염된 미혹의 인연을 따라가서, 영겁토록 헤어날 수 없는 생사윤회를 되풀이하지는 결코 않을 것이오.

그래서 인과응보와 생사윤회 등의 법은, 말단 지엽의 증상과 근본의 원인을 동시에 치료하며, 성인과 범부 중생이 함께 공유하는 대도(大道)라오. 또한 세간과 출세간을 막론하고, 불보살과 성현이 천하를 태평스럽게 다스리고 중생을 제도·해탈시키는 대권(大權)이기도 하오. 지금 세상에 이 법을 내버린다면, 설사 요(堯)·순(舜)·우(禹)·탕(湯) 성왕과 문왕(文王)·무왕(武王)·주공(周公)·공자(孔子)가 한꺼번에 나오더라도, 어떻게 할 도리가 없을 것이오.

『법화경』의 말씀대로, 삼계가 불타는 집처럼 평안하지 못하고, 뭇 고통이 충만하여 몹시 무섭고 두렵기 짝이 없소. 우리 중생은 몹시 어리석어, 항상 그 가운데 머물면서 극심한 고통을 받고 있는데도, 벗어날 생각조차 안 한다오. 비록 우리가 본래 불성을 지니고 있지만, 이를 잃어버리고 등지기 때문에, 미혹을 일으키고 악업을 짓는 근본이 되고 마오. 그래서 영겁토록 해탈할 길이 없으니, 어찌 슬프지 않겠소?

지금 세상 도덕과 인심은 극도로 타락하여, 살생의 전란(戰亂)은 예전에 들어보지 못했을 정도로 처참하오. 게다가 서양 신학문의 조류가 밀려 들어와, 인과응보의 법칙을 허무맹랑한 미신으로 부정해 버리고, 성현의 도덕을 어리석은 봉건 이데올로기로 배척하고 있소. 자기의 그릇된 편견을 거세게 주장하여, 소경이 눈 먼 대중을 이끌고 함께 불길 속으로 뛰어 들고 있소. 그래서 천재지변과 인재 사고가 끊임없이 이어지고 있으니, 아무 것도 모르는 백성들만 정말 몹시 불쌍하오.

이에 뜻 있는 사람들이 세상인심과 도덕을 구원하려고 분발하고 있다오. 이러한 과보는 모두 사리사욕만 알고, 삼세의 인과응보 법칙을 모르기 때문이오. 사람이 죽으면 신식(神識)도 곧장 소멸하기 때문에, 영혼이나 귀신 따위가 죄와 복의 인연에 따라, 인간과 천상이나 삼악도에 생사윤회하는 일은 결코 없다고 믿는 데서부터 비롯하오. 선하건 악하건 모두 똑같이 소멸한다면, 누구든 자기 멋대로 행동하며 몸과 마음의 쾌락만 추구하려 들지 않겠소? 그래서 천리(天理)를 거역하고 인륜에 어긋나는 죄악을 자행하여, 남을 해치고 자신의 이익만 도모하는 것이오. 심지어 생명을 죽여 자기 입맛을 즐기고 뱃속을 채우는 짓도 거리낌 없이 앞다투어 저지른다오.

만약 삼세의 인과응보 법칙을 안다면, 당장 그 과보를 받을까 두려워해, 정말 그런 나쁜 짓은 생각조차 싹트지 못하게 조심할 것이오. 하물며 그런 흉악한 일을 몸소 저지르겠소?

그래서 우리 부처님께서 말씀하신 삼세의 인과 법칙과 생사윤회의 사리는 어두컴컴한 긴 밤을 밝히는 지혜의 태양이고, 염불로 서방 극락 세계에 왕생하길 구하는 정토 법문은 생사고해를 벗어나는 자비로운 배임을 알아야 하오. 재난과 액운을 줄이고 없애려면, 이 방법밖에 다른 길이 없소.

# 7

## 염불과 참선은
## 본디
## 둘이 아니건만

### 1) 영명(永明) 선사의 사료간(四料簡)

불법의 가장 중요한 문제는, 생사를 끝마치는 일이오. 생사 해탈 문제는 너무도 큰일이라, 논하기가 몹시 어렵소. 우리 범부들은 근기가 열악하고 지식도 천박한데다가 오탁악세(五濁惡世)에 삿된 스승과 외도(外道)들까지 득실거리니, 생사윤회를 도대체 어떻게 벗어날 수 있겠소? 오직 염불 법문밖에 없으니, 진실하게 믿고 간절히 발원하며 염불에 일심으로 정진하여, 서방 정토에 왕생하길 구해야 할 것이오.

불법 가운데 방편 법문이 많으며, 참선이나 교리를 공부해도 모두 생사를 해탈할 수 있는데, 왜 굳이 꼭 염불하라고 권하겠소? 왜냐하면, 참선이나 교리 공부는 완전히 자신의 힘에 의지하는데, 염불 법문은 부처님의 원력 가피를 함께 의지하여 훨씬 확실히 보장받기 때문이오.

바다를 건너는 일에 비유하자면, 자력에 의지하는 참선이나 교리 공부는 홀로 헤엄치는 것과 비슷하고, 부처님의 가피력에 의존하는 염불은 큰 여객선을 타는 것과 같소. 몸소 헤엄치다 보면 거센 파도에 휩쓸리거나 기력이 다해 침몰할 염려가 크지만, 큰 여객선을 타면 저편 목적지에 틀림없이 닿게 될 것이오. 이 두 가지의 안전성과 효율성은, 누구나 쉽게 비교할 수 있으리라.

결론을 말하면, 자신의 힘에 의지하는 참선으로 도를 깨닫고 생사윤회를 끝마치기란, 근기가 아주 뛰어난 대가가 아니면 정말 쉽지 않소. 반면 염불로 정토 왕생을 구하는 법문은, 단지 믿음과 발원만 진실하고 간절하며, 수행을 굳게 지속해가면 생사를 벗어날 수 있게 되오.

자력(自力)과 타력(他力)의 관계를 밝히고, 참선과 정토(염불)의 난이도를 비교한 것 중에, 가장 뚜렷하고 가장 알기 쉽게 이야기한 설법은, 영명(永明) 연수(延壽) 대사의 사료간(四料簡: 네 수의 게송, ideal type, 理念型)이 단연 으뜸이오. 그 사료간에 비추어 본다면, 참선과 교리에 밝지 못한 보통 사람들은 정말로 염불하여야 당연하지만, 참선과 교리에 통달한 사람들도 또한 더욱 열심히 염불해야 하오. 제아무리 통달했더라도 아직 증득하지 못했으면, 결국 염불을 해야 생사윤회를 해탈할 수 있는 거라오.

영명 대사는 아미타불의 화신(化身)이신데, 중생을 일깨워 건지기 위하여 대자대비를 베푸셨소. 사료간은 정말로 사바고해를 건너는 자비로운 항공모함[慈航]이며, 대장경의 핵심 요점이자 수행의 귀감이오.

| | |
|---|---|
| 참선 수행도 있고 염불 공덕도 있으면 | 有禪有淨土 |
| 마치 뿔 달린 호랑이 같아, | 猶如戴角虎 |
| 현세에 뭇 사람들의 스승이 되고 | 現世爲人師 |
| 장래에 부처나 조사가 되리라. | 將來作佛祖 |

| | |
|---|---|
| 참선 수행은 없더라도 염불 공덕이 있으면 | 無禪有淨土 |

| 만 사람이 닦아 만 사람 모두 가나니, | 萬修萬人去 |
| 단지 아미타불을 가서 뵙기만 한다면 | 但得見彌陀 |
| 어찌 깨닫지 못할까 근심 걱정 하리오? | 何愁不開悟? |

| 참선 수행만 있고 염불 공덕이 없으면 | 有禪無淨土 |
| 열 사람 중 아홉은 길에서 자빠지나니, | 十人九蹉路 |
| 저승[中陰] 경지가 눈앞에 나타나면 | 陰境若現前 |
| 눈 깜짝할 사이 그만 휩쓸려 가버리리. | 瞥爾隨他去 |

| 참선 수행도 없고 염불 공덕마저 없으면 | 無禪無淨土 |
| 쇠 침대 위에서 구리 기둥 껴안는 격이니, | 鐵床併銅柱 |
| 억만 겁이 지나고 천만 생을 거치도록 | 萬劫與千生 |
| 믿고 의지할 사람 몸 하나 얻지 못하리. | 沒箇人依怙 |

이 사료간의 의미를 분명히 이해하려면, 먼저 무엇이 선(禪)이고 무엇이 정토(염불)이며, 있고 없고가 무슨 뜻인지를 정확히 알아야 하오.

선(禪)이란 우리들이 본래부터 갖추고 있는 진여불성(眞如佛性)으로, 선종에서는 부모가 낳아 주기 이전의 본래진면목(本來眞面目)이라고 일컫소. 선종에서는 말을 다 갈파하지 않고, 사람들에게 직접 참구하여 스스로 얻도록 유도하기 때문에, 이렇게 표현했을 따름이오. 실제로는 주체[能]도 없고 객체[所]도 없으며, 고요하면서도 밝게 비추는 무념무상의 신령스런 지각[靈知]이자, 순수하고 진실한 마음자리[純眞心體]요.

정토란 정토삼부경(『아미타경』, 『무량수경』, 『관무량수불경』)의 가르침을 깊이 믿고, '나무 아미타불'의 명호를 지송하여 서방 정토에 왕생하기를 간절히 발원하는 법문을 가리키오. 그러나 오직 우리 마음 안에 정토가 있고[唯心淨土], 자기 성품이 바로 아미타불[自性彌陀]이라는 추상 이치에만 치중하는 그런 편협한 의미는 결코 아니오.

참선(수행)이 있다 함은, 참구하는 힘이 지극하여, 생각이 고요하고 감정이 사라지는 지경에 이르러, 부모에게서 태어나기 이전의 본래진면목을 보는 확철대오를 가리키오. 이른바 명심견성(明心見性)이오. 정토(염불)가 있다 함은, 진실한 보리심을 내어 깊은 믿음과 간절한 서원으로, 흔들림 없는 염불 수행을 용맹스럽게 지속해 가는 것을 말하오.

선과 정토는 추상 교리만 언급하는 개념이며, 선이 있고 정토가 있다는 말은 근기에 따른 구체적인 수행 방법을 두고 일컫는 표현이오. 교리로 보면 항상 변함이 없어, 부처님도 덧보탤 수가 없고, 중생도 덜어낼 수가 없소. 하지만 근기에 따른 수행은, 모름지기 교리에 의해 실천을 시작하고, 실천이 지극히 무르익어 교리를 체득함으로써, 그것이 진실로 자기 안에 존재함을 증명하여야 하오.

두 가지는 표현이 서로 비슷한 것 같지만, 실제로는 크게 다르오. 그러므로 적당히 얼버무리지 말고, 자세히 음미하여 그 차이를 느껴야 하오. 가령 참선을 아무리 오래 했더라도 깨닫지 못했거나, 또는 깨달았더라도 철저히 관통(확철대오)하지 못했으면, 참선이 있다고 말할 수 없소. 깨닫기만 하고 증득하지 못하면, 결국 생사윤회를 벗어날 수 없기 때문이오.

"깨달으면 곧 생사가 없다."는 말은, 전문가(대가)의 표현이 아니오. 깨달음이란 마음의 눈을 뜨는 것에 불과하며, 깨달은 뒤에 비로소 진실한 수행과 실제 증험의 길이 펼쳐지게 되오. 깨닫지 못한 자는 눈먼 소경이 길을 가는 것처럼, 맹목적이고 미신적인 수련으로 악마의 구렁텅이에 빠져들[走火入魔] 위험이 매우 크오. 그래서 먼저 마음의 눈을 뜨고 깨닫는[開悟] 공부가 수행의 첫걸음으로 매우 요긴한 것이오(이른바 先悟後修를 뜻한다.).

깨달은 바를 증득하여 대가가 되려면, 불에 기름을 끼얹듯 더욱 용맹스럽게 가행정진(加行精進)해야 되오. 그런데도 세상 사람들은 말라빠진 고목처럼 가만히 앉아 죽은 화두나 들고 있는 것을, 마치 대단한 참선(수행)이 있는 줄로 생각하는구료. 이는 정말 크나큰 착각이고 오해라오.

또 염불도 추상적인 유심정토(唯心淨土)와 관념적인 자성 미타(自性彌陀)에 편협하게 집착하여 믿음과 발원이 없거나, 혹간 믿음과 발원이 있더라도 진실하지도 간절하지도 않으면서 유유자적하니 그저 입으로 공염불하거나, 또는 열심히 정진하더라도 마음이 세속에 미련을 못 버리고, 내생에 부귀한 집안에 태어나거나 천상에 올라가 온갖 복덕과 쾌락을 누릴 생각이나 하든지, 아니면 내생에 스님으로 출가하여 하나를 들으면 천 가지를 깨닫고 대지혜를 얻어, 불도와 정법을 크게 펼침으로써 중생들을 두루 이롭게 하기나 바란다면, 이들도 마찬가지로 정토가 있다고 말할 수 없소.

사료간 중 첫째 '참선도 있고 정토(염불)도 있다'함은, 공부가 이미 확철대오하여 마음을 밝히고 성품을 보는[明心見性] 경지에 이른 뒤, 더욱 진실한 믿음과 간절한 발원으로 서방 정토에 왕생하길 바라는 수행을 일컫소. 참선으로 깨달은 뒤 경장(經藏)의 가르침에 깊숙이 들어가 여래의 권실법문(權實法門)을 두루 통달하고, 다시 그 중에 믿음과 발원으로 염불하는 정토 수행만이, 자기와 타인을 동시에 두루 이롭게 할 확실하고 안전한 대도 정법임을 깨달은 자가, 여기에 해당하오.

확철대오하여 용맹스런 힘이 호랑이 같은데, 다시 염불로 생사 해탈을 장악하게 되면, 호랑이에 뿔이 달린 격 아니겠소? 대승 경전을 독송하여 제일의미[第一義]를 이해한 뒤, 대지혜와 유창한 말재주[大辯才]를 겸비하여 악마와 외도가 그의 이름을 듣기만 하여도 간담이 서늘해진다면, 그 용맹과 위력은 견줄 바가 없을 것이오.

또 자기가 깨닫고 수행하는 바를 가지고 중생을 교화하여 마음의 눈을 틔워 주되, 사람들의 근기와 인연에 따라 설법하면서, 참선과 염불을 함께 닦아도 좋을 사람은 선정쌍수(禪淨雙修)로 인도하고, 오로지 염불 수행에 전념해야 할 사람은 정토전수(淨土專修)로 이끌어, 근기의 상중하를 막론하고 어느 누구라도 그 도덕 감화의 혜택을 입지 않는 이가 없게 될 것이오. 그래서 인간뿐만 아니라 천상 세계의 위대한 사범(師範)이 된다오.

명심 견성한 사람이 염불로 정토왕생을 구하면, 임종 때 9품 연화 가운데 최상품으로 화생(化生)한다오. 눈 깜박할 사이에 연꽃이 피면서 아미타불을 친견하고 금방 무생법인(無生法忍)을 증득하거나, 최소한 원교(圓敎)의 초주(初住) 지위에 올라, 일백 부처 세계에 부처의 분신(分身)을 나토어 인연과 근기에 따라 중생을 교화 제도하게 되나니, 바로 장래의 부처나 조사가 된다는 뜻이오.

그러면 둘째 게송의 의미는 저절로 분명해질 것이오. 아직 확철대오하지 못하여 자기의 힘으로는 생사 해탈의 가망이 거의 없음을 깨닫고, 아미타불께서 와서 맞이해 주시도록 발원하면서 정토 법문을 수행하는 사람을 가리키오. 아미타불께서 과거 법장(法藏) 비구로 수행할 때 48대서원을 발하여, 어머니가 자식을 그리워하듯 모든 중생을 받아들이겠다고 다짐한 약속을 굳게 믿고, 자식이 어머니를 그리워하듯 지성으로 부처님을 생각[念佛]하면, 감동과 호응의 길이 서로 통하여[感應道交] 마침내 극락정토에 왕생하게 되는 것이라오.

선정과 지혜를 함께 깊이 닦은 이가 왕생할 수 있음은 물론이오. 하지만 십악(十惡)의 죄를 저지른 패역무도의 중생이라도, 임종 때 막심한 괴로움에 못 이겨 큰 참회심을 통절(痛切)히 일으키고 아미타불 명호를 간절히 염송하면, 설령 열 번이나 아니 단 한 번만 부르고 숨이 끊어지더라도, 부처님 화신의 인도를 받아 정토에 왕생할 수 있다오. 단지 굳게 믿고 간절히 발원하며 진실하게 염불 수행을 하기만 하면, 누구라도 극락왕생할 수 있기에, 만 명이 닦으면 만 사람 모두 정토에 간다고 한 것이라오.

그렇지만 임종 때 염불 몇 번으로 왕생할 수 있다는 말은, 그 마음이 지극히 간절하고 맹렬하기 때문에 그처럼 막대한 이익을 얻는다는 뜻임을 알아야 하오. 그저 유유자적하니 염불의 횟수나 기간만 따지면서 미지근하게 수행하는 사람은, 왕생할 가망이 별로 없음을 명심하시오. 이러한 이치를 모르고, 염불로 단지 부귀공명을 구하거나 천상에 나기만 바라는 사람은, 정토가 결코 없소. 왕생하지 못하는 자는, 오직 자신이 발원하지 않은 것을 탓해야지, 행여 자비로운 아버지 아미타불께서 와서 맞이해 주지 않으심을 원망해서는 안 되오. 요컨대, 발원만 하면 누구나 갈 수 있는 곳이 극락정토라오.

일단 왕생하기만 하면, 아미타불을 친견하고 미묘한 설법을 들어, 단박에 불퇴전(不退轉: 阿鞞跋致)의 지위를 증득하게 되오. 비록 빠르고 더딘 차이는 있을지라도, 이미 성인의 경지에 올라 영원토록 뒤로 물러나는 법이 없으며, 근기와 성품에 따라 혹은 단박에 혹은 점차로 모든 과위(果位)를 증득하게 되오. 그래서 '단지 아미타불만 뵈오면 어찌 깨닫지 못할까 걱정하겠느냐'고 반문한 것이오.

셋째 게송은, 비록 참선으로 확철 대오하고 명심 견성한 사람일지라도, 보고 생각하는[見思] 번뇌를 끊어 버리기 쉽지 않음을 경고하고 있소. 두 번뇌는 인연 따라 꾸준히 단련하면서 남김없이 말끔히 제거해 버려야 비로소 생사윤회를 벗어날 수 있소. 조금이라도 덜 끊은 경우는 말할 것도 없고, 터럭 끝만큼이라도 남아 말끔하지 못하면, 여전히 육도 윤회를 피하기 어렵소. 생사의 바다는 깊고 험하며, 깨달음의 길[菩提路]은 멀기만 한데, 아직 고향집에 돌아가기도 전에 이 목숨 다하면 어떻게 되겠소. 확철대오한 사람도 열 가운데 아홉은 이 모양이라오.

차로(蹉路)란, 길 가던 중에 발을 헛디뎌 넘어지거나, 망설임 또는 허송세월로 시기를 놓친다는 뜻이오. 보통 차타[蹉跎]라 하고, 세간에서는 담각(擔閣)이라고 부른다오.

또 음경(陰境)이란, 중음신의 경계[中陰身境]인데, 임종 때 금생 및 과거 역대 전생의 모든 선악 업력(業力)이 한꺼번에 나타나는 장면을 뜻하오. 이 경계가 한번 나타나면, 눈 깜박할 사이에 그 중 가장 맹렬한 선악의 업력에 이끌려가, 그에 상응하는 생명을 받는다오. 마치 채무자가 파산한 경우, 빚쟁이들이 몰려들어 채권액이 가장 많은 사람이 큰소리치는 것과 같소. 가장 강렬한 업력이 먼저 끌어당기면, 자신은 마음속에 만 갈래 생각의 실마리가 엉클어지면서도, 조금도 주인 노릇을 못하고 무거운 쪽으로 휩쓸려 떨어지게 되오. 오조(五祖) 사계(師戒) 선사가 소동파(蘇東坡)로 태어나고, 초당(草堂) 선청(善淸) 선사가 노공(魯公)으로 환생한 것은 바로 그 때문이오.

음(陰)은 소리와 뜻이 음(蔭)과 같아, 뒤덮는다는 의미라오. 업력이 진여 불성(眞性)을 뒤덮어 제 모습을 발휘하지 못하게 막음을 뜻하오. 더러 차(蹉)가 길을 헷갈려 잘못 든다는 착로(錯路)이고, 음경(陰境)이 오음 마경(五陰魔境: 오음이 중생의 불성을 해칠 수 있기에 악마로 비유한 말)이라고 잘못 생각하는 사람도 있소. 이는 선(禪)과 있다[有]는 문자의 의미를 몰라서 오해하는 헛소리요.

확철대오한 선사가, 어찌 열 명 중 아홉이나 길을 잘못 들고, 오음 마경에 홀려 주화입마로 미쳐 날뛰겠소? 교리도 모르고 자기 마음도 밝히지 못한 채 맹목적으로 수련하는, 증상만(增上慢)에 걸린 사람이나 미쳐 날뛰는 것이지, 어찌 확철대오한 수행자에게까지 그 악명을 덮어씌운단 말이오. 너무 중대한 문제라 밝히지 않을 수 없소. 다만 아직 자신을 안정시키고 운명을 수립[安身立命]하는 진실한 경지까지 이르지 못해, 생사의 중요한 갈림길에서 확실하게 스스로 주인 노릇하지 못할까 염려하는 것뿐이라오.

그러니 어찌 두렵고 무섭지 않겠소? 정말로 아미타불의 영접을 받아 극락왕생하는 염불 법문이, 가장 안심하고 확실하게 믿을 수 있는 탄탄대로라오.

마지막 넷째 게송은, 수행을 모르는 일반인들이 명심 견성의 참선 공부도 안 하고, 염불로 극락왕생하려는 발원도 없이, 그저 죄악을 짓는 데만 골몰하여, 그 업보를 피하지 못하고 지옥에 떨어질까 염려하는 경고인 셈이오.

법문이야 수없이 많지만, 오직 참선과 정토(염불)만이 가장 근기에 합당한 길이오. 깨닫지도 못하고 왕생을 발원하지도 않은 채, 다른 법문이나 그럭저럭 배우다 보면, 선정과 지혜를 고르게 닦아 미혹을 끊고 진리를 증득할 수 없을 뿐만 아니라, 부처님의 자비 가피력으로 업장을 짊어진 채 극락왕생하는 길도 열리지 않게 되오.

고작해야 평생 수행한 공덕으로 내생에 천상의 복록이나 누릴 것이오. 금생에 올바른 지혜[正智]가 없으니, 내생에 복덕을 받는다고 하더라도, 오욕(五欲)의 향락에 탐닉하여 널리 악업만 지을 게 분명하오.

일단 악업을 지으면 죄악의 보답을 피할 수 없고, 날숨 한 번 안 들어오면 곧 지옥에 떨어져, 쇠 침대 위에 구리 기둥이나 껴안고, 억겁이 지나도록 빛과 소리와 맛 등에 탐착하여 생명을 살상한 죄악 등을 갚아야 할 것이오. 그 때는 모든 부처님과 보살님이 대자대비를 몸소 베푸시더라도, 죄악의 업장 때문에 그 가피를 받을 수가 없소.

옛날부터 "수행하는 사람이 올바른 신앙으로 서방 정토에 왕생하길 발원하지 않으면서, 널리 많은 선행이나 닦는 것은, 제3세의 원한[第三世怨]이라고 부른다."고 하였소. 금생의 수행으로 내생[第二世]에 복을 누리면서, 복으로 말미암아 죄악을 짓고, 그 다음 생에 타락하여 과보를 받을 것이니 말이오. 쾌락을 내생에 잠시 얻으면, 고통은 영겁토록 물려받소. 설령 지옥의 죄업이 소멸하더라도, 다시 아귀와 축생에 생겨나, 사람 몸 회복하기가 정말 어렵고도 또 어렵게 되오.

그래서 부처님께서 손으로 흙 한 줌 집어 들고 아난에게 물으셨소.

"내 손의 흙이 많으냐? 대지의 흙이 많으냐?"

아난이 당연히 "대지의 흙이 훨씬 많습니다."고 대답했소.

그러자 부처님께서 이렇게 비유하셨소.

"사람 몸 얻기란 내 손의 흙과 같고, 사람 몸 잃기란 대지의 흙과 같으니라."

"억만 겁이 지나고 천만 생을 거치도록 믿고 의지할 사람 몸 하나 얻지 못하리."라는 말은, 게송의 형식에 맞추느라 아주 간단히 축약한 표현이오. 그래서 넷째 게송을 읽고 나면, 마음이 놀라고 정신이 번쩍 들지 않을 수 없소. 모두 생사고해를 깨닫고 보리심을 내어, 정토(염불) 수행이 없는 사람은 재빨리 발원 수행으로 정토를 있게 하고, 정토가 있는 사람은 용맹 정진하여 결정코 극락왕생하길 구하는 것이 요긴하고 또 요긴하오.

다른 모든 법문은 오로지 자력에 의존하여, 미혹의 업장이 깨끗이 사라져야 생사를 끝낼 수 있는데, 정토 법문은 오로지 부처님의 가피력에 의지하여, 업장을 짊어진 채 극락왕생하여 성인의 경지에 합류할 수 있소. 모두들 한번 생각해 보시오. 자력에 의지해 수행한다는데, 도대체 자기에게 무슨 힘이 있단 말이오? 단지 시작도 없는[無始] 때부터 쌓아온 업력밖에 무엇이 있소? 그래서 억만 겁이 지나고 천만 생을 거치도록 해탈하기 어려운 것 아니오?

아미타불의 크고 넓은 서원력에 의지하면, 저절로 일생에 모든 것을 끝마치게 되오. 사람 몸 받기 어렵고, 부처님 법문 듣기 더욱 어려운데, 이미 보배의 산에 들어 왔다가, 그냥 빈손으로 돌아간단 말이오?

또 반드시 알아야 할 게 있소. 염불 법문이 단지 하근기의 중생에게만 적합한 게 아니라, 상중하 세 근기의 모든 중생에게 두루 통한다는 점이오. 최상의 지혜나 최하의 어리석음이나, 근기의 우열을 가리지 않고 부처와 똑같은 깨달음을 얻은 보살[等覺菩薩]에 이르기까지, 모두 이 법문으로 일생에 생사를 끝마칠 수가 있는 것이오.

그래서 『화엄경』에 보면, 선재동자(善財童子)가 50여 대선지식을 두루 참방(參訪)하여 무량 다라니문(陀羅尼門)에 들어선 뒤, 맨 마지막으로 보현보살이 십대원왕(十大願王)으로 극락에 돌아가도록 인도하셨소. 이걸 보아도 정토 법문이 정말로 가장 고상하고 가장 원만한 법문임을 알 수 있소. 만약 염불이 어리석은 아저씨, 아주머니나 하는 것이고, 궁극의 법문이 아니라고 말한다면, 이는 정말로 부처와 불법을 비방하는 지옥의 종자라오. 그런 자들의 어리석음과 미친 기와 타락 운명은 너무도 가련하고 불쌍하오.

정토 법문이 이처럼 고상하고 원만한 까닭은, 자력에만 의지하는 다른 모든 법문과는 달리, 부처님의 가피력을 함께 겸비하기 때문이오. 이는 보통의 교리가 아니라, 아주 특별한 교리라오. 보통의 눈으로 특별한 교리를 보면, 당연히 제대로 판단 평가할 수 없다오. 자력에 의지하는 보통 법문이 관직에서 단계대로 승진하는 것이라면, 부처님의 힘에 의지하는 특별교리인 정토 법문은 왕실에 태어나면서부터 태자가 되는 것에 비유할 수 있소.

그러나 정토 수행에 특별하거나 기이한 것은 전혀 없소. 단지 간절한 마음으로 부처님께 구하면 저절로 가피를 입게 되오. 부처님이 중생을 보호하고 생각[護念]하는 것은, 부모가 자식 사랑하는 것보다 훨씬 크고 강함을 알아야 하오. 그래서 지성으로 감동시키면, 반드시 가피력의 응답이 있는 것이오.

그리고 우리가 본디 지니고 있는 천진불성(天眞佛性)은, 태고부터 지금까지 천지 우주를 두루 비추고 있소. 비록 악역무도(惡逆無道)한 죄인이라도, 그의 본성이 지닌 신령스런 광명은 조금도 줄어들지 않소. 다만 맑은 거울이 먼지에 뒤덮여 있는 것과 같소. 어리석은 사람들은 광명이 없어 비추지 않는다고만 투덜거리고, 먼지를 닦아내면 금방 광명이 다시 나타날 줄은 모르는 것이오.

그래서 아미타불을 염송하는 것은, 부처님 생각에 의지해 잡념 망상을 쫓아내는 일이며, 마음의 거울에 낀 먼지를 닦아내는 가장 좋은 방법이오. 염불을 하다 보면, 자기 마음에 본래 갖추어진 신령스런 광명(靈光)이 아미타불 광명의 끌어당김을 받아 점차 환하게 드러나게 되오. 자력과 타력이 서로 호응[自他相應]하여 감응의 길이 열리게 되니[感應道交], 극락 왕생의 미묘한 뜻을 어찌 말로 다 표현할 수 있겠소? 염불하는 사람은 단지 지성으로 간절하게 늘 부처님의 마음을 품고, 부처님의 행동을 행하기만 하면 되오. 공경을 다한 만큼 이익을 얻고, 정성을 보인 만큼 받아쓰기[受用] 마련이오. 모두 힘써 수행하기 바라오.

말법의 시대에 태어난 우리 중생은 근기가 형편없고 업장은 막중한데, 이끌어 줄 선지식조차 매우 드무니, 만약 정토 염불을 저버린다면 해탈할 길이 없게 되오. 영명 선사께서 세상 사람들이 이러한 사실조차 모르는 것을 염려하여, 특별히 사료간으로 후세인들을 일깨우고 계시니, 이는 정말로 나루터를 잃은 길손에게 더없이 보배로운 뗏목이며, 험난한 길을 안내하는 스승이 틀림없소. 그런데 애석하게도 온 세상 사람들이 이 글을 보고도 수박 걸핥기식으로 지나쳐 버리고, 깊이 궁리하거나 음미조차 하지 않으니, 이는 중생들의 사악한 업장이 가로막는 탓이오.

정토 염불 법문을 수행함에는, 마땅히 믿음과 발원과 실행[信願行]을 으뜸으로 삼아야 하오. 믿음이란 부처님 힘[佛力]을 독실하게 믿는 걸 뜻하오. 아미타여래께서 원인 자리[因地]에 계실 때 48대서원을 발하여, 매 서원마다 중생을 제도하기로 다짐하셨소. 그 가운데 "나의 명호를 염송하고도 나의 국토에 생겨나지 못하는 중생이 있다면, 나는 결코 부처가 되지 않겠다."는 서원이 있소. 이제 그 원인 수행이 원만하여 그 과보로 아미타불이 되셨으니, 우리가 지금 아미타불을 염송한다면, 반드시 극락 정토에 왕생할 수 있소.

다음으로 부처님께서 자비력으로 중생을 받아들이는 것이, 마치 자비로운 어머니가 자식을 생각하는 것과 같음을 믿어야 하오. 자식이 어머니만 그리워한다면, 어머니는 늘 자식을 생각하고 있기 때문에, 반드시 그 품안에 받아들일 것이오.

그 다음으로 정토 법문을 믿어야 하오. 영명 선사께서 사료간에서 말씀하신 것처럼, 정토법문과 다른 법문이 그 크기나 난이도 및 이해득실에서 얼마만큼 차이 나는지 분명히 알고, 비록 다른 스승들이 다른 법문을 몹시 칭찬한다고 할지라도 동요하지 말며, 설령 여러 부처님들이 눈 앞에 나타나서 다른 법문을 닦으라고 권하신다 할지라도 이끌려가지 않아야만, 비로소 진정한 믿음이라고 할 수 있소.

서원이란 바로 이 생애에 틀림없이 서방 정토에 왕생하고, 이 혼탁한 사바세계에서 더 이상 여러 생을 수행하지 않겠다고 다짐하는 것이오. 머리(목숨)가 나왔다 들어가길 반복하면 할수록, 미혹에 빠져 들기 쉽기 때문이오. 아울러 서방 정토에 왕생한 뒤 다시 사바 고해에 되돌아 나와, 모든 중생을 제도하여 해탈시키겠다는 발원도 함께 가져야 하오.

실행[行]이란 가르침에 따라 진실하게 행동해 나가는 것이오. 『능엄경 (楞嚴經)』의 대세지보살(大勢至菩薩) 염불삼매장(念佛三昧章)에 보면, "육근(六根: 눈·귀·코·혀·몸·뜻)을 모두 추슬러 깨끗한 생각이 끊임없이 이어져 삼매 (선정)를 얻으면, 이것이 바로 제일입니다[都攝六根, 淨念相繼, 得三摩地, 斯爲第一.]." 라는 말씀이 나온다오. 여기 보면, 염불 법문은 마땅히 육근을 모두 추슬러야 함이 잘 나타나오. 육근을 모두 추스르기 전에, 특히 두세 근만 우선 추스를 필요가 있소. 그 두세 근이란 바로 귀[耳]와 입[口]과 마음[心]을 가리키오. '나무 아미타불(南無阿彌陀佛)' 여섯 글자 한 구절을 매 구절 매 글자마다 입안에서 또렷또렷[明明白白] 염송하면서, 마음속으로도 또렷또렷 염송하고, 그 염송 소리를 귓속에서도 또렷또렷 듣는 것이오. 조금이라도 또렷하지 않은 데가 있다면, 이는 곧 진실하고 간절한 염불이 못 되며, 잡념망상이 비집고 생겨나는 틈을 주게 되오. 단지 입으로 염송만 하고 귀로 듣지 않으면, 잡념 망상이 생기기 쉽다오.

그래서 염불은 매 구절 매 글자마다 또렷하고 분명해야 하며, (의미나 논리를 따지는) 사색을 해서는 안 되오. 그 밖에 간경(看經: 독경) 또한 마찬가지라오. 절대로 경전을 보면서, 다른 한편으로 분별하지 마시오. 분별하면 감정과 생각만 많아질 뿐, 얻는 게 적어지기 때문이오.

옛날에 어떤 사람이 지성으로 경전을 베껴 쓰는데[寫經], 얼마나 일심

(一心)으로 전념(專念)했던지, 오직 베껴 쓰는 데만 정신이 팔려 다른 감정이나 생각이 전혀 없었다오. 그래서 하늘이 이미 어두컴컴해졌는데도 어두운 줄 모르고, 여전히 쉬지 않고 계속 베껴 쓰고 있었소. 그런데 갑자기 어떤 사람이 옆에 와서, "날이 이렇게 어두컴컴해졌는데 (불도 쓰지 않고) 어떻게 경전을 베껴 쓸 수 있습니까?"라고 놀라 물었다오. 그러자 경전을 쓰던 사람은 그만 감정 생각이 생기면서, 더 이상 쓸 수 없게 되었소.

무릇 밝고 어둡다는 분별은, 중생들의 허망한 견해[妄見]이자, 속된 감정이오. 그래서 일심으로 전념할 때는 망상과 감정이 모두 텅 비어 버려, 오직 경전 베껴 쓰는 것만 알고 날이 어두워진 줄은 몰랐던 것이오. 또 날이 어두워지면 빛이 없어 글씨를 쓸 수 없다는 사실조차 몰랐던 거라오. 그러다가 남이 옆에서 끄집어 흔들면서, 그만 무명(無明)이 생겨나고 감정 생각이 갈라졌소. 망상이 움직이자 광명과 암흑이 즉각 판연히 갈라지고 더 이상 경전을 쓸 수 없게 된 거라오.

그래서 수행 공부의 길은 정말로 오롯하게 추스름[專攝]에 있소. 감정 생각이 일지 않아 무념무상하다면, 어디에 사견(邪見)이 있겠소. 사견이 없다면, 그것이 바로 올바른 지혜[正智]라오.

(옮긴이 보충해설: 유가의 『서경(書經)』에는, 요(堯)·순(舜) 임금 때부터 전수해 온 도맥(道脈)으로 알려진 16자 심법(心法)이 실려 있다. "사람 마음 오직 위태롭고 진리 마음 오직 미약하니, 오직 정성스럽고 오직 일념으로 중용의 도를 진실하게 붙잡아라.[人心惟危, 道心惟微, 惟精進一, 允執厥中.]"

우리 속담에는 "정신을 한 군데 집중하면 무슨 일인들 이루지 못하리오?[精神一到, 何事不成?]"라는 말이 있고, 중국에는 "정성이 미치는 곳에는 쇠와 돌도 열린다.[精誠所致, 金石爲開.]"는 속담도 있다. 모두 『아미타경』에서 말하는 '일심불란(一心不亂)'의 염불 경지와 같은 도의 본질 속성이다.)

그리고 정토 염불을 수행하는 사람은 마땅히 인과응보를 크게 제창하여야겠소. 최상의 지혜를 갖춘 사람이야 본디 윤리강상(倫理綱常)에 근본을 두고 있기 때문에, 해야 할 것과 하지 말아야 할 것을 분명히 알고 있소. 그러나 중하근기의 중생에게는 인과응보의 법칙을 상세히 설명해 주고, 구체 사례도 뚜렷한 증거로 소개해 줄 필요가 있소. 그렇지 않으면 어떻게 그들의 몸과 마음을 단속하고 행실을 경계시킬 수 있겠소? (옮긴이: 유형의 국가 정치에서 법령과 형벌을 제정하여 시행하는 이치도 이와 똑같으며, 무형의 종교 도덕상 인과응보 법칙과 서로 표리 관계로 일체(一體)를 이룬다.)

그래서 인과응보는 진리[道]에 들어가는 첫 관문이오. 사실 인과응보의 법칙을 독실하게 믿는 일도 결코 쉽지 않소. 소승의 초과(初果: 수다원)와 대승의 초지(初地)에 이르러서야, 진실로 인과응보를 독실하게 믿을 수 있다오. 그 아래 중생들은 한번 마음에 거슬리는 인연을 만나면, 살생이나 도적질·간음·거짓말 등의 죄를 저지르지 않는다고 보장할 수가 없소. 미혹이 일어나면 언제든지 악업이 뒤따라 지어질 위험이 크다오.

그런데 총명하고 글공부깨나 했다는 사람들은 인과응보를 오히려 경시하고, 마치 중하근기의 어리석은 중생에게나 알려주는 것으로 여기고 있소. 그 뜻만 대강 알아서는 믿는다고 말할 수 없거니와, 설령 잘 안다고 할지라도 이를 몸소 실천할 수 없으면, 이것 역시 진정한 믿음이라고 할 수 없다는 걸 모르기 때문이오.

오직 초과(初果)와 초지(初地)에 올라 성인(聖人)의 부류에 끼어야만, 미래의 생사윤회를 받지 않을 수 있고, 그렇게 해서 빛·소리·냄새·맛·느낌·생각에 들지 않는 사람이라야, 비로소 독실한 믿음이라고 일컬을 수 있소.

그래서 몽동(夢東, 徹悟) 선사께서도, "심성(心性)을 말하기 좋아하는 사람은 결코 인과를 버리거나 떠나지 않으며, 인과를 깊이 믿는 사람은 마침내 반드시 심성을 크게 밝힐 것이다."라고 말씀하셨소.

세상에 염불한다는 사람이 그렇게 많은데도, 정말로 생사윤회를 끝마치는 사람은 왜 그리 적은지 한번 생각해 보시오. 이는 오직 염불하는 사람들이 깊은 믿음과 간절한 발원이 없거나, 내세에 부귀공명을 누릴 복덕의 과보만 구하기 때문이오. 내세의 부귀공명이란 게, 하늘을 향해 쏘아 올린 화살과 같아서, 추진력이 다하면 되돌아 자기에게 떨어질 것이라는 사실을 모르는 것이오.

금생에 염불하는 사람이 내세의 인간이나 천상의 복록을 구한다면, 그 복록으로 부귀공명을 얻겠지만, 올바른 지혜가 없기 때문에 어리석게도 인과응보를 믿지 아니할 것이오. 인과응보를 믿지 않는 사람이 부귀공명의 지위에 올라앉으면, 마치 사나운 호랑이에게 날개를 달아준 격이되어, 죄악만 더욱 증대시키게 될 것이오. 그래서 복록이 클수록 죄악도 더욱 많이 지어, 그로 말미암아 다음 생에 막대한 과보를 받을 것이니, 이것이 바로 제3세의 원한[第三世怨]이라는 것이오.

그러므로 염불 수행하는 사람은, 복록을 보답받을 생각일랑 절대로 마음에 품어서는 안 되오. 오직 용맹스럽고 날카롭게 앞으로 곧장 나아가 서방 정토에 왕생하는 것만이, 생사윤회를 해탈하는 미묘한 법문으로 믿어야 하오. 그래서 철오(徹悟: 夢東) 선사께서 일찍이 "정말로 생사를 위해 보리심을 내고, 깊은 믿음과 발원으로 부처님 명호를 지송하라[眞爲生死, 發菩提心, 以深信願, 持佛名號].'고 가르치셨소. 이 16글자는 정말로 염불 법문의 큰 강령(綱領)이자, 종지(宗旨)라오.

또 "아미타불 한 구절은 우리 부처님 마음의 요체이니, 세로로는 다섯 시기[五時: 부처님의 다섯 설법 시기인데, 보통 천태종에서 화엄·녹야원(소승 아함경)·방등(方等: 유마경·승만경 등 대승경전)·반야·법화 열반으로 나누는 견해가 대표적이다.]를 관통하고, 가로로는 여덟 가르침[八敎: 三藏敎·通敎·別敎·圓敎의 네 化法과 頓敎·漸敎·秘密敎·不定敎의 네 化儀를 합쳐 부르는 천태종의 개념]을 포괄하네[一句彌陀, 我佛心要, 竪徹五時, 橫該八敎].'라고 찬탄하셨소.

정말로 '나무 아미타불' 한 구절은 헤아릴 수 없이 미묘하오. 오직 부처님과 부처님만이 그 궁극 경지를 알 수 있으며, 부처님과 똑같은 깨달음을 얻은[等覺] 보살조차 다 알지 못하는 게 있다오. 그래서 보살도 조금

밖에 모른다[菩薩少分知]고 말하는데, 하물며 우리 범부들이야 더욱 더 믿고 실행해 나갈 일이오.


## 2) 참선과 염불의 관계

참선과 정토(염불)는 근본 이치상으로는 둘이 아니지만, 구체적인 수행현실을 따지자면 하늘과 땅 차이가 난다오. 참선은 확철 대오하고 완전히 증득(證得)하지 아니하면, 생사윤회를 벗어날 수 없소. 그래서 일찍이 위산(潙山) 선사[72]도 이렇게 말씀하셨소.

"돈오(頓悟)의 올바른 인연을 만나야만 비로소 홍진을 벗어나는 점진적인 계단에 들어서며, 매 생애마다 퇴보하지 않는다면 부처의 단계도 틀림없이 기약할 수 있다."

"처음에 마음이 인연에 따라 어느 순간 자성(自性)을 단박 깨달을 수 있지만, 시작도 없는 오랜 옛날부터 쌓여온 업습(業習)의 기운은 그렇게 단박에 모두 사라질 수 없다. 그 업습이 의식에 나타나는 것을 말끔히 제거하여야만, 비로소 생사를 벗어날 수 있게 된다."

이는 마치 사람이 밥을 먹을 때 첫 술에 배부를 수 없는 것과 같은 이치라오. 천하의 선지식들이 열반의 경지를 증득하지 못하는 것도, 그 공덕이 성인과 가지런하지 못하기 때문이오. 그래서 오조(五祖) 사계(師戒) 선

72) 위산(潙山) 선사: 본명은 영우(靈祐). 당나라 대종(代宗) 때 복주(福州) 장계(長谿)에서 태어나 15세에 출가, 항주(杭州) 용흥사(龍興寺)에서 대소승 불교를 공부하고, 23세에 강서(江西)의 백장회해(百丈懷海) 선사 아래에서 심법(心法)을 참구한 뒤, 담주(潭州) 위산(潙山)으로 가서 불법을 전하다가, 무종(武宗: 840~846년 재위)의 훼불(毁佛) 사태가 혹심해지자, 머리를 기르고 민간에 은둔함. 선종(宣宗: 846~859 재위. 연호는 大中)이 즉위하면서 배휴(裴休)가 선사께 위산으로 복귀하도록 청하였고, 이경양(李景讓)이 주청하여 동경사(同慶寺)라는 편액을 하사받아 불법을 중흥시킴. 대중(大中) 7년(853) 83세의 나이로 입적할 때까지, 40여 년간 선교(禪敎)를 함께 펼쳤으며, 대원(大圓) 선사라는 시호를 하사받음. 그의 법맥을 이은 제자 앙산(仰山) 선사(이름은 慧寂)와 함께 위앙종(潙仰宗)이라는 선종의 중요 유파(流派)를 이루었음. 위산경책(潙山警策)이 여러 주석본으로 전해짐.

사는 소동파(蘇東坡)로 태어나고, 초당(草堂) 선청(善淸) 선사는 노공(魯公)으로 다시 출생한 거라오. 예로부터 확철대오하고서도 완전히 증득하지 못한 대종사(大宗師)들이 이처럼 수없이 많소.

이는 정말로 오직 자력(自力)에만 의지하고, 부처님의 자비 가피를 구하지 않은 탓이오. 미혹이나 업장이 말끔히 사라지지 못하고 조금이라도 남아 있는 한, 결코 생사윤회를 벗어날 수 없기 때문이라오.

반면 정토 염불은 믿음과 발원과 수행[信願行]의 삼요소만 갖추면, 업장을 짊어진 채 극락정토에 왕생할 수 있으며, 한번 왕생하면 생사윤회를 영원히 벗어나게 되오. 이미 깨달아 증득한 사람은 곧장 부처의 후보자리[補處]에 오르게 되고, 아직 깨닫지 못한 중생이라고 할지라도 불퇴전(不退轉: 아비발치)의 경지를 증득하게 되오.

그래서 연화장(蓮華藏) 세계의 모든 중생들이 한결같이 극락정토에 왕생하기를 발원하며, 선종과 교종의 수많은 선지식들이 나란히 서방 정토에 왕생하는 거라오. 이는 부처님의 자비 가피력에 완전히 의지하여 자신의 간절한 믿음과 발원을 행하기 때문에, 쌍방의 마음이 서로 교류하여 빨리 정각(正覺)을 이루는 감응이 나타나는 것이오.

지금 같은 세상에서는 참선보다는 정토 염불 수행에 전념하는 것이 마땅한 방법이오. 한 티끌도 물들지 아니한 마음 가운데서, 만 가지 공덕을 두루 갖춘 위대하고 거룩한 나무 아미타불의 명호(名號)를 지송(持誦)하는 것이오.

더러 소리 내어 염송하기도 하고, 더러 소리 없이 조용히 암송하기도 하되, 끊어짐이나 잡념 망상이 없도록 하오. 반드시 생각[念]이 마음에서 일어나, 소리가 자기 귀로 들어가면서 한 글자 한 글자가 또렷또렷 살아 있고, 한 구절 한 구절이 흐트러지지 않도록 염송해야 하오.

이렇게 염불을 오래 계속하다 보면 저절로 한 덩어리가 되어, 염불삼매(念佛三昧)를 몸소 증험(證驗)하고 서방 정토의 풍취를 스스로 알게 될 것이오. 그래서 대세지보살이 육근(六根: 눈·귀·코·혀·몸·생각)을 모두 추슬러 청정한 생각을 끊임없이 이어가는 수행을, 삼매에 이르는 최상의 원통(圓通) 법문으로 삼은 것이오. 정토 염불로 곧장 선정(禪定)에 드는 방편이, 이보다 더 묘한 게 또 어디 있겠소?

참선 수행을 하는 사람들은 오직 자신의 힘[自力]에만 의지하고, 부처님의 가피력을 구하지 않소. 그래서 공부에 힘이 붙어 진짜와 가짜가 서로 뒤섞여 공격해 올 때, 여러 가지 경계(境界)가 번쩍 나타났다가 번쩍 사라지면, 갈피를 잡지 못하고 흔들리기 쉽소. 그러한 경계들은, 마치 잔뜩 흐리고 비 오던 날씨가 장차 개려고 할 때, 두터운 구름장이 터지면서 문득 햇빛이 눈부시게 비치다가 눈 깜박할 사이 다시 어두컴컴해지기를 반복하여, 도대체 날씨 변화를 예측할 수 없는 경우와 비슷하오.

이러한 상황은 진짜 도안(道眼)이 뜨인 자가 아니면 식별해낼 수가 없소. 이 때 만약 한 소식(消息) 얻은 걸로 착각하면, 악마에 집착[走火入魔]하여 미쳐 날뛰게 되고, 어떤 의약으로도 고칠 수 없게 되오.

염불 수행하는 사람이 진실한 믿음과 간절한 발원으로, 온갖 공덕을 갖춘 위대한 명호[萬德洪名: 南無阿彌陀佛]를 염송하는 방법은, 마치 밝은 해가 중천에 걸린 대낮에 큰 길을 가는 것과 같아서, 단지 마귀나 요정·도깨비들이 얼씬도 못하고 자취를 감출 뿐만 아니라, 샛길로 빠지거나 옳고 그름을 따질 염두조차 일어날 여지가 없다오.

이러한 염불 수행을 꾸준히 계속하여, 공부가 순수해지고 힘이 지극히 붙으면, 결국 "온 마음이 부처이고 온 부처가 마음이 되어, 마음과 부처가 둘이 아니고 마음과 부처가 하나가 되는[全心是佛, 全佛是心, 心佛不二, 心佛一如]" 경지에 이르는 것이오.

이러한 이치와 이러한 수행을 사람들이 잘 몰라서, 부처님이 중생을 두루 제도하시고자 한 원력에 부합하지 못할까 걱정스러울 따름이오. 그러니 어찌 은밀히 숨겨 두고 전해 주지 않거나, 또는 어떤 특정인에게만 전해 주는 일이 있겠소? 만약 아무도 모르게 은밀히 입과 마음으로만 전수하는 미묘한 비결이 있다면, 이는 삿된 악마나 외도(外道)일 것이며, 불법은 아니라오.

법당(法幢) 화상은 숙세에 영특한 근기를 타고나, 처음에는 진실한 유학자(眞儒)였다가, 나중에 진실한 스님(眞僧)이 되셨소. 그러니 글공부하고도 닦은 게 결코 헛되지 않았다고 칭송할 만하오. 세상에 진짜 유학자가 있어야, 비로소 진짜 스님이 있게 되오. 별 볼일 없이 어중이떠중이로 노닐던 무뢰한(無賴漢)들이 출가하면, 정말로 거의 모두 불법을 파괴하는 마왕(魔王)과 외도가 되기 십상이오.

법당 화상의 어록은 모두 사람들 마음의 눈을 곧장 통쾌하게 확 뜨게 해주는 훌륭한 법문으로, 인쇄하여 널리 유통시키고 선가(禪家)의 보배로도 삼을 만하오. 그러나 이는 오직 사람의 마음을 곧장 가리켜, 본성을 보고 부처가 되게 하는[直指人心, 見性成佛] 길을 밝혀 놓았을 따름이오.

우리들은 오로지 정토 염불을 수행하기만 하면 되니, 그 말씀의 구절들을 붙잡고 씨름하여 둘 다 손해 보는 어리석은 짓은 하지 말기 바라오. 선가에서 주창하는 것은 오직 근본 요지에 국한하며, 그밖에는 일체 밝히지 않소. 원인을 닦아 과보를 얻고, 미혹을 끊어 진아(眞我)를 증득하는 일은, 모두 스스로 묵묵히 수행해 나가야 할 공부라오. 그런데 문외한들은 선가에서 이러한 수행과 증득의 도리를 뚜렷하게 언급하지 않는 것을 보고는, 선가에서 이러한 방법을 쓰지 않는다고 말하는구려. 이는 곧 선가를 비방하고 부처님과 불법을 비방하는 죄악이오.

교리를 좀 아는 총명한 사람들은 으레 염불 수행이 왜 굳이 서방의 극락정토에 왕생하려고 선택하는지 따져 묻곤 하오. 마치 상대적인 분별과 취사선택을 완전히 초월한 수행만이 절대 궁극인 양 여기는가 보오. 그러나 이는, 취함도 없고 버림도 없는 궁극의 경지는 부처가 된 다음의 일이라는 걸 모르기 때문이오.

아직 부처가 되지 못했다면, 설령 미혹을 완전히 끊고 진리를 증득하는 것조차, 모두 취사선택의 편에 속하오. 미혹을 완전히 끊고 진리를 증득하는 취사선택을 인정한다면, 염불 법문이 동방 대신 서방을 향하고, 혼탁한 사바 고해를 떠나 극락정토에 왕생하려는 발원을, 어찌 허용하지 않는다는 말이오? 참선 법문 같으면 취사선택이 모두 잘못이지만, 염불 법문에서는 취사선택이 모두 옳다오. 참선은 오로지 자기 마음[自心]만 참구하는 것이고, 염불은 부처님의 힘을 함께 믿고 의지하기 때문이오.

그런데 이렇게 서로 판이한 법문의 근본 원리를 제대로 알지도 못하면서, 함부로 망령되이 참선 법문을 가지고 염불 법문을 공격 비판하는 것은, 그 의도가 몹시 잘못 되었소. 참선에서 취사선택을 안 하는 것은 본디 최상의 정수이지만, 염불에서도 취사선택을 없애려 한다면 곧 독약이 되고 만다오.

여름에 모시옷 입고 겨울에 털 가죽옷 입으며, 목마르면 물 마시고 배고프면 밥 먹는 것은, 지극히 당연한 순리 아니겠소? 서로 비난할 수도 없거니와, 또 어느 한 쪽만 옳다고 고집해서도 안 되오. 오직 각자의 근기와 본성에 적합한 방편을 골라잡는다면, 폐해가 없이 유익할 것이오.

동방을 버리고 서방을 취하는 것이 생멸(生滅)이라고 비방하는 자들은, 거꾸로 동방을 고집하여 서방을 버리는 것이 단멸(斷滅)임을 모르고 있소. 대저 아직 미묘한 무상정각을 증득하지 못한 중생이라면, 누가 취사선택을 벗어날 수 있겠소?

3아승기겁을 수련하고 백겁 동안 원인 자리를 닦아, 위로 불도를 구하고 아래로 중생을 교화하며, 미혹을 끊고 진리를 증득하는 일체의 수행과정이, 어느 것 하나 취사선택의 연속이 아니겠소? 모름지기 여래께서 모든 중생이 한시 바삐 진리의 몸[法身]과 고요한 광명[寂光]을 증득할 수 있도록 이끌기 위하여, 특별히 나무 아미타불 명호를 지송(持誦)하여 서방 정토에 왕생하라고 간곡히 권하셨음을 잘 알고 명심해야 되오.

여래께서 설하신 일체의 법문은, 모두 미혹을 끊고 진리를 증득하여 야만 비로소 생사윤회를 벗어날 수 있으며, 미혹과 업장을 다 끊지 않고 서 생사를 벗어날 수 있는 법문은 결코 없음을 알아야 하오. 그런데 염불 법문은, 미혹을 끊은 자가 왕생하면 법신(法身)을 곧장 증득하고, 미혹과 업장을 짊어지고 왕생하더라도 이미 성인의 경지에 우뚝 올라서게 되니, 이 아니 수승(殊勝)하오?

하나는 오로지 자신의 힘에 의지하고, 하나는 오로지 부처님의 힘에 의지하면서 자신의 힘을 아울러 보태니, 두 가지 법문의 쉽고 어려움은 어찌 하늘과 땅 차이가 아니겠소?

으레히 보면, 총명한 사람들이 선서(禪書) 좀 섭렵하다 재미있는 걸 느 끼고는, 마침내 참선을 최고로 여기고 마치 사방으로 통달한 도인처럼 자처하는 경우가 많소. 대부분 참선과 염불의 이치를 제대로 모르고, 스 스로 과대망상에 잠긴 부류라오. 이러한 생각과 견해는 결코 따라서는 안 되오. 만약 이들을 따르면, 생사윤회를 벗어나는 일은 티끌처럼 수많 은 겁(劫)이 지나도록 전혀 가망이 없을 것이오.

권(權)이란 여래께서 중생의 근기를 굽어보시고 거기에 맞춰 드리운 방편 법문[臨機應變]을 일컫고, 실(實)이란 부처님께서 마음으로부터 증득 한 도의(道義) 그대로 설법하심을 일컫소.[73] 또 돈(頓)이란 점차적인 과정 을 거치지 않고 곧바로 빠르게 단박에 뛰어 넘어 들어감을 일컫고, 점(漸) 이란 점차 닦아 나아가고 점차 증험해 들어가, 반드시 많은 세월과 생명 의 과정을 거쳐 바야흐로 실상(實相)을 몸소 증득하는 것이오.

그런데 참선하는 사람들은, 참선의 법문이야말로 사람 마음을 곧장 가리켜[直指人心] 본성을 보고 불도를 이루게 하는[見性成佛] 법문으로, 정말

---

73) 유가에서도 임기응변의 융통성을 권(權)이라고 부르는데, 항상 불변의 원칙 도리는 경(經)이라고 함. 종교의 기본 고전을 경(經)이라고 일컫는 것도, 항상 불변의 진리 · 도(道) · 정법(正法)을 담은 책 이라는 뜻임.

로 실(實)이고 돈(頓) 그 자체의 수행이라고 으레히 자랑하는구료. 설사 참선으로 확철대오하여 마음을 밝히고 본성을 본다[明心見性] 할지라도, 그것은 단지 마음에 본래 갖추어져 있는 진리와 본성상의 부처[理性佛]를 보는 것에 지나지 않음을 모르고 하는 소리라오.

만약 대보살의 근기와 성품을 지닌 사람이라면, 확철 대오하면서 증득하여 스스로 삼계 고해를 벗어나 영원히 생사윤회를 해탈함과 동시에, 위로 불도를 추구하고 아래로 중생을 교화하여 복덕과 지혜의 기초를 튼튼히 다질 수 있을 것이오. 그러나 이러한 대보살의 근기와 성품을 갖춘 경우는, 이른바 확철대오했다는 사람들 가운데서 백천 분의 일이나 될까 말까 할 따름이라오.

그 나머지 근기가 조금이라도 처지는 사람은 제아무리 미묘한 도를 확철대오했을지라도, 보고 생각하는 번뇌[見思煩惱]를 완전히 끊을 수 없어서, 여전히 삼계고해에서 생사윤회를 되풀이해야 한다오. 그렇게 생사를 되풀이하다 보면, 깨달음에서 미혹으로 빠지는 경우가 훨씬 많고, 미궁에서 벗어나 깨달음으로 나아가기는 무척이나 어려운 게, 사바세계 수행의 현실이오. 이러한 즉, 참선 법문이 비록 제아무리 실(實)이고 돈(頓) 그 자체의 수행이라고 할지라도, 정말로 근기가 몹시 뛰어난 사람이 아니라면, 그 실(實)과 돈(頓)의 진짜 이익을 받지 못하고, 결국 권(權)과 점(漸)의 방편 법문이 되고 마는 게 아니겠소?

왜 그런가 하면, 바로 자신의 힘[自力]에만 의지하기 때문이오. 자신의 힘이 100% 완전히 갖추어져 있다면 얼마나 다행이겠소? 그러나 현실상 조금이라도 부족하게 되면, 진리와 본성을 단지 깨달을 수 있을 뿐, 몸소 증득할 수는 없게 되오. 지금 말법 시대에 확철대오한 사람도 눈 씻고 찾아보기 어려운 현실인데, 하물며 확철대오한 바를 증득한 사람은 말할 나위가 있겠소?

여기에 비하면, 염불(念佛) 법문은 위로도 통하고 맨 밑바닥까지 통하며,

임기응변의 권(權)이면서 항상 불변의 실(實)이기도 하고, 점진[漸]적이면서 단박에 뛰어넘는[頓] 수행법이기 때문에, 보통의 교리로 시비 우열을 따질 수가 없다오. 위로는 부처와 같은 깨달음을 얻은 보살[等覺菩薩]로부터, 아래로는 아비지옥의 중생에 이르기까지, 모두 닦아 익혀야 할 법문이오.

여래께서 중생에게 설법하심은, 오직 생사윤회를 끝마치고 벗어나도록 이끌기 위함일 뿐이오. 다른 법문들은 최상의 근기를 지닌 자만이 그 일생에 생사를 마칠 수 있으며, 낮은 근기의 중생은 수많은 겁을 닦아도 해탈하기 어렵소. 오직 염불 법문 하나만은 어떤 종류의 근기와 성품을 타고난 중생이든지, 모두 현생(現生)에 서방 극락세계에 왕생하여 생사윤회를 끝마칠 수 있다오. 이처럼 곧장 빠르게 갈 수 있는데, 어찌 점진[漸] 수행법이라고 이름 붙일 수 있겠소? 비록 제아무리 뛰어난 근기로 참선 수행을 하더라도, 보통의 근기로 원만하고 곧장 닦아가는 염불만은 못할 것이오. 겉보기에는 느리고 둔한 것처럼 보이지만, 그 법문의 위력과 여래의 서원이 평범한 중하근기 중생들도 막대한 이익을 단박에 얻을 수 있도록 만들어 주니, 그 이익은 완전히 부처님의 자비광명 가피력을 믿고 의지하는 것이라오.

무릇 참선하거나 강경(講經)하는 사람들이 정토 염불 법문을 깊이 연구해 보지 않으면, 너무 평범하고 쉽다고 여겨 가볍게 보거나 거들떠보지도 않기 일쑤라오. 만약 그들이 염불 법문을 한번만 제대로 깊이 연구해 본다면, 마음과 힘을 다해 널리 펼치게 될 것이 틀림없소. 그런데 어찌 권(權)이네 실(實)이네, 돈오돈수네 돈오점수네 하는 잘못된 시비 논쟁에 끄달려, 스스로 자신을 망치고 중생까지 혼란에 빠뜨리는 어리석은 짓만 저지르고 있겠소?

'집착하지 말라[不執着]'거나 또는 '집착을 놓아 버리라[放下着]'는 따위의 말은 추상 이치로는 지극히 옳지만, 구체 현실 상황은 보통 평범한 중생들이 행할 수 있는 바가 결코 아니오. 온 종일 따뜻한 옷을 입고 배불리 먹으면서, "굶주림과 추위에 집착하지 않는다."고 사치스럽게 지껄이는 것은, 며칠 동안 물 한 잔 쌀 한 톨 얻어먹지 못하여, 굶주림과 목마름으로 허기져 금방 쓰러져 죽게 생긴 사람이, "나는 용의 간이나 봉황의 골수조차 더러운 쓰레기로 보기 때문에, 생각만 해도 헛구역질이 나는 판인데, 하물며 그보다 못한 물건들을 거들떠보기라도 할쏘냐?"고 허풍 떠는 것과 똑같은 빈말[空談]에 지나지 않소.

요즘 세상에 불교의 이치[敎理]를 제대로 공부하지도 않고 곧장 참선에만 파고드는 사람들은, 대부분 이러한 텅 빈 해탈병[空解脫病]에 걸려 있소. 좌선 좀 하여 생각이 맑아지고 텅 빈 경계[空境]가 앞에 나타나는 것은, 잡념 망상을 고요하고 맑게 가라앉혀 어쩌다 펼쳐지는 환상의 경계[幻境]에 지나지 않다오. 그런데 이를 마치 무슨 소식(消息)이라도 얻은 것처럼 착각하여 크게 환희심을 내면, 마음을 잃어버리고 미쳐 날뛰게 되어, 부처님도 고칠 수 없게 된다오. 다행히 수행자가 이를 몸소 알아차리고 집착하지 않으면서 환상과 망상을 내버리면, 마침내 모든 법문을 일관회통(一貫會通)하는 경지에 이를 수 있소. 비유하자면, 오랫동안 가시밭길을 헤쳐 걸은 뒤, 문득 사통팔달의 큰 길에 도달하는 것과 같다고 할 수 있소.

말법 시대의 우리 중생들은 근기가 형편없는 데다가, 선지식조차 매우 드물다오. 만약 부처님의 자비 가피력에 의지하여 정토 염불 법문 수행에 전념하지 않고서, 단지 자신의 힘만 믿고 참선에만 매달린다면, 마음을 밝혀 본성을 보고[明心見性] 미혹을 끊어 진리를 증득[斷惑證眞]하는 이가 매우 적을 것이오. 뿐만 아니라, 환상을 진짜로 착각하며 홀림을 깨달음으로 오인하고, 악마에 집착하여 미쳐 날뛰는 자들이 정말 많아질 것이오. 그래서 영명(永明) 선사나 연지(蓮池) 대사 같은 선지식들이 시절 인연과 중생 근기를 관찰하여, 염불하자고 정토 법문을 적극 힘써 펼친 것이라오.

참선이라는 법문을 어찌 그리 쉽게 말할 수 있겠소? 옛날 위대한 수행자 가운데 조주 종심(趙州從諗) 선사 같은 분은, 어려서 출가하여 나이 여든이 넘도록 행각(行脚)을 계속했다오. 그래서 그를 칭송한 시에도 "조주는 여든에 여전히 행각하였으니, 단지 마음자리가 아직 고요해지지 않아서였네."라는 구절이 있소. 장경(長慶) 선사는 좌선으로 방석 일곱 개를 닳아뜨린 뒤 돌아다녔으며, 설봉(雪峯) 선사는 세 번 투자산(投子山: 舒州 소재)에 올랐고 아홉 번이나 동산(洞山)에 오르기도 하였소. 이처럼 위대한 조사들도 확철대오하기가 그토록 어려웠거늘, 악마에 들린 무리들은 악마의 말을 한번 듣고서 모두 다 깨쳤다고 날뛰고들 있으니, 앞에 말한 조사들이 몸소 이들의 신발을 들어준다고 할지라도 쓸데가 없구료.

달마 대사가 서쪽에서 온 것은, 부처님의 마음 새김[佛心印]을 전하고 사람 마음을 곧장 가리켜서[直指人心], 본성을 보고 부처가 되게[見性成佛] 하기 위함이었소. 그러나 여기서 보고 이룬다는 것은, 우리 사람들의 마음에 본래 갖추어진 천진 불성(天眞佛性)을 가리켜 말함이오. 사람들에게 먼저 그 근본을 알아차리게 하면, 수행과 증득의 법문은 모두 그 인식을 바탕으로 스스로 나아갈 수 있으며, 마침내 더 이상 닦을 게 없고 더 이상 증득할 것도 없는, 궁극의 경지에서 저절로 그치게 될 것이기 때문이라오. 한번 깨달음과 동시에, 곧장 복덕과 지혜가 함께 나란히 갖추어지고 궁극의 불도(佛道)가 원만히 이루어진다는 의미는 결코 아니라오. 마치 용을 그리고 눈동자를 찍어 넣으면[畵龍點睛], 용이 곧장 살아나 천지를 진동시킬 만큼 휘황찬란하게 날아오르는 것에 비유할 수 있소. 그 효용은 각자 몸소 받아 느낄 수밖에 없소. 그래서 그대로 곧장 마음이면서 부처인 도와, 마음도 아니고 부처도 아닌 법이, 함께 나란히 온 세상에 쫙 퍼지게 되었소.

타고난 근기가 뛰어난 자는, 한 경계 한 기미에 곧장 그 낌새를 알아채고, 진리의 말을 토해 내며 평범의 소굴에서 스스로 벗어나, 나고 죽음에 걸림이 없이 대자유와 대해탈을 누리게 되오. 그러나 근기가 조금만 처지는 자는, 설령 확철대오할지라도 번뇌 업습의 기운이 말끔히 사라질 수는 없기 때문에, 여전히 생사의 바퀴를 돌게 되오. 그러면 중음(中陰)을 거치고 태반(胎盤)을 나오면서, 대부분 혼미와 후퇴를 거듭하기 마련이오. 확철대오한 사람도 그러하거늘, 하물며 깨닫지도 못한 사람이야 말해 무엇 하겠소? 정말로 부처님의 자비 가피력을 굳게 믿고 의지하는 정토 염불 법문에 전심 진력하는 것이 가장 확실하고 온당한 계책이라오.

율종(律宗)이나 교종(敎宗)·선종(禪宗)은 맨 처음 교리(敎理)를 분명히 배운 뒤 그에 따라 수행하여야 하오. 수행 공부가 깊어져 미혹을 끊고 진리를 증득하여야만, 바야흐로 생사윤회를 벗어나게 된다오. 그런데 교리조차 잘 알지 못하면 눈 먼 소경 수행[盲修瞎煉]이 되어, 뭔가 조금 얻으면 다 통했다고 착각하거나, 악마에 들려 미쳐 날뛰기 십상이오.

설사 교리를 분명히 알고 수행 공부가 깊어졌다고 할지라도, 미혹을 다 끊지 못하고 터럭 끝만큼만 남겨 두면, 여전히 윤회 고해를 벗어날 수 없소. 미혹과 업장이 깨끗이 사라져 생사고해 벗어나기를 계속 기대하는 것은, 부처님의 경지와는 너무도 멀리 동떨어져, 얼마나 수많은 겁(劫)을 더 수행하여야 비로소 부처의 과보를 원만히 이룰 수 있을지 모르오.

비유하자면, 평범한 서민이 태어나면서부터 몹시 총명하고 지혜로워, 책 읽고 글공부 시작한 지 십여 년 만에 갖은 고생 끝에 어느 정도 학문이 이루어져, 과거에 급제하고 벼슬길에 오르는 것과 같소. 그가 아주 큰 재주와 능력이 있다면, 낮은 관직부터 점차 승진하여 재상까지 오를 수 있을 것이오. 재상은 더 이상 올라갈 수 없는 최고 정점의 관직으로, 모든 신하 중의 으뜸 자리라오. 그러나 재상도 만약 태자에 비교한다면, 귀천이 하늘과 땅처럼 현격히 차이 나오. 하물며 황제에 빗대겠소? 평생 신하로서 군주의 명령을 받들어 행하며, 신명을 다 바쳐 나라 다스림을 도와야 할 운명일 따름이오.

그러나 이러한 재상 직위도 오르기가 정말 쉽지 않소. 반평생 힘과 재주를 다해 수고하면서 온몸으로 감당한 뒤, 운 좋게 황제에게 인정받아야 말년에 잠시 그 자리에 오를까 말까 하는 거요. 만약 학문이나 재능이 조금이라도 모자라는 점이 있다면, 그 자리에 이름조차 들먹이지 못할 것은 당연하오. 그러한 자가 백천만억이나 되는데, 이는 곧 자신의 힘[自力]에만 의존하는 것이라오.

학문과 재능은 교리를 분명히 알아 그에 따라 수행함을 비유하고, 직위가 재상까지 승진하는 것은 수행 공부가 깊어져 미혹을 끊고 진리를 증득함을 비유하오. 또 단지 신하로 일컬어질 뿐 끝내 군주가 될 수 없는 것은, 비록 생사윤회를 벗어날지라도 아직 불도를 이루지는 못함을 비유하오.(신하는 결코 황제가 될 수 없소. 황실에 託生하여 황태자로 태어나지 않는 한. 마찬가지 이치로 기타 법문을 수행하여도 부처가 될 수 있지만, 다만 정토 염불 법문과 서로 비교하면 너무 동떨어진 차이가 나게 되오. 독자들은 이 비유가 함축하는 뜻을 잘 음미하고, 문자에 얽매이지 않기 바라오.

그런데 『화엄경』의 맨 끝에 보면, 부처와 같은 깨달음을 얻은 보살조차 오히려 十大願王으로 극락정토에 왕생하길 회향하고 있으니, 이는 바로 재상이 황실에 탁생하여 황태자로 태어나겠다는 비유와 의미가 서로 통한다고 볼 수 있소. 염불 법문이 『화엄경』을 얻음으로써, 마치 큰 바다가 온 강물을 집어 삼키고, 너른 허공이 삼라만상을 감싸고 있는 것처럼 밝혀졌으니, 정말로 위대하지 않을 수 없소.)

그리고 학문이나 재능이 조금이라도 모자라 재상이 되지 못하는 자가 몹시 많다는 것은, 미혹을 완전히 끊지 못하여 생사고해를 벗어나지 못하는 중생이 너무도 많음을 비유하는 것이 되겠소. 그런데 염불 법문은 설령 교리를 잘 모르고 미혹과 업장을 다 끊지 못했다고 할지라도, 단지 믿음과 발원으로 아미타불의 명호만 지송(持誦)하여 극락왕생을 구하면, 임종 때 틀림없이 부처님께서 친히 맞이해 서방 정토에 왕생하게 되오. 극락세계에 왕생하면, 부처님을 뵙고 법문을 들어 무생법인(無生法忍)

을 깨달은 뒤, 바로 그 생애에 부처 후보의 지위에 오른다오.

　이는 부처님의 힘[佛力]이자, 또 자신의 힘[自力]을 겸비하는 것이오. 믿음과 발원으로 부처님 명호를 지송하는 것은, 자신의 힘으로 부처님을 감동시킴이요, 48대서원으로 극락왕생을 바라는 모든 중생을 자비로이 맞이하시는 것은, 부처님의 힘이 나에게 호응(응집)하심이라오. 감동과 호응[感應]의 통로가 서로 교차하여, 이와 같은 효험을 얻게 되오.

　또 만약 교리를 깊이 분명하게 알고 미혹을 끊어 진리를 증득한 사람이 극락에 왕생하게 되면, 그 품위(品位)가 더욱 높고 불도를 훨씬 빨리 원만하게 성취하게 되오. 그래서 문수보살과 보현보살을 포함한 화장(華藏) 세계의 대중이나, 마명(馬鳴)과 용수(龍樹) 같은 역대 위대한 종사(宗師)와 조사(祖師)들이, 한결같이 극락왕생을 발원한 것이오.

　비유하자면, 황실에 태어나면 한번 어머니 뱃속에서 나오면서부터, 고귀한 태자로 모든 신하를 거느리게 되는 이치와 비슷하오. 이는 바로 황제의 힘이오. 태자가 자라면서 점차 학문과 재능이 하나씩 갖추어지면, 마침내 황제의 지위를 물려받아 천하를 다스리게 되고, 모든 신하와 백성이 그의 말을 따르게 될 것이오. 이는 황제의 힘과 자신의 힘을 겸비한 것이라오.

　염불 법문 또한 이와 같소. 미혹과 업장을 완전히 끊지 못한 채, 부처님의 자비 가피력으로 서방 정토에 왕생하면서 바로 생사고해를 벗어남은, 태자가 태어나면서부터 모든 신하를 압도하는 것과 비슷하오. 그리고 왕생한 뒤 미혹과 업장이 저절로 끊어져 부처 후보의 지위에 오름은, 태자가 자라면서 학문과 재능을 갖추어 황제 지위를 물려받음과 비슷하오. 또 이미 미혹과 업장을 끊은 이는 마명이나 용수 같은 역대 조사와 같고, 벌써 부처 후보의 지위에 오른 이는 문수보살이나 보현보살과 같소. 화장 세계 대중이 모두 왕생을 발원한 것은, 마치 예전에는 변방 시골에 처박혀 감히 황제 자리를 물려받을 엄두도 못 내던 이들이, 지금은 동궁(東

宮)에 거처하면서 머지않아 등극(登極)할 차례를 기다리는 것과 비슷하오.

우리 중생들의 심성은 부처와 똑같소. 단지 미혹하여 진리를 등짐으로써 끊임없이 윤회하고 있을 따름이오. 이를 불쌍히 여기신 여래께서 자비로이 근기에 맞춰 설법하심으로써, 모든 생명에게 본래의 집에 되돌아갈 길을 열어 주셨소. 그 법문이 비록 많긴 하지만, 크게 둘로 요약할 수 있소. 바로 참선과 정토 염불이오. 둘 모두 해탈이 가장 쉽지만, 참선은 오직 자신의 힘만 의지하고 염불은 부처님의 힘을 겸비하기 때문에, 양자를 서로 비교하면 염불 법문이 시절 인연과 중생 근기에 가장 잘 들어맞는 셈이오. 비유하자면, 사람이 강이나 바다를 건널 때, 직접 헤엄치지 않고 배에 올라타야만, 안전하고 재빨리 저쪽 언덕[彼岸]에 도달하면서, 몸과 마음 모두 가뿐한 것과 같은 이치라오.

말법 시대의 중생은 오직 크고 안전한 배와 같은 염불 법문에 의지해야 제대로 수행할 수 있다오. 그렇지 않고 한 번 근기에 어긋난 법문에 들어서 시절인연을 놓치면, 애써 수고만 다할 뿐 도를 이루기는 어려울 것이오.

대보리심을 발하고 진실한 믿음과 서원을 내어, 평생토록 오직 '나무아미타불' 명호만 굳게 지니고 염송하기 바라오. 염송이 지극해지면, 모든 감정을 잊어버리고 염송 그 자체가 무념(無念)이 되어, 선종과 교종의 미묘한 의리(義理)가 저절로 철저히 나타나게 될 것이오. 그러다가 임종에 이르면 부처님과 보살님이 몸소 오시어 직접 맞이해 갈 것이니, 곧장 최상의 품위에 올라 앉아 무생법인을 증득하게 되오. 오직 한 가지 비결이 있을 따름이니, 정말 간절히 일러 주겠소.

정성을 다하고 공경을 다하면, 미묘하고 미묘하며, 또 미묘하고 미묘하리로다![竭誠盡敬. 妙妙妙妙妙!]

# 8

## 궁금증 풀고
## 정견(正見)으로
## 정진(精進)하세

### 1) 이치와 사물[理事][74]

　　　　세간과 출세간의 이치는 마음과 성품(心性) 두 글자를
벗어나지 않고, 세간과 출세간의 사물은 원인과 결과[因果] 두 글자를 벗
어나지 않소. 중생이 구계(九界: 육도와 성문·벽지불·보살)를 허우적거리나, 여
래가 일승(一乘)을 증득하거나, 마음과 성품에는 조금도 줄어들거나 늘어
남이 없소. 그런데 향상과 타락이 천양지차이고, 괴로움과 즐거움이 판이
한 까닭은, 도대체 무엇이겠소? 원인의 자리[因地]에서 덕을 닦은 게 같지
않기 때문에, 결과의 자리[果地]에서 받아 누리는[受用] 보답이 각각 다른
것이라오.

---

74) 이사(理事): 인연에 따라 생겨나는 유위법(有爲法)을 사(事)라 부르고, 인연을 떠난 불생불멸의 무위법
(無爲法)을 이(理)라 한다. 사는 삼라만상의 모습이고, 이는 진여(眞如)의 본체이다. 노자(老子)의 유(有)
와 무(無), 유위와 무위에 대체로 상응하는 범주이다.

불법을 펼쳐 전하는 일은 정말 쉽지 않소. 오직 이치와 성품만 따진다면, 중하근기의 보통 중생들이 실제 이익을 받을 수 없게 되오. 그렇다고 인과의 사실만 오로지 말한다면, 최상근기의 선비들이 매번 듣기조차 싫어하게 되오. 그런즉, 인과와 심성을 서로 분리시키면 양자 모두 손상하고, 서로 합치면 둘 다 아름답게 되오.

그래서 몽동(夢東: 徹悟) 선사는 일찍이 이렇게 말씀하셨소.

"마음과 성품을 말하기 좋아하는 사람은 결코 인과를 버리거나 떠나지 않으며, 인과 법칙을 깊이 믿는 사람은 결국 틀림없이 마음과 성품을 크게 밝힐 것이다."

이는 이치로나 대세로나 당연한 말씀이오. 그런데 말법 시대의 중생들은 근기가 형편없이 낮소. 선종이나 교종의 모든 법문은 오직 자기 힘에만 의지하기 때문에, 해오(解悟)조차 오히려 어렵다오. 하물며 증득하여 생사 해탈하기야 말할 나위가 있겠소? 오직 부처님의 힘에 의지하는 정토 법문만이, 진실한 믿음과 간절한 발원을 지닌 자면 누구나, 오역(五逆) 십악(十惡)의 죄인까지 윤회를 영원히 벗어나 극락왕생하도록 이끌 수 있소. 이처럼 불가사의한 최상승의 법문은, 이치와 사물을 함께 언급하여 훈계하고 권장하여야 마땅하오.

정토 법문은 네 법계[四法界]를 모두 갖추고 있으며, 모든 사물의 모습[事相]은 전부 사사무애의 법계[事事無礙之法界]임을 모름지기 알아야 하오. 75) 그

---

75) 네 법계[四法界]: 법계란 범어로 달마타도(達磨馱都)로, 일체 중생의 몸과 마음의 본바탕을 뜻한다. 법계는 종파에 따라 다양한 관점과 종류로 구분하는데, 우선 크게 두 가지로 풀이된다. 첫째, 구체적 사물로 보면, 법은 모든 법(사물)을 뜻하고, 계는 구분 경계를 뜻한다. 모든 법이 각자 자기 바탕[自體]을 지니고 서로 나눠지는 경계가 있어 독자의 법계를 이루면서, 삼라만상의 총체도 또한 한 법계가 된다. 둘째, 추상적 이치로 보면, 진여(眞如)의 이성(理性)이 법계가 되는데, 진여 법성(眞如法性)·실상(實相)·실제(實際)라고도 부른다. 법상종과 화엄종의 해석인데, 여기서 계(界)는 원인(因)의 뜻과 성품[性]의 뜻을 함께 지닌다. 이로 말미암아 모든 거룩한 진리[聖道]가 생겨나기 때문이며, 또한 모든 법이 의지하는 불변의 성품이기 때문이다. 이를 바탕으로 화엄종에서는 네 법계를 설정한다.
첫째, 모든 중생의 빛깔[色: 물질]과 마음[心] 등이 하나하나 다르게 나누어지는 사물의 법계[事法界], 둘째, 모든 중생의 빛깔과 마음 등 법이 비록 다르게 나누어지면서 동일한 바탕과 성품[同一體性]을

래서 정토 법문을 배워 수행하는 사람은, 추상(관념)적인 이치에 집착하여 구체(실제)적인 사물을 팽개쳐서는[執理廢事] 절대로 안 되오.

일단 집착하면, 사물과 이치를 모두 상실하기 때문이오. 마치 사람들이 의근(意根: 생각하는 감각 기관)이 가장 훌륭한 줄만 알고서, 나머지 다섯 감각 기관[五根: 눈·귀·코·혀·몸]을 내팽개쳐 버린다면, 그 의근마저 존립할 여지가 없는 것과 마찬가지라오. 오직 구체적 사물을 통해 추상적 이치를 밝히고, 추상적 이치를 가지고 구체적 사물을 융합 회통(체계화)시켜야만, 비로소 허물이 없게 되오. 이른바 정토 법문의 요지는, 바로 사물을 온전히 갖추면서 이치를 꿰뚫는[全事卽理] 것이오. 이치와 사물이 원만히 융합(조화)할 때, 비로소 본체에 딱 들어맞게 되오. 대사께서76) 이미 임금의 진수성찬을 포식하신 줄 알면서도, 애써 초라한 나물 반찬 올리려 하는 뜻은, 단지 궁핍한 자식이 고향에 돌아가길 바라는 한 조각 성의이며, 또한 지난날 불법을 비방했던 허물을 깨끗이 씻어내려는 참회일 따름이오.

요즘 총명한 사람들은 비록 불법을 배울지라도, 진정한 지혜의 눈을 갖춘 선지식을 가까이하지 못하기 때문에, 거의 다 추상적인 이치와 성품에만 오로지 치중하고, 구체적 일을 통한 수행[事修]과 인과 법칙은 내팽개치고 있소. 그렇게 구체적 일을 통한 수행과 인과 법칙을 내팽개치면, 이치와 성품도 함께 상실하기 마련이오. 그래서 으레히 재주가 뛰어난 인재들이 말과 글은 귀신을 깜짝 놀라게 하면서도, 그 행실을 살펴보면 길거리의 무식한 중생들과 다를 바가 없소. 그 병폐의 근본 원인은, 모두 구체적 일을 통한 수행과 인과 법칙을 내팽개친 데서 비롯하오. 그래서 최상

---

공유하는 이치의 법계[理法界], 셋째, 구체적 사물로 말미암아 추상적 이치가 드러나고, 이치에 근거하여 사물이 이루어져, 이치와 사물이 서로 걸림없이 융합하는 법계[理事無礙法界], 넷째 천차만별의 사물 법계 모두가 성품에 맞게 서로 회통 융합하여, 하나와 다수가 서로 같고, 큰 것과 작은 것이 서로 포용하면서, 끝없이 중첩하는 사물마다 걸림없는 법계[事事無礙法界]이다.

76) 대사: 인광(印光) 대사는 출가 스님에게 편지 쓰는 경우, 비록 당신보다 나이가 훨씬 적더라도, 반드시 '대사(大師)' '사(師)'라는 호칭을 써 공경하였다. 이 글은 아마도 수행의 체험과 의문을 여쭌 젊은 스님의 서신에 대한 답신인 듯하다.

의 지혜로운 이들이 보면 단지 안타깝게 연민할 수 있을 뿐이며, 중하의 어리석은 이들이 보면 그를 본받아 망령된 짓을 따라하게 된다오. 이것이 이른바 '몸으로 불법을 비방[以身謗法]'하는 짓이니, 그 죄가 한량없소.

알기는 어렵지 않은데, 행하기가 정말 어렵소. 세상에 헛된 명예를 훔치려는 자[掠虛漢]들은, 마음과 부처와 중생 세 가지가 본래 차별이 없다는 이치를 주워듣거나, 또는 교법(경전)을 뒤적이거나 참선 좀 하여 이러한 이치를 깨닫게 되면, 바로 나와 부처가 같기 때문에 수행이나 증명(증득)이 더 이상 전혀 소용없다는 망언을 서슴지 않소. 그래서 모든 바깥 경계와 인연 가운데서 마음 내키는 대로 방종하면서, 제멋대로 지껄여 대기 일쑤라오.

"여섯 티끌[六塵: 빛 · 소리 · 냄새 · 맛 · 감촉 · 법]이 곧 깨달음이고, 탐욕 · 성냄 · 어리석음의 삼독이 바로 계율 · 선정 · 지혜의 삼학이거늘, 어찌 마음을 통제하고 몸을 단속할 필요가 있겠는가? 스스로 자신을 묶을 밧줄은 본디 없다."

이러한 견해야말로, 이치에 집착해 사물을 내팽개치고, 인과 법칙을 부정하는 가장 나쁜 편견이오. 마치 떡을 그려 굶주림을 채우고, 허공을 휘저어 집을 만들려는 것과 같소. 자신만 그르칠 뿐 아니라, 남들도 망치게 하니, 그 죄가 어찌 끝이 있겠소? 이는 착한 원인으로 나쁜 결과를 불러오기 때문에, 삼세의 모든 부처님께서 '불쌍한 중생'이라고 부른다오. 요즘 사람들은 대부분 텅 빈 말[空談]만 숭상할 뿐, 실천에는 힘쓰지 않는 구료. 정토 법문 수행을 권함에는 마땅히 이치와 사실을 함께 병행하되, 특히 구체적인 사실을 수행의 방편으로 삼아야 하오. 왜 그렇겠소?

이치를 훤히 아는 사람은, 사물을 온전히 갖추면서 이치를 꿰뚫기[全事卽理] 때문에, 온종일 사물을 통해 수행[事持]해도, 곧바로 온종일 이치에 맞는 수행[理持]이 되오. 그러나 이치와 사물을 분명히 알지 못하는 범부 중생은, 이치에 따른 수행을 한번 들으면, 곧 매우 심오하고 미묘한 이치라고 감탄하오. 거기다 자기의 게으름과 염송의 번거로움에 대한 두려운 감정이 합쳐져, 결국 이치에 집착하여 사실을 내팽개치게 되는 것이오. 그렇게 사실을 내팽개치면, 남는 건 단지 텅 빈 말장난뿐이오.

우익(口益) 대사도 『아미타경요해(阿彌陀經要解)』에서 이렇게 말씀하셨소.

"사실을 통한 염불 수행[事持]이란, 서방 아미타불의 존재를 굳게 믿되, 아직 이 마음으로 부처를 삼고 이 마음이 곧 부처라는 이치를 통달하지 못한 상태이다. 그래서 단지 결연한 의지로 왕생을 발원하니, 마치 길 잃은 아이가 어머니를 생각하듯, 잠시도 잊지 않고 간절히 지속한다."

이것이 이치와 성품을 아직 통달하지 못해, 단지 구체적인 사실(명호를 지송하는 염불)로 수행하는 것이오. 또 "이치를 통한 염불 수행[理持]이란, 서방의 아미타불은 바로 내 마음이 갖추고 있고, 내 마음이 만들어 내는 줄 믿는 것이다."고 하셨소. 마음이 갖추고 있다[心具] 함은, 자기 마음에 본디 이러한 이치가 갖추어져 있음을 뜻하오. 또 마음이 만들어 낸다[心造] 함은, 마음에 갖추어진 이치에 따라 수행을 시작하여야, 이러한 이치가 바야흐로 눈부시게 드러날 수 있다는 뜻에서, 만든다[造]고 하오.

마음이 갖추고 있음은 이치의 바탕[理體]이고, 마음이 만듦은 바로 사실적인 수행[事修]을 뜻하오. 또 마음이 갖추고 있음은 이 마음이 곧 부처임[是心是佛]을 가리키고, 마음이 만듦은 이 마음으로 부처를 짓는 것[是心作佛]이오. 이 마음으로 부처를 짓는다 함은 성품에 맞추어 수행을 하는 것[稱性起修]이고, 이 마음이 곧 부처라 함은 수행이 온전해져 바로 성품과 같아지는 것[全修在性]이오.

수행의 덕[修德]이 쌓여야, 성품의 덕[性德]도 바야흐로 빛을 드러내는 법이오. 비록 이치를 깨달았다 할지라도, 사실을 내팽개치지 않고 지속해야, 비로소 진실한 수행[眞修]이 되오.[77] 그렇지 않으면, 금방 이치에 집착하여 사실을 내팽개치는 망령된 사견(邪見)으로 타락하고 만다오.

---

77) 이것이 바로 선오후수(先悟後修)가 진실한 수행이라는 뜻이다.

그래서 "자기 마음이 본디 갖추고 있고, 또 만들어 내는 위대한 명호(나무 아미타불)를 마음 붙들어 매는 경계(방편)로 삼아, 잠시도 잊지 말라."고 하신 거요. 이러한 해석 방법은 일찍이 천고에 없던 것으로, 정말로 중생의 근기와 불법의 이치에 모두 딱 들어맞으며, 추상적인 이치와 구체적 사실이 원만히 융합하는 탁월한 식견이오. 우익 대사 같은 법신대사(法身大士)가 아니면, 누가 이런 경지까지 이를 수 있겠소?

　사실적인 수행이 설령 아직 이치를 깨닫는 데까지 이르지는 못했다고 할지라도, 어떻게 이치 바깥으로 벗어날 수 있겠소? 사실적인 수행 자체도 이치 안에 존재하지만, 다만 수행인의 마음이 아직 그걸 원만히 깨닫지 못하고 있을 따름이오. 그러다가 깨닫는 경지에 일단 이르면, 사실이 바로 이치가 될 터이니, 깨달은 이치가 사실 가운데 존재하지 않을 수 있겠소?

　이치는 사실을 떠나지 않고, 사실 또한 이치를 떠나지 않기 때문에, 사실과 이치가 본디 둘이 아니오. 마치 사람의 몸과 마음은 둘이 함께 동시에 운행하며, 결코 피차간에 서로 나누어질 수 없는 것과 같소.(몸과 마음이 나누어지는 순간 죽음이 되어, 양자는 각기 시체와 귀신으로 변한다. 시체란 마음(영혼·식심識心)이 떠난 몸이고, 귀신이란 몸을 떠난 마음(영혼··식심識心)이다.) 통달한 사람[達人]은 이치와 사실을 융합하지 않으려고 해도, 결코 그럴 수 없소. 단지 미치광이의 망령된 편견만이 이치에 집착하여 사실을 내팽개치고, 이치와 사실을 융합하지 못하는 것이오.

　이 마음은 본디 허공처럼 두루 퍼져 있으며(공간상의 무한) 또한 끊이지 않고 항상(시간상의 무한) 존재하오. 우리들이 미혹하고 오염되어 있기 때문에, 온갖 집착을 일으키는 것이오. 비유하자면, 허공을 잠시 어떤 물건으로 가로막는다면, 허공은 더 이상 두루 펼쳐지지도 못하고, 항상 존재하지도 못하는 것처럼 보이오. 그러나 두루 펼쳐지지도 않고 항상 존재하지도 않는 것은, 집착으로 말미암은 착각일 뿐이오. 어떻게 허공이 잠시

가로막은 물건 때문에, 정말 두루 펼쳐지지도 못하고, 영원히 존재하지도 못할 수 있겠소?

그래서 우리 범부 중생의 마음도, 여래께서 증득하신 불생불멸(不生不滅)의 마음과 조금도 다르지 않다는 것이오. 차이가 있다면, 그것은 범부 중생이 미혹하고 오염된 소치일 따름이며, 마음 본바탕이 원래 변화한 것은 아니오. 아미타불과 극락정토는 모두 우리들의 일념(一念) 심성(心性) 가운데 있소. 즉 아미타불이 내 마음에 본디 갖추어져 있소. 정말 우리 마음 안에 본디 갖추어져 있다면, 진실로 항상 사념(思念)해야 하리다. 그리고 항상 사념할 수 있다면, 감응의 길이 서로 뚫리게 되오.

그래서 후천적인 수행의 덕[修德]이 점차 쌓여 선천적인 성품의 덕[性德]이 바야흐로 드러나며, 사실과 이치가 원만히 융합하고 중생과 부처가 둘이 아닌 경지에 이를 수 있소. 이런 까닭에 "내가 갖추고 있는 부처의 마음으로, 내 마음에 갖추어진 부처를 사념하라."고 말하는 것이오. 내 마음에 갖추어진 부처가, 어찌 내가 갖추고 있는 부처의 마음에 감응하지 않을 리가 있겠소?

선종에서 말하는 것은, 오로지 이치와 성품만 가리키며, 구체적인 사실 수행은 언급하지 않소. 왜 그런가 하면, 수행자들이 원인과 결과[因果], 수행과 증득[修證], 범부와 성인[凡聖], 중생과 부처[生佛]에 전혀 관련되지 않은 이치를 먼저 안 뒤에, 그 이치에 따라서 원인을 닦아 결과를 증득하고[修因證果], 범부를 초월하여 성인에 들며[超凡入聖], 중생으로서 불도를 이루는[卽衆生而成佛道] 사실을, 차례로 해 나가길 바라기 때문이오.

불법의 큰 요체를 논하자면, 진제(眞諦)와 속제(俗諦)의 두 도리[二諦]를 벗어나지 않소.[78] 진제는 한 법도 존재하지 아니하고[一法不立], 티끌 하나

---

78) 이제(二諦: 두 도리): 세속 사물[有]은 진리를 깨달은 성인에게는 허망하지만, 범부 중생에게는 실질 존재로 여겨지기 때문에 속제(俗諦)라 부른다. 반면 고요한 열반[涅槃寂靜]의 도리[空]는 범부 중생에게는 허망한 무(無)로 여겨지지만, 성인에게는 진실한 존재이기 때문에 진제(眞諦)라고 부른다. 제(諦)란 본디 실(알맹이, 실질)의 뜻으로, 진실한 도리는 허망하지 않다는 진실불허(眞實不虛)의 의미이다.

도 받지 아니하는[不受一塵], 이른바 실제 이치의 자리[實際理地]라오. 반면 속제는 갖추어지지 않은 법이 하나도 없어서, 불사의 문 안에서는 한 법도 내버리지 않는다[佛事門中, 不捨一法]는 말로 대변할 수 있소.

교종에서는 진제와 속제를 함께 펼치지만, 대부분 속제로 말하게 되오. 반면 선종에서는 속제로 진제를 말하면서, 속제의 모습을 깡그리 쓸어내 버린다오. 그러나 진제와 속제는 본래 같은 몸으로, 결코 서로 다른 두 물건이 아님을 알아야 하오.

비유하자면, 크고 둥근 보배 거울이 본디 한 물건도 없이 맑고 밝게 텅 비어 있지만, 오랑캐가 오면 오랑캐 모습이 나타나고, 왜놈이 오면 왜놈이 나타나며, 삼라만상이 모두 오면 삼라만상 모두가 나타나는 것과 비슷하오. 비록 수많은 모습이 모두 나타나지만, 거울에는 여전히 어떤 한 물건도 전혀 없소. 또 어떤 한 물건도 없으면서, 수많은 모습이 아무 거리낌 없이 모두 나타나오.

선종은 수많은 모습이 모두 나타나는 곳에서, '어떤 한 물건도 전혀 없다'는 이치만 오로지 강조하오. 반대로 교종은 '어떤 한 물건도 전혀 없다'는 곳에서, 수많은 모습이 모두 나타나는 현상을 상세히 말하는 것이오. 이는 선종이 구체적인 사실 수행에서[事修] 추상적인 이치와 성품[理性]을 밝히므로, 구체적인 사실 수행을 결코 내팽개치지 않음을 뜻하오. 마찬가지로 교종도 추상적인 이치와 성품에서 구체적인 사실 수행을 논하기 때문에, 결국 이치와 성품으로 되돌아감을 의미하오.

이것이 곧 성품에 맞추어 수행을 하고[稱性起修], 수행이 온전해져 바로 성품과 같아지며[全修在性], 변함없이 인연에 따르고[不變隨緣], 인연에 따르면서 변함없다[隨緣不變]는 경지가 아니겠소? 구체 사실과 추상 이치가 모두 원만하며, 선종과 교종이 둘이 아닌 것이오.

---

그래서 진리(眞理) · 도리(道理)의 뜻으로 쓰인다. 유명한 사성제(四聖諦) 이외에, 삼제(三諦)와 팔제(八諦)도 있다.

염불 삼매(念佛三昧)라는 것은 말하기는 쉬운 듯한데, 실제로 몸소 얻기는 정말 어렵소. 단지 마음을 추슬러 간절히 염불하기를 꾸준히 오래 지속하다 보면, 저절로 얻어지게 되리다. 설사 현생에 염불 삼매를 얻을 수 없을지라도, 진실한 믿음과 간절한 발원으로 마음을 추슬러 청정하게 염불한 공덕은, 틀림없이 부처님의 영접 인도를 확실하게 받아, 업장을 짊어진 채로 극락왕생하게 될 것이오.

사일심(事一心: 사실상의 한결같은 통일된 마음)도 우익 대사께서 판단하신 내용으로 본다면, 오히려 현세 수행인의 신분으로 얻을 수 없는 것이거늘, 하물며 이일심(理一心: 이치상의 한결같은 통일된 마음)이야 말할 필요가 있겠소? 보고 생각하는 미혹[見思惑]을 모두 끊어야 바야흐로 사일(事一: 사실상의 통일)이 되고, 무명(無明)을 완전히 쳐부수고 법성(法性)을 증득하여야만 이일(理一: 이치상의 통일)이라 부를 수 있소.

만약 안으로 은밀히 보살행을 닦으면서 밖으로는 범부 모습을 드러낸다면, 이 두 가지 일심(一心) 모두가 정말 그리 어렵지 않소. 그러나 실제로 범부 중생에 불과하다면, 사일심도 오히려 얻기가 어려운 법이오. 하물며 이일심을 얻으려고 생각한단 말이오?

무생법인(無生法忍)을 깨달은 뒤, 이를 호지(護持)하고 보임(保任)하면서 남은 업습(業習)을 녹여 버리는 경지에 이르게 된다면, 자기 스스로 분명히 알 것이오. 그러므로 미리 누구에게 물어 볼 필요도 없소. 마치 사람이 물을 마셔 보면, 차고 뜨거움을 스스로 알 수 있는 것과 같소[如人飲水, 冷暖自知]. 물을 마신 사람이 설령 100% 정확히 물의 상태를 묘사해 낸다고 할지라도, 물을 마시지 않은 사람은 그 물이 무슨 맛인지 도대체 알 수 없는 법이오.

그러니 무생법인 깨닫는 걸 너무 쉽게 생각하여, 혹시라도 자기가 깨달은 뒤 보임(保任)과 호지(護持)를 잘하지 못하여, 남은 업습에 다시 뒤덮이고 얻은 무생법인을 도로 잃을까 미리 염려할 필요는 없소. 진실한 무생법인은 정말로 그렇게 작거나 쉬운 게 아니오. 무명을 쳐부수고 법성을 증득하는 경지요. 최하의 경우에도, 원교(圓敎)의 초주(初住: 十住 중 첫 번째 發心住) 보살로, 별교(別敎)의 초지(初地)에 해당하거늘, 쉽게 말할 수 있겠소?

그러므로 내 글에서 말한 대로 열심히 수행하여, 정토 법문의 근본 이치를 모두 알고, 믿음ㆍ발원ㆍ염불수행[信願行]을 함께 확립하시오. 그래서 어떠한 선지식이나 이단 학설에도 휩쓸리거나 흔들리지 않을 수 있도록 매진하시오. 그런 다음에 남는 힘이 있거든, 비로소 뭇 대승경론(大乘經論)을 연구하여 지혜와 식견을 틔우고, 정토 법문을 널리 펼치는 방편 근거로 삼아도 괜찮겠소.

이와 같이만 한다면, 비록 범부 중생이라도 보살도를 행하면서, 근기에 따라 중생들을 이롭게 할 수가 있소. 절대로 지나치게 높고 먼 곳에 뜻을 두려는 망상일랑 하지 마시오. 혹시라도 사실과 이치도 제대로 모르고 악마에 붙들릴까 두렵소. 나도 정말 더 이상 말하고 싶지 않소.

깨닫고 난 사람과 아직 깨닫지 못한 사람은, 비록 그 수행이야 같지만, 그 마음 생각[心念]이 판연히 다르다는 것을 모름지기 알아야 하오. 무생법인을 아직 깨닫지 못한 사람은, 바깥 경계가 아직 이르기도 전에 먼저 나아가 맞이하려 하고, 경계가 눈앞에 나타나면 거기에 달라붙어 끌어안으며, 경계가 이미 지나간 뒤에는 되돌아보고 생각하기 일쑤요.

그러나 무생법인을 깨달은 사람은, 비록 경계가 생겨났다 사라지더라도, 마음은 전혀 생기거나 사라짐이 없소. 마치 맑은 거울에 어떤 형체가 다가와도 달라붙지 않고, 또 사라져도 흔적이 남지 않는 것과 비슷하오. 마음이 경계에 반응을 보이는 것은, 거울이 사물의 모습을 비춰주는 것과 같소. 터럭 끝만큼도 집착이나 미련의 생각이 없다오.

『금강경(金剛經)』에 "과거의 마음도 얻을 수 없고, 현재의 마음도 얻을 수 없으며, 미래의 마음도 얻을 수 없다[過去心不可得, 現在心不可得, 未來心不可得.]."는 유명한 구절이 있다. 무생법인(無生法忍)을 깨달으면 얻을 수 없는 과거ㆍ현재ㆍ미래의 마음에 집착함이 없어져, 대자유를 누리는 해탈의 불심(佛心)·도심(道心)과 합치하고, 무생법인을 아직 깨닫지 못하면 과거·현재·미래의 마음을 얻을 수 있다고 착각하여 집착하니, 이것은 바로 번뇌망상에 사로잡힌 중생심(衆生心)이고 인심(人心)이 된다.)

비록 경계에 대해 무심(無心)할지라도, 무릇 세간의 윤리 도덕과 불도를 펼쳐 중생을 교화하는 일은, 반드시 하나하나 성실하고 진지하게 실행해야 하오. 비록 목숨을 잃는 한이 있더라도, 이걸 건너뛰려 해서는 안 되오. 경계에 대해 무심하다고 해서, 자신과 남을 이롭게 하고 불도를 펼쳐 중생을 교화하는 일까지, 모두 내팽개치는 것으로 오해하면 절대 안 되오.

만에 하나라도 이런 그릇된 견해를 지닌다면, 이는 공의 악마[空魔]에 단단히 들러붙어, 완고한 공[頑空: 이른바 無記空: 서양의 허무주의]에 타락한 것이오. 여기서부터, 인과 법칙을 전면 부정하고 제멋대로 방자히 굴기 시작하여, 범부 주제에 외람되게 성인으로 자처하면서, 불법을 파괴하고 중생을 잘못 인도하는, 아비지옥의 종자가 싹트게 된다오. 이 문제는 너무도 중요하고 심오한 의미가 있기 때문에, 부득이 그 이해득실을 대강 언급하는 것이오.

만약 실제 이치의 본체로 논한다면, 범부와 성인, 중생과 부처, 원인과 결과, 수행과 증득 따위는 모두 얻을 수 없소. 그러나 수행 법문에 근거하여 말한다면, 여래가 위로 불도를 성취하고, 중생이 아래로 아비지옥에 떨어지는 것이, 모두 인과 법칙 밖을 벗어나지 못하는 것이오.

이치와 성품[理性]을 분명히 밝히되, 사실 수행을 내팽개치지 않는 것이, 바로 올바른 지견[正知]이오. 반대로 이치와 성품에 집착하여 사실 수행을 내팽개친다면, 이는 곧 삿된 견해[邪見]가 되고 마오. 터럭 끝만한 차이가 (千里의 차이나 하늘과 땅 차이 정도가 아니라) 부처와 지옥의 차이로 금세 우뚝 갈라진다오.

## 2) 마음과 성품[心性]

　　　　　무릇 마음이란, 고요하게 비추면서 생겨나지도 않고
사라지지도 않으며, 확연히 뚫려 신령스럽게 통하고 걸림없이 원만하게
생기발랄하며, 세간과 출세간의 일체 모든 법의 근본이 되오. 비록 미혹
으로 뒤죽박죽 혼란스러운 범부 중생의 처지에 있더라도, 마음의 본 바
탕은 곧장 삼세의 모든 부처님과 전혀 다름없이 똑같다오. 그래서 마음
과 부처와 중생 세 가지는 차별이 없다고 말하는 것이오.

　다만, 모든 부처님은 궁극의 경지를 증득하여 그 공덕과 위력의 작용
이 철저하게 온전히 드러나는데, 범부 중생은 온통 미혹과 위배(違背: 불성
을 어기고 등짐)로 뒤얽혀, 이러한 공덕과 위력의 작용을 가지고 육진(六塵)의
경계 속에서 탐욕·성냄·어리석음을 일으키고, 살해·도적·사음 따위
의 죄악을 짓는 것뿐이오. 그래서 미혹과 죄업과 고통의 세 가지는 서로
끌어당겨 일으키면서, 원인과 결과가 끊임없이 뒤바뀌며 이어진다오. 그
러니 영겁토록 윤회 고해를 빠져 나올 길이 있겠소? 마치 캄캄한 방에서
보배에 부딪치면, 보배를 알아보고 쓰기는커녕, 도리어 몸만 다치게 되는
것과 비슷한 이치라오. 미혹한 마음이 깨달음을 등지고 티끌 속에 뒤섞
이는 것도 이와 같소.

　여래께서 이러한 중생들을 불쌍히 여기시어, 중생들이 허망에서 빠져
나와 진리로 되돌아오고, 본래의 마음과 성품을 회복할 수 있도록 미묘
한 법을 설하셨소. 처음에는 허망 가운데 진리를 궁구하다가, 나중에는
전체 허망이 그대로 진리가 되오. 마치 바람이 자면 물결이 잔잔해지고,
날씨가 따뜻해지면 얼음이 녹는 것과 같소. 물결과 얼음 자체가 물이 되
는 것이니, 물결이나 얼음이 물과 더불어 본래 서로 다른 새 물질이 아니
지 않소? 아직 물결이 잔잔해지고 얼음이 녹기 전과, 이미 잔잔해지고 녹
은 뒤를 서로 비교해 봅시다. 그 본체와 성품은 전혀 다르지 아니한데, 각

각 나타내는 작용은 정말로 현격히 차이 나는 것이오.

그래서 후천적인 수행의 덕이 쌓여야, 선천적인 성품의 덕이 바야흐로 드러난다(修德有功, 性德方顯)고 말하오. 만약 오직 선천적인 성품의 덕에만 의지하고, 후천적인 수행의 덕에 힘쓰지 아니한다면, 미래세가 다하도록 영원히 단지 불성만 지녔을 뿐, 조금도 믿고 기댈 게 없는 중생 노릇밖에 못하오.

그래서 『반야심경』에서 "관자재보살이 깊은 반야바라밀다를 행할 적에, 오온이 텅 빈 것을 비추어 보고 일체의 고액(고통과 재앙)을 건넜다."고 말씀하신 것이오. 무릇 오온(五蘊)은 그 전체가 바로 진여의 미묘한 마음(眞如妙心)이오. 다만 중생들이 처음부터 줄곧 미혹하고 등져 왔기 때문에, 허망한 모습을 이루는 것이오. 허망한 모습이 일단 이루어지면 하나의 진여가 어두워지게 되고, 하나의 진여가 어두워지면 모든 고통이 함께 몰려들게 되오.

마치 바람이 불면 모든 물이 온통 물결을 이루고, 날씨가 추워지면 부드럽던 물이 금세 굳게 얼어붙는 것과 같소. 매우 깊은 반야(지혜)로 비추어 보면, 진리(佛性)를 잃어 허망(衆生)을 이루었기에, 허망 자체가 그대로 진리임을 분명히 알게 되오. 마치 바람이 멈추고 날씨가 따뜻해지면, 물결과 얼음이 물의 본래 바탕을 회복하는 것처럼 말이오.

그래서 일체의 법이 모두 허망한 감정으로 말미암아 나타남을 알 수 있소. 만약 허망한 감정만 떠난다면, 그 자체가 완전히 텅 비게 될 것이오. 그런 까닭에 사대(四大: 地水火風)가 모두 본래 성품을 잃고, 육근(六根: 눈·귀·코·혀·몸·생각)이 서로 뒤바뀌어 쓰일 수 있소. 보살이 고요한 선정에서 일어나지 아니한 채 온갖 위엄과 행동을 나타내며, 눈으로 귀의 불사(佛事)를 하는가 하면, 귀로 눈의 불사도 하는 것이오.[79]

---

79) 관세음보살(觀世音菩薩)의 명칭은 '세상의 소리를 본다'는 뜻이고, 공자가 저녁에 죽어도 좋다고 전제한 조문도(朝聞道)는 '길(진리)을 듣는다'는 뜻이다. 바로 허망한 감정을 완전히 떠나 텅 빈 마음을

땅 속에 들어가기를 물속처럼 여기고, 물 위에 걷기를 땅 위처럼 한다오. 물에 젖지도 않고 불에 타지도 않으며, 허공에 마음대로 날아다니기도 하고 머물기도 하오. 경계란 본디 자기 성품[自性]이 없으며, 모두 마음에 따라 움직이고 변하기 때문이오.

그래서 『능엄경』은 "만약 한 사람이 진여를 발하여 근원으로 돌아가면, 시방 허공이 모두 사라져 버린다[若有一人 發眞歸元, 十方虛空 悉皆消殞]."고 말씀하셨소. 바로 '오온이 모두 텅 빈 줄 비추어 본다'는 실질 효과에 해당하오. 여기서 돌아간다[歸]는 것은, 바로 빛을 되돌이켜 거꾸로 비춰 보고[廻光返照], 본래의 마음과 성품을 되찾는다[復本心性]는 뜻이오.

물론 빛을 되돌이켜 거꾸로 비춰 보고, 본래의 마음과 성품을 되찾으려 한다면, 먼저 마음을 삼보께 귀의하고 부처님 가르침을 받들어 행하지 않으면 안 되오. 마음을 삼보께 귀의하고 부처님 가르침을 받들어 행할 수만 있다면, 저절로 본래 마음의 근원을 되찾고 불성을 철저히 증득할 수 있소.

그렇게 본래 마음의 근원을 되찾고 불성을 철저히 증득하게 되면, 바야흐로 자기 마음이야말로 미혹 속에서도 결코 줄어들지 않고, 깨달았다고 조금도 늘어나는 법이 없는, 지극한 보배인 줄 알게 되리다. 부처는 단지 법성(法性)에 순응하는 까닭에 자유자재로 내어 쓸 수 있고, 중생은 법성에 위배하기 때문에 도리어 손상을 입게 되는 것이오. 본바탕은 하나이면서, 그 작용으로 말미암은 이해득실은 천양지차가 나는 것이오.

중생이란 아직 깨닫지 못한 부처이고, 부처란 이미 깨달은 중생이오. 그 마음과 성품의 본바탕은 한결같이 평등하여, 둘도 아니고 차별도 없소. 그런데 받아 쓰는 괴로움과 즐거움이 천양지차로 벌어지는 것이오. 부처는 성품에 맞추어 순조로운 수행을 하고, 중생은 성품에 등진 채 거

---

증득한 성인의 경지에서 가능한 육근호용(六根互用)을 가리킨다. 단순한 문학적 비유나 수사(修辭)로 치부하면 큰 오해이다.

스르는 수행을 하기 때문이오.

　그 이치는 매우 심오하여 쉽사리 말로 표현할 수 없지만, 말을 아끼기 위해서 간단한 비유로 밝혀 보겠소. 모든 부처님께서 수행의 덕을 지극히 쌓아 성품의 덕을 철저히 증득함은, 이렇게 비유할 수 있소. 크고 둥근 보배 거울이 구리로 만들어졌는데, 광명이 있는 줄 알고 매일 갈고 닦는 일을 끊임없이 계속한다면, 해묵은 티끌과 녹이 다하는 순간 빛이 훤히 날 것이오. 이걸 높은 누각에 우뚝 걸어 놓으면, 크게는 천지부터 작게는 터럭 끝까지, 삼라만상 모두를 밝게 비추게 되오. 삼라만상의 모습이 일시에 나타나는 때에도, 거울 자체는 텅 비어 어떤 한 물건도 없소.

　모든 부처님의 마음도 또한 이와 같다오. 번뇌와 미혹의 업장을 완전히 끊어 버려, 지혜와 복덕의 모습이 원만히 빛나는 것이오. 그래서 미래세가 다하도록 고요한 광명(寂光)에 안주하여 법의 즐거움(法樂)을 누리면서, 구계(九界) 중생들이 생사에서 벗어나 열반을 증득하도록 제도하신다오.

　반면 중생은 선천적인 성품의 덕을 완전히 잃어버리고, 후천적인 수행의 덕도 전혀 쌓지 않고 있소. 마치 아주 귀중한 보배 거울이 온통 티끌에 뒤덮여, 전혀 광명이 없을 뿐만 아니라, 구리 몸통마저 녹슬어 거울인지도 알아 볼 수 없는 상태와 같소. 우리 중생의 마음이 바로 그러하오.

　만약 구리 몸통조차 드러나지 않는 못 쓰는 거울이, 천지 만물을 비출 수 있는 광명을 머금고 있는 줄 알아차리고, 이를 내버리지 않고 매일 정성 들여 갈고 닦는다면, 처음에는 구리 바탕이 대강 윤곽을 드러내다가, 점차 거울 본연의 광명을 발하게 될 것이오. 계속해서 힘껏 갈고 닦아, 일단 티끌과 때를 말끔히 제거하기만 하면, 저절로 천지 만물을 모습 그대로 비추어 주는 훌륭한 거울의 본 모습이 회복될 것이오.

　이 광명은 거울이 본래 지니던 것이며, 결코 밖에서 들어온 것도 아니고, 갈고 닦아서 얻어진 것도 아니오. 물론 갈고 닦지 않는다면 되찾을 수 없을 것이오. 중생들이 티끌을 등지고 깨달음에 나아가며, 허망함을 되돌이켜 진여를 회복하는 것도, 또한 이와 마찬가지라오. 점차 번뇌와 미혹을 끊어 가면서, 점차 지혜 광명을 늘려 가는 것이오.

그렇게 계속하여 공덕 수행이 원만해지면, 마침내 끊어도 더 이상 끊을게 없고, 증득해도 더 이상 증득할 게 없는 경지에 이르게 되오. 보리가 원만히 이루어져 얻을 게 없는 곳에 돌아가면, 신통 지혜와 공덕 상호(相好)가모두 시방 삼세의 모든 부처님과 전혀 차이 없게 된다오. 비록 그러하지만,이는 단지 본래 있던 바를 회복하는 것뿐이며, 결코 없던 바를 새로 얻는것은 아니오. 그러므로 만약 오직 선천적인 성품의 덕만 믿고 후천적인 수행의 덕을 쌓지 않는다면, 미래세가 다하도록 항상 생사윤회의 고통을 받으면서, 본래 근원에 되돌아갈 날이 영원히 없을 줄 명심하시오.

일체 중생이 모두 불성을 지니고 있는데도, 부처와 중생이 마음과 행동상 받아 쓰는 것이 전혀 같지 않음은 무슨 까닭이겠소? 부처는 티끌을등지고 깨달음에 부합[背塵合覺]하는 반면, 중생은 깨달음을 등지고 티끌과 영합[背覺合塵]하기 때문이오. 불성은 비록 같지만, 미혹과 깨달음이 판연히 다르기 때문에, 그 괴로움과 즐거움, 상승과 타락이 천양지차로 벌어진다오.

만약 세 가지 원인 불성[三因佛性]의 의미를 상세히 살펴 볼 줄 안다면,풀어지지 않을 의심이 없고, 수행하고 싶지 않은 사람도 없게 될 것이오.세 가지 원인[三因]이란 바로 정인(正因) · 요인(了因) · 연인(緣因)이오.

정인불성(正因佛性)이란, 곧 우리 마음 자체에 본래 갖추어진 미묘한 성품이자, 모든 부처님이 증득하신 진여 항상의 법신[眞常之法身]이오. 이는범부에게도 줄어듦이 없고, 성인에게도 늘어남이 없이 항상 불변이오. 생사윤회에 처박혀서도 오염되지 않고, 열반에 안주해서도 더 청정해지지않소. 중생은 이를 철저히 등지고 잃은 반면, 모든 부처님은 궁극 경지까지 원만히 증득하셨소. 그렇게 미혹과 증득이 판연히 다르지만, 이 불성은 항상 평등하오.

다음으로 요인불성(了因佛性)이란, 정인불성이 발생시키는 올바른 지혜 [正智]를 가리키오. 즉 더러는 선지식을 통해서, 더러는 경론의 교법을 통해서, 정인불성의 의미를 보고 들어 이를 완전히 깨닫는 것을 뜻하오. 그런데 중생들은 일념의 무명[一念無明]이 마음의 근원[心源]을 뒤덮어 버리기 때문에, 육진(六塵)의 경계가 그 자체 본래 텅 빈 줄을 모르고, 실제 있는 걸로 착각하오. 그래서 탐욕·성냄·어리석음의 삼독을 일으키고, 살해·도적·사음의 죄악을 짓는 것이오. 미혹으로 말미암아 죄업을 짓고, 죄업으로 말미암아 고통을 받는 거라오. 그래서 정인불성(正因佛性)으로 하여금, 도리어 미혹을 일으키고 죄업을 지어, 고통을 받는 근본 원인이 되게 만드는 거라오. 이러한 이치를 철저히 깨달아, 마침내 허망을 되돌이켜 진여로 돌아가고자[反妄歸眞] 한다면, 본래 성품[正因佛性]을 회복할 가망이 있소.

마지막으로 연인불성(緣因佛性)은, 연(緣)이 바로 보조 연분[助緣]이오. 이미 이러한 이치를 철저히 깨달았다면, 모름지기 각종 착한 법[善法]을 닦고 행하여, 미혹과 업장을 소멸시키고 복과 지혜를 증진시키려고 노력해야 하오. 깨달은 바 본래 갖추어진 이치(불성)를, 기어코 궁극 경지까지 몸소 증득하고야 마는 것이오.

이제 간단한 비유로 설명합시다. 정인불성(正因佛性)이란 마치 광맥 중의 금[金]이나 나무 속의 불[火]과 같으며, 또 거울 속의 빛[光]이나 곡식 종자 중의 싹[芽]과 같소. 이러한 것들이 비록 본래 갖추어져 있지만, 만약 그런 줄 몰라서, 금광을 제련하고 나무를 마찰하며 거울을 갈아 닦고 곡식을 심어 물을 주는 등의 보조 연분을 조성해 주지 않는다면, 금과 불과 빛과 싹은 영원히 피어날 기약이 없을 것이오.

그래서 비록 정인(正因)이 제아무리 훌륭히 갖추어져 있더라도, 그런 이치를 깨닫지[了因] 못하거나, 보조 연분[緣因]이 더불어 주지 못한다면, 제 기능을 발휘하거나 사용할 수가 없게 되오. 그런 까닭에, 부처님께서 일체 중생이 모두 부처인 줄 알아보시고, 해탈하도록 제도하시려는 것이라오. 그런데도 중생들은 아직 깨닫지 못해, 착한 법을 닦고 행하려 하지 않으며, 영겁토록 생사윤회에서 벗어날 줄 모르고 고통받는구료. 이에 여래께서 대자비로 불쌍히 여기시고, 온갖 방편 법문을 널리 펼치시어 근기에 맞는 길을 열어 주셨소. 그리고 모든 중생들이 하루 빨리 허망을 되돌이켜 진여로 되돌아오며, 티끌을 등지고 깨달음에 합치하기를 손꼽아 기다리신다오.

옛 사람들이 "생사는 참으로 큰 문제이니, 어찌 비통하지 않으리오?"라고 탄식하셨소. 그런데 나는 "그 이유를 모르면, 비록 비통한들 무슨 이익이 있겠는가?"라고 반문하고 싶소. 일체 중생은 업장에 따라 육도를 윤회하면서 생사를 받는 것이라오. 생겨나면서도 오는 곳을 모르고, 죽으면서도 가는 곳을 모르오. 단지 죄악과 복덕의 인연에 따라 오르락내리락하면서, 끊임없이 돌고 도는 것뿐이오.

여래께서 이를 불쌍히 여기시어, 중생들이 미혹으로 말미암아 악업을 짓고 악업으로 말미암아 고통을 불러들이는 인연과, 항상[常]·안락[樂]·진(대)아[我]·청정[淨]의 네 덕성[80]을 갖추고 고요히 비추며 원만히 융통하는[寂照圓融] 본체를 함께 보여 주셨소. 중생들이 무명 때문에 이 몸을 받은 줄 알라고 일깨우신 것이오.

결국 물질로 된 이 몸[色身]은 완전히 허망한 환영(幻影)에 속하는 것이오. 사대(四大)만 존재하지 않는 것이 아니라, 오온 또한 모두 텅 비었소. 오온이 텅 빈 줄만 안다면, 진여 법성(眞如法性)과 실상 묘리(實相妙理)가 철저하고 원만히 나타나게 되리다.

연분에 따르기[隨緣] 때문에, 사성(四聖: 부처·보살·벽지불·성문)과 육법(六

---

80) 네 덕성[四德]: 대승의 열반의 본체가 갖추는 네 덕이다. 첫째, 열반의 본체는 생멸(生滅)이 없이 항상 불변하며 인연 따라 변화 작용 또한 항상 끊이지 않아서 상(常)이고, 둘째, 고요히 안락하며 마음에 맞게 자유자재로 운용하니 낙(樂)이며, 셋째, 본체가 진실한 주체이며 작용이 자유자재롭기에 아(我)라고 부르고, 넷째, 일체의 때와 티끌을 벗어나고 인연 따라 오염되는 법도 없으니 정(淨)이라 한다. 반대로 중생의 생사(生死) 윤회는 무상(無常)·무락(無樂)·무아(無我)·무정(無淨)이다. 범부가 열반의 네 덕과 생사의 네 무(無)를 서로 뒤바꾸어 생각하는 망견(妄見)을 사도(四倒)라고 한다.

凡: 육도 중생), 생사의 고통과 열반의 즐거움이 현격히 차이 나는 것이오. 연분에는 오염과 청정이 있어, 반드시 어느 하나에 따르게 되어 있소. 오염된 연분에 따르면, 미혹을 일으키고 악업을 지어 육도 윤회하게 되오. 반면 청정한 연분에 따르면, 미혹을 끊고 진여를 증득하여, 항상 열반에 안주하게 되오.

미혹과 악업에 경중의 차이가 있기에, 인간과 천상의 착한 곳[善道]이나, 아수라같이 선악이 뒤섞인 곳[善惡夾雜道], 축생·아귀·지옥의 세 나쁜 곳[三惡道]으로 나누어지오. 미혹으로부터 미혹을 일으키고, 업장으로부터 업장을 지어가며, 더러 착하기도 하고 더러 악하기도 하며, 일정한 모습이 없소. 그러면서 마치 수레바퀴가 굴러가듯, 잠시 위로 올라갔다가 금세 아래로 내려오는 변화 이동이 끊임없이 되풀이되고 있소. 번뇌와 미혹을 지니고 있기 때문에, 스스로 주인 노릇할 엄두도 못 내면서, 모두 업장에 따라 생사를 받아야 하는 운명에 얽매이는 것이오.

반면 사성(四聖)도 미혹을 끊고 진여를 증득한 깊이와 정도에 차이가 있소. 보고 생각하는 미혹[見思惑]을 끊으면 성문의 과위(果位)를 증득하고, 업습의 기운[習氣]을 뿌리 뽑으면 벽지불[緣覺]의 과위를 증득하며, 무명(無明)을 쳐부수면 보살의 과위를 증득하게 되오. 더 나아가 무명이 말끔히 사라져 복덕과 지혜가 원만히 이루어지고, 수행의 덕이 지극히 쌓여 성품의 덕이 완전히 드러나면, 곧 부처의 과위를 증득하오.

부처의 과위를 증득함도, 범부 중생의 지위에서 본래 갖추고 있던 마음과 성품의 공덕 위력을 궁극까지 철저히 증득하여, 그 전체를 고스란히 몸소 받아 쓰는 것에 불과하오. 실제로는 처음 바탕에 터럭 끝 하나도 덧보태는 게 없소. 성문·벽지불·보살 같으면, 비록 증득한 과위의 높낮이가 다르지만, 모두 부처처럼 본래 성품이 지닌 공덕 위력을 통째로 완전히 받아 쓰지는 못하는 경지라오. 물론 범부 중생은 이처럼 불가사의한 마음과 성품의 공덕 위력을 가지고, 도리어 육진(六塵) 속에 뒹굴며 탐욕·성냄·어리석음을 일으키고, 살해·도적질·사음 따위의 악업을 짓는다오. 그래서 삼악도에 떨어져 영겁토록 윤회하고 있으니, 이 어찌 슬프지 아니하리오?

무릇 시작도 없는 과거부터 끝도 없는 미래에 걸쳐, 태허(太虛: 우주 허공)를 감싸면서도 바깥이 없고, 미세한 티끌에 스며들면서도 안이 없으며, 청정하고 깨끗이 빛나며, 맑고 고요해 항상 존재하며, 생겨남도 없고 사라짐도 없으며, 모습도 떠나고 이름도 떠나서, 있음에 존재하되 있음이 아니고, 텅 빔에 머물되 텅 빔도 아닌 것이, 바로 진여성품[眞性]이라오.

지수화풍(地水火風)으로 이루어진 몸을 뒤집어쓰고, 뼈와 힘줄·피·살이 모여 생겨났다 금방 사라지고, 한창 무성하다가 곧 시들어버리는 것은 무엇이오? 나무로 집 기둥을 세우듯 뭇 뼈가 지탱하고, 종이로 벽을 바르듯 한 겹 피부가 바깥을 둘러싸며, 그 안에 똥·오줌·피·고름을 담고, 밖으로 머리카락·털·땀·때를 만들어 내며, 이·벼룩·기생충으로 득실거리는 물건에, 사람[人]이라는 거짓 이름[假名]을 붙이는 것 아니오? 진실한 나는 어디에 있소?

게다가 눈·귀·코·혀·몸·생각이라는 한가한 가재도구(감각 기관)가, 빛·소리·냄새·맛·느낌·법이라는 가시덤불 속을 분주히 나돌아 다니고 있소. 그래서 탐욕·성냄·어리석음의 무명(無明)을 일으키고, 계율·선정·지혜의 정지(正智)를 소멸시킨다오. 오온이 본디 텅 비었거늘, 누가 한번 비춰 보려고 하겠소? 육진이 본디 성품이 없지만, 사람마다 모두 진짜로 착각하오.

온갖 고통이 함께 몰려들어, 하나의 신령스런 물건[一靈]을 영원히 어리숙하게 만드는 것이, 바로 허깨비 같은 몸뚱이와 망령된 마음이라오. 그래서 『원각경(圓覺經)』에서도 이렇게 말씀하셨소.

"일체 중생이 각종 뒤바뀐 생각으로, 사대(四大)를 자기 몸의 형상으로 착각하고, 육진의 인연 그림자를 자기 마음의 모습으로 오해하고 있다."

## 3) 깨달음과 증득[悟證]

예로부터 고승 대덕은 옛 부처 또는 보살의 화신(化身)으로 재림하신 분들이 많았소. 그분들은 모두 항상 자신을 범부 중생이라고 자처하셨지, 자신이 부처이고 보살이라고 말한 분은 결코 없소. 그래서 『능엄경』에서 이렇게 말씀하셨소.

"내가 열반한 뒤, 여러 보살과 아라한에게 미래 말법 세상 가운데 인연 따라 각종 형상의 몸을 나토어, 중생을 제도하는 법륜을 굴리도록 명하리라.(혹은 사문·백의거사·군왕·고관대작·동남(童男)·동녀(童女)가 되거나, 또는 창녀·과부나 간음·도둑·도살·장사하는 자가 되어, 그들과 함께 일하면서 불도를 찬양 칭송하여, 그들의 몸과 마음이 삼매에 들도록 이끌리라.) 그러나 스스로 자신이 진짜 보살이나 진짜 아라한이라고 말하여, 부처의 은밀한 인연을 누설하고, 말법 시대 천박한 공부를 가벼이 떠드는 일은 끝내 없을 것이다. 오직 임종에 은밀한 유언으로 부촉하는 경우만 제외하고…."

천태(天台) 지자(智者) 대사는 실로 석가 부처의 화신이오. 임종에 증득한 순위 차례를 질문한 제자가 있었는데, 이렇게 대답했다오.

"내가 대중을 거느리지 않았으면, 반드시 육근을 청정하게 닦았으리라. 자신의 수행을 덜어 남들을 이롭게 하느라, 단지 5품(品)까지밖에 오르지 못했다."

이 말씀도 역시 범부로 자처한 것이오. 5품이란 곧 원교(圓敎)의 관행위(觀行位)요. 깨달은 바가 부처와 같은 범주에 속하고, 오주 번뇌(五住煩惱)를 원만히 조복했지만, 보는 미혹[見惑]도 아직 완전히 끊지 못한 상태라오.

지자 대사도 임종시까지 아직 본래 진면목을 다 드러내시지 않은 것이오. 후학들이 뜻을 더욱 굳게 다지고 수행에 정진하도록 격려하기 위해서였소. 혹시라도 조금 얻은 것 가지고 만족하거나, 범부 주제에 외람되이 성인으로 자처하여, 아만에 빠지는 일이 없도록 훈계하시고자 함이었소.

그런데 지금 악마의 무리 가운데, 도를 얻었다고 기고만장하게 떠드는 자가 많소. 이는 모두 불법을 파괴하고 어지럽히며, 중생들을 미혹시키고 호도하는 새빨간 거짓말쟁이[大妄語시]들이오. 이런 큰 거짓말의 죄악은 오역(五逆)이나 십악(十惡)보다 백천만 배 이상 더 중대하오. 그런 스승과 제자들은 모두 영원히 아비지옥에 떨어져, 모든 불국토의 티끌 수만큼의 겁[佛刹微塵數劫]이 지나도록, 벗어날 길 없이 항상 극심한 고통을 받을 것이오. 어찌하여 한 때의 뜬 구름 같은 명예나 이익을 위하여, 영겁토록 참혹한 형벌을 짊어진단 말이오? 명예와 이익이 이처럼 사람을 미혹시킨다오.

염불과 간경(看經)으로 두 가지 텅 빈 이치[二空理]를 깨닫고 실상법(實相法)을 증득한다 함은, 성찰하여 깨닫고 수행해 간다는 관점에서 현재의 원인과 미래의 결과를 보이는 것이오. 그러므로 아직 그릇을 다 이루지 못한 상태에서, 현생에 바로 이와 같을 수 있다고 자부해서는 절대로 안 되오. 현생에 실상을 증득하는 사람이 전혀 없는 것은 아니지만, 그러한 선근(善根)을 지닌 이가 그리 많지 않소.

만약 이러한 사실을 상세히 알려 주지 않아, 어설픈 수행자들이 성인의 지위를 증득하려고 과대망상에 빠지게 내버려 둔다면, 뜻만 높고 행실이 따라가지 못하게 될 것이오. 그렇게 오래 지속하다 보면, 제 정신을 잃고 미쳐 날뛰면서, 얻지도 못했는데 얻었다고 떠들고, 증득하지도 못했는데 증득했다고 지껄일 것이오. 그래서 향상하려다가 도리어 타락하고, 잔재주 부리다가 더 졸렬해지는데, 궁극에는 영원히 삼악도에 떨어지는 과보를 피할 수 없게 되오. 그 결과 자기의 영혼만 고통에 파묻히는 것이 아니라, 실로 부처님 은혜를 크게 저버리는 게 되오.

두 가지 텅 빈 이치[二空理]는, 오직 깨달음으로만 말한다면, 근기가 좀 뛰어난 범부도 가능하다오. 예컨대, 원교(圓敎)의 명자위(名字位) 가운데 속한 사람도, 비록 오주번뇌(五住煩惱)를 터럭 끝만큼도 조복시키거나 끊지는 못했지만, 깨달은 내용은 부처와 전혀 다르지 않다는 것이오.(五住에는 보는 미혹[見惑] 하나와 생각하는 미혹[思惑] 3개가 세계 안에 있고, 진사혹(塵沙惑)과 무명혹(無明惑)이 합쳐 1개로 세계 밖에 있소.)

선종으로 말한다면 확철대오라고 부르고, 교종으로 말한다면 대개원해(大開圓解: 원만한 해오를 크게 열음)라 부르오. 여기서 말하는 확철대오와 대개원해는 그저 희미하게 대강 명료함이 결코 아니오.

예컨대, 방(龐) 거사는 "그대가 한 입에 서강(西江)의 물을 다 들이마시면, 그 뒤에 곧바로 그대에게 말해 주겠다."는 마조(馬祖) 대사의 말을 듣고, 그 자리에서 단박 현묘한 이치를 깨쳤다오. 또 대혜(大慧) 종고(宗杲) 선사는 "훈훈한 바람이 남쪽에서 불어와 대웅전 법당이 조금 시원해진다."는 원오(圓悟) 대사의 말을 듣고, 역시 단박에 깨달았다오.

그리고 지자(智者) 대사는 『법화경』을 독송하다가, 「약왕본사품(藥王本師品)」의 "이것이 바로 진짜 정진이고, 이것을 여래께 대한 진짜 법공양[眞法供養如來]이라고 부른다."는 구절에 이르러, 활연히 크게 깨달았다오. 그리고는 고요히 선정에 들어, 영산법회(靈山法會)가 아직도 끝나지 않은 모습을 친견했다오.

이와 같이 깨달아야만, 비로소 확철대오나 대개원해라고 부를 수 있소. 실상법을 증득하는 것은, 보통의 범부 중생이 할 수 있는 바가 아니오. 남악(南嶽) 혜사(慧思) 대선사는 지자 대사가 법을 전해 받은 스승이시오. 대지혜와 대신통을 지니셨는데, 임종에 어떤 제자가 증득한 내용을 묻자, 이렇게 대답했다오.

"나는 애당초 동륜(銅輪)에 이르려고 뜻을 두었네. 그러나 대중을 너무 일찍 거느린 탓에, 단지 철륜(鐵輪)을 증득하는 데 그쳤네."

(동륜이란 곧 십주위(十住位)로, 무명을 깨뜨리고 실상을 증득하는 경지인데, 처음에 실보(實報)에 들어가서, 점차 적광(寂光)을 증득하게 되오. 초주(初住)만 해

도 무려 백 개의 삼천대천세계에 부처의 몸을 나토어 중생을 교화하며, 2주(二住)는 천 개, 3주(三住)는 만 개의 삼천대천세계로, 주위(住位)에 따라 점층적으로 확대되어 가니, 어찌 작다고 하겠소?

철륜이란 곧 제 10신(第十信)의 지위인데, 초신(初信)에서는 보는 미혹[見惑]을 끊고, 7신(七信)에서는 생각하는 미혹[思惑]을 끊으며, 8, 9, 10신에서는 진사혹(塵沙惑)을 깨뜨리고 무명혹(無明惑)을 조복시킨다오. 남악 혜사 선사가 제 10신에 이르렀다고 밝혔으니, 아직 실상법을 증득하지 못한 것이오. 만약 1품의 무명을 깨뜨려 초주(初住)의 지위를 증득했더라면, 비로소 실상법을 증득했다고 말할 수 있을 것이오.)

지자(智者) 대사는 석가모니불의 화신이신데, 임종에 한 제자가 대사께서 어느 과위(果位)까지 증득하셨는지 여쭙자, 이렇게 대답했다오.

"내가 대중을 거느리지 않았다면, 반드시 육근이 청정했을 것이다. 그러나 나를 덜어 남들을 이롭게 하느라, 단지 오품(五品)에 올랐다."

또 우익(口益) 대사는 임종에 열반게에서 이렇게 말씀하셨소.

"명자위 가운데 진짜 부처님 안목을, 끝내 어떤 사람에게 당부해야 할지 모르겠다[名字位中眞佛眼, 未知畢竟付何人.]."

(명자위에 오른 사람은 여래장 성품을 원만히 깨달음이 부처와 똑같은 정도인데도, 보고 생각하는 미혹을 아직 조복 받지 못했으니, 하물며 끊었겠소? 말세에 확철대오했다는 사람들은 거의 대부분이 이러한 신분이라오. 이치상으로는 비록 단박 깨달았다[頓悟]고 하지만, 미혹을 아직 조복 제거하지 못했기 때문에, 한번 다시 생명을 받으면 자칫 길을 잃기 십상이오.)

우익 대사가 명자위(名字位)를 보이셨고, 지자 대사는 오품(五品)을 보이셨으며, 남악 대선사는 십신(十信)을 보이셨소. 비록 세 대사의 본바탕은 모두 헤아릴 길이 없지만, 그분들이 보이신 명자(名字)·관행(觀行: 五品)·상사(相似: 十信)의 세 과위를 보면, 실상(實相)을 증득하기가 결코 쉽지 않고, 후학이 선배를 초월하기가 얼마나 어려운지 알 수 있소.

이분들은 진실로 후학들이 증득하지도 못했으면서 증득했다고 착각하고 자랑할까 염려하여, 몸소 자신의 과위로 설법하셨소. 후학들이 스스로 부끄러운 줄 알고, 감히 망령된 자만심에 빠지지 못하도록 예방하기 위해서였소. 그러니 세 대사께서 임종에 당신들의 과위를 몸소 보이신 은덕은, 뼈가 가루가 되도록 몸을 부숴도 다 보답할 수 없다오. 과연 그대들이 이 세 대사를 초월할 수 있는지, 스스로 곰곰이 생각해 보시오.

만약 염불과 독경으로 선근을 잘 심고 가꾸어, 서방 극락에 왕생한 뒤에 항상 아미타불을 모시며 청정해회(淸淨海會)에 동참한다면, 그 공덕과 수행의 정도에 따라 빠르고 높은 차이는 있겠지만, 반드시 실상(實相)을 증득할 것이오. 이는 전혀 의심할 나위 없는 틀림없는 이치이며, 지금까지 극락왕생한 모든 분들이 함께 얻고 증명하는 사실이오.

깨달음[悟]이란 분명히 훤하게 아는 것이오. 마치 문을 열어 산을 보고, 구름이 걷혀 달이 보이는 것과 같소. 또 눈이 맑은 사람이 돌아갈 길을 몸소 보는 것과도 같고, 오랫동안 가난했던 선비가 갑자기 보물 창고를 연 것과도 같소. 증득[證]이란 마치 그 길을 걸어 집에 돌아가, 발길을 멈추고 편안히 쉬는 것과 같소. 또 얻은 보물을 마음대로 사용하는 것과도 같소.

깨달음은 마음이 큰 범부[大心凡夫]만 되어도 부처와 같을 수 있소. 그러나 증득은 초지(初地)에 오른 사람이라도, 바로 위의 이지(二地)가 어떻게 발을 들고 어디에 발을 딛는지조차 모른다오. 깨달음과 증득의 이러한 이치 차이를 안다면, 저절로 증상만(增上慢)도 일지 않으며, 후퇴 타락도 생기지 않을 것이며, 극락정토에 왕생하길 발원하는 마음은 만 마리의 소[牛]라도 만류하지 못하리다.

지자(智者) 대사는 세간에서 석가불의 화신이라고 일컬어지니, 증득하신 경지를 누가 알 수 있겠소? 그런데도 부처님께서 중생들을 위해 몸을 나토어 모범을 보이시면서, 몸소 범부로 자처하셨다오. 임종에 "내가 대중을 거느리지 않았다면, 반드시 육근이 청정했을 것이다."고 하신 말씀은, 자신의 경지로 후학들을 훈계한 현신설법(現身說法)이오.

　대사는 애시당초 미혹을 끊고 진여를 증득하여, 곧장 등각(等覺)의 경지에 오르려고 뜻을 세웠다오. 그런데 불법을 펼쳐 중생들을 이롭게 하기 위해서, 당신의 선정(禪定) 공부를 많이 거르게 되어, 원교(圓教)의 오품관행위(五品觀行位)를 증득하는 데 그치셨소. 그래서 "자신을 덜어 남들을 이롭게 하느라, 단지 오품밖에 오르지 못했다."고 말씀하셨소.

　오품(五品)이란 수희(隨喜) · 독송(讀誦) · 강설(講說) · 겸행육도(兼行六度: 육바라밀을 아울러 행함) · 정행육도(正行六度)의 다섯 가지라오. 원교의 오품위(五品位)는, 여래장의 성품을 깨달음이 부처의 깨달음과 전혀 다르지 않소. 보는 미혹 · 생각하는 미혹 · 진사혹(塵沙惑) · 무명 등의 번뇌를 원만히 조복하였으되, 보는 미혹조차 아직 완전히 끊지는 못한 경지라오.

　만약 보는 미혹을 완전히 끊으면, 초신(初信)을 증득하오. 또 칠신(七信)에 이르면 생각하는 미혹도 완전히 끊기어, 육근을 마음대로 사용하여도 육진(六塵)에 오염되지 않는 실제 증명(實證)을 얻게 되오. 그래서 육근청정위(六根清淨位)라 부르오.[81] 또 각각의 근(根: 감각 기관) 가운데 육근의 공덕을 두루 갖추어 육근불사(六根佛事)를 할 수 있소. 그래서 육근호용(六根互用)이라고도 부르오.[82] 『법화경』의 「법사공덕품(法師功德品)」에서 말한 대로라오. 남악 선사가 바로 이 경지에 이르렀다고 보이셨소.

　이 경지에 이른 사람은, 단지 대지혜를 지닐 뿐만 아니라, 대신통도 가진다오. 그 신통력은 소승의 아라한이 감히 견줄 수도 없을 정도라오.

---

81) 공자가 논어에서 자신이 "칠십 세에 마음이 하고 싶은 대로 따라도 법도에 어긋남이 없게 되었다[七十從心所欲不踰矩: '마음이 종용(從容)스러워, 하고 싶은 게 법도에 어긋나지 않다'고 해석하는 이견도 있음]."고 술회한 경지가, 내용상 적어도 여기서 말하는 7신(信)의 육근청정위일 것으로 필자는 감히 추정해 본다.

82) 세상의 소리를 듣지 않고 본다는 '관세음(觀世音)' 명호나, 공자가 '아침에 도를' 얻거나 깨닫지 않고 단지 "들으면 저녁에 죽어도 좋다[朝聞道, 夕死可矣]."고 감탄한 말씀이 바로 육근호용의 대표적인 실례가 아닐까 생각한다.

그래서 남악 선사는 생전이나 사후 모두 불가사의한 일(기적)들이 많아, 보고 들은 사람들에게 모두 깊은 신심을 불러 일으켰다오.

남악 선사와 지자 대사 같은 분은 모두 법신대사(法身大士)이시니, 그 분들이 실제 증득한 지위가 얼마나 높고 깊은지, 누가 헤아릴 수 있겠소? 이렇게 말하는 것도, 단지 앞으로 도를 배우는 데 전념으로 정진할 후학들을 격려하기 위해서, 대강의 곡절만 밝히는 것뿐이오. 그분들이 어찌 정말로 십신상사위(十信相似位)나 오품관행위(五品觀行位)를 증득하는 데 그쳤겠소?

우리 같은 범부 중생이 어떻게 감히 그분들을 흉내나 낼 수 있겠소? 우리들은 그저 중요한 계율을 거칠게나마 대강 지키면서, 일심으로 염불하고, 아울러 세간의 선행을 두루 쌓는 것으로 보조 수행을 삼으면 충분하리다. 영명(永明) 대사나 연지(蓮池) 대사의 법문에 따라 행하기만 하면, 이롭지 않을 게 전혀 없을 것이오. 불교 모든 종파의 수행 법문은, 반드시 진실한 수행이 일어나 알음알이 분별이 끊어지는[行起解絶] 지경에 이르러야, 바야흐로 실제 이익이 있게 되오. 단지 정토 법문의 관상(觀想) 수행만 그러한 것이 아니라오.

선종에서는 아무 의미도 없는 화두(話頭: 말머리)를 마음속에 간직하며, 마치 목숨이나 사주처럼 여기오. 시간과 날짜를 따지지 않고 늘상 참구하여, 몸과 마음 세계를 모두 알지 못하는 상황에 이르러서야 바야흐로 확철대오하게 되니, 이 또한 수행이 일어나 알음알이가 끊긴 지경이 아니겠소? 육조 혜능 대사가 단지 『금강경』 한 구절을 듣고, 곧장 마음을 밝히고 성품을 볼[明心見性] 수 있었던 것도, 수행이 일어나 알음알이가 끊긴 지경이 아니겠소?

내 생각에는 수행이 일어난다는 '기(起)' 자는, 의미상 마땅히 수행이 지극해진다는 '극(極)' 자로 써야 할 것 같소. 오직 지극하게 공부에 힘써야만 주체[能]와 객체[所: 사물 대상] 두 가지를 모두 잊고, 한 마음[一心]이 철저히 드러나기 때문이오. 만약 수행이 지극하지 못하다면, 비록 관상하고 염불할지라도 주체와 객체가 있게 되어, 완전히 범부의 감정으로 일하는 것이고, 완전히 지식 분별이 되고 마오. 완전히 알음알이 분별에 불과한데, 어떻게 진실한 이익을 얻을 수 있겠소?

오직 수행 공부가 지극한 경지에 이르러야만, 주체와 객체, 감정과 식견이 모두 소멸하고, 본래 지닌 진짜 마음[眞心]이 드러나게 되는 것이오. 그래서 옛날에 죽은 나무 같던 사람이 있었는데, 나중에 그 도풍(道風)이 고금에 걸쳐 휘황찬란히 빛나게 된 것도, 모두 지극함[極] 한 글자에 있을 따름이오. 이익을 잘 얻을 줄 아는 사람은 가서 이익 아닌 게 없으며, 손해를 달게 받는 자는 가서 손해 아닌 게 없소. 요즘 사람들은 늘상 세간의 분별적인 총명 재주로 불학(佛學)을 연구하다가, 이치의 길[義路]만 조금 트이면 곧 몸소 증득[親得]했다고 일컫기 일쑤요.

그때부터 스스로 높은 경지에 있는 걸로 여기고, 고금의 인물들을 모두 무시한다오. 현재의 사람들이 자기 안중에 들어오지 않는 것은 말할 것도 없소. 천수백 년 동안 계속 세간에 출현하신 고승 대덕들은, 대부분 옛 부처님들이 다시 오셨거나 법신 보살들이 나토신 화신(化身)이신데도, 그는 이런 분들조차 본받을 게 없는 평범한 인물로 치부하고 만다오. 아직 증득하지 못했으면서도 증득했다고 말하는 자가 오죽하겠소? 그가 하는 말을 들어 보면 구천(九天)을 꿰뚫을 정도로 고상하지만, 마음을 살펴보면 비열하기가 구지(九地: 황천) 아래로 떨어질 정도라오.

이렇듯이 더럽고 나쁜 버릇은 통절히 제거해야 마땅하오. 그렇지 않으면, 제호(醍醐: 우유에서 정련한 최고급 精味)를 독그릇에 담는 것처럼, 사람을 죽게 할 수도 있다오. 만약 한 생각을 되돌이켜 자기 마음을 살피고 궁리할 수 있다면, 여래께서 설하신 법문만이 유익한 게 아니오. 돌이나 벽돌, 등잔 갓과 이슬, 심지어 대지에 널려 있는 온갖 모습과 빛깔과 소리까지, 어느 것 하나 제일의제(第一義諦)의 실상 묘리(實相妙理)가 아닌 게 없다오. 독실하게 믿고 힘써 실행하기 바라오.

꿈속에서 불보살님의 가피를 받는 일은, 숙세에 착한 뿌리를 심었다고 할 수 있는 몹시 희귀한 체험이오. 그러나 모름지기 계속 전전긍긍하며 스스로 수행에 힘써야, 그러한 꿈이 끝내 헛되지 않게 되오. 만약 범부 중생의 식견으로 크나큰 자만심을 일으켜, "나는 이미 삼보의 가피를 받았으므로, 벌써 성인의 경지에 들어섰다."고 망령된 말을 지껄이면서, 아직 증득하지도 못한 주제에 이미 증득했다고 자처한다면, 이는 착한 원인을 가지고 악한 결과를 불러들이는 게 되오.

말법 시대의 중생들은 마음과 지혜가 너무 낮고 보잘것없어서, 늘상 이러한 병폐를 범하기 마련이오. 『능엄경』에서 "성인이라는 마음을 내지 않는 것이 곧 훌륭한 경계이다. 만약 성인이라고 생각하면, 곧장 뭇 사악의 침범을 당하리라[不作聖心, 名善境界, 若作聖解, 卽受群邪.]."고 말씀하신 게 바로 이것이오. 정토법문을 힘써 수행하는 데에 스스로 분발하고 격려하길 권하오. 그러면 장래에 틀림없이 막대한 이익을 얻게 될 것이오.

염불 수행의 중점은 극락왕생에 있소. 그렇지만 염불이 지극하면 또한 마음을 밝히고 성품을 볼[明心見性] 수도 있으니, 염불 수행이 현세에 전혀 이익이 없는 것은 아니오. 옛날 명(明) 나라 때 교숭(敎崇) 선사는 매일 관세음보살의 성호를 십만 번씩 염송했는데, 나중에는 전혀 배우지도 않은 경서(經書)를 모두 알게 되었다오.

『정토십요(淨土十要)』와 『정토성현록(淨土聖賢錄)』을 읽어 보면, 비로소 염불의 미묘함을 알 수 있거니와, 나도 이미 누차 언급한 적이 있소. 그런데도 염불 수행이 현세에 전혀 이익이 없다고 말하는 것은, 정토 경론(淨土經論)들을 깊이 이해하지 못하고, 내 글도 주마간산(走馬看山) 식으로 대충 스쳐보고 만 까닭이오.

적광정토(寂光淨土)는 비록 바로 이 자리가 맞다[當處卽是]고 하지만, 그러나 지혜가 궁극까지 끊어 버리고 비로자나 법신을 원만히 증득한 자가 아니면, 철저하게 몸소 받아 쓸 수 없소. 원교(圓敎)의 십주(十住)ㆍ십행(十

行)·십회향(十廻向)·십지(十地)·등각(等覺) 등 41지위도 오히려 차례로 나누어 증득[分證]하는 단계라오. 만약 누가 비로자나 법신을 원만히 증득한다면, 이 자리가 바로 적광정토라고 말해도 괜찮을 것이오. 그러나 혹시라도 그렇지 못하다면, 이는 밥을 말로만 먹고 보배를 손으로 세기만 하는 것과 같아서, 굶주려 죽음을 면할 수 없소.

## 4) 선종과 교종

　　　　말세에 강설(講說)하는 사람들은 으레히 선종을 말하기 좋아하오. 그래서 그 말을 듣는 청중들이 대부분 말에 따라 겉돌기 마련이오. 그러나 내 생각에, 선가(禪家)의 기어(機語: 논리나 뜻으로 풀이할 수 없는 機微의 언어)는 어떠한 의미도 전혀 없소. 오직 찾아오는 기미(機微)에 대하여 향상(向上: 선가의 지극한 곳)의 길을 가리켜 줄 뿐이오. 이러한 기어는 단지 참구할 수 있을 뿐이거늘, 어찌 강설할 수 있단 말이오?

　만약 이와 같이 경전을 강설한다면, 오직 격식을 초월하는 최상근기의 선비만 이익을 얻을 수 있소. 그 나머지 중하류의 범부 중생들은 모두 오히려 그 병폐(부작용)를 받기 마련이오.

　선종에서는 기봉전어(機鋒轉語: 근기에 따라 날카롭게 내던지는 말, 화두)를 힘써 참구할 줄은 모르고, 망령되이 자기의 논리와 의미로 풀이하려는 폐단이 많소. 또 교종에서는 실제의 이치와 사물을, 자기가 몸소 경험한 경계가 아니라는 이유로 믿지 않고, 그것이 단지 비유적인 의미로 불법을 표현한 것이라고 오인하는 경향이 크오. 그러면서 교종으로 선종을 공격하고, 선종으로 교종을 공격하고 있소. 그래서 근래 종파간의 갈등과 비판은 전에 없이 막대하오.

　조계(曹溪: 육조 혜능이 주석한 곳으로 이곳에서 선풍을 크게 드날렸다) 이후에 참선의 도가 크게 일어나, 문자를 세우지 않는다[不立文字]는 말이 세상에 널리 퍼지게 되었소. 그래서 뜻으로 이해하려는 길이 날로 넓혀지면서, 깨달음의 문은 거의 막혀 닫힐 지경에 이르렀소. 그래서 남악(南嶽)이나 청원(靑原) 같은 여러 조사들은 모두 기어(機語)로써 사람들을 맞이하였소.

설사 부처님이나 조사들이 나타나 말씀을 하신다고 해도, 그 질문에는 전혀 대꾸할 길이 없소. 정말로 딱 들어맞게 알아차리지 못하면, 그 말은 짐작도 할 수 없는 것이오. 이걸로 시험해 보면, 황금과 투석(鍮石: 금과 비슷한 自然銅의 精鍊品)이 금방 판가름 나고, 옥과 돌이 확연히 구분되오. 그래서 가짜로 대충 법도(法道)를 흉내 낼 수가 없는 것이오. 이것이 바로 기봉전어(機鋒轉語: 화두)가 생겨난 유래라오.

그 후로 이러한 선종의 법이 날로 치성해지면서, 선가의 선지식들이 행세하며 남들의 화두를 답습하면, 판에 박힌 격식으로 전락하여, 수행자들을 잘못 이끌고 선종의 가풍을 어지럽힐까 염려스러웠소. 그 결과 기어(機語)를 갈수록 날카롭고 준엄하게 쓰게 되었소. 그래서 근기에 따라 내던지는 화두가 일정한 방향 없이 변화무쌍하여, 사람들이 도대체 갈피를 잡을 수 없게 되었다오.

그러다 보니 부처님을 꾸짖고 조사를 욕하는가 하면,[83] 경전과 교법을 배척하고 정토와 염불을 부정하기에 이르렀소. 이와 같은 작용은 남악(南嶽) 혜사(慧思) 대사의 두 구절에 확연히 나타나 있소.

무리를 빼어나고 대중을 벗어나니 큰 허공이 그윽하고
사물을 가리켜 마음을 전하나 사람들이 알지 못하네.
超群出衆太虛玄

---

83) "부처를 만나면 부처를 죽이고, 조사를 만나면 조사를 죽이라."는 임제(臨濟) 선사의 말이 널리 퍼져 있다. 또 한겨울에 절의 땔감이 떨어지자, 스님이 나무로 만든 불상을 갖다 도끼로 쪼개 불을 때면서, 이를 의아하게 여기고 나무라는 사람에게, "부처님 사리가 얼마나 나오는지 보려고 그랬다."고 대답했다는 식의 일화도 잘 알려져 있다.

指物傳心人不會

그러나 이러한 말을 실제 법[實法]으로 오인하면, 그 죄가 오역(五逆)과 같게 되오. 이러한 말은 사람들의 감정과 선입견을 도려내고, 논리적 사고와 지식적 이해의 길을 막아 버리는 것이오. 근기가 뛰어나고 인연이 무르익은 사람은, 그 자리에서 가리키는 뜻을 알아채고, 향상(向上)의 이치를 철저히 깨달을 수 있소. 또 근기가 좀 살아있는 자는, 진실하게 힘써 참구하여 반드시 확철 대오하고야 말 것이오.

당시에는 선지식이 많았고, 사람들의 근기도 아직 괜찮았으며, 교리(敎理)도 분명하고, 생사 해탈에 대한 마음도 간절하였소. 때문에 설령 그 자리에서 곧장 훤히 깨닫지는 못할지라도, 비천한 열등심은 결코 내려고 하지 않았다오.

그런데 지금 사람들은 대부분 어려서부터 유가의 글을 공부하여, 세상의 이치도 잘 모르고 불법의 교리도 알지 못하면서, 처음 발심하면서부터 곧장 선종의 문에 들어가기 일쑤요. 선가의 선지식이라는 분들도 단지 자기 문중을 지탱하면서 옛 사람들의 거동을 흉내 낼 뿐, 전법과 불도의 이해득실은 따지지도 않고 있소.

또 그 밑에서 공부하는 수행자들도 진실한 의문의 감정을 내지 아니하면서, 하나하나 실제 법[實法]인 걸로 생각하고 있소. 더러는 요즘 사람이 내던진 말이나 모든 옛 사람들의 기록 가운데서, 자기 생각으로 조그만 이론 체계를 그럴듯하게 꾸며 본다오. 그게 결국은 문자에 따른 의미 해석의 범위를 벗어나지 못하는데도, 스스로 궁극의 향상(向上) 이치를 완전히 깨달아 더 이상 참구할 게 없다고 자부하고 있소.

그리고는 선지식의 행세를 하면서, 후학들을 지도하고 문중을 지키는 것이오. 그러다 보니, 사람들이 자신을 통달한 대가가 아니라고 볼까 두려워하여, 참선과 강설을 함께 펼치는구료. 참선과 교법을 아울러 통달했다고 일컬어지기 바라는 것이오.

그런데 참선을 말할 때는, 고승 대덕들이 궁극의 향상(向上)을 가리킨 말(화두)에 대해서, 문자상의 뜻이나 풀이하는 말을 지껄이는 게 고작이오. 또 교법(敎法)을 말할 때는, 여래께서 원인 자리를 닦아 과보의 지위를 얻은 도(道: 진리)에 대해서, 도리어 형식적인 표면상의 법이나 상징적인 비유의 의미로 해석하고 있소.

결국 교법으로 참선을 파괴하고, 참선으로 교법을 파괴하는 거라오. 눈 먼 길잡이가 눈 먼 대중들을 이끌고, 함께 불구덩이 속으로 뛰어드는 셈이라오. 후학들에게 옛 사람들의 향기롭고 훌륭한 수행 규범은 들려주지 못하고, 도리어 부처님을 경시하고 조사들을 능멸하며 인과응보의 법칙을 부정하는 죄악만 본받게 하는 것이오.

교법은 상중하 세 근기의 중생들이 두루 혜택을 입고, 지혜로운 자나 어리석은 자를 모두 포괄하오. 마치 성왕의 현명한 법령을 온 천하가 높이 받들어 칭송하고, 잘나거나 못나거나 똑똑하거나 바보거나, 모든 백성이 잘 알아 지켜야 하는 것과 같소. 법령에 복종하지 않는 백성이 하나라도 있으면 엄형에 처하듯이, 부처님의 교법도 믿고 따르지 않는 중생이 하나라도 있으면 삼악도에 떨어지게 되오.

선종은 오직 상근기만 혜택을 입고, 중하근기의 중생들은 포섭하지 못하오. 마치 장군이 비밀스런 특명을 내리면, 아군의 진영 안에서만 알 수 있을 뿐, 진영 밖의 사람은 설령 태어나면서부터 모든 것을 아는 지혜가 있더라도 도무지 알 수가 없는 것과 같소. 그래서 전군(全軍)이 적군을 섬멸시키고 천하태평을 가져올 수 있소.

군령의 기밀이 한번 누설되면 삼군(三軍)이 모두 몰살당하듯, 조사(祖師)의 법인(法印)이 한번 누설되면 다섯 종파가 모두 망하게 되오. 그래서 아직 깨닫기 전에는 오직 화두만 참구하도록 단속하고, 참선에 관한 책을 떠들어 보지 못하도록 금지하는 것이오. 조사의 본래 뜻을 오해하여, 미혹을 깨달음으로 착각하고, 가짜가 진짜를 어지럽힐까 정말로 염려하기 때문이오. 이러한 것을 누설이라고 부르는데, 그 해악은 정말 막대하오.

궁극의 근원은 둘이 아니지만, 거기에 이르는 방편은 여러 문이 있소. 선종 가문의 방편은 아주 특별한 예외여서, 모든 말과 글을 완전히 쓸어 없애버린 듯하오. 그래서 본의를 얻지 못한 자는, 말을 떠난다는 취지를 체득하지 못하고, 단지 술지게미나 핥는 격이오.

선종에서 뜻으로 이해하려는 길을 한번 열어 놓으면, 힘써 참구하려 들지 않을 것이오. 교종에서 원만하고 융통스런 경지를 섣불리 배우면, 사물의 모습[事相]을 모조리 파괴할 것이오. 오직 크게 통달한 선비만, 이 양쪽의 이익을 함께 얻을 수 있소. 그렇지 못한 경우에는, 제호(醍醐)와 감로(甘露)를 독그릇에 담아 독약으로 변하게 만드는 꼴이 되고 만다오.

교법은 비록 중하근기의 사람에게도 이익을 주긴 하지만, 최상의 근기가 아니면 크게 통달할 수 없소. 너무 광범위하고 방대하기 때문이오. 반면 참선은 비록 중하근기의 사람이 어떻게 마음을 두기가 어렵지만, 상근기의 사람은 크게 깨달을 수 있소. 단순하게 지키기 때문이오.

교법은 세간법과 불법, 사물과 이치[事理], 성품과 형상[性相] 모두를 통달하고, 나아가 대개원해(大開圓解: 원만한 이해를 크게 열어젖힘. 선종의 확철대오에 해당함)하여야만, 비로소 인간과 천상을 모두 인도하는 스승[人天導師]이 될 수 있소. 반면 참선은 하나의 화두만 참구하여 깨뜨리면, 본래 진면목을 친견하여, 선종의 직지인심(直指人心: 사람 마음을 곧장 가리켜 줌)의 가풍을 펼칠 수 있소.

불법이 크게 흥성하는 시대에 불법을 크게 통달한 사람이라면, 마땅히 선종에 따라 참구하는 게 좋겠소. 마치 용을 다 그려 놓은 상태에서, 한 점 눈동자만 그려 넣으면 즉시 하늘로 날아오르는 것과 같소. 그러나 불법이 쇠퇴한 때나, 타고난 근기가 다소 떨어지는 사람들은, 교법에 따라 수행하는 것이 마땅하오. 마치 보통 기술자가 기물을 만들면서 자와 컴퍼스를 팽개치면, 끝내 규격에 맞는 제품을 완성할 수 없는 것과 같소.

요즘 세상에 부처님 은혜를 갚고 중생들을 이롭게 하고 싶다면, 선종에서는 선종의 가풍을 오로지 펼치면서 교종의 법인(法印)도 모름지기 존중해야 하며, 교종에서는 관행(觀行)을 힘써 닦으면서 선종의 말을 남용하지 말아야 하오. 진실로 마음이 미묘한 도리[妙諦]에 통달하면, 인연 만나는 대로 바로 선종이 된다오.

뜰의 잣나무, 마른 똥 막대기, 거위 울음소리, 까치 지저귐, 물이 흐르고 꽃이 피며, 기침하고 침 뱉으며, 비웃거나 욕설하는 등의 모든 법과 사물이, 한결같이 선종이 되어 왔소. 그런데 어찌하여 여래께서 황금 입으로 친히 설하신, 원만하고 미묘한 법문이 도리어 선종이 될 수 없단 말이오?

어찌하여 남의 집의 보잘것없는 막대기를 빌려 자기 집 문중을 떠받치며, 자기 집에 있는 아름답고 훌륭한 나무들은 쓰지 않고 내버린단 말이오? 법 자체는 본디 우열이 없어, 오직 하나의 도[一道]로 항상스럽다오. 그러나 중생의 근기는 설기도 하고 무르익기도 하여, 비록 하나의 법[一法]이라도 그로부터 얻는 이익은 달라질 수밖에 없소. 이 점을 잘 명심해야 하오.

## 5) 주문 지송[持呪]

주문 지송의 법문은 단지 보조 수행[助行]으로 삼을 수 있소. 혹시라도 염불을 보조로 병행하면서, 주문 지송을 기본 수행[正行]으로 삼아서는 안 되오. 무릇 주문 지송의 법문도 불가사의한 효험이 있긴 하오. 그러나 범부 중생의 극락왕생은, 오로지 믿음과 발원이 진실하고 간절하여, 아미타불의 위대한 서원과 감응의 길이 서로 열릴 때에만 이루어진다오.

이러한 이치를 모른다면, 일체의 법과 사물이 모두 불가사의하거늘, 임의로 어떤 법문을 닦는다고 안 될 게 있겠소? 그러다 보면, 곧 "참선 수행도 없고 염불 공덕도 없어, 쇠 침대에 누워 구리 기둥을 껴안으면서, 억만 겁과 천만 생이 지나도록, 믿고 의지할 사람 몸 하나 얻지 못하는" 처지가 되고 말 것이오.

만약 자신이 온통 업장투성이의 범부 중생인 줄 안다면, 여래의 위대한 서원력에 의지하지 않고는, 결코 현생에 생사윤회를 벗어날 수 없는 줄도 알아야 하오. 정토 법문은 부처님의 한평생 가르침 가운데, 그 어느 것도 비견할 수 없는 위력을 지녔소.

주문 지송과 경전 독송은, 죄악과 업장을 소멸시키고 복덕과 지혜를 심는 수행으로는 마땅하오. 그러나 만약 신통력을 구하려는 망령된 생각이 조금이라도 있다면, 이는 근본을 버리고 말단 지엽을 쫓아가는 잘못된 생각이오. 그렇게 잘못된 생각이 마음에 단단히 맺힌 데다, 이치도 분명하지 않고 계율을 지니는 힘도 견고하지 않으며, 보리심(菩提心)도 생기지 않고 나와 남을 구별하는 마음이 편협하게 치열해지면, 반드시 악마에 붙들려 미쳐 날뛰는 때가 올 것이오.

무릇 신통을 얻고자 하면, 모름지기 먼저 도(道)를 얻어야 하오. 도를 얻으면 신통은 저절로 갖추어지기 마련이오. 만약 도에는 힘쓰지 않으면서 오직 신통만 구한다면, 신통을 얻을 수 없음은 물론이고, 설사 얻는다고 할지라도 도리어 도에 장애가 될 뿐이오. 그래서 모든 부처님과 조사들이 한결같이 사람들에게 배우지 못하도록 엄금하신 것이오. 세상에 이런 잘못된 생각을 품은 사람들이 늘상 적지 않기 때문에, 상세히 언급하는 것이오.

염불하는 사람은 주문을 지송하지 말라는 법이야 없소. 다만 주된 수행과 보조 수행을 분명히 구별할 필요가 있소. 그래야만 보조 수행도 주된 수행으로 귀결하기 때문이오. 만약 분별하지 않고 대충 적당히 한꺼번에 본다면, 주된 수행도 중심이 잡히지 않게 되오. 준제주(準提呪)나 대비주(大悲呪) 사이에 어찌 우열의 차이가 있겠소? 마음만 지성스럽다면, 모든 법마다 한결같이 영험스럽게 되오. 그러나 만약 마음이 지성스럽지 못하면, 어떠한 법도 결코 영험스럽지 못할 것이오.

왕생주(往生呪)를 범문(梵文: 산스크리트 문자)으로 배운다면 매우 좋을 것이오. 그러나 우리가 보통 염송하고 있는 약문(略文: 한문으로 음역한 간략본인 듯)은 잘못이라고 굳이 분별심을 낼 필요는 없소. 한번 이러한 마음을 일으키게 되면, 대장경 안의 모든 주문에 대해 '부처님의 본래 뜻에 부합하지 않는다'는 의심이 생기기 때문이오.

경전을 번역한 사람들은, 어느 누구도 할 일 없이 무료해서 한 게 결코 아님을 알아야 하오. 어찌하여 다른 번역본과 조금 다르다는 이유만으로 무시할 수 있겠소? 천여 년 동안 이 주문을 지송하여 이익을 얻은 사람을 어떻게 다 헤아릴 수 있으리오? 그렇게 천여 년 동안 주문을 지송해온 사람들이 모두 범문(梵文)을 몰랐겠소?

배울 것은 정말로 배워야 마땅하지만, 우열이나 승부(勝負)의 분별심은 절대로 내어서는 안 되오. 그러면 스스로 얻는 이익이 불가사의할 것이오. 또 주문 지송의 법은 화두를 드는 것과 비슷하오. 화두를 들 때 논리나 의미의 길이 없기 때문에, 범부의 분별 감정을 잠재우고, 본래 갖추고 있는 진짜 지혜[眞智]를 증득하게 되는 것이오.

주문 지송도 의미나 이치를 모르기 때문에, 단지 지성으로 간절하게 지송해 가는 것이오. 그렇게 정성을 지극히 다하다 보면, 저절로 업장이 소멸하고 지혜가 밝아지며 복덕이 높아지게 되오. 그 이익은 우리 생각이나 추측으로 미칠 수 없이 막대하오.

## 6) 출가(出家)

　　　　　무릇 불법(佛法)은 구법계(九法界)에 두루 통용하는 공공의 법[公共之法]이오. 그래서 불법은 어느 누구도 닦아서는 안 될 사람이나, 닦을 수 없는 사람이 전혀 없소. 재계(齋戒)를 지키며 염불하는 사람이 많으면, 그 효험이 널리 퍼져, 정법과 불도가 크게 흥성하며, 풍속과 인심이 순박하고 선량해진다오. 그래서 염불하는 사람은 많을수록, 더욱 아름답고 좋소. 단지 염불하는 사람이 많지 않은 것만 염려하면 되오.

　　그런데 출가해서 스님이 되는 일은, 여래께서 정법과 불도를 이 세상에 주지(住持: 안주 유지)시키고 유통시키기 위해서 만들어 놓으신 제도이오. 만약 향상(向上)의 뜻을 세우고 대보리심을 발하여, 불법을 연구하고 자성(自性)을 철저히 깨달은 뒤, 지계·선정·지혜의 삼학(三學)을 펼치고 정토염불을 찬탄하기 위해 출가한다면, 현생의 단 한번 수행으로 단박에 윤회 고해를 벗어날 수 있소. 이런 스님은 많을수록 좋고, 다만 많지 않을까 염려해야 되오.

　　그러나 만약 약간의 신심만 가지고 향상의 큰 뜻은 없으면서, 스님의 이름을 빙자하여 한가하게 놀기 좋아하고, 부처님께 의지하여 구차하게 생계나 해결하기 위해 출가한다면, 이는 말만 불자(佛子)이지, 실제로는 까까중[髡民: 옛날 죄수들의 머리를 싹 깎았는데, 세간에서 스님을 폄하하여 곤노(髡奴)라고 불렀음.]에 불과하오. 이런 스님은 설령 악업을 짓지 않는다 할지라도, 이미 불법의 퇴폐 종자[敗種]이며, 국가의 쓰레기 인간[廢人]에 불과하오.

　　하물며 계율을 파괴하고 악업을 지어, 불교에 모욕과 수치를 안겨 준다면, 설령 살아 있는 동안 국법은 빠져 나갈지 몰라도, 죽어서는 틀림없이 지옥에 떨어질 것이오. 이런 사람은 자기에게나 불법에게나 모두 백해무익한 존재가 되오. 이런 스님은 한 사람도 있어서는 안 되거늘, 하물며 많아서야 되겠소?

옛 사람들이 "출가는 대장부의 일이며, 장군이나 재상이라고 할 수 있는 일이 아니다."라고 말씀하셨소. 이는 진지한 말이고 성실한 말이오. 결코 장군이나 재상을 낮추고, 승가를 높이기 위하여 과장한 말이 아니오. 부처님의 가업[佛家業]을 짊어지고, 부처님의 혜명[佛慧命]을 이어 받아야 하기 때문이오. 그래서 무명을 깨뜨려 본성을 되찾고, 정법과 불도를 널리 펼쳐 중생을 이롭게 할 사람이 아니면, 스님이 될 수 없는 것이오.

요즘 스님이 되는 사람은 대부분 비루하고 썩어빠진 무뢰배들로, 그저 유유자적하며 편안히 살려고 출가하는 자들이오. 재계(齋戒)를 지키며 염불하는 스님도 별로 찾아볼 수 없거늘, 하물며 부처님의 가업을 짊어지고 부처님의 혜명을 이어갈 만한 스님이리오?

지금 불법이 줄곧 퇴폐하여 땅바닥에 떨어진 것은, 청(淸)나라 세조(世祖: 연호는 順治. 1644~1662 재위)가 시기(時機)를 제대로 살피지 못하고 내린 조치에서 비롯하였소. 부처님 법제를 우러러 따른다는 생각에서, 명나라의 시승(試僧: 僧科 시험) 제도를 혁파해 버리고 도첩(度牒: 출가를 허가하는 공문서)을 영구히 면제해 주어, 아무나 임의로 출가할 수 있도록 개방한 것이오. 이 조치가 맨 처음 발단이 되었소.

무릇 임의 출가는 상근기의 선비에게는 크게 유익하지만, 하근기의 중생에게는 크게 손해가 되오. 만약 세상에 모두 상근기의 선비만 있다면, 임의 출가의 법이 정법과 불도에 정말로 크게 유익할 것이오. 그러나 상근기의 선비는 기린(麒麟: 중국 전설상의 신령스런 동물로, 지금 말하는 목 긴 기린이 아님)의 뿔처럼 매우 드물고, 하근기의 중생은 소의 터럭처럼 무수히 많소.

그러다 보니, 선지식이 숲처럼 많던 청 초기부터 건륭(乾隆: 高宗 연호. 1736~1795 재위) 년간까지는 잠시 이익이 있었으나, 그 후로는 폐단과 부작용이 후세에 널리 퍼지게 되었소. 지금에 이르러서는 그 폐해가 이미 극도로 범람하여, 설령 선지식이 한 바탕 크게 정돈하고 싶어도, 어떻게 손조차 쓸 수 없는 지경이 되었소. 그러니 어찌 슬프지 않겠소?

앞으로 출가하려는 사람은, 첫째, 진실로 자신과 중생을 함께 이롭게 하려는 대보리심을 발하는 요건과, 둘째, 남보다 뛰어난 천부적 자질을 타고난 요건을 갖추어야, 비로소 삭발할 수 있도록 해야 하오. 그렇지 못한 자는 출가할 수 없도록 해야 하오.

여자들은 신심이 있으면 집에서 수행하도록 권하고, 절대로 출가해서는 안 되오. 혹시라도 파탄에 빠지는 경우가 있으면, 불교 문중을 적지 않게 더럽힐까 두렵기 때문이오.

남자들이 진실한 수행[眞修]을 하려면, 출가가 더욱 쉽소. 선지식들을 참방하고 총림(叢林)에 의지해 머물 수 있기 때문이오. 그러나 여자가 진실한 수행을 한다면, 출가가 도리어 더 어렵소. 움직일 때마다 세상의 혐의(嫌疑)와 비방을 불러일으키고, 평범한 일상사들도 자기 뜻대로 하기가 어렵기 때문이오. 만약 위[上: 국가를 지칭한 듯]에서 삭발 제도를 잘 분간 선택하여, 비구니(여승)의 출가를 허용하지 않는다면, 이는 불법을 보호 유지하고 법문을 정돈 수습하는 첫째 요건이 될 것이오.

출가라는 일을, 요즘 사람들은 대부분 피신과 은둔의 안식처로 생각하오. 더 한심한 자들은 살 길이 없어 생계를 해결하는 방편으로까지 여기고 있소. 그래서 요즘 출가하는 사람들은 대부분 무뢰배 출신이오. 정법과 불도가 땅바닥에 떨어져 사라지려고 하는 것도, 모두 이러한 부류의 출가자들이 정법을 파괴한 소치라오.

지금의 스님들은 정말로 사람들에게 신심을 내도록 하기가 어렵소. 앞선 스님들을 추도하면 되었지, 어찌 스님들을 비방할 수 있단 말이오? 훌륭한 분을 거론하여 잘못된 사람을 경책·훈계한다면, 허물이 없을 것이오. 그러나 아직 배우는 과정에 있는 스님은, 경책이나 훈계도 입을 꼭 다물어야 하오. 이러한 일은 오직 덕망 있는 큰스님네들이나 비로소 할 수 있지, 아직 깃털도 채 마르지 않은 햇병아리 부리로 지껄일 수 있는 게 아니기 때문이오.

만약 출가하고자 발심하여 찾아오는 자가 있다면, 자신이 아직 도를 증득하지 못하여 그의 근기(根機)를 통찰할 수 없는 경우, 마땅히 위로 부처님께 예배 기도 드리고, 출가를 받아들일지 여부를 그윽이 보여 주시도록 자비를 간구하여야 할 것이오. 그래야 무뢰배나 썩어빠진 종자들이 (승가에) 섞여 들어오는 폐단을 막을 수 있소.

그런데 요즘 스님들이 출가 제자를 받아들이는 걸 보면, 오직 수가 많지 않은 것만 걱정하는 듯하오. 하근기의 부류임을 분명히 알면서도, 오히려 그가 마음 변해 달아날까 두려워하며, 즉각 받아들이기에 급급하고 있소. 누가 이렇게 선택하고 결단하겠소? 명리(名利)를 탐하고 권속(제자)을 좋아하느라, 결국 불법이 땅바닥에 떨어져 다시 흥성할 수 없게 되는 것도 전혀 아랑곳하지 않는 것이오.

출가하여 만약 진실로 수행에 정진하지 아니하면, 시정(市井)의 못된 버릇[習氣]이 세속에 있을 때보다 오히려 심하게 되오. 이러한 악습을 멀리 떨쳐버리고자 한다면, 우선 모름지기 세간의 일체 법은 모두 고통이고[苦], 텅 비었으며[空], 덧없고[無常], '나'가 없으며[無我], 깨끗하지 못하다[不淨]는 사실을 분명히 알아야 하오.

그러면 탐욕·성냄·어리석음의 삼독(三毒)이 일어날 수 없을 것이오. 그래도 삼독의 불길을 멈출 수 없는 경우, 충서(忠恕)와 인욕(忍辱)으로 다스리면 저절로 그치리다. 만약 또 그래도 멈추지 않는다면, 죽음[死]을 가상해 보시오. 그러면 아무리 끝없고 치열한 번뇌라도 청량(清凉)하게 승화할 것이오.

우리 석가 문중의 제자들은 도를 이루어 중생들을 이롭게 하는 일이 최고 최상의 보은의 길이오. 단지 여러 생 동안의 부모님께만 보답하는 것이 아니라, 마땅히 무량겁(無量劫) 이래로 사생육도(四生六道)를 윤회하면서 몸을 받은 모든 부모님께 보답하여야 하오. 또 단지 부모님께서 살아 계실 때만 효도와 공경을 해야 하는 것이 아니라, 돌아가신 뒤 부모님의 영혼의식[靈識]이 윤회 고해를 영원히 벗어나 바른 깨달음[正覺]에 안주하시도록 천도해 드려야 마땅하오.

그래서 석가 문중의 효도는 어두침침하여 분명히 알기 어렵다고 말들 하오. 이에 반해 유가의 효도는 부모 봉양을 최우선으로 삼고 있소. 만약 석가 제자들이 부모를 하직하고 출가한다면, 정말로 끝내 부모 봉양을 돌보지 않을 수 있겠소?

무릇 부처님 법제에 따르면, 출가하려면 반드시 부모님께 여쭈어야하오. 만약 부모님을 부탁할 만한 형제나 아들·조카가 있으면, 부모님께 그러한 청을 여쭙고 허락을 받아야, 비로소 출가할 수 있소. 그렇지 않은 경우에는 삭발을 허용하지 않소. 출가한 뒤 형제나 가족에게 사고가 생겨 부모님께서 의탁할 곳이 없어지면, 자기 의식주 비용을 덜어내어 부모님을 봉양할 수 있소.

그러한 실례로, 장로사(長蘆寺)의 종이(宗頤) 선사는 홀어머니 밑에서 자라면서 세간 경전에 박학 통달하였는데, 29세에 출가하여 선종의 요지를 깊이 깨달은 뒤, 홀어머니를 방장실 동쪽 방에 모셔와 염불로 극락정토 왕생을 구하라고 권하여, 어머니가 7년 만에 염불하며 서거했다는 아름다운 기록이 전해지오.

또 당나라 때 황실의 종친 출신인 도비(道丕) 스님은, 첫 돌 무렵 부친이 국가를 위해 전몰하자 7세 때 출가하였는데, 19세 때 세상이 혼란스럽고 곡식이 비싸지자, 모친을 업고 화산(華山)에 들어가 몸소 곡식을 심으며 걸식하여 모친을 봉양하였소. 그러다가 이듬해 부친이 전몰한 확산(霍山) 전장(戰場)터에 가서, 백골을 모아 놓고 경전과 주문을 경건히 염송하며, 부친의 유골을 찾게 해달라고 며칠간 계속 기도했다오. 그랬더니 마침내 부친의 유골이 뛰쳐나와 도비 스님 앞으로 곧장 오므로, 나머지 백골들을 잘묻어 준 뒤, 부친의 유골을 모시고 돌아와 장례를 지냈다는 기적도 전해진다오.

그런 까닭에 경전에도, "부모님을 공양한 공덕은 일생보처(一生補處)의 보살을 공양한 공덕과 같다."고 말씀하셨소. 부모님이 살아 계실 때는, 재계(齋戒)를 지키며 염불로 극락왕생을 구하시도록 온갖 좋은 방편을 다해 권해 드리고, 돌아가시면 자신이 경전 독송하고 염불하는 수행 공덕을 항시 부모님을 위해 지성으로 회향 기도해 드려야 마땅하오.

그래서 부모님께서 오탁악세(五濁惡世)를 영원히 벗어나고 육도 윤회를 해탈하여, 무생법인을 증득하고 불퇴전의 지위에 오르신 뒤, 미래세가 다하도록 중생을 제도하여, 자신과 남들이 함께 깨달음의 도를 성취하실 수 있도록 인도해 드려야 하오. 이래야만 세간과 비교할 수 없는 진짜 불자의 위대한 효도가 된다오.

출가해서 스님이 되는 제도는, 오로지 불승(佛乘)에 뜻을 두고 정법과 불도를 안주·유지시키기 위해서 만들어진 것이오. 그렇다고 해서 불법이 오직 스님네들만 수행할 수 있다는 뜻은 아니오.


## 7) 유교와 불교

무릇 사람이 숙세에 정말 착한 뿌리[善根]를 심었다면, 학문을 하든 도를 닦든 간에, 세상을 벗어나는 큰일의 새싹이 될 수 있소. 그런 사람에게는 탐욕·성냄·어리석음 따위의 번뇌와 미혹이나, 질병·사고 같은 악보(惡報)도, 모두 생사윤회를 벗어나 불법에 들어가는 인연이 될 수 있소. 다만 본인이 스스로 되돌아볼 수 있는지 여부에 달려 있소. 스스로 되돌아볼 수 없다면, 그저 보통 평범한 일반인처럼 세간의 관념에 얽매이고 말 것이오.

예컨대 회암(晦庵: 朱熹의 호. 1130~1200) · 양명(陽明: 王守仁. 1472~1528) · 정절(靖節)**80)** · 방옹(放翁)**81)** 등은 비록 학문과 행실이 모두 남달리 탁월한 경지

에 이르렀지만, 그러나 궁극에는 자기 마음을 철저히 깨달아 생사윤회를 해탈하지는 못하였소. 그들의 학문과 행실의 경지가 비록 더할 나위 없이 미묘한 도[無上妙道]의 기초가 될 수 있었지만, 스스로 되돌이켜보지 못했기 때문에, 결국 불도에 들어가는 장애가 되고 말았소. 그러니 불도에 들어가기는 정말로 하늘에 오르기보다 훨씬 어려운 걸 알 수 있소.

부처가 보면 중생이 모두 부처이고, 중생이 보면 부처도 모두 중생이라오. 부처는 중생을 모두 부처로 보기 때문에, 근기와 인연에 따라 설법을 해 주어, 중생들이 망상과 업장을 소멸하고 본래 지닌 성품을 몸소 증득하게 이끈다오. 그렇게 해서 일체 중생이 모두 궁극의 열반을 얻더라도, 부처는 결코 자기가 제도했다거나, 중생이 제도받았다고 보지 않소. 중생들이 본래 부처이기 때문이오.

반면 중생은 부처도 모두 중생으로 보기 때문에, 서역(인도)의 95종 외도(外道)나 이곳(중국)의 자잘한 유생들이, 마음과 힘을 다해 온갖 방법으로 비방과 훼손을 일삼아 왔소. 기필코 불법이 완전히 끊어져 아무런 소리나 자취도 없이 사라져야, 비로소 마음이 후련한 자들이오.

그러나 찬란한 태양이 하늘 한복판에 떠 있는데, 어떻게 한 손바닥으

---

**84)** 정절(靖節): 도연명(陶淵明: 365~427)의 별칭. 동진(東晉) 강서(江西) 심양인(陽人), 자(字)는 원량(元亮)인데 나중에 잠(潛)으로 고침. 어려서 고상한 절개를 품고 박학하여 문명(文名)이 높음. 30세에 처음 임주(任州)의 제주(祭酒)직에 부임하고, 의희(義熙) 원년(405) 8월 팽택령(彭澤令)이 되었으나, 80여 일 만에 독우(督郵)가 오자 쌀 다섯 말[五斗米] 때문에 허리를 굽실거리고 향리소인들을 섬길 수 없다고 스스로 탄식하며, 마침내 사직하고 현을 떠나며 유명한 귀거래사(歸去來辭)를 읊음. 진(晉)이 송(宋)으로 바뀐 뒤에는 부끄럽게 여겨 고향에 은거하며 주속지(周續之)·류유민(劉遺民)과 함께 왕명을 피해, 세칭 심양삼은(潯陽三隱)이라 함. 영욕(榮辱)을 잊고 시주금서(詩酒琴書)에 탐락하며, 세상인연을 멀리하여 스스로 희황상인(羲皇上人)이라 부름. 정토염불수행의 비조인 여산(廬山) 혜원(慧遠) 스님과 교왕하여, 혜원 스님이 일찍이 그의 청일(淸逸)함을 존경하여 초청했으나, 잠(潛)은 술이 없다고 이마를 찌푸리고 떠나갔음. 송(宋) 원가(元嘉) 4년에 63세로 별세함. 저서로 『도연명문집』 9권이 전함.

**85)** 방옹(放翁): 육유(陸游: 1125~1210)의 호. 남송대 시인이자 정치가. 북송 멸망 즈음에 태어나 소흥(紹興) 때 예부(禮部)에 응시했는데 진회(秦檜)한테 쫓겨났다가, 효종 때 진사가 되어 통판(通判)을 거쳐 왕염(王炎)의 막부에 들어가 군대생활하며 금나라와 결사항전 주장을 견지함. 정치포부와 인민고난을 탄식하는 다양한 시 9천여 수가 『검남시고(劍南詩稿)』에 전해지고, 유명한 시들이 인구에 회자함. 그밖에 『위남문집(渭南文集)』과 『남당서(南唐書)』 등을 남김.

로 가릴 수 있겠소? 그래 봤자, 오히려 불법의 광명만 더욱 떨치고, 아울러 자기의 비천함과 고루함을 드러내기에 안성맞춤일 뿐이오. 물론 숙세에 선근(善根)을 심은 사람은 불법을 비방하고 배척한 인연으로, 마침내 불법에 귀의하여 불제자가 되고, 부처님을 대신해 불법을 전하기도 하오.

하지만 숙세의 선근이 없는 사람은, 비방한 업력으로 영원히 아비지옥에 떨어지게 되오. 그 업보가 다할 때까지 기다렸다가, 오랜 과거에 부처님 명호를 들었던 선근이라도 피어나면, 그제서야 비로소 불법에 들어와 점차 선근을 심어 가다가, 업장이 다하고 감정이 텅 비게 되면, 본래 지닌 성품을 완전히 회복하게 되는 것이오.

그러니 부처님 은혜가 얼마나 크고 넓고 깊은지, 이루 형용할 수가 없소. 부처님 명호 한 구절이 귀를 통해 정신에 배인 것이 영원토록 도의 씨앗[道種]이 되는 것이오. 마치 독약 바른 북 소리를 들으면 원근의 사람이 두루 목숨을 잃고, 금강(金剛)은 조금만 먹어도 결코 소화시킬 수 없는 이치와 같소. 이와 같이 믿음을 내는 것이 바로 올바른 믿음[正信]이오.

불법은 크게는 포괄하지 않는 것이 없고, 작게는 관련되지 않는 게 없소. 마치 비가 한번 내리면 대지를 두루 적셔, 모든 풀과 나무가 함께 무성히 자라는 것과 같소. 불법에는 수신(修身)·제가(齊家)·치국(治國)·친민(親民) 같은 유가의 도도 갖추어지지 않은 게 없소.

예로부터 지금까지 문장이 한 시대를 떠들썩하게 날리고 공적이 우주에 찬란히 빛나는 사람들이나, 또는 지극히 효성스럽거나 어진 사람들을, 우리는 천추가 지나도록 우러러 존경하오. 그러나 보통 사람들은 그 위인들의 자취만 알 뿐, 위대함의 근본은 잘 궁구하지 않소. 만약 위대함의 유래와 맥락을 상세히 살펴본다면, 위인들의 정신과 지조, 절개는 모두 불법을 공부하여 배양한 것임을 알 수 있소.

다른 것은 거론할 필요도 없이, 송나라 유학자들이 세우고 밝혀 놓은 성인의 심법[聖人心法: 朱子學으로도 불리는 宋明 性理學을 가리킴.] 같은 것만 보아도,

불법을 바탕으로 모범 체계가 이루어진 것이오. 하물며 다른 것은 말할 필요가 있겠소? 다만 송나라 유학자들은 기질과 도량이 편협하고 작았던 탓에, 성리학을 순전히 자기네 지혜로 세웠다고 후세 사람들이 칭송해 주기를 바라는 욕망에서, 마침내 스스로 불교를 배척하는 주장까지 내세운 것이라오. 이야말로 자기 귀를 막고 방울을 훔치는[掩耳盜鈴] 격이 아니겠소?

송나라부터 시작해서 원나라를 거쳐 명나라에 이르기까지, 모두 그러하지 않음이 없었소. 세심히 살펴본다면, 과연 누군들 불법에서 자신의 이익을 얻지 않겠소? 정좌(靜坐: 坐禪에 해당)를 말하거나 참구(參究)를 말하는 것은 공부(수행)하는 게 드러나는 곳이며, 임종에 때가 된 줄 미리 알고서 말하거나 웃으며 앉은 채로 서거하는 것은 마지막 끝맺음이 드러나는 곳이오. 이러한 종류의 설화나 행적은 성리학 전기(傳記) 가운데 한두 번 나오는 게 아니오. 불법을 공부하는 게 어찌하여 사회의 근심이 된단 말이오?

유교와 불교의 본바탕은 진실로 둘이 아니오. 유교와 불교의 수행 공부는, 보통으로 얕게 논하자면 자못 같은 점이 많지만, 전문으로 깊이 논하자면 천양지차가 난다오. 왜 그런가 하면, 유교는 정성[誠]을 근본으로 삼지만, 불교는 깨달음[覺]을 으뜸으로 삼기 때문이오.

정성은 곧 밝은 덕[明德]이오. 정성으로 말미암아 밝음이 일어나고, 밝음 때문에 정성을 내게 되므로, 정성과 밝음은 하나가 되어[誠明合一] 바로 밝은 덕을 밝히는[明明德] 게 되오. 깨달음에는 본래 깨달음[本覺]과 처음 깨달음[始覺]이 있소. 본래 깨달음으로 말미암아 처음 깨달음이 일어나고, 처음 깨달음으로 말미암아 본래 깨달음을 증득하게 되니, 처음 깨달음과 본래 깨달음이 하나가 되면[始本合一] 곧 부처가 되는[成佛] 것이오.

여기서 본래 깨달음[本覺]이란 유교의 정성[誠]이고, 처음 깨달음[始覺]은 유교의 밝음[明]에 해당하오. 이렇게 본다면, 유교와 불교는 전혀 다르지 않소. 그래서 공자를 배우나 부처를 배우나, 이치상으로는 「대학(大學)」의 제 1장을 벗어나지 않는다고 말하는 것은, 틀림없이 확실한 견해라오.

이것이 보통으로 얕게 논한 유교와 불교의 관계라오.

그러나 수행하여 증득하는 공부의 수준(정도)을 나타내는 단계의 구분에 이르면, 비록 근본이야 같다고 하겠지만, 증득하고 도달하는 과정과 경지는 아주 크게 다르다오.

유교에서 밝은 덕을 밝힌다[明明德]는 것이, 부처님께서 세 미혹[三惑: 見思惑·塵沙惑·無明惑]을 완전히 끊고 두 장엄[二嚴: 智慧莊嚴·福德莊嚴]을 원만히 갖춘 경지와 같을 수 있겠소? 아니면 법신을 증득한 보살이 무명(無明)을 차례로 깨뜨리고 불성(佛性)을 차례로 보아 가는 경지에 해당하겠소? 그도 아니면 성문이나 벽지불이 보는 미혹[見惑]과 생각하는 미혹[思惑]을 완전히 끊는 경지에 속하겠소?

물론 세 단계의 경지 가운데, 보고 생각하는 미혹을 완전히 끊는 성문의 단계가 가장 낮지만, 그러나 이미 여섯 신통[六通]을 자유자재로 얻은 경지라오. 그래서 자백(紫柏) 대사[86]도 "만약 그 자리에서 범부의 감정만 잊을 수 있다면, 산의 암벽도 그냥 통과할 수 있다."고 말했소.

수다원(須陀洹)의 초과(初果)는 아직 일곱 번 천상에 올라갔다가 다시 일곱 번 인간에 내려 와야 하는 윤회가 남아 있소. 그런데 그의 도력(道力)은, 마음대로 움직여도 살생 계율을 범하지 않는 경지라오. 그래서 그가 가는 곳마다 벌레들이 저절로 피한다오. 수다원이 땅을 파서 농사를 지으면, 흙 속의 벌레가 네 치[四寸] 이상 떨어지게 옮겨 간다오. 하물며 이삼사과(二三四果)야 말할 게 있겠소?

유교 가운데 공부하는 서생은 놓아두고, 성인(聖人)으로 말해 봅시다. 성인은 진실로 대부분 큰 권위[大權]을 나토시는 분이니, 그 근본은 말할 수가 없소. 만약 성인이 나토는 자취만으로 말한다면, 아마도 보고 생각하는 미혹을 말끔히 끊어 버린 경지에도 견줄 수 없을 것이오. 하물며 무명을 깨

---

86) 자백(紫柏) 대사: 명나라 때 스님으로, 이름은 승가(僧可), 호는 달관(達觀). 연경(燕京)에서 불법을 크게 떨쳤는데, 후에 무고(誣告)를 당해 입적함. 『자백노인집』이 전해짐.

뜨리고 법성(法性)을 증득한 41지위의 법신(法身) 대사에게 비할 수 있겠소?

설사 밝은 덕을 밝히는[明明德] 것이 무명을 깨뜨리는[破無明] 것과 견줄 수 있다고 합시다. 그렇지만 무명을 깨뜨리는 것도 41단계의 지위가 있으니, 맨 처음의 초주(初住) 지위에 견주겠소, 아니면 맨 마지막의 등각(等覺)의 지위에 견주겠소?

가령 맨 마지막의 등각 경지에 견준다고 하더라도, 아직 유교의 밝은 덕[明德]을 밝히는 수행은 궁극에까지 이르지는 못한 것이오. 다시 나머지 한 푼의 무명마저 말끔히 깨뜨려(서 부처가 되어)야, 비로소 정성과 밝음이 하나가 되고, 처음 깨달음과 본래 깨달음이 둘이 아닌 궁극의 경지가 되기 때문이오.

그래서 본바탕은 같지만, 수행 공부를 진행하여 증득하고 도달해가는 과정(단계)은 다르다고, 내가 말하는 것이오. 세간 사람들은 같다는 말만 들으면, 곧 유교가 불교를 완전히 포섭한다고 생각하오. 또 다르다는 말만 들으면, 곧 불교가 유교를 완전히 배척한다고 오해하기 일쑤요. 유교와 불교가 서로 같으면서 같지 않고, 다르면서도 다르지 않은 이치를 모르기 때문이오. 그래서 각자 자기 문중을 수호한다는 명분으로 서로 시끄럽게 논쟁하면서, 정작 불보살과 성인들이 세상을 다스리고 중생을 구제하시려는 본래 마음은 모두 깡그리 잃고 마는 것이오.


## 8) 부처님 비방[謗佛]

불법이 중국에 전래한 이후, 역대 제왕들이 모두 우러러 받들었소. 오직 삼무(三武)만이 불법을 소멸시키려 했으나, 그 뒤 바로 더욱 흥성해졌소. 비유하자면, 겨울에 천지가 꽁꽁 얼어붙는 한파는, 바로 이듬해 봄여름의 왕성한 새 생명을 성취시키기 위한 준비인 셈이오. 밝은 태양이 하늘 한복판에 떴는데, 손바닥 하나로 어떻게 가릴 수 있겠소? 하늘을 우러러 침을 뱉어 봤자, 도리어 제 얼굴만 더럽히게 되오.

삼무(三武)란, 북위(北魏)의 태무제(太武帝: 424~452 재위)와 북주(北周)의 무제(武帝: 561~577 재위)와 당(唐)의 무종(武宗: 841~846 재위)을 가리키오. 이들은 모두 애당초 불법을 깊이 믿어, 지극한 정성으로 배우고 닦았소. 그러다가 북위의 태무제는 최호(崔浩)의 현혹을 믿고, 북주의 무제는 위원숭(衛元嵩)의 모함을 받아들였으며, 당 무종은 이덕유(李德裕)와 도사(道士) 조귀진(趙歸眞)의 비방을 믿었다오.

그러나 불법을 훼멸시킨 지 오래지 않아, 주동자와 보조자 모두 극도의 재앙을 당했소. 북위의 태무제는 불교를 폐지한 후 오륙 년이 못 되어, 최호의 전 가족을 몰살하고 자신도 시해당하였는데, 그 뒤를 이은 황제가 곧 불법을 크게 부흥시켰소.

북주의 무제(武帝)도 불교를 폐지한 후 위원숭을 내쫓아 죽였는데, 5년이 못 되어 자신은 악질에 걸려 온 몸이 문드러져 죽었다오. 그가 죽은 지 3년이 못 되어 수 문제(隋文帝)가 천하를 물려받아, 불법을 크게 부흥시켰소.

당의 무종(武宗)도 불교를 폐지한 후 1년이 못 되어, 조귀진은 주륙당하고 이덕유는 유배 갔는데, 무종은 도사가 만들어 준 금단(金丹)을 먹고 등에 종기가 나서 죽었다오. 그 뒤를 이은 선종(宣宗)이 불법을 다시 크게 일으켰소.

또 송(宋)의 휘종(徽宗)도 처음에는 불법을 깊이 믿었는데, 나중에 도사 임령소(林靈素)의 요망스런 말을 듣고, 마침내 불상을 모두 도상(道相)으로 바꾸었다오. 그리고 부처님을 대각금선(大覺金仙)이라 부르고, 스님을 덕사(德士)라고 부르면서, 도사의 옷을 입고 법사(法事: 종교 행사, 佛事 또는 法會에 해당) 때마다 도사의 뒤에 자리 잡았다오.

그런 칙령을 내린 지 얼마 안 되어, 경성(京城)에 큰 홍수가 나서 성안이 마치 호수나 바다와 같았소. 군신(君臣) 모두 놀라 두려워하며 임령소에게 물을 그치게 하라고 칙령을 내렸는데, 물은 그치게 할수록 더욱 불어났소. 이때 갑자기 승가(僧伽) 대성(大聖)께서 금중(禁中: 궁궐)에 모습을 나토시니, 황제가 향을 사르고 애걸했소. 이에 승가께서 지팡이를 휘저으며 성 위에 올라서자, 그 엄청난 홍수가 금세 빠져 버렸소. 이에 황제는 불법을 옛 제도대로 복귀한다는 칙령을 내렸다오. 그러나 오륙 년이 채 못 되어, 휘종은 부자(父子)가 금나라에 포로로 끌려가는 신세가 되었소. 금나라는 휘종을 혼덕후(昏德侯: 덕이 혼미한 제후)에 봉하고, 그 아들 흠종(欽宗)은 중혼후(重昏侯: 거듭 더욱 혼미한 제후)에 봉하였는데, 두 사람 모두 오국성(五國城: 금나라 전신인 遼가 우수리강과 송화강 유역에 설치한 五國 부족의 성)에서 죽었다오.

무릇 부처님은 삼계의 위대한 스승이며, 사생(四生)의 자비로운 아버지요, 성인 중의 성인이며, 하늘 가운데 최고의 하늘이오. 사람들에게 망령됨을 떨치고 진여에 되돌아오며, 세속 티끌을 등지고 깨달음에 합치하라고 가르치시는 분이오. 허깨비 같은 미혹의 업장을 없애버리고, 본래 지닌 마음과 성품을 회복하도록 이끄시는 분이오. 이러한 부처님의 은혜에 감사하고 보답하자면, 불법을 굳건히 보호 유지하고 널리 유통 전파시키기에도, 한가한 겨를이 없을 것이오.

그런데 어떻게 한때의 권력과 위세만 믿고서, 중생들의 지혜의 눈을 없애버리고, 인간과 천상의 탄탄대로를 끊어버리면서, 스스로 지옥의 깊은 불구덩이를 팔 수 있단 말이오? 그런 자들은 눈앞에서 당장 악보를 당하고, 영겁토록 삼악도에 떨어져, 미래세에 두고두고 비웃음을 사야 마땅하오. 그래야 후세 사람들의 귀감이 될 수 있소.

세간에 가장 넓고 두터우며 높고 밝은 것은, 하늘과 땅과 해와 달을 따를 자가 없소. 그렇지만 해는 중천에 걸리면 기울고, 달도 꽉 차오르면 이그러지며, 높은 산이 골짜기가 되고, 깊은 골이 봉우리가 되며, 푸른 바다가 뽕 밭이 되기도 하고, 뽕 밭이 푸른 바다가 되기도 하오.

또 예로부터 지금까지 도덕이 가장 높고 중후한 인물은, 공자를 당할 자가 없소. 그런데 공자도 진(陳) 나라에서 양식이 사흘간이나 떨어진 적이 있고, 광(匡) 지방에서는 사람들이 양호(陽虎)로 오인하여 포위하는 바람에 커다란 곤욕을 치르기도 하였소. 여러 제후국을 돌아다니며 도덕을 펼치려 했으나, 끝내 알아주는 사람을 만나지 못했소. 아들도 하나밖에 없었는데, 나이 50세에 공자보다 일찍 죽고, 다행히 손자 하나가 있어서 지금까지 대를 이어 오고 있다오.

그 아래로 공자의 수제자 안연(顔淵)은 요절하였고, 염백우(冉伯牛)도 단명하였으며, 자하(子夏)는 시력을 잃었는데, 좌구명(左邱明)도 시력을 잃었소. 또 굴원(屈原)은 강물에 몸을 던졌고, 자로(子路)는 국난에 희생 당해 시신이 젓 담아졌소.

천지 일월도 오히려 항상 불변할 수는 없고, 위대한 성현들도 또한 늘 역경 없이 순조로울 수만은 없었소. 오직 하늘의 뜻을 알고 즐겨 따랐기 때문에, 당하는 상황마다 늘 마음 편안히 받아들일 수 있었소. 그래서 몇 천 년이 지나도록, 천자로부터 서민에 이르기까지, 모든 사람들이 우러러 존경하는 것이오. 따라서 당시의 현실 상황으로 본다면 복이 아니었던 것 같지만, 그 도덕이 후세에 전해진 역사로 본다면 이보다 더 큰 복이 또 어디 있겠소?

인간이 세상에서 천만 가지로 생각하고 헤아리며 하는 행위들은, 가만히 따져 보면, 궁극에 몸을 먹여 살리고 자손을 남기는 것에 지나지 않소. 그러나 몸은 거친 베옷으로도 덮어 가릴 수 있으니, 어찌 꼭 비단과 모직으로 장식할 필요가 있겠소? 또 입은 나물과 된장국으로도 충분히 밥을 먹을 수 있거늘, 어찌 꼭 고기와 물고기로 미각을 돋우어야 한단 말이오? 그리고 자손은 글공부를 하거나, 논밭을 갈거나 장사를 하거나, 가족의 생계만 유지할 수 있으면 되었지, 어찌 꼭 백만장자나 고관대작이 되어야 한단 말이오?

자손들에게 만세의 부귀를 물려주려고 한 자는, 고금을 통틀어 진시

황제보다 더한 이가 없소. 육국(六國)을 집어 삼킨 뒤, 책을 불사르고 선비들을 산 채로 묻어 죽였으며[焚書坑儒], 천하의 병기를 모두 거둬들여 큰 종을 주조하였소. 이는 백성들을 어리석고 약하게 만들어, 일을 일으키지 못하도록 봉쇄한 것이오.

그러나 진섭(陳涉)이 한 번 도전을 일으키자, 군웅(群雄)이 다시 일제히 일어날 줄 누가 알았겠소? 천하를 통일한 지 12, 3년이 채 못 되어, 자신이 죽고 나라가 망했으며, 자손들이 모두 처형당해 씨도 남지 않게 되었소. 자손들을 만세까지 안락하게 만든다는 속셈이, 도리어 죽음만 일찍 불러온 것이오.

후한(後漢) 헌제(獻帝) 때, 조조(曹操)가 승상이 되어 권력을 전횡하였소. 그가 한 짓은 모두 군주의 위세를 약화시키고 자기 권력을 강화하여, 자신이 죽은 뒤 아들이 황제가 되도록 하기 위한 속셈이었소. 그러나 조조가 죽자, 둘째 아들 조비(曹丕)가 권력을 찬탈하여, 시신을 염(殮)하기도 전에 조조의 빈첩(嬪妾)을 자기 궁실 안에 데려가고 말았소.

조조는 죽어 삼악도에 떨어졌다오. 1,400여 년이 지난 청나라 건륭(乾隆) 때, 소주(蘇州)의 어떤 사람이 돼지를 잡았는데, 간을 꺼내 보니 표면에 '曹操(조조)'라는 두 글자가 선명히 쓰여 있었다오. 이웃에 살던 한 사람이 이를 보고서, 커다란 공포심을 느껴 곧장 출가하였다오. 그 스님의 법명은 '불안(佛安)'인데, 일심으로 염불하여 마침내 서방 정토에 왕생하였다는 사실이 『정토성현록(淨土聖賢錄)』에 실려 있소.

무릇 조조가 심혈을 기울여 온갖 계략을 짜낸 것은, 모두 자손을 위함 때문이었소. 그렇게 해서 비록 황제가 되었지만, 고작 45년밖에 안 되어 나라가 멸망하고 말았소. 그것도 매일같이 서촉(西蜀) 및 동오(東吳)와 서로 치고 싸우면서, 하루도 평안할 새가 없었소.

그 뒤로 진(晉)·동진(東晋)·송(宋)·제(齊)·양(梁)·진(陳)·수(隋) 나라 및 오대(五代)의 양(梁)·당(唐)·진(晋)·한(漢)·주(周) 나라는 모두 수명이 길지 못했소. 이 가운데 가장 길다는 동진이 고작 103년이었고, 그 나머지는 더러 2~3년이나 8~9년, 또는 10~20년이나 40~50년 만에 금방 멸망하였소. 이들은 그래도 중국 역사상 정통(正統)으로 인정받는 나라이고, 그밖에 변방에서 잠시 권력을 훔쳐 할거하던 군소 국가들도 수없이 많은데, 그 수명은 더 말할 것도 없소.

이들 나라를 세운 자들의 처음 마음을 살펴보면, 어느 누구 하나 자손들에게 부귀영화를 물려주려고 하지 않은 자가 없소. 그러나 궁극의 현실 결과를 따져 보면, 도리어 자손들이 재앙과 살육을 당하고, 집안이 몰살당하고 말았소. 가장 존귀한 천자가 되어 가장 부유하게 천하를 다스리면서도, 오히려 자손들에게 대대로 복록을 누리게 하지 못한 것이오. 하물며 무량겁 이래로 지어 온 악업이 대지보다 두텁고 바다보다 깊은 우리 서민 범부들이야, 집안이 항상 흥성하며 복록만 받고 재앙이 전혀 없길 바랄 수 있겠소?

세간의 온갖 법은 모두 텅 빈 가짜로, 전혀 진실이 없음을 알아야 하오. 마치 꿈 같고, 허깨비 같으며, 물거품 같고, 그림자 같으며, 이슬 같고, 번갯불 같으며, 물속에 비친 달 같고, 허공 중에 아른거리는 꽃 같으며, 뜨거울 때 피어오르는 아지랑이 같고, 건달바성(乾闥婆城: 신기루) 같다오.

오직 자기의 일념(一念) 심성(心性)만이, 천고 이래로 지금까지 전혀 변하지도 사라지지도 않는다오. 비록 본바탕은 변하지 않지만, 항상 인연에 따라 모습은 달리 나타난다오. 청정한 깨달음의 인연을 따르면, 성문이나 연각(벽지불)·보살·부처가 되는데, 쌓은 공덕의 정도에 따라 받는 과위(果位)의 높이가 달라지는 거라오.

반대로 오염된 미혹의 인연을 따르면, 기껏해야 천상이나 인간에 생겨나고, 아니면 아수라나 축생·아귀·지옥에 떨어지게 되오. 지은 죄와 복의 경중에 따라, 괴로움과 즐거움[苦樂]을 받는 기간이 달라진다오.

불법을 모르는 사람 같으면 어떻게 할 수도 없지만, 불법을 믿고 닦는 사람들이 역경을 겪으면서도, 어찌하여 세간의 허망한 형상을 간파(看破)하여 초탈하지 못한단 말이오? 오염된 미혹의 인연을 놓아 버리고, 청정한 깨달음의 인연을 따라, 일심으로 염불하여 서방 극락에 왕생하길 구하여야 하리다. 그래서 육도 윤회를 영원히 벗어나 성인의 과위를 증득한다면, 이 어찌 작은 재앙 덕분에 큰 복을 길이 누리는 게 아니겠소?

막대하도다. 부처님의 은혜여! 넓고 커서 두루 미침에 끝도 없어라. 부처님은 과거 오랜 겁부터 허공계가 다하도록, 법계의 일체 중생들이 모두 함께 본래 지닌 불성을 깨달아 생사윤회를 벗어나고, 무상정각(無上正覺)을 이루어 남김 없는 열반에 들기를 발원하셨소. 그래서 보살도를 줄곧 행하셨는데, 중생들에게 유익한 것이라면 모두 힘써 행하셨소. 육바라밀을 두루 닦으면서, 어느 한 법에도 집착함이 없이, 보통 사람들이 행하기 어려운 것을 행하시고, 참기 어려운 것을 참아 오셨소. 보시를 행함에, 나라와 성·아내·자식·머리·눈·골수·뇌 등, 어느 것 하나 아까워하지 않고 기꺼이 내주셨소.

그래서 『법화경』(提婆達多品)에는 이런 말씀이 실려 있소.

"내[智積 보살]가 보건대, 석가여래께서는 무량겁 동안 일찍이 잠시도 쉬지 않고, 행하기 어려운 고행으로 공덕을 쌓아 보리도(菩提道)를 구해 오셨소. 그래서 삼천대천세계 가운데, 석가여래께서 보살로 계실 때 중생을 위하여 자기 목숨을 내버리지 않은 곳이, 겨자씨 크기만큼도 없소. 그런 다음에 비로소 보리도를 얻으신 것이오."

보시의 수행 하나만도 1겁의 수명 가지고 다 말할 수 없거늘, 하물며 그밖에 지계·인욕·정진·선정·지혜 및 사섭(四攝)과 만행(萬行)은 말할 필요가 있겠소? 그러한 수행으로 미혹이 말끔히 사라지고, 복과 지혜가 원만히 갖추어져, 자기 마음을 철저히 증득하고 더할 나위 없는 도를 이루셨소. 그리고 모든 중생을 두루 위하여 증득한 법을 설하셨으니, 모든 중생이 자기가 얻은 것을 똑같이 얻기 바라는 발원에서였소.

그러나 상근기의 선비는 적고 중하근기의 중생이 많은지라, 근기와 인연에 따라 설법하고 가르쳐, 각자 분수에 맞게 이익을 얻도록 하셨소. 그렇게 한평생 할 일을 마치고 열반에 드신 뒤에도, 대자비를 차마 놓아 버리지 못하고, 다른 세계에서 다시 정각을 이루어 중생 제도를 계속하고 계신다오. 마치 태양이 세상을 비추기 위해 출몰을 계속 반복하고, 뱃사공이 사람들을 건네주기 위해 강의 양쪽 언덕을 끊임없이 왕래하는 것과 같은 이치라오.

　　부처님께서 중생을 연민으로 생각하심에는, 위로 등각(等覺) 보살부터 아래로 육도 중생까지, 어느 하나도 대자대비의 품에 끌어안지 않음이 없소. 마치 허공이 천지 삼라만상을 모두 포용하고, 햇빛이 만방을 두루 비춤과 같소. 설령 선천적인 장님으로 태어나 평생 햇빛을 못 본다고 할지라도, 그 또한 햇빛을 받아 사람으로 살아갈 수 있소. 만약 햇빛이 비춰 주지 않는다면, 살아갈 인연 자체가 없을 것이오. 그러니 어찌 꼭 몸소 햇빛의 모습을 눈으로 보아야만, 그 은덕을 받는다고 말할 수 있겠소?

　　그런데 세간의 똑똑하고 말 잘하는 자들이, 자신들의 비좁은 편견으로 불법을 비방하고 배척하며, "(유교) 성인의 도를 해치고 혹세무민(惑世誣民)한다."고 모함하는 짓은, 바로 선천적인 봉사들이 해를 욕하며, "전혀 빛을 비춰 주지 않는다."고 비난하는 것과 조금도 다르지 않소. 실제로는 거의 모든 외도(外道)들이 한결같이 불경의 뜻을 표절하여 자기들 것인 양 꾸미고, 나아가 불법의 이름을 표방하여 사악한 법을 행하는 자들까지 있소.

　　이것만 보아도, 불법이 세간과 출세간을 망라한 모든 도의 근본임을 알 수 있소. 마치 바다가 땅 속으로 잠복(潛伏)하여 퍼지다가, 물기가 땅 밖으로 흘러나오면 곧 모든 냇물이 되는데, (현대 과학 관점에서 보면, 바닷물이 증발하여 공중에서 응결하여 구름이 되었다가, 다시 눈비로 내리면 모든 냇물 줄기의 시원이 된다고 표현하는 게 더 설득력 있음.) 그 모든 냇물이 어느 하나 바다로 흘러들지 않음이 없는 자연의 이치와 같소.

사실 부처를 비방하는 자들은, 부처를 비방하는 게 아니라, 스스로 자신을 비방하고 있소. 그들의 일념 심성도 본디 전체가 부처이기 때문이오. 부처님께서 처음으로 이와 같은 각종 설법으로 교화를 펼치신 까닭은, 중생이 미혹을 버리고 깨달음에 되돌아와, 자신에게 본디 갖추어진 불성을 몸소 증득하라고 이끌기 위함이오. 불성이 가장 존귀하고 소중한 까닭에, 부처님께서 이 같은 수고로움을 아끼지 않으시며, 설사 중생이 믿어 받아들이지 않더라도, 차마 포기해 버리지 못 하시는 것이오. 만약 중생이 본디 불성을 지니지도 않고, 부처가 될 수도 없는데, 부처님께서 중생에게 부처가 되라고 이토록 수고롭게 설법하고 가르치신다면, 부처님은 헛수고만 하는 세간의 최고 바보 천치이고, 또 세상에서 제일가는 거짓말쟁이일 것이오. 그런 분을 천룡팔부(天龍八部)와 삼승성현(三乘聖賢)이 어떻게 호위하며 의지하려 들겠소?

## 9) 스승의 도리 [師道]

도를 배우는 요령은, 바로 나쁜 버릇[習氣]을 다스리는 데 있다오. 그런데 학문이 깊어질수록 그 나쁜 버릇이 더욱 왕성해지는 사람도 적지 않소. 그것은 도 배우는 것을 무슨 기예나 무술 익히기쯤으로 여기기 때문이오. 그런 사람은 배운 게 많아질수록, 도에 어긋나는 게 더욱 심해진다오. 이 점이 바로 우리 동방의 유교와 불교가 함께 쇠퇴해진 근본 원인이오.

무릇 사람이 살아가는 데 필요한 큰 윤리는 대략 다섯 가지[五倫]를 들 수 있소. 군주와 신하(국가와 백성), 부모와 자녀, 형과 아우, 남편과 아내, 벗과 벗 사이의 인간관계가 그것이오. 부모는 나를 낳아 길러 주시고, 스승은 우리를 가르쳐 주시며, 군주(국가 민족)는 우리를 편안히 먹고 살게 보호해 주오. 이 세 은혜는 우열을 가릴 수 없을 만큼 서로 비슷하기 때문에, 예로부터 군사부 일체(君師父一體)라고 일컬어 왔소.

그런데 어찌하여 오륜(五倫) 가운데 유독 스승만 빠져 있단 말이오? 아마도 스승이 나의 덕성을 길러 주심은 부모에 해당하고, 좋고 올바른 길로 이끌어 재능을 발휘하고 큰 재목이 되도록 권장하심은 형에 비견할 수 있기 때문이 아니겠소? 그래서 맹자(孟子)도 일찍이 "스승이란 부형(父兄)이다."고 말했소.

그리고 또 스승은 아름다운 은택으로 서로 이롭게 하기를, 마치 두 달[月]이 서로 비추고 두 손[手]이 서로 이끌어주는[援] 것처럼 하나니, 이 점에서는 곧 훌륭한 벗이 되기도 하오.(벗 붕(朋) 자는 달 월(月) 자 둘을 나란히 쓰고, 벗 우(友) 자는 옛날에 본디 '𠂤'나 '𠬪'로 썼는데, 크(우: 又)는 오른손[右手]을 뜻하오.) 그래서 불교 집안에서 늘상 "스승을 찾아가고 벗을 방문한다[尋師訪友]."고 말하는 것이오.(갑골문(甲骨文)이나 금석문(金石文)이나 소전(小篆)에서 모두 友는 오른손 두개를 나란히 포갠 모습(𠂇, 𠬪)으로 나타남.)

## 10) 계율(戒律)

불교의 법문이 비록 많지만, 계율[戒]·선정[定]·지혜[慧] 세 가지면 빠짐없이 죄다 망라할 수 있소. 그래서 『능엄경』에서 이렇게 말씀하셨소.

"마음을 추스름이 계율이고, 계율로 말미암아 선정이 생겨나며, 선정으로 말미암아 지혜가 밝아 오니, 이것을 일컬어 세 가지 번뇌 없는 배움이라 부른다[攝心爲戒, 因戒生定, 因定發慧, 是則名爲三無漏學.]."

그런데 이 세 가지 가운데, 계율이 가장 중요하오. 계율만 잘 지킬 수 있다면, 어떠한 죄악도 짓지 않고[諸惡莫作], 뭇 선을 받들어 행하게[衆善奉

行] 되오. 그러면 그 행실이 부처님과 가까워지고, 그 마음도 틀림없이 부처님과 그리 멀지 않을 것이오. 그래서 여래께서 『범망경(梵網經)』에서 우리 중생들에게 이렇게 보증하셨소.

"나는 이미 완성한 부처이고, 그대들은 아직 완성하지 못한 부처이다. 만약 이와 같이 믿기만 한다면, 계율의 품덕이 이미 두루 갖춰진 셈이다 [我是已成佛, 汝是未成佛, 若能如是信, 戒品已具足.]."

"중생이 부처의 계율을 받아 지니면, 즉시 뭇 부처의 지위에 들게 되나니, 지위가 크게 깨달은 부처와 같아져야만, 진짜 뭇 부처의 제자가 된다[衆生受佛戒, 卽入諸佛位, 位同大覺已, 眞是諸佛子.]."

이는 계율을 받아 지키는 수행 자체가, 평범을 초월하여 성현의 경지에 들고 생사윤회를 벗어나는 데 가장 중요한 길임을 뜻하오. 물론 계율이 단지 외형상으로 나타나는 껍데기 의식이나 행위만을 가리키는 것은 결코 아니오. 만약 정성을 품고 공경을 다하는 내면의 마음이 없다면, 이는 곧 계율을 범하는 것이 되오.

그리고 인과응보의 법칙은 특히 계율 가운데 가장 중요한 핵심 뼈대라오. 만약 사람이 인과응보의 법칙을 잘 모르거나, 또는 인과응보를 적당히 속이면서 눈 가리고 아옹 한다면, 이 또한 모두 계율을 어기는 것이오. 부처를 생각하며[念佛] 수행하는 사람은, 마음 움직이고 생각 품는 것까지 항상 부처와 딱 들어맞아야 하오. 그러면 계율과 교학과 참선과 정토를 한꺼번에 나란히 수행하게 된다오.

## 11) 경전(經典)

만약 천부의 자질이 뛰어나게 총명한 사람이라면, 법성(法性)이나 법상(法相) 같은 여러 교종을 연구해도 괜찮겠소. 그러나 그도 역시 정토 법문에 의지하고 귀착해야 하오. 그렇지 않으면 원인만 있고 결과는 없는 헛수고로, 생사윤회 해탈의 미묘 법문을 입으로만 말 발림한 채, 별 이익도 얻지 못하고 놓쳐 버리기 때문이오.

그리고 반드시 마음에 정성을 품고 공경을 다하여, 경전이나 불상 대하기를 마치 산 부처님 대하 듯하며, 조금이라도 태만하거나 소홀해서는 안 되오. 그래야 자기가 바친 정성의 크기만큼 온갖 이익을 얻을 수 있소.

한편 근기가 다소 둔하고 어리석은 사람은, 오로지 정토 법문의 연구에만 몰두하는 게 좋소. 그래서 정말로 정토 법문을 믿고 흔들림 없이 지킨다면, 틀림없이 현생(今生)에 생사를 해탈하고 평범을 초월하여 성인의 경지에 들 것이오. 단지 경론(經論)에만 깊이 정통하고 정토 법문을 진실하게 수행하지 않는 사람과 서로 견준다면, 그 이익이 어찌 하늘과 땅 차이뿐이겠소?

무슨 신분과 자격이든 가리지 않고, 맨 처음에 이 약만 먼저 복용한다면, 어떠한 사견(邪見)이나 오류 · 이단 · 교만 방자 · 자포자기 · 열등의식 따위의 증상을 보이는 병이라도, 이 아가타(阿伽陀) 만병통치약으로 곧 낫고 말 것이오.

불법은 하도 넓고 깊어서, 제아무리 총명한 사람이 평생토록 마음과 힘을 다해 연구한다 할지라도, 모두 다 상세하게 통달할 수는 없소. 그러나 불법은 근기에 따라 가르침을 펼치기[隨機施敎] 때문에, 만약 진실한 이익을 얻고자 한다면, 특별히 탁월하면서 손쉬운 정토 법문을 연구해서 수행하는 게 좋소. 그것이 마음과 힘을 크게 절약하면서도, 진실한 이익을 듬뿍 얻는 가장 요긴한 길이오.

경전을 교감(校勘)하는 일은 정말로 쉽지 않소. 모름지기 특출한 식견을 지니고 아주 세심하게 정성을 다해 재삼 살펴보면서, 고증과 대비를 부지런히 되풀이해야, 비로소 잘못 하나 고칠 수 있을까 말까 할 정도라오. 그렇게 해서 잘못과 군더더기를 말끔히 제거하여야, 경전의 본래 진면목이 철저하게 드러날 수 있소. 그렇지 않다면, 차라리 평범하게 본을 떠서 조롱박을 그리듯이 하여도, 본래 모습에서 크게 어긋나지는 않을 것이오.

『화엄경』은 삼장(三藏) 중의 왕인데, 맨 마지막 한 편은 극락왕생을 권하는 원왕(願王)으로 매듭짓고 있소. 그러나 『화엄경』을 존중하는 것은 마땅하지만, 그렇다고 다른 경전을 경시해서는 안 되오. 모든 대승경전은 한결같이 실상(實相)을 경의 본체[經體]로 삼기 때문이오.

『화엄경』의 위대함은 사바세계 바깥의 큰 법을 성품 그대로 직접 말하면서, 성문이나 벽지불 같은 이승(二乘)은 아예 끼워 주지도 않는 데 있소. 반면 『법화경』의 미묘함은 삼승(三乘)을 한데 모아 궁극의 일승(一乘)으로 귀결시키면서, 방편적인 권법(權法)을 열어 실상(實相)을 드러내고, 현상적인 자취를 보여 본체를 드러내는 데에 있소.

천태종(天台宗)에서는 『법화경』이 순수하고 원만하며 독특하고 미묘하다[純圓獨妙]고 말하며, 『화엄경』에 오히려 방편적인 권법이 곁들여 있다고 말하오. 이는 『화엄경』에서 보살의 수행 경지를 십주(十住) · 십행(十行) · 십회향(十廻向) · 십지(十地) · 등각(等覺)의 단계로 구분하는 것을 두고 일컫는 말이오.

그러나 석가모니 부처님께서는 『법화경』에서는 『법화경』이야말로 경전 중의 왕이라고 찬탄하셨고, 또 『화엄경』에서는 마찬가지로 『화엄경』이야말로 경전 중의 왕이라고 찬탄하셨소.[87]

그런데 어찌하여 후세에 불경을 널리 전하는 사람들은 반드시 5대부(五大部)로 나누어, 이것이 높고 저것이 낮다는 편견에 집착하기만 하고, 부처님처럼 경전 경전마다 높이 치켜세워 찬탄하기를 허용하지 않는지 모르겠소. 선종을 수행하는 이는 선종만 찬양하고, 정토를 수행하는 이는 정토

---

87) 『화엄경』에는 모든 보살이 각자 자기가 최고 제일이라는 자부심과 사명감을 가지고 수행 교화한다는 내용이 나온다. 이 뜻을 문자에 집착하여 오해하면, 각 종교간, 종파간에 벌어지는 독선주의와 배타성의 빌미가 된다.

만 찬양하고 있소. 그렇게 하지 않으면, 사람(신자·교도)들에게 독실한 믿음과 귀의의 마음을 일으킬 수 없기 때문일 것이오. 그러나 그 본래 의미와 이치를 잘 이해해야 하지, 글자에 얽매여 뜻을 해쳐서는(왜곡하여서는) 안 되오.[88]

맹자는 공자를 가리켜, 사람이 이 세상에 생겨난 이래 결코 없었던 최고의 성인이라고 칭송하였소. 그러나 그런 공자도 요(堯) 임금을 국그릇 속에서 보고, 순(舜) 임금을 담벽에서 보며, 주공(周公)은 꿈속에서 보았다는 거 아니오? 앞선 세 성인을 사모하고 본받으려 함이, 어찌 그와 같이 지극하게 정성스러울 수 있단 말이오?

선도(善導) 화상은 사람들에게 한 마음[一心]으로 '나무 아미타불' 명호만 지송(持誦)하고, 다른 법문은 수행하지 말라고 가르쳤소. 중하근기의 중생들이 이것저것 잡다한 법문을 수행하다 보면, 마음을 오롯이 하나로 집중하기 어렵기 때문에, 전심수행[專修]을 가르친 것이오.

반면 영명(永明) 선사는 사람들에게 온갖 선행을 두루 함께 닦아 극락 정토 왕생에 회향하도록 가르치셨소. 상근기의 사람들이 어느 한 법문 수행에만 외골수로 빠지다 보면, 자칫 복덕과 지혜가 균형 있게 원만히 갖추어질 수 없을까 염려한 때문에, 원만 수행[圓修]을 가르친 것이오.

닳아 떨어진 경전은 수리 보완하기 어려우면, 깨끗한 곳에서 불사르는 게 허물이 없소. 그러나 아직 손질해서 볼 만한 경우에는 불사르지 말아야 하오. 이런 변통의 도리를 모르고서, 볼 수도 없고 보관할 수도 없는 경전을 줄곧 불사를 생각조차 못하고 방치하면, 도리어 경전에 대한 모독이 되오.

현재 사람들의 증상에 대한 약 처방으로는 오직 인과응보의 법칙이

---

88) 불교의 각 종파간에도 그렇고, 세계 각 종교간에도 그렇다. 이제 모든 종교와 종파가 서로 같은 근본 뿌리를 확인·공유하면서 서로 다른 의식 문화는 존중하고, 일관회통(一貫會通)의 정신으로 대동 화합(大同和合)을 추구해야 할 때가 되었다. "같은 바는 사랑하고 다른 바는 존중한다[愛其所同, 敬其所異]."는 대동정신이 필요하다.

제일이며, 지금 사람들이 닦아야 할 법문으로는 오직 정토왕생의 법문이 제일이오. 어떤 근기와 성품의 사람이건 간에, 인과응보와 정토 법문이 제일 먼저 강구해야 할 필수불가결의 요건이오. 교상(敎相)[89] 같으면, 모름지기 사람을 잘 선택해서 가르쳐야 하오. 만약 선천적인 근기가 천박한데 오로지 교상에만 힘쓰고 정토 법문을 뒷전에 밀쳐 두면, 장차 애써 씨앗만 뿌리고 열매는 없는 헛수고의 결과를 초래할 것이오. 그러니 각자의 근기에 맞추어 법문을 베풀어야 하오.

지금 교상을 숭상하는 이들의 폐단도 대체로 이와 같소. 그들이 제창하고 추구하는 것은 실로 생사윤회를 해탈하기 위함이 아니라, 단지 법상(法相)에 통달하여 법문을 유창히 강의 설법하기 위함이라오. 가령 그들이 자기 힘만으로는 생사윤회를 벗어나기가 아주 어려운 줄 안다면, 결코 지금처럼 법상에만 오로지 힘쓰면서 정토 법문을 뒷전에 팽개치거나 비방하지는 못할 것이오.

이러한 사람들은 대체로 모두 높은 것만 좋아하고 훌륭한 것에만 힘쓰는 자들인데, 사실은 왜 높고 훌륭한지도 모른다오. 만약 그들이 정말로 이걸 안다면, 죽인다 해도 정토 법문을 내팽개치지 않고 열심히 닦을 것이오. 정말 도를 배우고 닦기가 이처럼 몹시 어렵다오.

중생의 근기는 한결같지 않고, 여래의 자비심은 무한하오. 과연 정말로 진실하게 정성과 공경을 다해 염불한다면, 임종에 이르러 기대하지도 않았던 일이 저절로 다가오게 되오. 자백(紫栢) 대사와 함(감)산(憨山) 대사 두 분이 지극히 친절하게 말씀해 놓으셨소. 그러나 두 분은 모두 선종의 선지식에 속하오.

그분들의 말씀은 진실한 믿음과 간절한 발원을 함께 갖춘 이들에게 들

---

**89)** 교상(敎相): 석가모니 부처님의 한평생 가르침을, 각 종파에서 자기 이론 주장에 따라 판단·구분한 것. 예컨대 천태종의 5시(時) 8교(敎), 법상종의 3시교(時敎), 진언종의 현밀(顯密) 2교와 같음. 관심(觀心)과 상대가 되는 문(門).

려주면, 참으로 유익하오. 그러나 이제 조금 선근(善根)을 심은 데 불과하여, 아직 전심으로 수행할 수 없는 보통 중생들에게 들려준다면, 아마도 자기들은 극락왕생의 자격이 없다고 지레 짐작하고, 물러서거나 자포자기하고 말 것이오. 아무리 훌륭한 설법이라도, 듣는 상대방의 근기에 맞지 않으면, 쓸데없는 한가한 잡담에 불과하다는 말이, 과연 진실하기 그지없소.

## 12) 중음(中陰)

중음(中陰)이란 식신(識神)으로, 세속에서 말하는 영혼(靈魂)이오. 중음이 7일에 한 번 죽고 산다든지, 7×7(=49)일에 반드시 다른 생명으로 투탁(投生)한다든지 따위의 말은, 꼭 문자 그대로 집착할 필요가 없소. 중음이 죽고 산다는 것은, 그의 무명심(無明心) 가운데 나타나는 생겨나고 사라지는 모습[生滅相]을 두고 일컬으니, 꼭 세간 사람의 낳고 죽는 모습으로 여길 수는 없소.

중음이 다른 생명을 받는 것은, 빠르게는 눈 깜박할 사이에 즉시 육도(六道) 가운데로 윤회해 나가고, 더디게는 더러 7×7(=49)일에 이르거나, 또는 이를 더 지날 수도 있소. 막 처음 죽은 사람이, 서로 알고 지내던 자에게 밤 또는 낮에 자신을 내보이거나, 또는 다른 사람과 서로 접촉하고 말을 주고받는 일이 있소. 그런데 이는 단지 중음만 그러한 게 아니오. 이미 육도 중에 다른 생명을 받은 경우에도, 서로 알고 지내던 친지 앞에 한 번 모습을 드러낼 수 있다오.

이는 비록 본인의 뜻과 생각[意念]이 드러나는 것이지만, 그 권한은 사실 조화(造化)를 주관하는 신령[神祇]에게 달려 있다오. 이는 사람이 죽어도 신명(神明)은 결코 소멸하지 않으며, 선악의 과보도 전혀 헛되지 않다는 진실을 뚜렷이 밝혀 주기 위함이오.<sup>90)</sup> 그렇지 않으면, 우리 이승[陽間]사람들이 어떻게 저승[陰間] 일을 알 수 있겠소?

이러한 조화조차 전혀 없다면 어찌 되겠소? 사람이 죽으면 육신이 썩어 문드러짐과 동시에, 정신[神: 영혼]도 바람결에 나부껴 흩어지고 만다는, 터무니없는 허무주의가 고개를 쳐들 것이오. 그러면 틀림없이 식견 없는 중생들이 앞다투어 부화뇌동(附和雷同)하고, 온 세상 사람들이 다함께 인과응보도 없고 내생이나 후세도 없다는 사견(邪見)의 수렁에 깊이 빠져들 것이오. 선행을 보고도 스스로 자극을 받아 그를 본받고 함께 덕행을 닦을 생각은 안하며, 죄악을 보고도 거리낌이나 두려움이 전혀 없이, 욕망을 채우려고 온갖 흉악을 자행할 것이 분명하오.

비록 부처님의 말씀이 있더라도 증명할 길이 없으니, 과연 누가 믿고 받아들이려 하겠소? 그런데 이런 조화(造化)로 죽은 사람이 모습을 드러내어 뭔가 계시해 준다면, 부처님 말씀이 전혀 허망하지 않고, 인과응보도 분명히 존재함을 증명하기에 충분하겠소. 그러면 단지 착한 사람들만 더욱 열심히 선행을 닦는 것이 아니라, 악한 자들도 그 마음이 이러한 조화의 사실과 이치에 저절로 조복(調伏)되어, 적어도 완전히 제멋대로 개망나니 짓을 계속하지는 못할 것이오.

천지신명이 우리 사람들에게 이러한 사실과 이치를 분명히 알게 하려고, 죽은 사람이 인간 세상에 잠깐 모습을 드러내도록 허락하는 것이오. 이승에 살아 있는 사람이 저승[幽冥]에 가서, 죽은 자의 죄를 재판하고 형벌을 내린다는 일화<sup>91)</sup> 등은, 불법(佛法)을 보필하고 정치 도덕을 부축하

---

90) 예수 그리스도가 십자가에 못 박혀 죽은 뒤 제자들에게 모습을 나타냈다는 부활도, 이와 비슷한 원리에서 볼 수도 있지 않을까?

91) 중국에는 산 사람이 잠든 동안 그 식신(識神: 영혼)이 저승에 출장 가서 재판했다는 증언이 제법 많은 글로 전해 온다. 또 죽은 사람이 가족이나 친지에게 나타나 인과응보의 이치와 저승 사정을 일러주면서, 살아생전에 열심히 수행하고 공덕 쌓으라고 당부한 실화도 적지 않게 들린다. 옮긴이도 대만 유학 시절 생생하게 듣고, 또 글로 본 적이 있다.

는 긍정 효과가 있소. 이치로 보면 매우 미세하여 하찮게 보이지만, 사람 마음을 교화하고 세상을 다스리는 데는 아주 중대한 관계가 있소. 이러한 일은 고금의 서적에 몹시 많이 실려 전해 오고 있소. 다만 그 권한의 귀속(유래)이나, 그러한 일에 관련하는 사회적 이익(기능)은 분명히 언급하지 않고, 그저 권선징악의 일화 정도로 여기는 것이 아쉬울 뿐이오.

중음은 비록 육신의 형체를 완전히 떠난 상태이지만, 그러나 여전히 육신의 감정과 식견을 가지고 있소. 그런 육신의 감정과 식견을 아직 가지고 있으니, 모름지기 옷과 음식을 가지고 살아가야 함은 당연하오. 보통 사람은 업장이 너무 두텁고 무겁기 때문에, 중음에서도 오온(五蘊)이 본디 텅 빈 줄을 모르고, 여전히 세간 사람과 똑같이 생각하는 것이오.

만약 큰 지혜를 지닌 사람이라면, 죽는 순간 육신을 벗어나 의지함이 없어지게 되오. 오온이 텅 비었으니, 온갖 고통도 순식간에 사라지고, 하나의 참된 모습이 드러나면서, 온갖 공덕이 원만히 갖추어져 빛나게 되오. 그 경계야 비록 반드시 모두 똑같을 필요는 없지만, 각자 자신의 감정과 식견에 따라 갖추어 주는 게 무방하오.

예컨대 저승 옷[冥衣]을 불살라 줄 때, 산 사람 입장에서는 단지 돌아가신 분께 옷을 바치는 마음만 갖추면 충분하지, 어떻게 그 크기나 길이 등을 안성맞춤으로 맞출 수가 있겠소? 그렇지만 그런 산 사람의 감정이나 식견과 함께, 돌아가신 분의 감정 식견도 받들어서 적당히 맞춰 주는 것이 좋겠소. 여기서도 모든 법이 마음에 따라 바뀔 수 있다는 이치를 확인할 수 있지 않소?

죽은 뒤에 아직 다른 육도의 생명을 받지 않은 상태를 중음이라고 부른다오. 만약 이미 다른 육도의 생명을 받았다면, 더 이상 중음이라고 부르지 않소. 중음 상태에서 산 사람에게 붙어 저승의 괴로움이나 즐거움을 말하는 현상은, 모두 그 식신(識神)의 작용이라오. 다시 생명에 들어감 [投生]은, 반드시 그 식신이 부모의 정자·난자와 화합할 때 비로소 이루어지오. 이렇게 태를 받을[受胎] 때 그 식신은 이미 태중에 들어앉게 되오.

태어날 때 친지들이 더러 그가 어머니 방으로 들어가는 모습을 보는 것은, 부모가 결합할 때 대리로 태를 받았다가, 태가 완전히 성숙하여 출생하려 할 때 본래의 식신이 비로소 찾아오면서, 대리자가 물러가는 것이오.

원택(圓澤)의 어머니가 3년 동안 임신한 기이한 일을, 이렇게 비유하는 걸 보았소. 계란에는 유정란(有精卵)과 무정란(無精卵)이 있는데, 식신이 아직 찾아와 깃들지 아니한 태(胎)는 바로 무정란과 같다는 것이오. 그런 무정란은 어미닭이 아무리 품어 주어도 부화하지 않는 것과 같다는 것이오. 이는 단지 이치만 밝히려고, 다소 무리하게 비유한 일반 설명이오.

그러나 우리는 중생의 업력(業力)이 불가사의함을 알아야 하오. 청정한 염불 수행의 업이 이미 완성된 사람은, 육신이 아직 죽지 않았는데도, 그 정신이 벌써 정토에 나타나기도 하오. 반대로 악업이 몹시 무겁고 큰 사람은, 몸이 병들어 누운 상태에서도, 그 정신은 이미 저승에 가서 벌을 받기도 하오.

마찬가지로, 목숨이 비록 아직 다하지는 않았을지라도, 의식이 이미 일부 빠져나가 다른 생명에 투탁했다가, 장차 그 생명이 태어나려고 할 즈음에 비로소 온 마음과 정신이 그 태에 들어갈 수도 있겠소. 이러한 이치가 정말로 전혀 없다고 할 수는 없소. 그러나 대리로 태를 받는 경우가 보통은 많다고 보아야 할 것이오.

시방 삼계의 모든 법이 오직 마음으로 말미암아 나타나지 않소? 중생이 비록 미혹해 있긴 하지만, 그 업력이 불가사의한 것은, 바로 마음의 힘[心力]이 불가사의한 것이며, 또한 모든 부처님의 신통스런 도력(道力)이 불가사의한 것이기도 하다오.

## 13) 극락세계의 네 국토[四土]

극락세계의 네 국토 가운데, 업장을 짊어진 채 왕생하는 중생은 동거(同居) 국토에 거주하고, 보는 미혹[見惑]과 생각하는 미혹[思惑]을 끊은 사람은 방편(方便) 국토에 거주하며, 무명(無明)을 타파한 사람은 실보(實報) 국토에 거주하고, 무명이 깨끗이 사라진 사람은 적광(寂光) 국토에 거주하오.

또 실보 국토는 감응으로 받는 과보에서 말하는 것이고, 적광 국토는 증득한 이치와 성품[理性]으로 말하는 것이오. 양자는 본디 한 국토에 속하는데, 듣는 사람들이 쉽게 이해하도록 방편상 나누어 말한 것뿐이오. 일부 증득한 사람은 실보 국토에 속하고, 원만히 증득한 사람은 적광 국토에 해당한다고 구분하지만, 실은 두 국토 모두에 일부 증득과 원만 증득이 함께 섞여 있다오.

동거 국토는 비록 나머지 세 국토를 함께 갖추고 있지만, 미혹을 아직 끊지 못한 일반 중생의 경우, 단지 동거의 경계만 받아 누리는 거라오. 하지만 비록 업장을 짊어진 채 왕생하는 중생이긴 하나, 그들도 모두 과위(果位)·수행(修行)·정념(正念)의 세 불퇴전(不退轉)을 얻었기 때문에, 일반 세간의 범부로 생각해서는 안 되오.

동거와 방편의 두 국토는, 업장을 짊어진 채 왕생한 범부 중생과, 보고 생각하는 미혹을 끊은 작은 성인을 두고 세운 것이므로, 부처의 입장에서 논하면 안 되오. 부처의 입장에서 본다면, 서방 극락세계의 네 국토뿐만 아니라, 이 사바세계의 오탁악세(五濁惡世)와 삼악도(三惡道)도 어느 곳 하나 적광(寂光) 정토가 아닌 게 없소.

## 14) 사리(舍利)

　　사리(舍利)라는 말은 범어(梵語)이며, 중국말로는 신골(身骨) 또는 영골(靈骨)이라고 부르오. 수행인이 계율·선정·지혜의 힘으로 이루어내는 것으로, 아마도 마음이 도(道)와 합쳐지고 부처와 합쳐졌다는 징표로 나타나는 모습일 것이오. 그냥 사람(수행자)이 죽은 뒤 시신을 화장한다고, 그 살이나 뼈·머리카락이 사리로 변하는 것은 아니오.

　　옛날의 고승 대덕 가운데는 목욕하다가 사리를 얻은 분도 있소. 그리고 설암(雪巖) 조흠(祖欽: ?~1287) 선사는 머리를 깎다가, 그 머리카락이 사리 다발로 변한 적이 있었다오. 또 지심으로 염불하다가 입 속에서 사리를 얻은 분도 있고, 어떤 사람은 『용서정토문(龍舒淨土文)』을 목판에 새기다가 목판 속에서 사리가 나오기도 하였으며, 부처님이나 경전을 자수(刺繡) 놓다가 바늘 끝에서 사리를 얻은 분도 있었다오.

　　그런가 하면, 입적한 뒤 화장하여 사리가 무수히 나와 문인(門人)들이 모두 얻었는데, 때마침 멀리 외유 나갔다가 미처 참석하지 못한 제자 하나는, 뒤늦게 돌아와 초상화 앞에 제사 올리며 비통한 마음으로 탄식하는 중에, 초상화 앞에서 사리를 얻기도 하였다오. 또 장경(長慶) 한(閑) 선사는 화장하는 날 하늘에 큰 바람이 일어 연기가 삼사십 리 밖으로 퍼져 나갔는데, 연기가 이른 곳마다 모두 사리가 있었다오. 그래서 사람들이 너도 나도 사리를 주웠는데, 모두 합해 네 섬[石] 남짓이나 되었다오.

　　사리는 수행의 도력(道力)으로 이루어지는 것이지, 도가(道家)에서 말하는 연단술(煉丹術) 같은 것으로 단련시키는 것이 아니라오.

## 15) 연비(燃臂)

　　　　　　　연비(燃臂)[92]란 팔뚝에 향불로 지지는 것이오. 영봉(靈峯) 노인은 매일 같이 『능엄경』과 『범망경(梵網經)』을 지송했기 때문에, 연비도 자못 빈번히 하였소. 정말로 모든 중생들이 자기 몸을 애지중지 아끼고 보호하지 않는 자가 없소. 남한테는 그 목숨을 뺏어 그 고기를 먹고 마음껏 즐거워하면서도, 자기한테는 모기가 피 좀 빨려고 물어도 그 고통을 참거나 받기 어려워하오.

　　여래께서는 『법화경』이나 『능엄경』, 『범망경』 등의 대승 경전에서 고행(苦行)을 높이 칭찬하면서, 팔뚝이나 손가락 같은 육신을 불살라 뭇 부처님께 공양 올리는 일을 많이 언급하셨소. 탐욕심이나 자신을 애지중지 아끼고 보호하는 마음 좀 잘 다스리라는 방편의 하나라오. 이러한 수행은 육바라밀 가운데 보시바라밀에 속하오. 그런데 보시에는 안과 밖이 있소. 밖으로는 나라와 성곽·처자식을 보시하고, 안으로는 머리·눈·골수·뇌까지 보시한다오.

　　연비처럼 향불로 몸을 사르는 공양도, 모두 자신을 내버리는 것(捨)이오. 반드시 지극한 정성과 간절한 마음으로 삼보의 가피를 기도하며, 오직 자신과 남들의 업장이 해소하여 지혜가 밝아지고, 죄악이 소멸하여 복덕이 늘어나기만을 위해서 발원해야 하오.(비록 자신을 위하는 일이지만, 모름지기 그 공덕을 법계 중생 모두를 위해 회향해야 한다는 뜻이오.)

　　연비를 하면서 터럭 끝만큼이라도 명성과 소문을 구하거나, 세간과 천상의 복락을 구하는 마음이 결코 있어서는 안 되오. 오직 위로 불도(佛道)를 구하여 아래로 중생을 교화하기 위해서 행한다면, 그 공덕은 불가

---

92) 연비는 중국에서 보통 비향(臂香)이라고 부른다. 요즘 중화민국 대만 스님들은 대개 머리 정면 한 가운데 향불로 지진 자국이 눈에 띄게 크고 뚜렷하다.

사의하게 무한할 것이오. 이른바 보시 삼륜(三輪)의 본체가 텅 비고,[93] 사홍서원이 두루 망라된다는 경지를 뜻하오.

공덕은 마음의 발원으로 무한히 커지며, 과보는 마음의 발원으로 신속히 얻어지게 되오. 혹시라도 마음에 헛된 명예를 그리워한다면, 단지 집착하는 마음을 가지고 집착을 덜어내는 수행(보시)을 흉내 내는 것에 불과하오. 그러면 연비는 말할 것도 없고, 설사 온몸을 통째로 불사른다 할지라도, 전혀 이익이 없는 고행일 뿐이오.

집착하는 마음으로 헛된 명예를 구하는 생각 때문에, 보시 삼륜의 본체가 텅 비었음도 깨닫지 못하고, 사홍서원이 두루 망라되는 마음도 느낄 수 없소. 여래께서 자신의 견해를 타파하여 제거하라고 가르쳐 주신 법으로, 도리어 자신의 견해를 더욱 견고하게 증대시키는 꼴이 되고 마오.

죄와 복은 마음에서 갈라지고, 과보 또한 마음에서 달라지오. 『화엄경』에서 "소가 물을 마시면 우유를 만드는데, 뱀이 물을 마시면 독을 만든다. 지혜로운 자가 배우면 열반을 증득하지만, 어리석은 자가 배우면 생사만 증가시킨다[牛飮水成乳, 蛇飮水成毒, 智學證涅槃, 愚學增生死]."고 말씀하신 것도 바로 이러한 뜻이라오.

보살의 마음은 우주 허공과 같아 포괄하지 않는 게 없소. 중생을 이롭게 하려고 각종 방편을 고안하여, 처음에는 갈고리로 꿰어 끌어당긴 다음, 부처의 지혜에 들도록 이끌기도 하오. 그래서 범부 중생의 지식 견해로 보살의 행실을 함부로 추측하고 판단해서는 안 되오.

---

93) 보시에서 보시하는 자, 보시 받는 자, 보시 물건을 삼륜(三輪)이라고 한다. 마음속에 이 삼륜의 형상이 있으면 진실한 순수 보시행이 못 되고, 아무런 형상이 없이 무심하게 베풀어야 『금강경』의 무주상 보시로 청정한 보시라는 뜻이다. 『심지관경(心地觀經)』에 나오는 삼륜청정게(三輪淸淨偈)가 그 정신을 잘 함축하여, 보시 때 염송하곤 한다. 그래서 보시게라고도 한다.

| | |
|---|---|
| 베푸는 주체와 베풂 받는 객체와 베푸는 물건은 | 能施所施及施物 |
| 삼세 가운데 찾을래야 찾을 수도 없네. | 於三世中無所得 |
| 우리들은 이처럼 가장 뛰어난 마음에 안주하여 | 我等安住最勝心 |
| 시방세계 모든 부처님께 두루 공양 올리네. | 供養一切十方佛 |

보살은 이미 무생법인(無生法忍)을 증득했기 때문에, 나와 남이라는 생각도 전혀 찾아 볼 수가 없소. 오직 모든 중생을 다 받아 들여, 여래의 커다란 깨달음 법문 안에 들여 놓으려는 발원뿐이오. 만약 계산이나 비교가 있다면, 이는 곧 감정견해[情見]에 속하여, 나와 남이 없는 도와는 결코 들어맞을 수가 없소.

보살이 머리 · 눈 · 골수 · 뇌를 보시했다고 말한 것은, 진실로 그러하오. 그러나 노래하거나 춤추거나 그림 그리는 여자들을 보시했다는 것은, 보살의 보시하는 마음을 넓히기 위한 방편이므로, 자구에 얽매여 본 뜻을 왜곡해서는 안 되오. 판에 박힌 듯이 문자 그대로 고수한다면, 아승기 세계에 그런 여자들이 가득 차게 한다는 경전의 글귀는, 어떻게 해석해야 하겠소?

이는 보살이 안팎으로 모두 내버려, 탐냄이나 아낌이 전혀 없음을 드러내는 것일 따름이오. 안팎으로 어느 것 하나 탐착하지 않기 때문에, 생사윤회 가운데 홀로 해탈을 얻을 수 있는 것이오. 또 그렇게 보살한테 보시를 받은 사람도 보살의 원력에 포섭되어, 때로는 즉시, 때로는 후세에 몸소 커다란 이익을 받고 생사를 벗어날 수 있게 되오.

예컨대, 석가모니 부처님께서 전생에 보살로 계셨을 적에 자신을 갈기갈기 찢어 가리왕(歌利王)에게 보시했는데, 그가 바로 나중(금생)에 석가모니께서 성불하신 뒤 맨 처음 제도하신 교진여(憍陳如)라오. 이렇듯이 우주 허공처럼 무한히 크고 넓은 보리심을, 어떻게 범부 중생의 조그만 식견으로 헤아릴 수 있겠소?

아직 무생법인을 얻지 못한 범부 중생은, 마음속으로는 보살의 도를 사모해야 마땅하지만, 그러나 구체적인 수행 방법은 일반 범부의 평상적인 이치에 따라야 마땅하오. 그렇지 않으면, 법도(法道)를 지니고 지키는데 방해가 될 수 있소. 만약 무생법인을 증득하지 못하여 법도를 확고히 지니고 지키지 못한다면, 보살이 머리 · 눈 · 골수 · 뇌 따위를 보시한 수행을 본받아서는 안 되오. 자신의 수행력이 부족하여 그러한 보시를 감당할 수 없어서, 자신이나 남에게 모두 이익이 없기 때문이오. 범부 중생은 모름지기 범부의 능력에 맞추어 수행하면 되는 것이오.


## 16) 경계(境界)

　　　　　　염불하는 사람이 임종 때 부처님의 영접 인도를 받는 것은, 중생과 부처님 사이에 감응의 길이 서로 트였기 때문이오. 물론 이러한 감응이 생각과 마음을 떠나지는 않소. 그렇다고 단지 생각과 마음이 나타내는 관념이나 환상에 지나지 않을 뿐, 부처님이나 성인이 실지로 와서 영접하는 일은 결코 없다고 말할 수는 없소.

마음이 지옥을 지으면 임종 때 지옥의 모습이 나타나고, 마음이 불국토를 지으면 임종 때 불국토가 나타나기 마련이오. 모습이 마음에 따라 나타난다고 말하는 것은 괜찮지만, 오직 마음상의 관념일 뿐, 실지 그런 경계는 없다고 말하는 것은 안 되오. 오직 마음일 뿐 실지 경계는 없다[唯心無境]는 말은, 모름지기 유심의 도를 크게 깨닫고 원만히 증득한 세존(世尊)께서 말씀하셔야 허물이 없소.

만약 일반 범부중생이 그런 말을 지껄인다면, 단멸(斷滅)의 지견(知見)에 떨어지게 되고, 여래께서 닦아 증득한 법문을 파괴하는 삿된 이단일 뿐이오. 그러니 삼가 신중하지 않을 수 있겠소? 하나하나 자세히 말하자면 밑도 끝도 없으니, 한 귀퉁이를 들어 보이면 나머지 셋은 알아서 잘 헤아리기 바라오.

시간이란 일정한 법이 없고, 사람이 보기에 따라 서로 다르다는 사실을 알아야 하오. 불보살님의 경계는 제쳐 놓고라도, 우선 평범하고 조그만 경계를 가지고 한 번 살펴봅시다.

주(周) 영왕(靈王)의 태자인 진(晉)이 신선도(仙道)를 배운 지 7일만에 구산(緱山)에 출현했는데, 그때 이미 세상은 진(晉)나라 시대가 되었다고 하오. 그래서 이런 시가 전해 오지 않소?

| | |
|---|---|
| 왕자가 신선술을 배우러 가서, | 王子去求仙 |
| 단(丹)이 이루어져 구천에 들었네. | 丹成入九天 |
| 동굴 속에 바야흐로 이레 있었건만, | 洞中方七日 |
| 세상은 벌써 천 년 가까이 흘렀다네. | 世上幾千年 |

(주 영왕은 재위 기간이 B.C. 571~545년이고, 진나라는 A.D. 265~420년 동안 존립했으니, 그 사이에 천 년 가까운 세월이 지난 셈: 옮긴이)

또 여순양(呂純陽)[94]이 종리권(鍾離權)을 한단(邯鄲)의 한 주막에서 만났는데, 종리권이 그에게 신선술을 배우라고 권했다오. 그런데 여순양이 부귀영화를 얻은 뒤에 배우겠다고 하자, 종리권이 그에게 베개 하나를 주면서 베고 자 보라고 시켰소. 그래서 잠이 들었는데, 꿈속에서 그가 어릴 적부터 자라서 재상이 될 때까지 무려 50년 동안, 세상에 보기 드문 온갖 부귀영화를 누렸다오. 자손이 집안에 가득 차고 온갖 즐거움이 넘쳐나는데, 나중에 어떤 사소한 일 하나로 임금과 뜻이 맞지 않아, 마침내 스스로 재상 자리에서 물러나면서 잠에서 깨어났다오. 처음에 그가 잠들 때, 주막집 주인이 누런 좁쌀로 밥을 짓기 시작했다오. 그런데 꿈속에서 재상이 되어 국가 정사를 돌보기까지 50년 세월을 거친 뒤 깨어나 보니, 주인이 짓던 좁쌀밥이 아직 뜸도 덜 들었더라오.

이는 선인(仙人)의 경지에 불과한데도, 일념(一念) 동안 50년의 경계와

---

94) 여순양(呂純陽: 798~?): 중국 민간 전설의 8신선 가운데 하나로, 보통 여동빈(呂洞賓)이라 불림. 이름은 암(品 또는 巖), 순양은 호. 당나라 경조(京兆) 사람으로, 무종(武宗: 841~846 재위) 때 두 차례 진사에 급제하지 못한 뒤 유랑하다가, 종리권을 만나 신선술을 배운 게 64세 때임. 종남산(終南山) 등에 은거하여 수도한 뒤, 각지를 다니며 숱한 신통으로 사람들을 제도함.

사업을 펼친 것이오. 하물며 천상 중에서 가장 높은 천상에 속하고, 성인 중에서 가장 위대한 성인이신 우리 부처님이나, 이미 법신을 증득한 여러 대보살님들의 경계야 오죽하겠소?

그래서 선재(善財)동자가 미륵보살의 누각 안에서 보현보살의 털구멍 [毛孔]에 들어갔는데, 모든 구멍마다 시방세계에서 불국토의 가는 먼지 수 [佛刹微塵數]만큼의 무량겁이 지나도록 6바라밀로 만 가지 수행을 행하고 나왔다고 하지 않소?『화엄경』의 이 구절은 우리가 또 어떻게 그 경지를 헤아릴 수 있겠소?

과거·현재·미래의 시간은 실체(實體)가 없음을 모름지기 알아야 하오. 범부 중생의 지위에서는 단지 범부 중생이 보아야 할 경계밖에 볼 수 없소. 그러니 범부가 본 경계를 가지고, 불보살님의 경계도 아마 조금도 다름없이 그러할 것이라고 속단해서는 안 되오.

이제 쉬운 비유로 한번 생각해 봅시다. 거울에 수십 겹의 산수와 건물 풍경이 비치는 모습을 보면, 실로 원근의 차이가 전혀 없으면서도, 원근의 느낌이 뚜렷이 나타나지 않소? 세간의 빛깔에 관한 법[色法]도 오히려 이와 같을 수 있거늘, 하물며 유심자성(唯心自性)을 이미 증득한 마음의 법 [心法]이야 오죽하겠소?

그래서 한 터럭 끝에 보왕(寶王)의 국토를 드러내고, 미세한 티끌 속에 앉아 큰 법륜을 굴린다[於一毫端, 現寶王刹, 坐微塵裏, 轉大法輪]고 하오. 삼세 고금 (三世古今)이 시종 지금 한 생각을 떠나지 않으며, 시방 우주가 나와 남 할 것 없이 터럭 끝만큼도 떨어져 있지 않소.

무릇 불가사의한 경계에 속하는 것은, 모두 단지 부처님의 말씀을 믿고 따르며, 함부로 헤아리거나 판단하지 마시오. 정말로 정성이 지극하고 간절하다면, 저절로 모든 것을 분명히 알게 되리니, 구태여 남들에게 물어 볼 필요도 없소.

만약 지성으로 간절히 예배 올리고 독송 염불하는 데는 힘쓰지 않고,

종일토록 범부 중생이 헤아릴 수 없는 경계만 망령되이 추측하고 상상한
다면, 요술쟁이 마법사와 똑같은 꼴이 되고 말 것이오. 그런 자가 부처님
을 비방하고 정법을 비방하며 수행승을 비방하는 죄악의 과보에서 어떻
게 벗어날 수 있겠소?

수행을 정성스럽게 하다 보면, 영험한 감응이 있기 마련이오. 더러는
관세음보살이 계시다는 보타산(普陀山) 범음동(梵音洞)이 보이기도 하는데,
중생의 신심을 북돋워 주기 위해 나타나는 감응이라, 누구든지 지성이면
볼 수 있다오. 따라서 대단히 특별한 예로 여기고 자랑할 필요는 없소. 그
런다면 모든 사람이 죄다 시끄럽게 떠들어 댈 것이오.

오대산(五臺山)의 문수보살도 예로부터 친견했다는 사람들이 자못 많소.
그분들은 모두 큰 인연이 있거나, 또는 수행 공부가 깊어서, 문수보살을 친
견한 뒤 반드시 큰 깨달음이나 증득이 있었소. 나도 광서(光緒) 12년(1886)에
오대산을 참방 순례한 적이 있소. 그 전에 북경의 유리 공장에서 청량산지
(淸涼山志)를 두루 수소문하여, 겨우 한 부를 구해 매일같이 보고 있었소.

당시 날씨가 제법 추워, 3월 초에야 비로소 오대산에 이르렀소. 산에
40여 일 머무르는 동안, 산에 찾아와 순례하는 사람 가운데 문수보살을
친견했다고 말하는 사람이 참 많았소. 그런데 보아 하니 진실하게 수행
하는 사람은 정말 적었소. 그걸 보면 문수보살을 친견했다고 말하는 참
배객들은, 대부분 옛사람들의 기록에 나오는 행적을 보고 덩달아 자기
자랑 해대는 허위 과장임을 알 수 있소.

설사 진짜로 친견했더라도, 그들의 자랑은 틀림없이 세간 조류에 편
승해 분별없이 떠들어대는 것이니, 금과 가짜 금은 각자 다를 수밖에 없
소. 그렇지 않고 그들의 말이 전부 진짜라면, 이는 문수보살이 자중하지
못하고 경솔하게 아무에게나 당신을 드러낸 것이니, 이 무슨 당치 않은
일이겠소?

이치와 성품상 부처를 말한다면 일체 중생이 모두 해당하지만, 홍진의

번뇌를 등지고 깨달음에 합치한 수행의 경지를 본다면 빈이름뿐이라오. 어떤 사람이 선정에 들면 자신이 비로자나불(法身佛)과 같다고 자랑하는가 보오. 그도 선정에서 나오면 여전히 범부 중생일 텐데, 부끄러운 줄 모르고 큰소리치며 사람들을 속이고 있소. 가령 정말로 비로자나불과 같다면, 여전히 범부 중생으로 되돌아오는 일은 결단코 없을 것이기 때문이오.

## 17) 신통력(神通力)

도제(道濟) 선사는 정말 대신통력을 지닌 성인으로, 모든 사람들에게 올바른 신심을 북돋워 주기 위해서, 늘상 불가사의한 일을 나타내셨소. 그 분이 술을 마시고 고기를 잡수신 것은, 성인의 덕을 일부러 감추기 위함이었소.

어리석은 사람들이 그가 미치광이처럼 법도와 계율을 지키지 않는 걸 보고, 그를 별로 믿지 않도록 하기 위한 방편이었소. 그렇지 않았다면, 그 분은 세간에 머무를 수가 없었을 것이오.

무릇 불보살님께서 몸을 나토심에는, 일반 범부 중생과 똑같이 보이시면서, 오직 도덕으로 사람들을 교화할 뿐, 결코 신통력을 드러내시지 않는다오. 만약 신통력을 드러낸다면, 곧 더 이상 세상에 머무를 수가 없게 되오. 오직 미치광이 짓을 하는 분만이 신통력을 드러내도 무방하오.[95] 수행인이 누구나 술을 마시고 고기를 먹어도 좋다는 말은 결코 아니오.

세간에 보통 착하다는 사람들도 술과 고기를 먹지 않는데, 하물며 불자들이 술을 마시고 고기를 먹을 수 있겠소? 중생을 교화한다고 발원하

---

95) 예수도 대신통력을 드러내어 수많은 기적을 행했기 때문에, 이 세상에 더 이상 머무르지 못하고 십자가에 못 박혀 죽었다. 은(殷)나라 말엽 주(紂) 임금의 포악무도한 시대에 세 성인이 있었는데, 미자(微子)는 미치광이 행세를 하며 숨어 버렸고, 기자(箕子)는 노예가 되었으며(나중에 풀려나 고조선으로 건너옴), 비간(比干)은 충직하게 간언하다가 죽었다.

면서, 자기 자신조차 부처님 가르침대로 받들어 행하지 않는단 말이오? 그러면 남들에게 믿음을 내도록 이끌기는커녕, 도리어 있던 믿음도 후퇴하거나 잃게 하기 딱 알맞소. 그러므로 음주와 육식을 배워서는 안 되오.

도제 선사는 죽은 고기를 먹으면 산 짐승을 토해낼 수 있었소. 그러나 우리는 죽은 고기를 먹으면 원래 모양의 고기도 토해낼 수 없는데, 어떻게 그런 성인이 고기 먹은 걸 흉내 낼 수 있겠소? 그리고 그 분은 술을 마시면 부처님에게 금(金)을 채워드리고, 수많은 큰 나무를 우물 속에서 끌어 올릴 수 있었소. 그러나 우리는 술을 마시고 나면 우물물도 제대도 길어 올리지 못할 텐데, 어떻게 그 분이 술 마신 걸 배운단 말이오?

제공전(濟公傳: 도제 선사 전기)은 몇 종류가 있는데, 취보리(醉菩提) 본이 가장 좋소. 근래 유통하는 게 8판본이라고 하는데, 대부분 후세 사람들이 덧붙이고 손질한 문장들이오. 오직 취보리 본만이 문장이나 내용 의미나 모두 좋으며, 서술한 일도 모두 당시 실제 있었던 사실들이오.

세상 사람들은 왜 그런지 이유와 유래를 잘 모르기 때문에, 덮어 놓고 무조건 따라 배우기 아니면, 함부로 훼방하기 일쑤라오. 덮어 놓고 무조건 따라 배우다가는, 결정코 지옥에 떨어질 것이오. 또 함부로 훼방하는 것은, 범부 중생의 소견으로 신통력 갖춘 성인을 추측 평가하는 것이기 때문에, 죄가 되는 건 분명하오. 하지만 무조건 따라 배우는 것에 비하면, 그래도 훨씬 더 가볍소.

성인들의 불가사의한 신통력에 관한 내용을 보거든, 마땅히 믿음과 공경심을 내어야 하겠소. 그러나 더러 술을 마시고 고기를 먹은 특이 행동은, 보더라도 절대 따라 배우려 해서는 안 되오. 그렇게 해야 이익만 얻고 손해는 보지 않게 되오.

공자께서 "사람이 도를 크게 펼칠 수 있지, 도가 사람을 키워 주는 게 아니다[人能弘道, 非道弘人]."라고 말씀하셨소. 세상의 혼란은 중생들이 죄악을 함께 나누기 시작하면서 초래한 공동 업장 탓이오. 세상에 난무하는 온갖 이단사설(異端邪說)도 그렇소. 세상 풍속의 변질도, 맨 처음에는 모두 한두 사람이 나서 일으키고 내세우기 마련이오. 다스림이나 혼란, 정도(正道)와 사도(邪道)도 모두 그렇지 않은 게 없소.

그런데 어찌하여 사람의 힘으로 바꿀 수 있는 부분에 대해서는 말하지 않고, 오로지 모든 것을 불보살님이 나토시는 신통 변화에 되돌리고 떠맡긴단 말이오? 불보살님께서 신통 변화를 내보일 수 없는 것이 아니라, 중생들의 업장이 너무 크고 무거워 어찌할 수 없을 따름이라오.[96]

비유컨대, 두터운 구름장과 짙은 안개가 끼어 하늘의 해를 희미하게도 보지 못할 때, 과연 우리는 하늘의 해가 이제 더 이상 존재하지 않는다고 말할 수 있겠소?

사람이 하늘 및 땅과 더불어 삼재(三才)로 일컬어지고, 수행하는 스님이 부처님 및 부처님의 법과 더불어 삼보(三寶)로 불리고 있소. 이렇게 부르는 것은, 사람이 하늘과 땅 사이에 천지자연의 이치를 참구하여 만물의 성장 변화에 동참하고, 정법과 도덕을 널리 펼치기 때문이오. 그런데 우리가 사람의 힘(인간의 노력)은 내팽개친 채, 오로지 불보살님이나 천지자연의 힘(신통·가피·은총)에만 모든 것을 내맡기려 한다면, 그래도 도를 아는 수행자라고 말할 수 있겠소?

아주 혼란한 세상에 대자비의 보살이 나타나서 구제하고 보호하시는 것도, 모두 인연 있는 중생들일 따름이오. 세상의 혼란은 중생의 공동 업장이고, 숙세의 원인과 현재의 연분은 각자의 개별적인 업력[別業]이오. 착한 인연으로 보살과 개별적으로 감응이 통하여, 그 자비 가피로 보호 구제를 받는 것인데, 어떻게 하나로 뒤섞어 논할 수 있겠소?

보살이 역경과 순풍의 방편을 써서 중생들을 구제하고 보호하시는

---

96) 예수께서도 당시 신통력과 기적을 보여 달라고 요구하는 사람들에게, "이 시대의 사람들은 더 이상 신통과 기적을 볼 자격조차 없다."는 내용의 말씀을 하셨다. 인연 없는 중생은 부처님도 구제하시지 못하고, 부처님 눈에만 부처님이 보이기 때문이기도 하다.

일은, 판에 박힌 고정 관념과 선입견을 지닌 자가 알 수 있는 게 아니오. 이제 한 가지 예만 들어 보면, 나머지는 미루어 짐작할 수 있을 것이오. 역경으로 고난을 주는 보살은 원수라고 불평하지 말고, 도에 입문하고 부처가 되는 발판을 다져 주는 정말 훌륭한 스승임을 생각해 보시오.

모든 부처님은 여덟 고통[八苦]을 스승으로 삼아 위없는 도[無上道]를 이루셨소. 이는 고통이 성불의 근본이라는 뜻이오. 또 부처님은 맨 처음에 제자들에게 부정관(不淨觀)을 수행하도록 가르치셨소. 부정관을 오래오래 지속하다 보면, 미혹을 끊고 진리를 증득하여 아라한이 될 수 있기 때문이오. 따라서 부정(不淨)이 곧 청정의 근본인 셈이오.

북구로주(北俱盧洲)의 사람들은 고통이 전혀 없어서, 도에 입문할 수가 없다오. 그런데 우리 남염부제(南閻浮提)에는 고통스런 일이 몹시 많아서, 불도에 입문하여 생사윤회를 끝마치는 사람이 수를 헤아릴 수 없을 정도라오. 세상에 생로병사와 전쟁·홍수·가뭄·화재 등의 고통이 전혀 없다고 해 보시오. 그러면 사람마다 모두 안일과 향락 속에 취생몽사(醉生夢死)할 터이니, 누가 기꺼이 세간을 벗어나 생사 해탈을 구하려고 마음먹겠소?

그렇다고 강한 병력을 쥐고 높은 자리에서 백성들을 괴롭히는 자들도, 더러 대자비를 나토는 보살의 화신이 아니겠느냐고 섣불리 말해서는 안 되오. 이러한 이치는 오직 통달한 사람에게만 말할 수 있으며, 무지하고 무식한 자들에게는 말해서는 안 되오. 정말 통달한 사람이라면, 진짜 악마한테도 이익을 얻을 수 있소. 그러나 무지하고 무식한 자들은 이러한 이치를 들으면, 수행할 마음을 내기는커녕, 도리어 불법을 공격하고 비방하게 될 뿐이오.

비유컨대, 어린애에게 약을 먹여야 하는데, 어린애가 약을 먹으려 하지 않으면 어떻게 하겠소? 그때 약을 엄마 젖꼭지에 발라 두면, 약을 억지로 먹이지 않고도 저절로 먹게 되오. 만약 그대가 통달한 사람처럼 행세하며 위와 같은 이치를 크게 떠들고 다닌다면, 사람들을 이롭게 하는 것은 별로 없으면서, 해악만 몽땅 끼칠 게 틀림없소. 그러니 입 딱 다물고 침묵을 지키며, 함부로 헛된 말을 지껄이지 마시오. 불보살의 경계는 일반 범부 중생이 헤아리고 짐작할 수 있는 게 아니라오.

## 18) 비결 전수[秘傳]

　　　　　지금 여러 이단 외도(外道) 가운데는, 비결을 전수한다는 구실로 무지몽매한 사람들을 자기 교파로 끌어들이지 않는 자가 없는 듯하오. 그 교파에 입문하려고 원하면, 반드시 그에게 나중에 그 교파를 배신하는 경우, 어떠어떠한 죄악의 과보를 받을 것이라고 서약하도록 요구하오. 이러한 행위는 사실 거의 대부분이 모두 사람을 속이는 수법일 따름이오. 서약을 했기 때문에, 설령 그 교파가 잘못된 줄 알게 되더라도, 감히 그 잘못을 드러내 알리거나 거역할 수 없는 경우가 많소.

　외도들이 비결을 전수한다고 꾀어 서약을 하도록 요구하는 수법은, 정말로 사람들을 심하게 현혹시키고 단단히 옭아매는 짓이오. 우리 부처님은 비결로 전수한 법이 없소. 한 사람이 이렇게 말하는 것은, 만 사람이라도 이렇게 말할 뿐이오. 문을 잠그고 창문도 닫은 채, 밖에는 순찰하는 감시자를 두고, 오직 한 사람만 방안에 들어오도록 하여, 그것도 작은 소리로 바깥에 들리지 않도록 전수한단 말이오? 이런 도(道)에 무슨 광명정대(光明正大)한 일이 있겠소?

　여러분 모두 그 폐단을 잘 알아두라고 대략 말하는 것이오. 만약 은밀하게 입으로 전수하고 마음으로 전하는 미묘한 비결이 있다면, 이는 삿된 마귀와 외도일 뿐, 결코 불법이 아닌 줄 명심하시오.

## 19) 부계(扶乩)

　　　　　　부계(扶乩)[97]는 대부분 영민(靈敏)한 귀신이 신선이나 불보살 또는 성인의 이름을 빌어 행세하는 법이오. 귀신 가운데 열등한 자들은 이러한 신통력이 없소. 그러나 조금 우수하고 영민한 귀신은 사람의 마음을 알 수 있기 때문에, 그 사람의 총명한 지식을 빌어 그런 일을 할 수 있다오. 그래서 기문달(紀文達)[98]도 이렇게 말한 적이 있소.

　"부계는 다분히 영민한 귀신이 신선이나 부처를 가탁(假託)하는 점법이다. 내가 형 탄연(坦然)과 함께 부계를 한 적이 있었다. 나는 시를 잘 짓지만 서예는 별로 못한다. 그래서 내가 부계를 하면, 시문은 민첩하게 잘 내려오는데, 서예는 엉망으로 휘갈겨진다.

　그러나 (시는 별로 못하고 서예가 뛰어난) 형 탄연이 부계를 하면, 시문은 평범한데, 서예(글씨)는 힘 있고 훌륭했다. 옛 사람을 내세우는 계시 내용 중

---

**97)** 부계(扶乩): 계는 점을 쳐서 신에게 의심스러운 일을 묻는다는 뜻이고, 부(扶)는 그 방편 도구를 붙든다는 뜻이다. 나무로 만든 T자형 틀을 두 사람이 한 쪽씩 붙잡고, 끝은 모래판 위에 내려놓은 뒤, 의식에 따라 신(神)의 강림을 청하면, 두 사람의 손떨림으로 모래판 위에 문자가 그려지는데, 이를 강계(降乩)라 부르고, 신의 계시나 길흉 판단으로 해석한다.

도교나 민간신앙에서 널리 행해져온 일종의 무속(巫俗) 점이라고 할 수 있다. 틀을 키로 대신하는 경우 부기(扶箕)라 부르고, 신이 난(鸞) 새를 타고 강림한다는 전설에 의해 구어로는 부란(扶鸞)이라고 한다.

특히 음력 정월 대보름 밤에는, 자고(紫姑)를 영접하여 부계하는 민간 풍습이 전해 온다. 자고는 갱삼고낭(坑三姑娘)이라고도 부르는 중국 민간의 변소신(厠神)이다. 전설에 따르면, 본명은 하미(何媚)이고, 자(字)는 여경(麗卿)이며, 산동 내양(萊陽) 사람으로, 당나라 측천무후 때(687년) 수양(壽陽) 자사인 이경(李景)의 첩이 되었는데, 본부인 조(曹)씨가 질투하여 정월 대보름 변소에서 암살당했다고 한다. (옥황)상제께서 그를 불쌍히 여겨 변소신에 임명했고, 민간에서 대보름 밤에 그에게 제사 지내면서 의문점을 부계로 청한다고 한다.

부계와 비슷한 민간 점법은 세계 각지에 있으며, 영어로는 sciomancy가 여기에 가깝다고 여겨진다. 지금도 중화민국 대만에서는 도교나 민간신앙 조직을 중심으로 널리 행해지고 있다.

**98)** 기문달(紀文達: 1724~1805): 본명은 기윤(紀昀), 문달은 시호. 자(字)는 효람(曉嵐) 또는 춘범(春帆). 직례(直隷) 헌현(獻縣) 사람으로, 청나라 건륭(乾隆) 때 진사가 된 뒤, 예부상서와 협판대학사(協辦大學士)에 이름. 사고전서(四庫全書)의 총편찬관을 역임하여 사고전서총목제요(四庫全書總目提要)를 편찬함. 시문(詩文)도 잘하여 문집이 전해짐.

심오한 부분을 물으면, 연대가 오래 되어 기억나지 않는다는 답변이 내려오곤 했다. 그래서 진짜가 아니라는 걸 안다."

그러고 보면 이 영민한 귀신은, 단지 부계하는 사람이 현재 알고 있는 마음만 능통하여, 이를 빌려 쓰는 것일 따름이오. 의식의 밭[識田: 무의식·아뢰야식]에는 있으나 현재의 지식(의식)에는 없는 것은, 이 귀신이 자기 지식이 아니라고 여기기 때문에, 이를 끌어내어 사람들에게 보여줄 수 없는 것이오. 따라서 세간의 이치에 관한 내용은 옳은 게 많지만, 불법(佛法)을 말할 때는 자기가 아는 것이 아닌지라 헛소리를 꾸며대기 십상이오.

업장이 다 사라지고 감정이 텅 빈 상태의 타심통(他心通)과 비교하면, 실로 하늘과 땅 차이라 할 것이오. 다만 그 기분(氣分)은 비슷한 데가 있소. 일반 불자들이 혹시라도 부계와 같은 민간 무속점에 미혹할까 염려스러워 특별히 이 사실을 밝히고 당부하지 않을 수 없소.

근래 상해(上海)에서 부계를 한다고 야단법석을 크게 떤 모양이오. 거기서 내려온 내용은 개과천선과 약간의 윤회 및 인과응보 법칙 등이 주를 이룬 듯하오. 그런 내용은 세간의 도리나 인심(人心)에 크게 보탬이 되기 때문에 괜찮소. 그러나 하늘이 어떻고 불법이 어떻고 언급한 것은 단지 헛소리에 불과하오.

우리 불자 된 사람들은 이러한 부계의 방편법을 굳이 배척할 필요까지는 없을 것이오. 사람들에게 개과천선하도록 권선 징악하는 일을 가로막는다는 허물만 뒤집어 쓸 수 있기 때문이오. 그러나 여기에 들러붙어 맞장구치며 적극 찬성하고 나서서는 안 되오. 그들이 말하는 불법(佛法)은 모두 지어낸 것이라, 진짜 불교의 정법을 어지럽게 파괴하고 중생을 잘못 인도하는 죄가 클 수 있기 때문이오.

## 20) 연단(煉丹)

불법(佛法)은 오직 사람들에게 죄악을 그치고 선행을 닦으며, 마음을 밝히고 본래 성품을 되돌아보아, 미혹을 끊고 진리를 증득함으로써, 생사윤회를 벗어나라고 가르칠 따름이오. 팔만대장경 안에는 사람들에게 기(氣)를 운행시켜 단(丹)을 단련하고, 신선이 되어 하늘에 오르며, 불로장생(不老長生)하라고 가르치는 내용은 한 글자도 없소.

민국(民國) 초에 마귀의 권속인 류화양(柳華陽)이란 자가 『혜명경(慧命經)』을 지었는데, 불경과 조사 어록의 내용을 죄다 인용하여 연단법을 증명하는 것이었소. 정도(正道)를 끌어다가 이단사설을 짓고, 법으로 법을 비방하였소. 아직 지혜의 안목이 트이지 못한 사람들은, 그 이단사설을 보고 진실로 오인하여, 정견(正見)을 영영 잃고 말기 쉽소.

그가 말하고 닦은 내용은 모두 불법을 파괴하는 것이오. 그런데도 오히려 스스로 의기양양하게 "나는 다행스럽게 진승(眞乘)의 도를 만나고 정법을 들었다."고 떠들어대고 있소. 말 그대로 도적을 자식으로 착각하고, 모래를 쪄서 밥을 짓는 격이오. 우두머리 장님 하나가 앞에 나서서 뭇 봉사들을 이끌고 줄줄이 불구덩이 속으로 빠져 들어 가고 있으니, 어찌 슬프지 않겠소?

연단의 수행법 자체가 전혀 이익이 없는 것은 아니오. 단지 육신의 목숨을 몇 년 더 연장하고, 지극한 공부라야 고작 신선이 되어 하늘로 올라갈 수 있는 정도라오. 이건 노자(老子)가 진짜 전한 도도 아닌데, 하물며 불법의 정도(正道)라 할 수 있겠소?

공자도 일찍이 "아침에 도를 들으면, 저녁에 죽어도 좋다[朝聞道, 夕死可矣]."고 말씀하셨소. 또 노자도 "나에게 큰 근심거리가 있으니, 모두 내게 육신이 있기 때문이다[吾有大患, 爲吾有身]."고 말씀하셨소. 만약 이 말씀들의 뜻만 제대로 음미하여 이해해도, 그런 연단술에 미혹하지는 않을 것이오.

아울러 『안사전서(安士全書)』, 『거사전(居士傳)』, 『평심론(平心論)』, 『계고략(稽古略)』 등의 책을 함께 본다면, 밝은 거울이 눈앞에 선 듯, 예쁘고 미운 모습이 저절로 분간되고, 시뻘건 용광로에 금을 시험하듯, 진짜와 가짜가 즉시 판가름날 것이오.

내 생각에는, 불교와 도교가 본래 근원은 결코 둘이 아니라고 믿소. 다만 후대로 내려오면서 말단 지엽으로 흐른 교파는, 실로 하늘과 땅 차이가 나오. 불교는 사람들에게 맨 처음 사념처관(四念處觀)을 수행하도록 가르치오. 육신이 청정하지 못함을 관조하고[觀身不淨], 받는 게 고통임을 관조하며[觀受是苦], 마음이 덧없음을 관조하고[觀心無常], 법에 내가 없음을 관조하는[觀法無我] 것이오.

몸과 받음과 마음과 법이 전부 헛된 환상에 불과하고 텅 비었기에, 청정하지 못하고 고통스러우며 덧없고 내가 없음을 안다면, 진여(眞如)의 미묘한 성품이 저절로 뚜렷이 드러날 것이오.

도교도 원래 처음의 정통 가르침의 전승(正傳)은, 결코 연단(煉丹)과 운기(運氣)로 오로지 불로장생을 추구하는 게 아니었소. 그런데 후세에 와서는, 보통 도교에 의해 수행한다는 교파는, 어느 것 하나 이를 정통 종지(正宗)로 삼지 않는 경우가 거의 없소.(특히 요즘 중국에서 유행하는 기공이나 태극권·한의학 등의 원리와 목적도, 대부분 이러한 도교의 이론에 근거하거나, 적어도 일맥상통함.)

그런데 우리 불교는 큰 것도 포함하지 않음이 없고, 작은 것도 빠뜨림이 없소. 단지 몸과 마음, 성품과 생명의 도만 남김없이 발휘하는 것이 아니오. 작게는 세간의 도리 가운데 효도[孝]·우애[弟]·충실[忠]·신의[信]·예절[禮]·의리[義]·청렴[廉]·수치[恥] 같은 인륜도, 조금이라도 착한 것이면 빠짐없이 포괄하오.

하지만 오직 연단과 운기에 대해서만은, 우리 불교가 한 글자도 언급하지 않소. 이 사실을 명심하고 깊이 경계할 일이오. 하나는 사람들에게 몸과 마음이 허깨비처럼 허망함을 알라고 가르치고, 다른 하나는 사람들에게 몸과 마음이 진실한 것처럼 잘 보양하라고 가르치고 있소. 여기서 말하는 마음이란, 물론 인연에 따라 생겼다 스러지는 덧없는 마음을 가리키며, 본디 지니고 있는 진실한 마음을 뜻하는 게 아니오.

다시 한 번 강조하겠소. 연단술이 육신의 건강과 수명을 보태는 데 이익이 없는 것은 아니지만, 지극한 수행 경지에 이르러야 고작 신선이 되어 하늘로 올라가는 데 그치오. 생사윤회를 해탈한다는 것은 꿈속에서나 지껄일 잠꼬대에 불과하오. 이 점을 깊이 명심하기 바라오.


## 21) 행위의 적정성

무릇 염불 수행의 방법과 정도는, 각자의 역량에 따라 중용을 이루어야 마땅하오. 소리를 내어 낭송하든 소리없이 묵송하든, 또는 큰 소리로 염송하든 작은 소리로 염송하든, 모두 안 될 게 없소. 상황과 형편에 따라 수시로 적절한 방법을 택하면 되오. 어찌 꼭 줄곧 큰 소리로 질러 대어, 호흡이 곤란하고 원기가 손상되어 병을 얻을 필요가 있겠소?

물론 그렇게 큰 소리로 염불하다가 병을 얻는 것도, 알고 보면 사실 무량겁(劫) 이래로 쌓여 온 업력(業力)이 터져 나온 때문이오. 좀더 상세히 말하자면, 정도에 지나치게 염불에 정진한 공덕으로, 원래는 뒤늦게 나타날 과보가 마침내 앞당겨 현재의 과보로 닥치고, 또 무거운 과보가 가볍게 전환하여 나타나는 것이라오. 즉 그 병 하나로, 얼마나 무한한 겁 동안 삼악도를 윤회해야 할 죄악이 소멸하는지 알 수 없다오.

부처님의 위신력은 헤아릴 수 없고, 부처님의 은혜는 다 갚을 수 없소. 마땅히 아주 큰 행운과 경사를 만난 줄 알고 기뻐해야 하며, 또 커다란 부끄러움과 굳건하고 청정한 믿음을 내어야 할 것이오. 정토 염불 법문을 스스로 수행하면서 남에게도 권하고 감화시켜, 집안 식구 및 인연 있는 모든 중생이 다 함께 극락왕생한다면, 염불로 도진 질병과 부처님 은혜가 결코 헛되지 않을 것이오.

부처님을 배우는 사람은 반드시 스스로 수행하여 생사 해탈하려고 전념해야 하오. 그러나 또한 모름지기 자신의 분수와 능력에 따라 공덕도 함께 지어야 하오. 가령 근기가 뛰어나고 역량이 큰 사람이라야, 비로소 모든 것을 완전히 놓아버리고 철저하게 자기 수행에 골몰할 수 있소. 그러나 보통 중하근기의 일반 중생은 아무 것도 하는 일이 없어지면, 마침내 나태와 무기력에 빠지기 쉽소.[99] 그러면 스스로 자기를 이롭게 하는[自利] 수행도 진지하지 못할 뿐만 아니라, 남을 이롭게 하는[利他] 공덕도 완전히 밖으로 내팽개치게 되오. 그래서 결국 천하를 이롭게 한다고 할지라도, 제 몸의 터럭 하나 뽑으려 하지 않은, 양주(楊朱)의 극단 이기주의로 흐르게 되오.

그러므로 반드시 자신을 이롭게 하는[自利] 수행과, 남을 이롭게 하는 [利他] 공덕이, 서로 나란히 보완해야 하오. 다만 자신을 이롭게 하는 수행에 좀 더 치중하라는 뜻이오. 그렇다고 자신의 역량과 인연에 따라 남들에게도 정토 법문을 수행하도록 권장하는 교화 공덕을 완전히 그만두어서는 안 되오.

남을 이롭게 하는 일은 오직 대보살만이 자신의 사명으로 전담할 수

---

99) 자전거는 일정 속도 이상으로 달리지 않으면, 중심을 잡지 못하고 제 무게에 겨워 옆으로 넘어진다. 아주 뛰어난 선수라야, 아주 느린 속도로 나아가거나 멈춘 상태에서도, 쓰러지지 않게 균형을 잡을 수 있다.

일찍이 맹자도 "일정한 일[恒産: 직업]이 없으면서 일정한 마음[恒心]을 지닐 수 있는 것(수행)은, 오직 선비(상근기)만이 가능하다. 일반 백성[民: 중하근기 중생] 같으면, 일정한 일이 없으면 곧 일정한 마음도 없어진다. 정말 일정한 마음이 없으면, 방탕하고 사악해져 못하는 짓(죄악)이 없게 된다. 죄악에 빠진 뒤 나중에 형벌로 다스리는 것은, 백성을 (속여) 그물질하는 것이다."고 했다. 이는 불교 수행에서 가장 경계하는 무기공(無記空)이며, 요즘 말로는 관념적인 허무주의에 해당한다.

있소. 우리 중생이야 누가 감히 그런 거창한 말을 내뱉을 수 있겠소? 중하근기의 중생은 자신의 역량과 형편에 따라 남을 이롭게 하는 일을 하면, 그것이 바로 자신을 이롭게 하는 수행에도 부합하게 되오. 수행 법문에도 육도만행(六度萬行)이 있지 않소? 자신이 완전히 해탈하지 못한 상태에서는, 남을 이롭게 하는 공덕도 자신을 이롭게 하는 수행에 속하오. 그러나 오로지 바깥으로 남의 일에만 치우쳐서는 결코 안 되오.

진짜 도를 닦는 사람이야 어찌 다른 일에 간여하겠소? 단지 전신을 온통 다 놓아버리고 온갖 인연을 싹둑 잘라버릴 수 없기 때문에, 남도 함께 북돋워 주는 마음으로 절반만 구제하는 것도 괜찮다는 뜻이라오.

염불은 물론 지성스럽고 청결하게 하는 것이 소중하오. 그렇지만 병든 환자야 어떻게 다 해낼 수가 없지 않소? 그런 경우에는 단지 마음에 지성만 품으면, 소리 없이 묵송하든 소리 내어 염송하든 상관없이, 공덕은 똑같다오. 부처님의 대자대비는 부모님과 똑같소. 자녀가 병들어 신음할 때, 부모가 자녀의 용모나 옷차림 가지고 나무라겠소? 오히려 몸을 어루만져 주면서, 땀과 때까지 깨끗이 씻어 주지 않소? 그렇다고 자녀가 병이 다 나은 뒤에도 병석에서와 똑같이 부모를 대한다면, 벼락 맞아도 쌀 것이오.

자신을 세우고[立身] 세상에 대처하며[處世] 마음을 가짐[居心]에는, 현명한 사람이나 어리석은 사람이나 모두 공경하고, 조금도 오만을 부려서는 안 되오. 그러나 일을 함[行事]에는, 현명한 사람을 가까이하고 어리석은 사람을 멀리하며, 우수한 것을 택하고 열악한 것을 버려야 하오. 이렇게 한다면, 서로 감염되는 폐단이나 연루되는 허물이 없을 것이오.

천하의 모든 일은 일정한 이치는 있지만 일정한 법은 없소. 일을 맡은 사람은 모름지기 일정한 이치를 파악하여, 때에 따라 적합한 방법을 시행해야 하오. 만약 구체 사정을 감안하여 결정하지 않으면, 마치 판에 박힌 죽은 약방문(藥方文)을 가지고 크게 달라진 증상을 치료하는 것처럼, 살아나는 자는 적고 죽는 자는 많아질 것이오. 정황과 이치가 서로 부합하고, 방법과 사실에 들어맞아야 제대로 해결할 수 있소.

화장(火葬)의 방법은 불법이 흥성하던 당송(唐宋) 시대에는 세속 사람들도 많이 썼다오. 그러나 지금은 꼭 화장을 고집하여 남들의 비방을 야기할 필요는 없으며, 세속의 매장법에 따라도 괜찮소. 매장한 지 세월이 오래 되면 해골이 밖으로 드러날 수 있기 때문에, 사실은 화장이 더 효도하는 방법일 것이오.

3년상(喪) 동안 예악(禮樂)과 가무(歌舞)를 즐기지 않는 예법만큼은 마땅히 지키는 게 좋소. 청(淸)나라 때까지는 문관(文官)은 부모상을 당하면 반드시 관직을 그만두고 상을 치러야 했소. 다만 무관(武官)은 나라를 지켜야 하는 군사적 필요에서 예외였소. 지금같이 패륜과 불효가 연달아 일어나는 시대에, 3년상을 지낸다는 말이 씨나 먹히겠소? 우리는 옛 예법을 바탕으로 상황을 참작하여 시행하되, 지나친 집착이나 급작스런 변화는 삼가는 게 좋겠소.

지금 세상 윤리 도덕과 인심은 극도로 타락해 가고 있소. 그리고 국가 재정은 고갈하고 조세 부담은 무거워지며, 물가는 날로 치솟아 민생이 더욱 어려워지고 있소. 게다가 천재지변과 온갖 사고가 빈발하고 있소. 이럴 때 불법과 정도를 펼치려면, 모든 인연 있는 사람들에게 단지 불교의 요점만 잘 일러주는 게 가장 좋소.

부모에게는 자비를 말하고, 자식에게는 효도를 말하며, 형제간에는 우애와 부부간에는 화목을 강조하는 것이오. 각자 자기 본분을 다하여 기초를 튼튼히 다진 뒤에, 공경과 정성으로 자기를 극복하고 예법에 복귀하며, 인과응보 법칙을 분명히 알아 윤회를 벗어나도록 일깨웁시다. 어떠한 죄악도 짓지 않고 뭇 선을 받들어 행하며, 믿음과 발원으로 염불하여 서방 극락세계에 왕생하는 길로 안내하는 것이오.

천부적 자질이 제아무리 뛰어나더라도, 이 방법으로 수행해야 마땅하오. 그러고도 남는 힘이 있거든, 각종 경론(經論)을 연구해도 괜찮소. 각자 자기 집에서 분수에 맞춰 수행하도록 하며, 무슨 건물을 크게 세우고 사람까지 둘 필요는 없겠소. 피차간에 서로 오락가락하며 헛된 직함으로 세월만 낭비할까 두렵기 때문이오. 이러한 점이 지금 홍법(弘法)에서 중점 설계할 최상의 사항이오.

극락세계에 왕생하고 싶으면, 마땅히 이 세간을 놓아버리고, 특히 지나치게 날뛰는 헛된 욕심을 놓아버려야 하오. 보살들처럼 생사윤회의 고해 속에서 중생들을 제도하는 일은, 모름지기 자신이 보살인 다음에야 비로소 가능하오. 아직 자신이 범부인데도 이런 일을 떠맡으려고 나선다면, 다른 사람을 제도하기는커녕, 자신도 건질 수 없소.

세상에 얼마나 많은 선지식들이 한결같이 이 같은 병폐를 범하면서, 오히려 보리심(菩提心)을 지녔다고 자부했는지 모르오. 이 보리심을 가지고 먼저 극락왕생을 구한다면, 매우 유익하오. 보살이라면 그 마음으로 왕생을 구하지 않아도 괜찮소. 그러나 일반 범부가 보리심을 핑계로 극락왕생을 구하지 않는다면, 그 해악이 적지 않음을 반드시 알아야 하오.

지나치게 날뛰는 헛된 욕심은 진실한 수행자에게 아주 커다란 장애가 됨을 명심하시오. 이처럼 혼탁하고 어지러운 시대일수록, 진실로 인과응보의 법칙과 정토 법문을 널리 제창해야 실익이 있소. 고상하고 거창한 것만 좋아하는 사람들은, 인과 법칙과 정토 법문이 널리 떨쳐지면 자신들의 명성이 떨어질까 두려워하여, 일부러 사람들에게 이걸 모르게 하고, 우리들에게 결코 꿇리지 않으려고 기세를 부린다오.

한번 그들 고상한 사람들에게, 생명을 보양하는 의식주도 융통성 없이 한 가지만 고집하는지 물어 보시오. 여름에 모시옷 입고 겨울에 털옷 입으며, 목마르면 물 마시고 배고프면 밥 먹는 일은 자연스럽지 않소? 그런 일은 하루에도 수시로 상황에 맞추면서, 불법을 널리 펼치는 일에는 지혜가 그보다 못하단 말이오? 그러고도 진실로 중생을 이롭게 하겠다고 말하는구려.

연화정토결사[蓮社]를 세워 염불 수행을 하려면, 무엇보다 맑고 향기로움[淸淨香潔]이 필요하오. 주도하는 사람은 반드시 공경과 정성을 갖추어야 하오. 행여라도 남들에게 오만하게 굴거나, 공덕을 베푸는 듯한 기색을 보여서는 안 되오. 그리고 함께 염불하러 찾아오는 사람에게, 모두 온화하고 겸손하며 공경스럽게 맞이해야 하오.

염불을 시작하기 전과 끝마친 뒤에는, 집안일이나 일상 잡담을 꺼내지도 말아야 하오. 꼭 말해야 할 사항이 있으면 요점만 말하고, 그렇지 않으면 각자 제자리로 돌아가는 게 좋소. 나이가 너무 젊은 사람은 단지 자기 집안에서 염불하는 게 낫소. 늘상 찾아오는 것은 거리가 가까운 사람은 괜찮지만, 길이 먼 사람은 행여 뜻밖의 걱정이 생길 수도 있으니 조심해야 하오. 이러한 결사도 일정 지역을 위해 참고로 말하는 것뿐이며, 역시 각자 집에서 마음을 집중하여 염불하는 일이 가장 바람직하오.

불법을 배우는 사람은 먼저 인과 법칙을 알고, 홀로 있을 때를 조심하는 신독(愼獨: 유교 수양의 기본 출발점)에 착수해야 하오. 신독만 제대로 하면 삿된 생각[邪念]은 저절로 사라질 터이니, 어찌 불법에 맞지 않는 곳이 있겠소? 만약 그런 게 있다면 즉각 힘써 잘라내 버려야, 바야흐로 진실한 수행이 될 수 있소.

그렇지 않으면 배움 따로 수행 따로 겉돌게 되어, 지식과 견해가 높아질수록 행실은 더욱 형편없어지는 괴리가 발생하오. 이것이 요즘 불교를 깊이 배워 통달한 대가라고 자칭하는 자들이, 뼛속까지 달고 다니는 악성 종양이라오. 가령 똑같은 허물을 두 번 다시 되풀이하지 않겠다는 불이과(不貳過: 공자가 수제자 顔回의 덕행을 칭찬한 말)만 도달하려고 목표를 세워도, 한 가지를 배우면 배운 만큼 실익을 얻을 것이오.

## 22) 국가의 부강

　　　　　　중국이 빈약한 것은 예의에 따르지 않기 때문이오. 예의만 따른다면, 어찌 빈약해질 것이오? 빈약의 원인을 한번 살펴보시오. 어느 것 하나 탐욕으로 뇌물을 받아 챙겨, 외국인을 이롭게 한 결과가 아닌지? 질병의 원인을 분명히 알아내지도 못하고서, 약효가 없다고만 투덜대면 지혜롭다고 할 수 있겠소?

　외국이 강한 것은, 그들 나라가 작아서 동심협력하지 않으면 자립할 수 없기 때문이오. 그런데 중국은 사람들마다 각자 다른 뜻을 품고, 설령 같은 마음을 가진 자라도 외국인이 뇌물로 유혹하면 금방 넘어가버리기 때문이오. 국가와 민족을 거들떠보지 않을 뿐만 아니라, 자신조차도 돌아보지 않는 것이오. 그런데도 예의를 봉행하는 잘못으로 돌릴 수 있겠소?

　예전에 임문충공(林文忠公)이 서양 오랑캐를 내쫓을 때(아편전쟁 전후)만 보아도, 충분히 증명할 수 있소.[100] 그 뒤로 크고 작은 사건에서, 어느 하나 중국이 대신 나서서 이루어주지 않은 게 있소? 중국 사람들은 태반이 모두 망할 팔자에 속했던 거요. 그래서 외국은 그렇게 강한데, 우리 중국은 이렇게 약한 것이오.

　가령 중국 사람들이 모두 예의염치를 지켜, 외국 사람들이 팔아먹는

---

**100)** 임칙서(林則徐: 1785~1850): 청말의 정치가. 자(字)는 소목(少穆), 문충공은 시호, 복건성 출신으로 가경(嘉慶: 1796~1820 재위) 때 진사가 되어, 공자진(龔自珍)·위원(魏源) 등과 함께 경세지학(經世之學)을 제창함. 각지의 총독과 순무(巡撫)로 황하를 비롯한 치수 사업을 함. 1838년 호광(湖廣) 총독으로 아편을 금지한 효과가 탁월하여, 금연파 대표 인물이 됨. 흠차(欽差) 대신으로 광동에 파견되어 아편 수입을 금지하고, 서방 사정의 이해를 위해 사주지(四洲志)를 편역함. 등정정(鄧廷楨) 총독과 협력하여 영미 아편상들로부터 아편 237만 근을 압수하고, 호문(虎門)에서 폐기 처분한 뒤, 해안 경비를 강화하여 영국군의 도발을 격퇴시킴. 1840년 1월 양광(兩廣) 총독이 되고, 아편전쟁이 발발하자 영국군의 침공을 엄격히 방어하였는데, 투항파의 모함으로 파직당함. 이듬해 절강(浙江)에 파견되어 해안 방어를 계획했는데, 곧 신강(新疆)의 군대에 배치되어 그곳에서 치수와 개간에 힘씀. 1850년 흠차 대신에 다시 기용되어 광서(廣西)의 농민 반란을 진압하러 가던 길에 병으로 사망함. 시문(詩文)을 잘했으며, 『임문충공정서(林文忠公政書)』와 『신급록(信及錄)』 등을 남김.

쓸데없는 상품을 소비하는 사람이 없도록 했더라면, 중국은 1년에 수천억 금을 보전할 수 있었을 것이오. 중국인의 비열한 짓은 정말로 최고로 지극한 비열이오. (우리나라의 매국노와 매판 자본도 똑같은 상황임.)

일찍이 맹자는 이런 말씀을 하였소. "오직 외로운 신하와 서얼 자식만이, 그 마음가짐이 위기의식에 가득 차 있고 환난을 깊이 염려하여 준비하기 때문에, 결국 통달한다." 아무리 경전을 많이 읽고 세상을 자세히 살펴보아도, 이러한 도리를 모르면 제대로 인식하고 판단할 수 없소.

지금 세상을 위한 계책으로는, 마땅히 인과응보와 생사윤회, 개과천선 및 극락왕생에 대한 믿음과 발원을 적극 제창해야 하오. 그것이 재난과 액운을 되돌이켜 국가와 민족을 구제할 수 있는 최고 제일의 방책이오. 현허하고 미묘한 이치를 담론하는 것은 그 다음의 일이오.

그렇지만 세상을 구제하려면, 자기 자신부터 솔선수범하여 실천궁행해야 하오. 그렇지 않으면 결코 실효가 없소. 자신부터 시작해서 집안과 동네와 나라까지 확대할 때, 그 기풍은 더러 생각할 수 없는 엄청난 효과를 낼 수도 있소. 그렇지 않으면 꿈속에서도 보기 어렵소.

근래 사람들이 큰일을 하는 경우, 여러 해 동안 외국 것을 배우고 기이한 것을 내세우는 꼴이, 당연한 자랑거리가 되고 있소. 요·순 임금이나 주공(周公)·공자 같은 옛 성인은 모두 본받을 게 없다고 내팽개치고 있소. 그러다가 뜻을 얻지 못하면 미쳐 날뛰어 교화하기 힘든 백성이 되고, 어쩌다 뜻을 얻으면 나라를 망치고 백성을 죽이는 관료 선비가 되는구료. 그래서 천재지변과 인재 사고가 줄지어 일어나고, 국운이 위태로워지는 가운데 민생은 더욱 막막해져 가고 있소.

불교를 배우는 데 가장 귀중한 점은, 못된 버릇을 하나하나 엄정히 다스려 개과천선을 실행하는 일이오. 만약 별 일이 없을 때는 불교를 걱정없이 배우다가, 일이 생길 때면 옆으로 제쳐두고 도외시한다면, 조금도 실익이 없는 헛된 이름이 되고 말 것이오.

지금 세상의 도리는 단지 각자 마음만 다할 수 있을 뿐이오. 미래의 길흉과 화복(禍福)은 미리 판단할 수 없기 때문이오. 정말로 경건하고 정성스럽게 부처님과 관세음보살의 명호를 염송하면, 무형(無形) 중에 그윽한 가피력으로 상황이 호전하여, 큰 위험까지 이르지는 않게 되오.

　　만약 이러한 염불 공덕에 주력하지 않는다면, 설사 온갖 기지(機智)와 잔재주를 쓴다고 할지라도, 좋은 효과를 얻기가 어렵소. 허깨비처럼 급변하는 세상 형국은 미리 추측할 수도 없소. 부귀영화가 눈부시게 빛나던 자들도 순식간에 소멸하여 자취를 감추는 판인데, 하물며 우리 같은 사람이야 말할 게 있겠소?

　　공자께서 "천명을 모르면 군자가 될 수 없다[不知命, 無以爲君子也.]."고 말씀하셨소. 그렇지만 모름지기 적극 힘써 수행해야만, 비로소 천명을 말할 수 있다오. 타성에 젖어 게으름 피우며 제멋대로 내맡기는 숙명론 같으면, 얻는 것이든 잃는 것이든 모두 천명이 아니라오.[101]

　　지금은 환난으로 가득 찬 세상이오. 비록 염불 공덕으로 숙세의 업장을 소멸시킬 수 있다고는 하지만, 그러나 모름지기 큰 부끄러움과 두려움을 지녀야 하오. 남의 손해로 자신만 이롭게 하려는 중생심(속물근성)을, 모든 중생 두루 이롭게 하는 보살행으로 크게 전환시켜야 하오. 그러면 숙세의 업장이나 현세의 죄업 모두, 그 큰 보리심 속에 빛나는 부처님의 자비 광명을 가피 받아 말끔히 소멸할 수 있소.

　　만약 전생이나 예전에 큰 죄업을 지은 사람 같으면, 지금 죄악을 그만두는 것만으로는 부족하오. 비록 더 이상 죄는 안 짓더라도, 힘써 뭇 선을 닦아 쌓지 않고 그저 유유자적하니 염불만 하고 앉아 있으면, 염불의 공덕이 죄악의 업장에 필적하지 못하오. 그래서 더러 피하기 어려운 나쁜 과보를 당하기 쉽소.

---

101) 흔히 "사람 할 일을 다 하고 나서 천명을 기다린다[盡人事待天命.]."고 말하는 격언이, 공자를 비롯한 유불선 모든 성현의 공통된 운명관이라고 할 수 있다.

물론 염불의 공덕이 헛되이 내팽개쳐지는 것은 아니오. 보리심을 내지 않고, 또 죄악의 업장이 특히 넓고 크기 때문에, 염불 공덕만으로는 완전히 상쇄하기가 역부족인 것이오. 만약 큰 보리심을 발하기만 한다면, 찬란한 해가 중천에 떠올라 아침 이슬이나 서리가 금세 사라지는 것과 같게 되오.

세상 사람들은 대부분 반평생 이상 갖은 죄악을 지어 오다가, 나중에 무슨 계기로 조금 회개해 놓고, 죄악의 과보를 받지 않기만 바라는구료. 그렇지만 앞서 말한 이치대로, 죄악의 과보가 전혀 없을 수는 없는지라, 그걸 보고는 곧장 불법은 영험이 별로 없고, 수행해 봤자 이익이 없다고 푸념하기 일쑤라오. 이러한 이치를 잘 음미하여, 틀림없이 미혹의 길을 벗어나 깨달음의 언덕에 안전히 오르기를 기약합시다.

# 9

# 재가 수행 정진하여
# 거사 불교
# 꽃 피우세

## 1) 유교와 불교의 윤리강상(倫理綱常)

성품을 다해 불교를 배워야만, 비로소 인륜을 다해 공자를 배울 수 있소. 또 거꾸로 인륜을 다해 공자를 배워야만, 비로소 성품을 다해 불교를 배울 수 있소. 고금에 위대한 충신 효자와 유교 성현의 심법(心法)을 크게 펼친 인물들을 한번 살펴봅시다. 그분들은 대부분 불경을 깊이 연구하고 혼자 조용히 수행하여 은밀히 증명하였소.

(옮긴이 보충 설명: 마찬가지로 역대 스님들도 출가 전에 기본 교육으로 받은 사서삼경 같은 유교 경전 공부가, 몸에 배고 마음에 새겨져 불법과 융화하는 성향이 뚜렷하다. 거기에 노자(老子)와 장자(莊子) 같은 도교의 기본 경전은 특히 선종(禪宗)과 상통하여, 중국 특유의 선불교를 이루는 데 결정적인 기여를 했다. 그래서 명나라 4대 고승으로 꼽히는 지욱(智旭: □益) 대사나 주굉(袾宏: 蓮池)·덕청(德淸: 憨山) 대사 같은 분들은 유불선 삼교 합일을 적극 주장하며, 유교

경전에 대한 불교 관점의 주석서를 저술하기도 하였다.)

유교와 불교 둘을 융합하면 둘 다 더욱 아름다워지지만, 서로 분리시키면 둘 다 손상하고 마오. 세상에 어느 누구도 윤리 강상의 안에 존재하지 않는 자가 없고, 또 어느 누구도 마음과 성품[心性] 밖을 벗어날 수 없기 때문이오. 이러한 윤리 강상 및 마음과 성품을 지니고, "어떠한 악도 짓지 말고 뭇 선을 받들어 행하라[諸惡莫作, 衆善奉行.]."는 부처님의 가르침을, 자기를 극복하여 예로 복귀하며[克己復禮] 사악함을 막고 정성을 간직하라[閑邪存誠]는 유교의 인격 수양에 보조 방편으로 삼는 것이오.

그래서 부모가 자애롭고 자녀가 효성스러우며, 형이 우애하고 아우가 공경하는 등, 모든 인간관계에서 서로 각자의 윤리와 성품을 다해야 하오. 그래야 헛되고 망령된 번뇌 미혹을 제거하고 본래 지닌 불성으로 되돌아갈 수 있소. 이렇게 보면, 유교와 불교는 단지 본체(本體: 기본 성질)만 하나인 것이 아니라, 그 작용(作用: 현상 효과)도 결코 둘이 아님을 알 수 있소.

불법은 십법계(十法界)의 공공(公共)의 법임을 알아야 하오. 어느 한 사람 닦아서 안 되는 법도 없고, 어느 한 사람 닦을 수 없는 법도 없소. 불교가 인류을 저버리고 성현의 도를 해친다고 비난하는 사람(특히 유교 가운데 척불론자)들은, 모두 불교의 진짜 낯빛을 보지도 않고서 지껄이는 소경이나 다름없소.

왜 그런고 하면, 부처님은 부모에겐 자애를 말하고 자식에게는 효도를 말했기 때문이오. 또 군주에게는 어짊[仁]을, 신하에게는 충성을 말했소.(좀 더 정확히는, 임금에게는 義로움을 말함) 남편의 화목과 아내의 순종, 형의 우애와 아우의 공경 등, 세상의 모든 좋은 말씀과 행실은 그 과거의 원인과 현재의 과보뿐만 아니라, 현재의 원인과 미래의 과보까지 상세히 진술하지 않은 게 없소.

자애와 효도 등의 윤리를 말하는 것은 유교와 똑같소. 그러나 삼세의 인과 관계를 상세히 보여주는 것은, 유교에서 들어볼 수도 없는 내용이오.

하물며 미혹을 끊고 진리를 증득하여 무상의 보리를 원만히 이루어, 얻을 것도 없는 궁극의 법으로 돌아간다는 가르침이야, 말할 필요나 있겠소?

애석하게도 그 사람들이 이런 내용을 못 본 것뿐이오. 만약 상세히 읽어보고 깊이 생각해보았더라면, 눈물을 펑펑 쏟으며 통곡을 해야 마땅할 것이오. 예전에 뭣 모르고 부처님(가르침)을 비방했던 죄가 비통하기 그지없어, 그 통곡 소리가 삼천대천세계를 진동하고도 남을 것이오.

부처님과 조사들을 공부하려면, 모름지기 먼저 성인과 현인들을 모범으로 본받아야 하오. 가령 자신의 행실에 오점이 있고 윤리 도덕이 크게 어긋나 삐뚤어진 사람이, 패륜의 죄명을 뒤집어쓰는 판에 어떻게 불제자가 될 수 있겠소? 불교가 비록 출세간의 법이긴 하지만, 얕은 데서 깊은 데로 들어가며, 아래서 배워 위로 통달하기 때문이오.

따라서 진짜 불자가 되고자 한다면, 모름지기 먼저 진짜 유생(선비)이 되는 데서 시작해야 하오. 만약 정심(正心) 성의(誠意)나 극기복례(克己復禮) · 공경과 정성 · 효제충신 등의 윤리도 제대로 붙잡지 못한다면, 그렇게 튼실하지 못한 뿌리와 기초로 어떻게 불교를 배울 수 있겠소?

예로부터 효자 집안에서 충신을 선발한다고 하였소. 그런데 어떻게 유교에 어긋나는 행실을 가지고, 여래 집안의 일을 감당할 수 있겠소? 위로 부처님 지혜의 생명[慧命]을 잇고, 아래로 중생을 교화하는 일이 그리 간단한 줄 아오?

불법은 크게는 망라하지 않는 게 없고, 작게는 빠뜨리는 게 없소. 세간과 출세간을 막론하고 어느 법 하나 불법의 범위에 포함하지 않는 게 없소. 그런데 세간의 조그만 명분에 얽매이는 자들은 으레히 출가를 패륜으로 여기고, 불교의 진면목은 살피지도 않은 채 비방을 일삼는구료. 마치 목구멍에 걸릴까 염려하여 아예 식음을 전폐하여 스스로 목숨을 잃는 거나 같으니, 정말 불쌍하오.

만약 우리가 눈을 제대로 뜨고 역사를 살펴본다면, 불법이 세상에 퍼진 지 2천여 년 동안 그 도가 얼마나 성행했는지 알 것이오. 얼마나 수많은 성왕과 어진 재상·영웅호걸·위인들이, 앞을 다투어 불법을 보호 유지하고 전파해 왔소? 그 사실이 바로 일반 범부의 감정 생각으로 헤아릴 수 없는 진짜 도가 있음을 증명하는 게 아니겠소?

물론 어쩌다 식견이 좁고 편벽한 유생들이 극단으로 배척하기도 하고, 포악한 군주가 나타나 탄압·훼방하기도 하였소. 그러나 그러한 배척과 탄압은 결국 한 손으로 해를 가리고, 하늘을 향해 침 뱉기 식이었소. 자신의 식견이 얼마나 작고, 자신의 행위가 얼마나 망령된 죄악인지를 스스로 드러내는 짓이었소. 그러니 부처님과 불교에 무슨 손상이 되겠소?

그리고 유교에서는 겉으로는 불교를 배척하고 반대하는 척 명분을 내세우면서, 안으로는 불교의 이치를 닦아 증명하는 실질을 챙겨 왔소. 송나라[理學] 이후 유교의 대가들은 그러지 않은 이가 없을 정도라오. (옮긴이 보충: 도가의 노자와 장자에 대해서도, 보통 유생들의 태도는 겉으로 배척하고 속으로 열중하는 이중성을 보여 왔다.)

부처님을 배우는 일은, 원래 인간의 도리를 다한 다음에 비로소 본격 착수할 수 있소. 효제충신(孝悌忠信)과 예의염치(禮義廉恥) 같은 기본 윤리도 하나 실천하지 않으면서, 온 종일 부처님만 받들어 모신다고 부처님이 보우(保祐)해 주시겠소?

불교는 세간과 출세간의 모든 법을 총망라하오. 그래서 부처님은 각자가 직분에 맞는 인도(人道)를 다한 다음, 출세간의 법을 닦으라고 가르치셨소. 비유컨대, 수십 층의 높은 누각을 지으려면, 반드시 먼저 기초를 깊이 파고 튼튼히 다지며 물길을 잘 터야 하는 것과 같소. 불교를 배우는 것도 이와 같소.

옛날 당나라의 유명한 시인 백거이(白居易)가 조과(鳥窠) 선사에게 "어떤 것이 불법의 큰 뜻입니까?"라고 물었소. 그러자 선사는 주저 없이 "어떠한 악도 짓지 말고, 뭇 선을 받들어 행하라[諸惡莫作, 衆善奉行.]."고 대답했다오.

불법을 배우고자 한다면, 모름지기 먼저 자기를 극복하고 홀로 있음을 조심하며, 하는 일마다 마음속에서 우러나와 진실하게 행해야 하오. 이러한 사람은 진짜 불제자라 할 것이오. 만약 간악한 마음을 품고서 불법을 빌려 죄업이나 면하고자 꾀한다면, 이는 먼저 독약을 잔뜩 마셔 놓고, 나중에 양약(良藥)을 조금 먹는 것과 같소. 그러고도 몸이 가볍고 건강하며 장수하길 바란단 말이오?

세상에는 문장이 천하를 압도하고 공적이 우주에 혁혁히 빛나는 영웅호걸과 대장부가 적지 않소. 그런데 그들이 미혹을 끊고 진리를 증득하여 생사윤회를 해탈하지 못한 까닭은 무엇이겠소? 밖으로만 드러나느라 안을 빠뜨리고, 말단 지엽의 유위(有爲)에만 치중하느라 근본인 무위(無爲)를 소홀히 한 탓이라오.

세상사람 가운데 누가 하나하나 완전무결할 수 있겠소? 우리는 단지 윤리 강상을 다하면서, 정토 염불 법문의 수행에나 힘쓰면 그만일 따름이오. 어느 겨를에 다른 것을 따지고 계산한단 말이오?

봄가을 제사는 유교의 예법에서 아주 중시하오. 그런데 세시(歲時) 명절에 선망(先亡) 조상을 천도하는 법회는 불교에서 더욱 숭상하오. 물의 원천과 나무의 뿌리를 생각하며, 그 은혜를 기리는 마음으로 상례와 제례를 정성스레 받들어 모시는 일은, 세간의 유교나 출세간의 불교나 무슨 차이가 있겠소?

## 2) 가정교육은 인생의 기초

집안이 일어나려면 반드시 엄정한 가훈부터 비롯하고, 집안이 기울려면 반드시 가훈이 퇴폐해지는 법이오. 자제들이 훌륭한 사람이 되길 바라면, 모름지기 자신이 하는 행실부터 법도가 있어 자제들의 모범이 될 수 있어야 하오. 이는 틀림없는 이치라오.

특히 지금 일과 노력을 효율적으로 착수하려면, 마땅히 인과응보 법칙을 먼저 말해 주어야 하오. 일찍부터 천성이 되도록 습관을 들여야, 나중에 엄청난 짓을 저지르지 않을 수 있소. 이는 진실로 세상을 맑히고 백성을 다스리며 집안을 거느리고 자녀를 가르치는, 최고 제일의 미묘한 법이오.

자제들의 성장은 오직 가정교육에 달려 있소. 자녀는 모름지기 어려서부터 효제충신과 근검공경으로 가르쳐야 하오. 그래야 자라서 학교에 입학해 글공부할 때 진실한 이익을 받을 기초가 닦이게 되오. 가령 어려서부터 제 성질대로 굴도록 버릇이 든다면, 타고난 자질이나 후천 교육이 없는 경우는 말할 것도 없고, 자질과 교육이 제아무리 훌륭하더라도 결국 문자 공부에 매달리는 썩은 유생이 되고 말 것이오.

세상에 재주가 북두성만큼 높고, 학문이 다섯 수레 책을 읽을 만큼 풍부한 지식인이 많소. 그러나 그들이 하는 행실을 보면, 모두 그런 류의 총명만 믿고 뭇 생명에게 해악만 끼치며 도의(道義)를 망치는 자들이 많소. 그 원인은 모두 한결같이 처음에 가정교육이 제대로 없었기 때문이오.

문왕(文王)은 아내에게서 법도를 취해, 형제와 집안·나라까지 다스렸다오. 「대학(大學)」에서, 천하를 다스리고자 하는 사람은 반드시 격물(格物)·치지(致知)·성의(誠意)·정심(正心)부터 시작하라고 가르친 말씀과 똑같은 취지라오. 이것이 유교 문하에서 사람들에게 성현이 되라고 가르치는 위없는 비결이오. 이를 놓아두고 달리 찾는다면, 모두 말단 지엽일 따름이오.

자녀가 말을 할 줄 알고 사물을 분별할 때부터, 집안에서 먼저 글자[漢字] 익히기를 도와주면 좋소. 한 장의 종이에 한 글자씩만 쓰되, 앞뒤 양면으로 쓰지는 마시오. 앞뒤로 쓰면 기억에 혼동을 일으킬까 염려스럽기 때문이오. 이렇게 하루에 몇 글자씩만 익숙하게 익힌다면, 1년이 채 못 되어 제법 많은 글자를 알게 될 것이오. 나중에 글공부할 때 이미 익힌 자들은 금방 쉽게 알아 볼 것 아니겠소?

그리고 자녀들이 할 수 있는 일은, 반드시 스스로 몸을 놀려 부지런히 익히도록 시키고, 음식이나 의복은 화려하지 않게 주의하시오. 곡식을 떨 어뜨리거나 기물을 파괴하는 경우에는, 가격의 귀천(고하)을 가릴 것 없이 그것이 만들어져 우리 앞에 오기까지 얼마나 어려운 과정을 거치며, 또 낭비와 훼손이 자신의 복록과 수명을 얼마만큼 덜어내게 되는지, 잘 타 일러 주어야 하오. 그런 뒤에도 다시 똑같은 잘못을 저지르거든, 결코 그 냥 보아 넘기지 말고, 틀림없이 회초리나 벌을 받도록 해야 하오. 이렇게 습관을 들이면, 스스로 검소하고 절약하여, 훗날 호화 사치나 낭비는 하 지 않을 것이오.

글공부를 할 수 있게 되면, 『태상감응편(太上感應篇)』이나 『음질문(陰騭 文)』을 익숙하게 읽도록 하고, 자구에 따라가며 글 뜻을 풀어주면 좋겠소. 그러면서 일상 행위가 선(善)한 경우 두 글의 선행에 따라 칭찬해주고, 선 하지 못한 경우 두 글의 불선(不善)에 따라 꾸지람을 하는 것이오. 그러면 쇳물을 틀에 붓는 것과 같아, 그릇이 안 될 수가 없게 되오. 또 강물에 둑 을 쌓는 것과 같으니, 제멋대로 넘쳐흐를 리가 없을 것이오. 사람이 사람 되는 기본이 바로 여기에 있소. 이렇게 하지 않으면서 어찌 온전한 사람 이 되길 바랄 수 있겠소? 혹시 맹자 이상의 천부적 자질을 타고난 자라면 모르겠소.

그리고 글공부를 시킬 때는 곧바로 신식 학교에 들여보내지 마시오. 몇 집이 함께 모여 학문과 덕행을 겸비하고 인과 법칙을 깊이 믿는 스승 을 초청해서 먼저 사서(四書: 『논어』·『맹자』·『대학』·『중용』)와 오경(五經: 『시경』·『서경』 ·『역경』·『춘추』·『예기』)을 가르치는 게 좋겠소. 그렇게 배움의 터전이 어느 정 도 다져지고 문자 이치가 좀 통하여, 삿된 세속의 논설에 더 이상 미혹하 지 않게 된 다음에 학교에 들어가도 늦지 않소.

이렇게 가르치면, 천부적 자질을 타고난 자는 스스로 뭔가 할 수 있게 되고, 그런 자질이 없는 자도 비뚤어지지 않고 선량하게 자랄 수 있소. 맹자가 뜻을 얻지 못하면 자신을 홀로 착하게 닦고, 뜻을 얻으면 천하를 두루 착하게 한다고 한 말이나, 우리 불교에서 자신을 이롭게 하고 남을 이롭게 한다는 말에서 별로 벗어나지 않게 된다는 말이오. 이것이 노승이 늘상 하는 평범한 말이오.

자녀 교육은 근본에 착수해야 하오. 근본이란 부모님께 효도하며 대중을 구제하고, 인욕과 독실한 행실로 몸소 본을 보이며, 덕행으로 모범을 보이는 것이오. 마치 쇠를 녹여 주물 틀에 부을 때, 틀이 반듯하면 모형도 반듯하고, 틀이 굽으면 모형도 굽는 것과 같은 이치라오. 주물의 크기와 두께도 붓기 전에 미리 알 수 있지 않소? 부모는 자녀 교육의 틀과 같소.

근래 세상인심은 이러한 이치를 대부분 내팽개치고 거들떠보지도 않소. 그러다 보니, 천부적 자질이 뛰어난 자제들은 대부분 미쳐 날뛰거나 패륜을 일삼고, 천부적 자질이 없는 자제들은 완고하게 비열해지기 십상이오. 어렸을 적에 그런 모범의 틀을 벗어나는 것은, 마치 쇳물을 녹여 나쁜 틀에 부어 나쁜 그릇을 만드는 것과 같소. 쇠의 자질은 똑같은데, 만들어진 그릇은 천양지차이니, 어찌 안타깝지 않겠소?

부처님은 나 없음[無我]을 가르침으로 주셨소. 요즘 사람들은 조금만 지견(知見)이 생기면, 곧 눈으로 은하수나 쳐다보기 일쑤라오. 그러다 보니, 문자상의 이치를 불법의 전부로 아는구료. 자신을 닦고 마음을 정화하여 나라는 모습[我相]을 없애버리며, 선정과 지혜를 힘써 닦아 미혹을 끊고 진리를 증득하려고 정진하는 게 불법인 줄은 까마득히 모른단 말이오.

내 보기에 부모의 자식 사랑은 너무도 지극하여 이르지 않는 곳이 없을 지경이오. 오직 질병과 환난에는 더욱 갓난아기 대하는 마음이오. 어린애가 말할 수 있는 때부터 즉시 나무 아미타불과 나무 관세음보살의 명호를 염송하도록 가르치는 것보다 더 큰 사랑은 없을 것이오. 그러면 설사 숙세의 공덕이 별로 없더라도, 염불의 선근으로 화가 싹트기 전에 사라지고, 복이 모르는 사이에 찾아들며, 각종 살기(煞氣)나 질병 같은 위험한 고난도 염려할 필요가 없게 되오.

그리고 조금 철이 들기 시작하면서부터는, 충실 · 용서 · 인애 · 자비의 덕목을 가르치며, 살생을 금지하고 방생(放生)을 일깨우며, 삼세인과의 분명한 사례들을 일러줄 필요가 있소. 이와 같은 덕목이 천성이 되도록 습관을 들이면, 어릴 때부터 미세한 벌레나 개미 한 마리 잔혹하게 죽이지 못할 것이며, 자라서는 간사한 죄악을 저질러 부모 조상의 치욕거리가 되는 일은 결코 없을 것이오.

자제들 가운데 재주가 뛰어난 자는 잘 가르치면 쉽게 올바른 그릇이 될 수 있소. 그러나 잘 가르치지 못하면, 오히려 실패한 부류로 타락하기 쉽소. 지금 민생이 어렵고 국가가 몹시 어지러운 것도, 알고 보면 재주는 뛰어난데 제대로 가르침을 받지 못한 자들이 점차 빚어낸 결과라오.

재주가 없는 자들을 성실하도록 가르쳐야 함도 당연하지만, 재주가 뛰어난 자들도 더욱 성실하도록 가르쳐야 마땅하오. 그러나 성실이란 것도 거짓으로 꾸며댈 수가 있소. 그래서 맨처음에 인과응보 법칙과 사람의 마음 품음과 생각 움직임 하나하나를, 천지신명이 모두 굽어보고 훤히 안다는 사실부터 가르쳐야 하오.

『태상감응편』과 『음즐문』은 반드시 익숙히 읽도록 시킬 것이오. 불교 책이 아니라고 소홀히 해서는 안 되오. 범부의 눈으로 보니까 그저 평범하고 얕은 내용 같지만, 원대하고 심오한 이치로 본다면 제대로 이해하고 체득하기가 쉽지 않은 글들이오. 이들 책은 남녀노소를 막론하고 누구나 읽어서 이익 안 될 게 없소.

덕에는 고정된 일정한 스승이 없고, 선행에 힘쓰는 게 바로 스승이라오. 부처님께서는 시체나 분뇨 · 독사 등을 가지고 관찰하라고 가르치셨소. 그런 관찰법으로 아라한과를 증득한 불자도 갠지스 강 모래알 수보다 훨씬 많소. 하물며 『태상감응편』이나 『음질문』같이 구구절절 절실하고 수양과 성찰을 일깨우는 문장이야 오죽하겠소?

범부 중생의 경지에서는 질병이 없을 수 없으며, 그 질병을 그냥 방치하고 고치지 않을 수도 없소. 질병을 치료하는 방법 가운데, 가장 힘을 덜 들이고 가장 많은 이익을 얻을 수 있는 묘안은, 바로 질병을 의약으로 삼는 것이오. 질병을 의약으로 삼으면, 더 이상 질병에 허덕이지 않을 수 있소.

특히 부모로서 자녀를 사랑하는 병은 결코 끊을 수 없소. 그런데 이 사랑을 바탕으로 하여, 자녀에게 살아생전에는 올바른 사람이 되고 죽은 다음에는 극락정토에 왕생하도록 바란다면 어떻겠소? 그렇게만 한다면, 세간 범부의 감정에 불과한 사람이 출세간의 성인 과위를 이룰 수 있지 않겠소?

만약 부모의 사랑을 잘 쓰지 못하여 자식이 제멋대로 자라도록 방치한다면, 자식의 몸을 죽이는 것보다 백천만억 무량무변 배 이상 더 큰 허물이 될 것이오. 민생이 도탄에 빠지고 나라가 멸망의 위기에 처한 것도, 알고 보면 이렇듯 세상 사리를 잘 모르는 부모들이 빚어낸 결과라오. 어찌 슬프지 않겠소?

자손이 타락의 길로 빠지지 않고 정도에 들어서길 바라는 사람들은, 마땅히 『태상감응편』과 『음질문』을 지남침(나침반)으로 삼아야 하리다. 음덕(陰德) 두 글자가 포함하는 뜻은 매우 넓은 줄 알아야 하오. 다른 사람 자제들을 성현의 영역에 들도록 인도하는 것은 진실로 음덕에 속하는 것이오. 하지만 자기 자제들을 성현의 영역으로 이끄는 것도 음덕에 속한다오.

반대로 남의 자제든 자기 자녀든, 잘못 인도하는 것은 모두 손덕(損德)이오. 가정의 일상생활에서부터 성현이 되는 모범을 보여야 하오. 이른바 세속에서 진리의 도를 닦으며, 거사의 몸을 나토어 설법을 한다는 게 이것이오. 이러한 뜻으로 서로 격려하여, 자신이 서고자 하면 남을 먼저 세우고, 자기를 이롭게 하면서 남을 이롭게 하는 수행을 함께 해나가길 바라오.

주(周)나라의 건국은 삼태(三太: 삼대에 걸친 어진 왕비)에서 비롯하였으며, 문왕의 거룩함도 태교에서 말미암았소. 이를 보면, 세상에 성현의 선비가 없는 것은, 바로 그런 성현의 어머니가 없기 때문임을 알 수 있소. 가령 세상 어머니가 모두 삼태와 같다면, 그 자녀는 설령 왕계(王季)·문왕(文王)·주공(周公)같이 훌륭하진 못하더라도, 적어도 간사한 죄악을 저지르진 않을 것이오.

세상 사람들이 모두 딸을 귀여워할 줄만 알아, 교태와 아양만 떨도록 내버려 두고, 모성의 위의(威儀)를 가르칠 줄은 모르고 있소. 이것이 우리나라의 커다란 불행이오. 사람이 어릴 때 늘상 어머니 곁에 붙어 다니기 때문에, 어머니한테 배우고 물드는 게 가장 많고 깊기 마련이오. 지금의 딸들이 앞날의 어머니가 되오. 집안과 나라를 잘 가꾸고 다스리려면, 딸을 제대로 가르치는 게 급선무라오. 어차피 남의 집으로 시집가면 출가외인이 될 사람한테, 내가 왜 근심과 수고를 다하느냐고 따지지 마시오. 천지 만물을 위해서 분수를 지키는 선량한 백성 하나 키운 공덕이 얼마나 막대한 줄 아시오? 하물며 딸은 앞으로 집안의 안주인이 되어 그 자녀의 모범이 될 존재이니, 그 영광이 오죽하겠소?

집안과 나라가 흥성하려면, 현모양처 없이 절대 힘을 얻을 수 없소. 세상에 현모양처가 없으면, 나라에 선량한 백성도 없을 뿐만 아니라, 집안에 착한 자녀도 없게 되오. 그리고 불법 문중에서 부처님 이름 팔아 먹으면서 생계나 꾸리고 있는 건달 스님들도, 알고 보면 어느 하나 좋은 어머니 소생이 없소. 만약 그의 어머니가 정말 현명하고 좋은 사람이라면, 그 자식이 이처럼 최하의 비열한 인간이 되지는 결코 않았을 것이오.

그러므로 누이든 딸이든, 집안의 여자들에게는 수시로 인과응보와 염불의 이익을 말해 주어야 하오. 그래서 모든 여자들이 각각 마음속으로, 자기 마음이 천지신명은 물론 자비로운 아버지 아미타불과도 항상 서로 통해 있음을, 스스로 알도록 일깨워야 하오. 그래야 사악한 생각을 끊고 올바른 믿음이 자라나게 되오. 그러면 그들이 바로 현재에 좋은 아내가 되고 장래에 어진 어머니가 될 것이오. 이러한 기풍이 온 마을에서 일어나기 시작한다면, 바로 천하 국가를 다스리는 근본 법륜(法輪)이 될 것이오.

보살은 세속에 따라 중생을 이롭게 할 뿐, 특별한 화로나 부엌을 만들지는 않소. 병에 대해 약을 처방하여, 각자 고향 집으로 되돌아가도록 길을 가리켜 줄 뿐이오. 요즘 신식 학교 다니는 부녀자들은 거의 대부분이 '어떻게 하면 정권을 잡고 사회에서 행세할까' 하는 이상하고 헛된 꿈만 꾸는 것 같소. 각자 본분을 지켜 남편을 내조하고 아이들을 잘 가르치는 것이, 천하태평의 근본임을 모르고 있는 듯하오.

앞서 말한 것처럼, 옛날 주(周)나라 왕업은 바로 삼태(三太)에서 터전이 잡혔다오. 태강(太姜)·태임(太任)·태사(太姒) 세 분은 여자 가운데 성인이오. 그런데 모두 음으로 남편을 도우면서, 태중(胎中)부터 자식 가르치는 일에만 오로지 전념했소. 요즘 여자들은 이러한 현모양처의 모범은 배울 생각도 안 하고, 엉뚱한 궁리만 하고 있으니, 천하를 어지럽힐 재앙의 싹들만 키우고 있소.

세상에서 인간은 설령 하늘이 내린 성인일지라도, 어진 어머니와 어진 아내가 그 도덕을 잘 보필하고 내조해야 성공할 수 있소. 하물며 그 아래 보통 사람이야 말할 게 있겠소? 예컨대, 태임(太任)의 훌륭한 태교가 있어서 문왕이 나면서부터 성덕(聖德)을 타고 났소. 또 태사(太姒)의 덕이 문왕의 도를 보필하고 내조하기에 충분했소. 두 등불이 서로 마주 비추어야 광명이 더욱 빛나고, 두 손이 서로 비벼 씻어 주어야 깨끗해질 수 있는 것과 같은 이치요.

그러고 보면, 세상에 어진 사람이 적은 이유는, 바로 어진 어머니와 어진 아내가 적기 때문이오. 아내가 음으로 남편을 잘 돕지 못하고, 어머니가 자녀를 잘 가르치지 못한 탓이오. 자녀는 태어나서 몇 년간은 매일 같이 어머니 곁에 붙어살지 않소? 직접 보고 듣고 느끼면서, 부지불식간에 어머니한테 거의 모든 것을 배우는 것이오.

그래서 나는 늘상 여자를 가르치는 게 집안을 거느리고 나라를 다스리는 근본이라고 말하오. 또 나라를 다스리고 천하를 태평하게 만드는 권능의 절반은 여자가 쥐고 있다고 말하오. 선천 자질이 뛰어난 사람을 어진 어머니가 잘 훈육하고 어진 아내가 잘 보필해 준다면, 저절로 그 뜻이 정성스러워지고 마음이 올바르게 되어, 밝은 덕을 밝히고 지극한 선에까지 이를 것이오. 그래서 비록 뜻을 얻지 못해 곤궁에 처해도 적어도 자신 하나는 착하게 수양할 것이고, 뜻을 얻어 영달하면 천하를 두루 착하게 만들 것이오.

자질이 평범한 보통 사람이라도, 규범과 법도를 잘 지키고 분수를 아는 선량한 백성은 될 것이오. 적어도 이치에 어긋나고 분수에 넘치는 죄악을 저질러, 세상에 해를 끼치는 일은 결코 없을 것이오. 그런데 애석하게도 세상 사람들은 깊은 꿈속을 헤매는 듯, 여자들에게 본분을 지키고 도리를 다하라는 가르침은 주지 않고, 매일같이 오직 화장과 치장에만 매달리도록 내버려두는구료. 이것밖에는 아무 것도 얘기해 주지 않으니, 나중에 남의 아내가 되고 어머니가 되었을 때, 남편을 내조하고 자식을 잘 가르치기는커녕, 오히려 나쁜 사람이 되도록 망치기 일쑤라오.

이렇게 보면, 딸 가르치는 일이 아들 가르치는 일보다 훨씬 중요함을 알 수 있소. 내가 여자 가르치는 것이 집안과 나라 다스리는 근본이고, 천하태평의 권한을 절반은 여자가 쥐고 있다고 말하는 것은, 정말 진실하기 짝이 없는 말이오. 근세에 신식 학풍이 크게 불어 여자들도 죄다 입학하는데, 이런 가르침의 근본을 모르는 선생들이 여자들의 교육을 망치고 있소. 가정 교육의 중요성은 누가 제창하고 실현한단 말이오?

세상에 어진 어머니가 있어야 비로소 어진 사람이 나올 수 있소. 예로부터 성인의 어머니는 태교에 치중했소. 생명이 시작할 때부터 좋은 습관을 들여 천성과 다름없이 만들어 준 것이오. 중국에서 여자(아내)를 '타이타이(太太)'라고 불러주는 것은, 바로 태강(太姜)·태임(太任)·태사(太姒)라는 세 성녀 때문이오. 이 삼태는 각각 자기 남편을 잘 내조하고 아들을 잘 가르쳐 주나라 800년 왕업을 열었기 때문에, 그들을 기려 '타이타이'라 일컫는 것이오.

그런데 요즘 여자들은 대부분 본분을 지키지 않고, 정권이나 휘어잡아 큰일을 하려고 함부로 나서고 있소. 집안에서 잘 가꾸고 도울 생각은 안하오. 속담에서 말하는 바와 같이, "천하 온 나라의 쇠를 다 긁어모아도 이처럼 큰 착오[錯: 쇠로 만든 숫돌과 잘못이라는 뜻이 함께 있음]를 주조하지는 못하리라." (어떻게 해도 이보다 더 큰 잘못은 생기지 않는다는 과장법)

세상 도덕과 인심이 갈수록 타락하니, 천재지변과 온갖 사고가 빈번히 일어나 경고하고 있소. 비록 중생의 공동업장으로 비롯한다고 하지만, 실은 가정 교육의 상실에서 초래하는 결과라오. 그래서 타고난 재주가 뛰어난 자들은 미쳐 날뛰고, 재주가 없는 자들은 완고한 고집불통이 되고 있소. 집안에서 어진 어머니가 잘 감싸 가르친다면, 사람마다 모두 착한 선비가 될 것인데 말이오.

자식된 도리로 부모의 덕을 널리 드러내 알림은 마땅한 일이오. 다만 그 방법은 실천궁행에 치중해야 하오. 모름지기 극기복례하며 사악함을 막고 정성을 간직하며, 잘못을 알아차리면 반드시 고치고, 의로움을 보면 용기 있게 행하며, 인과 법칙을 분명히 인식하고 살생을 끊어 방생에 힘써야 하오. 어떠한 죄악도 짓지 말고 뭇 선을 받들어 행하며, 믿음과 발원으로 아미타불 명호를 꾸준히 염송하여 나와 남이 함께 극락정토에 왕생하도록 교화해야 하오.

이와 같이만 행한다면, 사람들이 설령 그 부모의 덕을 모른다고 할지라도, 그 사람의 덕을 우러르면서 그 부모 조상의 덕도 함께 우러르게 될 것이오. 조상 대대로 음덕을 꾸준히 닦아 왔기 때문에, 이렇게 훌륭한 후손이 있다고 믿는 것이오. 설령 그 부모 조상에게 훌륭한 덕이 있는 줄 세상 사람들이 다 안다고 할지라도, 그 자손이 못된 짓을 하면 사람들은 틀림없이 의심할 것이오. 부모 조상이 비록 훌륭한 덕이 있지만, 혹시라도 사람들이 모르는 숨은 죄악이 있어서, 이런 못된 자손이 나온 게 아닐까 하고 말이오.

그래서 자신을 똑바로 세워 도덕을 실행하는 일이, 바로 부모와 조상의 덕을 널리 펼치는 것이 되오. 자식된 도리로도 공경과 정성을 다해 홀로 있음을 조심하고 실천궁행에 힘써야 할 것이오. 단지 굶주리지 않고 헐벗지 않으면 되었지, 굳이 백만 금을 모을 필요가 있겠소? 자손에게 백만 황금을 물려주는 게, 경전 한 권 가르치는 것만 못한 법이오. 조상의 덕이 일그러진다면 부끄러워 죽어도 마땅하지만, 조상의 재산은 설령 흩어진다고 해도 무슨 상심할 필요가 있겠소?

부귀영화를 누리는 집 자제들이 대부분 훌륭한 인재가 못 되오. 그 원인은 자식 사랑이 제 도리에 맞지 않기 때문이오. 무조건 좋은 옷만 입히고 돈을 마구 퍼주어 제멋대로 쓰고 먹다 보면, 틀림없이 병이 나기 마련이오. 또 돈 때문에 부모를 미워하고 형제자매를 싫어하는 경우가 얼마나 많소. 이 모두 효도나 우애와 거리가 먼 일이오. 그리고 여자가 돈이 많아 시집가서 남편을 우습게 알고, 돈으로 남편에게 나쁜 일이나 하도록 잘못 돕는 경우도 허다하오.

자녀가 어진 사람이 되길 바란다면, 복덕을 쌓아 주어야 하지, 재산을 모아 주어서는 안 되오. 재산은 재앙[禍]의 근본이오. 얼마나 많은 사람들이 맨손으로 자수성가 하였소? 모두 돈 한 푼 없이 근검절약으로 이룬 것이오. 반면 큰 부잣집이 오래 가지 못하고 집안이 텅텅 비는 일은, 또 얼마나 많소? 그래서 예로부터 황금 만 냥을 물려주는 것이, 경전 한 권 가르치는 것만 못하다고 하였소. 글공부를 할 수 있으면 글공부로 선비가 되는 것이고, 글공부를 할 수 없으면 소질 따라 농업이나 공업·상업 가운데 직업을 택해, 자신을 세우고 집안을 일으키는 근본으로 삼게 하면 되오. 또 여자가 돈이 있으면서 사리에 밝으면 그 돈이 도덕을 돕는 밑천이 되지만, 사리를 모르면서 돈만 있으면 여자 자신과 남편(사위)은 물론 그 자녀까지 해칠 수 있음을 명심해야 하오.

인생의 한평생 성패는 모두 어린 시절 교육과 버릇에 달려 있소. 좋고 나쁨을 구별할 나이가 되면, 모름지기 효도와 우애, 충직과 성실을 배워야 하오. 청소년 시절에는 체력이 건장하고 정신이 왕성하므로 글공부에 힘써야 하오. 읽은 책은 그 내용을 잘 생각하여, 그를 본받아 실행하도록 하오. 그저 한번 읽고 내팽개치면 내용을 잘 음미할 수 없소.

특히 『태상감응편』이나 『음즐문』은 늘상 읽고 생각하면서 개과천선하도록 하오. 그리고 틈이 있을 때는 나무 아미타불과 관세음보살 명호를 자주 염송하여, 업장을 해소하고 복덕과 지혜를 증진시켜야 할 것이오. 옛말에도 젊어서 노력하지 않으면, 늙어서 한숨과 슬픔만 나온다고 하였소. 황금 같은 세월 그냥 허송세월하면, 나중에는 설사 힘껏 노력해도 성취하기가 어렵소. 때가 지나면 기억력도 감퇴하고, 배우는 것도 힘은 더 들면서 효과는 떨어지기 때문이오. (우리 속담에도 "젊어서 고생은 사서라도 한다."는 교훈이 있음.)

첫째는, 좋은 사람이 되는 것이오. 어진 이를 보면 그와 똑같이 되려고 생각하고, 어질지 못한 사람을 보면 안으로 자신은 그러하지 않은지 반성하시오.

둘째는, 인과응보를 분명히 알고, 일거수일투족도 멋대로 뜻대로 굴지 마시오. 무슨 일을 할 때는 반드시 이 일이 나와 부모 친지와 남에게 이익이 되는지 여부를 먼저 생각하시오. 일을 할 때뿐만 아니라, 마음 씀과 생각 움직임 하나라도 모두 그리 해야 하오.

좋은 마음을 품으면 공덕이 되고, 나쁜 마음을 품으면 죄악이 되오. 좋은 과보를 얻고 싶거든, 반드시 좋은 마음을 품고 좋은 말을 하며 좋은 일을 행해야 하오. 그래서 남들과 사물에 이익만 되고 해가 없어야지, 만약 그렇지 못하다면 어떻게 좋은 과보를 받겠소?

비유컨대, 못난 얼굴을 밝은 거울 앞에 들이밀면, 결코 예쁜 얼굴이 나타나지 않는 것과 같소. 거울에 비치는 모습은 갖다 들이민 모습과 똑같을 수밖에 없소. 이러한 이치를 깊이 안다면, 장래 틀림없이 정인군자(正人君子)가 되어 모든 사람의 존중과 사랑을 받게 될 것이오.


## 3) 집에서 불법을 잘 펼치세 [處家弘法]

여래의 설법은 항상 중생에 맞춰 이루어졌소. 부모에게 자애를 말하고 자녀에게 효도를 말하오. 밖으로 인륜을 다하고 안으로 감정과 생각을 녹임으로써, 본래 갖춘 진실한 마음을 회복한다면, 이것이 바로 진정한 불제자라오. 어찌 꼭 머리카락을 두고 따지겠소?

더구나 심산 벽촌에 불법을 아는 자도 적을 테니, 이런 좋은 마음을 지니고 힘을 다해 불도를 배우면, 그 이익이 적지 않을 것이오. 효도와 우애를 닦아 마을 사람들이 감화되고, 재계(齋戒)를 지켜 살생과 도둑이 점차 사라진다면, 그보다 훌륭한 홍법(弘法)이 어디 있겠소?

정토 법문을 연구하면 고해를 벗어날 요령이 분명해질 것이오. 그걸 자녀와 친지들에게 일깨워 주는 것이오. 생사 문제가 가장 큰데, 내 뒷사람들을 긍휼히 여겨 이끄는 일이 얼마나 중요하오? 다른 곳을 특별히 정할 필요도 없이, 가정이 곧 도량이오. 부모 · 형제 · 처자 · 친지들을 모두 도반으로 삼아, 스스로 수행하며 남들을 교화시키고, 몸으로 솔선수범하며 입으로 자꾸 권하는 것이오. 그래서 주위의 인연 있는 사람들이 모두 생사고해의 윤회를 벗어나 극락정토에 왕생하도록 이끈다면, 바로 머리 기른 고승 대덕이요, 진실한 재가 불자라 일컬을 수 있을 것이오.

노부모가 집에 계시면, 정토 법문과 감응 실례들을 수시로 들려드려,

환희심을 내고 믿음으로 봉행하도록 해드리시오. 이보다 더 큰 효도가 어디 있겠소? 설령 세간의 효도를 죄다 받들어 행해도, 부모에게 궁극으로 이로운 게 얼마나 되겠소? 우(禹) 임금같이 위대한 성인도 자기 아버지 곤(鯀)의 정신이 황내(黃能: 세 발 달린 큰 자라)로 변하여 우연(羽淵)에 들어가는 것을 구해내지 못했다고 역사는 전하오. 이 이야기를 들으면 모골이 송연해지지 않소? 부모의 정신이 연지해회(蓮池海會)에 참여하여 아미타여래의 설법을 친히 들으며, 본래 마음에 갖추고 있는 무량수 광명을 증득하시도록 이끌어야 하지 않겠소?

고행도 좋지만, 정토 법문의 종지를 제대로 아는 게 중요하오. 남자 몸을 타고나거나 천상에 올라 복락을 즐기려는 마음을 철저히 놓아버려야 하오. 그렇지 않으면, 세간의 작은 복락 때문에 무한한 이익을 잃을 수가 있소. 뜻과 발원이 결정코 흔들림 없어야 하오.

무릇 한 사람을 정토 왕생하도록 권하면, 곧 한 중생을 성불시키는 것이오. 그렇게 성불하면 반드시 무수한 중생들을 제도할 것이니, 나로부터 비롯한 그 공덕과 이익이 얼마나 크겠소? 스스로 정토 법문을 수행하면서, 모름지기 처자 · 친지 등 주위의 모든 사람에게 함께 발심하도록 권하는 것이오. 이러한 막대한 이익을 놓아두고 깊은 사랑[深愛]이니 큰 자비[弘慈]니 떠드는 것은, 모두 유명무실할 따름이오.

그리고 노부모의 연세가 너무 많아 친히 염불하기 어려운 경우에는, 주위에서 도와주는 염불[助念]법이 있소. 집안의 며느리나 가정부 · 유모 같은 여자들이 조를 짜서 번갈아 가며 옆에서 염불을 해드리는 것이오.(요즘에는 염불 테이프나 CD로 대신 들어도 좋을 것임.) 염불 소리가 끊이지 않는 가운데 노인께서 직접 따라 할 수 있으면, 더할 나위 없이 좋겠소. 그러나 마음을 두고 귀를 기울여 듣기만 해도, 부처님한테서 떠나지 않게 되오. 염불하는 사람도 그리 힘들이지 않고 효도를 다하면서, 자신의 선근과 복덕을 심게 되니, 일석이조가 아니겠소?

노부모께서 정토 법문을 진지하게 받아들이지 못하는 경우에는, 육도 윤회의 고통과 극락정토의 즐거움을 대비하여 자주 들려 드리시오. 인간 세상은 향상 전진하여 초탈하기는 몹시 어려워도, 타락하기는 정말 쉽소. 그래서 극락정토에 왕생하지 못한다면, 인간 세상 다시 태어나기도 믿을 수 없거니와, 천상 세계에 올라가도 복덕이 다하면 금세 삼악도로 다시 떨어진다오.

　　불법을 모른다면 어찌할 수 없소. 그러나 지금 불법을 대강 알게 되었으면서, 이처럼 막대한 이익을 남에게만 양보하고, 자신은 기꺼이 육도 윤회의 고통을 달게 받겠다는 것이오? 혹시라도 이런 말을 듣고, 숙세의 선근이 피어 나와 진실로 믿고 받들어 행한다면, 더할 나위 없이 좋겠소.

　　보살이 중생을 제도함에는 근기와 인연에 따르는 법이오. 맨 처음에는 갈고리로 꿰어 끌어당겨, 나중에 부처님 지혜로 들어오도록 기다리기도 하오. 효도와 우애를 힘써 닦고, 정토 법문으로 자기 권속과 인연 있는 사람들 모두를 인도하고 권장하여, 다 함께 연지해회의 도반이 된다면, 그보다 더 큰 공덕도 없을 것이오.

　　무릇 효자가 부모를 섬김에는, 근본을 앞세우고 말단 지엽을 나중에 해야 하오. 육체를 봉양하고 정신을 잘 인도해야 할 것이오. 그런데 보통 유교에서 말하는 효도처럼, 육체적인 수고를 도맡아 하며 물질적 봉양으로 편안히 모시고, 세속 학문으로 출세하여 부모 명예를 드높여 집안의 영광을 가져오는 것만 안다면, 어찌 되겠소? 상주(常住) 무생(無生)의 도와 염불 왕생의 법으로 수행하여, 살아생전에는 부처님 명호를 염송하고, 돌아가신 뒤 극락정토에 왕생하시도록 이끌지 못한단 말이오? 그렇다면 이는 가깝고 작은 세속의 효도만 보고, 멀고 큰 도덕의 효도를 보지 못한 중인(中人)의 식견에 불과하오. 통달한 선비[達士]의 안목이 될 수 없소.

　　부모님과 가족 모두 자신과 함께 사바 고해를 벗어나 안양(安養: 극락) 국토에 왕생하여, 생사 환영(幻影)의 고통을 벗어나고 무량 광명과 수명을 얻어 적멸(寂滅)의 법열을 누려야 하지 않겠소? 함께 아미타불의 법왕자가 되고 인간과 천상의 대도사(大導師)가 되어, 시방 세계를 두루 다니며 중생 교화의 불사를 펼치고, 마음에 본디 갖춰진 불성을 철저히 증득할 때, 비로소 효도와 자비의 마음을 다할 수 있을 것이오.

효도라는 것은 바깥이 없을 정도로 커서, 모든 선행을 포함하오. 그러나 세간과 출세간에 따라 크고 작은 차이는 있소. 세간의 효도는 물질 봉양이든, 뜻을 받들고 영광을 돌려 드리든, 모두 색신(色身) 주변의 일에 불과하오. 설사 제아무리 큰 효도로 하늘을 감동시킨다고 할지라도, 부모의 심성과 생사 해탈에는 별로 보탬이 되지 않소. 결국 효도의 흉내만 내는 것이지, 그 근본은 행하지 못하는 것이오. 하물며 살생하여 부모를 봉양하거나 제사 지내면, 그 원한을 부모님께 돌려 영겁토록 빚을 갚느라 허덕이실 것이오.

출세간의 효도도, 부모를 섬기는 일은 일반 유가의 세속적 효도와 다를 게 없소. 그러나 근본으로 들어가면 비교할 수 없이 달라지오. 여래의 큰 법으로 부모님이 감화 받고 몸소 닦으시도록 도와드리는 것이오. 살아 계신 동안 채식하면서 염불하여 서방 정토 왕생을 발원하시도록 간곡하게 권유해야 하오. 채식을 하면 살생의 죄업을 짓지 아니하고, 숙세의 업장과 재앙도 점차 소멸하게 되오. 또 염불을 하면 부처님의 지혜와 미묘한 도에 은연중에 상통하고 합쳐질 수 있소.

부모님께서 정말로 깊이 믿고 간절히 발원하신다면, 임종 때 부처님의 영접을 받아 구품 연화에 왕생할 것이오. 그러면 생사윤회를 벗어나 성인의 경지에 훌쩍 뛰어 올라, 사바 고해를 영원히 작별하고 극락세계의 복덕을 누리게 되오.

또 만약 부모님께서 이미 작고하셨다면, 부모를 위해 정토 염불 법문을 독실하게 수행하여 회향 기도해 드리는 것이오. 그 마음이 정말로 진실하고 간절하다면, 선망 부모께서 그 이익을 친히 받으실 것이오. 아직 왕생하지 못하셨다면 곧바로 왕생하실 수 있고, 이미 왕생하셨다면 그 품계가 높아질 것이오.

이와 같이만 발심한다면, 사홍서원과 상응하고 보리도(菩提道)에도 계합할 것이오. 어찌 부모님만 그 이익을 얻겠소? 자신의 공덕과 선근도 연화 품계를 더욱 높고 수승하게 향상시킬 것이오. 하물며 몸소 설법하여, 주위의 동학들이 함께 효도심을 일으키도록 권장한다면, 그 공덕이 오죽하겠소?

이러한 효도가 비로소 실질상 최고 궁극의 효도라오. 세간에서 단지 현세의 육신만 위하고, 심성과 미래의 생명은 거들떠보지도 않는 효도와는 판연히 다르오. 불교는 효도를 근본으로 삼소. 범망경에도 부모와 은사 스님과 삼보께 효순(孝順)하라고 했소. 효순의 지극한 도로 말하면, 효는 곧 계율이라 할 수 있소.

살생 · 도둑 · 사음 등을 금하는 계율 가운데도 모두 "자비심과 효순심을 내야 한다."고 말하오. 예컨대, 모든 남자는 나의 아버지이고 모든 여자는 나의 어머니이니, 육도 중생이 모두 나의 부모라고 말씀하시오. 그러니 중생을 살해하여 먹으면, 나의 부모를 살해하는 것이오. 또 여자를 간음하면, 나의 어머니를 간음하는 것이 되오. 그래서 불교의 효도는 사생 육도에 두루 미치고, 시작도 없는 과거부터 끝없는 미래까지 영원히 걸치오. 이러한 이치를 안다면, 방생과 채식 · 염불을 하지 않는 사람은, 더할 나위 없이 지극한 궁극의 효도를 다하고 있다고 말할 수 없소.

스스로 개과천선하면서 일심으로 염불하고, 주위의 모든 친지와 인연 있는 사람들에게도 함께 하도록 권장하시오. 반대하는 사람이 있거든, 연민의 마음을 품되, 억지로 시키지는 마시오. 또 자신이 일심으로 염불한답시고, 어떠한 일도 거들떠보지 않는 것은 옳지 못하오. 세간의 법과 장애가 있을 뿐만 아니라. 불법과도 서로 부합하지 않소. 자신의 신분과 지위에 맞추어 수행하여야 비로소 원만해지오.

또 다른 사람들에게 염불하도록 권장하는 것이 정말 제일의 공덕이 되긴 하오. 그렇지만 우선 아래로 처자식이나 형제부터, 위로 부모·조부모께도 모두 권장해야 하오. 가정에서 권속들에게 간곡한 방법으로 생사해탈의 불가사의한 미묘 법문을 전하지 못하고, 밖으로 남에게만 권장한다면 되겠소? 근본은 놓고 말단만 좇으며, 먼 남만 이롭게 하고 가까운 친족은 생각지도 않는다면, 말이 되겠소.

한 집안 사람들은 한가하고 일 없을 때 완곡하고 간절하게 사리를 일깨워 줄 필요가 있소. 마음에 시비와 가부의 분별이 서면, 부지불식간에 조금씩 변화할 것이오. 그러나 어리석고 오만한 성질을 부릴 때는 조심해야 하오. 다스릴 수 있을 정도면 지극한 이치와 명언으로 심기(心氣) 평온한 가운데 타이르되, 그렇지 않으면 다스릴 생각 말고 그냥 내버려 두시오. 오기와 성질이 가라앉은 뒤, 다시 평온한 심기로 시비곡직을 분간하는 게 낫소. 그렇게 오래 지속하다 보면, 점차 감화할 수 있을 것이오. 만약 거칠고 강한 수단으로 억지로 밀어붙이면, 오히려 역효과만 나게 되니, 절대 주의하시오.

요즘 정법은 약하고 악마가 강한지라, 불법을 보호 유지하기가 세속에서 오히려 쉽고, 승가에서는 더욱 어렵소. 만약 오계를 엄격히 지키면서 아미타불을 오로지 염송하며, 극기복례로 말과 행실이 상응한다면, 굳이 출가를 고집할 필요가 없소. 그렇게 하여 중생을 널리 교화하고 이익을 두루 펼친다면, 스승의 지위에 있지 않아도 저절로 좋아질 것이며, 돈이나 재물을 받을 필요도 없이 저절로 이익이 넘칠 것이오.

집안에서 한 가족을 위해 법을 연설하고, 바깥에서는 인연 따라 대중에게 설법하는 것이오. 사람들이 모두 그 덕을 우러르며 그 말을 믿고 따른다면, 그것이 바로 공자가 말한 대로, "자신이 바르면 명령하지 않아도 행해진다[其身正, 不令而行.]"는 경지요. 자신이 몸소 솔선수범하면, 풀 위에 바람 불 때 풀이 바람 따라 눕는 것과 같소.

내 일찍이 이런 대구를 지어 봤소.

"서방 지름길 놔두고 구계 중생이 위로 어떻게 불도를 원만히 이룰 것이며, 정토 법문을 떠나면 시방 제불이 아래로 도대체 중생을 두루 이롭게 할 수 없다[捨西方捷徑, 九界衆生, 上何以圓成佛道? 離淨土法門, 十方諸佛, 下不能普利群萌.]."

그대 대 용맹심을 발휘하고 크게 정진하여, 이 법을 짊어지길 바라오. 옛 사람들이 정토 법문을 크게 펼쳤던 핵심 언론들을 간추려, 주위 사람들에게 두루 전하시오. 홍진에 거처하면서 물들지 아니하고, 세속에서 진여의 도를 닦아간다면, 그야말로 진실한 재가 불자가 아니겠소?


## 4) 홍진 속에서 도를 닦세 [居塵學道]

염불은 진실로 오롯이 한 마음 집중[專一]하는 게 귀중하오. 하지만 위로 부모를 모시고 아래로 처자식을 거느리는 재가 거사로서, 분수 밖의 지나친 욕심을 부리는 건 옳지 않소. 꼭 모든 것을 다 내팽개친 뒤에야 비로소 수행하는 것은 아니오. 분수 안에서 해야 할 일을 힘써 행하는 게 마땅하오.

만약 모든 것을 내팽개쳐도 부모와 처자식의 부양이 별 문제 없다면, 괜찮소. 그렇지 않으면, 효도와 어긋나게 되고, 비록 수행이라고 하지만 실지로는 부처님 가르침에도 어긋나는 것이오.

그리고 모름지기 정토 법문으로 부모님과 가족들을 이롭게 해야 하겠소. 염불로 서방 정토 왕생을 발원하도록 권하여, 만약 믿고 받아들여 행하기만 한다면, 임종에 틀림없이 왕생할 것이오. 일단 왕생하면, 그 자리에서 생사 해탈하고 평범을 벗어나 성인의 경지에 들게 되오. 아미타불을 직접 뵙고 성불할 때까지 물러남이 없게 되니, 세간의 어느 효도가 이에 견줄 수 있겠소?

또 주위의 아는 사람들에게도 두루 알려, 각자 자기 부모님들을 극락 왕생하시도록 권한다면, 그 공덕이 얼마나 크겠소? 자기와 부모님의 연화 품계가 훨씬 더 높아질 것이오. 시경에도 "효자에게는 부족함이 없을 지니, 영원토록 그 무리에게 복덕을 내리리라."고 하였소. 부모님께 효도하려는 사람은 깊이 생각하시오.

사람마다 처한 상황이 같지 않소. 그대의 처지로 본다면, 출가의 이익이 작고 재가 수행의 이익이 훨씬 크오. 그대 조상한테 물려받은 가업(家業)이 자못 쓸 만큼 여유 있고, 위로는 모실 자친(慈親: 어머님)이 계시며, 가운데로는 의지할 형제가 있고, 아래로는 거느릴 처자식이 있지 않소? 또 그대 형님은 불법을 자못 깊게 믿고, 두 아우 또한 모두 도와 크게 어긋나지는 않지 않소?

그러니 그대가 집에서 정토 법문을 독실하게 수행한다면, 자친께서도 믿음을 내어 염불하시고 생사 해탈의 길로 나아가실 것이오. 또 형제가 함께 밖에서 집안일을 처리하며, 각각 처자식들을 거느리고 모두 정토 법문을 닦아 온 가족이 윤회를 벗어날 수 있다면, 이보다 더 좋은 계책이 또 어디 있겠소?

그리고 밖으로 동네 사람들과 친척들에게도 인연 따라 인도하며, 집안을 도량으로 삼으면 좋겠소. 자친과 형제·처자식·친척·친구들이 모두 함께 불법의 권속이 되어, 분수껏 힘닿는 대로 솔선수범하고 교화를 펼칩시다. 그러면 그 지방의 미혹한 중생이나 사견(邪見)을 품은 사람들이, 모두 함께 불법 가운데 지극히 원만한 정토 법문의 큰 화로에 들어와, 훌륭한 법기(法器)를 이루게 될 것이오.

모두 함께 정토 법문을 닦아 장래 연화 정토에 오르고 보리도를 증득한다면, 어찌 그대 혼자 출가하여 스님이 되는 것만 못하겠소? 가족을 버리고 멀리 떠나면, 처자식은 의지할 데 없어진 원한을 품을 것이고, 자친은 못난 자식 한탄해 마지않을 것이오. 그리고 지극한 이치를 잘 모르는 보통 사람들은, 불법이 세간 도덕과 크게 어긋난다고 비방을 일삼을 것이오. 이런 사람들이 구업(口業)을 지어 삼악도에 떨어진다면, 그대의 출가 이익이 나타나기도 전에 온갖 큰 손해만 먼저 당하는 셈 아니겠소? 그래도 괜찮겠소?

하물며 그대 자친께서 출가를 허락하시지 않는데, 어찌 부모 명령을 어기면서까지 이런 생각을 품는단 말이오? 만약 그대 자친께서 그대의 수행 자체를 허락하시지 않는다면, 그대가 출가하려는 것이 그래도 이해할 수 있겠소. 그러나 그대 자친께서 그대의 수행을 몹시 기뻐하시는데도, 어찌 굳이 자친을 떠나 수행하겠다는 거요?

불법 가운데 육도만행의 각종 공덕 수행은, 모두 중생을 이롭게 하는 것이오. 그대가 출가하지 않으면 자친께 큰 이익이 있소. 단지 이 한 가지 이익만으로도, 자친의 마음에 완곡히 순응하여 홍진 속에서 도를 닦는 것이 천만 번 이롭고 옳소. 자친이 그대 곁에서 몸소 익숙히 보고 느껴, 모르는 사이에 저절로 불법을 믿고 따르시게 감화시킨다면, 그 막대한 공덕을 어찌 다 헤아릴 수 있겠소? 하물며 자친 한 분에 그치지 않고, 주위 가족 친지에게 두루 영향을 미칠 텐데, 오죽하겠소?

그리고 부모님께서 허락하시지 않으면, 출가는 다시 생각하지도 마시오. 부처님 계율 가운데, 부모님께서 출가를 허가하지 않는데 자기가 임의로 출가하려는 자는, 제자로 받아 머리를 깎아 주고 계율을 주는 것이 허용되지 않소. 이를 어기고 임의로 출가하면, 받아 준 스승과 출가한 제자 모두 죄가 되오.

지금은 세상이 많이 좋아지고 개방되어, 집에서도 연구하고 수행하는 사람들이 수풀처럼 많소. 또 서방 왕생의 이익을 얻는 사람도 흔해졌소. 어찌 꼭 부모를 떠나 출가하려고 고집하오? 출가는 절대 찬성하지 않소. 요즘 수행은 집안에 있는 사람이 훨씬 유리하오. 왜냐하면 일체 모든 게 걸림이 없기 때문이오. 출가인의 장애가 재가인보다 훨씬 많다는 걸 아시오. 그래서 진실로 보리도심을 발하여 출가한 자가 아니면, 모두 못된 하류로 전락하여 불법에 보탬이 안 되고, 부처님께 흠집만 내고 만다오.

만약 세간을 벗어나고자 한다면, 굳이 꼭 별도의 화로와 부엌을 지어야 할 필요는 없소. 단지 부처님의 말씀에 따라 번뇌 업습을 다스려, 하나도 남김없이 깨끗이 제거하면 되오. 비록 몸이 속세에 있더라도, 미혹을 끊고 진여의 도를 증득하여 생사윤회를 벗어나 성불의 길로 드는 데는, 조금도 장애가 없소. 서역의 유마(維摩) 거사나 중국의 부(傅) 대사(大士)[102] · 이(李) 장자 · 방(龐) 거사[103] 등이 그 훌륭한 실례가 될 것이오. 설사 힘이 좀 못 미치더라도, 또 부처님의 자비 가피력에 의지하여 서방 정토에 왕생하는 법문이 있으니, 믿을 만하지 않소? 어찌하여 꼭 모든 사람이 세속을 버리고 출가해야 바야흐로 불제자가 될 수 있단 말이오?

홍진에 거처하여 도를 닦고 세속에서 진리를 추구함은, 통달한 유명 인사나 어리석은 범부 중생 할 것 없이 누구나 할 수 있소. 힘써 수행하면서 집안에서 봉착하는 온갖 번뇌와 속박일랑, 선지식이 내리치는 몽둥

---

102) 부(傅) 대사(大士): 성은 부씨이고, 이름은 흡(翕), 자(字)는 현풍(玄風). 남제(南齊) 건무(建武: 明帝 연호) 4년(497)에 태어나, 진(陳)나라 선제(宣帝) 태건(太建) 원년(569) 입적함. 출신 지명을 따 동양(東陽) 대사라고도 부르며, 선혜(善慧) 대사로 자칭했는데, 대사(大士)는 보살의 의역(意譯)임. 16세에 류(劉) 씨를 아내로 맞아 보건(普建) · 보성(普成)의 두 아들을 둠. 24세에 인도 승려 숭두타(嵩頭陀)를 만나 전생의 인연을 알고, 송산(松山)의 쌍둥이 도수(禱樹) 사이에 암자를 지어 7년간 고행하다가, 석가 · 금속(金粟: 유마 거사의 前身佛이라고 전함) · 정광(혼히 定光으로 쓰는데, 錠光이 올바른 표기라고 함: 燃燈佛) 세 부처를 친견함. 신통 기적이 있어 양(梁) 무제(武帝)가 공경 존중했음. 윤장(輪藏)을 창시하여 대장경에 포함됨. 부 대사의 심법 요체는 천태종의 일심삼관상과 완전히 같음. 전기와 어록 4권이 전해 옴.

103) 방(龐) 거사(居士): 이름은 온(蘊)이고, 자(字)는 도현(道玄). 상양(襄陽: 원음이 '상'인데, 우리는 '양'으로 바꿔 읽음) 출신으로, 부친이 형양(衡陽) 태수를 지내 성 남쪽에 거주함. 당나라 정원(貞元) 년간에 석두(石頭) 화상을 알현하고 "온갖 법(萬法)과 짝하지 않는 자는 어떤 사람입니까?"라고 묻자, 석두 화상이 황급히 그의 입을 손으로 틀어 막는 순간, 활연히 깨달았다고 함. 나중에 마조(馬祖)를 알현하고 다시 "온갖 법과 짝하지 않는 자는 어떤 사람입니까?"라고 묻자, 마조가 "그대가 한 입에 서강(西江)의 물을 다 들이키고 나면, 내가 그대에게 말해 주겠다."고 답하여, 방 거사가 그 말을 듣고 그윽한 뜻을 단박 깨달았다고 함. 전 가족이 모두 득도(得道)했는데, 딸 영조(靈照)의 근기와 예봉이 특히 민첩함. 입적할 때 자사 우적(于頔)이 찾아가 보았는데, 방 거사가 우적의 무릎을 베고 "단지 모든 있는 것을 텅 비우고 싶을 따름이니, 어떠한 없는 것도 행여 채우려 말게나[但願空諸所有, 愼勿實諸所無]."라고 말했다고 함. 나중에 우적이 그의 어록 1권을 편집함.

이(棒)나 고함(喝)으로 여기시오. 오랫동안 이러한 세속을 싫어하고 떠나고 싶은 마음을 내면서, 흔연히 극락왕생하고 싶은 뜻을 즐거이 키워 간다면, 병으로 양약을 삼고 막힘으로 통달을 이루는 게 될 것이오. 위로 부모님의 기쁨을 저버리지 않고, 아래로 처자식의 의탁을 끊지 않으면서, 주위의 모든 사람한테 청정한 믿음을 북돋워줄 수 있다면, 이보다 더 큰 즐거움이 어디 있겠소?

인간 세상에서 뭔가 하는 일이 없을 수 없소. 다만 자신의 분수와 도리를 다할 뿐, 분수 밖의 요행이나 망상은 결코 품어서는 안 되오. 사농공상이 각자 자신의 직업에 힘쓰며, 자신과 집안을 부양하는 근본으로 삼아야 하오. 그리고 분수껏 힘닿는 대로 부처님 명호를 염송하여, 서방 왕생을 결연히 발원해야 하오. 무릇 능력이 미치는 각종 선행일랑, 더러 밑천을 대고, 더러 좋은 제안을 하여 힘껏 도웁시다. 그럴 힘도 없거든 따라 기뻐하는 마음[隨喜心]만 내어도 공덕이 된다오. 그러한 선근 복덕을 심어 극락왕생의 보조 수행으로 삼으면, 마치 물결과 바람에 순응하여 돛을 올린 것처럼, 피안에 더욱 쉽게, 그리고 빨리 안착할 것이오.

만약 크게 통달한 대가라면, 참선과 정토 염불을 함께 닦아도 좋되, 반드시 정토를 위주로 해야 하오. 그리고 보통 사람 같으면, 반드시 심오한 경론(經論)을 두루 연구할 필요도 없소. 단지 어떠한 죄악도 짓지 아니하고 뭇 선을 받들어 행하면서, 일심으로 염불하여 극락왕생을 구하면 그만이오.

이러한 사람은 집안의 직업을 전폐하지 않으면서도, 출세간의 법을 동시에 닦는 게 되오. 비록 지극히 평범하여 별 기특한 게 없는 듯하지만, 그 실질 이익은 정말 불가사의하오. 어리석은 듯 충직하게 일심으로 염불하면, 범부 중생도 부처님의 지혜와 미묘한 도에 그윽이 상통하여 하나로 합치한다오. 크게 통달했다는 대가가 하루 종일 분별하고 생각해서 식신(識身)을 조작하는 일에 비하면, 그 이익은 훨씬 크고 많소. 우직한 범부가 염불에 전심하면, 쉽게 이익을 얻을 수 있기 때문이오.

크게 통달한 대가도 온 몸을 놓아버릴 수만 있다면, 물론 쉽게 이익을 얻을 수 있소. 그러나 오직 의미와 이치로 따지고 계산하면, 이익을 얻기는커녕 도리어 병만 얻게 되오. 도를 얻지도 못했으면서 얻었다고 자칭하여 미쳐 날뛰는 무리들도 없지 않소.

참선 수행법은 요즘 사람들이 따라 배울 게 아니오. 어설프게 참선한다고 해 봤자, 단지 문자상의 지견(知見)이나 얻을 뿐, 자기 마음을 단박에 밝히고 본래 성품을 친히 볼 수는 결코 없소. 왜냐하면, 첫째는 꾸준히 이끌어 주고 결연히 깨우쳐 줄 선지식이 없고, 둘째는 배우는 사람들이 참선의 소이(所以: 도리)를 제대로 모르기 때문이오. 말은 참선이라고 하지만, 실지로는 오해에 불과하오.

수계(受戒)는 남자가 출가해 스님이 되는 경우에는, 반드시 법당 안에 들어가 정식으로 의식을 익혀야 하오. 그래야 총림(叢林)의 법도를 알고 승려의 위의(威儀)를 갖추어, 사방에 다니며 행각(行脚)해도 전혀 장애가 없게 되오. 그렇지 않으면 시방 총림에 머무를 수가 없소.

만약 재가의 여자 신도로 가산이 풍족하고 자신의 생활에 자주성이 있는 경우에는, 절에 나가 계율을 받는 것도 괜찮을 것이오. 그러나 자신과 집안이 곤궁한 경우에는, 굳이 그렇게 할 필요는 없소. 단지 부처님 앞에 지성으로 간절하게 과거의 죄업을 참회하길 일주일간 지속한 다음, 스스로 서원하고 계율을 받으면 되오. 칠 일째 되는 날 부처님 앞에서 스스로 다음과 같이 서원하면 되오.

"제자 저 아무개는 오계를 전부 받아 온전히 지키는 우바이(優婆夷: 淸信女·淨信女)가 되길 서원합니다. 이 목숨 다하도록 살생하지 않겠으며, 이 목숨 다하도록 도둑질하지 않겠으며, 이 목숨 다하도록 사음하지 않겠으며, 이 목숨 다하도록 거짓말하지 않겠으며, 이 목숨 다하도록 술을 마시지 않겠습니다."

위와 같이 세 번 반복하여 서원하면, 곧 부처님한테 계율을 받는 게 되오. 단지 자신의 마음과 뜻으로 받아 지니기만 하면, 그 공덕은 스님을 통해 의식을 갖추어 수계하는 것과 전혀 우열의 차이가 없소. 스스로 서원하여 계율을 받는 게 불법에 맞지 않다고 생각해서는 절대 안 되오. 이는 『범망경(梵網經)』에 나오는 여래의 거룩한 가르침이기 때문이오.

삼귀의와 오계는 불법에 입문하는 첫 관문이오. 다른 법문을 수행하는 데도 모두 여기에 의지해 시작해야 하거늘, 하물며 금생에 단박 생사 해탈할 수 있는, 지극히 간단하고 쉬우면서, 지극히 원만하고 빠른 불가사의한 정토 법문이야 말할 게 있겠소? 삼업(三業)을 반성하지 않고 오계를 지니지 않으면, 인간 몸도 다시 받을 수가 없거늘, 하물며 극락정토 연화에 상호(相好) 원만한 광명의 몸으로 생겨날 수 있겠소?


## 5) 재가 불자를 위한 삼귀의와 오계 · 십선

슬프도다! 중생들이 시작도 없는 과거부터 사생(四生) 육도(六道)를 윤회하며, 의탁할 곳도 없고 귀의할 곳도 없이, 구원받지 못하고 떠돎이여! 마치 부모를 여읜 고아처럼, 집안을 잃은 부랑아처럼! 이 모두 번뇌 악업으로부터 말미암은 생사고해의 과보이거늘, 중생이 지혜의 눈 없는 장님이라, 스스로 벗어날 수 없음이여!

그래서 크게 깨달으신 세존께서 이를 불쌍하고 구슬피 여기사, 세간에 몸을 나토시어 설법을 해주셨소. 중생들에게 삼귀의를 일러주셨으니, 이는 삿된 길을 버리고 올바른 길로 되돌아오는 근본이라오. 또 오계를 지니게 당부하셨으니, 이는 죄악을 끊고 선행을 닦는 원천이오. 그리고 십선을 행하도록 가르치셨으니, 이는 몸[身] · 입[口] · 뜻[意]의 삼업을 청정하게 만드는 근원이오.

이로부터 어떠한 죄악도 짓지 않고 뭇 선을 받들어 행하여, 삼업이 청정해진 다음에 비로소 도품(道品)을 닦고 따를 수 있을 것이오. 그래야 홍진을 등지고 깨달음에 합치하며, 평범을 벗어나 성인이 될 수 있소. 탐진치 삼독의 번뇌 뿌리를 끊고, 계정혜(戒定慧)의 보리대도(菩提大道)를 이루어야 하오. 그러라고 여래께서 사제(四諦)·십이인연·육도(六度: 6바라밀)·37조도품 등 무량 법문을 설하셨지 않았겠소?

그리고 또 하루 속히 생사윤회를 벗어나 단박에 불도를 성취하라고, 염불로 극락왕생을 구하는 정토 법문까지 설해 주셨소. 큰 힘을 들이지 않고도 금생에 모든 걸 이루라고! 그러니 세존의 은혜는 지극하기 그지없소. 부모의 은혜나 천지의 은혜도 여기에 비유하기 어려울 것이오.

불혜(不慧: 지혜롭지 못한 자라는 뜻으로, 인광 대사가 자신을 낮추어 겸손하게 표현한 호칭)도 그 은혜 정말 엄청나게 받았으나, 정작 은혜 보답할 길이 막막하오. 이제 그대들이 사람들의 뜬소문 잘못 전해 듣고, 수천 리 길을 멀다 않고 찾아와, 나를 스승으로 여긴다 하니, 부끄럽기 짝이 없소. 내 아무리 생각해도 덕이 없어 재삼 물리치고 사양했거늘, 그대들이 끝내 받아주지 않고 졸라대므로 어쩔 수 없소. 그래서 여래께서 세상에 나서 설법하시고 중생을 제도하신 뜻이나마 대강 말할까 하오. 아울러 삼귀의와 오계, 십선 및 정토 법문의 의미도 대략 해설하겠으니, 그대들이 법으로 삼고 준수하길 바라오.

사제 내지 37조도품 등은, 그대들의 지혜로 알기 어려우니 생략하겠소. 그대들이 부처님 가르침대로 받들어 행하면, 곧 부처님을 스승으로 모시는 것이니, 나 같은 사람이야 뭐 대단하겠소? 그러나 만약 가르침대로 받들어 행하지 않는다면, 부처님의 은혜는 그만두고, 애써 전해준 내 고충도 저버리는 것이 될 것이오.

## 삼귀의 (三歸依)[104]

첫째, 부처님께 귀의하고, 둘째, 불법(가르침)에 귀의하며, 셋째, 불법을 수행하는 승가에 귀의한다.

귀의란 귀착하여 의탁한다는 뜻이오. 예컨대, 사람이 바다에 빠졌는데, 갑자기 배가 나타나 그 배를 향해 다가가는 것이 귀착이고, 배에 올라가 편안히 앉아 쉬는 것이 의탁이오. 이 비유에서 생사윤회가 바다[苦海]이고, 불법승 삼보가 배이며, 중생이 삼보에 귀의해서 피안에 건너가 오른다는 뜻이오.

일단 부처님께 귀의하면 부처님을 스승으로 모시는 것이니, 오늘부터는 목숨이 다하도록 천마(天魔)나 외도(外道), 삿된 귀신에 귀의해서는 안 되오. 불법에 귀의하면 불법을 스승으로 모시는 것이니, 오늘부터는 목숨이 다하도록 이교도(異敎徒)에 귀의해서는 안 되오.

## 오계 (五戒)

첫째, 살생하지 아니하고, 둘째, 도둑질하지 아니하며, 셋째, 사음하지 아니하고, 넷째, 거짓말하지 아니하며, 다섯째, 술 마시지 아니한다.

살기 좋아하고 죽기 싫어하는 것은, 만물도 나와 똑같소. 내가 살고 싶은데, 만물인들 죽기를 원하겠소? 이렇게 생각해 보면, 어떻게 생명을 죽일 수 있겠소? 일체 중생이 육도 윤회하면서, 선악의 업에 따라 상승하기도 하고 타락하기도 하오. 나와 중생은 오랜 겁 동안 서로 부모 자식이 되어 왔소. 그러니 그들을 건질 생각을 해야지, 어찌 차마 죽일 수 있단 말이오?

---

104) 귀(歸)는 중국에서 보통 皈 자로 많이 쓰는데, 오염을 되돌이켜[反=返] 청정결백[白]을 이룬다는 뜻이라고 해석함.

또 일체 중생이 모두 불성을 지니고 있어 미래세에 성불할 것이오. 내가 만약 타락한다면, 그들의 구제를 바라야 할 것이오. 그런데 지금 살생의 죄업을 짓는다면, 틀림없이 삼악도에 떨어져 살생의 빚을 갚아야 할 것이오. 그렇게 서로 죽이고 보복할 걸 생각하면, 어떻게 차마 살생할 수 있겠소?

그런데 알고 보면, 살생은 육식에서 말미암소. 그러니 위에서 말한 인연을 안다면, 저절로 육식할 수 없을 것이오. 더러 육식이 좋다고 말하는 어리석은 사람들이 있소. 고기라는 게 피비린내와 똥오줌으로 뒤범벅이 되어, 불결하기 짝이 없는 줄은 모르는 것이오. 부정관(不淨觀)을 행한다면, 고기를 먹어도 금방 토해낼 것이오.

또 중생이란 사람과 짐승뿐만 아니라, 물고기·곤충·개미·벼룩에 이르기까지, 생명이 있는 모든 것을 가리키오. 큰 생명은 살해해서는 안 되고 작은 미물은 죽여도 된다고 생각해서는 안 되오. 불경에 살생 금지와 방생의 공덕 이익을 얼마나 널리 자상하게 설하고 있는데, 보통 사람들이 제대로 볼 기회가 없는 것뿐이오.

도둑질하지 않는 것은, 얼음을 보고 의로운지 생각하는 것이오. 다른 말로는 '주지 않는 것은 갖지 않는다[不與不取]'고 하오. 이 계율은 염치(廉恥)를 알면 범할 수가 없소. 그렇지만 상세히 따지자면, 위대한 성현을 빼놓고는 모두 이 계율을 완전히 지키기가 참으로 어렵소.

공물(公物)을 사적인 데 쓰고(예컨대 사무실에서 개인 전화하는 일), 남한테 각박하게 굴어 자기 이익을 취하며, 세력과 지위를 이용하여 재물을 모으고, 남들 부귀해지는 걸 질투하여 빈천해지길 바라며, 겉으로는 선행을 한답시고 이름만 요란한 채 진짜 착한 일을 해야 할 때는 마음속으로 기꺼워하지 않고, 학당(學堂)을 열 때 근엄한 스승을 모시지 않아 남의 귀한 자제들 교육을 어그르뜨리며, 의약을 베풂에 진위도 제대로 분별하지 않아 남의 목숨과 건강을 위협하고, 급한 재난을 당해 재빨리 구원하지 않고, 게으름과 늑장 부려 일을 그르치며, 겨우 책임만 모면할 정도로 일하는 시늉만 내고 귀한 재물을 소비하며, 긴요한 일을 당해서는 마음속으로 별로 대수롭지 않게 여기는 일 등도, 남의 재물을 필요 이상으로 축내는 것이니, 모두 도둑질이나 다름없소.

사음하지 말라는 계율은 자못 중대하오. 세속의 남녀 혼인 생활은 자녀를 낳아 대를 잇기 때문에, 위로는 풍속 교화와 관련하고, 아래로는 집안 제사와 연결되는 중대한 일이오. 그래서 부부간의 결합을 완전히 금할 수는 없소. 하지만 마땅히 서로 손님 대하듯, 조상 제사를 받들 듯 공경을 다해야 하며, 쾌락을 위해 자신을 잊을 정도로 음욕에 빠져서는 안되오. 비록 자기 아내나 남편이라 할지라도, 쾌락에 탐닉하면 이 계율을 범하는 것이 되며, 다만 그 죄가 가벼울 따름이오. 만약 자기 배우자가 아닌데 진실로 교합한다면, 이것은 정말 사음(邪淫)이며, 지극히 중대한 죄가 되오.

자기 배우자가 아닌 사람과 사음을 행하는 것은, 사람 몸으로 짐승 짓을 하는 것이오. 그런 사람은 인간 목숨이 다한 뒤, 먼저 지옥과 아귀에 떨어져 온갖 고통을 받고, 나중에 축생으로 태어나오. 그렇게 천만억 겁 동안 갖은 고통을 당하며 벗어날 길이 없소.

일체 중생은 모두 음욕으로부터 생겨나기 때문에, 이 계율은 지키기가 참 어렵고, 범하기는 아주 쉽소. 설령 현명하고 통달한 사람이라도 더러 가끔 발을 헛디딜 수 있거늘, 하물며 어리석은 평범한 중생이야 오죽하겠소? 만약 뜻을 세우고 이 계율을 지녀 수행하려거든, 모름지기 먼저 이 계율을 지키는 이익과 범하는 해악 및 대응 방법을 잘 알아둘 필요가 있소.

독사를 보듯 하고, 원수 도적을 만난 듯 피하시오. 그렇게 두려워하고 무서워하면, 욕망의 마음이 저절로 식을 수 있을 것이오. 자세한 대응 방법은 불경에 널리 실려 있는데, 일반 세속인들은 두루 살펴볼 인연이 없는 게 안타깝소. 안사(安士) 선생의 『욕해회광(欲海回狂)』이나 『불가록(不可

錄)』(인광 대사가 『건강장수보감』으로 증보 편집한 것을 필자가 다시 『불가록』으로 번역함)을 보면 대강 알 수 있겠소.

거짓말하지 않음은, 말을 하면 믿음을 지켜, 그 말이 헛되지 않게 하는 것이오. 보아 놓고 안 보았다고 말하거나, 보지 않아 놓고 보았다고 말하거나, 없는 것을 있다고 말하거나, 있는 것을 없다고 말하는 따위와 같소. 무릇 속마음과 겉말이 서로 호응하지 않고, 남을 속이려는 말이면 모두 거짓말이오.

또 자신의 수행이 아직 미혹을 끊지 못했는데 끊었다고 말하고, 아직 도를 얻지 못했으면서도 도를 얻었다고 말하는 것은, 아주 큰 거짓말[大妄語]로 그 죄가 지극히 중대하오. 그런 죄는 사후에 틀림없이 곧장 아비(무간)지옥에 떨어져 벗어날 기약이 없게 되오. 요즘 수행하면서 불법의 교리를 잘 모르는 이들이 거의 모두 그러하니, 절대로 명심하고 통절히 경계해야 하오.

이상 네 가지는 출가자나 재가자를 막론하고, 또 수계를 했든 안 했든 상관없이, 누구나 범하면 모두 죄가 있소. 그 본체와 속성상 죄악이기 때문이오. 그러나 수계하지 않은 사람이 한 등급의 죄가 있다면, 수계한 사람은 두 등급의 죄가 되오. 악한 일을 저지른 죄 한 등급에다, 지키겠다고 서약한 계율을 범한 죄 한 등급이 더해지기 때문이오. 반대로 이러한 계율을 범하지 않고 지킨다면, 그 공덕은 끝없고 한없이 크오. 절대로 명심하고 힘써 지키기 바라오.

술을 마시지 말라고 하는 것은, 술이 사람 마음을 어지럽히고 지혜의 종자를 파괴하기 때문이오. 술을 마시면 사람 정신이 혼침하거나 광란해져, 못된 짓을 함부로 하기 때문에, 부처님께서 술을 끊으라고 가르치신 것이오. 수행자는 누구나 술을 마셔서는 안 되오. 또 파·마늘·부추 등 오신채(五辛菜)도 먹어서는 안 되오. 냄새와 맛이 비릿하고 톡 쏘며 청결하지 못한데다가, 익혀 먹으면 음욕을 자극하고, 날로 먹으면 성냄[瞋]을 돋우기 때문이오.

수행인은 술과 오신채를 먹어서는 안 되지만, 수계하지 않은 사람은 먹어도 죄는 되지 않소. 그러나 수계를 하고서 술과 오신채를 먹으면, 부처님 계율을 범한 죄가 한 등급 생기게 되오.


### 십선(十善)


첫째, 살생하지 않고, 둘째, 도둑질하지 않으며, 셋째, 사음하지 않고, 넷째, 거짓말하지 않으며, 다섯째, 음란한 말 하지 않고, 여섯째, 두 말 하지 않으며, 일곱째, 험악한 말 하지 않고, 여덟째, 인색과 탐욕 부리지 않으며, 아홉째, 성질 내지 않고, 열째, 사견(邪見)을 갖지 않는다.

이 가운데 처음 세 가지는 신업(身業), 가운데 네 가지는 구업(口業), 마지막 세 가지는 의업(意業)이라고 하오. 업이란 일[事: 행위]이라는 뜻이오. 이 열 가지는 범하지 않고 지키면 십선(十善)이 되고, 지키지 않고 범하면 십악(十惡)이 되오. [보통 십불선(十不善)이라고 함] 십악은 상중하로 나누어져 지옥·아귀·축생의 삼악도로 떨어지고, 십선도 상중하로 나누어져 천상·인간·아수라의 삼선도(三善道)로 생겨나오.

선한 원인이 선한 결과를 낳고, 악한 원인이 악한 결과를 낳는 것은, 조금도 의심할 나위 없고 터럭 끝만큼도 틀림없는 확실한 진리요. 살생부터 거짓말까지는 오계에서 이미 말했으니 생략하겠소.

기어(綺語)란 쓸데없이 화려하고 듣기 달콤한 말로, 음욕을 지껄이거나 남에게 삿된 생각[邪念]을 불러일으키는 것이오(요즘 속칭 음담패설이 대표적이며, 각종 음란 서적·음성·영상도 모두 포함함). 양설(兩舌: 두 말)이란, 이 사람에겐 이렇게 말하고, 저 사람에겐 저렇게 말하여, 시비를 어지럽히고 다툼의 실마리를 풀어 놓는 이간질을 가리키오.

악구(惡口: 험악한 말)는 말이 거칠고 험악하여, 바늘이나 칼처럼 듣는 사람 마음을 찌르는 말을 가리키오. 남의 숨은 죄악을 들추어내거나, 거리낌 없이 지껄이는 말도 해당하오. 특히 부모님 마음을 상하게 하는 말은 대악구(大惡口)라 하여, 장래 축생의 과보를 받게 되오. 부처님 계율을 받은 사람은 절대 범하지 않도록 주의하시오.

간탐(慳貪: 인색과 탐욕)은, 자기 재물을 남에게 베풀지 않으려고 아끼는 게 인색[慳]이고, 남의 재물을 자기 소유로 차지하려는 게 탐욕[貪]이오. 진에[瞋]는 원한 분노를 가리키오. 남이 얻는 걸 보면 못마땅해 배가 아프고 화가 나며, 남이 잃는 걸 보면 통쾌하게 기뻐하며, 세력을 과시하고 오기를 부려 다른 사람이나 사물을 업신여기고 군림하려는 태도가 모두 이에 해당하오.

사견(邪見)이란, 선을 행하면 복을 받고 악을 지으면 죄를 받는다는 인과 응보법칙을 믿지 않는 것을 가리키오. 원인도 결과도 없고, 전생도 후세도 없다고 호언하면서, 성인의 말씀을 모독하고 불경의 가르침을 비방하는 짓이, 모두 사견에 속하오.

이상 십선은 일체 선행을 모두 총망라하오. 이것만 잘 준수하고 실행하면, 끊지 못할 죄악이 없고, 닦아지지 않는 선행이 없을 것이오. 그대들이 깊이 살피지 못할까 저어하여, 한두 가지만 간략히 예로 들겠소.

부모님께는 효성으로 순응하여, 거스름이 없어야 하오. 나아가 자식의 도리로 부모님께 부처님 도를 일깨워드리면 더욱 좋겠소. 육식을 끊고 채식을 하며, 계율을 지키고 염불하여, 생사고해를 벗어나고 서방 정토에 왕생하시도록, 완곡하고 간절하게 권해 드려야 하오. 부모님께서 믿고 받아들이시면, 그보다 더 큰 선행은 없을 것이오. 하지만 만약 완고하게 따르지 않으시거든, 억지로 강요하여 효도를 잃지는 마시오. 다만 부처님 앞에서 부모를 대신해 죄업을 참회해 드리면, 그걸로 충분하오.

또 형제에게는 우애를 다하고, 남편이나 아내에게는 공경을 다하며, 자녀에게는 힘써 가르치고 훈계하여 선량하게 자라도록 이끄시오. 자녀가 제멋대로 구는 것을 방치하고 다 받아 주면, 버릇이 나빠지고 못된 사람이 될 것이니, 각별히 주의하시오. 마을에서는 이웃 사람들과 서로 화목하게 지내며, 참고 양보하시오. 인연 따라 선악의 인과 법칙을 일러 주어, 개과천선하도록 이끌면 더욱 좋겠소.

친구에게는 믿음을 지키고, 아래 사람에게는 자애롭게 대하시오. 공적인 일을 처리함에도, 마치 자기 일을 돌보듯 마음과 힘을 다하시오. 아는 사람을 만날 때마다, 부모에게는 자애를 말하고, 자녀에게는 효도를 일깨웁시다. 만약 장사를 하는 사람이라면, 정당한 밑천과 방법으로 이윤을 구하여야 하며, 가짜 상품으로 사람들을 속여 부당한 이익을 취하면 안 되오.

이러한 기풍으로 한 마을 한 고장을 교화시켜 나간다면, 재앙이 싹트기 전에 해소하고, 형벌은 무용지물이 될 것이오. 이러한 교화를 일컬어, 재야에서 충성을 다하고, 집안에서 정치를 베푼다고 말하오.

# 10

## 극락왕생에
## 요긴한
## 나침반(경전)들

① 정토삼부경(淨土三部經)은 『불설아미타경』·『무량
수경』·『관무량수불경』을 가리키오. 발원의 바퀴를 크게 열어젖히고, 왕
생의 인연 유래를 깊이 밝힌 책으로는,『무량수경(無量壽經)』이 단연 으뜸
이오. 관법(觀法)을 전문으로 밝히면서 왕생의 원인을 함께 보이는 책은,
16관경(十六觀經:『관무량수불경』)이 단연 으뜸이오. 이 두 경전은 법문이 광대
하며, 이치가 정밀하고 미묘하여, 말세의 둔한 보통 근기의 중생들은 진
실로 이익을 얻기가 어렵소.

문장이 간단하면서 의미가 풍부하고, 말이 간결하면서 이치를 함축
하여서, 상중하 모든 근기의 중생이 두루 이익을 보고, 구계(九界: 보살·벽지
불·성문·육도) 중생이 함께 받들어 행할 만하며, 착수하기 쉽고 성공률 높
으며, 힘 적게 들고 효과 빠르며, 독실하게 한 가지 수행하여 만 가지
공덕을 원만히 성취하여, 원인 자리의 마음을 과보 자리의 깨달음에 단
박 들어 맞출 수 있는 책은, 오직 『불설아미타경(佛說阿彌陀經)』만을 손꼽을

것이오.

의보(依報: 극락 국토 환경)와 정보(正報: 극락 대중 심신)의 장엄함이며, 최상의 선량한 도반들이 함께 모임을 한번 들으면, 진실한 믿음과 간절한 발원이 절로 생겨날 것이오. 이로부터 부지런히 가슴 속 깊이 만덕홍명(萬德洪名)인 아미타불을 붙잡고 염송하여, 자나깨나 여기서 벗어나지 않고, 한 마음 흐트러지지 않아야[一心不亂] 하오.

그렇게만 한다면, 현생에 이미 성인의 부류에 참여하게 되고, 임종에는 부처님의 영접을 받아 극락왕생하게 되오. 부처님의 지견(知見)이 열리고, 부처님과 똑같이 받아 쓰게 되는 것이오. 아미타불 명호를 지송하는 염불법이, 온갖 수행을 한 주머니에 감싸게 되오. 온 사실이 그대로 이치가 되고, 온 허망함이 곧 진실이 되며, 원인이 과보의 바다를 포섭하고, 과보가 원인의 뿌리를 관철하게 되오. 그러니 진실로 근원에 돌아가는 지름길이며, 도에 입문하는 관문이라 하겠소.

『아미타경』은, 우익(口益: 智旭) 대사가 지은 『요해(要解)』가 이치와 사리 모두 지극하오. 부처님께서 이 경을 설하신 이래, 최고 제일의 주해서로 손꼽힐 만큼 지극히 미묘하고 정확하오. 설령 옛 부처님들이 다시 세상에 나와 이 경전에 주석을 단다고 할지라도, 이 요해를 능가하지는 못할 것이오. 그러니 소홀히 여기지 말고, 그 주해 내용을 믿고 받아들이기 바라오.

『무량수경』은, 수(隋)나라 혜원(慧遠) 법사의 『소(疏)』가, 문장 해석이나 의미 설명이 가장 명석하오. 『관무량수불경』은, 선도(善導) 화상의 『사첩소(四帖疏)』가 상중하 세 근기 중생을 두루 이롭게 하려고, 사실 형상(事相)에 주로 치중하여 해설했소. 특히 상품상생(上品上生) 장의 뒤에 전수(專修)와 잡수(雜修: 이것저것 함께 수행하는 것)의 우열을 비교하여, 견고하고 진실한 믿음을 내도록 강조하였소. 비록 석가모니와 다른 어떤 부처님이 몸을 나토시어, 이 정토 법문을 놓고 다른 법문을 수행하라고 권해도, 그 뜻이 결코 조금도 흔들림 없어야 한다고 못 박았으니, 정토 수행자의 확실한 지남철(나침반)이라 할 것이오. 천태종의『관무량수경소묘종초(疏妙宗鈔)』는, 이치가 지극히 원만하고 융합하였지만, 중하 근기의 보통 사람은 이해하여 이득을 얻기가 몹시 어렵소. 그래서 모든 근기의 중생에게 두루 유익한 사첩소만 못하오.

옛 사람들은 온 세상이 다 함께 수행하도록『아미타경』을 일과(日課)에 넣었소. 문장이 간결하면서 의미는 풍부하고, 수행은 간단하면서 효과는 빠르기 때문이오. 홍법 대사(弘法大士)들이 예로부터 지금까지 얼마나 많이 주해를 달아 찬양했는지 모르오. 그 가운데 지극히 광대하고 정밀 미묘한 것은, 연지(蓮池) 대사의『소초(疏鈔)』만한 게 없소. 또 직접적이고 핵심적인 미묘한 요점만 간추린 것으로는, 우익 대사의 요해가 으뜸이오. 또 유계(幽溪) 법사가 천태종의 제관불이(諦觀不二)의 법인(法印)을 가지고『약해원중초(略解圓中鈔)』를 지었는데, 이치가 높고 깊지만, 초심자도 쉽게 들어가서 이해할 수 있을 만큼 문장이 유창하고 통달하여, 썩 괜찮은 주석이오.

② 『화엄경』의 「보현행원품(普賢行願品)」은, 십대원왕(十大願王)으로 극락에 귀향하도록 인도하고 있소. 이걸 읽으면, 염불로 극락왕생하는 법문이『화엄경』의 일생 성불의 최후 종착역임을 알 것이오. 실로 시방 삼세의 모든 부처님이, 원인 수행 가운데 자신을 이롭게 하고, 과보 공덕 위에서 중생을 이롭게 하는, 가장 수승한 방편 법문이라오.

「행원품」은 그 의리(義理)가 매우 크고 넓으며, 문자는 미묘하기 그지없소. 독송하다 보면, 누구나 나와 중생의 분별심이나 집착을 씻은 듯이 놓아버릴 수 있소. 정토에 왕생할 선근(善根)이 날로 자라나게 하는 경전이니, 스스로 행하면서 남에게도 권해 마땅하오. 그러나 이 경전을 독송하지 않는다고, 정토 수행이 편협하고 박복(薄福)한 것으로 치부할 수는 없소.

연지(蓮池) 대사와 우익 대사 같은 분들도 모두 이 경전을 지극하게 찬양하셨소. 특히 우익 대사는『아미타경요해』에서 이렇게 극찬하셨소.

"여래의 한평생 교화 가운데, 오직 『화엄경』만이 일생의 원만함을 밝히셨다. 일생의 원만함의 원인은, 맨끝에 보현보살이 십대원왕으로 극락세계에 귀향하도록 인도하며, 선재동자와 모든 화장해중(華藏海衆)에게 함께 이 길로 전진하라고 권청함에 있다. 오호라, 화엄에서 밝히신 뜻은 바로 여기에 있는데, 천하 고금에 이를 믿는 자는 적고 의심만 많아, 말은 번잡하고 뜻은 애매모호하도다. 내 단지 심장을 갈라 피를 뿌리고 싶을 따름이다."

그래서 무은(無隱) 대사는 "『화엄경』은 넓게 설한 『아미타경』이고, 『아미타경』은 요약한 『화엄경』이다."라고 말씀하셨소. 두 대사의 말씀을 볼진대, 경전을 보면서 원만하게 단박 꿰뚫는 혜안이 없으면, 부처님의 자상하고 깊은 은혜를 얼마나 많이 헛되게 지나치는지 알 수 없소.

③ 『능엄경(楞嚴經)』 권5의 끝에 보면, 대세지(大勢至)보살의 염불원통(念佛圓通) 장이 나온다오. 이는 정토의 종지(宗旨)를 펼쳐 보여 주는 최상의 법문으로, 이 한 장(章)만으로도, 충분히 정토4경(보통 말하는 정토삼부경에, 『화엄경』 「보현행원품」을 합쳐 말한 것임)과 더불어 정토5경이라 부를 만하오.

④ 『정토십요(淨土十要)』는 우익 대사가 금강의 혜안을 가지고, 정토 법문을 밝히고 알린 여러 책 가운데, 이치에 맞고 근기에 맞아 더 이상 보탤 것이 없는 것들만 정선하여 편집한 것이오. 첫째 『아미타경요해』는 대사께서 스스로 주해를 단 것인데, 문장이 심오하면서도 쉽게 이해할 수 있고, 이치가 원만하면서도 유심(唯心)에 딱 들어맞으며 더할 나위 없이 미묘하므로, 평소에 자주 펼쳐 보고 연구하면 좋겠소.

나머지 9종 책도 어느 것이나 이치가 원만하면서 문자가 미묘하여, 하나도 시대와 중생 근기에 들어맞지 않은 게 없소. 비록 반드시 『십요』를 하나하나 전부 완전히 통달할 필요는 없지만, 그러나 어느 한 경전만 펼쳐 보아도, 마치 선단(仙丹)을 먹은 것처럼 영험한 효과가 나타날 것이오. 오래 지속해 보다 보면, 평범한 체질이 어느덧 신선 체질로 바뀔 것이오.(이는 법문의 미묘함을 비유한 것에 지나지 않으니, 진짜 신선이 되는 걸로 오해 마시오.)

⑤ 『정토성현록(淨土聖賢錄)』은 아미타불께서 원인 수행 자리에서 행한 원력과 그 과보를 얻은 공덕을 싣고, 이어 관세음보살 · 대세지보살 · 문수보살 · 보현보살 · 마명(馬鳴)보살 · 용수(龍樹)보살 등이 스스로 수행하고 중생을 교화한 일들을 적고 있소. 그 다음에 혜원(慧遠) 대사와 지자(智者) 대사 및 청나라 초기의 대사에 이르기까지, 여러 선지식의 극락왕생 사적(事迹)을 실었소. 이어 여러 비구니와 왕 · 신하 · 사대부 · 서민 · 부녀자 · 악인 · 축생에 이르기까지, 염불로 극락왕생한 사례들을 상세히 소개하고 있소.

또 그분들의 언론 가운데, 간절하고 요긴한 구절들을 뽑아 전기 가운데 함께 수록함으로써, 보는 사람들에게 의심하지 않고 본받을 근거를 주었소. 이러한 역사 실록을 스승으로 삼아 정토 법문을 수행한다면, 어설픈 선지식들을 참방하러 시간과 정력을 소모하며 돌아다니는 것보다, 훨씬 진실하고 간절할 것이오.

⑥ 『용서정토문(龍舒淨土文)』은, 의심을 끊고 믿음을 일으키도록, 수행 법문을 부문별로 분류하고 조목별로 열거하여, 초발심자들을 인도하기에 안성맞춤인 제일 기묘한 책이오. 일체 중생을 두루 이롭게 하려면, 이 책으로부터 착수하는 게 좋겠소.

⑦ 『법원주림(法苑珠林)』 1백 권은, 인과응보를 상세히 말하면서, 사실과 이치를 함께 나란히 언급하고 있소. 특히 인과응보의 사적(事迹)은 너무도 역력하고 분명하여, 보는 사람들이 춥지도 않은 날씨에 한기를 오싹 느낄 정도라오. 설령 깜깜한 밤에 홀로 방구석에 처박혀 있을지라도, 항상 부처님과 하늘을 직접 대면하는 것 같아, 조금이라도 감히 사악한 생각을 일으킬 수 없소. 상중하 세 근기 모두 이익을 얻을 수 있소. 행여라도 길을 잘못 들어, 추상 이치에 집착하여 구체 사실을 폐기함으로써,

편협하고 미쳐 날뛰는 사견에 빠지는 폐단은 없길 바라오. 몽동(夢東: 徹悟) 선사도 이렇게 말했소.

"심성(心性)을 말하기 좋아하는 사람은 결코 인과 법칙에서 벗어나지 않으며, 인과 법칙을 깊이 믿는 사람은 끝내는 심성을 크게 밝히고 만다."

이는 이치로나 대세로나, 필연적인 말씀이오. 몽동 선사의 이 말씀은 천고에 사라지지 않을 지극한 논설로, 단지 미치광이 지혜를 번뜩이는 자들에게 따끔한 정문일침이 될 것이오.

⑧『안사전서(安土全書)』는, 세상을 일깨우고 중생을 이끄는, 지극히 선량하고 아름다운 책이오. 고금을 넘나들며 도와 덕을 담론하는데, 말은 간단하면서 함축적이고, 이치는 심오하면서 뚜렷이 드러나고 있소. 사적을 인용함에 증거가 적확하고, 의론을 펼침에 그 연원을 깊이 통찰하고 있소.

진실로 집안 대대로 전할 보배이며, 널리 강론하여 펼칠 기서(奇書)라오. 구절구절마다 모두 부처님과 조사들의 심법(心法)이고, 또한 성현의 도맥(道脈)을 잇고 있소. 세상을 정화하고 백성을 교화할 요긴한 도이며, 앞을 밝히고 뒤를 지탱할 신비의 방편이오.

만약 이에 따라 수행하기만 하면, 성현의 뒤를 이어 생사고해를 해탈할 것이, 보관증(자기앞수표)을 가지고 자기 물건(현금)을 찾듯이 확실하오. 세상에서 보통 널리 유통하고 있는 온갖 다른 선서(善書)에 비교하면, 어찌 산과 언덕이나 바다와 개울의 차이밖에 안 나겠소?

안사(安土) 선생은 성이 주(周)씨이고, 이름은 몽안(夢顔)이며, 또다른 이름은 사인(思仁)이오. 강소(江蘇) 곤산(山) 출신의 서생으로, 유불선 삼교의 경전에 해박하게 통달하고, 염불 법문을 깊이 믿었소. 약관(弱冠: 스무 살)에 국학(國學)에 들어갔으나, 곧 벼슬길을 저버리고 보리심을 내어, 저술로 중생을 일깨우기로 발원하였소.

이 백성들을 먼저 죄악이 없는 경지로 이끈 다음, 생사고해를 벗어나도록 인도하였소. 그래서 살생 금지의 책을 써서 '만선선자(萬善先資: 온갖 선행의 우선 밑천)'라 이름 붙이고, 사음 금지의 책을 써서 '욕해회광(欲海回狂: 욕망의 바다에서 미친 짓을 되돌이킴)'이라고 붙였소. 왜냐하면 중생들이 이 두 가지로 말미암아 죄악을 가장 많이 저지르고, 개과천선 또한 이 두 가지가 가장 요긴하기 때문이오.

또 『음질문광의(陰騭文廣義)』를 지어, 사람들에게 모든 사물과 법에서 징계도 삼고 법도도 삼을 수 있도록 하였소. 비평과 변론이 정밀하고 미묘하며 통찰력이 뛰어나, 황제나 공신(功臣)이라고 일컬을 만하오. 교훈을 전하겠다는 마음을 철저하게 드러내어, 통째로 고스란히 갖다 바친 것이오. 만고의 위로나 천추의 아래로나, 교훈을 드리우는 사람이나 교훈을 받는 사람이나, 양자 모두 전혀 유감이 없을 정도라오.

그는 기발한 재주와 미묘한 깨달음으로, 부처님과 조사들과 성현들의 그윽하고 오묘한 이치를 캐내어, 세간의 사적과 문자로 훌륭하게 표현했소. 그래서 우아한 군자나 통속적인 소인이나 함께 볼 수 있고, 지혜로운 사람이나 어리석은 사람이나 똑같이 이해할 수 있다오.

또 그는 수행 법문 가운데 오직 정토 법문이 가장 요긴하고 절실한 줄 알았소. 그래서 『서귀직지(西歸直指: 서방 정토 돌아가는 길을 곧장 가리킴)』라는 책을 지어, 염불로 생사 대사를 끝마치고 극락왕생하는 길을 밝혔소. 공덕을 쌓고 선행만 닦아서는, 단지 인간과 천상의 복록을 누리는 데 그치오. 그 복록이 다하면, 다시 타락할 것이오. 오직 염불로 극락왕생하는 것만이, 바로 보살의 지위에 올라 틀림없이 불도를 성취하는 지름길임을 잘 알았다오.

앞의 세 가지 책은, 비록 사람들에게 세간의 선행을 닦으라고 가르치지만, 또한 생사 해탈의 방법도 겸비한 글이오. 반면 『서귀직지』한 가지는, 비록 사람들에게 생사해탈의 길을 가르치지만, 또한 모름지기 세간의 선행을 힘써 행해야, 진실로 거사의 몸을 나토어 설법하여 중생을 제도하는 것임을 밝히고 있소. 그를 일컬어, 보살이 세상에 내려오신 분이라고 말하지 않는다면, 나는 믿지 않겠소.

⑨ 『태상감응편휘편(太上感應篇彙編)』은 문필과 의론이 모두 아주 뛰어나고 미묘하오. 다만 『안사전서』만큼 불법을 관통하지 못한 게 아쉽소. 『안사전서』를 제외하고 으뜸으로 꼽을 만하오.

『태상감응편직강(直講)』은 통달한 대가가 지은 것으로, 그 주는 백화(구어)나 다름없소. 문장을 따라 한 번 읽어내려 가면, 그 의미가 저절로 분명해져, 어린이나 부녀자들에게 가장 적합하오. 이 글로 자녀들을 가르치면, 장래 틀림없이 진실한 이익을 받아 누릴 것이며, 부모들의 근심 걱정도 풀어 줄 것이오.

⑩ 『거사전(居士傳)』은, 청나라 건륭(乾隆: 1736~1795) 년간에 소주(蘇州)의 진사 팽소승(彭紹升)이 수많은 책을 두루 열람한 뒤, 한(漢)대부터 당시까지 충성과 효도·청렴·정직을 실행한 사람 가운데, 공덕이 있고 불법에 정통한 사람들을 뽑아 쓴 전기라오. 그들이 어떻게 불도에 입문하여 수행하고 증득했는지 사적을 기록하고, 아울러 불법을 크게 떨친 문인 수백 명도 함께 실어, 모두 6책으로 편찬했소.

⑪ 『삼교평심론(三敎平心論)』은, 원(元)나라 학사(學士) 류밀(劉謐)이 지은 책이오. 먼저 유불선 삼교를 밝히면서, 사람들에게 죄악을 그치고 선행을 닦는 수행 모두, 어느 한쪽도 폐기해서는 안 된다고 권고하였소. 그 다음에 수행 공덕의 깊고 얕음 차이를 밝히고, 나중에는 한유(韓愈)나 우(구)양수(歐陽修)·정자(程子)·주자(朱子) 등의 척불론(斥佛論)을 널리 비판하여 타파하였소.

⑫ 『석씨계고략(釋氏稽古略)』은, 역대 주요 기년(紀年)을 벼리[綱]로 삼고, 유교와 불교의 사적을 구체 항목[目]으로 삼았소. 복희(伏犧)황제 때부터 명나라 말엽에 이르기까지, 국가의 치란(治亂)과 불법의 흥망성쇠, 믿는 복과 훼방하는 죄, 수행의 이익, 조사의 법어와 고승 대덕의 행실 및 특출한 충신 효자와 지극히 간사한 악인들을, 모두 대강 기록하였소. 그래서 사람들이 이 책을 펼치면, 곧 불법과 훈계를 알 수 있고, 단정히 앉아 고

금의 역사를 두루 관찰할 수 있소. 그러니 어찌 단지 수도인에게만 유익하겠소? 고금의 역사를 읽으려는 사람들에게도 소중한 수진본(袖珍本)이라 할 수 있소.

⑬ 『고승전(高僧傳)』의 초집, 2집, 3집, 4집과 『거사전』, 『비구니전』, 『선여인전』, 『정토성현록』은 모두 고승 대덕들의 훌륭한 언행을 기록한 실록이오. 펼쳐 읽어 보면, 저절로 흔연히 기쁜 연모의 마음이 일 것이오. 그러나 절대로 조금 얻은 걸로 만족하거나, 또는 자신은 그들 성현과 견줄 수 없는 비천한 존재라고 열등의식에 빠져서는 안 되오.

⑭ 『홍명집(弘明集)』, 『광홍명집(廣弘明集)』, 『심진문집(鐔津文集)』, 『절의론(折疑論)』, 『호법론(護法論)』, 『삼교평심론(三敎平心論)』, 『속원교론(續原敎論)』, 『일승결의론(一乘決疑論)』 등은 모두 불교를 옹호하는 책들이오. 이들을 보면, 마귀나 외도에 미혹하지 않고, 사견을 쳐부술 수 있소. 그래서 정견(正見)이 더욱 견고해지고, 경전과 더불어 서로 증명, 보완할 수 있소. 일심으로 오직 경전만 보면 된다고, 이러한 책들을 거들떠보지도 않으면, 분별 능력이 부족해, 적군을 만나면 쉽게 좌절하거나 모욕을 당할 수 있소.

⑮ 『몽동어록(夢東語錄)』은, 전이암(錢伊庵) 거사가 몽동 선사의 유고집 가운데서 정토 법문을 주로 설한 문장들을 뽑아 편집한 책이오. 이 책은 문구와 이치가 정밀하고 미묘하여, 우익 대사와 성암(省庵) 대사 이후 최고 제일의 저작으로 손꼽히오.(흔히 『철오선사어록(徹悟禪師語錄)』으로 불림)

몽동 선사는 "진실로 생사를 위해 보리심을 발하고, 깊은 믿음과 발원으로 부처님 명호를 지송하라[眞爲生死 發菩提心 以深信願, 持佛名號]."고 말씀하셨소. 이 16글자는 염불 법문의 큰 강령이오. 이 구절의 가르침은 몹시 정밀하고 간절하므로, 새겨 읽고 깊이 음미하시오. 몽동 어록은 전부가 문자로나 사리로나 모두 주도면밀하여, 정토 법문의 지남철이라고 할 만하오.

그리고 나아가 우익 대사의 『아미타경요해』도 실로 천고에 둘도 없을 훌륭한 지도서라오. 이 두 책만 죽을 마음으로 믿고 따른다면, 다른 일체의 경전은 연구할 겨를이 없어도 괜찮소. 다만 늘상 정토삼부경과 『정토십요』를 열람하면서, 부처님과 조사들의 성실한 말씀을 믿고 따르시오. 정말 진실한 믿음과 간절한 발원으로, 공경과 정성을 다해 부처님 명호를 지송하시오.

비록 어두운 방 한구석에라도 부처님과 하늘을 직접 대면하는 듯, 극기복례하고 홀로 있음을 신중히 조심[愼獨]하시오. 행여라도 근래의 통달한 사람들처럼, 거리낌 없고 구속 없이 제멋대로 굴지는 마시오. 그러면 내 비록 생사 굴레를 못 벗어난 범부 중생이지만, 틀림없이 사바 고해를 하직하고 연지해회(蓮池海會)에 참석하여 아미타불 제자가 되리라고, 감히 확실하게 보증하겠소.

이상의 책들로 정토 법문에 관한 모든 내용을 두루 알 수 있고, 설령 뭇 경전을 다 펼쳐 보지 않아도, 전혀 부족할 게 없소. 가령 정토 법문을 모른다면, 설사 대장경을 깊숙이 통달하고, 자기 마음을 철저히 깨닫는다고 할지라도, 생사고해를 얼마나 오랜 겁이 지나야 해탈할지 기약할 수도 없소. 정토 법문은 아가타약(阿伽陀藥: 善治. 모든 병을 잘 고치는 약)처럼 온갖 병을 다 고칠 수 있소. 이를 모르면 얼마나 애석하고 비통하겠소? 그런데 알고도 수행하지 않거나, 또는 수행하더라도 마음과 뜻을 오롯이 집중하지 않는다면, 더군다나 얼마나 애석하고 비통하겠소?

# 11

# 부록


## 1) '시야우(柴也愚)'의 뜻을 밝힘[105]

　　사람은 누구나 모두 요순 성왕이 될 수 있고, 또 누구나 모두 부처가 될 수 있소. 성인이라도 한 생각 잃어버리면 미치광이가 되고, 미치광이라도 한 생각 바로 이기면 성인이 될 수 있소. 미혹하면 부처도 중생이 되고, 깨달으면 중생이 곧 부처가 되오. 이러한 이치에 따라 무얼 추구하든, 그 기연(機緣)은 모두 나에게 달려 있소.

　　그러므로 마땅히 위로는 뭇 성인을 흠모하며, 아래로는 자기 혼식(魂識)을 존중해야 하오. 전전긍긍하니 자신을 항상 경책하며, 뜻을 분발하여 수

---

[105] '시야우(柴也愚)'는 『논어』 「선진(先進)」편에 나오는데, 공자가 제자인 고시(高柴: 字는 자고子羔)를 우직하다고 평론한 말임. 자고는 어짊[仁]이 지나쳐, 남의 그림자도 안 밟고, 봄에는 동물을 죽이거나 나무를 꺾지도 않으며, 부모의 상을 치름에 3년간 피눈물을 흘리면서 일찍이 이를 드러낸 적이 없고, 피난을 하면서도 샛길이나 쪽문을 지나지 않을 정도로 우직했다고 전해짐. 아마도 인광 대사가 이 편지의 수신인에게 '우(愚)' 자가 든 법명(어쩌면 '柴愚')을 지어 주며, 그 뜻을 풀이해 준 법문인 듯함.

행을 계속해야 하오. 윤리 도덕을 돈독히 지키고, 자기 직분을 공경스럽게 다할 일이오. 어떠한 죄악도 짓지 말고 선행을 받들어 행하면서, 새벽 일찍부터 밤 늦게까지 부지런하여, 부모님을 욕되지 않게 하시오. 이와 같이만 한다면, 어질고 착한 사람이 되어, 천지를 더럽히지는 않을 것이오.

여기에 덧붙여, 믿음과 발원으로 부처님 명호를 지송하여 서방 극락 왕생을 구하고, 본래 갖춘 불성을 친히 증득하여 위없는 보리를 원만히 성취하도록 기약해야 하오. 대장부가 이 세상에 태어나, 이 같이 크고 중요한 본체(도리)를 모르고서, 단지 음식과 남녀 관계의 욕망이나 부귀 명리의 탐욕밖에 모른다면, 다른 짐승들과 도대체 무슨 차이가 있겠소? 슬픔과 안타까움은 바로 여기에 있소. 요순 성왕이 될 수 있고 부처가 될 수 있는 자질을 가지고, 어떻게 차마 오랜 겁토록 육도 윤회하면서 무수한 고통을 받는 짓이나 한단 말이오?

그대가 이미 삼보께 귀의하기로 발심하였다 하니, 마땅히 한 생각 한 생각 모두 번뇌와 습기(習氣: 나쁜 버릇)를 다스리는 데 치중하시오. 사악함을 막고 정성을 간직하며, 극기복례와 개과천선으로 인륜과 본분을 다하도록 하시오. 정토 법문을 정성들여 닦고, 자기 수행으로 남도 감화시키시오. 안으로는 부모 형제와 처자 권속이, 밖으로는 친척 친구와 이웃 사람들이, 모두 부처님의 가르침과 은혜를 받아 다 함께 착한 사람이 되도록 해야 하오. 그렇게만 한다면, 지금 이 인생을 헛되이 보내지 않고, 또 나와의 만남도 헛되지 않을 것이오.

「중용(中庸)」에 보면, "사람들이 모두 '나는 지혜롭다'고 자랑하는데, 막상 그들을 몰아 그물이나 덫·함정 속으로 집어넣어도, 피할 줄을 모른다."는 말이 있소. 단지 밖으로 찾아 쏘다닐 줄만 알고, 지혜의 빛을 되돌이켜 자기 안을 비출[廻光反照] 줄 모르기 때문에, 이러한 막대한 해를 당하는 거요. 만약 자기 마음을 되돌아 비추고, 그 잘난 지혜를 어리석은 듯 감추면서, 스스로 관조하는 데 뜻을 둔다면, 성현을 배우고 부처님과 조사들을 배울 수 있소. 그래서 마침내 살아생전에 성현의 경지에 들고, 죽은 뒤에 극락세계에 오르게 될 것이 틀림없소. 이게 내가 그대 법명을 지어준 뜻이오.

또 성인도 한 생각 잃어버리면 미치광이가 되고, 미치광이라도 한 생각 바로 이기면 성인이 되며, 미혹하면 부처도 중생이 되고, 깨달으면 중생이 곧 부처가 된다는 네 구절은, 잘 이해하지 못하면 의심과 논란을 불러일으킬 수도 있으니, 주의해야 하오. 내 간략히 해석해 주겠소.

처음에 말한 성인과 부처는, 모두 자기 마음의 본체(본성)를 두고 한 말이며, 이미 성인이 되고 부처가 되었다는 뜻이 아니오. 다음으로 '한 생각 잃어버리거나 바로 이기고 미혹하거나 깨달으면'으로 가정한 것은, 사람들의 거역이나 순응의 태도 행위를 말한 것이오. 그리고 끝으로 미치광이가 되고, 성인이 되며, 중생이 되고, 부처가 된다는 말은, 거역과 순응의 태도 행위로 얻는 효과를 말한 것이오.

만약 처음 말한 성인과 부처가 마음에 본래 갖추어진 성품으로 말한 것인 줄 모르고, 이미 성인이 되고 부처가 된 사람이 다시 미치광이가 되고 중생이 된다고 오해하면, 그 해악이 참으로 클 것이오. 그래서 부득이 부연 해설하는 것이오.


## 2) 유혜욱(俞慧郁)·진혜창(陳慧昶) 거사에 대한 답신

내신(來信): 제자들은 업장이 몹시 무겁고 타고난 자질이 어리석은데, 다행히 정토 법문을 듣고 좌하(座下: 인광 대사께 대한 존칭)께 귀의하였습니다. 오직 착실하게 염불하라는 스승님의 가르침을 삼가 준수하여, 빨리 생사 해탈을 얻는 것이, 스승님의 노파심을 저버리지 않는 길입니다.

무릇 불자가 되었으면, 마땅히 자기를 제도하고 남도 제도하는 마음을 내야 할 텐데, 지금 제자들은 자신도 아직 제도하지 못한 처지에, 어떻게 남을 제도하겠습니까? 그렇지만 친지나 벗을 만나 방편을 다해 믿음을 전하는 것 또한, 저희 분수 안에서 할 수 있는 일입니다. 그렇게 만나는 사람들은 대개 두 종류로 나누어지는데, 그들의 견해와 주장이 자신뿐만 아니라 남도 잘못 인도할 우려가 몹시 큽니다.

한 주장은 이렇습니다. "부처님은 욕심이 없는데, 『아미타경』에서 말하는 극락세계의 각종 금은보화는 아직 욕심이 있는 듯하다. 『금강경』처럼 일체 모두 텅 비었다[空]는 것이, 훨씬 높고 우월하며 현묘(玄妙)하지 않은가?" 그래서 정토 법문을 무시하고 믿지 않습니다. 이는 『금강경』과 『아미타경』의 뜻을 모르고서, 자기 멋대로 불도를 어지럽히는 자입니다.

또 한 주장은 이렇습니다. "부처님이 사람들에게 일체 모든 것을 간파하여 초월하라고 가르치면서, 어찌하여 자신은 도리어 이런 온갖 탐욕을 부리는가? (『아미타경』의 금은보화 지칭) 또 우리는 어찌 꼭 힘들게 눈앞의 실질 존재를 내버리고, 죽은 뒤 아득한 세계를 추구할 필요가 있는가?" 이 또한 사견(邪見)에 집착하여, 멋대로 부처님과 법을 비방하는 자입니다.

이 두 종류의 사람은 비록 높고 낮은 정도의 차이는 있지만, 자신과 남을 잘못 인도하는 사견임은 똑같습니다. 물론 제자들도 이들을 힘써 설득합니다.

"서방 극락의 각종 경계는 모두 아미타불의 공덕으로 나타나는 장엄한 실상(實相)이자, 자유자재로 누리는 복덕의 과보인지라, 오탁악세의 업력으로 이루어진 것과는 전혀 다르다. 하물며 사바세계의 존재는 모두 고통이고, 텅 비고, 덧없지 않은가? 그래서 마땅히 내버리고, 극락의 실제를 구해야 한다."

하지만 저희같이 어리석은 범부의 말은, 설령 올바른 이치에서 벗어남은 없을지라도, 다른 사람들에게 올바른 믿음을 끝내 열어 주지 못하고 있습니다. 엎드려 생각하건대, 스승님의 모든 언론은 마치 밝은 해가 중천에 떠서 어떤 어둠도 비치지 않음이 없음과 같습니다. 그러니 몇 말씀 다시 적어 이들 사견을 타파해 주십사고, 감히 구걸하옵니다.

　답신(答信): 보내온 서신에서 말한 두 가지 사견은, 범부 중생의 지견으로 여래의 경계를 헤아리는 탓이오. 공자가 말한 '작은 재주 부리기 좋아하는 것'이고, 맹자가 말한 '자포자기(自暴自棄)'라오. 이런 사람들은 본디 더불어 이야기할 자격이나 가치도 없는 자들이오. 그러나 부처님의 자비가 워낙 광대무변하여 어떤 한 물건도 버림이 없기 때문에, 여기 한 방편을 들어, 그들의 미혹한 꿈을 깨우쳐 보겠소.

　부처님께서는 조금도 탐욕심이 없기 때문에, 극락세계의 뭇 보배 장엄을 이룰 수 있소. 거기서 나토시는 것은, 인간의 힘으로 경영할 필요가 없는 수승한 경계라오. 어떻게 사바세계의 범부 경계와 견줄 수 있겠소? 비유컨대, 덕 있는 자선가는 마음바탕이 모두 광명정대(光明正大)하기 때문에, 그의 얼굴도 저절로 자선과 덕에 넘치는 환한 모습을 나타내는 것과 같소. 그런 얼굴 모습을 애써 구하는 마음이 없어도 자연스레 나타나는 것이오. 반면 악업을 짓는 사람들은, 그 마음바탕이 더럽고 흉악하며 악착스럽기 때문에, 그 얼굴도 따라서 음험하고 흉악하게 변한다오. 단지 얼굴 모습만 좋게 보여, 남들이 자기를 광명정대하고 선량한 사람으로 생각해 주길 바라는 자는, 그 마음바탕이 선량하지 않기 때문에, 아무리 구해도 그런 모습을 얻을 수 없소. 이는 우리 범부 중생의 눈으로 보는 모습을 두고 말한 것이오.

　귀신 같으면, 보는 눈이 또 다르오. 귀신 눈에는 선량한 사람의 몸에 광명이 보이는데, 광명의 크기와 빛깔은 그 도와 덕의 크기에 따라 달라지오. 반면 악인의 몸에는 암흑과 흉살(凶煞)의 기운이 보이는데, 그 기운의 크기와 빛깔도 역시 죄악의 크기에 따라 달라진다오. 그리고 『금강경』

이 텅 빈 공(空)을 말한다는 생각은, 『금강경』이 이치와 성품[理性]만을 밝히고 있으며, 그 이치와 성품을 증득한 결과 얻는 과보에 대해서는 언급도 하지 않았다는 사실을 모르는 것이오. 막힘이 전혀 없는 실보(實報) 국토(극락 4土 가운데 셋째)의 장엄이, 바로 『금강경』이 궁극으로 얻는 과보라오. 범부가 이 말을 들으면, 당연히 그럴 리 만무하다고 의심할 것이오.

『금강경』은 보리심을 낸 선남선녀에게, 마음이 형상에 머무름(걸림) 없이 중생을 모두 제도하라고 가르치신 것이오. 비록 중생을 제도할지라도, 내가 제도하는 주체고, 중생이 제도 받는 객체(대상)이며, 그로 인해 구경 열반(究竟涅槃)의 법을 얻는다는 사실을, 전혀 보지(의식하지) 말라는 뜻이오. 이른바 머무르는 바 없이 마음을 내어[無所住而生心] 얻는 바 없이 부처가 된다[無所得而作佛]는 뜻이오. 그래도 『금강경』에서 성취한 부처(불도)와 그 부처가 머무르는 국토가, 우리 사바 고해의 오탁악세 경계와 같다고 생각한단 말이오? 정말 텅텅 비어 아무 것도 없단 말이오?

청정한 불국토는 사람들이 그 이름을 한번 듣기만 해도, 몸과 마음이 모두 청정해지오. 그런 불국토를 탐욕이라고 말하는 자들은, 매일같이 똥통 속에서 살면서, 스스로 향긋하고 청결하다고 여기는 똥 고자리(구더기)라오. 그들은 전단향(檀檀香)도 더럽고 악취 난다며, 자기 똥통을 벗어나 그 향기를 맡으려고 꿈에도 바라지 않는다오.

옛날에 도척(盜蹠)이 수천 명의 무리를 모아 천하를 휩쓸며 도적질할 때도, 도리어 자기들에게 (도둑의) 도가 있다고 자부했다고 하오. 그들은 요 임금이 어질지 못하고, 순 임금이 불효했으며, 우(禹) 임금이 음란했고, 탕(湯) 임금과 무왕(武王)이 포악무도했으며, 공자는 허위과 가식으로 가득 차 도덕이 없다고 비방했소. 바로 위에서 말한 두 종류 사람의 삿된 지견과 아주 똑같소. 또 근래에 경전도 내팽개치고, 효도와 윤리 도덕도 모두 내팽개치며, 나체로 나돌아 다니는 자들이 있소. 그들은 인위적인 꾸밈이나 조작이 전혀 없이, 천지자연의 덕을 그대로 받아들인다고 떠들어 대오. 그러면 그들은 왜 여름에만 다투어 옷을 벗고, 겨울에는 벌거벗지 않는 것이오? 인위적인 꾸밈이나 조작이 전혀 없이 천지자연의 덕을 받아들인다면, 우물을 파 물을 마시고, 농사 지어 밥을 먹으며, 베를 짜서 옷을 입는, 의식주 생활 전부가 인위적인 조작 아니오?

사악한 자들이 사람들한테 선을 행하지 못하도록 가로막고 방해하는 짓이, 언제나 늘 이 모양이라오. 그들은 선행은 모름지기 무심(無心)하게 행해야지, 마음을 두고[有心] 행하면 진실한 선행이 아니라고 비난한다오. 그러나 예로부터 모든 성현이 아침저녁으로 자신을 자극하고 경책하며, 깊은 연못에 임하듯 살얼음을 밟듯, 두려워하고 조심했소. 이건 무심(無心)이오? 유심이오?

결국 이러한 사악한 사람들은 수행하지 않는 것을 최고지상으로 여기고 살기 때문에, 이토록 지극히 어리석고 비열한 눈먼 논란으로, 자신의 똑똑함을 과시하는 것이라오. 남들이 자신을 정말 고명하고 크게 통달한 대가요, 명사(名士)로 알아주길 바라는 것이오. 그러나 자신의 온 몸이 똥통 속에 빠져 있는 줄은, 전혀 알아차리지 못하고 있소. 그들과 똑같은 사견을 지닌 자가 아니라면, 누가 인정하려 들겠소?


## 3) 우승(愚僧) 거사에 대한 답신

방생(放生)이란 원래, 사람들에게 살생을 금지하고 생명을 보호하는 마음을 불러일으키고, 남에게 차마 해를 끼치지 못하는 측은지심(惻隱之心)을 실행하자는 데 있소. 그런데 세상 사람들은 대부분 마음과 행실이 각각 다르구료. 설령 모든 사람을 전부 감동시킬 수 없더라도, 한 사람만 감동시킨다면, 그 한 사람이 한평생 얼마나 많은 생명을 덜 죽이겠소? 한 사람뿐만 아니라 수많은 사람을 감동시킨다면, 그 파급 효과가 얼마나 더 커지겠소? 더러 작은 물고기를 놓아 주면 큰 물고기의 밥이 되고, 양자강에 방생해도 어부들의 그물에 걸리는 재앙을 피하기 어렵다고 말하는가 보오. 이러한 생각과 염려는 굉장히 합리적인 것처럼 그럴 듯하게 들리지만, 실은 사람들의 착한 마음을 가로막고, 살생의 죄업을 짓도록 조장할 뿐이오.

그 사람이 다행히 사람 몸으로 태어나, 더러 살륙을 당하는 지경에까지는 이르지 않았기 때문에, 이렇게 무리(無理)한 논리를 펼쳐 자신의 총명함을 자랑하고, 방생하는 사람들을 굴복시키는지 모르겠소. 그러나 가령 그가 물고기나 다른 짐승의 몸으로 생겨났다고 합시다. 그가 사람에게 도살당하게 된다면, 그때는 결코 이러한 생각을 하려 들지 않을 것이오. 오직 우선 당장 누가 자기 목숨 구해 주기만 간절히 바랄 것이오. 누가 자기 목숨을 구해 준 뒤, 나중에 다시 다른 동물의 먹이가 된다거나, 다른 사람에게 붙잡힐 염려까지는, 결코 하지 않을 것이오. 차라리 지금 당장 기꺼이 살륙을 당하고 말지, 용케도 풀려났다가 나중에 다시 붙잡혀 죽는 비참한 운명은 싫다고 말하겠소?

설사 이러한 때 이러한 생각을 할 수 있다고 하더라도, 결코 훌륭한 가르침은 될 수 없소. 하물며 본인이 이러한 때 이러한 생각을 할 수 없으면서, 지금 자신과 별로 관계없다고, 이 따위 논리로 남들의 착한 마음을 가로막고, 살생의 기회를 조장하는 말을 함부로 지껄인단 말이오? 그런 사람이 내생에 스스로 그 과보를 받지 않는다면, 해와 달이 서쪽에서 동쪽으로 운행하고, 하늘과 땅의 위치가 바뀔 것이오. 말이란 함부로 지껄이는 게 아니오.

큰 물고기가 작은 물고기를 잡아먹는 일이야 정말 있소. 또 방생한 뒤 다시 붙잡히는 일도 없을 수는 없소. 그러나 작은 물고기가 전부 큰 물고기의 먹이로 남김없이 잡아먹힌다는 일이나 이치는 결코 없소. 또 방생한 생명이 죄다 사람들에게 다시 붙잡힌다는 일이나 이치도 결코 없소.

어찌하여 이처럼 지나친 염려로, 본말을 뒤바꿀 수 있단 말이오?

비유하건대, 난민을 구제하는데 더러 옷 한 벌 주거나 더러 밥 한 그릇만 주어도, 그가 죽지 않게는 할 수 있소. 그런데 그런 사람 같으면 아마도 이렇게 말할 게 틀림없소.

"이 옷 한 벌과 밥 한 그릇이 어떻게 저들 난민을 평생토록 따뜻하고 배부르게 해 줄 수 있겠는가? 그런데 이까짓 것 주어 봤자 무슨 보탬이 되겠는가? 차라리 저들을 지금 얼고 굶어 죽게 놔둔다면, 살아서 오랫동안 헐벗고 굶주리는 일은 더 이상 없을 것이다. 그게 더 낫지 않은가?"

또 강도가 사람을 겁탈하려고 할 때, 옆에 있던 힘센 사람이 강도를 막아 그를 구해 준다고 합시다. 이때도 그런 사람 같으면, 틀림없이 이렇게 말할 것이오.

"그대가 만약 저 사람을 한평생 막아 주고 보호해 줄 수 있다면, 정말 아주 훌륭하겠소. 그러나 단지 지금 한 때만 막아 줄 수 있다면, 궁극에 무슨 도움이 되겠소? 그러니 지금 강도에게 겁탈당해 빈털터리가 되도록 내버려 두어, 나중에 다시 겁탈당할 기회가 없도록 하는 게 차라리 낫겠소."

그리고 부모는 자식이 다 자랄 때까지 줄곧 양육하는 게 보통이지만, 더러 자애로운 어머니가 일찍 돌아가셔서 어린 자식을 기를 수 없는 경우도 있소. 그런데 그런 사람 같으면, 이 경우에도 "부모가 기를 수 없는 자식은 차라리 죽여 버리는 게 낫지 않겠는가?"라고 지껄일 것이오.

군자가 덕을 닦음에는, 선행이 작은 것이라고 행하지 않고 내팽개치는 법은 없소. 또 죄악이 작은 것이라고 슬쩍 하는 법도 없소. 그런데 그런 사람같이, 반드시 만에 하나라도 잃어버림이 없어야 바야흐로 방생을 하겠다면, 어찌 되겠소? 그러면 세상 사람 모두, 목숨이 다하도록 방생하는 일은 결코 없을 것이오. 그런 사람은 장래에 어떤 사람도 자기를 죽음에서 구해 줄 기회가 전혀 없다고 확실히 장담할 수 있단 말이오? 너무도 애통하기 그지없어, 나도 모르게 잔소리를 늘어놓았소.

## 4) 소혜원(邵慧圓) 거사에 대한 답신

어제 받은 편지에 보니, 그대 동네 친지 가운데 반중청(潘仲青)이란 사람이 장(張)씨 집에 있는데, 나에게 귀의하고 싶다고 했소? 그 사람 성품도 질박하고 성실하며, 학문 또한 상당히 연구했다던데, 그런 사람이 그렇게 마음을 내었다면, 나는 단지 인연에 따를 뿐이오. 이제 그 사람에게 혜순(慧純)이란 법명을 지어 보내오.

일체 중생은 모두 불성을 지니고 있으므로, 곧 모두 부처님 지혜도 갖추고 있소. 다만 탐진치 삼독이 그 안에 섞여 끼었기 때문에, 부처님 지혜가 곧 중생의 지견으로 변한 것이오. 이제 부처님 지혜가 본래 갖추어진 줄 알았다면, 마음씀이나 생각 움직임·일 처리 등에 탐진치의 지견이 일어나지 않도록, 힘써 점검해야 하겠소.

또 모름지기 깊은 믿음과 발원으로 부처님 명호를 지송하며, 살생을 금하고 생명을 보호하며, 모든 사물을 사랑하고 아끼며, 어떠한 죄악도 짓지 말고 뭇 선을 받들어 행하며, 스스로 수행하고 남들도 감화시켜, 다 함께 정토 법문을 닦도록 이끌기 바라오. 그러면 부처님 지혜가 점차 순수해질 것이오. 만약 이걸 잃지 않고 잘 지켜 극락왕생하게 되면, 지혜의 순수함이 더욱 손쉬워진다오. 번뇌와 미혹이 말끔히 사라지고 복과 지혜가 원만해지면, 그 지혜의 순수함은 더욱 지극해지고, 마침내 불도를 원만히 성취하게 되오.

세상 사람들은 매양 자기에게 (부처님) 지혜가 있다고 큰 소리로 떠들 줄만 알지, 그 지혜라는 게 광석 안에 섞여 있는 금과 같아, 전혀 받아 쓸 수 없음을 모르오. 반드시 광석을 녹이고 제련하여, 찌꺼기들이 완전히 사라지게 순화시켜야만, 비로소 금으로 사용할 이익이 생기게 되오. 대강의 뜻이 이러하니, 대신 전해 주길 바라오. 부처님(가르침)을 배우는 사람은 실천궁행에 힘써야 하오. 요즘 사람들은 대부분 입으로 시원스레 지껄이는 것만 좋아하는데, 이는 음식이 맛있고 영양 있다고 말하는 것과 같소. 굶주린 배에는 전혀 도움이 안 되니, 서글프다오.


## 5) 왕심선(王心禪) 거사에 대한 답신

그대 어머님께서 염불하실 수 있다니, 며느리들도 함께 어머님을 따라 염불하도록 권하시오. 또 장기간 채식하도록 권하며, 어머님의 도업 성취를 도와드리는 게 효도라오. 만약 염불이 마음의 힘만 들이고, 채식이 위생과 건강에 해롭지 않을까 염려하는 걸 효도로 여긴다면, 이러한 효도는 나찰녀(羅刹女)가 사람을 (잡아먹으려고) 좋아하는 것과 똑같소.

이러한 효도는 어머님의 도업을 파괴하여, 생사 해탈할 수 있는 분을 도리어 영원히 생사윤회하도록 만들게 되오. 이러한 효도는 어머님을 우물 속에 빠뜨리고, 그 위에 큰 바윗돌을 떨어뜨리는 것이 되오. 그대 어머님을 생사 해탈하지 못하고 영원히 타락하게 만드는 짓이라오. 이것도 효도라면 효도겠지만, 실은 엄청난 패역(悖逆)이오.

그대가 공무에 종사하니, 겉모습이나 자취로 수행을 드러내 보일 필요는 없소. 그렇다고 마음속으로까지 항상 생각하지 않을 수 있겠소? 만약 그대가 어머님을 생각할 때, 누가 그대 마음속에 어머님 생각하는 것을 허용하지 않을 수 있겠소? 그대가 온갖 장애를 거론하는 것은, 완전히 겉모습과 자취로 말하는 것이고, 마음속의 문제로 말하는 게 아니오.

요즘처럼 위험하고 어지러운 시대에, 만약 마음속으로 은밀하고 묵묵히 염불하려 들지 않는다면, 장래의 일은 결국 어떻게 해결해야 할지 알수가 없소. 그대가 내 가언록의 글을 보고도, 그 내용이 그대 의심을 풀어주기 어렵다고 여기고, 반드시 내가 종이 한 장에 수백 글자를 친필로 써 보내야, 비로소 위로와 희망을 얻을 수 있겠다고 조른단 말이오? 이는 모두 평소 세심하게 살피고 음미하지 않은 소치라 여겨지오. 진정한 효도로 여러 며느리들에게 염불하도록 권하고, 또 자신도 항상 은밀하게 염불 수행을 계속하기 바라오. 그러면 그 이익이 막대할 것이오.

연지(蓮池) 대사께서 "부모가 홍진의 더러움을 떠날 수 있을 때, 자식의 (효)도가 바야흐로 성취된다."고 말씀하셨소. 그러므로 부모가 돌아가신 뒤, 자녀들은 모두 지성으로 염불해야 마땅하오. 그래서 아직 극락정토에 왕생하지 못한 부모는 왕생하실 수 있고, 이미 왕생하신 분은 그 품계가 더욱 높아지실 수 있도록 발원해야 하오. 그래야만 『관무량수불경』에서 말한 정업삼복(淨業三福)과 서로 합치하여, 세간과 출세간의 대효도를 성취할 수 있소.


## 6) 양기(楊岐)의 등잔은 천 추를 밝히고,
## 보수(寶壽)의 생강은 만고에 맵도다

혜원(慧圓) 거사 보시오.

보내 온 편지는 잘 받았소. 어제 명도(明道) 법사가 나가는 길에 그대에게 160원(元)을 송금하여, 자네 일을 끝마치도록 부탁했소. 그대는 나를 안 지 몇 년이나 되었으면서, 아직도 내가 어떤 사람인지 모르고 있소. 그래서 내가 부득이 그대에게 나에 대해 간략히 말해야겠소.

나는 두 가지를 끊어버린[二絶] 고뇌에 찬 자식이라오. 그 두 가지란, 집안에서는 후사(後嗣: 자손)를 끊어버렸고, 출가해서는 불법의 후사도 끊어버린 불효를 말하오(출가 제자를 평생 하나도 받지 않았음.).

또 고뇌를 말하는 것은, 내가 본디 태어난 곳은 글공부하는 유생들이 평생 부처님 이름도 들어 보지 못하고, 단지 한유·우(구)양수·정자·주자 같은 유학자들이 불교를 배척한 학설만 알았는데, 멋모르고 사람들은 이를 지상 최고의 신조로 받들었다오.

그런데 나는 그들보다 백 배 이상 미친 듯이 날뛰었소. 다행히 십 년 남짓 지나는 동안 지겹게도 많은 병치레를 겪으면서, 나중에야 바야흐로 이들 옛날 유학자들의 척불(斥佛) 사상이 본받을 만한 게 전혀 못 된다는 사실을 알게 되었소.(나는 한 번도 선생님에게서 배운 적이 없고, 처음부터 끝까지 형님이 가르쳐 주셨다오.)

처음 몇 년간은 형님이 장안(長安)에 계셔서 쉽게 기회를 얻을 수 없었는데, 광서(光緒) 7년(1881: 21세) 형님이 집에 가 계시고 나 혼자 장안에 있는 틈을 타서(집은 장안에서 420리 떨어진 곳에 있었음), 마침내 남쪽 오대산(五臺山)에 출가하였다오.

스승은 내가 분명히 모아 둔 재산이 있을 거라고 생각하고, "출가야 받아주지만, 의복은 스스로 마련해야 한다."고 말씀하시며, 나에게 단지 장삼한 벌과 신발 한 켤레만 주셨소. 그러나 방에 머물며 밥 먹는 것은 돈을 내지 않아도 되었소.(그 곳은 매우 춥고 힘든 곳인데, 밥 짓는 일 따위는 모두 손수 하여야 했소.)

그 뒤 석 달이 채 못 되어 형님이 찾아 왔는데, 꼭 집에 돌아가 먼저 어머님께 하직 인사를 올린 다음에, 다시 와서 수행하면 괜찮다고 말씀하셨소. 나는 그 말이 속임수인 줄 알면서도, 대의명분상 일단 되돌아가지 않을 수 없었소. 가는 길에 한 말은 모두 거짓말이었는데, 어머님께서는 뜻밖에도 출가를 특별히 찬성하지도 반대하지도 않으셨소.

이튿날 형님은 나에게 이렇게 말했소. "누가 너에게 출가하라고 시켰냐? 너 혼자 스스로 출가한 거냐? 오늘부터는 출가할 생각일랑 아예 내버려라. 그렇지 않으면 아주 혼내줄 거다."

나는 단지 그를 속이는 수밖에 없었소. 그렇게 집에서 80여 일을 머무는 동안, 도무지 기회를 얻지 못했소. 하루는 큰형님은 친척을 만나러 가고, 둘째 형님은 밖에서 곡식을 말리는데, 닭이 쪼아 먹지 못하도록 지켜야 하게 되었소. 이제 기회가 온 줄 알고, 학당(學堂)에 가서 관음(觀音) 점괘를 하나 뽑아 보았는데, 그 내용도 딱 맞아 떨어졌다오.

"고명(高明)한 분이 복록(福祿)의 자리에 있으니, 새장에 갇힌 새가 달아날 수 있다. 마침내 스님의 장삼을 훔쳐 돈 2백 전과 함께 가지고 갈 것이다."(그 전에 형님은 나의 장삼을 바꾸려고 했는데, 내가 만약 스님이 사람을 보내 찾으러 오면 원물로 반환해야 탈이 없으며, 그렇지 않으면 소송을 제기해 적지 않은 골칫거리가 될 것이라고 말해서, 장삼을 그대로 보관할 수 있었소.)

그렇게 도망쳐서 다시 스승 계신 곳에 도착했으나, 형님이 다시 찾아올까 두려워 그 곳에 감히 머물지 못하고, 하룻밤 묵은 뒤 떠나야 했소. 그때 스승께서 여비로 1원짜리 양전(洋錢)을 주셨는데, 당시 섬서(陝西) 사람들은 아직 그 돈을 본 적이 없어, 상점에서도 받지 않았소. 그래서 은(銀)과 바꾼 뒤 8백 문(文)에 팔았는데, 이것이 내가 스승에게 받은 것이라오.

호북(湖北) 연화사(蓮花寺)에 들어가 가장 힘든 일감을 달라고 했소.(밤낮 끊임없이 석탄을 때서 40여 명이 먹고 쓸 물을 끓이는 일이었는데, 물도 스스로 길어 와야 하고, 탄재도 직접 퍼내야 했소. 아직 계를 받지 않은 상태였기 때문에, 절에 묵을 수 있게 해 준 것만도 이미 커다란 자비였다오.)

이듬해 4월 부사(副寺: 절의 부책임자)스님이 돌아가시고 고두(庫頭: 창고 담당, 재무)스님이 병 나자, 주지스님은 내가 성실한 것을 보시고 창고(재무)를 돌보도록 분부하셨소. 은전(銀錢)의 회계는 주지스님이 직접 하셨소.

나는 처음 출가했을 때, "양기의 등잔은 천추를 밝히고, 보수의 생강은 만고에 맵도다[楊岐燈盞明千古, 寶壽生薑辣萬年.]."는 대구를 보았소.

또 사미계율(沙彌戒律)에 상주(常住: 절간) 재물을 훔쳐 쓰는 과보가 적혀 있는 것을 보고, 마음이 몹시 두렵고 조심스러웠소. 그래서 단(甘) 음식 하나 정리하면서도, 손에 가루나 맛이 묻으면 감히 혀로 핥아 먹지 않고, 그냥 종이로 닦아낼 뿐이었소.

양기 등잔이란, 양기(楊岐) 방회(方會) 선사가 석상(石霜) 초원(楚圓) 선사 아래에서 감원(監院: 지금 우리나라 절의 원주 스님)을 할 때, 밤에 경전을 보는데 스스로 기름을 사서 쓰고, 상주 기름을 몰래 쓰지 않았다는 이야기라오.

보수 생강이란, 동산(洞山) 자보(自寶) 선사(寶壽는 그의 별호)가 오조(五祖) 사계(師戒) 선사 아래에서 감원을 할 때, 스승이 차가운 병[寒病]이 있어 생강과 노란 설탕을 끓여 고약(膏藥)으로 늘 먹곤 했는데, 스승을 시중드는 스님이 와서 이 두 물건을 달라고 하자, 그는 "상주의 공유물을 어찌 개인 용도로 쓸 수 있소? 돈 가지고 가서 사다가 쓰시오."라고 답하며 거절했다는 거라오.

이에 사계 선사는 곧장 돈을 가지고 사오라고 시키면서, 그 제자를 몹시 기특하게 여겼다오. 나중에 동산(洞山)의 주지가 사람이 필요해, 사계 선사에게 아는 사람이 있으면 추천하라고 부탁하자, 사계 선사가 생강을 사도록 한 사나이면 될 거라고 답했다는 것이오.

『선림보훈(禪林寶訓)』 중권(中卷)에는 설봉(雪峯) 동산(東山)의 혜공(慧空) 선사가, 서울에 과거 보러 가는 데 마부가 필요하다고 요청한 여재무(余才茂)에게, 답장한 편지가 실려 있소. 대강의 내용은 이러하오.

"내가 비록 주지이긴 하지만, 역시 한낱 빈궁한 선승에 불과하오. 이 마부는 상주에서 나온 것이고, 공(空)에서 나온 것이오. 상주에서 나온 것이니 곧 상주를 훔치는 게 되고, 공에서 나온 것이니 텅 비어 하나도 없는 것이 되오. 하물며 귀하가 서울에 가서 부귀공명을 얻으려고 함에, 필요한 물건을 삼보(三寶)에서 구한단 말이오? 주는 이나 받는 이 모두 죄를 짓는 일은 없어야 될 줄 아오. 설사 다른 절에서 준다고 할지라도, 사절하고 받지 않는 것이, 바로 앞날의 복이 될 것이오."

근래 속된 스님들은 금전과 재물을 교유(交遊) 관계나 제자 또는 세속의 집안에 쓰는 일이 너무나 많소. 나는 한평생 교유를 맺지 않고, 제자를 받지 않으며, 주지를 하지 않기로 서원하였소. 광서 19년(1893: 33세) 보타산(普

陀山)에 이르러 밥 먹는 한가한 중이 된 이래, 30년 남짓 어떤 직책도 가져 본 적이 없소. '인광(印光)'이라는 두 글자는, 남을 위해 대신 수고하는 종이 위에 절대로 쓰지 않았소. 그래서 20여 년간 편안히 지낼 수가 있었소.

나중에 고학년(高鶴年)이 몇 편의 원고 조각을 속여 가지고 가서 〈불학 총보(佛學叢報)〉에 실었을 때도, 아직 '인광'이라는 이름은 쓰지 않았소. 민국 3년(1014: 54세) 이후에 서울여(徐蔚如)와 주맹유(周孟由)가, 자기들이 내 글을 수집하여 북경에서 『인광문초(印光文鈔)』를 인쇄하겠다고 졸라, 민국 7년(1918: 58세)에 책이 나왔소.

그 후로 날마다 편지를 받고, 오로지 남들을 위해 바르게 살아 왔소. 그러다가 남의 말을 잘못 전해 듣고 나에게 귀의하겠다고 원하는 사람들도 나타나기에, 단지 그들의 믿음에 내맡겨 두었을 따름이오. 부자에게도 나는 공덕을 쌓으라고 보시를 청하지 않았고, 가난한 사람에게도 나는 특별히 구휼이나 자선을 베풀 수가 없었소.

광서 12년(1886: 26세) 북경에 들어간 적이 있으나, 우리 스승에게서 역시 한 푼 받은 것도 없소. 그 뒤로는 도업(道業)에 진척이 없어 감히 서신 한 통 올리지 못하다가, 17년(1891: 31세) 스승께서 입적하신 후에는 여러 사형제(師兄弟)들이 각자 제 갈 길로 흩어졌다오. 그리하여 40년 동안 출가 동문과도 편지 한 구절이나 한 푼어치 물건을 서로 주고받은 적이 없었소.

우리 집안에는 광서 18년 한 고향 사람이 북경으로부터 귀향하는 길에 편지 한 통 부친 적이 있소. 그때는 아직 우체국도 없고 큰 길도 없어서, 그가 직접 전달해 주지 않으면 편지를 부칠 방법이 없었소.(지금은 비록 우체국이 있지만, 배달해 줄 사람이 없으면 역시 부칠 수 없소.) 이듬해 남쪽으로 내려와 소식이 완전히 끊겼소.

민국 13년(1924: 64세)에 이르러, 한 생질이 사람들 말을 듣고 산으로 나를 찾아왔소. 그때서야 비로소 후사가 이미 끊겨, 집안의 다른 손자가 양손(養孫)으로 들어와 있다는 사실을 알았소.(이 일은 나에게는 오히려 다행이오. 나중에 조상의 덕을 손상시킬 자가 없으니 말이오. 양손이 대를 이었지만, 이는 우리 부모의 친자손이 아니지 않소?) 그래서 그에게도 편지를 보내지 않았소.

민국 이래로 섬서 지방의 재난이 가장 심한데, 만약 그에게 편지를 했다가, 그가 남쪽으로 찾아온다면 어떻게 하겠소? 그를 편안히 정착시킬 땅도 없고, 그가 되돌아간다고 해도 수십 원은 필요할 테니, 그의 왕래가 전혀 도움이 되지 않고, 오히려 그에게 손해만 될 것이 뻔했기 때문이오. 그래서 지난해에 합양(部陽)의 재난을 구휼할 때도, 단지 현(縣) 당국에 송금하였으며, 감히 우리 마을 이름까지는 언급하지 않았소.(우리 마을은 현소재지에서 40여 리 떨어져 있소.) 만약 언급했다가는, 얼마나 많은 사람을 죽고 다치게 할 줄 모르기 때문이오.

올봄 진달(眞達) 법사가 최근 이삼 년 동안 섬서 재해만 구휼해 온 주자교(朱子橋)를 통해 전해 온 소식에 따르면, 서너 거사와 함께 1천 원을 모아 자교에게 주면서, 특별히 우리 고향 동네에 나눠 주라고 부탁했다는구료. 그러나 수백 가구에 천 원이 별로 큰 도움은 되지 못했을 것이오. 그리고 이 일로 말미암아 남쪽으로 오겠다는 사람이 생겼소.

우리 집안의 생질인 한 상인이 나에게 편지를 보내, 아무개가 남쪽으로 찾아와 나를 방문하겠다고 하는데, 어떻게 대답하는 게 좋겠느냐고 물어왔소. 그래서 내가 답신하기를, 만약 그대가 보살필 수 있으면 그에게 좋은 일을 마련해 주는 것이 가장 좋고, 그렇지 않으면 왕래가 몹시 힘들고 본인에게 손해만 될 뿐 별 이익이 없을 것이라고 간곡히 말해 주어, 그들이 지쳐 죽게 하는 일은 없도록 잘 회답하라고 부탁했소. 이 일은 진달 법사가 한바탕 호의를 베풀면서, 그 영향까지는 세심하게 배려하지 못한 때문이오. 또 나에게는 말 한 마디 안 하여, 내가 알았을 때는 다 이루어져 돌이킬 수 없는 상황이었소.

전에 이런 얘기를 들었소. 수십 년 전 호남(湖南)의 한 갑부 노인이 생일잔치를 하는데, 참석자 한 사람에게 4백 전씩 나누어 주겠다고 미리 알렸다오. 때는 겨울 농한기였는데, 시골 사람들이 수십 리씩 걸어 이 돈을 타려고 수만 명이나 모였다오.

그런데 관리자가 미리 좋은 방법을 마련하지 않아, 천천히 한 사람씩 나누어 주다 보니, 뒤에 처진 사람은 몹시 배고파, 실로 온힘을 다해 앞으로 밀치고 나섰다오. 그래서 넘어져 깔려 죽은 사람이 2백 명이 넘고, 다친 사람은 부지기수였다오.

그래서 현(縣) 당국에서 나서서 사람들에게 움직이지 못하게 명령한 뒤 사태를 수습했는데, 죽은 자에게는 1인당 24원과 관(棺) 한 구씩을 지급하고 시체를 찾아가게 했다오. 노인은 사람들이 놀라 소란스러운 모습을 보고 사태를 안 뒤, 그만 한숨을 크게 쉬더니 죽어버렸다오. 며칠 안되어 중앙 관료를 지내던 그의 아들도 서울에서 죽고 말았소.

그런 까닭에, 무슨 일이 되었든 간에, 먼저 그로 말미암을 부작용을 사전에 잘 예방하지 않으면 안 되오. 내가 어찌 우리 집안과 고향에 무심할 수 있겠소? 다만 능력이 미치지 못하니, 아예 실마리를 풀어 놓지 않는 것이 유익하고 손해가 없다고 판단하는 것일 따름이오.

영암사(靈岩寺)에는 전에 단지 열 명 남짓밖에 없었소. 모두들 요(姚) 아무개가 병들었다고 거기에 머물도록 특별히 편의를 봐 주었는데, 이 일을 어찌 선례로 삼을 수 있겠소? 그 절은 농사가 잘 된 해라도 소작료가 천 원이 안 되고, 작황이 나쁘면 더 줄어들며, 이밖에는 전혀 별다른 수입이 없다오.

최근 3년 사이에 영암사가 정말 도를 열심히 닦는다고 평이 나서, 그곳에 귀의한 신도들이 이레 염불 기도를 부탁하면서 약간씩 공양을 올리는 정도라오. 그래서 최근 상주 인원이 이삼십 명으로 불어났지만, 나는 절대로 그 곳에 요구하는 게 없소.

영암사의 여러 법사들은 부모의 신위(神位)를 염불당에 모시는 이가 많은가 보오. 덕삼(德森) 법사나 그 친구 요연(了然) 법사들은 모두 효성으로 부모의 신위를 모시는가 본데, 나는 절대로 이 일은 언급하지 않고 있소. 만약 내가 언급했다가는, 그들이 정말로 몹시 기뻐하며, 인광 스님도 그러지 않느냐고 말하면서, 자기들 공치사와 사심(私心)만 챙기려 들 것이오. 하물며 평소 얼굴 한 번도 본 적이 없는 그대가, 단지 편지 한 통으로 귀의해 놓고, 여기에서 종신토록 양로(養老)나 할 생각이란 말이오?

그렇다면 나에게 귀의한 어려운 사람은, 모두 나에게 찾아와 양로하겠다고 나설 것이오. 내 손에서 만약 금전이나 곡식이 나올 수 있다면, 이 또한 원하지 않는 바는 아니지만, 안타깝게도 나에게는 이러한 도력이 없소. 그러니 어떻게 그러한 대자대비를 베풀 수 있겠소?

예전에 복건(福建)의 황혜봉(黃慧峯)이 매번 시를 지어 부쳐 오면, 얇은 믿음이나마 다소 있는 듯하기에 내가 여러 책을 보내 주었더니, 그가 귀의하겠다고 자청해 왔소. 그는 나와 나이가 같았는데, 나중에는 다시 출가하겠다고 나서기에, 내가 재가 수행의 유익함을 적극 일러 주었소. 그가 스스로 보리심을 내어 출가하겠다고 큰소리쳤지만, 실은 그저 일없고 조용한 곳을 찾아 자손들의 양로비를 줄이려고 꾀한 것뿐이라오.

그가 하도 심한 말로 극성을 부리기에, 내가 이렇게 말했소.

"나는 남의 절에 30년간 머물러 오면서, 내 한 몸도 이미 많다고 느껴 왔소. 하물며 당신까지 또 와서 나에게 출가한다면, 어찌 되겠소? 당신이 꼭 오겠다면, 내가 하산하는 수밖에 없소. 왜냐하면, 나 자신도 돌볼 겨를이 없거늘, 어떻게 당신까지 돌봐 줄 수 있겠소?"

그 후로 그는 편지를 뚝 끊고 말았소. 그러니 전에 큰소리친 도심(道心)은 진짜 보리심이 아니라, 자손을 위해 이익을 찾은 세속 마음에 불과한 것이었다고 볼 수밖에 없소.

그런데 그대는 머리가 제법 총명하면서도, 자기 마음을 미루어 남의 속마음까지 헤아려 주지는 못하는구료. 자기한테는 어려운 줄 알면서, 남에게는 쉬울 것이라고 여기고 있지 않소? 내가 그대보다 더 고뇌가 많은 줄 모른다는 말이오. 앞으로는 그대 스스로 자기 능력을 헤아려 일하기 바라오. 만약 또 다시 나에게 대신 금전을 내달라고 요청하면, 목숨을 바쳐 상환해야 할 만큼 몹시 어렵게 되오. 왜냐하면 내가 그대 한 사람밖에 모르는 것이 아니며, 또 그대 한 사람만 나에게 요구하는 것이 아니기 때문이오. 설령 그대 한 사람뿐이라고 하더라도, 몇 년 동안 사오백 원씩 쓴 것도 별로 요긴한 일도 아니었고, 또 이곳에 재난 구휼하랴, 저 곳에 자선 사업하랴, 내가 어떻게 다 감당하겠소?

좋은 책[善書]을 인쇄하여 법보시하는 일만 해도, 제멋대로 부쳐줄 수가 없소. 거기에도 본디 나름대로 규칙이 있는 것은 그대도 보았을 줄 아오. 만약 사람들이 요구한다고 모두에게 그냥 부쳐 주기로 한다면, 비록 수십만 가구가 나서도 다 처리할 수 없을 것이오. 하물며 모두가 조금씩 갹출하여 겨우 유지하는 형편인데, 오죽하겠소? 만약 꼭 하려는 경우, 원가에 따라 배포한다면 소원을 이룰 수 있소. 그렇지 않고 사람들에게 유익하다고 해서, 내가 원하는 것처럼 부쳐 준다면, 금방 문 닫을 수밖에 없소.

〈보타지(普陀志)〉는 전에 불법(佛法)도 모르고 부처님도 믿지 않는 사람에게 부탁하여 편집했는데, 더구나 나의 전기(傳記)까지 한 편 지어 덧붙인다기에, 내가 잘못 되었다고 극력 반대했소. 나중에 한두 가지 일로 말미암아 책임자가 내 의견에 따르지 않기에, 나는 그 일에서 완전히 물러나 더 이상 묻지도 않았소.

그가 편집을 마쳐 다른 스님에게 부탁했다가 반 년 이상 묵힌 다음, 나중에서 나에게 감수(監修)해 달라고 다시 요청해 왔는데, 나 또한 겨를이 없어 몇 년 동안 미루어 왔소. 그래서 이 책에는 내 이름이 전혀 없소. 거기에 수록할 내 글과 이름을 모조리 빼버리고, 하나도 남기지 않은 것이오.

그가 다른 사람에게 써 달라고 청탁해 인쇄를 마쳤는데, 산중에서 그 책을 요청하는 사람들에게 종이 값과 인쇄비를 합한 원가에 따라 권당 6

각(角)씩 셈하여, 모두 3천 부를 인쇄했다오. 신청한 물량 1천여 부를 빼면 단지 천여 부 남는데, 나도 사람들에게 조금 보낼 생각이오. 그대도 몇 부 가져다가 다른 사람들에게 나누어 줄 생각이 있다면, 그 마음은 아주 좋소. 다만 얼마나 어려울지는 잘 모르겠소.

앞으로는 "자기에게 생기기를 바라지 않는 일은, 남에게도 베풀지 않는다[己所不欲, 勿施於人.]."는 마음을 늘 간직하기 바라오. 만사에 자기 마음으로 남의 마음을 헤아려 주고, 또 남의 마음을 미루어 내 마음을 살펴보는 자세가 필요하오. 그렇게만 한다면, 그대는 앞으로 틀림없이 광명(光明)이 휘황찬란하고, 인간과 신명이 모두 기뻐하는 경지에 이르게 될 것이오.

이렇게 입에 쓴 약을, 정말로 그렇다고 여기고 달게 받아들일 수 있을지 모르겠소. 아무쪼록 지혜롭게 살피길 바라오.

그리고 인쇄 원판은 절대로 홍화사(弘化社)에 보관하지 말기 바라오. 이 일이 1~2년 안에 끝날지 미정이고, 기금이나 일정한 수입도 없으며, 시국도 좋지 않소. 게다가 사람들도 서로 협조하지 않으면, 그만두지 않고 어떻게 계속 유지할 수 있겠소? 불학서국(佛學書局)은 유통망도 넓고 영업성을 띠어 오래 계속할 수 있으니, 거기에 맡기면 거기나 그대에게 모두 유익할 것이오.


## 수신인(受信人) 해설

이 편지는 민국 21년(1932: 72세) 임신(壬申) 봄에 대사께서 혜원(慧圓)에게 답장을 내리신 것인데, 대사의 도행(道行)이 굳세고 뛰어나, 제자로 하여금 경탄과 오체투지의 예배를 절로 하도록 만듭니다. 편지 안에서 지시하신 각 단락이, 모두 대체(大體)를 힘써 유지하면서, 홀로 외눈을 갖추신 세상의 모범이 되시기에 충분합니다.

제가 능력을 헤아리지도 않고 일을 벌이거나, 남을 대함에 내 마음같이 살펴보는 용서의 아량이 부족한 점에 정문일침을 찌르신 것은, 더욱이 구구절절 뜸돌[藥石] 같고 보배 같은 가르치심입니다.

지금까지 9년간 은밀한 상자에 소중히 보관해 왔는데, 대사께서 서방 극락정토에 왕생하신 지금도, 제자가 가르치심을 제대로 힘써 실행하지 못하고 구태의연한 잘못을 벗어나지 못해, 부끄럽기 짝이 없습니다.

친필 서신에 배인 대사의 마음을 우러르니, 어찌 비통함을 금할 수 있겠습니까? 이제 대사의 문집 편찬에 공개 발표하여 제 잘못을 드러내면서, 아울러 대사께서 사람들 가르치시기에 싫어함 없이 열성껏 쏟으신 자비 은혜를 후세에 길이 전하고자 합니다.

경진년(庚辰年: 1940) 섣달 초여드레 제자 소혜원(邵慧圓) 삼가 적음.

## 7) 인광(印光) 대사의 간략한 전기

『영암산지(靈巖山志)』의 「고승전(高僧傳)」에서 옮김

대사의 휘(諱)는 성량(聖量)이고, 자(字)는 인광(印光)이며, 별호는 상참괴승(常慚愧僧: 항상 부끄러운 중)인데, 섬서(陝西) 합양(陽) 조(趙)씨의 아들이다. 어려서 형님으로부터 유가의 책을 배웠는데, 이를 성현의 학문으로 자못 자부하였으며, 한유(韓愈)와 우(구)양수(歐陽修)의 불교 배척론에 적극 찬동하였다. 나중에 병으로 몇 년간 고생한 다음에야, 비로소 그게 잘못인 줄 깨닫게 되었다.

대사는 나이 21세에 종남산(終南山) 남오대(南五臺) 연화동사(蓮華洞寺)에 들어가 도순(道純) 화상을 스승으로 출가하였는데, 그때가 청(淸) 나라 광서(光緖) 7년(1881)이었다. 이듬해 섬서(陝西) 흥안(興安)의 쌍계사(雙溪寺)에서 해정(海定) 율사로부터 구족계(具足戒)를 받았다.

그 전에 호북(湖北) 연화사(蓮華寺)에 잠시 들렀다가, 불경(佛經)을 햇볕에 쬐어 말리는 가운데 용서(龍舒)의 정토문(淨土文) 파본을 우연히 읽어 보고 염불 법문(念佛法門)을 알게 되었다. 어려서부터 눈에 병이 있어 거의 실명할 위기를 맞았는데, 이때에 이르러 육신이란 고통의 근본임을 깨닫고, 일심으로 염불하자 눈병이 갑자기 확 나아 버렸다. 한평생 오로지 정토(淨土)에 귀의하여, 스스로 수행하며 남을 교화하는 방편 법문으로 삼은 것은, 바로 이때부터 비롯하였다.

나중에 북경 홍라산(紅螺山) 자복사(資福寺)가 오로지 정토 법문을 수행하는 염불 도량이라는 소식을 듣고, 26세 때 스승을 하직하고 그곳으로 갔다. 이듬해 정월 오대산(五臺山) 참방을 마치고 다시 자복사로 되돌아왔는데, 상객당(上客堂)의 향등료원(香燈寮元) 직책 등을 맡아 보았다. 3년 동안 염불의 기본 수행(正行) 이외에 대승경전을 읽고 연구하였는데, 대장경전에 깊숙이 들어가 부처님 마음[佛心]을 미묘히 느끼고 지름길로 수행에 정진하여, 추상의 이치나 구체 사물 모두에 전혀 걸림이 없게[理事無礙] 되었다.

대사 나이 30세에 북경 용천사(龍泉寺)에 이르러 행당(行堂)으로 있었고, 31세에는 원광사(圓廣寺)에 머물렀다. 2년 뒤 보타산(普陀山) 법우사(法雨寺) 화문(化聞) 화상을 따라 남쪽으로 내려왔는데, 곧 그 절의 장경루(藏經樓)에 안거하여 폐관 수행에 들어가 두 차례에 걸쳐 6년 동안 정진하였다. 폐관을 마친 다음 제한(諦閑) 스님과 함께 연봉(蓮蓬)에 머물렀다.

나이 44세 때 온주(溫州) 두타사(頭陀寺)를 위해 불경을 청한 일이 있는데, 일을 마치자 곧 남쪽으로 돌아와 다시 법우사 장경루에 머물렀다. 출가한 지 30여 년 동안 청(淸) 나라가 멸망할 때까지 시종 자취를 감추고 드러내지 않았는데, 남과 왕래 교제하는 것을 좋아하지 않았을 뿐만 아니라, 남들이 자기 이름을 아는 것조차 바라지 않았다.

민국(民國) 기원(紀元) 후에 고학년(高鶴年)이 처음으로 대사의 글 몇 편을 가져다가 상해 〈불학총보(佛學叢報)〉에 실었는데, 그때 상참(常慚)이라는 이름을 썼다. 민국 6년(1917) 서울여(徐蔚如)가 대사의 편지 세 통을 인쇄하여 『인광법사신고(印光法師信稿: 편지 원고)』라고 이름 붙였는데, 7년에는 20여 편을 얻어 북경에서 인쇄하면서 『인광법사문초(文鈔)』라고 이름 붙였다. 8년에 다시 속편(續編)을 인쇄하고, 9년과 10년에 또 증보하였으며, 11년부터 15년 사이에 차례로 계속 증보하여 『증광(增廣)인광법사문초』라고 이름 붙였다.

이 글이 세상에 나와 퍼지자, 말마다 진리를 드러내고 글자마다 종지(宗旨)로 귀결하며, 위로는 부처의 가르침에 부합하고 아래로는 중생의 마음에 들어맞으며, 선종(禪宗)과 정토(淨土)의 오묘한 법문을 떨치면서 그 사이의 쉽고 어려움을 잘 가려내어, 실로 이전 사람들이 미처 찾아내지 못한 곳을 훤히 파헤쳤다는 칭송의 평론이 자자하였다.

또한 불교의 이치에만 정통한 것이 아니라, 격물(格物) · 치지(致知) · 성의(誠意) · 정심(正心) · 수신(修身) · 제가(齊家) · 치국(治國) · 평천하(平天下)의 「대학(大學)」 팔덕목(八德目)을 비롯한 유가의 세상 경륜 도덕도 또한 극진히 발휘하였는데, 그 문장과 의리(義理)가 우아하고 품위 있어 낙양의 종이 값을 오르게 하였다. 그리하여 사람들이 풍문을 듣고 대사를 흠모하여 알현하려 문 밖에 줄을 이었는데, 마치 샘물이 계곡으로 쏟아져 흐르는 것처럼, 그 기세를 막을 수가 없었다.

대사가 후학들을 가르침에는 귀를 붙잡고 얼굴을 마주 대하듯 자상하고 간곡히 타이르되, 경론(經論)에 바탕을 두고 가슴속으로부터 쏟아내었는데, 그 내용은 인과 법칙을 벗어나지 않았으며, 알맹이 없이 빈 말은 언급하지도 않았다. 마땅히 조복(調伏)시킬 자는 선가의 고참이나 유가의 우두머리조차도 심하게 꾸짖고, 아무리 고관대작이라도 조금도 보아줌이 없었다.

한편 마땅히 받아줄[攝受] 자는 아무리 어리고 하잘것없는 이라도 일찍이 물리친 적이 없으며, 설령 농부나 품팔이 아낙이라도 따뜻이 감싸 주었다. 한결같이 평등한 자비심으로 모든 근기의 사람들을 두루 이롭게 하되, 특별히 정을 더 가까이 하거나 멀리함이 없이, 오직 도리(道理)에 따라 대하였다.

무릇 가르침을 더 달라고 청하는 자에게는, 반드시 "어떠한 악도 짓지 말고 뭇 선을 받들어 행하라[諸惡莫作, 衆善奉行]."는 부처님 말씀과 인과응보 및 생사윤회의 진실한 사실과 이치로써 간곡히 일깨워 주어, 새로운 각오와 동경심을 내어 사람으로서 세상을 살아가는 밑바탕을 튼튼히 세우도록 이끌었다.

나아가 정말로 생사(生死)를 위해 보리심(菩提心: 求道心)을 내고, 믿음과 발원으로 염불하여 서방 극락정토에 왕생하는 넓고 평탄한 길을 가르쳐 주었다. 아울러 절실하게 실천하여 평범함을 뛰어 넘고 성현의 경지에 들어가는[超凡入聖] 지름길로 닦아가라고 간곡히 당부하였다.

　민국 11년(1922) 정해현(定海縣)의 도재동(陶在東)과 회계(會稽)의 황함지 (黃涵之)가 대사의 도행(道行) 자료를 모아 정부에 신청하여, '오철원명(悟徹 圓明)'이라는 휘호 액자가 하사되어 보타산으로 전해지고, 향과 꽃도 공양 받았다. 그리하여 대사의 도행과 덕망이 일시에 활짝 전성기를 맞이해, 평범한 백성들도 모두 흠모하였는데, 대사는 도리어 전혀 듣지도 못한 일처럼 대했다. 고두(叩頭)의 예를 올리며 이를 언급하는 자가 있으면, 대 사는 허공의 누각처럼 여기고, 스스로 그만한 큰 덕이 없는데 영광이 어 디서 오겠느냐고 반문하면서, 부끄러울 따름이라고 답하였다.

　대사는 한평생 스스로 검소하게 생활하면서, 사람들에게 후하게 대했 다. 선량한 남녀 신도가 공양 올리는 향경(香敬)은 모두 그들을 대신해 복 전(福田)을 씨뿌려 주고, 개인의 호주머니로 집어넣는 법이 전혀 없었다. 교화를 펼침에는 홍화사(弘化社)를 열어, 좋은 책[善書]들을 인쇄하여 전국 에 널리 배포하였다. 또 만물을 이롭게 함에는 각종 재난을 구휼하고, 개 미나 곤충에게까지 두루 자비심이 미쳤다.

　불법을 수호하고 사찰의 재산을 보전함에는, 여력을 남기지 않고 심 혈을 다 기울여, 그 공덕이 더욱 컸다. 보타산의 법우사나 부양(阜陽)의 자 복사(資福寺)나 오대산 벽산사(碧山寺)나 광제(廣濟)의 모봉사(茅蓬寺)들은, 모 두 대사의 말 한 마디로 분쟁이 가라앉고 평화를 되찾았다. 대사는 정말 로 권속(眷屬)을 좋아하지 않았으며, 천하 사해를 모두 스승으로 삼았다. 대사는 또 사찰의 주지가 되지 않는 것이 본래 굳은 서원이었는데, 그 지 팡이가 이르는 곳마다 모두 명산대찰이 되었다.

　민국 7년(1918) 사정으로 말미암아 상해에 이르러 태평사(太平寺)에 머 물렀는데, 민국 17년(1928) 번화함을 싫어하여 한시바삐 숨을 곳을 찾다가, 19년(1931) 2월 소주(蘇州)의 보국사(報國寺)에서 폐관했다.

폐관 수행 동안, 염불 공부하고 남은 시간을 이용하여, 보타(普陀)·청량(清凉)·아미(峨嵋)·구화(九華) 등 『산지(山志)』를 편집 정리하였다. 26년(1937) 겨울 영암사(靈巖寺)로 자리를 옮겨 3년간 안거하였으니, 여기는 지적(智積) 보살이 현신한 사찰이자, 대사가 입적하여 극락왕생한 곳이 되었다.

대사는 입적하기 전에 미리 때가 이르렀음을 알았다. 29년(1940) 봄 어떤 사람에게 답장하는 편지에서, "지금 이미 여든 살로, 아침에 저녁을 기약하기 어렵소."라고 말했다. 또 "나는 곧 죽을 사람인데, 어찌 이러한 법도를 남길 수 있겠소?"라고 적기도 했다. 그해 겨울 10월 27일에 약한 병세를 보이더니, 28일 오후 1시에 산중의 모든 직책 담당자들이 모인 가운데, "영암사의 주지 자리는 오랫동안 비워 둘 수 없으니, 묘진(妙眞) 스님이 맡는 게 좋겠다."고 분부하였다.

대중이 모두 찬성하고 11월 9일을 취임 시기로 잡으니, 대사가 너무 늦다고 말하였다. 다시 초나흘로 바꾸었으나 역시 늦다고 하여, 나중에 초하루를 택하자 괜찮다고 고개를 끄덕였다. 초사흘 저녁 평소처럼 묽은 죽 한 사발 가량 올리자, 다 드신 뒤 진달(眞達) 스님 등에게 이렇게 당부하였다.

"정토 법문(淨土法門)은 별로 기특한 게 없네. 단지 간절하고 지성스럽게만 염불하면, 부처님의 자비로운 영접(迎接)으로 업장을 짊어진 채 극락왕생하지 않는 자가 없다네."

초나흘 새벽 1시 반 침상에서 일어나 앉으면서, "염불하면 부처를 보고 틀림없이 극락왕생한다[念佛見佛, 決定生西.]."라고 말한 뒤, 큰 소리로 염불하였다. 2시 15분 물을 찾아 손을 깨끗이 씻은 뒤, 반듯이 일어서서 말하였다.

"아미타불께서 영접하러 오시니, 나는 이제 가련다. 모두들 염불 열심히 하고 간절히 발원하여 서방 극락에 왕생하여야 한다."

말을 마치고 의자에 옮겨 앉아, 서쪽을 향해 몸을 단정히 앉았다. 3시경 묘진 스님이 도착하자, "도량을 잘 유지하며 정토 법문을 널리 펼치고, 다른 거창한 법문을 배우려고 하지 말라."고 부촉하였다. 그 뒤에는 단지 입술만 약간 움직일 뿐, 말은 더이상 하지 않았다. 5시가 되어 대중들이 큰 소리로 염불하는 가운데, 편안히 극락정토로 돌아가셨다. 초닷새 오후 2시 감실(龕室: 坐棺) 안에 모실 때에도, 얼굴 기색이 살아 계신 듯하였다.

대사는 청(淸) 나라 함풍(咸豊) 11년(1861) 신유년(辛酉年) 12월 13일 경진시(庚辰時)에 태어나, 민국 29년(1940) 경진년(庚辰年) 11월 4일 묘시(卯時)에 입적하였으니, 세속의 수명은 80세이고 출가 승랍(僧臘)은 60년이다. 민국 30년(1941) 신사년(辛巳年) 2월 15일 부처님 열반일에 불을 지펴 다비식을 올렸는데, 수없이 많은 사리가 나왔다. 민국 36년(1947) 정해년(丁亥年) 9월 19일 영암사에 탑을 세웠다.

# 옮기고 나서

　　불법승(佛法僧) 삼보의 자비 광명 가피 아래, 국가 민족과 스승님[善知識]들을 비롯한 인연 있는 수많은 대중의 도움을 받으면서, 자친(慈親)의 온전한 헌신 희생으로 이 글의 번역이 원만히 이루어졌습니다.

　　국립대만대학(國立臺灣大學) 유학 시절 채식 식당에서 법공양으로 한 권 구해 온 몇십 년 전의 볼품없는 책이, 이토록 훌륭하고 소중한 불법(佛法)의 보배인 줄 알게 되고, 또 한글로 옮겨 한국의 불자 대중께 공양 올리게 된 것도, 모두 불법승 삼보의 자비광명 가피와 하늘의 안배, 그리고 수많은 대중의 도움으로 이루어진 진리의 인연[法緣]임을 새삼 절실히 느끼기에, 감사와 찬탄과 환희가 마음속 깊숙이서 용솟음쳐 오릅니다.

　　이 모든 인연에 감사드리며, 이 모든 대중께 삼가 공양 올립니다. 특히 이 법문을 남기신 인광 대사님, 제 마음을 미리 아시고 현재·미래의 대중을 위해 훌륭한 권두 법문을 설해 주신 청화(淸華) 큰스님, 그리고 불광을 창립하여 이런 수승한 법연(法緣)의 자리를 마련해 주신 광덕(光德) 큰스님께도 예배 올립니다. 또 인광 대사의 법문을 기꺼이 연재해 주신 〈여성불교〉(도선사)와 〈대중불교〉(대원정사), 이 글을 출판해 주시는 불광 편집부께도 충심으로 감사드립니다.

　　이 글을 번역·출판하는 인연 공덕으로, 시방 삼세 법계의 모든 중생이 죄악을 참회하고 업장을 해소하며, 복덕을 쌓고 지혜가 트여, 청정한 마음으로 염불하여 다 함께 극락정토 왕생하길 기도발원 하옵니다.

특히 민족상잔(民族相殘)의 비극인 6·25 전란 때 불타 버린 변산반도 (현 국립공원) 중심지의 실상사(實相寺) 중창 복원 불사(佛事)가, 인연 있고 관심 있는 수많은 대덕 보살과 사부 대중의 적극 성원과 동참 속에 순조롭게 진행되어, 옛 가람의 웅장한 모습을 하루 빨리 되찾고 훌륭한 염불도량(念佛道場)으로 융성하여, 남북한 자주 평화 통일과 염불인 극락정토 왕생의 중심적인 정신 보루가 되길, 불법승 삼보 전에 지심으로 참회 발원하옵니다. 우리 모두 진실한 믿음과 간절한 발원으로 염불 수행하여, 다 함께 극락정토에 왕생합시다.

나무 아미타불  나무 아미타불  나무 아미타불!



극락왕생 발원 염불 권청가


부처가 이르다면 보살은 어떻겠소?
생사윤회 싫거들랑 극락정토 괜찮겠소?!
아미타 無量壽光明 九品蓮華 피우세

뉘라서 사바고햅 불국토 만든당가?
唯心 淨土 自性 부처 그림 떡 되고 말라
아미타 無量壽光明 話頭 놓고 念佛하세


경진년(庚辰年: 2000년) 새봄 蓮淨齋에서 三寶제자  寶積  합장

## 제2쇄에 즈음하여

　　　　　인광(印光) 대사께서는 그토록 혼란한 말법시대 범부 중생, 특히 주로 재가 불자들을 위해, 시기(時機)와 근기(根器)에 맞지 않는 참선(주로 화두선)은 하지 말고, 오로지 부처님 자비가피력에 의지하는 염불수행으로 극락왕생을 발원하라고 정토(淨土) 법문을 적극 권장하셨습니다.

　　인광 대사님의 이러한 법문 취지를 여실(如實)히 반영하고, 지금까지 화두선 일변도로 치우쳐 염불수행이 자취와 이름조차 찾기 힘들어진 우리 한국 불교계에 새로운 활기를 불어넣고 싶은 발원에서, '印光大師嘉言錄'의 한글판 제목을 『화두 놓고 염불 하세』로 무심코 정했습니다.

　　그런데 책이 나온 뒤 권두법문을 설해주신 청화(清華) 큰스님과 극락 세계를 다녀오신 유람기를 설하신 중국의 관정(寬淨) 큰스님께서, 이 책의 제목이 마치 '화두선'을 배격하는 느낌을 줄 수 있다는 법음(法音)을 들려 주셨습니다.

　　다른 종교와 이단 · 외도까지 포용하는 불교가 자체 종파와 법문 사이에 서로 비난 · 공격하는 인상으로 말미암아, 혹시라도 승가화합(僧伽和合)의 대승 정신에 조금이라도 금이 가면 안 된다는 뜻이셨습니다.

　　수행 공부가 아직은 형편없는 제가 공격 비판을 일삼는 세속 학자의 업습(業習)이 두터워서인지, 본의 아니게 불법승(佛法僧) 삼보와 우리 불교계 사부 대중께 지심으로 불화(不和)의 소지와 심려(心慮)를 끼쳐 드린 점은 삼보와 대중께 통절히 참회·사죄하옵니다.

　　아울러 청화·관정 두 큰스님의 바다 같은 도량(度量)과 자비롭고 자상하신 깨우침에 진심으로 머리 숙여 찬탄하고 감사드립니다. 만 3년에 걸친 번역 불사(佛事)에 때맞추어, 우리 불교계에 두 곳의 만일염불결사가 이루어지고, 극락세계를 다녀오신 관정 큰스님께서 우리나라를 방문하여 순회법회를 열어주신 인연도 부처님의 자비 가피로 느끼며 감사드립니다.


경진년(2000) 여름 三寶제자 寶積 공경 합장

# 개정판을 펴내면서

"인생에 실패(失敗)는 전혀 없다.
다만 실험(實驗)이 있을 뿐이다."

　　요즘 진학이나 취직이 뜻대로 안 되어 좌절하고 우울한 많은 젊은이들을 보면서, 스스로 지난날을 돌이켜보며 위로와 격려를 보내는 마음에서 떠오른 영감입니다. 20년 전쯤, '진리의 실험'이란 부제가 붙은 간디 자서전을 읽을 때도, '그래, 수행이란 진리[道]를 찾아가는 시행착오의 실험이지!' 하며 공감했습니다. 5년 전쯤 자기계발을 위한 코칭리더십 연수를 받으면서, 1,000번만에 발명에 성공한 에디슨한테 기자가 999번의 실패 소감을 묻자, "나는 실패한 적이 없다. 다만 999번의 실험을 했다."라는 답변을 했다는 일화를 듣고도, 새삼 인생 수행의 귀감에 공감했습니다. 아직도 많이 모자라 진행 중인 제 인생의 실험을 스스로 되돌아보면, 역시 진리와 진리를 찾아가는 길은 동서고금이 별로 다르지 않음을 느낍니다.

　　이제 저도 나이가 제법 들어가나 봅니다. 간디가 자신을 티끌보다 낮추어야 한다고 힘주어 강조한 말이 더욱 실감나니 말입니다. 이미 티끌 속에서 시방우주를 통찰했겠지요. 그래서 '마하트마'라고 불리나 봅니다. 요즘은 색신(色身)이 늙어가느라 온몸이 곧잘 아프고 쑤시곤 하지만, 덕분에 쉰 살이 넘으면서 쉼의 미학도 느끼고, 숨쉬기가 얼마나 중요한 생명이요 진리인지, 특히 괴로움[苦]과 아픔[痛]이 왜 거룩한 진리[四聖諦]의 으뜸으로 꼽히는지도 조금은 알 듯합니다. 나고 늙어서 병들어 죽는 고통이 삶에서 왜 필요한지 그 인연법도 음미해 봅니다.

　박사 학위를 받고 교수 공채에 거듭 미끄러져 암울한 좌절의 늪에 빠져 허우적거리다가, 한줄기 눈부신 빛의 밧줄을 찾아 그걸 부여잡고 헤어 나오면서, 그 인연의 실마리에 3년 간 몰입하여 한글로 풀어낸 지도 어언 14년이 되어갑니다. 과연 무량광명이고 영원한 생명(무량수명)의 샘입니다. 그간 아미타부처님과 관음세지보살님을 비롯한 수많은 청정 성중(聖衆)의 가피로, 그 빛의 샘물이 수많은 불자들의 목마름을 축여주셨나 봅니다. 아직 '대박'이라 보기 이르지만, 인연의 줄이 꾸준히 이어져 개정판을 손질하게 되었습니다. 이에 마치 극락정토왕생의 입시에 재시험 보는 재수생의 마음으로, 첫 시험 치른 뒤 지금까지 세월의 자취를 대충 돌아보고자 합니다.

　『인광대사가언록』을 번역해 펴낸 지 어언 13년이 훌쩍 지났습니다. 그 공덕으로 교수가 되었으니, 감사한 마음으로 염불과 홍법에 더욱 열심히 정진했어야 하는데, 현실은 거꾸로 세속 인연과 잡무에 버거워 빌빌대며 오히려 업장만 늘었으니, 불보살님과 인광 대사와 자성(自性)에 참괴(慚愧)할 뿐입니다. 느슨히 풀어진 마음을 추슬러 다잡고 스스로 염불수행을 책려(策勵)하는 전기(轉機)로 삼을 겸, 전면 교정과 약간의 주석해설을 보충해 개정판을 내게 되었습니다. 2년 전 법공양판 교정을 제법 꼼꼼히 본다고 했는데도, 이번에 한글 파일본으로 점검하니 맥킨토시 출력본에서 알아채지 못한 맞춤법 착오도 여럿 드러나 바로잡습니다.

　갑오경장 및 동학혁명 120주년(2甲子)을 맞이해, 앞으로 개정판에 인연 닿을 독자 여러분과 함께 자아 혁심(革心)으로 염불수행에 더욱 간절히 정진하길 기원하면서, 초판 펴낸 뒤 찾아온 기묘한 법연(法緣) 두어 가지만 소개해 신원행(信願行)을 북돋울까 합니다. 2003년 청화 큰스님께서 열반하시고 관정 큰스님께서도 입적하셔서 허전한 가운데, 새로운 정토염불 수행의 새싹이 돋아남을 느낀 희망이랄까요?

2009년 추분(秋分)날 만주에서 태어난 조선족 인공(印公) 스님이 학교로 불쑥 찾아오셨습니다. 중국에서 출가한 40대 차분한 수행자는, 주경 스님의 은사(청화 큰스님)에 대한 지극한 갈앙심(渴仰心)을 알고, 강릉 성원사를 찾아 스승으로 모시고 공부하면서, 평소 자신이 번역하고 싶었던 『가언록』의 한글판을 보고 감동하여, 수희찬탄의 마음으로 필자를 만나러 빛고을까지 몸소 발걸음하셨답니다. 전날 도착했는데, 내가 수업이 없어서 연구실을 비운 까닭에, 법공양에 열심인 임실 상이암 동효 스님을 찾아뵙고, 거기서 하루 묵고 가라고 붙잡는데, 이틀날 늦어져 또 못 만나 허탕 치면 안 된다며, 권청을 뿌리치고 그날 저녁 광주로 돌아와 찜질방에서 하루 묵고, 나한테 신세를 지지 않으려고 김밥집에서 채식으로 한 줄 말아 가지고 찾아와 내 수업이 끝나길 기다리셨답니다. 그렇게 처음 만난 법안(法顏)은 인광 대사 분위기도 풍기면서 평화롭고 자상한 모습이었습니다. 사양하는데 순두부집으로 모시고 가서 점심 공양하고 무등산 중봉까지 산행하며 법담을 나누었는데, 저녁 공양도 한사코 사양해 용산행 무궁화 밤 기차표 한 장 끊어드리고 작별했습니다.

본인이 만주서 태어나 출가수행한 인연담도 자별하였거니와, 주경 스님이 붙잡지만 앞으로 중국 여산(廬山)에 들어가 염불수행에 매진하겠다는 포부를 밝히면서, 나한테 교수를 언제까지 해야 하느냐고 묻는 물음은 유난히 은근했습니다. 옛날 혜원 대사가 염불결사하신 동림사를 최근 중창하여 염불수행자들이 모여 다시 결사한다는 소식이었죠. 문득 동진(東晉) 때 혜원 대사(334~416)가 구마라집(344~413, 일설 350~409)의 불경 번역 소식을 듣고 몹시 기뻐했으나, 먼 길에 만나지는 못하고 흠모와 찬탄의 아쉬움에 서신왕래로 법을 교유한 옛 인연담이 떠올랐습니다. 만약 혜원 대사가 1,600여 년의 시공을 뛰어넘어 구마라집을 예방해 옛 회포를 푼다면, 그 도반의 우정이 이러할까? 인공 스님의 순수한 불심과 지극한 정성을 몸소 마주하면서, 인공 스님이 나한테 여산에 함께 들어가 염불에 전념하자고 간곡히 권청하는 마음을 직감하고, 한편으론 신라 왕자로 태어난 김교각 스님과 무상 스님이 권력 다툼을 피해 중국으로 건너가 수행과 홍법에 전념한 인연이 문득 떠올랐습니다.

며칠 뒤 조계사에서 청화 스님 열반 몇 주기 기념 학술대회에 참석해, 주경 스님 만나 이야기하다가 인공 스님 말이 나와 전화를 걸었는데, 때마침 아무도 모르게 중국에 돌아가려고 인천공항 가는 길이라고 했습니다. 다행히 그 순간까진 휴대전화를 끊지 않아, 마지막 통화로 작별의 정과 격려를 나누었는데, 얼마 지나지 않아 주경 스님은 일흔 나이로 홀연히 입적했습니다.

또 그 비슷한 무렵, 한번은 무등산 규봉암에 올라가 하루 묵으려는데, 오후에 일본에 사는 여자 교포 두 분이 올라왔습니다. 한 분이 새벽에 어느 교수님이 서류가방에서 좋은 책을 꺼내주는 꿈을 꾸고 영감이 들어 그냥 올라왔다고 말했습니다. 내가 하루 묵으며 기도도 하고 이튿날 같이 내려가 『가언록』이랑 『요범사훈』이랑 책을 주겠다고 권하니, 일정상 바로 내려가야 한다기에, 무등 사미한테 같이 학교 가서 어느 학생 도움으로 연구실 들어가 책을 꺼내 한 권씩 드리라고 부탁했습니다. 얼마 뒤 서울에서 다시 만나 관악산 연주암에 오르며 이야기를 나누었습니다.

광주 출신인 그분은 돈 벌러 일본 갔다가 눌러앉아 다행히 좋은 일본 사람 만나 결혼하고 사는데, 자기처럼 일본서 눌러앉은 한국여자들이 엄청 많답니다. 마음 의지할 곳이 없어 정신적 귀의처로 부처님 가르침이 절실히 필요하나, 일본 절에 다니기는 어려움이 많은가 본데, 이따금 고국에서 오는 스님들은 대부분 돈만 밝혀 챙길 뿐, 열과 성을 다해 그들의 마음을 붙잡아주진 못한 모양이었습니다. 결국 자신이 일본인 남편의 동의를 얻어 선암사로 삭발 출가하고, 한국 태고종의 일본 지사를 꾸려 그들을 보듬겠다는 뜻을 밝혔습니다. 그분은 최소 1주일은 걸리는 불교성지 교토를 자신도 아직 순례하지 못했는데, 나와 무등 사미가 일본 오면 모든 일정을 안배해 함께 순례하겠다고 간곡히 초청했습니다. 허나 그 고마운 인연도 힘겨운 체력 여건으로 호응하지 못했습니다.

물론 이러한 인연담은 모두 불보살님과 인광 대사의 미묘한 명훈가 피력으로 나타난 감응입니다. 다만, 인연 있는 분들께 정토법문이 얼마나 수승하고 귀중한지, 그 기특함을 알리고 염불수행에 정진하자고 권청하는 뜻에서 소개한 것이며, 결코 나 자신의 자랑거리로 떠벌린 것이 아니니 오해 없길 바랍니다.

풍문에 따르면, 『가언록』이 스님들한테도 적지 않은 공감을 불러일으켰는지, 참선 가풍의 조계종도 상당한 위기의식과 경각심을 느끼고 종풍을 재정돈하여 진작시키려고 화두선 수행체계를 제법 크게 정리했다고 합니다. 다함께 불법을 수행하는 착한 벗[善友]들이 선의의 경쟁의식으로 서로 자극과 격려를 주고받으며 정진에 박차를 가함은 참으로 아름답고 바람직한 일입니다. 또 최근 1년 반가량 불교방송에서 송담 스님의 법문을 꾸준히 듣고 보니, 화두선이나 염불이나 수행의 기본전제와 궁극목적은 물론, 수행의 원리와 심지어 방법조차도 대체로 상통함을 재확인하였습니다. 다만 각자 근기(적성)와 인연(취향) 따라 자신에게 알맞은 방법을 선택하면 되는데, 『가언록』에서 적확히 일깨운 염불수행법의 특별함을 믿고 따르는 인연은, 또한 오로지 각자의 지혜와 복덕에 맡길 뿐임을 실감합니다. 암과 같은 중병에 걸려 생사의 갈림길에 헤매는 환자가, 그 흔하고 하기 쉬운 '나무아미타불'이나 '관세음보살' 염불조차 무슨 미신이나 귀신처럼 알고 애써 외면하고 뿌리친다든지, 나이 든 고명하신 지식인이 '노느니 염불한다'는 속담은 입에다 주렁주렁 달면서도, 허구한 날 하릴없이 잡담하고 망상하며 놀지언정, 정작 저승길의 가장 든든한 밑천인 염불은 하지 않는 모습을 보면, 평소 업습(業習)이 얼마나 막강한지 절감하며 안타까움과 슬픔만 북받쳐 오릅니다.

진작부터 현대과학의 관점에서 염불의 원리와 방법을 재정리해 '염불

기신론'을 쓰고자 구상하고 있으나, 아직 여유가 나지 않아 손대지 못하고 있습니다. 조만간 시절인연이 닿길 기대하며, 인연 있는 모든 분들이 정토법문에 돈독한 믿음과 발원을 지니고 한평생 헛되지 않게 염불수행에 정진해, 극락왕생의 종신대사를 원만히 성취하시길 불보살님께 간절히 기원합니다. 끝으로, 『가언록』의 발췌본인 『단박에 윤회를 끊는 가르침』의 개정판에는 '각 수행 방법에 대한 평가,' '출가,' '양기의 등장과 보수의 생강' 세 꼭지를 새로 추가함을 밝히면서, 이 책이 나오기까지 도움을 주신 불광출판사 관계자 여러분과 인연 있는 모든 분께 고마운 마음을 전합니다.

나무아미타불 관세음보살 대세지보살!

갑오년 정월 초하루 화창한 설날 (2014. 1. 31. 금) 해거름
빛고을 운암골 연정재(蓮淨齋)에서

극락정토 왕생을 간절히 발원하는 염불행자
보적(寶積) 김지수(金池洙) 공경 합장

印光大師嘉言錄
# 화두 놓고 염불하세

2000년 6월 6일 초판 1쇄 발행
2014년 4월 29일 개정판 1쇄 발행
2024년 3월 20일 개정판 7쇄 발행

지은이 인광 대사 • 옮긴이 김지수
발행인 박상근(至弘) • 편집인 류지호 • 상무이사 김상기 • 편집이사 양동민
편집 김재호, 양민호, 김소영, 최호승, 하다해, 정유리 • 디자인 쿠담디자인
제작 김명환 • 마케팅 김대현, 김선주, 이선호 • 관리 윤정안
콘텐츠국 유권준, 정승채, 김희준
펴낸 곳 불광출판사 (03169) 서울시 종로구 사직로10길 17 인왕빌딩 301호
　　　　대표전화 02) 420-3200 편집부 02) 420-3300 팩시밀리 02) 420-3400
　　　　출판등록 제300-2009-130호(1979. 10. 10.)

ISBN 978-89-7479-058-5 (03220)

값 20,000원